漢語研究叢稿

王鴻濱 李亞明 著

中國廣播影視出版社

圖書在版編目（CIP）數據

漢語研究叢稿 / 王鴻濱，李亞明著. -- 北京：中國廣播影視出版社，2018.4（2024.3重印）
ISBN 978-7-5043-7954-2

Ⅰ.①漢… Ⅱ.①王… ②李… Ⅲ.①漢語–研究 Ⅳ.①H1

中國版本圖書館CIP數據核字（2017）第168791號

漢語研究叢稿
王鴻濱　李亞明　著

策劃編輯	吳茜茜
責任編輯	許珊珊
封面設計	文人雅士
出版發行	中國廣播影視出版社
電　　話	010-86093580　　010-86093583
社　　址	北京市西城區真武廟二條9號
郵　　編	100045
網　　址	www.crtp.com.cn
電子信箱	crtp8@sina.com
經　　銷	全國各地新華書店
印　　刷	三河市華晨印務有限公司
開　　本	710毫米×1000毫米　1/16
字　　數	574（千）字
印　　張	39.75
版　　次	2018年4月第1版　2024年3月第2次印刷
書　　號	ISBN 978-7-5043-7954-2
定　　價	108.00元

（版權所有　翻印必究·印裝有誤　負責調換）

王寧先生序

這部《漢語研究叢稿》，是兩位作者1983年至2017年所寫的部分論文彙編，收錄了他們關於漢語研究的七十多篇論文。從論文題目和內容可以看出，作者的研究集中在中國傳統語言學方面。

中國傳統語言學就學術淵源而言，是對乾嘉小學及章黃之學的直接繼承和銳意發展。乾嘉小學是清代乾隆、嘉慶時期思想學術領域逐漸發展成熟的學術主流。梁啟超認為乾嘉小學以攷據學為主要治學方式，這個說法是就攷據方式比較盛行來說的。其實，乾嘉時期是中國古代傳統文化研究全面展開的時代，治學的內容主要可以概括為"以小學通經史"。在通經、治史的過程中，"小學"自身的發展最為豐盛，既有材料發掘、彙集和攷證，又有理論梳理、探究與建樹，因此形成了專門研究文獻語言文字的學術寶庫。20世紀30年代，章太炎先生在以語言文字"激勵種性"的宏遠目標下，吸收西方文化鼎盛時期的理念，將傳統"小學"發展為"中國語言文字學"，一方面在以文字為本位的"小學"基礎上，將"語言"彰顯出來；另一方面，用《文始》、《新方言》和《小學答問》三部代表作，突出了"求根"的思想，將共時和歷時打通，提出了研究漢語、漢字的獨特方法。章太炎先生是民主革命時期的領袖人物、新時代發展中國文化的思想家、20世紀早期的國學大師，他的學術涉及經學、史學、哲學、中醫、宗教、建國方略、社會道德等諸多方面，而語言文字學是他研究一切學問的基礎。太炎先生的學生眾多，而全面繼承並發展其語言文字學的首推黃侃（季剛）先生。季剛先生不但在研究實踐中遵循了太炎先生的精神，而且將太炎先生的三個代表作進一步完善。他以"明其理，得其法"

為研究高度，做出了多種學理的推演，開創了多個新的領域。所以，太炎先生的這方面學問，以"章黃之學"代稱。章黃之學為全面建造立足本土的中國傳統語言學的學術體系打下了良好的基礎。這就是由乾嘉小學發展出的、走向現代的中國本土語言文字學。

章黃之學與主要吸收西方的語言文字研究道路有着明顯的區別，這種區別並不是完全排斥西方語言學的優長。20世紀70年代以來，中國傳統語言學在課題上、理論上和方法上，都與西方語言學有諸多交流與對話，吸取了世界先進的語音學、語義學、語法學和邏輯學的優秀成果。但中國傳統語言學立足本土，嚴格從漢語、漢字的事實出發，堅持自身特點而不抄襲西方的現成公式；尊重本國的歷史，自信地發掘古人已經做出的研究成果，吸取前人經過檢驗的成熟理念；師古而不復古，將優秀的文化遺產引向現代——這樣的立場是不會改變的。

本書的兩位作者都具有中國傳統語言學的師承，從他們文章的選題、取材、主要方法和研究態度中，都可以看出他們是在努力沿着章黃之學的道路不斷前進。儘管走上這條道路並不是一帆風順的，但他們最終選擇了這條道路，這是令人欣喜的。從事中國傳統語言學的研究需要面對浩如煙海的文獻典籍，必須打好堅實的基本功，更要培養對語言現象體驗感受的銳敏性，有時還要頂住鄙薄本土文化歷史虛無主義的壓力，在當前的評估制度中也並不佔上風……但是，弘揚中華民族優秀的語言文字學遺產，建造獨特的漢語、漢字研究體系，用自身的文化豐富世界多元文化，這是中國語言學的必由之路。祇有對這條道路的前景深信不疑、排除雜念並為之奮鬥的人，纔有希望達到一定的高度。衷心祝願也完全相信本書的兩位作者在今後將繼續勇敢攀登，不斷產生更加深入、豐厚的科研成果。

王寧

2017年10月10日

北京師範大學

目 錄

▸ 王寧先生序 ·· 1

【語法學】

◇ **古代漢語語法** ·· 1

▸ 古代漢語介詞研究 ··· 1

壹　上古漢語介詞的發展與演變 ························· 1

貳　《禮記》中的範圍介詞"與"及其發展 ············· 14

叁　"除"字句溯源 ··· 26

肆　介詞"隱現"現象 ··· 36

伍　與介詞有關的雙賓語句式及其轉換 ··············· 49

陸　介詞"自/從"歷時攷 ····································· 64

柒　處所介詞"于/於"的衰落與"在"的興起 ·········· 77

▸ 《春秋左傳》語法結構研究 ·································· 92

壹　可以 ·· 92

貳　所以 ·· 97

叁　是以 ·· 102

肆　無以/有以 ··· 105

伍　以爲 ·· 112

陸　S以VP ·· 118

◇ **語法學史** ·· 125

▸ 《馬氏文通》研究 ··· 125

壹　《馬氏文通》"位次"、"静字"理論述評 ········ 125

貳　《馬氏文通》對助詞研究的貢獻 ··················· 133

- 叁 由《馬氏文通》研究引發的思攷 ………………………… 141
- ▶ 植根於傳統語言文字學的漢語語法觀 ………………… 149

◇ 現代漢語語法 …………………………………………… 157
- ▶ 析"連X也/都Y"句式 ………………………………… 157
- ▶ 語氣副詞"差點兒"語義、語用分析研究 …………… 167

【詞彙學】

- ▶ 漢語詞彙系統和詞義系統研究思路 …………………… 174

◇ 詞義學 ……………………………………………………… 177
- ▶ 《說文解字》段註詞義研究 …………………………… 177
  - 壹 《說文解字》段註所見古代漢語詞義引申模式 ……… 177
  - 貳 《說文解字》段註所見古代漢語詞義脫落現象 ……… 192
- ▶ 《周禮·攷工記》詞語系統研究 ……………………… 198
  - 壹 《周禮·攷工記》性狀詞語系統 …………………… 198
  - 貳 《周禮·攷工記》名形動同詞形的語義基礎 ………… 231
  - 叁 《周禮·攷工記》名量同詞形的語義基礎 …………… 279
- ▶ 《孟子》趙岐註同義連用訓釋並列式短語類型及其詞彙化成因 …… 289
- ▶ 從《連文釋義》和《現代漢語詞典》的比較看漢語雙音並列詞語的傳承方式 ……………………………………………………… 333

◇ 詞形學 ……………………………………………………… 371
- ▶ 漢語縮略詞語研究 ……………………………………… 371
  - 壹 普通話複合縮略詞語結構分析 ……………………… 371
  - 貳 港臺複合縮略詞語結構分析 ………………………… 377

【辭書學】

◇ 辭書史 ……………………………………………………… 382
- ▶ 類語詞典編纂漫議 ……………………………………… 382

- 古典文獻專書辭典編纂原則與方法的有益實踐
  ——評《十三經辭典》……389

◇ **語文辭書**……396
- 從《左傳》主題句中"以"的詞性判定看語文詞典詞性標註問題……396
- 從《周禮·攷工記》看語文辭書釋義問題……401
  - 壹 從《周禮·攷工記》看《漢語大字典》和《漢語大詞典》的釋義……401
  - 貳 從《攷工記》再看《漢語大詞典》……411
- 從三部詞典看離合詞的編寫問題……425

◇ **辭書編纂與出版**……432
- 建立辭書質量保障體系……432

【訓詁學】

◇ **訓詁學理論**……439
- 訓詁學思辨……439
  - 壹 訓詁的"價值命題"……439
  - 貳 論傳統訓詁學的現代化……444
  - 叁 訓詁研究中"史"的觀念和"境"的觀念……453
- 訓詁方法論……455
  - 壹 詞義訓釋與文意訓釋的學理及其應用……455
  - 貳 關於"統言"、"析言"的類型和本質……459
  - 叁 傳統訓詁學"反訓"的認識論分析……471
  - 肆 遞訓的真值和原則……474

◇ **訓詁雅書體式**……476
- 雅書研究……476
  - 壹 《爾雅》名辨……476
  - 貳 《爾雅》在中國語言學史上的坐標……477

- 叄　《爾雅》的作者和成書年代 …………………………………… 478
- 肆　《爾雅》的詞典屬性 ………………………………………… 480
- 伍　《爾雅》與諸經傳註關係條辨 ……………………………… 484
- 陸　《爾雅》《方言》之異同 …………………………………… 492
- 柒　《爾雅》前二篇之異同 ……………………………………… 496
- 捌　《爾雅》"連言爲訓"體例略說 …………………………… 498
- 玖　《爾雅義疏》增附式釋義疏誤略說 ………………………… 502
- 壹拾　《爾雅》研究的全方位視角 ……………………………… 506
- 壹拾壹　《爾雅·釋天》所見中國古代季節觀念 …………… 508
- 壹拾貳　《廣雅》的詞典屬性 ………………………………… 510
- 壹拾叄　雅書詞語的語義成份分析 …………………………… 512

▶ 訓詁筆記 ……………………………………………………………… 517
- 壹　焦循《孟子正義》對趙註之揚棄疑補 …………………… 517
- 貳　《孟子箋校商補》讀誌 …………………………………… 523
- 叄　《荀子》校釋筆記 ………………………………………… 526
- 肆　《讀荀子劄記》誌疑 ……………………………………… 530
- 伍　《呂氏春秋校釋》讀誌 …………………………………… 534
- 陸　《爾雅新義》讀誌 ………………………………………… 540
- 柒　《太平廣記》詞語小劄（附：學術回應）……………… 540
- 捌　說"質" …………………………………………………… 543

【社會語言學】

▶ 語言的古今南北 …………………………………………………… 546
- 壹　語言的休眠、復甦與新陳代謝 …………………………… 546
- 貳　現代漢語共同語的整化與分化 …………………………… 550

【語言教育】

- 高級母語教育與人文專業教育的有機融合 ……………………… 555
- 分級閱讀研究 …………………………………………………… 561
  - 壹　北京國際學校少兒漢語分級讀物攷察 ………………… 561
  - 貳　構建漢語作爲第二語言課外分級閱讀框架 …………… 574
  - 參　留學生課外漢語分級閱讀框架體系建設構想 ………… 591
- 論漢語國際推廣與新聞出版廣電對外宣傳的互動策略 ………… 602

【附錄】

- 本書所收論文寫作、修改、發表情況簡介 ……………………… 608
- 跋 ………………………………………………………………… 623

古代漢語介詞研究

壹　上古漢語介詞的發展與演變

本文以先秦兩漢八種文獻爲攷察對象，探討上古漢語介詞的發展與演變，同時對照現代漢語的特點，以期發現漢語介詞發展的内在規律。攷察時分上古前期、上古中期和上古後期三個階段。上古前期主要指殷周時期，利用的文獻材料爲甲骨文、金文、《尚書》和《詩經》；上古中期主要指春秋戰國時期，攷察的材料爲《左傳》、《論語》、《莊子》、《孟子》；上古後期指秦末兩漢時期，材料爲《史記》和《論衡》。

本文將漢語介詞分爲四大類：I類.時地介詞；II類.原因介詞；III類.方式介詞；IV類.關涉介詞。

一、漢語介詞系統的階段性

（一）漢語介詞是一個具有明顯時間層次的詞匯系統

在這個系統中，有些介詞是上古早期甲骨文、金文中就已產生，並普遍使用的，如"于"（于[甲]于[金]）、"自"（自[甲]自[金]）、"至"（至[甲]至[金]）、"乎"（乎[甲]乎[金]）、"從"（從[甲]從[金]）等，這些從甲骨文、金文中繼承下來的介詞，到《尚書》、《詩經》中仍廣爲運用；而《尚書》和《詩經》中新興的介詞"在"、"由"、"焉"、"及"、"和"、"隨"、"因"、"用"、"爲"、"與"、"諸"等上古中期才普遍使用。有些介詞，是上古中期開始產生，如"當"、"方"、"比"、"緣"。到上古後期在繼承了早期、中期介詞的基礎上，又產生了"嚮"、"臨"、"乘"、"並"、"據"、"循"、"傍"、"依"、"應"、"乘"、"對"等介詞，它們大部份存在於口語中，一部份保留在書面語中；這一部份最能反映漢語介詞發展的特點，有些介詞的使用，例如"于"和"於"等甚至可以幫助我們對漢語語料的時代進行判斷。

　　介詞作爲漢語中的一個詞類，從來源上講，人們一般認爲主要是實詞特別是動詞的虛化這個途徑。從動詞轉化爲介詞，不僅僅是意義上由實到虛的變化，另一方面也是句法結構對詞匯的位置及功能選擇所然。表現在句法功能上，就是由獨立成份轉化爲黏着成份；表現在與其它短語組合上，即由詞變爲黏着詞素，表示一個相對完整的意義。同時，在介詞的形成過程中，又呈現出複雜的狀態，始終與動詞具有密切的關係。例如介詞"于/於"、"乎"、"才"、"從"、"至"、"以"都可以從卜辭中找到大量用爲動詞的例子，它們多處於動/介參半狀態，介詞與動詞的這種親緣關係以及介詞與連詞（特別是"以"、"與"、"及"三個）相互影響，直接影響到漢語介詞收詞範圍大小差異。

　　第一，從數量上看，到上古後期，介詞數量不斷增加，雖然有些上古早期常用介詞如"才"、"越"、"猷"、"暨"等在上古中期的漢語中已經消失，但在消失的同時，不時有新成員被接納到介詞大家庭中，介詞數量由上古45個增加到現代漢語介詞130個。[①] 由於實際消亡的介詞數量遠遠少於新產生的介詞，這種增加正是體現了介詞系統的階段性特點。

　　第二，從種類上看，上古時期的介詞系統是一個開放的系統，一反甲骨文、金文中介詞的單一局面，新興的介詞充實到各個種類當中去。雖然有些介詞呈現出動/介並存的現象，爲我們確定詞性帶來了一些困難，但它們的出現，豐富了介詞系統，緩和了相同的語法形式與不同的語義關係之間的矛盾，在表情達意方面體現了虛詞所特有的價值。

　　第三，從範圍上看，上古時期的介詞主要表現在出現了展示事物邏輯關係和表示原因和目的的介詞，在時地介詞中出現了表示具體方位和沿循的介

[①] 張兵、張誼生《現代漢語虛詞》，華東師範大學出版社，2000年，P88。

詞，在關涉介詞中出現了表示比較的介詞；到魏晋時期，表示排除的介詞的產生，使介詞系統得以完善，此系統一直沿用到現代漢語中。

（二）不同階段的介詞在入句以後，介詞及其介詞短語的位置有所不同

在上古早期的甲骨文、金文中，介詞短語的位置除引進時間的"于/於"字結構大多用在動詞前外，90%處於動詞後作補語。隨着介詞短語所修飾的成份的複雜化，導致動詞帶賓語的句子中介詞短語前移速度加快。這種前移除了強調、對比修飾作用外，主要是爲了使述語後成份不致太多而使句子達到平衡。這是句子結構的自我調節。

（三）出現大量同義介詞

相互具有同義關係的介詞，從其產生時代來看，往往屬於不同階段。如甲骨文、金文中表憑借的介詞祇有"以"，到《尚書》、《詩經》時代，除"以"之外又產生了"用"、"于/於"、"由"，到上古中期又產生了"因"、"於"、"藉"等，到上古後期增加了"緣"和"據"兩個，近代漢語在此基礎上又產生了"乘"、"憑"、"憑賴"、"憑依"、"憑仗"、"憑着"、"據"、"依"、"仗（杖）"、"倚仗"、"靠"、"把"等等；而表示遵循的介詞，在甲骨文、金文中還未出現，到《尚書》、《詩經》中產生了"以"、"由"、"于/於"三個，發展到中期的《春秋左傳》中，又產生了"因"、"自"兩個，到後期表遵循的介詞達12個之多，新產生了"緣"、"循"、"隨"、"與"、"據"、"傍"、"應"、"依"、"如"九個。

介詞中同義聚合關係的研究，可以幫助我們更好地認識古代漢語的特點。例如一組同義詞中，產生時代較早的成員，在文獻中往往出現在帶有濃厚文言色彩的句子中；而新興的成員往往出現在口語程度較高的句子中。

例如，表示處所的介詞"于/於"和"在"以及"自"和"從"的更替，當新興介詞出現後，它們的組合功能往往優於舊有介詞，在句子中的位置也往往更爲靈活。

再如，一部份新興介詞均爲雙音結構，組合方式常常有派生和複合兩種。一種是介詞加表示時體的"着"類和"了"類詞綴，如"隨着"、"順着"、"沿着"、"乘着"、"趁着"、"爲着"、"本着"、"衝着"、"按着"、"照

着"、"向着"、"朝着"、"當着"、"趕着"、"除了"、"爲了"等；另一種是兩個介詞的粘合，如"關於"、"對於"、"由於"、"自從"、"打從"、"自打"、"按照"、"依照"、"依據"、"憑賴"、"因爲"、"方當"、"迄於"、"比及"、"暨臻"、"臨當"、"迫及"、"趕趁"、"與同"、"經由"等等。這一切都是與整個語言發展雙音化規律相適應的。

（四）介詞雖爲虛詞，但在句子的各成份中承前啓後，大多數介詞個性特點突出，但若撇開其左右詞語或前後結構，介詞又往往沒有明確的含義

從這個角度觀察上古漢語的介詞，可以發現古漢語的介詞在組合功能方面也有一些發展變化。我們可將這種變化歸納爲兩種：一是介詞的句法結構中介詞與涉及成份的位置，二是介詞對涉及成份的語法屬性的選擇，尤其是其中介詞賓語和謂語動詞爲變化的核心因素。在甲骨文、金文中，介詞的賓語構成都較爲簡單，多爲時間、地點和人物的名稱，且賓語沒有一例省略。上古早期，受"介詞+賓語"所修飾的成份多爲單音節動詞；到中期的《春秋左傳》中，介詞後面不再祇帶體詞性結構，間或也能帶謂詞性結構甚至帶形容詞，有的介詞如方式介詞"以"和關涉介詞"與"的賓語常常省略，或者常常前置，介詞短語所修飾的成份越來越複雜，如動詞後面大多數帶賓語，有的還常有補語。此外，受"介+賓"修飾的成份可以是非單音動詞，這些變化都是爲適應新的漢語語法系統應運而生；同時，這種變化在不同種類介詞中的發展又是不平衡的。例如，上古漢語I類時地介詞中，表示時間的介詞開始出現複音化，且有很多熟語和固定結構，位置極爲靈活，可出現於謂語前、謂語後，句子前以及複句前，且種類繁多，表意精細；而表示處所的介詞多在謂語前出現，極少位於謂語後，且不出現在複句當中。其中"于"字多可和疑問代詞結合形成"于以"、"于何"、"于胡"、"于時"等固定短語，但祇出現於謂語動詞前。II類表示原因的介詞，固定結構和固定短語較多，且位置較爲固定，大多祇出現於謂語動詞前面，表意明確，標誌明顯，不易與其它種類相混淆。III、IV類方式和關涉介詞一般不出現在複句或句子前，以位於謂語前爲主，複音介詞很少，幾乎沒有固定結構。

二、漢語介詞系統的適應性

不管是以共時、靜態的角度觀察，還是從歷時、動態的角度來觀察漢語介詞的特點，我們都會得出這樣一個結論，即漢語的介詞系統既是一個具有不同層次的詞彙系統，又是一個相對穩定而又不斷發展變化的系統，而這種發展和變化又是與整個漢語的歷史演變緊密地聯繫在一起的，特別是與漢語語音、詞彙、語法的歷史演變相適應的。

（一）早期漢語介詞與語音之間的關係，主要體現在音變構詞

表現為三個方面，一是一些介詞出現了不同的書寫形式，也就是我們常說的同音通假，而這種通假正是對漢語語音的歷史演變的反映。

例如，甲骨卜辭中的特殊介詞"才"，可以介地點，也可以介人、時間，同時又由於"才"與"在"古音相同，都為從紐之部，介地點時相通，在卜辭中成為一個詞的不同書寫形式。

從古文字的資料來看，甲骨文裏祗有"于"字，沒有"於"字，春秋時期金文裏纔有"於"字。此外，《毛傳》常常用"於"來解釋"于"，《鄭箋》常常用"於"來解釋"乎"。① 我們從古音學的角度來攷察表示位置的介詞"于"、"於"、"乎"三者的關係，發現"于"為匣母魚部，"於"為影母魚部，"乎"為匣母魚部。三者之間，"于"和"乎"屬同音，"于"與"於"、"乎"屬同紐，聲母發音部位相同。王力先生擬測"于"、"於"、"乎"三字古音值，雖音近非同，但在語言的流變中，在方言中，有可能是同音的。同時，"諸"作介詞時，也往往因為聲音的緣故與"于"和"乎"通用。如：

孝弟發諸朝廷，行乎道路，至乎州巷，放乎搜狩，修乎軍旅。（《禮記·祭義》）

由此，郭錫良先生認為先秦典籍中的"於"、"乎"、"諸"都是介詞"于"在書寫上的幾種變體。②

此外，我們發現，《公羊傳》釋《經》皆用"何以"，而《穀梁傳》則

---
① 孫良明《古代漢語語法變化研究》，語文出版社，1994年，P85。
② 郭錫良《介詞"於"的起源和發展》，載《中國語文》1997年第2期。

常用"何用"。攷查"以"與"用"之間的關係,二者爲"一聲之轉"。同樣,介詞"用"與"由"之間、"用"與"爲"之間以及"與"和"以"之間,皆展示了音近義通的原則。例如:

[1] 故謀用是作,而兵由此起。(《禮記·禮運》)

[2] 智不足與權變,勇不足以決斷,仁不足以取予。(《史記·貨殖列傳》)

另外,上古早期產生的處所介詞"向",在上古中期又產生了另一個寫法"鄉",到上古後期,處所介詞除"向"之外還有另外一種寫法"嚮"。據我們攷察,"向"祇出現在《莊子》、《論衡》中;"鄉"祇出現在《左傳》中;"嚮"最早出現在《尚書》中,後來既出現在《史記》中,又出現在《論衡》中。這種階段性互補,正好説明"向"-"鄉"-"嚮"之間語音上的聯繫以及上古漢語部份介詞的聲音爲主,假借爲用的特點。

二是漢語語音的發展變化,形成了兩個特殊的介詞,又稱合音兼義詞。例如上古早期出現的處所介詞"焉"和關涉介詞"諸"。"焉"是介詞"于/於"和代詞"之"的合音,"諸"是代詞"之"或"是"和介詞"于/於"的合音。這正是語音的演變在介詞中的反映。此後,這種合音詞在上古早期呈現了泛化,"諸"和"焉"都可表示處所和關涉。到上古後期,隨着漢語詞匯雙音化趨勢,這種泛化得到了控制。除了"焉"仍可表示處所、方式和關涉外,"諸"祇能表示處所。發展到上古晚期,"焉"、"諸"逐漸成了專職句末語氣詞,介詞的意味已經不存在了。發展到現代漢語,此類介詞消失,祇保留在成語或仿古的句子中。

三是上古漢語中一些音變現象也説明了伴隨詞語虛化的語音變化趨勢。[①] 從動詞"在"向介詞"在"虛化過程來看,"在"在補語的位置上常讀 [də],由動詞語法化爲功能詞,其發展和演變表現在三個方面:一是聲母由舌尖前 [ts] 向最常見的無標記的輔音——舌尖音 [d] 靠近;二是韵母由複合元音 [ai] 簡單化——弱化成較含混的央元音 [ə];三是聲調的失落。石毓智(2001)曾從語法化的以上三個伴隨特徵入手進行深入探討,歸納指出:

---

① 江藍生《語法化程度的語音表現》,載《近代漢語探源》,商務印書館,2000年。

"一個語法化過程的輸入通常是普通的詞彙，輸出則是一個語法標記，而且毫無例外地伴隨着語音形式的弱化。這是人類語言語法發展的一個共性。"①

（二）漢語介詞的發展演變與詞彙的關係

這主要表現在兩個方面：一是新詞的不斷產生和舊詞的不斷被淘汰。發展到後期，使用逐漸相對集中於口語虛詞，舊有的介詞標記都爲新出現的介詞所取代。例如，表時間和處所起點的介詞，在"自"、"由"、"從"中，"從"占優勢；處所介詞"在"逐漸取代"于/於"；關涉介詞"和"取代"與"；表示處置的"將"和"把"取代"以"，等等。發展到現代漢語，被動句的標記"被"、"叫"、"讓"，比較句的標記"比"，工具格的標記"用"等的固定化，這一切都是漢語詞彙在歷史演變中不斷自我規範的最基本的事實。另一方面，隨着整個漢語詞彙雙音化，介詞並未出現大量的雙音介詞。以處所介詞爲例，除"至于"和"至"在甲骨文中同時存在外，直到中古才產生"在於"、"從於"、"嚮於"三個複合介詞，到近代漢語才產生了"經由"、"沿着"、"循着"、"順着"這樣幾個加時態助詞"着"的雙音介詞。我們之所以很難在上古見到雙音介詞，即使是中古產生的雙音介詞，其構成方式也祇有同義聯合或者增添"體"標記詞綴兩種。究其原因，大約是由於中古以後陸續出現了一批新的單音介詞，其意義和作用趨於單一，減少了歧義；而且介詞的賓語有短有長，介賓短語也就與其前或其後的動詞常常構不成互爲協調的音節單位。但另一方面，我們仍然可以從介詞所涉及的成份身上尋找到雙音化趨勢的綫索。以處所介詞"自"爲例，正如調查所得，處所介詞位於動詞前和位於動詞後與所修飾成份的複雜與否有密切關係，即當動詞爲光桿單音動詞時，"自+處所"絕大部份位於動詞後；當受修飾成份複雜，即爲非單音結構及動詞帶賓語、補語時，"自+處所"位於動詞前。② 這個原則，從古到今一直影響着漢語介詞結構的位置。因此，漢語詞彙的雙音化直接促成了介賓結構位置由動詞後向動詞前的移動。這符合語言表達中時間順序的"臨摹原則"和

---

① 石毓智《語法的形式和理據》，江西教育出版社，2001年，P107。
② 張赬《從先秦時期"介詞+處所"在句子中不合規律分佈的用例看漢語的詞序原則》，載《語言研究》2000年第2期。

語言符號系統内部的"抽象原則"。①

(三)漢語介詞的發展就是語法發展的直接表現

1. 介詞作爲語素構成雙音新詞或固定結構

正如前述,詞匯的語法化毫無例外會引起詞匯系統的調整變化。王力和朱德熙都曾指出,漢語的構詞法和句法具有高度的一致性,構詞法是語法問題,同時也是詞匯問題。在漢語雙音化趨勢的作用下,兩個高頻率緊鄰出現的單音節詞就有可能結合成一個雙音單位,即兩個語素經過重新分析而削弱或者喪失其間的邊界,最後成爲一個語言單位。這個過程亦可稱爲"複合化"(Compounding)。這種複合化具有雙重效用:語法化和詞匯化(Hopper, Traugott 1993:49)。解惠全曾將漢語詞的複音化的途徑概括爲二:一是句法構詞途徑,指兩個或幾個語素本來是單音詞,經由主謂、聯合、偏正、述賓、述補、介賓等句法關係演化成複音詞;二是非句法構詞途徑,指兩個語素在作爲單音詞時彼此之間不能構成上述各種句法關係,衹是由於經常在某種特定的語境中相連使用,逐漸凝固,演化爲複音詞。②

對照上古漢語的介詞,有一些單音節介詞,常常以單音節的名詞或謂詞充當自己的介詞賓語,隨着漢語單詞雙音節化的日趨發展,這些雙音節的介詞短語就慢慢地變成了一個雙音節詞。例如:

以爲(動詞)、所以(連詞)、是以(連詞)、可以、足以(助動詞)、與其(連詞)、至于/於(連詞)、對于/於、自從(新介詞,兩個介詞合成)、于是、於是、於是乎(有介詞和連詞兩種用法)、由是、由此(連詞)、因是、因此、因以(連詞)、由此觀之、由是觀之

從結構方式上看,以上"于是"、"於是"、"由是"、"與其"、"是以"、"是用"、"所以"等都是次動賓式連詞。從組合功能上看,"由此/是"是介詞"由"由表示時間、處所起點的用法引申表示原因,它的賓語常常爲單音代詞"是"和"此",介賓凝固而成。

我們已經明確了語義的相宜性和句法環境是介詞及其賓語詞匯化的兩個

---

① 謝信一《漢語中的時間和意象》,載《國外語言學》1991年第4期。
② 解惠全《關於虛詞複音化的一些問題》,載《語言研究論叢(七)》,語文出版社,1997年。

必要條件。然而，詞匯化是一個漫長的過程，在新形式產生之後，舊形式並不一定立即消失，這就形成了一種交叉現象。在具體的言語中，區分的標準顯然不能單單根據功能，應該更多地依據前後兩個部份之間的關係，即：結構上的凝固性以及語義上的融和性，並依據語言的時代性仔細辨別。同時，從歷時的角度觀察，特別是對古今漢語進行比較研究後發現，和介詞有關的複合化在漢語雙音化的趨勢下，往往伴隨着這樣兩個進程：

第一，古代漢語中有一類動詞加介賓構成的結構，介詞及其賓語共同充當動詞的補語，當動詞和介詞都爲單音節時，它們常常黏合爲一個詞。古漢語中這種"動補結構"→"動詞/形容詞"是一種正在虛化過程中的過渡現象。由於介詞的語法化程度參差不齊，對照現代漢語中已經完成了虛化進程的"X于/於"（至于/於、敢于/於、勇于/於、忠于/於、勤于/於、乐于/於、善于/於、苦于/於、难于/於等等）來説，這些"X介"的虛化進程還祇是剛剛開始。同時，從誦讀的角度看，這些"X介"結構中的介詞必定在語音上產生弱化。①

第二，從語言發展的角度看，與動作行爲特徵密切相關的動詞，由於經常用作次要動詞，最後演變成介詞。同時，語言就會創造一個普通動詞來承擔這個介詞原來的職務，而通常的方式是以其爲詞根和其它動詞結合構成一個雙音節詞來表示。在這些雙音複合詞中，虛化的動詞的位置常常比較固定，當處於複合雙音動詞的後位時，意義已經泛化，詞匯意義主要靠前位動詞來體現，在句法結構中往往處於動補結構的補語位置，以表示動作的結果或趨向；當處於複合雙音動詞的前位時，僅僅表示動作本身而不涉及動作的結果。例如：

把——把握、把持

從——隨從、服從、聽從

跟——跟隨、跟踪

爲——成爲、作爲

與——參與

憑——憑賴、憑借、憑仗、憑依

除——除去、除開、除掉、消除、驅除、摒除、祛除

---

① 參見董秀芳《詞匯化：漢語雙音詞的衍生和發展》，四川民族出版社，2002年。

在現代漢語中，甚至可以依靠單、雙音節的構詞法來作爲介詞和動詞的區別形式。由此也可以印證：雙音化趨勢的動力不僅僅是來自於語言系統內部的漢語語音系統逐步簡化的一個平衡（王力1958：268；呂叔湘1961：440），也是來自於句法本身，即詞匯的句法分工要求用相應的構詞方式加以區別。①詞匯的雙音化趨勢爲這種分化提供了可能。

2. 漢語介詞在篇章中的連接作用

漢語的句子多意合式，基本不用關聯詞。由於句與句在語義上具有內在的聯繫，所以必定要求有一定數量的銜接成份。事實上，介詞的運用不僅擴大了句子的容量，而且使分句與分句的語義關係更爲明顯。例如《左傳》：

［1］所以天昏孤疾者，爲暴君使也。其言僭嫚於鬼神。（《昭公二十八年》）

［2］秦於是乎輸粟於晉，自雍及絳相繼，命之曰泛舟之役。（《僖公十四年》）

［3］自十月不雨至於五月，不曰旱，不爲災也。（《僖公三年》）

［4］鄭伯及其大夫盟，君子是以知鄭伯之不已也。（《襄公三十年》）

［5］秋，叔孫豹及諸侯之大夫及陳袁僑盟，陳請服也。（《襄公三年》）

［6］冉有以武城人三百爲己徒卒。（《哀公十一年》）

上舉各例中的介詞除了修飾功能外，同時還具有關聯功能。

介詞的關聯功能大致有兩種：

一是表示順序（起始順序、終止順序），例［2］表示處所的起始和終止，例［3］表示時間的起始和終止，例［5］［6］表示一種邏輯上的先後順序。

二是表示原因，例［1］［4］兩句中的介詞"以"都是表示原因的，其中"所以"和"是以"由於"賓介"位置的凝固以及在整個句中銜接意義的穩固，即句法環境的穩固性和語義的相宜性最終導致其在中古發展成爲原因連詞，連接句與句之間的因果關係。

---

① 石毓智《語法的形式和理據》，江西教育出版社，2001年，P155。

介詞的銜接方式有兩種：連用與合用（配合使用）。連用分爲兩種，一種爲同詞連用，如例［5］介詞"及"的重複出現；另一種爲同類連用，如例［2］"自"和"及"同爲處所類介詞，例［3］爲時間類介詞，它們都是具有相同的表義功能的介詞的連續使用。合用，主要指前後的呼應配合，如例［6］"以……爲"的框架配合結構。

　　介詞的銜接位置有兩種：句首與句中，其標誌爲居於謂語動詞之前或之後。處於句首的如例［1］、例［2］，處於句中的如例［4］。當介詞"以"及其賓語位於主語之後，從誦讀的角度看，主語後面略有停頓，不但語氣舒緩，而且更突出了該介詞承上啓下的銜接功能。

　　以上這些用例，如果去掉相應介詞，不僅分句與分句間語義模糊，甚至產生歧義，嚴重影響我們對句意的理解。因此，從另一種角度看，介詞在篇章中的連接功能，揭示了漢語介詞在篇章連貫（Cohere）的過程中，所起的對各種意義關係的協調作用。

　　3. 語法的發展必然帶動介詞自身系統的發展，而詞類的變化也必然帶動句法的發展，使句法結構呈現出複雜化的局面

　　隨着表示邏輯關係複句的大量涌現，句子信息量的增大，介賓結構主要有三個方面的發展：

　　第一，介賓結構位置的變化。上古早期介詞的賓語大多爲名詞、代詞和一些形容詞，到中期，賓語可以是動詞，甚至是主謂結構；① 介賓結構在上古早期衹能做狀語和補語，到中期已可以做定語、謂語等多種句法成份。這一切，必然促進句子的複雜化趨勢，介賓結構的位置也相應變得靈活多樣，可以位於主謂或複句之前，逐漸和句子動詞的距離疏遠而變得複雜，加之複音介詞的出現，都爲介詞轉化爲更虛的連詞，純粹表示句與句之間邏輯關係準備了條件。

　　第二，介詞的連用。隨着介賓結構位置的靈活以及介詞與動詞關係的複雜化，以及依附性的減弱，在一個句子當中往往出現多個介詞，表示多種意義。② 我們通過對《春秋左傳》的調查研究發現：介詞的共現主要表現在兩個

---

① 例如《左傳·哀公十八年》："及巴師至，將卜帥。"
② 例如《左傳·定公十年》："駟赤與邱人爲之宣言於邱中曰：'侯犯將以邱易於齊，齊人將遷邱民。'"

介詞短語分別置於動詞前後，各自以介賓狀語和介賓補語的形式對中心成份進行修飾說明。從意義上說，表意完整清晰；從句式上說，結構穩定。這符合語言發展的大趨勢，即表意更加豐富，結構更加明確。

第三，介詞的隱含。從語義的角度看，介詞的增加擴展了句子的層次，突出了表意的重點，使語義更加豐滿；而從修辭的角度看，在不引起歧義的情況下，例如在先秦，實體名詞和處所名詞是通過介詞"于/於"作爲區別標誌的；到了西漢，隨着表意的精確化，特別是雙賓語句的出現，以及漢語的雙音化趨勢，很多單音節處所名詞後出現了"上"、"中"、"下"等方位詞，"於"的標誌作用消失，出現了大量的不用處所介詞表示處所的句子（如現代漢語"戰上海"、"出門"、"出境"、"入關"等等）。介詞的"省略"一方面使句子簡煉，並增加語義含量，另一方面也可能是口語風格造成的。

4. 介詞的進一步虛化

從漢語史的角度看，有一部分連詞是由介詞虛化而來的。以"以"爲例，"以"可以說是古漢語介詞中的超級介詞，身兼數職且數量衆多。在《春秋左傳》中，"以"作介詞用法出現了1680次，作連詞出現了1086次。"以"的連詞頻率僅次於介詞，其用法逐漸精細，並開始固定化。一方面，由於介詞"以"的賓語既可以前置，又可以省略，"以"可以處於兩個謂詞性結構之間，因而具備了進一步虛化爲連詞的條件。如果動詞短語可用V_1N_1和V_2N_2來表示，連詞爲C，那麼"以"由介詞P演化爲連詞C的軌跡是：

$$V_1N_1+ P（以）〔N〕+V_2N_2 \longrightarrow V_1N_1+C（以）+V_2N_2$$

其中，N是介詞"以"的語義賓語。"以"由介詞轉化爲連詞的關鍵在於介詞"以"的前後均有動賓短語，而"以"的語義賓語恰恰是前一動賓短語的複指成份。如果句子中的"以"的賓語前置或省略，那麼它就處於兩個動賓結構之間。動賓結構如果由短語變爲句子，這時的"以"介引功能逐漸消失，隱含賓語的複指功能亦隨之消失，連接作用便上陞爲它的主要功能。如果說介詞"以"與動詞"以"在詞匯意義上還有某種千絲萬縷的聯繫，那麼連詞"以"的產生過程則是在一定的句法條件下逐漸喪失其原有的詞匯意義而成爲某種語法功能的標誌的過程，這時的介詞就演變爲詞匯意義虛化而語法作用顯露的連詞。因此，介詞賓語的脫落以及"以"字在句子結構中的位置的變化，是"以"由介詞虛化成爲連詞的根本原因。另一方面，我們還要注意其它連詞對"以"的類化影響。例如"而"，《說文解字》："而，頰毛也，象毛之形。"段玉裁註："引伸假借之爲語詞，或在發端，或在句中，或在句末；或可釋爲然，或可釋爲如，或可釋爲汝……"儘管其本義是實詞，但借爲連詞後，在上古漢語中是少有的幾個使用頻率高、用法靈活的連詞之一。在"以"由介詞虛化爲連詞的過程中，受到頻率很高的"而"的影響，產生了類似於"而"的用法，導致"以"、"而"連詞的語法功能部份重合的現象；但因其來源不同，其用法仍有區別。由於受"以"的介詞"基因"的影響，往往"以"連接的修飾成份與後面中心詞的關係比"而"的前後成份結合得更爲緊密。它們總是相互依賴、制約，形成前後錯綜複雜的語義關係。再如連接時間詞與動詞的"以"，[①]細究其來源，仍然是由介紹時間的介詞"以"帶前置賓語而來，但由於受連詞"而"的類化，使其具有連詞功能。這時，我們很難看出這裏"以"在詞彙意義上與動詞或介詞"以"有什麼聯繫，這純粹是句法環境對語言功能的類化所致。

我們通過本課題的調查研究發現，語義關係和語法關係的聯繫，往往通過表現規則（Expression rule）來體現。我們在調查中得出的很多結論，往往相互聯繫，相互依存，相互印證。語義關係和語法關係經常又以相互映射（Mapping）的方式加以協調和發展。利奇（1974：191，201）曾從言談者的模型的角度提出了從語義關係到語法關係的四個表現過程，即：詞彙化（Lexicalization）、結構壓縮（Structural compression）、綫性化（Linearization）、話題化（Thematization）。簡而言之，詞彙化是"選擇詞彙項目以表現一定的內容"，結構壓縮是"通過省略和其它手段而把組成成份的結構的複雜性減少"，綫性化是"把信息（Message）依綫性順序表現"，話題化是"爲了有效地排列重要性而安排信息"。[②]如果我們將介詞的種種表徵加以驗證，那麼介詞的詞彙興替、由介詞參與形成的固定結構、介詞及其相關成份隱現、多個介詞的共現、介詞及其介詞結構的位置變化、介詞結構所表現的篇章銜接功能及修辭強調功能等等，無不順應語言發展的強大趨勢，並從

---

① 例如《左傳·僖公十五年》："夕以入，則朝以死。"
② 繆錦安《漢語的語義結構和補語形式》，上海外語教育出版社，1990年，P20。

各個方面推動和平衡這種發展的速度和方向。一方面，我們結合漢語的語音、詞彙、語法的歷史演變，能更好地認識漢語介詞的特點；另一方面，通過上古漢語介詞向現代漢語介詞的發展，能更清楚地觀察到漢語語音、詞彙，語法的某些歷史演變現象。二者相輔相承，相得益彰。

貳　《禮記》中的範圍介詞"與"及其發展

一、《禮記》中的範圍介詞分類攷察

《禮記》中"與"共出現了359例，介詞"與"143例，其中範圍介詞137例。[①] 本文擬從以下兩方面對《禮記》中的範圍介詞"與"進行攷查：一是範圍介詞"與"在《禮記》中的分類情況；二是範圍介詞"與"的發展及其同類介詞的出現。

《禮記》中的範圍介詞"與"有三種基本情況：第一種是"與"祇出現在動詞性詞組（以下簡稱VP）前；第二種是"與"字前面可出現各種類型的修飾語；第三種是"與"字前後兩個成份之間爲伴隨關係，而非並列關係。

（一）《禮記》"與"字之前出現的修飾語類型

1. 副詞

［1］姑姊妹女子子已嫁而反，兄弟弗與同席而坐，弗與同器而食。（《孔子閒居》）

［2］刑於隱者，不與國人慮兄弟也。（《文王世子》）

［3］壹與之齊，終身不改，故夫死不嫁。（《郊特牲》）

［4］祭祀之相，主人自致其敬，盡其嘉，而無與讓也。（《郊特牲》）

[①] 本文所指範圍介詞是按照邢福義《漢語語法學》（1998）的分類方法，將介詞分爲涉動和涉形兩大類，範圍介詞多是涉動介詞在介合作用中跟範圍涉及面的意義相聯繫的介詞。本文所稱介詞"與"都指範圍介詞"與"。

2. 連詞

［1］殷人殯於兩楹之間，則與賓主夾之也。（《檀弓》上）

［2］夫子聽衛國之政，修其班制，以與四鄰交。（《檀弓》下）

［3］天子乃與公卿大夫，共飭國典，論時令，以待來歲之宜。（《月令》）

［4］將君我，而與我齒讓。（《文王世子》）

［5］故與志進退，志輕亦輕，志重亦重。（《祭統》）

3. 助動詞

［1］大夫士之子，不敢自稱曰嗣子某，不敢與世子同名。（《曲禮》下）

［2］親親也，尊尊也，長長也，男女有別，此其不可得與民變革者也。（《大傳》）

［3］君子之道，淡而不厭，簡而文，溫而理，知遠之近，知風之自，知微之顯，可與入德矣。（《中庸》）

［4］設賓主，飲酒之禮也，使宰夫爲獻主，臣莫敢與君亢禮也。（《射義》）

4. 結構助詞

［1］若夫禮樂之施於金石，越於聲音，用於宗廟社稷，事乎山川鬼神，則此所與民同也。（《樂記》）

［2］管仲遇盜，取二人焉，上以爲公臣，曰：其所與游辟也，可人也。（《雜記》）

5. 代詞

死者如可作也，吾誰與歸？（《檀弓》下）

（二）介詞"與"在句子中的基本類型

1. "與NVP"（介詞"與"的主語不出現）[1]

［1］與其鄰重汪踦往，皆死焉。（《檀弓》下）

［2］爵人於朝，與士其之，刑人於士，與衆弄之。（《王制》）

［3］丹、漆、絲、纊、竹、箭，與衆共財也。（《禮器》）

［4］與諸侯爲兄弟，亦爲位而哭。（《奔喪》）

---

[1] 處在介詞前後的詞語，即介詞的涉及詞，一律用N表示，以便稱謂。

2. "N₁與N₂VP"（介詞"與"的主語和賓語都出現）

[1] 吾與女事夫子於洙泗之間。（《檀弓》上）

[2] 故事與時並，名與功偕。（《樂記》）

[3] 賓牟賈侍坐於孔子，孔子與之言及樂。（《樂記》）

[4] 公與父兄齒，族食世降一等。（《文王世子》）

3. "與VP"（介詞"與"的主語和賓語都不出現）

[1] 君不與同姓同車，與異姓同車不同服。（《孔子閒居》）

[2] 寡婦之子，非有見焉，弗與為友。（《曲禮》上）

[3] 是故不知聲者，不可與言音；不知音者，不可與言樂。（《樂記》）

[4] 天子無事，與諸侯相見曰朝（《王制》）

這類句子的造句條件是：介詞的賓語不出現，但是沒有出現的介詞賓語，讀者可通過語言環境領會出來。我們同時還發現，《禮記》中"與"字之前面有否定副詞的句子共計28例，其中"弗與"後面的賓語全部不出現（10例），"不與"（包括"不敢與"、"不可得與"）後面賓語絕大部份出現（12例），祇有兩例"不可與"後面不帶賓語，"莫（敢）與"祇有一例後帶賓語，"無與"一例後面不帶賓語。這樣，否定副詞後面的"與"字帶不帶賓語，跟副詞本身有關，在用法上形成互補。如表所示：

例字＼賓語類別	帶賓語	不帶賓語
弗	2	10
不	12	2
莫	1	0
無	0	1
總計	13	13

表1 《禮記》否定副詞用法

4. "N₁N₂與VP"（介詞"與"的賓語前置）

[1] 死者如可作也，吾誰與歸？（《檀弓》下）

［2］儒有今人與居，古人與稽，今世行之，後世以爲楷。（《儒行》）

例［1］是上古漢語中經常所見的疑問代詞作賓語的介賓倒置，"誰與"即"與誰"。例［2］孔穎達疏云："今人與居，古人與稽者，言儒與今世小人共居住，與古人之君子意合同也。"① 因此，此句的"今人"和"古人"都爲介詞"與"的前置賓語。這是運用修辭上的強調手法，將"今人"與"古人"進行對比，與後面的"今世"、"後世"形成鮮明的對照。此用法在《禮記》中罕見，僅見兩例。

（三）範圍介詞"與"的語法意義類型

從"與"字的賓語跟句子主語之間的意義關係來攷查，範圍介詞"與"的語法意義有如下幾種：

1. 表示共同

主語跟介詞賓語共同實現某動作行爲。

［1］若公與族燕則異姓爲賓，膳宰爲主人。（《文王世子》）

［2］父不爲衆子次於外，與諸侯爲兄弟者服斬。（《喪服小記》）

［3］是故不知聲者，不可與言音；不知音者，不可與言樂。（《樂記》）

［4］主人與客讓登，主人先登，客從之，拾級聚足，連步以上。（《曲禮》上）

2. 表示協同

主語協同"與"的賓詞一起去實現某一動作行爲。

［1］死者如何作也，吾誰與歸？（《檀弓》下）

［2］凡與客人者，每門讓於客。（《曲禮》上）

［3］食士飲酒，不與人樂之。（《喪大記》）

［4］是故天子之祭也，與天下樂之；諸侯之祭也，與竟內樂之。（《祭統》）

3. 表示比較

主語和"與"的賓語含有比較的意思。

［1］世子不降妻之父母，其爲妻也，與大夫之適子同。（《喪服小

---

① 《十三經注疏》，中華書局，1980年，下冊，P1670上。

記》）

［2］斬衰之葛，與齊衰之麻同。（《喪服小記》）

［3］大樂與天地同和，大禮與天地同節。（《樂記》）

［4］仁有三，與仁同功而異情。（《表記》）

4. 表示相關

主語因仍"與"的賓語的變化而實現其動作行爲。

［1］故與志進退，志輕則亦輕，志重則亦重。（《祭統》）

［2］昭與昭齒，穆與穆齒，凡有司皆以齒，此謂長幼有序。（《祭統》）

［3］禮之薄厚，與年之上下。（《禮器》）

（四）《禮記》中範圍介詞"與"出現的固定結構類型

《禮記》中範圍介詞"與"出現的固定結構共有兩種：

1. 所與

有兩種句式：

（1）"所與（N）VP"

其所與游辟也，可人也。（《雜記》下）

（2）"所與NVP"

若夫禮樂之施於金石，越於聲音，用於宗廟社稷，事乎山川鬼神，則此所與民同也。（《樂記》）

"所與游"即"與他交游的人"；"所與民同"即"和民相同的事情"。其中"所"字是結構助詞，在句中起着把後面動詞性短語改變爲名詞性短語的作用。

2. 相與

［1］是故古之君子，不必親相與言也，以禮樂相示而已。（《經解》）

［2］則彼朝死而夕忘之，然而從之，則是曾鳥獸之不若也，夫焉能相與群居而不亂乎？（《三年問》）

［3］御於君所，以燕以射，則燕則譽，言君臣相與盡志於射。（《射義》）

在句子結構中，"相與"已凝固得相當緊密，"與"的介詞性虛化，已經可以看作是個複合副詞。

　　關於"與"的固定組合，我們有必要將單音介詞"與"同複音連詞"與其"作一比較，連詞"與其"常常出現在"與其……寧"、"與其……不若"句式中，這種句式由前後相互呼應的詞或短語構成，在許多古漢語語法著作中祇強調它們相互呼應的關係，而對這種句式中複音連詞"與其"的來歷沒有進行過多的討論。元代盧以緯在《助語辭》中祇提到"與其，蓋比較之辭，而意之所主不在此。如《論語》'與其奢也'之類"。①

　　我們將《禮記》中出現的連詞"與其"在句中的語法結構進行比較分析，可以看出複音連詞"與其"與範圍介詞"與"的淵源關係。例如：

　　［1］與其不當物也，寧無衰。（《檀弓》上）
　　［2］與其使浮於人也，寧使人浮於食。（《孔子閒居》）
　　［3］與其有諾責也，寧有已怨。（《表記》）
　　［4］與其哀不足而禮有餘也，不若禮不足而哀有餘也。（《檀弓》上）

　　上面四個例句中的"與其"都爲複音連詞，連接分句，表示在衡量兩種情況中進行選擇，常同後一分句表示選擇的連詞"寧"、熟語"孰若"、"不如"等呼應，"與其"後的情況是要捨棄的。有時爲了強調選取的一方，分句次序甚至可以顛倒。上舉第一個例子，是將"無衰"與"不當物"相比較。王克仲曾對這種句式進行分析，認爲如將此句語義補全，句式應爲："無衰與不當物也，寧無衰→與其不當物也，寧無衰。"箭頭左面的句子經過簡縮，將呼應詞之後所出現的那一部份內容省略。②

　　我們同時發現，介詞"與"的前面失去了比較項之一，且此選項爲句子的話題，從而造成句子主題信息持續性的斷裂，造成句子結構的失衡，因而將語義上省略的部份用"其"來複指，起到一種強調的作用。當代詞"其"所指別的對象出現在它後面且缺乏語境照應時，從而"其"的指示作用弱化，指示功能的喪失卻在語氣上使"其"獲得另外一種功能的補償，即調劑音節、舒緩語氣，加強推拓意義的作用，最終虛化爲語素，用來組成複合虛詞"與其"。

---

① （元）盧以緯《助語辭》。
② 王克仲《先秦虛字"與"字的調查報告》，載《古漢語研究論文集》，北京出版社，1984年，P139—179。

"與"也由表比較的介詞和"其"相結合,轉變成複合連詞,從而和後面的"寧"一起形成一種句式的標記。標記通過配合,往往具有特定的配合義。我們知道,介詞和連詞存在於兩個不同的句子平面當中。介詞祇能出現在簡單句中,而連詞出現在複合句當中,因而介詞"與"虛化凝固爲連詞"與其"不祇是多了個音節,更重要的是多了個結構層次,增加了語言結構的複雜性與靈活性,表義更概括了。也就是說,同樣是表示比較,"與"的虛化表現在句子結構上是擴展了,表現在句子的形式上卻是簡縮了,在簡約的形式中表現複雜的意義,並進而實現句法地位的固定。這是符合語言經濟性原則的。如表所示:

分類 詞例	介詞		連詞	動詞	語氣助詞	固定詞組			合計
	範圍介詞	其它介詞				與其	相與	所與	
數量	137	6	77	62	66	7	3	1	359
百分比	38.16	1.67	21.45	17.27	18.38	1.95	0.84	0.56	100

表2 《禮記》"與"字所屬詞類總表

二、範圍介詞"與"的發展及其同類介詞的出現

範圍介詞"與"在《禮記》中使用情況已如上描述,要研究某種語言現象的發展,應根據語言的繼承性,上溯其源,下探其流。我們本着這樣的思想,以《禮記》爲坐標,對介詞"與"進行歷時性比較,以期發現語言的淵源關係。

(一)詞義虛化與功能語法化

《說文解字》並收"與"、"与"二字。舁部:"與,黨與也。從舁,從与。""与,賜予也。""与"在《禮記》中作動詞"給予"、"參與"、"數(shǔ)"等例共有62個。《禮記·祭統》:"畀之爲言與也,能以其餘畀其下者也。"由此推測,虛詞"與"是假借字。從甲骨文中攷查,範圍介詞的"與"字在商代還未虛化爲介詞,和"與"字意義相近的表示範圍和關係的介詞祇有"暨"。例如:"其禱年,河暨岳酒,又(有)大雨?勿暨酒。"(《人》1943)。此句是卜問將要舉行年祭了,河神跟岳神一起受酒祭是否會

有大雨。真正表示施動者發出動作時涉及對象的範圍介詞"與"是商周時期出現的。例如《商君書·徠民》："秦之所與鄰者，三晉也。"《詩·邶風·擊鼓》："執子之手，與子偕老。"在動詞演化爲虛詞的過程中呈現出階段性。在《禮記》中，介詞功能共出現了143次，動詞功能雖不占主流，但仍未消失。至少在《禮記》時代，動詞介詞用法並存。"與"從結構上開始向介詞虛化的同時，也開始了向連詞的虛化。《禮記》中共有表示並列關係的連詞77例。如果說從"與NVP"中還可以體會到"與"的動詞性，那麼"N_1與N_2VP"的結構中，"與"字前後兩項齊全，並且不帶任何狀語，"與"的意義更加虛化。但是，我們從這種結構中，可以推測這種虛化的過程，即N_1與N_2發出的動作由N_2伴隨N_1完成，到N_1和N_2共同完成，也就是主語的範圍進一步擴大，形成同形異構的句式：$N_1+[（與+N_2）+V] \rightarrow [（N_1+與+N_2）+V]$。這樣，範圍介詞與並列連詞之間就有了千絲萬縷的聯繫。有些"與"字從結構上看，詞性難辨，釋爲連詞或介詞皆可；有的可借助上下文辨別其詞性。但我們也不得不承認有少數例句無法從上下文辨認詞性，祇好將它們歸入"連/介"一類。例如《曲禮》下："君命，大夫與士肸。"《玉藻》："凡賜，君子與小人不同日。""與"發展到近代，動詞功能逐漸衰弱以至於消失，祇有介詞以及進一步虛化而產生的連詞用法存在。

(二) 同義共存與同義分化

首先是虛化後介詞種類的增多，範圍介詞"與"在《禮記》中共四種用法：1.表示共同；2.表示協同；3.表示比較；4.表示相關。這四種意義的介詞"與"及其賓語一律處於動詞之前，無一例後置。它們都可以譯爲"跟"、"和"、"同"。這是介詞"與"的最古老的用法。我們在《禮記》中還發現了兩例表示憑藉的介詞"與"。《禮記·玉藻》："大夫有所往，必與公士爲賓也。"又《禮記·檀弓》："殷殯於兩楹之間，則與賓主夾之也。"這種用法，追朔它的來歷，早在《易經》中就已出現。例如《易·繫辭》上："顯道神德行，是故可與酬酢，可與佑神矣。"

此外，我們還在《禮記》中發現一例"與"表示致使義的用法。《禮記·檀弓》："於是與哭諸縣氏。"這例的"與"可譯爲"使"。我們在《戰國策》裏也發現被動用法的"與",如《戰國策·秦策》五:"吳王夫差栖越於會稽,勝齊於艾陵,爲黃池之遇,無禮於宋,遂與勾踐禽,死於干隧。"在西周金文中開始出現用介詞"於"引進施動者,春秋到秦漢被動句大量出現,形式有十幾種。"與"字作爲被動句的種表達方式,祇是衆多方式中臨時的一種方法(在《禮記》中並未出現),但它在"與"的介詞用法中所占比重畢竟微乎其微。另一方面,也反映出在先秦兩漢,"與"字已經發展成爲一個條件完備的介詞。在隋唐以前的漫長歷史時期中,介詞"與"的用法更爲靈活。值得注意的是,"與"的用法有了新的發展。如果說表示範圍關係是它這個時期最重要的一項用法,那麼在此基礎上,"與"又產生了"對"、"向""爲"、"替"和"給"等義項,如:

[1] 孤降自阼階,拜之,升,哭,與客拾踊三。(《禮記·雜記》上)

[2] 七十者,不有大故不入朝。若有大故而入,君必與之揖讓,而後及爵者。(《禮記·祭義》)

[3] 昔者趙簡子使王良與嬖奚乘,終日而不獲一禽。(《孟子·滕文公》下)

[4] 所欲,與之聚之,所惡,勿施爾也。(《孟子·滕文公》下)

[5] 今子與我取之,而不與我治之;與我置之,而不與我祀之,焉可?(《韓非子·外儲說》左上)

[6] 後若有事,吾與子圖之。(《國語·吳語》)

以上"與"皆引進行爲的對象,可譯爲"對"、"向"、"爲"和"替",這種用法在《禮記》中共有四例,在唐、五代敦煌變文中大量出現,如:

[1] 鍾離未答曰:"臣君陛下,與陛下捉王陵去。"(《漢將王陵變》)

[2] 皇帝聞奏,拍案大驚:"與寡人詔張良。"(《漢將王陵變》)

[3] 佛語難陀道:"我緣今日齋去,是汝且與我看院。"(《難陀出家緣起》)

[4] 大聖呵呵添幸色,與他說喻唱將來。(《維摩詰經講經文》)

[5] 有何所以,請與我宣。(《維摩詰經講經文》)

這類用例與表示"與同"義的"與NVP"處在相同語法位置,但在意義上不同；後者的VP是句子主語（或在句子形式上不出現）與"與N"的N共同施受的動作行爲，而由"對"、"嚮"和"爲"、"替"、"給"組成的"與NVP"，VP則是句子主語（或在句子形式上不出現）給N發出的動作行爲。在宋元時期，特別是在戲曲中，"'與'表示'給'、'爲'、'替'的用法大量出現，占了上風，直到'給'的興起之後，這種用法才逐漸減少，在很長的歷史階段中，'給'的這種用法卻主要是由'與'來承擔的。"① 我們攷察介詞"與"及其所承擔的"給"、"爲"、"替"等介詞義項發現：在《禮記》中介詞"與"尚未出現"給"、"爲"、"替"等義項，而在包括《禮記》在內的先秦典籍中同時就存在介詞"爲"（去聲），如《禮記·檀弓》上："爲桓司馬言之也。"《孟子·梁惠王》下："爲我作君臣相説之樂。"因此，介詞"與"發展的方式是由先秦兩漢單一化發展到隋唐時代呈現出豐富多樣的形式，發展成爲一個功能廣泛的介詞。其特點是一詞兼多種意義，能適用於非常廣泛的語義系統。"給"、"爲"、"替"作爲介詞興起後迅速發展，同介詞"與"同義共存，同義競争，自然淘汰，新興的介詞分別接替了"與"的這些功能，"與"又回到了表義單一化的狀態，職務的分化與分擔甚爲明顯，分工趨向精細，形式更簡約，消除了語言中因詞兼職所帶來的語言歧義及繁複多餘的形式。介詞"與"字表義種類的發展，其數量經歷了"少→多→少"這一變化的過程，表明介詞"與"的職務由兼任到分工，由初期功能擴展，到中期混沌，再到末期削減，由一個詞的多個義位變成多個詞，其用法逐漸純形化。

（三）同義競争與同義替代

上面論述了介詞"與"的發展及其衰落的内部原因。事實上，外界的因素也導致了"與"的衰落。在介詞"與"的表"給"、"爲"、"替"用法出現之時，有三個動詞已虛化爲介詞，即"和"、"同"、"跟"。它們和"與"一樣，不僅以人物爲其引進的主要對象，而且作爲介詞，有較强的規律性。例如，它們前面都可以出現各種狀語，可以不出現主語，單獨帶賓語位於動詞前，且都有進一步虛化爲並列連詞的可能等，具有和範圍介詞"與"相同的語法功能和特點。"和"與"同"在古籍中存在的較早的意義都是實詞，

---

① 程湘清《宋元明漢語研究》，山東教育出版社，1992年，P75。

如在《禮記》中，"和"作實詞就有如下意義：①和協、協調，《禮記·樂記》："其聲和以柔。"②匯合、結合，《禮記·郊特牲》："陰陽和而萬物得。""和"字在《禮記》中還有"與"的意思。蔣雲從（禮鴻）先生認爲："'和'作介詞用，是唐宋習語，宋詞更多。"① 在唐代的變文中，"和"還發展出"跟"的義項，如："我和你做個親眷可不好？"還有"對"義，如："阿媽和你孩兒説了吧！"② "和"作爲近代漢語的新興介詞，其産生的時代是在唐代；但是新的形式完全取代舊形式，仍需一段新舊並存的歷史過程。例如在《金瓶梅》同回既有"與王六兒所交極厚"，又有"和俺家交往的甚好"。與"和"相反，"同"字雖然也是由實詞虛化而來，但在《詩經》中已經出現了介詞"與"的用法，如《詩·豳風·七月》："同我婦子，饁彼南畝，田畯至喜。"在這裏，"同"字引進共同行動者。到了唐代，"同"和"與"一樣又有了引進行爲動作的對象及引進比較的對象的用法，例如杜甫《絶句四首》："梅熟許同朱老吃，松高擬對阮生論。""跟"是在近代從動詞"跟隨"義虛化爲介詞的，仍有"跟從"義。作爲一個後起的介詞，它與"與"、"同"、"和"在表義上沒有什麼區別，都可表示"共同"、"協同"、"相關"、"比較"四個義項，不過在用法上有些細微區別，用法也更加靈活。"跟"後可加時態助詞"着"，在《紅樓夢》中有大量的例子。例如："因我們老子娘都在南方，如今祇跟着叔叔過日子。"而且不同於"和"、"同"，"跟"後可不出現N，例如《老乞大》："如今祇跟着拿馬，且得暖衣飽飯。""跟"既可存在於書面語中，又可存在於口語當中，且口語程度相當高。我們在調查中還發現，在唐代以前就存在介詞"共"，在魏晉之後産生了"與同"義。例如《世説新語·文學》："既知不能逾己，稍共諸生叙其短長。"③ 在口語中，曾形成了"跟"、"與"、"共"、"和"等並存的局面；④ 但據何樂士攷證，到元代有了減少的趨勢。在現代漢語中，"共"的範圍介詞用法卻曇花一現，不見了踪影。在現代漢語中，"跟"、"和"作範圍介詞是絶對優勢，而"與"、"同"的書面語意味很强，在口語中很少用（有

---

① 蔣禮鴻《敦煌變文字義通釋》，上海古籍出版社，1981年，P479。
② 以上二例引自程湘清《宋元明漢語研究》，山東教育出版社，1992年，P83。
③ 本例引自馮春田《近代漢語語法問題研究》，山東教育出版社，1991年，P5。
④ 此類用法"與N"、"共N"的N可省略，尤以前者常見；"和N"的N則尚未發現省略例。

人認爲"同"原來多用在南方話中)。另一方面,"和"作介詞在歷史上紮下了根,而"跟"多流行於北方話區域,①與方言因素的消長有關。"與"字在現代漢語中作介詞用祇是古代漢語的殘留,它的職務多在語言發展中不斷由"和"、"同"、"跟"等詞擔任。範圍介詞"與"之所以到唐代被系列新興介詞所替代,就是因爲受到了頻率很高的同類介詞"和"、"同"、"跟"的類化影響,導致了"與"和"和"、"同"、"跟"的語法功能重合的現象。這種頻率占絕對優勢必然導致了這種語法現象的固定化,這是句法環境對語言功能的強化所致。同時,我們應該注意這種類化作用②的前提條件是語言功能上具有某種相似性,這樣才能隨着彼此出現頻率的消長逐步完成替代。同時,起替代作用的新興介詞的語法功能都比較單一,祇取代了"與"的部份功能,"與"字產生的"給"、"爲"、"替"義項並沒有被"和"、"同"、"跟"完全替代,"與NVP"結構中的N常常可以省略或不出現,而"和"、"同"、"跟"後面的N卻必須出現等。另外,在這種類化發生的同時,範圍介詞系統自身又對介詞進行選擇,以避免語義和句法功能的重合所導致的系統繁重和龐雜。所以在幾個具有相同功能的新興介詞中,"跟"、"和"之所以能戰勝"與"、"同"而存在於現代漢語之中,一方面是語言自身運動發展的必然結果,範圍介詞系統自身的調整和簡化,另一個方面也說明"跟"、"和"更能適應新的漢語語法系統。

通過對《禮記》中範圍介詞"與"的用例及有關問題的討論,我們發現:一方面,古老介詞的語法作用和意義產生了新的變化;另一方面,同類的介詞不斷出現;同時,介詞在新舊交替、變化迅速的情況下,出現了受相關介詞變化影響便"隨波逐流",但又在某一時期內"曇花一現"的現象。我們從中可以窺見漢語發展或變化的某種一般規律或某種特殊規律。

---

① 詳見[日]香坂順一《水滸詞彙研究》虛詞部份,[日]植田均譯,李思明校,文津出版社,1992年,P314。

② "類化"是個語言學術語,最早見於王力《漢語史稿》(中華書局,1980年,P271,P424),表示一種由量變到質變的具有規則性的過程。

叁 "除"字句溯源

帶介詞"除"的句子可稱爲"除"字句。以往有關"除"字句的研究，基本上局限於現代漢語平面以及對外漢語教學，目前所見的古漢語虛詞辭典，大多不收此字。本文擬對"除"字句的歷史源流問題作些探索。

一、"除"的虛化與"除"字句的語法化

在實詞向虛詞虛化的過程中，虛化時間最長、最不徹底的詞恐怕要算"除"了。《說文解字》："除，殿陛也。"即宮殿的臺階。段玉裁註："殿謂宮殿，殿陛謂之除，因之凡去舊更新皆曰除，取拾級更易之義也。"《廣雅‧釋詁》："除，去也。"《說文通訓定聲》："除，假借爲袪。"我們從以上字書的解釋，可以粗略地把握"除"字意義的演變，即：名詞→動詞。儘管如此，我們在《論語》、《孟子》中竟未發現一個"除"字，《尚書》中祇有2例"除"字，《詩經》中祇發現4例，《國語》中有27例，《春秋左傳》中共有45例，《戰國策》中共有18例。經攷察，全部爲動詞，未發現有名詞用法。這說明在上古漢語中，"除"字主要是承擔動詞的功能，我們將這種含有減除意義的"除"字作動詞的句式稱爲除動句。[①]

我們同時還發現，在《左傳》、《國語》的除動句中，"除"字有了新的發展，"除"經常和其它動詞結合形成雙音複合詞。例如，在《春秋左傳》中，出現了"除翦"、"糞除"、"葬除"、"振除"，在《國語》中出現了"掃除"、"被除"、"糞除"。這些現象說明，此階段"除"字的位置已經比較固定，常處於複合雙音動詞的後位，意義已經泛化，詞匯意義主要靠前位動詞來體現，在句法結構中往往處於動補結構的補語位置，以表示動作的結果或趨向，從而也證明了"除"字早在先秦就已經揭開了實詞虛化的序幕。但是我們並未看到這種虛化在東漢以後的進一步結果，直至魏晉南北朝時期，纔有

---

① 在上古漢語中，"除"字作動詞有多種意項。本文所探討的除動句，祇包含"除"有"去掉"、"減除"意義的句式，不包含"除"有其它動詞意義的句式。

"除"字作爲介詞的例證。從介詞與動詞的淵源關係來看，古漢語的"除"字句是由先秦兩漢的除動句發展而來的。爲此，我們有必要先對先秦的除動句進行簡單分析。

先秦除動句的表達方式共有如下幾種：

（一）"除"爲及物動詞，可帶賓語

［1］撫民以寬，除其邪虐，功加於時，德垂後裔。（《周書·微子之命》）

［2］君若伐鄭以除君害，君爲主，敝邑以賦與陳、蔡從，則衛國之願也。（《左傳·隱公四年》）

［3］君之病，在耳之前，目之下，除之未必已也，將使耳不聽，目不明。（《戰國策·秦》二）

（二）"除"爲不及物動詞

［1］昔我往矣，日月方除。（《詩經·小雅·谷風之什》）

［2］臧孫使正夫助之，除於東門，甲從己而視之。（《左傳·襄公二十三年》）

［3］醫扁鵲見秦武王，武王示之病，扁鵲請除。（《戰國策·秦》二）

（三）"除"表被動

［1］今君施其所惡於人，閽不除矣；以賄滅親，身不定矣。（《國語·晉語》）

［2］冬十月，孟氏將辟，籍除於臧氏。（《左傳·襄公二十三年》）

［3］蔓草猶不可除，況君之寵弟乎？（《左傳·隱公元年》）

儘管先秦除動句有多種表達方式，但"除"在句中都是充當謂語動詞。如果我們將各語義項儘可能地顯現，那麼除動句的語義模式與句子成份的對應關係是這樣的：

　　　　　　W　　除　　X
　　　　　主語　謂語　賓語

而除字句的語義模式可表現爲：

　　　　　　W　　除X,　　Y
　　　　　主語　　狀語　　謂語

我們可以從語義上將除字句劃分爲三項，W表示總體項，X表示排除項，Y表示剩餘項，X與Y相加的總和等於W；從結構上又可將它劃分爲兩個結構段："（W）除X"爲排除段，Y爲結果段，排除段的結構大致相當於除動句，結果段爲新擴展的部份，是一個獨立的結構段，而這一新成份本身的結構形式又相當靈活：它可以是一個謂詞性詞語或者主謂結構，也可以是一個句子，甚至可以采用複句形式。

伴隨着結構的擴展而來的，是句內結構成份語義功能的轉移，即原來在除動句中由"除"字兼任的表示排除及結果的功能由新擴展的成份Y來承擔了。因此，除字句的排除段雖然在結構形式上與除動句大致相同，但是在語義功能上卻不再是一個完整的語義段，從W中排除X的結果是由後面的Y來表達的。"（W）除X"是否爲完整的語義段（即其中"除"字是否具有表示減除結果的功能），這是區別除動句和除字句的主要標誌。

表示減除結果功能從"除"字轉移到新擴展的結構段Y上之後，由於Y可以根據表意的需要採用靈活多樣的結構形式，因此，整個句式也就能承載更爲豐富的語義信息。例如，從語義關係上看，"除"字句可分爲逆向減除（排除關係）和順向減除（加和關係）兩種，主要通過在Y段中加入不同的副詞"也"、"還"、"全"、"都"等加以實現。由此可見，從除動句到"除"字句這樣一種句式語法意義的變化，是與結構的擴展以及減除結果功能的轉移密切相關的。

我們縱觀除動句到除字句的發展過程，可以看到，由於"除"字一身集中了減除、結果兩個語義功能，句子的表意功能受到了限制，因此，一方面，隨着漢語雙音化的發展趨勢，雙音複合詞的大量涌現，"除"字動詞義開始虛化；另一方面，人們對世界認識的日益擴大和深化，需要有一種語言形式能夠對事物間減除的結果做出詳細具體的描述，於是就促成了除動句結構的擴展，導致了"除"字句的誕生。

二、"除"字句的類型和結構功能

據向熹攷證，介詞"除"的產生大約在六朝，[①] 最早用例爲《齊民要

---

① 詳見向熹《簡明漢語史》，高等教育出版社，1993年，P228。

術・雜説》："一切但依此法，除蟲災外，小小旱不至全損。"《漢語大詞典》所列"除"字作介詞的最早用例亦爲《齊民要術》中的例句。吳金華先生提供《三國志・張嚴程闞薛傳》這樣一個例句："自臣昔客始至之時，珠崖除州縣嫁娶，皆須八月引户，人民集會之時，男女自相可適，乃爲夫妻，父母不能止。"如將其中的"除"視爲實詞"拜官"，則文意扦格難通。我們認定這裏的"除"已經開始虛化。結合上下文看，這裏是指：珠崖除了州縣嫁娶以外，都須在八月登記注册……。其中"珠崖"爲地名，"除"後有副詞"皆"與之形成呼應，應可視爲介詞。這樣，介詞"除"應該説在西晉已出現，比北魏的《齊民要術》中的例句至少要早一百五十多年。攷察此後出現的"除"字句，① 其序列格式主要有如下三類：②

（一）W除X，Y

由於W、X、Y三部份結構形式較爲靈活，可以是名詞、動詞、形容詞、小句，因此，我們將其中的名詞項用N表示，謂詞項用VP來表示。

1. N_1除N_2VP_2，N_3VP_3

［1］就是一家子的長輩同輩之中，除了嬸子倒不用説了，別人也從無不疼我的，也無不同我好的。（《紅樓夢》第十一回）

［2］你們東府裏除了那兩個石頭獅子乾凈，祇怕連猫兒狗兒都不乾凈。（《紅樓夢》六十六回）

以上例句的N_1表示總體的意義，N_2和N_3相加≤N_1，例［1］中"嬸子"和"別人"是"長輩同輩"中的部份；例［2］中"兩個石頭獅子"和"猫兒狗兒"都是賈府中的部份。

2. N_1除N_2，N_3VP_3

［1］南北史除了通鑒所取者，其餘祇是一部好笑底小説。（《朱子語類》卷一百三十四）

［2］草藥上品，除五芝之外，赤箭爲第一，此神仙補理、養生上藥。

---

① 我們攷察的十部古籍爲《齊民要術》、《敦煌變文集》、《朱子語類》、《全唐詩》、《祖堂集》、《夢溪筆談》、《元曲》、《二刻拍案驚奇》、《西遊記》、《紅樓夢》。

② 除字句的"除"亦可説成"除了"、"除開"、"除去"、"除着"、"除卻"、"除是"、"除了……以外"、"除了……外"、"除了……而外"等以及部份"除非"。

（《夢溪筆談》卷二十六）

[3] 天地生人，除大仁大惡兩種，餘者皆無大異。（《紅樓夢》第二回）

在除字句的語義模式中，VP_2和VP_3是平行對稱的語義項，在句子形式上，由於VP_3語義的提示，VP_2可以不出現，因爲VP_2的意義要麼是VP_3意義的反面，例如例[1]中VP_3的意義是"是一部好笑底小說"，和它相對應的例[1]中VP_2爲"不是一部好笑底小說"；另外，VP_2的意義還可能與VP_3的意義一致，例[2]VP_3爲"爲第一"，VP_3應與VP_2並列"爲第一"。

3. N_1除N_2，VP_3

[1] 大抵蒙卦除了初爻，統說治蒙底道理。（《朱子語類》卷七）

[2] 但後段卻除了乾坤，何也？（《朱子語類》卷七）

[3] 如今合家大小，除了老太太、太太兩個人，沒有不恨他的。（《紅樓夢》第六十五回）

作爲減除項，N_2表示總體之部份的意義。由於減除項N_2語義的提示，N_3也可以不出現。明確了N_1和N_2，作爲剩餘部份的N_3不說自明，例如[3]。

（二）除X，Y

N_1作爲被減項，表示整體意義，由於上下文語境的提示，N_1往往不出現。

1. 除N_2VP_2，N_3VP_3

[1] 若作盡人道理，除管仲是個人，他人便都不是人！（《朱子語類》卷四十四）

[2] 老妖道："怕那甚麼神兵！若還定得我的風勢，祇除了靈吉菩薩來是，其餘何足懼也！"（《西遊記》二十一回）

[3] 除寶姐姐的妹妹不算外，他一定是在咱家住定了的。（《紅樓夢》四十九回）

2. 除N_2，N_3VP_3

[1] 經旬日卻問："和尚前日豈不是？除此之外何者是心？"（《祖堂集》卷五）

[2] 那呆子搠着嘴道："除了師父，我三個的嘴臉也差不多兒。"（《西遊記》九十三回）

［3］除了他，別人不配作芙蓉。（《紅樓夢》第六十三回）

以上例句沒有出現VP$_2$，根據上下文，［2］師父嘴臉和"我們三個的嘴臉"差很多，謂詞性詞語相反。

3. 除N$_2$，VP$_3$

［1］除了衛靈公，便有何發明？（《朱子語類》卷四十五）

［2］除此兩日則不成。（《齊民要術・作配法》）

［3］八戒道："除了此四字，怎的稱呼？"（《西遊記》八十四回）

［4］寶玉詫異道："除了我們大觀園，更又有一個園子？"（《紅樓夢》五十六回）

例［3］隱含的N$_3$爲"別的（除此四字）"，VP$_2$爲"知道稱呼"，VP$_2$應與VP$_3$"怎的稱呼"相反，語義上指八戒祇知道這四個字的稱呼，其它的不知"怎的稱呼"：例［4］隱含的VP$_2$與VP$_3$相同，爲"有一個園子"，隱含的N$_3$爲"別的地方"

4. 除VP$_2$，VP$_3$

［1］道吳云："除卻行住坐臥，更請一問。"（《祖堂集》卷十六）

［2］除飲香醪，醉時節睡足。（元曲《攪風等》）

［3］自己除賺錢吃酒之外，一概不管，賈璉等也不肯責備他，故他視妻如母，百依百順，且吃够了便去睡覺。（《紅樓夢》第六十五回）

［4］窮秀才結煞，除了去做官，再無路可走了。（《二刻拍案驚奇》二十七）

以上例句N$_2$、N$_3$都隱含，一般祇有N$_2$、N$_3$相同時，纔會使用此句式。例如［3］、［4］對應的VP$_2$、VP$_3$一般是同一人。

（三）除X，WY

N$_1$在句中出現時，一般位於"除（了）"之前，但有時也可後移至N$_3$處，當表總體義的N$_1$後移後，N$_3$不再出現。

1. 除N$_2$VP$_2$，N$_1$VP$_3$

則除是閻王親自喚，神鬼自來勾，三魂歸地府，七魄喪冥幽，天那，那期間纔不向烟花路兒上走。（元曲《梁州》）

例中隱含的N_3應爲"別的鬼神（除閻王）"。

2. 除VP_2，N_1VP_3

［1］祗因平日掌家時，除典田之外，他欺處還多。（《二刻拍案驚奇》十六）

［2］可是你們家寶玉，除了上學，他作些什麼？（《紅樓夢》六十五回）

3. 除N_2，N_1VP_3

［1］李方哥道："教小人没想處，除了小人夫妻兩口身子，要值上十兩銀子的家伙，一件也不曾有。"（《二刻拍案驚奇》三十八）

［2］於是除邢王二夫人，滿席都離了席，俱垂手旁侍。（《紅樓夢》五十四回）

［3］難道除了你家，天下就没了好男子不成？（《紅樓夢》六十五回）

我們從以上例句可以看到，在除字句中，X除少部份爲謂詞性結構外，大多爲名詞性結構作"除"的賓語，Y多爲謂詞性結構作除字句的謂語，W作爲名詞性結構總是蘊含着一個謂詞性結構，而N_1、VP_2、N_3則可根據語義而自由隱現，因而在句式中靈活多變，但N_2和VP_3一般情況下是一定要在句中顯現的語義項。這是因爲N_2是除字句的焦點中心，如果N_2不出現，N_2和N_3必定相同，VP_3則是除字句的語義重心，表現爲句子的謂語中心。祗有當N_2和VP_3同時出現時，纔是標準、典型的除字句。

三、除字句的語義語用功能

（一）VP2與VP3之間關係

從謂詞項 VP2 與 VP3 的關係看，除字句可分爲逆向減除句和順向減除句兩種。

1. 順向

VP_2和VP_3語義指向相同，一般在VP_3前有"還"、"也"、"又"類關聯詞作標誌。例如：

［1］此事除了孔孟，猶是佛老見得些形象。（《朱子語類》卷三十六）

［2］卻問："即今某甲除卻揚眉動目一切之事外，和尚亦須除之。"

（《祖堂集》卷五）

　　[3] 不是我扯謊，若論除了姐姐，也還有人手裏管得起千數兩銀子的，祇是他們……（《紅樓夢》七十二回）

　　[4] 佛祖道："你除了長生不老之法，再有何能，敢占天宮勝境？"（《西遊記》第七回）

　　順向減除句的VP_2和VP_3之間總是一種"同指關係"，字面上可以表現爲用詞相同，也可表現爲用詞相異，實際上表達的是總體之部份的一致關係，N_2和N_3在語義指向上是一種"加合關係"。順向減除句的表達作用是引進新信息或新話題，強調一種新情況。以上與"除"呼應的、下加橫綫的例句，都含有補充性、遞加性的意義，相當於"還"、"又"的意思。

2. 逆向

　　VP_2和VP_3的語義指向相反或相對，一般在VP_3前有"都"、"全"等關聯詞或表示否定的詞語：

　　[1] 賈誼《新書》除了《漢書》中所載，餘亦難得粹者。（《朱子語類》卷一百三十五）

　　[2] 十月脫胎丹就，除此外皆是傍門。（全唐詩《滿庭芳》）

　　[3] 淡竹對苦竹爲文。除苦竹外，悉謂之淡竹，不應別有一品謂之淡竹。（《夢溪筆談》卷二十六）

　　[4] 若要好時，除非從此以後總不許見哭聲，除父母之外，凡有外姓親友之人，一概不見，方可平安了此一世。（《紅樓夢》第三回）

　　逆向減除句和順向減除句在語用表達上的作用和價值是不同的，逆向減除句一般是對較少部份進行減除，以強調某種情況的普遍性，例[1]中排除"賈誼《新書》"裏"《漢書》中所載"部份，強調《新書》中大部份"難得粹者"。

　　有時，爲了使普遍義強調得更突出，表總體義的N_1移位至N_3處直接與"都"接合，或在N_3處用上表遍指義的"所有"、"一切"、"任何"等含有總括性、概括性的詞語，例[2]中"皆"、例[3]中"悉"、例[4]中"凡"、"一概"等，意思相當於"全"、"都"。另外，否定式在逆向減除句中有特殊意義——VP_3前如果有否定詞，所表達的意義都是排除關係，如例

［1］、［3］、［4］。

（二）X與主句句法成份的對應關係

除字句的用法，除了可按關聯詞進行語義上的分類以外，還可從句法成份之間的隱性關係對其作進一步的描述。"除"的賓語往往祇是一個省略了其它成份的體詞性或謂詞性成份，這些成份一般對應於主句的主語、謂語或賓語。例如：

1. 對應主語

［1］今觀孔子諸弟子，祇除了曾顏之外，其他說話便皆有病。（《朱子語類》卷九十三）

［2］除佛一人，無由救得，原和尚菩提涅盤，尋常不設，運載一切衆生。（《敦煌變文集》）

［3］除了兄弟，此處何人來到？（《二刻拍案驚奇》卷三）

［4］說了兩遍，自己又氣病了，茶飯也不吃，除了平兒，衆丫頭媳婦無不言三語四，指桑罵槐，暗相譏刺。（《紅樓夢》第六十九回）

例［3］的"兄弟"對應"何人"，例［4］的"平兒"對應於主句主語"衆丫頭媳婦"。

2. 對應賓語

［1］除了畫圖上仙女，再沒見這樣第二個。（《二刻拍案驚奇》十四）

［2］這一番除了本錢五百兩，分外足足撰了千金。（《二刻拍案驚奇》三十七）

［3］因此禍延古人，除四書外，竟將別的書焚了。（《紅樓夢》第三十六回）

例［1］的"畫圖上仙女"對應"見"的賓語"這樣第二個"，例［2］"本錢五百兩"對應"千金"。

3. 對應謂語

［1］誰知縣君意思雖然濃重，容貌地是端嚴，除了請酒、請饌之外，再不輕說一句閒話。（《二刻拍案驚奇》十四）

［2］除了自己留用之外，一分一分配合妥當。（《紅樓夢》第六十七回）

［3］李紈是素來沉靜，除了請王夫人安，會會寶釵，餘者一步不走。（《紅樓夢》第一百一十七回）

例［3］的"請王夫人安，會會寶釵"對應於主句謂語"一步不走"。

（三）X 所涉及內容

1. 處所

［1］思問云："除此一格，別更有入處不？"（《祖堂集》十八回）

［2］論中吳形勝真佳麗，除了天上天堂再無比。（《元曲選》）

［3］行者道："祇除過陰司，查勘那個閻王家有他魂靈，請將來救他。"（《西遊記》三十九回）

［4］除了怡紅院，也更還有這麼一個院落。（《紅樓夢》五十六回）

2. 人物

［1］看集義聚許多說話，除程先生外，更要揀幾句在集註裏都抬不起。（《朱子語類》卷四十一）

［2］除漢卿一個，將前賢疏駁，比諸公麼未極多。（《元曲·雙調·凌波仙》）

［3］除了兄弟，此處何人來到？（《二刻拍案驚奇》卷三）

［4］我想了這幾日，除了大妹妹再沒人了。（《紅樓夢》第十三回）

3. 時間

［1］師問大光："除卻今時還更有異時也無？"（《祖堂集》十八）

［2］除卻今日，別更有時也無？（《祖堂集》十八）

［3］除這兩日外，倘有高興的，他情願加一社的，或情願到他那裏去，或附就了來，亦可使得，豈不活潑有趣。（《紅樓夢》第三十七回）

自然，除字句誕生後，除字句的語法化亦告成功，但這並不意味着除動句失去了存在的價值。

一方面，"除"作爲動詞和介詞，隨着時間的後移，此長彼消。我們從下表可以看到這種變化：

文獻 詞性	《齊民要術》	《朱子語類》	《西遊記》	《紅樓夢》
動詞	28	259	94	22
介詞	2	59	22	94

表3　"除"作爲動詞和介詞的演變

另一方面，隨着漢語複音化的趨勢，由"除"組成的雙音複合詞大量出現。例如，《朱子語類》中出現了"除脱"、"克除"、"掃除"、"蕑除"、"埽除"、"消除"、"除卻"、"驅除"、"去除"、"摒除"；《全唐詩》中出現"掃除"、"斷除"、"摒除"；《西遊記》中出現"摒除"、"剿除"、"消除"等；另外還出現了"除惡務本"（《尚書》）、"除舊佈新"（《春秋左傳》）、"除殘去穢"、"興利除害"（《資治通鑒》）、"剪草除根"（《紅樓夢》）"等成語，且一直沿用至今。在"除"字句產生後相當長的時期内，除動句與"除"字句相輔而用，各得其所，並與其它句式一起，構成了古漢語豐富多彩的語言形式。

肆　介詞"隱現"現象[①]

由於漢語是一種非形態的分析性語言，許多在印歐語中可以通過動詞的曲折形式完成的語法任務和表達的語法意義，在漢語中往往要通過分析手段——添加不同的虛詞來完成。在句法結構中，如果有顯性的語義格標記，則名詞的語義角色可以借助於格標記來確定；如果沒有語義格標記，則要根據隱含的格標記以及其位置、句式等因素來確定名詞性成份與動詞之間的語義關係，這個格標記在漢語中通常是介詞。漢語介詞不但在體現、顯化語義結構關

---

① 目前，語法學家們已達成共識：祇承認漢語中有省略，但是並非所有隱而未現的現象都是"省略"。從語法分析三個平面的角度看，語言的句法、語義以及語用三個平面都存在成份隱略的現象。我們一般將句法成份的隱略現象稱爲"省略"，將語義要素的隱略現象稱爲"隱含"，將語用上某些語用意義的隱略稱爲"暗示"，從而將過去統稱爲"省略"的現象區分開來，以便分別攷察。本文這裏使用"隱現"一詞，是爲了避免術語表達上的不準確，對照古漢語實際，暫且將句子中憑語感可以補出，且在前後句子或上下文中有所落實的成份，稱爲"隱現"。本文下引《春秋左傳》（或上古時期其它典籍）中的句子大多有出現介詞和不出現介詞兩種情況。

係、標記語義成份的語義功能上起着重要的作用，而且在避免歧義方面，以及明確介詞和名詞、動詞和名詞的次範疇的搭配關係中都具有重要意義。

一、介詞隱現與兩種特殊句式

轉換生成語法把"省略"、"添加"、"替換"等等手段通稱爲"轉換規則"，因而將句子分爲兩個部份：基礎部份和轉換部份；其中基礎部份生成深層結構，轉換部份生成表層結構，前者爲句子的意義部份，後者爲句子的形式部份。同時，詞在句中處於兩種環境的模式之中，即"語義環境"和"語法環境"；"語義環境：由和它發生關係的詞的意義範疇來確定"，"語法環境：由它在句子結構中所處的地位來確定"。[①]

從認知的角度看，交際中的言語由於"經濟實用"和"富於變化"等因素的影響，使表層形式結構與深層意義結構可能不一致；但另一方面，由於具體語言環境和人類心理理解機制的作用，閱讀者又可以抓住其中明確的意義支點和暗含的邏輯事理關係，重建説話者存於心中的深層語義結構，進而準確領會全句的意義所在。

例如，古漢語的"V+N"述賓結構和"N+V"狀述結構就存在着多種多樣的語義關係。其表層結構是綜合式，深層結構是分析式。因此，表層句法結構與深層語義結構表現出不一致。事實上，這是多種不同的、具體的語義結構在表層句法形式上重合的現象，即在深層結構中有隱含成份，在轉換過程中被刪除，並且不出現在表層結構裏。因此，我們不能簡單地稱其爲"省略"成份，否則就會混淆和忽視兩個層次的客觀存在。人們在閱讀《春秋左傳集解》時，發現杜預對漢語謂語結構的"V+N"和"N+V"句式的句法功能及其語義關係，予以高度重視，已經用"變換"的方法予以清楚地表現。[②] 例如：

（一）V+N（述賓）語義關係

［1］使疾其民，以盈其貫，將可殪也。（《宣公六年》）

---

① 王寧《訓詁學原理》，中國國際廣播出版社，1996年，P221。
② 孫良明曾對漢至元代多種註釋書對謂語結構名動語義關係進行詳細分析，説明古漢語述賓、狀述語義關係和名詞做謂語、述語表義的複雜多樣。詳見《試據古註談古漢語謂語結構語義關係及研究問題》，載《語言科學》2007年第1期。

《春秋左傳集解》:"爲民所疾。" V+N→爲+N+所+V,表示名詞是動詞的施事。

[2] 入有郊勞,出有贈賄。(《昭公五年》)

《春秋左傳集解》:"去則贈之以貨賄。" V、N易位(或再加"之"複指),或加入介詞"以",表示名詞是動詞的受事。

[3] 能亡人於國,不能見於此,焉用之?(《文公七年》)

《春秋左傳集解》:"言能與人俱亡於晉國。"加入介詞"與"並V、N易位,表示名詞是動詞的與事。

[4] 子死晉國,子孫必得志於宋。(《定公六年》)

《春秋左傳集解》:"以其爲晉國死。"加入介詞"爲"並V、N易位,表示名詞是動詞的目的。

[5] 衛文公大布之衣、大帛之冠,務材、訓農、通商、惠工、敬教、勸學、授方、任能,元年,革車三十乘;季年,乃三百乘。(《閔公二年》)

《春秋左傳集解》:"加惠于百工。"加入介詞"于",表示名詞是動詞的受益對象。

[6] 黃父之會,夫子語我九言,曰:"無始亂,無怙富,無恃寵,無違同,無敖禮,無驕能,無復怒,無謀非德,無犯非義。"(《定公四年》)

《春秋左傳集解》:"以能驕人。"加入介詞"以",並V、N易位,表示名詞是動詞的原因。

[7] 鄭、息有違言。息侯伐鄭,鄭伯與戰於竟,息師大敗而還。(《隱公十一年》)

《春秋左傳集解》:"以言語相違恨。息侯伐鄭,鄭伯與戰於竟。"加入介詞"以"或"用",並V、N易位,表示名詞是動詞的方式或憑藉。

[8] 孔丘以公退,曰:"士,兵之!……"(《定公十年》)

《春秋左傳集解》:"以兵擊萊人。"加入介詞"以",表示動作憑藉的工具。

(二)N+V(狀述)語義關係

[1] 吾今實過,悔之莫及,多遺秦禽。(《襄公十四年》)

《春秋左傳集解》："軍師不和,恐多爲秦所禽獲。"N+V→爲+N+所+V,表示名詞是動詞的施事。)

[2]我死,必無以冕服斂,非德賞也。(《襄公二十九年》)

《春秋左傳集解》："言公畏季氏而賞其使,非以我有德。"加入介詞"以",表示名詞是動詞的原因。

[3]王命尹氏及王子虎、內史叔興父,策命晉侯伯。(《僖公二十八年》)

《春秋左傳集解》："以策書命晉侯爲伯也。"加入介詞"以",表示名詞是動詞的工具。

[4]始命百官,施舍、己責,逮鰥寡,振廢滯,匡乏困,救災患,禁淫慝,薄賦斂,宥罪戾,節器用,時用民,欲無犯時。(《成公十八年》)

《春秋左傳集解》："使民以時。"加入介詞"以"或再N、V易位,表示名詞是動詞的時間。

[5]彼出則歸,彼歸則出,楚必道敝。(《昭公三十年》)

《春秋左傳集解》："罷敝于道。"加入介詞"于"或再V、V易位,表示名詞是動詞的方位。

同一詞語、同一語法格式用來表示多種意義,表現爲結構上的不平衡,而這種不平衡往往是造成語言變化的潛在因素。以上動詞本身都無新的句法功能義,當它們帶"與事"、"目的"、"原因"、"工具"等賓語時,其動詞並無"與"、"爲"、"因"、"以"字義;"與事"、"目的"等意義,而是靠"V+N"和"N+V"結構中的語義關係表現出來的,這種"動+賓"和"名+動"詞組之間的關係要靠"關係詞(介詞)"來顯現。這樣,動詞前後如果無名詞,就表現不出任何句法關係義。因此,"V+N"和"N+V"的結構的關係義,不能孤立地從動作行爲的普遍特徵中提取,而是由動作行爲所處的環境,即動賓諸多選擇關係發生的環境決定的。

同樣,在《春秋左傳》文本當中,也可看出"V+N"述賓結構與"于/於"字結構補語或"與"字結構狀語表示基本相同的語義關係,能夠形成大量的變換關係。例如:

[1]十五年五月,陳侯自敝邑往朝于君。(《文公十七年》)/八月丙

戍，鄭伯以齊人朝王。（《隱公八年》）

［2］初，公孫無知虐於雍廩。（《莊公九年》）/周原伯絞虐其輿臣。（《昭公十二年》

［3］公逐群公子，公子蘭奔晉，從晉文公伐鄭。（《宣公三年》）/初，鄭公子蘭出奔晉，從於晉侯伐鄭，請無與圍鄭。（《僖公三十年》）

以上三組例句加不加介詞"于/於"，動作都爲主動行爲，語義分别指"朝拜"、"虐待"和"跟從"。這些動詞既可以帶表示對象的間接賓語，也可以帶表示對象的補語，並且在句子中，賓語和補語都可以表示同樣的語義關係，二者可以變換。① 再看如下句子：

［1］及文子卒，衛侯始惡于公叔戍，以其富也。（《定公十三年》）

［2］鄭伯之享王也，王以后之鞶鑒予之。虢公請器，王予之爵。鄭伯由是始惡于王。（《莊公二十一年》）

［3］諺有之曰："心則不競，何憚於病。"（《僖公七年》）

［4］公懼于晉，殺子叢以説焉。（《僖公二十八年》）

［5］君無穢德，方國將至，何患于彗？（《昭公二十六年》）

［6］二三子間于憂虞，則有疾疢。亦姑謀樂，何憂于無君？（《哀公五年》）

以上例句的動作行爲和受事之間加不加"于/於"，雖然語法構造形式不一樣，即由述賓結構變成述補結構，但二者的語義卻没有差别。② 句中"于/於"的有無，並不影響句子的動賓語義關係，有時用上它，可能是出於對賓語的强調和句子節律上的要求，如例［3］［5］［6］中的"何X于/於"特殊句式。又如：

［1］王田北山。（《昭公二十二年》）/宣子田于首山。（《宣公二年》）

---

① 據筆者調查，《春秋左傳》中可以用"于"引進受事的動詞有："畏"、"朝"、"觀"、"會"、"警"、"討"、"誅"、"隨"、"服"、"貪"、"冒"、"藥"、"禘"、"懼"、"患"、"憚"、"憂"、"虐"等，可以用"於"引進動作行爲的受事的動詞有："見"、"觀"、"覩"（見）、"目"（看）、"從"、"討"、"誅"、"讓"、"戎"、"親"、"服"、"陵"、"虐"、"妒"、"害"、"毒"、"離"（遭遇）、"思"、"懷"、"欲"、"喜"、"惡"、"懼"等。《春秋左傳》中也有一些動詞可以完全不用"於"直接引進受事，如"警"、"虐"、"惡"、"賞"、"禍"、"輸"、"閉"、"降"、"叛"、"害"、"朝"、"乘"、"畏"、"貳"等。

② 何樂士曾比較"警"、"虐"、"惡"、"讓（責備）"、"城"幾個動詞與其受事之間有無"于"或"於"的不同用法後，認爲在用"于"或"於"引進受事的結構中，"于"或"於"主要起加强語氣的作用。詳見何樂士《〈左傳〉的介詞"于"和"於"》，載《左傳虛詞研究》，商務印書館，1989年，P78—116。

［2］（商密人）乃降秦師。（《僖公二十五年》）/鄘降于齊師。（《莊公八年》）

［3］鄭叛晉。（《成公十六年》）/成叛于齊。（《哀公十五年》）

［4］（景公）盟國人於大宮。（《襄公二十五年》）/祭仲與宋人盟。（《桓公十一年》）

［5］萬怒，搏閔公。（《莊公十二年》）/晉侯夢與楚子搏。（《僖公二十八年》）

［6］八月丙戌，鄭伯以齊人朝王。（《隱公八年》）/十五年五月，陳侯自敝邑往朝于君。（《文公十七年》）

［7］吾聞君子務在擇人。（《襄公二十九年》）/請神擇於五人者，使主社稷。（《昭公十三年》）

以上例句說明，一方面，動作動詞所聯繫的語義角色如"方式"、"工具"、"方位"、"時點"、"時段"等可以無標記（沒有介詞標記）地進入句法層面動詞前的狀語位置，從而由基本句式"N施事+V"複合出"N施事+N（目標/方式/時間）+V"句式；另一方面，動作動詞所聯繫的語義角色如"對象"、"源點"、"目標"、"工具"、"時段"等，也可以無標記地進入句法層面動詞後的賓語位置，從而複合出"N施事+V+N（對象/處所/目標/方式/時間）"句式。然而，我們在《春秋左傳》中發現，以上基本句式和介詞結構組合後形成的有介詞標記的派生句式，與基本句式複合出的無介詞標記的句式之間，可以相互轉化，從而使句式的語義等值。例如：①

（三）N施事+V+N處所 ↔ N施事+V+PN處所

［1］秦軍汜南。（《僖公三十年》）/二月，甲午，晉師軍于廬柳。（《僖公二十五年》）

［2］乃入，殺而埋之馬矢之中。（《文公十八年》）/乃與巴姬埋璧於大室之庭。（《昭公十三年》）

［3］秦子、梁子以公旗辟于下道，是以皆止。（《莊公九年》）/昔我先王熊繹辟在荆山，篳路藍縷以處草莽，跋涉山林以事天子，唯是桃弧棘矢以共

---

① P代表介詞。

禦王事。(《昭公十二年》)/韓厥夢子輿謂己曰："且辟左右。"(《成公二年》)

(四) N 施事+ V + N 對象 ↔ N 施事+ V + PN 對象

[1] 八月丙戌，鄭伯以齊人朝王。(《隱公八年》)/十五年五月，陳侯自敝邑往朝于君。(《文公十七年》)

[2] 信不叛君，知不害民，勇不作亂。(《成公十二年》)/與其害於民，寧我獨死。(《定公十三年》)

[3] 心苟無瑕，何恤乎無家？(《閔公元年》)/為盟主而不恤亡國，將焉用之？"(《昭公十一年》)

[4] 公逐群公子，公子蘭奔晉，從晉文公伐鄭。(《宣公三年》)/初，鄭公子蘭出奔晉，從於晉侯伐鄭，請無與圍鄭。(《僖公三十年》)

(五) N 施事+ V + N 方式 ↔ N 施事+ V + PN 方式

[1] 子之能仕，父教之忠，古之制也……若又召之，教之貳也。父教子貳，何以事君？(《僖公二十三年》)

[2] 臣聞愛子，教之以義方，弗納於邪。(《隱公三年》)

(六) N施事+V+N處所 ↔ N施事+V+PN處所 →N施事+PN處所+V

[1] 自雩門竊出，蒙皋比而先犯之。(《莊公十年》)

[2] 言出於餘口，入於爾耳，誰告建也？(《昭公二十年》)

[3] 乙丑，趙穿攻靈公於桃園。宣子未出山而復。(《宣公二年》)

(七) N施事+V+N方式 ↔ N施事+V+PN方式→N施事+PN方式+V

[1] 晉侯賞桓子狄臣千室，亦賞士伯以瓜衍之縣。(《宣公十六年》)

[2] 宋公於是以門賞耏班，使食其征，謂之耏門。(《文公十一年》)

漢語句式和句式之間通過語法手段，往往存在變換關係。上述句式之間的轉換，都和介賓結構的出現有着直接的關係，在原則上都是雙向的，在語義上基本是等值的。以上變換關係得以存在的理論基礎，就是表層句法結構範疇中隱藏的深層語義基礎，如果以上變換關係不能成立，則往往是受句中動詞的語義和特殊類型的限制。①

二、動賓語義的支配關係和補充關係的確認與分化

由介詞"隱現"還引發了關於兩種句式,即"特殊動賓語義"的支配關係和補充關係的確認與分化問題。

從語法位置上看,古漢語的補語和賓語都是位於動詞之後,如果沒有介詞作爲語法標誌,就有一個如何區分"賓語"和"補語"的問題;同時,既然語義有歧義,句法形式相應就有分化的需求。由於沒有明顯的句法標誌,我們祇能根據位於動詞後面的名詞性成份和動詞之間的語法、語義關係來加以判別,如果後面的成份是謂語動詞直接涉及的對象,這個成份就是賓語,否則就是補語。當謂語動詞的動作行爲直接作用於賓語時,構成支配關係。事實上,動詞與其後的名詞之間,除了動作與受事的這種及物關係外,還有如上所述的其它多種多樣的非及物關係。語法學界將這種表示動作行爲的目的、原因、工具、處所、有關的對象的賓語稱爲"關係賓語"(何樂士),將這種動賓結構的特殊語義關係稱爲"補充關係"(王克仲)②。動賓間具有選擇關係,賓語表示的語意角色具有個性特徵。從表層形式上看,這種結構是動賓結構,結構關係是單一的;但從深層結構上看,帶有補語的句子實際是兩個表述層次重合在一起構成的壓縮句式:

层次一:施事+动作+受事
层次二:当事+性质/状态

如果我們將兩個層次合併在一個句子中,語義關係是複雜的——動詞與賓語之間往往隱含着一個我們可以明確感覺到的語義上的介詞,即這裏做補語和做賓語的成份,二者的形式結構相同,但其語義結構卻明確不同,祇有將隱含的語義介詞補出,纔會減少歧義理解。因此,對這種古漢語特殊的動賓、動補同型異構句進行分類,是非常有必要的。

下面,我們僅從語用的角度,歸納《春秋左傳》中謂語與其賓語組合的

---

① 楊樹達在《我國古代之文法學》一文中,列舉了《春秋》經文中的六個例證,證明動詞"還"有"内動"和"外動"兩種用法,因而使用不使用介詞,意義也隨之不同。另外多位學者討論過《春秋左傳》中使用"貳于/於X"結構的句子,在不同的上下文中,"貳"明顯呈現出"背叛"和"兩屬"兩種相反的語義。

② 參見王克仲《古漢語動賓語義關係的制約因素》,載《中國語文》1986年第1期。

結構中,隱現語義介詞的句式:①

（一）V（及物）+名詞（代詞）

1. V（及物）+（以）+賓

［1］襄公以三命命先且居將中軍,以再命命（以）先茅之縣賞胥臣。（《僖公三十三年》）

［2］史朝見成子,告之（以）夢,夢協。（《昭公七年》）

［3］公語之（以）故,且告之（以）悔。（《隱公元年》）

2. V（及物）+（爲）+賓

［1］邴夏御（爲）齊侯,逢丑父爲右。晉解張御（爲）郤克,鄭丘緩爲右。（《成公二年》）

［2］將襲鄭,夫人將啓（爲）之。（《隱公元年》）

［3］文嬴請（爲）三帥,曰:"……"。（《僖公三十三年》）

［4］齊師敗績,公將鼓（爲）之。（《莊公十年》）

這裏的"齊侯"、"郤克"、"之"和"三帥"都不是受前面動詞直接支配的賓語,而是與省略的介詞"爲"構成一種表目的或對象的介詞結構,在句法形式上作補語。例［3］的"請三帥"即"文嬴爲三帥向晉侯求情"。② 例［4］的"鼓之"指"爲追擊敗績之齊師擊鼓"。

3. V（及物）+（于/於）+賓

［1］行有日,公朝（於）國人,使賈問焉,曰:"若衛叛晉,晉五伐我,病何如矣?"（《定公八年》）

［2］天禍（於）許國,鬼神實不逞於許君,而假手於我寡人。（《隱公十一年》）

［3］犯懼,告（於）子產。（《昭公元年》）

［4］子期似王,逃（於）王,而己爲王,曰:"以我與之,王必免。"

---

① 這裏的謂語包括及物動詞謂語、不及物動詞謂語以及形容詞謂語和名詞謂語。以下例句中括號內補出的介詞,祇是爲了消除歧義而從深層的語義角度彌補出來的,而非句子結構中的必有成份。據我們對先秦漢語的介賓結構位置的調查,《春秋左傳》中除了表示時間的介詞常位於動詞前之外,"介詞+賓語"基本位於所修飾成份之後。尊重漢語的歷史發展演變規律,因而以下例句在添加了語義介詞後,翻譯爲現代漢語時,按照現代漢語的語法規則,須將介賓補語移位至動詞前。

② 例［3］可對照《史記·秦本紀》:"文公夫人,秦女也,爲三囚將請曰:'……'"。

(《定公四年》)①

例[1]"朝國人"中"公"是"朝見"的對象,例[2]"禍"的賓語為直接涉及的對象,例[3]"告"後的賓語並非動詞直接涉及的對象,從語義上說應該是其旁涉的對象。例[4]"逃王"即"逃至王所",補出的介詞"於"引出動作的處所。

(二) V(不及物)+名詞(代詞)

1. V(不及物)+(爲)賓

[1]非神敗令尹,令尹其不勤(爲)民,實自敗也。(《僖公二十八年》)②

[2]其出聘也,通(爲)嗣君也。(《襄公二十九年》)

[3]公曰:"臣也無罪,父子死(爲)余矣。"(《襄公二十七年》)

[4]然子死(爲)晉國,子孫必得志於宋。(《定公六年》)

例[53]"死余"即"爲余死"。例[54]"死晉國"即"爲晉國而死"。

2. V(不及物)+(於)+賓

[1]乃與公謀逐華貙,將使田(於)孟諸而遣之。(《昭公二十一年》)

[2]此行也,晉師必敗。且君而逃(於)臣,若社稷何?(《宣公十二年》)

[3]庚午,鄭師入(於)郲。辛未,歸於我。庚辰,鄭師入(於)防。(《隱公十年》)

[4]其北陵,文王之所辟風雨也,必死(於)是間。(《僖公三十二年》)

[5]晉軍(於)函陵,秦軍(於)氾南。(《僖公三十年》)

以上賓語表示與動作行爲有關的處所,且名詞賓語多直接表處所。例[1]"田孟諸"指"在孟諸打獵",例[2]"逃臣"指"從臣那裏逃跑","臣"在這裏表處所。例[4]"死是間"指"死在這裏"。

3. V(不及物)+(因)+賓

[1]諸侯歸(因)晉之德祇,非爲其尸盟也。(《襄公二十七年》)

[2]晉人懼(因)其無禮於公也,請改盟。(《文公三年》)

---

① "逃"帶處所補語表示"逃到"。例如《成公十八年》:"師逃於夫人之宮。"直接帶賓語時既可表示"逃到",又可表示"逃離"、"躲避"。此句的"逃王"(逃到)和《宣公十二年》:"此行也,晉師必敗。且君而逃臣,若社稷何?"《僖公五年》:"(鄭伯)弗聽,逃其師而歸。"其中的"逃臣"、"逃其師"(逃離)意義不同。儘管"王"和"臣"、"其師"在這裏都表示處所,但二者的方嚮相反。

② 此句不同於《僖公三十三年》"秦違蹇叔,而以貪勤民,天奉我也"中的"勤民",後句指"使民辛苦"。

［3］王怒曰："大辱國。詰朝，爾射，死（因）藝。"（《成公十年》）

［4］初，北戎病（因）齊，諸侯救之。《桓公十年》

［5］鄭人怒（因）君之疆埸，我文公帥諸侯及秦圍鄭。（《成公十三年》）

以上賓語表示動作的原因，動詞多由表示心理狀態的不及物動詞充當，謂語和賓語之間不是行為上的表示施受的及物關係，而是邏輯上的一種因果關係，因而介詞的賓語相應較為複雜，往往由短語來充當。

4. V（不及物）+（嚮、對、讓）+賓

［1］若為茅絰，哭（嚮）井則已。（《宣公十二年》）

［2］君三泣（嚮）臣矣，敢問誰之罪也？（《襄公二十二年》）

［3］齊高固入晉師，桀石以投（嚮）人。（《成公二年》）

［4］遂置姜氏於城穎，而誓（嚮）之曰。（《隱公元年》）

［5］舜臣（嚮）堯，賓於四門。（《文公十八年》）

［6］若弗予，則請除之，無生（讓）民心。（《隱公元年》）

這類形式上的動賓結構在意義上表示動作行為對誰或嚮誰而發。例［5］"舜臣堯"即"舜嚮堯稱臣"。

（三）動詞+名詞（代詞）+名詞
　　　動詞+賓語+（介詞）+賓語

［1］將死，曰："樹吾墓（以）檟，檟可材也。"（《哀公十一年》）

［2］晉饑，秦輸之（以）粟。秦饑，晉閉之（以）糴。（《僖公十五年》）

［3］赫赫楚國，而君臨之，撫有蠻夷，奄徵南海，以屬諸夏，而知其過，可不謂共乎？請謚之（以）"共"。（《襄公十三年》）

［4］公語之（以）故，且語之（以）悔。（《隱公元年》）

［5］晉侯賞桓子（以）狄臣千室，亦賞士伯以瓜衍之縣。（《宣公十五年》）

［6］今命以時卒，闕其事也；衣之（以）尨服，遠其躬也；佩以金玦，棄其衷也。（《閔公二年》）

以上為無標誌的雙賓語句，加進語義介詞後，動詞和賓語之間的及物關係更為明確。例［1］的"樹"為"標識"的意思，"吾墓"是"樹"的受事，但同時也是動作進行的場所；相同的句子到《史記·伍子胥傳》中為"樹吾墓上以梓"，這裏語義介詞"以"的添加，使受事的身份就更爲明確了。

（四）名詞①+名詞（代詞）（名詞活用爲動詞）
動+（於/爲）+賓

［1］夏，四月丙子，享公，使公子彭生乘（爲）公。（《桓公十八年》）

［2］惠公之在梁也，梁伯妻（於）之。（《僖公十七年》）

［3］吳人曰："宋百牢（於）我。"（《哀公七年》）

［4］石惡將會宋之盟，受命而出，衣（爲）其尸，枕之股而哭之。（《襄公二十七年》）

［5］季文子餞（爲）之，私焉。（《成公八年》）

［6］南宮萬奔陳，以乘車輦（爲）其母，一日而至。（《莊公十二年》）

以上賓語是施事者給予的對象，例［2］"妻之"即"嫁（女兒）給他"，例［5］"餞之"即"給他設酒送行"，例［6］"輦其母"即"南宮萬爲其母自駕"。

（五）形容詞+名詞（形容詞活用爲動詞）
形容詞+（于/於）+賓

［1］乃先（於）晉人。（《哀公十三年》）

［2］以敝邑介在東表，密邇（於）仇讎，寡君將君是望，敢不稽首？（《襄公三年》）

［3］以魯之密邇（於）仇讎，亡而爲讎，治之何及？（《成公十六年》）

例［2］、［3］中的"密邇仇讎"可對照《襄公四年》："寡君之密邇於仇讎，而願固事君，無失官命。"

（六）方位詞+名詞：（方位詞活用爲動詞）
（把）+賓+動詞

［1］方暑，闕地，下冰而牀焉。（《襄公二十一年》）

---

① 以下"名詞"、"形容詞"和"方位詞"分別位於謂語位置。這是古代漢語特有的現象，有的語法書稱其爲"詞類活用"，有的語法書稱其爲詞的"兼類"。

［2］齊侯執陽虎，將東之。（《定公九年》）

例［1］"下冰"即"把冰放入地穴"，例［2］"東之"即"把他（陽虎）關在東邊"，翻譯時可將介詞"把"將後面的賓語提到動詞之前。

介詞的主要功能就是標明句子成份的語義性質。以上介詞實際上正是一種語法手段，是爲了滿足表達複雜的語義關係和某種語用目的。這些源於語用的格式變化，往往具有不同的表達功能，有些甚至已經固化，其特有的語用意義已經融入到結構的語法意義中去了。我們把以上添加語義介詞的隱現句與其對比句進行對照，可以體會到：添加了介詞的句子，使結構具有不同的語用價值，意思更豐富、具體，表達更爲細微、詳盡，一般不會產生由於形式上的原因而造成的理解上的歧義。因此，從語義的角度看，語義介詞的添加擴展了句子的層次，突出了表意的重點，明確了各種語義角色的職能，從而使語義更爲豐滿，理解更爲準確。

三、結語

語言是一個開放的系統，處於語言系統中的各個句式和句式之間必定是有聯繫的。一方面，簡單的句式可以通過基本的語法手段（移位、省略）派生出複雜的句式，以滿足不同的表達需要；另一方面，漢語的一種句法結構往往可以表達多種意義關係，同時，一種語義結構也可以用多種句法結構來表示。語義介詞同其賓語構成的隱性介賓短語作爲語義結構的一種"標記"，在意義上可以表現爲修飾謂語的狀語或者補語，因而它的介入使充當某種語義成份的單位位置比較自由。動賓語義的支配關係和補充關係的分化的關鍵，就在於動詞後面或者前面能否加進語義介詞，凡不能加進語義介詞的就可以確定爲及物的動賓支配關係。因此，語義結構是有標記的，同時也是有層次的，語法分析研究應該對句法結構和語義結構加以區別，二者是兩個不同的系統。

在補充關係中構擬出的這個語義介詞，祇是從語用的角度預測出的，屬於語言中潛在的要素。如果僅僅靠表層的形式結構來描寫，很難看清其隱含的語義關係。儘管我們稱其爲介詞的"隱現"，但《春秋左傳》等專書中的大量語言實例，確實爲我們提供了豐富而可靠的事實依據。

伍　與介詞有關的雙賓語句式及其轉換

我們在攷察《春秋左傳》介詞短語的語序時，曾經從修辭的角度對介賓結構後置句式進行了攷察，發現了一些規律，也得到了一些啟示。[①] 例如：

［1］古之王者知命之不長，是以並建聖賢，樹之風聲，分之彩物，著之話言，為之律度，陳之藝極，引之表儀，予之法度，告之訓典，教之防利，委之常秩，道之以禮則，使無失其土宜，眾隸賴之，而後即命。（《文公六年》）

［2］若奉吾幣帛，慎吾威儀，守之以信，行之以禮，敬始而思終，終無不復，從而不失儀，敬而不失威，道之以訓辭，奉之以舊法，敎之以先王，度之以二國，雖汰侈，若我何？（《昭公五年》）

以上例［1］、例［2］都出現在對話當中。例［1］連用十個四字詞組，形成富有感染力的排比句式，且都在結構形式上呈現出標準的雙賓語結構，而其後一句則為介賓結構置於動詞之后作補語，作為整個排比論斷的煞尾之句。這一方面體現了"春秋筆法"所特有的鮮明的修辭效果，另一方面從理論上證明，以上 "V+O$_1$+O$_2$" 結構與 "V+O$_1$+以+O$_2$" 結構在句式上可以同現。事實上，在《春秋左傳》時代，這兩種結構往往參互用之，從而在形式上整齊劃一，在音律上音韻和諧，使所述觀點醒目而突出，論辯效果達到極致。例［2］從形式上看，介賓結構都是位於動賓結構之后，但從意義上看，介詞的賓語恰恰就是前面謂語動詞的直接賓語。再看如下例句：

［3］出於五鹿，乞食於野人。野人與之塊。（《僖公二十三年》）

［4］鄭伯之享王也，王以后之鞶鑒予之。虢公請器，王予之爵。（《莊公二十一年》）

［5］晉侯賞桓子狄臣千室，亦賞士伯以瓜衍之縣。（《宣公十五年》）

例［3］［4］的"與之塊"和"予之爵"分別與前面的"乞食於野人"、

[①] 參見王鴻濱《春秋左傳介詞研究》，世界圖書出版公司，2005年。

"王以后之聲鑒予之"形成對比。① 例［5］後句中的介詞"以"加在原本屬於雙賓語結構的兩個賓語之間，和前句的雙賓語句形成對舉。

以上五個例句中，一句當中雙賓語句和由介賓結構組成的動補結構和狀中結構共現，然而表達意義基本相同；儘管兩者結構形式不同，但在底層意義上必定存在着某種內在聯繫和轉化規律。我們有必要對兩類句式共現的深層意義進行探討。

一、雙賓語句的基本句式

"雙賓語"這個術語名稱最早出現在黎錦熙的《新著國語文法》一書中，黎氏認為："有一種外動詞，表示人與人之間（或人格化的事物之間）交接一種事物的，如'送'、'寄'、'贈'、'給'、'賞'、'教授'、'吩咐'等，常帶兩個名詞做賓語，叫做'雙賓語'。"② 漢語雙賓語句基本句型的完全式為：

主語（S）+動詞謂語（V）+間接賓語（O_1）+直接賓語（O_2）③

例如：

［1］鯀則殛死，禹乃嗣興，天乃錫禹"洪範"九疇，彝倫攸敘。（《尚書·周書·洪範》第六）

［2］天降威，用寧王遺我大寶龜，紹天明。（《尚書·周書·大誥》第九）

［3］用降我凶，德嘉績於朕邦。（《尚書·商書·盤庚》下第十一）

除此之外，還有如下變式：

［4］戊子祖庚豕又伐。（《殷虛文字乙編》4810）④

其中"祖庚"和"豕"分別為間接賓語和直接賓語，而位置都置於動詞

---

① 陸穎民（宗達）先生認為"予之塊"猶言"與之以塊"，"以塊與之"。《說文解字·土部》"塊"的正篆為"凷"，是用於盛土的筐簍一類的器皿。《史記·晉世家》也記載了這段故事："饑，而從野人乞食。野人盛土器中，進之。"這裏都是把"塊"當工具。詳見陸宗達《說文解字通論》，北京出版社，1981年，P109。

② 黎錦熙《新著國語文法》，商務印書館，1992年，P35。

③ 以下分析都以V表示述語，O_1表示間接賓語或近賓語，O_2表示直接賓語或遠賓語。雖然雙賓語句從形式上也可以簡單地概括為"VN_1N_2"，但"VN_1N_2"並不一定都是雙賓結構，因為N_1和N_2表示的內容或語義角色較為複雜，如果祇是與動詞有間接關係，例如，N_2僅為表時間、處所、工具、方式、數量的名詞或名詞性短語，它們祇是動詞V的補語，賓語N_1的補足語，來補充說明間接賓語的有關信息，和述語之間沒有形成支配關係，則並非雙賓語句。

④ 詳見管變初《殷虛甲骨刻辭中的雙賓語問題》，載《中國語文》1986年第5期。

"伐"之前。此外，在《春秋左傳》稍後的戰國時期，雙賓語句式除了上述形式外，尚有直接賓語置於間接賓語前者。例如：

　　[5] 魯君賜之玉環，壬拜受之而不敢佩，使豎牛請之叔孫。(《韓非子·內儲說》上)

　　[6] 又獻玉斗范增。(《漢書·高帝記》)

　　動詞性謂語是說明事件過程的，事件的過程往往同施事和受事有關。從句法功能上說，雙賓語句式中的兩個賓語各自跟動詞構成述賓結構，直接賓語是謂語動詞的承受者，間接賓語表示謂語動作的方向（對誰做）或動作的目標（為誰做），因而與動作的"接受者"或"目標"有關。根據運動的特性，可以帶雙賓語的動詞一般必為轉移動詞，它除了具有"位置移動"和"位置變化"的特點外，由於其實際涉及施事者、與事者（客體）和受事者三個語義角色，而具有如下一些特徵：一是施動的主觀性，二是施動的已然性，三是施動的遷移性，四是施動的交互性，五是受動的終點性。這種"主觀性"實質上是指施動的方向性，施事者"有意而為"，表現在具體的動詞上或為"外向動詞"（例如交予動詞"賜"）或為"內向動詞"（例如接受動詞"取"），從而體現了施事者和接受者的主觀接受度；"已然性"是指施動過程在發生的現場和特定時間已經成功地完成了；"遷移性"是指雙賓語句式中的動詞的動作行為必定由此及彼，本質上是一種領屬關係或領有狀況的"轉移"（即領屬關係的形成或消失），通過"轉移"使動詞所涉及的施事、受事、與事三個必有的名詞性成份間具有了互動關係，① 因而必定具有一個遷移對象（與事），通過媒介（途徑/手段）纔能延續到真正的目標點（受事），而這個實施者和遷移者都必須是有生對象。② 這裏的"轉移"是通過施事的V（動作）"處置"來實現的。由於遷移對象（接受者）在位置上總是緊靠行為動詞，因而傳統的

---

① 我們調查的《春秋左傳》中的雙賓語句中的"受事"成份均爲具體實體或指稱化的事物（姓氏、名稱、官職），沒有現代漢語中諸如"麻煩"、"壓力"、"迫害"、"惶恐"、"機會"、"損失"、"印象"、"快樂"等等這樣的抽象概念；同時"與事"也均爲有生命者或有生對象（國家、種族），人類的"實體隱喻機制"在早期雙賓語句中還沒有萌生，因而沒有現代漢語的雙賓語所發展出來的一些特徵，例如施事、受事、與事的範圍都沒有經歷抽象的引申。這也說明漢語早期的雙賓語句的"位移"基本是通過空間位置的物理移動來實現的，除了"言語"類的"轉移"，大多並非通過"隱喻"等心理學機制實現。同時，筆者認爲蔣紹愚（1999）提到的先秦漢語中的"V+O+L（處所）"及其相關句式"V+O+于/於+L"並不是本文所定義的雙賓語句及其變換句式。

② "天"本是指物，但在先民的觀念中"主宰"具有意志力，因而在古人眼中，是有生命的，即是被人格化的事物。同樣在古漢語中，"鬼"、"神"、"天"、"禍"都被形象化爲類似於人類的有生命者，這是先民的認知方式和成果在語言中的直接投射。

語法研究和著作一般又將之稱爲"間接賓語"（Indirect object）；又由於真正的目標點與行爲動詞中間隔着遷移對象，位置距離行爲動詞則相對較遠，故稱爲"遠賓語"，但因其是動作行爲的真正目標，又稱爲"直接賓語"（Direct object）。所謂施動的"交互性"，也就是說雙賓語句式中的動詞動作行爲必定涉及兩個方面，一個是人，一個是事物，即一個是動作行爲涉及的對象，一個是動作行爲的具體內容，二者是雙向互動的，並且缺一不可。

從構式的角度看，在深層結構上，雙賓語句就是兩個在形式上相對獨立的句源結構按照某種邏輯關係融合在一起；如果用轉化生成語法來分析，雙賓語句其深層結構當可分解爲同一主語下的兩個動賓結構：A："V+O_1"和B："V+O_2"，因而我們可以將以上例［1］中的句子細分爲：

　　A：天錫禹（隱含受事）

　　B：天錫"洪範"九疇（隱含與事）

由於A和B在語義層面都有"隱含"，映射到句法形式上表現爲A在句式上的不能自足，它不能脫離B而單獨存在；同時這裏的句式"融合"，也必然會使一些明確的語義成份因爲句式的冗餘而隱含。從施事轉移的時間結構上看，雙賓語句可以呈現爲兩種過程：

　　C：天錫禹（隱含終點）

　　D："洪範"九疇於禹（隱含起點）

同樣，C和D也不可單獨成句，其中D"洪範九疇於禹"隱含的起點正是有生命者所賦予的。我們可以清楚地看到受事的移動軌跡：即受事領屬關係從A向前B的轉移。這種轉移是整合了兩個動賓結構而完成的，其中的動詞就是實現這種轉移的途徑或方式。我們將其運動過程表示爲：

$$
\begin{array}{ccc}
 & \text{運動者} & \\
\text{施動者（起點）} & \longrightarrow & \text{受動者（終點）} \\
\downarrow & \text{（被動者）} & \downarrow \\
 & \downarrow & \\
\text{天} & \text{"洪範"九疇} & \text{禹}
\end{array}
$$

雙賓語句都包含直接賓語的移動過程。在表示所轉移的事物從施動者轉移向受動者時，施受二者分別位於運動過程的兩端。

關於能夠進入古漢語雙賓語結構中的動詞類型，歷來眾說紛紜，標準不一，①其中"授予"、"教示"和"問告"類已達成共識，爭議在於"奪取"類是否是雙賓語句，這涉及人們對雙賓語結構中賓語的確定問題，實即人們對"賓語"範疇的認識問題。我們認爲典型的賓語應該是述語的直接成份，動賓之間應該是一種及物性（Transitivity）關係。基於這樣的認識，我們所調查的《春秋左傳》中的雙賓語句，從謂語動詞的詞彙角度看，其具體意義可分爲賜予義、消損義、教示義、言語義、特殊義等多種語義類型，現分別舉例如下：

（一）賜予義

1. 賜予

[1] 王思舊勳而賜之路，復命而致之君。（《昭公四年》）

[2] 鄭伯之享王也，王以后之鞶鑒予之。虢公請器，王予之爵。（《莊公二十一年》）

[3] 納我而無二心者，吾皆許之上大夫之事，吾願與伯父圖之。（《莊公十四年》）

[4] 及胡公不淫，胡周賜之姓，使祀虞帝。（《昭公九年》）

[5] 於是乎民和而神降之福，故動則有成。（《桓公六年》）

2. 贈送

[1] 飲先從者酒，醉之，竊馬而獻之子常。（《定公三年》）

[2] 冬，晉趙鞅、荀寅帥師城汝濱，遂賦晉國一鼓鐵，以鑄刑鼎，著範宣子所為刑書焉。（《昭公二十九年》）

[3] 惜也，不如多與之邑。（《成公二年》）

[4] 晉侯以魏絳為能以刑佐民矣，反役，與之禮食，使佐新軍。（《襄公三年》）

[5] 王召養由基，與之兩矢，使射呂錡，中項，伏弢。（《成公十六》）

---

① 馬建忠《馬氏文通》列舉了"教示"類和"問告"類雙賓語句；楊樹達《高等國文法》列舉了"授予"類；黎錦熙《比較文法》列舉了"授予"類、"教示"類；呂叔湘《中國文法要略》列舉了"授予"類、"教示"類、"問告"類和"奪取"類雙賓語句；楊伯峻《文言文法》列舉了"授予"類和"教示"類；楊伯峻、何樂士《古漢語語法及其發展》列舉了"授予"類、"教示"類、"問告"類和"奪取"類雙賓語句，另列"爲立"類、"殺伐"類和"等待"類；王力《古代漢語》列舉了"授予"類、"教示"類、"爲立"類和"奪取"類。

3. 授命

[1] 天生民而立之君，使司牧之，勿使失性。（《襄公十四年》）

[2] 天子建德，因生以賜姓，胙之土而命之氏。（《隱公八年》）

[3] 趙簡子令諸侯之大夫輸王粟，具戍人，曰："明年將納王。"（《昭公二十五年》）

[4] 命子封帥車二百乘以伐京。（《隱公元年》）

4. 增益

[1] 天假之年，而除其害。（《僖公二十八年》）

[2] 乃益鞍七邑，而請享公焉。（《哀公十四年》

[3] 衛之遺民男女七百有三十人，益之以共、滕之民為五千人，立戴公以廬於曹。（《閔公二年》）

（二）消損義

1. 消滅

雍子納其女於叔魚，叔魚蔽罪邢侯。（《昭公十四年》）

2. 奪取

[1] 王奪鄭伯政，鄭伯不朝。（《桓公五年》）

[2] 闇乞肉焉，奪之杖以敲之。（《定公二年》）

[3] 晉饑，秦輸之粟；秦饑，晉閉之糴，故秦伯伐晉。（《僖公十五年》）

[4] 子產曰："有事於山，蓺山林也，而斬其木，其罪大矣。"奪之官邑。（《昭公十六年》）

"給"和"取"都是具有交接意義的動詞。"奪"和"與"表示的動作方向相反，在這組句中，動詞後的"之"分別指稱人或國名，在此表對象，"之"在這些句子中因動詞所表示的動作而有所失。

（三）教示義

1. 傳授

[1] 是故作壇以昭其功，宣告後人無怠於德。（《襄公二十八年》）

[2] 叔孫曰："見我，吾告女所行貨。"（《昭公二十三》）

[3] 楚子示諸侯侈，椒舉曰："……"（《昭公四年》）

〔4〕於是乎大蒐以示之禮，作執秩以正其官，民聽不惑而后用之。（《僖公二十七年》）

2. 教導

〔1〕與其射禦，教吳乘車，教之戰陳，教之叛楚。（《成公七年》）

〔2〕荀家、荀會、欒黶、韓無忌為公族大夫，使訓卿之子弟共儉孝弟。（《成公十八年》）

〔3〕公語之故，且告之悔。（《隱公元年》）

3. 示範

〔1〕夫六王、二公之事，皆所以示諸侯禮也，諸侯所由用命也。（《昭公四年》）

〔2〕既入焉，而示之璧，曰："活我，吾與女璧。"（《哀公十七年》）

〔3〕慶季薦之，示之兆，曰："死。"（《襄公二十八年》）

4. 使動

〔1〕若弗予，則請除之，無生民心。（《隱公元年》）

〔2〕衛侯飲孔悝酒於平陽（《哀公十六年》）

〔3〕將適費，飲鄉人酒。（《昭公十二年》）

〔4〕太子帥師，公衣之偏衣，佩之金玦。（《閔公二年》）

使動用法的動詞可以帶雙賓語，這是古漢語特有的一種雙賓語句式，在現代漢語中是沒有的。

（四）言語義

1. 問訽

〔1〕公送晉侯，晉侯以公宴於河上，問公年，季武子對曰："會於沙隨之歲，寡君以生。"（《襄公九年》）

〔2〕十一月己酉，公子圍至，入問王疾，縊而弒之。（《昭公元年》）

〔3〕謀之多族，民之多違，事滋無成。（《襄公八年》）

如果我們把言語傳達的信息看作運動者，把言語的對象看作受動者，那麼"言"和"語"的語義結構關係與"給予"類動詞相同，都屬於轉移動詞，句法上也對應為雙賓語結構。

2. 稱謂

［1］楚人謂乳穀，謂虎於菟，故命之曰鬥穀於菟。（《宣公四年》）

［2］晉人謂之遷延之役。（《襄公十四年》）

［3］世之治也，君子尚能而讓其下，小人農力以事其上，是以上下有禮，而讒慝黜遠，由不爭也，謂之懿德。及其亂也，君子稱其功以加小人，小人伐其技以馮君子，是以上下無禮，亂虐並生，由爭善也，謂之昏德。（《襄公十三年》）

這一類又可以稱爲"等同類"，意思是施事給受事一個稱呼，其實表現的也是"由施事向間接賓語的轉移"，祇不過被轉移的不是具體的事物，而是一個稱呼，是對抽象事物的轉移。這是一種從具體到抽象的引申用法，是語言中隱喻和轉喻作用的結果。

（五）特殊義

［1］天生民而立之君，使司牧之，勿使失性。（《襄公十四年》）

［2］殺囚，衣之王服而流諸漢，乃取而葬之，以靖國人。（《昭公十三年》）

［3］若見費人，寒者衣之，飢者食之，爲之令主，而共其乏困。（《昭公十三年》）

［4］姜氏何厭之有？不如早爲之所，無使滋蔓！（《隱公元年》）

［5］使盡之，而爲之簞食與肉，置諸橐以與之。（《宣公二年》）

有學者將這種"V（爲）+之+N"形式稱"爲動"義，例如《春秋經·文公二年》："丁丑，作僖公主。"《公羊傳·文公二年》對其解釋是："作僖公主者何？爲僖公做主也。"在這裏就是強調漢語這種動詞的特殊性。在這類雙賓語結構中，動作行爲是爲間接賓語"之"而發生的，動詞內化了"給予"的意義。"之"在這裏，形式上既有所指，內容上又有所得。

以上這些意義類別的動詞都能共用一種雙賓語結構形式，説明它們在某種意義上有着一定的相似性，因而它們表現出雙賓語結構特有的句式意義。例如：從動詞的意義上説，"贈送"義雙賓語句語義爲一方將物品授給另一方；"賜予"義雙賓語句語義爲位尊者（王）將爵位、名號、姓氏、財物等賜予臣下；"取得"義雙賓語句爲從O_1處接受O_2所表示的事物；"問告"義雙賓語句爲嚮別人告訴或者詢問某種事情；"稱謂"義雙賓語句爲將O_1所表示的人、物稱爲O_2所表示的名稱或術語；"處置"義雙賓語句爲將O_1所表示的人、物處置到O_2所表示的處所或用O_2所表示的工具、方式處置O_1所表示的人、物；"授命"義雙賓語句語義爲任命O_1所表示的人爲O_2所表示的職務、等級、官職等；"使動"義雙賓語句近賓語O_1爲使動賓語，語義爲使近賓語O_1發出V所表示的動作，且涉及遠賓語O_2；"特殊"義雙賓語句V和O_1之間爲爲動關係，語義是"爲了V而動作涉及O_2"；"教導"義雙賓語句爲教會O_1所表示的人O_2所表示的事情；"消減"義雙賓語句和"增益"義雙賓語句在語義上則表現爲數量或程度上互爲對立，或受損或受益。以上動詞都包含有共同的【+轉移】、【+目標】義素。

據我們調查，《春秋左傳》中的雙賓語語句大致有如下幾種句式：

1. 述語動詞+間接賓語+直接賓語
2. 述語動詞+直接賓語+間接賓語
3. 間接賓語+述語動詞（謂）+直接賓語

其中第1類"述語動詞+間接賓語+直接賓語"為優勢句式，其中大多為"動詞+之（代詞）+名"形式。① 第2類"述語動詞+直接賓語+間接賓語"句式，例如《昭公十六年》："豆區釜鐘之數，其取之公也薄，其施之民也厚。"僅有零星用法；第3類"間接賓語+述語動詞+直接賓語"句式僅見於"稱謂"類句式，例如《僖公九年》："公曰：'何謂忠貞？'"《僖公七年》："子父不奸之謂禮，守命共時之謂信。"《宣公十五年》："士伯庸中行伯，君信之，亦庸士伯，此之謂明德矣。"顯然，第3類句式完全是由於古漢語的特殊句式：疑問代詞賓語前置和賓語用代詞"之"複指等因素造成的雙賓語特殊句式。

據我們所做的調查結果顯示，《春秋左傳》中出現在雙賓語句式中的常用的動詞主要有以下這些：

---

① 許多學者就古漢語中"動·之·名"結構展開過討論，我們認為當雙賓語結構中的間接賓語為"之"時，一般都表示指稱性的對象，它和后面的直接賓語之間不是表示所屬的偏正關係；"之"由於句式的作用，有時佔據了間接賓語的位置，但在意義上有所"泛化"，指代不是很明確了；當"之"表處所時（例如"斬之蓬蒿藜藋而共處之"〔《昭公十六年》〕），則為"動補賓"結構，而非雙賓語句。而雙賓語句發展到現代，當間接賓語為"之"時，就有了進一步的發展，有實指和虛指之別。例如陸儉明認為"吃他三個蘋果"的述賓結構"吃他"不是自由的而是黏着的。(《現代漢語語法研究教程》，北京大學出版社，2003年）

賜（錫）、昇、與、饋、歸、授、遺、奪、告、問、爲、降、樹、飲、
示、謂、予、食、教、名、分、衣、佩、著、謐、詒、委、許、加、胙、假、
輸、斬、立、命、閉、引、陳、屬、負、舉、生、餼、送、訪、獻、訓、求、
宣、謁、傳、致、諫、徇、貺、親、贈、濟、賞、封、加、賄、語、誨、佈、
取、許、遣、賈、介、施、降、借、謀、樹

與此相對應的是，在基本語義不變的情況下，《春秋左傳》中存在着大量由介詞參與的對雙賓語句型的分化句型，① 這也可能是《春秋左傳》時期雙賓語句的一種發展變式。其變化形式主要表現為由介詞"以"和"于/於"以及包含介詞"于/於"在內的兼語"諸"構成的狀中結構或動補結構，三者之間在結構和語義上都具有形式上的變換關係。

二、雙賓語句的變化句式

如前所述，雙賓語變化句式在語義環境和句法形式上都必須符合雙賓語句式的兩個基本條件：一是動詞謂語與雙賓語有明確的施受關係，二是直接賓語和間接賓語在句法的結構形式上相互沒有任何關係，即在結構上沒有直接的組合關係，② 但兩個賓語畢竟代表了不同的兩個語義角色。因此，它們之間必定隱含着一些明確的語義上的聯繫，例如：

（一）領屬關係

［1］昇余，余賜女孟諸之麋。（《僖公二十八年》）

［2］王奪鄭伯政，鄭伯不朝。（《桓公五年》）

［3］秋七月，晉師及齊國佐盟於爰婁，使齊人歸我汶陽之田。（《成公二年》）

［4］十一月己酉，公子圍至，入問王疾，縊而弒之。（《昭公元年》）

---

① 楊樹達在早在《高等國文法》第四章裏就指出：漢語雙賓語還有用介詞"於"介間接賓語和用"以"介直接賓語兩種形式。

② 何樂士（1980）曾證明在先秦時代"之"和"其"分工是極為明確的，"之"不可位於領位，像《哀公二十六年》"公攻而奪之幣。"在句法形式上，"之"和"幣"沒有領屬關係，因而"奪之幣"不是單賓語結構，而是雙賓語結構，由於動詞"奪"的行為，使與事和受事之間原有的一種領有關係消失。

（二）同一關係

［1］楚葬王於郟，謂之郟敖。（《昭公元年》）
［2］楚人謂乳穀，謂虎於菟，故命之曰鬥穀於菟。（《宣公四年》）
［3］余為渾良夫，叫天無辜。（《哀公十七年》）
［4］請京，使居之，謂之京城大叔。（《隱公元年》）

（三）陳述關係

［1］是故作壇以昭其功，宣告後人無怠於德。（《襄公二十八年》）
［2］荀家、荀會、欒黶、韓無忌為公族大夫，使訓卿之子弟共儉孝弟。（《成公十八年》）
［3］與其射禦，教吳乘車，教之戰陳，教之叛楚。（《成公七年》）
［4］父教子貳，何以事君？（《僖公二十三年》）

在雙賓語句式中，正是由於句中的V，使得以上語義之間的聯繫或關係形成或者消失，從而呈現出各種語義類型。

（四）雙賓語句的變化句型

"變化句型"是指在雙賓語句基本語義不變的情況下，由介詞參與的對雙賓語句型的變換形式，也就是說雙賓語表達的語意關係也可以用其它結構形式來表達。例如在《春秋左傳》中，其變化形式主要表現為直接賓語和間接賓語都可由介詞"以"和"於"引出，具體表現為動詞前後的狀中結構或動補結構形式，且這幾種形式在《春秋左傳》中並存。主要形式有如下幾種：

1. 主語+動詞謂語+（間接賓語）+于+直接賓語

［1］秦人負恃其眾，貪（　）于土地，逐我諸戎。（《襄公十四年》）
［2］有嬀之後，將育（　）于姜。（《莊公二十二年》）
［3］無日不討國人而訓之于民生之不易，禍至之無日……（《宣公十二年》）

以上例句的動詞都為及物動詞，直接帶受事賓語（直接賓語），間接賓語往往隱含於直接賓語前後的句中，如例［1］、［2］的間接賓語分別為前後文中已經出現的"諸戎"、"有嬀之後"等。

2. 主語+動詞謂語+（間接賓語）+以+直接賓語

［1］（莒人）賄（　）以甲父之鼎。（《昭公十六年》）

［2］魏戊不能斷，其大宗賄（　）以女樂，魏子將受之。（《昭公二十八年》）

［3］今命以時卒，閟其事也；衣之尨服，遠其躬也；佩（　）以金玦，棄其衷也。（《閔公二年》）

3. 主語+動詞謂語+直接賓語+于（於）+間接賓語

［1］取邾田，自漷水歸之于我。（《襄公十九年》）①

［2］天禍許國，鬼神實不逞於許君，而假手于我寡人。（《隱公十一年》）

［3］吾出季氏而歸其室於公。（《昭公十二年》）

4. （主語）+以+直接賓語+動詞謂語+間接賓語

［1］鄭伯之享王也，王以后之鞶鑒予之。（《莊公二十一年》）

［2］及河，子犯以璧授公子。（《僖公二十四年》）

［3］晉侯以樂之半賜魏絳。（《襄公十一年》）

［4］武從姬氏畜於公宮。以其田與祁奚。（《成公八年》）②

5. （主語）+以+（直接賓語）+動詞謂語+間接賓語

［1］叔孫帝竊其拱璧，以（　）與禦人。（《襄公三十一年》）

［2］叔孫氏之車子鉏商獲麟，以為不祥，以（　）賜虞人。（《哀公十四年》）

［3］子木歸，以（　）語王。（《襄公二十七年》）

［4］禦人以（　）告子元。（《莊公二十八年》）

6. 主語+以+（直接賓語）+動詞謂語+于（於）+間接賓語

［1］凡諸侯有四夷之功，則獻于王，王以（　）警于夷。（《莊公三十一年》）

［2］印菫父與皇頡戍城麇，楚人囚之，以（　）獻於秦。（《襄公二十六年》）

［3］十四年春，孔達縊而死，衛人以（　）說于晉而免。（《宣公十四年》）

［4］六月，大敗戎師，獲其二帥大良、少良，甲首三百，以（　）獻於齊。（《桓公六年》）

---

① 對照"歸我衛貢五百家，吾舍諸晉陽。"（《定公十三年》）

② 對照"虢公為王宮於玤，王與之酒泉。"（《莊公二十一年》）

7. 主語+動詞謂語+間接賓語（之）+ 以 + 直接賓語

［1］懼其未也，故誨之以忠，聳之以行，教之以務，使之以和，臨之以敬，蒞之以強，斷之以剛。（《昭公六年》）

［2］冬，曹大子來朝，賓之以上卿，禮也。（《桓公九年》）

［3］已習愛子，教之以義方，弗納於邪。（《隱公三年》）

［4］三月丙午，入曹，數之以其不用僖侯負羈而乘軒者三百人也，且曰："獻狀。"（《僖公二十八年》）

8. 直接賓語+ 以 +動詞謂語+間接賓語

［1］書以授帥，而效諸劉子。（《昭公三十二年》）

［2］文物以紀之，聲明以發之，以臨照百官，百官於是乎戒懼，而不敢易紀律。（《桓公二年》）

9. 主語+以 +（直接賓語）+動詞謂語+（間接賓語）

公問之，子家以（　）告（　），及食大夫黿，召子公而弗與也。（《宣公四年》）

10. 主語+動詞謂語+ 諸（間接賓語+以）+ 直接賓語[①]

［1］夫固謂君訓眾而好鎮撫之，召諸司而勸之以令德，見莫敖而告諸天之不假易也。（《桓公十三年》）

［2］吾語諸趙孟之偷也，而又甚焉。（《襄公三十一年》）

［3］弁糾御戎，校正屬焉，使訓諸御知義。（《成公十八年》）

［4］先君有共德而君納諸大惡，無乃不可乎！（《莊公二十四年》）

其中的兼語"諸"包含了間接賓語"之"和介詞"以"。

11. 主語+動詞謂語+諸（直接賓語+於）+間接賓語

［1］子豐欲愬諸晉而廢之，子罕止之。（《襄公七年》）

［2］寡君無適與也，而傳諸君，君其備禦三鄰。（《昭公七年》）

［3］君命寡人同恤社稷之難，今問諸使者，曰"師未及國"，非寡人之所敢知也。（《隱公元年》）

［4］鄭人囚而獻諸楚，楚子厚賂之，使反其言，不許，三而許之。（《宣公十五年》）

---

① 這裏的"諸"為兼語，包含了間接賓語"之"和介詞"於"。

[5] 其敢忘君命？委諸執事，執事實重圖之。(《襄公二十二年》)

12. 主語+動詞謂語+諸（間接賓語+以）+直接賓語

吾語諸趙孟之偷也，而又甚焉。(《襄公三十一年》)

其中的兼語"諸"包含了間接賓語"之"和介詞"以"。

以上第四至第七這四種情況，均與表示處置意義的介詞"以"字句有關，即漢語早期的雙賓語中的"轉移"大多是通過"處置"來實現的。《春秋左傳》中的這種用法，實際上是由較實在的"用"、"拿"義轉化爲類似現代漢語的"把"字句的處置義。由於這種句式中的謂語動詞一般都含有"給予"、"告語"類意義，因而多帶雙賓語，即使某個賓語不出現，也可由句意補出這個賓語，而"以"引進其直接涉及的對象，即給予的物品或告知的內容。"以"的這種功能類似於後來的提賓介詞"把"。雖然這種句子在《春秋左傳》中爲數不多，卻非常具有代表性。它們的存在，正好證明了強調受事的處置式亦可向雙賓語句轉化，亦可昭示出漢語處置句和把字句的一個來源。其中，"以"是轉化過程中的連帶成份，因而往往也可以省略，但施受語義關係卻已經相當明確了。

我們可將《春秋左傳》中與雙賓語結構有關的句法結構歸納如下：

A式：述語動詞+賓語+介賓結構補語

B式：述語動詞+介賓結構狀語+賓語

C式：述語動詞+賓語+介賓結構補語

D式：述語動詞+諸（之+以/于）+賓語

上面幾種情況，通常用介詞"於"引出間接賓語，用"以"介引直接賓語，有如下特點：

1.當間接賓語是代詞"之"，直接賓語是名詞性短語時；

2.強調間接賓語時；

3.當直接賓語明顯比間接賓語長時。

其主要句式如下：

A式：主語+動詞謂語+間接賓語+於+直接賓語

B式：主語+動詞謂語+間接賓語（之）+以+直接賓語

C式：主語+動詞謂語+直接賓語+于+間接賓語

由於介詞的介入，使得賓語有了明確的標記形式。然而句子深層的語義關係和表層的結構關係是分處在兩個層面上的。以上這些結構的謂語動詞雖然和介詞的賓語在語義上有着潛在的施受語義關係，但在顯性的語法結構形式上卻已經不再是動賓關係了，所以它們並不是雙賓語結構。由介詞參與的雙賓語句變化句型的語用價值源於其強調施事與受事之間關係"轉移"的語義重心和對雙賓語句的分化功能，從而使句中的受事身份更爲明確。如果強調直接賓語，則形成"主語+動詞謂語+間接賓語+於+直接賓語"和"主語+動詞謂語+間接賓語（之）+以+直接賓語"形式；強調間接賓語，則形成"主語+動詞謂語+直接賓語+於+間接賓語"等形式。① 在這裏，介詞的作用在於用一種明確的表達方式（標記）將目標點凸現出來。

三、小結

比較《春秋左傳》中的雙賓語句，其述語語義的類型比現代漢語更多，因而雙賓語結構也更爲複雜多樣。從顯性語法形式角度分析，"主語+動詞謂語+間接賓語+於+直接賓語"和"主語+動詞謂語+直接賓語+於+間接賓語"似乎都可以分析爲"主語+動詞謂語+賓語+介詞結構補語"，而"主語+以+動詞謂語+間接賓語"可以分析爲"主語+介賓結構狀語+動詞謂語+賓語"。當然，這些變化式的深層的語法內容仍然是雙賓語句，即其語法位置雖沒有改變，但語法成份卻有所改變。從語用的角度分析，雙賓語句和動補句式以及雙賓語句和狀中結構句式表達的基本語義內容是一致的，但畢竟其表達形式完全不同。由於其表達的側重點上並不完全等值，表達效果自然也會有些微差別。及物動詞謂語與雙賓語的施受關係十分明確，而與介賓結構補語句和介賓結構狀語句在表達的語義重心上存在一些明顯區別。介詞在這裏的主要作用和功能顯然是一種標記手段，即分化雙賓語句，並可幫助我們區分歧義關係。同時，我們通過《春秋左傳》中雙賓語句的基本句式及其變換句式，亦可以窺見漢語雙賓語句式的一部份分化模式，預測其分化途徑，從而體會漢語句式表達的多樣性。

---

① 詳見錢宗武《今文尚書語法研究》，商務印書館，2004年，P414—416。

陸　介詞"自/從"歷時攷

"自"和"從"作介詞表示時間和空間的起點或源點，可以追溯到甲骨卜辭。在甲骨文中，"自"（ᙖ）和"從"（ᡶᡶ）同時存在，主要有介時間、介處所、介事物三種用法；從總體意義上講，兩者都表示一種"範圍"，即表示動作行爲所涉及的有上下次序的諸多對象的起點；而從適用範圍來看，可以表示處所起點、時間起點、狀態起點、範圍起點、發展起點、着眼起點、事物來源、經由路綫、事理依據等等。《廣韵·至韵》："自，從也。"《爾雅·釋詁》："從，自也。""從"、"自"互訓，亦可見表示起點的"從"、"自"關係之密切。筆者發現，兩者在發展中並非同步而行，始終表現出一種數量上的對比。因此，探測這種擅變的軌迹，可爲我們研究介詞的發展提供素材，進而深刻地認識漢語詞匯演變的規律。

在甲骨文中，"自"和"從"都可表示時間和處所的起點，但是"自"的用法遠比"從"豐富得多。

從數量上看，"自"的出現頻率較高，特別是表示動作行爲的處所起點，一般由"自"來承擔；"從"在甲骨卜辭中多爲動詞，介詞用法並不常見，由於其動作意味較强，往往並不直接引出動作行爲的處所和起點，而是表示動作行爲所經由的處所，例如："之日，王往于田從京，允獲麋二、雉十。"① 在金文中"從"字介處所的用例未有發現。

---

① 《甲骨文合集》，郭沫若主編，胡厚宣總編輯，中國社會科學院歷史研究所《甲骨文合集》編輯工作組集體編輯，中華書局，1978年至1982年，第10921。如圖：

10921
圖1　《甲骨文合集》第10921

從搭配關係上看，表時間的"自"的賓語一般由時間名詞充當；"從"的賓語可由時間名詞充當，也可由指代時間的代詞充當。例如："□從茲佑？"① 表示時間的"自"經常和"至"、"至於"配合使用，構成"自……至……"、"自……至於"的固定結構，表示起迄點範圍內的"整體"。例如："辛酉卜，貞：自今五日至乙丑雨？"② 相反，表示時間的"從"卻不能跟"至"、"至於"配合使用。

從句法位置來看，"自"組成的介賓結構一般可出現於動詞之後作補語，也可作狀語，但固定結構"自……至於……"祇可置於動詞之前作狀語；而"從"組成的介賓結構經常位於謂語動詞之後作補語。例如："貞，乎田從北。貞，乎田從東。貞，乎田從南。"③ 偶爾也作狀語。

從使用上看，"從"和"自"又有些不同。作爲從實詞虛化而來的介詞，"從"表示跟隨的對象，即引出與施事一起進行同一動作的協同者，這是

---

① 《甲骨文合集》，郭沫若主編，胡厚宣總編輯，中國社會科學院歷史研究所《甲骨文合集》編輯工作組集體編輯，中華書局，1978年至1982年，第31895。如圖：

圖2　《甲骨文合集》第31895

② 同①，第20919。如圖：

圖3　《甲骨文合集》第20919

③ 同①，第10903。如圖：

圖4　《甲骨文合集》第10903

由動詞"從"的本義"跟隨"、"隨從"意義虛化而來的。由於它出現在連動式結構中,對後一動詞起了修飾作用,因而雖可視爲介詞,它本身動詞意義仍然很強,有時造成動/介難辨的局面。由於"自"的意義比"從"更加空靈,"自"的用法相對更爲靈活,由表示處所的起點可引申出表示動作所涉及對象的起點,還可引進祭祀對象,形成固定格式"自……至(于)……"。引進祭祀對象這種結構一般衹作補語,例如"乙丑□禱自大乙至丁祖九示?"① 其中"自……至(于)……"有時還可分置於謂語動詞的前後,"自"字結構作狀語,"至"或"至于"結構作補語。例如:"方以羌,自上甲用,至(于)下乙?"②

經筆者攷察,到上古早期的《尚書》、《詩經》時代,"從"幾乎都爲動詞,介紹時間、處所起點的介詞爲"自"。而與此相對,我們攷察的《詩經》中處於動詞位置上的"自"僅有四例。這一比例及甲骨文的例證都可表明"自"是漢語書面語中最早表示起始的介詞之一。早在春秋時期,表時間的"自"的賓語範圍不斷擴大,除繼承甲骨卜辭中時間名詞和代詞外,"自"的賓語還可爲主謂短語甚至可以是句子形式。例如《詩經·衛風·伯兮》:"自

---

① 《甲骨文合集》,郭沫若主編,胡厚宣總編輯,中國社會科學院歷史研究所《甲骨文合集》編輯工作組集體編輯,中華書局,1978年至1982年,第14881。如圖:

圖5 《甲骨文合集》第14881

② 同①,第271反。如圖:

圖6 《甲骨文合集》第271反

伯之東，首如飛蓬。"還出現了固定結構"自……以始"。例如《詩經·魯頌·有駜》："自今以始，歲其有。"此外，"自"在《尚書》和《詩經》中分別還有8例和6例引進人物對象的用例，由於介詞"自"所表現出的這種靈活性，加快了其位置變化的速度。據攷查，表示時間起點的"自"基本不出現在動詞後而衹出現在動詞前的局面在此時已經形成，在其後的發展中較爲穩定，基本没有什麼變化，但是表示處所起點的"自"在《尚書》中出現在動詞前後的數量大致相等；而在《詩經》中，作狀語的數量超過了作補語。這說明在《詩經》、《尚書》時代，表處所、時間的介詞"自"已開始由甲骨卜辭中作補語前移作狀語，介賓結構作狀語前移趨勢從此時已嶄露頭角。如表所示：

類別	時間起點				處所起點			
功能	狀語		補語		狀語		補語	
詞例	自	從	自	從	自	從	自	從
《詩經》	6	0	0	0	27	0	21	0
《尚書》	11	0	0	0	7	0	6	0
合計	17	0	0	0	34	0	27	0

表4 《詩經》、《尚書》"自/從"分佈情況

到上古中期，介詞"從"在《春秋左傳》中有五例表示處所的起點，僅有一例表示時間的起點，即《昭公四年》："恃險與馬，不可以爲固也，從古以然。"《孟子》中也有一例表示處所的起點，即《孟子·離婁》下："與其妾訕其良人，而相泣於中庭，而良人未之知也，施施從外來，驕其妻妾。"在《論語》、《莊子》中看不到介詞"從"的痕蹟，表時間和處所起點的介詞完全由"自"來充當；此時"自"的使用範圍逐漸擴大，不限於僅僅表示處所、時間的起點和來源。我們在《春秋左傳》中還發現四例表示處所和時間之"所在"的句子。表示處所，例如《哀公十七年》："初，公自城上見己氏之妻髮美，使髡之，以爲呂姜髢。"又如《昭公二十一年》："公自揚門見之，下而巡之。"其中的動詞都爲看視動詞。表示時間，例如《昭公九年》："我自夏以後稷，魏、胎、丙、岐、畢，吾西土也。"杜註："在夏世以後稷功，受此五國，爲西土之長。"我們在《春秋左傳》中還發現一例用"從"表示處所之"所在"的句子，即《宣公二年》："晉靈公不君，厚斂以

彤墻；從臺上彈人，而觀其辟丸也。"此外，"自"又出現了表示與述語有關的範圍，有些與"至"、"以"配合使用，除組成"自……至"外，還產生了"自……以……"格式，"以"的後面可出現表示空間意義的"上"、"下"、"左"、"右"、"東"、"西"、"南"、"北"等詞。例如《文公十二年》："年自七十以上，無不饋詒也，時加羞珍異。"此外，還出現了13例表示述語動作起始的人物起始的地位。例如《昭公元年》："請皆卒，自我始。"又《論語·季氏》："天下有道，則禮樂征伐自天子出；天下無道，則禮樂征伐自諸侯出。"同時，介詞"自/從"的發展又同句法結構的發展變化同步而行，主要體現在介詞"自"、"從"和特殊的指示代詞"所"結合，由其組成的固定組合表示處所的起點。例如《春秋左傳·隱公三年》："臣聞愛子，教之以義方，弗納於邪。驕、奢、淫、泆，所自邪也。四者之來，寵禄過也。"《莊子·外篇·天地》第十二："財用有餘而不知其所自來。"《莊子》裏共有三例"所自"和一例"所從"，但其後的動詞基本都爲"來"。如表所示：

類別	時間起點				處所起點			
功能	狀語		補語		狀語		補語	
詞例	自	從	自	從	自	從	自	從
《左傳》	42	1	0	0	133	8	110	0
《論語》	1	0	0	0	10	0	0	0
《孟子》	6	0	0	0	14	1	2	0
《莊子》	16	0	0	0	19	0	0	0
合計	65	1	0	0	174	9	112	0

表5 《左傳》、《論語》、《孟子》、《莊子》"自/從"分佈情況

從上表可以看出，由"自"組成的介賓短語的位置基本位於述語前的局面已成定局。張赬（2002）爲了説明這個變化，曾對《左傳》中"自+場所"位於中心成份前後時中心成份的情況做出統計。[①] 如表所示：

[①] 張赬《漢語介詞詞組詞序的歷史演變》，北京語言文化大學出版社，2002年，P258。

	"自+場所"在VP前	"自+場所"在VP後
VP 爲光桿單音詞	29	71
VP 爲非單音結構	10	1
VP 帶賓語	51	0
VP 帶補語	19	0

表6 《左傳》"自+場所"位於中心成份前後時中心成份分佈情況

從表中所反映的情況可以看出"自+場所"的位置與動詞結構複雜與否存在着明顯的聯繫，即當VP爲光桿單音詞時，介詞短語大多數謂語VP之後；VP爲非單音節結構時，介詞短語大多都位於VP前。[①] 筆者攷察了其後介詞"自/從"位於補語位置的例句，除了修辭和體裁的因素外，基本原因爲其所修飾的動詞均爲單音動詞且結構簡單。我們從這裏可以看出句法位置組合功能和結構關係等因素對介詞的影響。

到上古後期，表示時間和處所起點的介詞由"自"和"從"共同承擔，不同之處在於"從"又開始出現了引進時間起點的用法。此時"自"僅限於表示過去的時間起點，"從"卻能表示過去、將來和現在的時間起點。因此，"從"逐漸成爲此階段表示動作行爲起始、經由的處所的主要承擔者。由於這種用法的動作雖是在"從+處所"上進行，但動作同時必有某物由此而出，或動作方嚮朝外，都暗示了一種起點意義，所以可將它和表示處所的用法歸爲一類，因而在數量上猛增，並且出現了三例作補語的句子。如：《史記·河渠書》第七中的"抵蜀從故道，故道多阪，回遠"、"歌詩曰：'天馬來兮從西極，經萬里兮歸有德。承靈威兮降外國，涉流沙兮四夷服。'"《論衡·吉驗篇》："人間之水污濁，在野外者清潔，俱爲一水，源從天涯，或濁或清，所在之勢使之然也。"

"從"與"自"一樣，亦可表示處所之"所在"。例如：

凡聖人見禍福也，亦揆端推類，原始見終，從閭巷論朝堂，由昭昭察冥冥。（《論衡·實知》）

"從"亦可引進人物、官職。例如：

---

① 張赬《漢語介詞詞組詞序的歷史演變》，北京語言文化大學出版社，2002年，P258。

［1］人不知，以爲氾從布衣匹夫起耳。(《論衡·吉驗》)
［2］天命當貴，故從唐侯人嗣帝後之位。(《史記·三代世家》)

"從"還和介詞"至"、"到"配合使用，產生了"從……至"、"從……到"句式來表示"範圍"。例如：

［1］王伐紂，吹律從春冬，殺氣相併，律亦應之。(《史記·律書》第三)
［2］從周到今七百餘歲，逾二百歲矣。(《論衡·刺孟》)

一些固定結構如"從此觀之"、"從古以來"應運而生。

此外，我們還發現兩例"自"和"從"連用的複合介詞。例如：

［1］自從窮蟬以至帝舜，皆微爲庶人。(《史記·五帝本紀》)
［2］使一人立於墙東，令之出聲，使聖人聽之墙西，能知其黑白、短長、鄉里、姓字所自從出乎？(《論衡·實知篇》)

儘管從總數上看，此階段表示時間和處所的起點，介詞"自"的用法在數量上大大超過"從"，但是表示處所起點的"自"已開始衰落，"從"開始興起，在數量上遠遠超過了"自"。值得注意的是，上古中期出現的"自"引進"所在之處"的功能此時並未進一步發展，反而逐漸消亡；相反，由"從"表示"所在"的用法卻在《史記》以後得到發展。此外，"所自"和"所從"結構的分佈也有所變化。《論衡》中共有五例"所從"，除一例"所自從"外，沒有1例"所自"；而《史記》中"所從"共有18例，"所自"僅爲四例，其後動詞仍然多爲單音動詞。由此可以推測，表示時間和處所起點的介詞"自"和"從"在發展上是不平衡的；介詞"從"代替"自"最早是由表示處所起點始，已在上古晚期萌芽。如表所示：

類別	時間起點				處所起點				
功能	狀語		補語		狀語			補語	
詞例	自	從	自	從	自	從	自從	自	從
《史記》	192	11	0	0	176	203	1	13	3
《論衡》	27	8	0	0	22	110	1	3	1
合計	219	18	0	0	198	313	2	16	4

表7 《史記》、《論衡》"自/從/自從"分佈情況

据陈秀兰（2001）调查，到唐代笔记中，"自"和"从"的使用频率基本未变，但是"自"、"从"的使用频率在口语化程度较高的汉文佛典中则是另外一种局面。不仅仅是表处所起点的"从"的数量远远超过"自"，而且"从"表时间起点的数量也已明显高于"自"，大致比例为7∶1，"从"的使用频率远远高于"自"。敦煌变文保持了"从"和"自"在汉文佛典中的这种趋势，两者比例为4∶1，这些数据充分证明在此阶段，口语化程度较高的非文言文献中的"从"已完全取代"自"，居于统治地位。① 但笔者的调查却与之略有出入。如表所示：

类别	时间起点					处所起点			
功能	状语			补语		状语		补语	
词例	自	从	自从	自	从	自	从	自	从
《搜神记》	33	5	0	1	0	18	53	0	1
《世说新语》	11	4	0	1	0	13	30	2	0
敦煌变文	20	16	14	1	1	2	48	0	0
合计	64	25	14	3	1	33	131	2	1

表8　《搜神记》、《世说新语》、敦煌变文"自/从/自从"分布情况

以上数据说明：此阶段表示处所起点的"从"确实以数量上的优势在使用上超过了"自"；而是在表示时间的起始时，"自"和"从"的使用频率在笔者所调查的三种文献《搜神记》、《世说新语》和敦煌变文中，虽然已表现了趋于平衡的态势，但"自"在总体数量上仍然超过"从"，两者之比大致为3∶1。在用法上，用"从"表示处所之"所在"的句子仅见一例，即《世说新语·言语》第二："至，遇德操采桑，士元从车中谓曰：……"由"自"组成的固定结构"自古"、"自昔"、"自是"、"自此"、"自兹"、"自是已後"、"自是以後"、"自是之後"、"自今以後"、"自此已還"、"自古至今"、"自……（以）来"、"自……以上（下）"、"自……至於"、"自……至"在三部书中大量涌现，而由"从"组成的固定结构无论从数量还是格式上均不及"自"，仅在敦煌变文中出现了"从今已後"、"从此"、"从……以

---

① 陈秀兰《敦煌变文与汉语常用词演变研究》，载《古汉语研究》2001年第3期。

來"、"從……至"、"從……到"幾種格式，因而介詞"自"優於"從"的這種結構上的凝固性，從根本上限制了時間介詞"自"的發展，造成了其與處所介詞"自"發展的不平衡性，亦延遲了時間介詞"從"對"自"的歷時更替。
"自"和"從"連用的複合介詞"自從"在《史記》和《論衡》中各見一例，但在敦煌變文中表示時間的"自從"，如"自從一別音書絕，憶君愁腸氣欲結"（《伍子胥變文》），卻比比皆是，共計14例。筆者在《搜神記》中，分別發現的三例和二例介詞"自"、"從"和特殊的指示代詞"所"結合組成的固定組合，"所自/從"後面的動詞仍然均爲"來"。此外，筆者還在敦煌變文和《世說新語》中各發現一例介詞"從"後所飾動詞爲雙音動詞，例如：

［1］臣乃從後奔馳，遂即城中擒獲。（《伍子胥變文》）
［2］張應聲答曰："正使吾輩從此出入。"（《世說新語·排調》）

以上亦可證明"從"字作爲後起介詞比"自"更能適應新的語法形式。如表所示：

類別	時間起點						處所起點			
功能	狀語				補語		狀語		補語	
詞例	自	從	自從	打從	自	從	自	從	自	從
《容齋隨筆》	45	1	0	0	0	0	33	8	2	0
《琵琶記》	26	16	10	0	0	0	0	12	3	1
元曲	73	74	20	1	0	0	13	25	3	2
合計	144	91	30	1	0	0	46	45	8	3

表9　《容齋隨筆》、《琵琶記》、元曲"自/從/自從/打從"分佈情況

此階段表示時間的複合介詞"自從"開始大量出現。此外，據徐時儀（2001）攷訂，[①]可追溯於唐代的口語介詞"打"，在此階段還和介詞"從"搭配使用。例如元曲《雙調·殿前歡》："可憐見他靈車前唱挽歌，打從我門前過，我也曾提破。"在同一時期的《長生殿》、《嬌紅記》和《牡丹亭》中，"打從"也均有發現。雖然此時表示時間的介詞"自"在使用頻率上占絕對優勢，但大多爲固定結構。例如，僅《琵琶記》的26例中就有15例爲"自古"。

---

① 徐時儀《"打"字語義分析續補》，載《辭書研究》2001年第3期。

在明清白話小說中，"自"、"從"、"自從"、"打從"、"自由"在《水滸傳》、《西遊記》、《紅樓夢》、《儒林外史》及《老殘遊記》中的分佈情況如表所示：

類別	時間起點						處所起點					
功能	狀語				補語		狀語				補語	
詞例	自	從	自從	打從	自	從	自	從	打從	自由	自	從
《水滸傳》	188	49	93	0	0	0	51	465	7	0	5	0
《西遊記》	158	10	24	0	1	0	68	179	0	0	5	0
《紅樓夢》	107	119	43	1	0	0	25	302	4	0	7	0
《儒林外史》	115	33	32	0	0	0	3	25	7	0	2	0
《老殘遊記》	10	26	8	0	0	0	3	107	1	0	0	0
合計	578	237	200	1	1	0	150	1078	19	1	19	0

表10　明清四大名著及《老殘遊記》"自/從/自從/打從/自由"分佈情況

這一階段，表示起點的常用介詞，除了中古遺留下來的"由"、"於"之外，"從"和"自"的用法都有了進一步的發展，特別是"從"的用法更加多樣化，其所修飾的動詞前後的搭配成份逐漸複雜化，主要表現爲如下類型：

一、介詞後爲連動結構

【自】

［1］我弟兄兩個，自登州越獄上梁山泊，托哥哥福蔭，做了許多年好漢，又受了國家誥命，穿了錦襖子。（《水滸傳》第一百一十六回）

［2］原來那太宗自貞觀十三年九月望前三日送唐僧出城，至十六年，漸漸望見長安。（《西遊記》第一百回）

［3］恰好賈璉自外下馬進來。（《紅樓夢》第六十四回）

【從】

［1］祇見那生鐵佛崔道成，仗着一條樸刀，從裏面趕到槐樹下來搶智

深。(《水滸傳》第六回)

［2］教內宮妃后，或近侍太監，先繫在聖躬左手腕下，按寸、關、尺三部上，卻將綫頭從窗櫺兒穿出與我。(《西遊記》第六十九回)

［3］寶玉見問，連忙從衣內取了遞與過去。(《紅樓夢》第十五回)

二、介詞後所修飾的動詞前有狀語

（一）狀語爲動詞、形容詞或副詞

【自】

回頭觀看，原來是一個老道者，自玉階前搖搖擺擺而進。(《西遊記》第七十八回)

【從】

［1］兩個從樓上一步一答，扛將下來，就樓下將扇舊門停了。(《水滸傳》第二十五回)

［2］正然走處，撞見一個黑魚精捧着一個渾金的請書匣兒，從下流頭似箭如梭鑽將上來，被行者撲個滿面，掣鐵棒分頂一下，可憐就打得腦漿迸出，腮骨查開，唿都的一聲飄出水面。(《西遊記》第四十三回)

［3］請韋四太爺從廳後一個走巷內，曲曲折折走進去，繞到一個花園。(《儒林外史》第三十一回)

（二）狀語爲介賓結構

【自】

［1］且説宋江自與盧俊義分別之後，各自前去赴任。(《水滸傳》一百二十回)

［2］自上了轎，進入城中從紗窗嚮外瞧了一瞧，其街市之繁華，人烟之阜盛，自與別處不同。(《紅樓夢》第三回)

【從】

那妖精舊年五月間，從西洋海趁大潮來於此處，就與小神交鬥。(《西遊記》四十三回)

三、動詞前多個介詞連用

【從】

［1］王夫人忙攜黛玉從後房門由後廊往西，出了角門，是一條南北寬夾道。（《紅樓夢》第三回）

［2］遲均、杜儀又從主位上引虞博士從東邊上來，香案前跪下。（《儒林外史》第三十七回）

［3］卻好那城武縣已經回來，進了店門，從玻璃窗裏朝外一看，與老殘正屬四目相對。（《老殘遊記》第六回）

【自從】

小弟自從那日與哥哥在渭州酒樓前，同史進三人分散，次日聽得說哥哥打死了鄭屠，我去尋史進商議。（《水滸傳》第五回）

四、與把（將）字句連用

［1］第一件事，你可從今日便將原典我的文書來還我，再寫一紙任從我改嫁張三，並不敢再來爭執的文書。（《水滸傳》第二十一回）

［2］你看他從袖子裏，卻像撮傀儡一般，把唐僧拿出，縛在正殿檐柱上。（《西遊記》第二十五回）

［3］祇因他從小兒跟着太爺們出過三四回兵，從死人堆裏把太爺背了出來，得了命，自己挨着餓，卻偷了東西來給主子吃。（《紅樓夢》第七回）

［4］還把手從被單裏拿出，伸着兩個指頭。（《儒林外史》第六回）

［5］車夫等人次第出來，方纔從石壁縫裏把子平拉出，已經嚇得呆了。（《老殘遊記》第八回）

這一階段，表示處所起點的介詞除個別"自"之外，全部位於動詞之前，而位於動詞之後的介詞"自"，其所修飾的動詞基本都是單音動詞。"從"沒有一例位於動詞之後，其使用頻率遠遠超過"自"。表示時間起點的介詞在五部書中，僅有一例由於修辭的緣故位於動詞之後，其餘全部位於動詞之前。在《水滸傳》和《西遊記》中，"自"的用法從數量上多於"從"的用法，直到後期的《紅樓夢》和《老殘遊記》中，"從"的用法才逐漸超過

"自"；然而，表示時間的介詞"自"，仍然大都爲固定結構，如"自此"、"自今"、"自古"、"自此以後"、"自古以來"、"自昔到今"、"自古至今"、"自始至今"、"自古及今"、"自……以來"、"自……之後"、"自……至……"等等。例如，僅《儒林外史》的155例中，就有38例"自古"，25例"自此"。

總之，表示起點的介詞"自"和"從"，儘管在使用頻率上顯示差異外，在組詞造句功能上差別不大，甚至一句當中可以同時顯現。例如：

〔1〕正尋思從那一件事自那一個人寫起方妙。（《紅樓夢》第六回）

〔2〕自戴宗從東京回到南豐十餘日，天使捧詔書馳驛到來。（《水滸傳》第一百一十回）

中古繼承下來的表示時間的複合介詞"自從"在此時數量猛增。複合介詞"打從"在幾部小説中也時有所見。以《紅樓夢》爲例，情況如下：

表示時間：

賈母有了年紀的人，打從寶玉病起，日夜不寧，今又大痛一陣，已覺頭暈身熱。（第九十八回）

表示處所：

〔1〕林妹妹打園裏來，爲什麽這麽費事，還不來？（第九十七回）

〔2〕不時打從薛蟠門前過。（第一百回）

引進人物：

打從老太太那邊丫頭起至你們平兒，誰的手不穩，誰的心促狹。（第九十四回）

但是其見次率仍然很低，均不超過七次。

另外，《老殘遊記》中還出現了一例複合介詞"自由"：

老殘剛把鐵鎖開了，將門一推，祇見房內一大團黑烟，望外一撲，那火舌已自由窗户裏冒出來了。（第十五回）

到了現代漢語，不論是在書面語還是在口頭語中，介詞"從"在使用中已基本取代了"自"成爲專職表示起點的介詞，一些固定説法例如"出自"、"來自"、"取自"等等，恰好可以看做是介詞"自/從"歷時變化的"活化石"。隨着語言的發展，介詞"從"在功能上明顯比"自"更適應新的語法體系。

柒　處所介詞"于/於"的衰落與"在"的興起

一、引言

當兩個有關係的詞語放在一起時，如果其中的一個表示處所，而這一處所是歷程所歸止的方嚮，這種關係就是空間關係（Relation of direction）。在這一類關係之中，往往可以加上一個介詞來幫助表明關係，把歷程導引到一個歸止的方嚮上。在英語中，有許多表示空間的介詞，西方語法學家根據其位置，視之位於賓語之前後，稱其爲"前置詞"（Preposition）和"後置詞"（Postposition）。比較中西語法，西方語言中一切表示空間關係的前置詞，在漢語中多由"于/於"和"在"這兩個介詞和表示空間概念的詞結合來表示。

介詞"于/於"是先秦很重要的一個介詞。《說文解字》："亏，於也。象氣之舒虧。從丂從一。一者，其氣平之也。"段玉裁註："蓋'于'、'於'二字在周時爲古今字，故《釋詁》、《毛傳》以今字釋古字也。"可見"于"和"於"關係密切。二者在上古均屬動詞。《廣韻》列"于"入虞韻，羽俱切。分"於"爲二，一入魚韻，興居切，訓爲"居也，代也，語辭也"；一入模韻，哀都切，訓爲"古作於戲，今作嗚呼"。介詞"於"殆從前者演化而來。高本漢在《〈左傳〉眞僞攷》中認爲"于"和"於"在《左傳》裏的用法有所區別。何樂士曾詳細比較"于"和"於"在《左傳》裏的來源、分佈、意義和語法功能。[①]"于"和"於"的關係，目前在語法界已有定論，即"於"是"于"的後起字、新興字，但二者的用法存在一些差異。主要表現爲："於"比"于"的用法更加靈活多樣，語法功能也豐富得多。本文將"于"和"於"合爲一個介詞進行討論。

據郭錫良攷訂，[②]介詞"于"來源於"去到"義的動詞"于"，在甲骨文中，它最先是介紹行爲的處所，擴展介紹行爲的時間，再擴展介紹祭祀的對

[①] 詳見何樂士《左傳虛詞研究》，商務印書館，1989年，P101。
[②] 郭錫良《介詞"于"的起源和發展》，載《中國語文》1997年第2期。

象；到西周金文中，更擴大爲介紹動作涉及的各種對象。我們根據郭錫良對《商周青銅器銘文選》的統計，對327個"于"字的用法列表如下：

类型 词例	不可認	動詞	介詞					
			處所		時間	範圍	涉及對象	祭祀對象
			所在	到達				
于	3	3	109	65	1	14	126	6
合計	6		321					

表11 商周青銅器銘文"于"字用法表

我們從上表可以看出，"于"在上古做介詞主要是作爲處所介詞，表示動作行爲發生或進行的處所和動作行爲達到的處所，且位置基本處於動詞之後。漢代以後，隨着動詞"在"的逐漸虛化，表示處所的介詞"于"開始衰亡，逐漸爲"在"所取代。由於"在"是新興的介詞，作爲處所介詞"于"的主要替代者，一些新興的用法多由它承擔。本文力圖通過對幾種有代表性的語料的調查，描述"在"興"于/於"衰的過程，探討動詞的變化對介詞的影響，以及動詞和介詞組合變化的規律。

二、"于/於"字句

（一）"于"在甲骨文中的用法

在甲骨文中，"于"字作爲處所介詞的句式類型主要是"（S）V于L"。[①]語義上大致可以分爲四類：

1. 表示處所

甲子卜，其求雨于東方。（集20173）

---

① S代表主語（Sbject），V代表謂語動詞（Verb），O代表賓語（Object），L代表方位或處所（Locality）。

2. 表示所自

貞：王勿出于敦？（合7940）①

3. 表示所至

己巳卜，苟貞，王往于日：不遘雨。（合27863）②

在甲骨文中，引進處所的"于"字結構，一般都在動詞之後，前接動詞都爲光桿動詞，且大多不帶賓語；而與此相區別，引進時間的"于"字結構大多是用在動詞前面。

4. 引進祭祀對象

［1］貞：燎于上甲于河十牛。（合1186正）③

---

① 如圖：

圖7　《甲骨文合集》第7940

② 如圖：

圖8　《甲骨文合集》第27863

③ 如圖：

圖9　《甲骨文合集》第1186

［2］丁未卜，争貞：王告于祖乙。（合1583）[1]

這種用法也是由引進行爲處所用法發展而來，而祭祀對象也可以算作是一種廣義的行爲處所。

（二）"于"在金文中的用法

在金文中，"于"字作爲處所介詞一般位於動詞之後，做句子的補語。"于"字可介處所、來源，未見介出發處。其中，介到達者除介具體的處所、方位外，還有一種介到達某一狀況、處境的抽象用例。例如：

［1］俗女弗以乃辟圅于囏。（毛公鼎大系1535）[2]

［2］永終于吉。（㠱鐘大系150）

介對象在甲骨文中爲具體的對象，在金文中繁衍出了介紹某一範圍的用例，但句中的謂語都爲形容詞。例如：

［1］曰古文王，初斂和于政。（牆盤集録408）[3]

---

① 如圖：

圖10　《甲骨文合集》第1583

② 如圖：

圖11　《殷周金文集成》第2841A

③ 如圖：

圖12　牆盤銘文

［2］女肇誨于戎工。（不娶簋大系106）[①]

（三）"于/於"在先秦兩漢時期的用法

在春秋戰國時期，"于/於"作爲處所介詞有了較大的發展，句式類型主要是"SVO于/於L"。動詞既可爲及物動詞vt，又可爲非及物動詞vi，且動詞大多帶賓語。突出表現爲以下兩點：

1. "于/於"所帶的處所賓語除了可以是表示具體地點的名詞，開始變得抽象，甚至出現形容詞、代詞

［1］仲子生而有文在其手，曰爲魯夫人，故仲子歸于我。（《春秋左傳·隱公元年》）

［2］凡我同盟之人，既盟之後，言歸于好。（《春秋左傳·僖公九年》）

2. "于/於"可表示方嚮

［1］往歲，鄭伯請成于陳，陳侯不許。（《春秋左傳·隱公六年》）

［2］今叔父克遂，有功于齊。（《春秋左傳·成公二年》）

［3］魯人臧倉譖孟子於平公，孟子言天。（《論衡·偶會篇》）

［4］秦〔昭〕襄王賜白起劍，白起伏劍將自刎，曰"我有何罪於天乎？"（《論衡·禍虛篇》

以上［1］、［3］表示"所嚮"，例［2］、［4］表示"所對"。

（四）"於"在中古以後的用法

中古時期，"於"的使用頻率下降，在語法功能上的變化主要表現在："於+處所"位置前移，句式類型表現爲"S於LVO"。例如：

[①] 如圖：

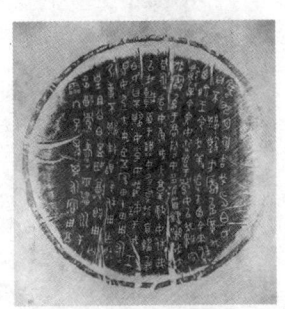

圖12　不娶簋銘文

［1］時於市門中賣繳，故亦謂之"繳父"。（《搜神記》卷一）

［2］阿耨池邊澡浴來，先於樹下隱潛藏。（《敦煌變文集·董永變文》）

［3］蛇來，先聞臭氣，便於鼻中入，盤其頭中。（《搜神記》卷十七）

［4］鷄子於地圓轉未止，仍下地以屐齒碾之，又不得，瞋甚，復於地取內口中，嚙破即吐之。（《世説新語·忿狷》）

［5］張令遂於籠中取絹廿疋上尊師。（《敦煌變文集·葉浄能詩》）

以上［1］、［2］均表示處所，［3］、［4］、［5］均表示"所自"。上古的"于"表"所自"一律用在述語後，中古開始移於述語之前。

"于/於"在近代漢語中徹底失去了它在處所介詞系統中絶對優勢的地位並逐漸衰弱，語法功能大大退化。近代漢語後期出現的少數"于/於"的用例，大多見於文人的書信對話中，口語中更是少見。

三、"在"字句

"在"字甲骨文中一般寫作 ✝（集13422）。古籍常借"才"當"在"。《説文解字》："才，草木之初也。從丨上貫一，將生枝葉，一，地也。""在，存也。"甲骨文中，"才"和"于"相通。上古"在"用作"存在"、"居住"義的很多，例如甲骨文："旬有祟，之日咼，沚夕，有豕在休。"（合24358）①金文："郭亡其來，才鼓。"（燕681）《尚書·堯典》："朕在位七十載。"《詩經·關雎》："在河之洲。"《春秋左傳·昭

---

① 如圖：

24358

圖14 《甲骨文合集》第24358

公三十年》："公在干侯。"《爾雅·釋詁》:"徂,在,存也。"《廣韻》:"在,居也。"儘管管燮初《殷墟甲骨刻辭的語法研究》、陳夢家《殷墟卜辭綜述·文法》都將"在"歸爲時空介詞,但語法界仍然有很多人認爲"在"在先秦是動詞。據王力攷證,介詞"在"大約産生於晉代以後;①郭錫良認爲産生於漢代。②處所介詞"在"産生的時代至今未有定論,困難在於"在"的實詞意義表示"存在",且與時間特徵上的"正在"有着必然的聯繫,不僅表示一種狀態,同時也由於本身所負載的時間信息,往往被認爲是一種動詞"在"與介詞"在"的合體,來陳述一個歷程或一個事物"目前"存在着或存在於某一個地方(點),而不能説明處所的具體位置。如果我們強調一個特定的空間關係,必須借助一些説明位置的詞纔能明確。同時,這個位置可以是空間的,可以是時間的,也可以是其它的,甚至可以用來表示抽象的思想上的出發點。總之,"在"祇是一個很泛化的表示存在於某處所或者其它任何抽象的"點"的"萬能"介詞。當動詞"于/於"由於和動詞"入"、"來"、"至"等"來"義動詞運動方向相反而區別於"往來"義動詞,變得抽象、空靈之時,意义虛化中的"在"由於没有實在的方向性而與動詞之間的界限模糊不清,造成動/介詞性判定的種種困難。

(一)"在"在先秦兩漢時期的用法

主要有兩種形式:S在LVO和SV在L。

1. 表示處所

[1]明日,以表尸之,皆重獲在木下。(《左傳·宣公十二年》)

[2]齊女侍者在桑上聞之,以告其主。(《史記·晉世家》)

[3]是時桓楚亡在澤中。(《史記·項羽本紀》)

[4]草木在高山之巔,當疾風之衝。晝夜動搖者,能復勝彼隱在山谷間,鄣于疾風者乎?(《論衡·道虛篇》)

上面表示"所在"的例[2]處於述語之前,例[1]、[3]位於述語之後,例[4]説明滯留的場所。

---

① 王力《漢語史稿》,中華書局,1980年版。
② 郭錫良《介詞"于"的起源和發展》,載《中國語文》1997年第2期。

2. 表示所至（移動）

［1］茲不穀震蕩播越，竄在荊蠻，未有攸。（《左傳·昭公二十六年》）

［2］夫賞，國之典也，藏在盟府，不可廢也。（《左傳·襄公十一年》）

［3］或高才潔行，不遇退在下游；薄能濁操，遇在眾上。（《論衡·逢遇篇》）

以上表示"所至"的用法全部出現在述語之後。例［1］是施事因動作而達到"在+處所"；例［2］是受事因動作而達到"在+處所"；例［3］說明動作的歸結點。

3. 表示範圍

［1］昔匄之祖，自虞以上爲陶唐氏，在夏爲御龍氏，在商爲豕韋氏，在周爲唐杜氏，晉主夏盟爲範氏，其是之謂乎！（《左傳·襄公二十四年》）

［2］禮也者，小事大，大字小之謂。事大在共其時命，字小在恤其所無。（《左傳·昭公三十年》）

［3］君子有三戒：少之時，血氣未定，戒之在色；及其壯也，血氣方剛，戒之在鬥；及其老矣，血氣既衰，戒之在得。（《論語·季氏》）

（二）"在"在中古時期的用法

中古時期，"在"的主要功能仍然是表"所在"、"所至"。其中，表"所至"衹用在述語之後，表"所在"的多數在述語之前，表範圍的用法逐漸少見。此外，又產生了表"所自"的用法。例如：

［1］盟津河在昆侖山腹壁出，其山舉高三阡三百六十萬里。（《敦煌變文集·前漢劉家太子傳》）

［2］若在道精熟，符錄最絕，宇宙之內，無過葉淨能矣。（《敦煌變文集·葉淨能詩》）

［3］大德心法無形，通貫十方，在眼曰見，在耳曰聞，在手執捉，在腳云奔。（《祖堂集》卷十九《觀和尚》）

以上例［1］表示行為動作的起點，相當於"從"，在中古比較多見。現代漢語沒有這種用法。例［2］、［3］表示範圍，在此階段有萎縮之勢，現代漢語則又有擴大之勢。

1. 動詞後成份複雜多樣

（1）雙音動詞後出現時間補語

蛇在皮中動搖良久，須臾不動，乃牽出，長三尺許，純是蛇，但有眼處，而無瞳子，又逆鱗耳。（《搜神記》卷三）

（2）"在+處所"做補語，動補之間夾有賓語

［1］家人一時去，獨留女在後。（《世說新語·假譎》）

［2］嘗見一鼠作窟在社樹之下，人欲動之，恐然社樹；正欲收之，畏倒社墻，鼠得保命長，畢身一死者，良由所託處強使然也。（《敦煌變文集·前漢劉家太子傳》）

2. 處所介詞所修飾的動詞複雜化，出現狀態動詞

（1）表示持續狀態

［1］何其沒在虜庭中，生死不知居那（哪）地。（《敦煌變文集·李陵變文》）

［2］又有女子，陰在首，居在揚州，亦性好淫。（《搜神記》卷七）

（2）表示變化狀態

［1］至七月七夕，西王母頭戴七盆花，駕雲母之車，來在殿上。（《敦煌變文集·前漢劉家太子傳》）

［2］我病死，喪在陌上，常苦飢寒。（《搜神記》卷十七）

中古時期，表示運動終結持續的處所與狀態持續的處所一般後置於動詞作補語，這是不同於現代漢語之處。

3. 與介詞"於"同義連用

（1）位於動詞之前做狀語

［1］其净能在於側近店上宿，忽聞哭聲甚切。（《敦煌變文集·葉净能詩》）

［2］爾時太子在於山中勇猛精進，修無上道。（《祖堂集》卷一）

（2）位於動詞之後做補語（現代漢語沒有這種用法）

不覺蜘蛛在於其上，團團結就百匝千遭，胡蝶被裹在於其中，萬計無由得出。（《敦煌變文集·葉净能詩》）

4. 與新興句式結合

隨着中古處置式的產生，把字句的出現，在唐代逐漸出現了一種新興句式"把/將OV在L"，但是這些少量的句式還不太典型。例如：

[1] 把舜子頭髮懸在中庭樹地，從項決到腳瞅，鮮血遍流灑地。（敦煌變文《舜子變》）

其中的"把"字動詞意義較重，還不是真正的介詞。

元明之間，這種句式得到了發展。元曲大量產生"把/將OV在L"的句型及其變體形式"把/將O在LV"和"（在）L把/將OV"。例如：

[2] 他把兩領淨席鋪在地下。（元曲《桃花女》三折）

[3] 把我在紅塵中埋沒。（元曲《凍蘇秦》一折）

[4] 我先在東門上將你那茶車搜過。（元曲《馬陵道》三折）

以上表示處置的把字句，除"把/將OV在L"句式，偶有用介詞"於"替換"在"。例如：

[5] 我把哥哥擒於山寨，觸犯著賢士休怪。（元曲《趙禮讓肥》三折）

其它兩種變式中，均無用介詞"于/於"表示處所者，一律用介詞"在"。

（三）"在"在近代漢語中的用法

近代漢語中，"在"除了表示"所在"、"所自"和"範圍"外，與動詞的組合變化如下：

1. 與趨向動詞連用

（1）位於動詞之前做狀語

你今夜還在外頭睡去罷咧？（《紅樓夢》第一百零九回）

（2）位於動詞之後做補語

妙玉忙命："將那成窰的茶杯別收了，擱在外頭去罷。"（《紅樓夢》第四十一回）

上述二例，均有趨向動詞"去"與"在"相呼應。

2. 謂語動詞的雙音化

[1] 把關張分付在君王手裏，交他龍虎風雲會。（《雜劇》三）

[2] 弓王攬撒了，穿著下次人的衣服逃走在山裏，後頭打圍的人們撞著

射殺，便那一日即位布政殿，國號高麗。(《朴通事》)

[3] 太太們在這裏喫飯，還是在園子裏喫去？有小戲兒現在園子裏預備着呢。(《紅樓夢》第五十三回)

3. 動詞與"在"字處所補語之間加入了其它補語成份

[1] 你們也可別悶死在這屋裏，長和林妹妹一處玩玩兒去才好。(《紅樓夢》第九回)

[2] 話未說完，衆人都笑倒在炕上。(《紅樓夢》第五十回)

以上二例在動詞與處所補語之間加入了表示結果的補語。

4. 介詞前面成份複雜多樣

[1] 姨太太帶了哥兒姐兒，闔家進京，正在門外下車。(《紅樓夢》第四回)

[2] 祇可見寶玉不務正，專在這些濃詞艷賦上作工夫。(《紅樓夢》第二十三回)

[3] 這般時，我祇在車房裏宿。(《老乞大》)

例[1]的"在"前出現了時間副詞"正"，例[2]、[3]的"在"前出現了範圍副詞"專"、"祇"。

四、"于/於"和"在"的異同和興衰

從上面兩節的分析可以看出，處所介詞"于/於"和"在"的語義差別不大，"在"作爲"于/於"的主要代替者，基本涵蓋了"于/於"表處所的各種用法和句式，同時又產生了一些新興的用法和句式，充分說明了二者之間的繼承性和發展性，以及在漢語中通過相互競爭所表現出來的詞彙興替規律，也從側面顯示了新的語言現象更加適應新的語法體系。"于/於"和"在"的差別主要體現在以下幾個方面。

(一) 數量對比

我們通過調查發現，介詞"于"在甲骨文中已經產生，並以多功能介詞的身份成爲處所介詞的主要承擔者。到中古時期，"于/於"逐漸失去這種地位，功能被其它介詞分擔；隨着新興介詞"在"的出現，這種變化更加突出。如表所示：

時期	文獻	于/於	在
上古前期	《尚書》	99	3
	《詩經》	102	3
上古中期	《左傳》	462	0
	《論語》	31	3
	《莊子》	151	1
	《孟子》	136	1
上古後期	《史記》	281	4
	《論衡》	278	31
中古	《搜神記》	271	30
	《世說新語》	207	97
	《敦煌變文集》	32	167
近代前期	《大唐三藏取經詩話》	58	12
	《新校元雜劇三十種》	5	81
近代後期	《朴通事諺解》《老乞大諺解》	15	70
	《紅樓夢》	17	281
	《兒女英雄傳》	3	385

表12　各時期文獻"于/於"和"在"分佈情況

"于/於"作爲上古漢語表示處所的最主要承擔者，所占比例高達85%，"在"則僅占8.9%。中古時期，"于/於"的使用頻率由前期的80%左右下降到後期的35%；新興介詞"在"的使用頻率大幅度提高。到了近代，"于/於"徹底失去了在處所介詞系統的絕對優勢，逐漸衰減並趨於消失。

（二）位置變化

通過攷查可知，在先秦漢語中，表示處所的介賓短語"于/於+L"的位置一般位於動詞後面；到了中古時期，隨着介詞"在"的出現，"于/於"的使用頻率下降，"于/於+L"的位置也發生前移。如表所示：

時期	文獻	于/於		在	
		謂語前（%）	謂語後（%）	謂語前（%）	謂語後（%）
上古	《左傳》	1.46	81.37	0.49	0.49
	《論語》	10.13	62.56	4.41	1.32
	《史記》	2.81	53.4	0.7	0.7
	《論衡》	1.48	78.65	1.48	1.06
中古	《搜神記》	11.16	47	3.86	2.58
	《世説新語》	14.68	29.36	17.82	2.77
	《敦煌變文集》	12.18	22.84	6.79	11.21
近代	《大唐三藏取經詩話》	1.52	10.61	12.12	6.06
	《新校元雜劇三十種》	0.49	1.95	7.83	1.71
	《朴通事諺解》《老乞大諺解》	0.96	3.82	11.46	10.83
	《紅樓夢》	0.55	1.79	16.94	21.76
	《兒女英雄傳》	0.19	0.1	18.55	18.65

表13　各時期文獻"于/於"和"在"位置分佈情況

從上表可以看出，用在謂語之後的"于/於+處所"短語在上古漢語裏占絕對優勢；"在"可用於謂語前後兩個位置，而用在謂語前的正逐漸占優勢。到中古時期，"于/於+處所"多數用在謂語後，"在+處所"的一部份用在謂語後，其它都用在謂語之前。發展到近代，隨着謂語之後"于/於+處所"的衰落，"在+處所"大多用在謂語前。這説明"介詞+處所"短語的前移已經緩和，特別是到後期，"在+處所"前後相差不大。

（三）與新興句式組合能力及句式的複雜化

隨着語言的複雜化，新興的處所介詞"在"比"于/於"表現出了與新興句式的適應性和協調性。如上文所述，主要表現爲：一是動詞後的成份複雜多樣，例如動詞後可出現賓語和時間補語，動詞與處所補語之間可以加入結果補語；二是處所介詞"在"與把字句的結合能力明顯優於"于/於"。這些都充份説明，隨着句子表意容量的擴大，句子的結構越來越複雜，在階段性的相互競爭中，"在"更能適應新的語法系統，因而必定最終淘汰"于/於"。

（四）語法關係由隱形向顯性發展

漢語缺乏形態，先秦尤甚，實體名詞和處所名詞常常用介詞"于/於"作爲區別標誌。到了西漢，隨着表意的精確化，雙賓語句的出現，以及雙音化趨勢，很多單音處所名詞後面出現了"上"、"中"、"下"等方位詞，"于/於"的標誌作用逐漸消失，出現了大量不用處所介詞介引表示處所的句式。① 先秦的"V+（O）+于/於+L"句式被"V+（O）+Φ+L"替代，即以動賓結構替代動補結構，特別是在雙賓語結構中，可以不用"于/於"而直接把處所名詞置於直接賓語前後，以間接賓語的形式在意念上補充說明動作行爲的有關處所、方位，即用不同的語法形式表示相同的語義關係。其中，有的賓語表示處所或方位，有的賓語表示起自或趨歸。這種同一語義的多種表達方式直接導致處所介詞"于/於"在中古的衰落直至消失，使"Φ+L"的位置變得靈活。新興的處所介詞"在"逐漸取代了多功能介詞"于/於"表示處所的這部份功能，把語義關係從意合引向標記明確，使語法關係由隱性變成顯性。經過同義共存的競爭，二者的興替得以在中古完成。

五、結語

綜上，通過研究動介虛化及其動介搭配關係來攷察其中錯綜複雜的對應關係，可見動介詞義的歷時發展和語法功能的變異之間存在着必然的聯繫。處所介詞"于/於"和"在"的發展和演變，爲我們展示了一個"動→介"的"虛化→語法化"漸進過程。在這一過程中，一個動詞的實義被虛化，也許這個語法義會再次趨向多樣化，發展爲多種類別的虛詞。例如，《春秋左傳》中的"于/於"也許會單一化，即多個處所介詞最終固定爲一種語法格式，但是

---

① 賓語表示處所或方位者，例如《詩經・大雅・烝民》："王命仲山甫，城彼東方。"《左傳・桓公十一年》："鄭人軍蒲騷。"《左傳・僖公三十年》："晉軍函陵，秦軍泛南。"《史記・滑稽列傳》："乳母家子孫奴從者橫暴長安中。"間接賓語表示處所或方位者，例如《尚書・泰誓》："有夏桀弗克若天，流毒下國。"《左傳・文公十八年》："殺而埋之馬矢之中。"《史記・大宛列傳》："漢使取其實來，於是天子始種苜蓿、蒲陶肥饒地。"賓語表示起自或趨歸者，例如《詩經・豳風・七月》："同我婦子，饁彼南畝。"《禮記・表記》："事君三違而不出竟。"《左傳・僖公二十二年》："婦人送迎不出門，見兄弟不逾閾，戎事不邇女器。"《左傳・隱公十年》："庚午，鄭師入郕……庚辰，鄭師入防。"間接賓語表示起自或趨歸者，例如《春秋經・宣公元年》："六月，齊人取濟西田。"《左傳・召公十六年》："昔我先君桓公與商人皆出自周，庸次比耦以艾殺此地，斬之蓬蒿、藜藋而共處之。"

無論多樣化還是單一化，詞彙的語法化進程都相對比較漫長，不會一蹴而就，更不會"涇渭分明"；一定時期內，源詞與虛化詞語往往會共存。另外，同時代還存在大量類似功能的其它虛詞。這些語法化詞與其它虛詞互相競爭，其結果祇有順應語言發展規律，與新興句式廣泛結合的那個虛詞纔會成爲標準成員。我們由此得到兩點結論：

　　第一，語法化離不開各個時期類似用法的挑戰；

　　第二，特定時期的要求，有可能把已經語法化了的詞語推向消亡的終途，語言永遠在推陳出新的動態運動中得到平衡和發展。

《春秋左傳》語法結構研究

壹 可以

"可"和"以"連用,是古漢語中習見的現象。在不同的語境中,其結構和意義是迥然不同的。例如《春秋左傳》(以下簡稱《左傳》):

[1] 晉侯曰:"孰可以代之?"對曰:"赤也可。"(《襄公三年》)

[2] 若敬行其禮,道之以文辭,以靖諸侯,兵可以弭。(《襄公二十五年》)

以上例句,體察文情語境,審度句法辭氣,從結構上看,例[1]爲"可以/動",例[2]爲"可/以〔〕動"。即例[1]"可以"之"以"絶非介詞,其後並無省略成份可言,這類"可以"與現代漢語中"可以"一脉相承,幾無二致。這裏上句問:"孰可以代之?"下句回答:"赤也可。"足證"可以"與"可"同義。例[2]"可以"是結構鬆散的兩個詞,"可"爲助動詞,"以"爲介詞,與其後省略的代詞"之"組成介賓短語作"弭"的狀語。我們把第一種情況稱爲"可以$_1$",第二種情況稱爲"可以$_2$"。

對於這兩種"可以"句,中外學人曾作過一些定性的描述。例如吕叔湘《中國文法要略》:"表示許可,文言用'可'或'可以',白話祇用'可以',單用'可'字限於現成的詞語,或正反並説的時候。"日本學者太田辰夫認爲:"在古代漢語中'可以'原是兩個詞,是'可用以……'的意思。……但是古代也有'以'的原意幾乎看不出來的。"張之強認爲:"古書中'可以'二字連用時,和現代漢語中'可以'是不完全一樣的,它常常是

'可以之……'的省略用法。……當然我們不是説古文中'可以'完全沒有現代漢語一樣的用法，但應當知道，這種情況是較少的。……同時還應該知道'可以'的這種用法是從'可以之……'的省略用法發展來的。因爲在古文中，説'可以'時，祇用一個'可'字就行了。"

我們從以上分析似乎可以得出如下兩個結論：

1. "可以$_2$"是"可以$_1$"的淵源，"可以$_1$"古代用得極少；

2. 古漢語在表示今語"可以"的意思時，祇用一個"可"字就行了。

但是通過仔細攷查，我們發現以上結論與攷查結果大相徑庭。

《左傳》中的"可以"共出現了131次，其中"可以$_1$"91次，"可以$_2$"37次，二者之比爲3：1。這説明助動詞"可以"在《春秋左傳》中不僅存在，而且所占比例大，處於絕對優勢。

攷查還發現，在較爲早期的文獻中，"可以"作助動詞的例證亦有所見。例如：《尚書·金滕》"未可以戚我先王"之"可以"，雖祇一例，但已足以説明問題。至於戰國時期的《論語》、《孟子》以及時代更後一些的《禮記》，這些文獻中"可以"亦能作爲一個複音詞而存在於語言之中，所占比重爲175：61。

這些事實告訴我們，"可以$_1$"一直是作爲一個雙音節助動詞存在於文獻語言之中的，而且絕非一些學者估計的那樣"用得很少"。那麽，怎樣認識"可以$_1$"與"可以$_2$"、"可以$_1$"與"可"之間的關係呢？對此還須認真分析。

首先，將"可以$_1$"與"可以$_2$"作一對比研究。由於在古籍中存在着將"可以"看作助動詞和視爲"可以之……"兩可的情況，導致"可以$_1$"與"可以$_2$"糾纏不清，但這並不能看成是二者在傳承過程中的過渡，從而影響理解的準確性。究其原因，主要是由於每個人對句子的"意盡爲界"語感不同，而在客觀上又找不到可以確定句界的形態標記。當然，我們也不能因爲漢語的這一特點，而使"可以$_1$"與"可以$_2$"的區分缺乏客觀標準。在區別"可以$_1$"和"可以$_2$"時，首先從結構關係上看，"以"後能否補充出充當賓語的"之"類代詞，且這一補充成份必得在上下文中有所落實，即它指代的是什麽；其次，從語義角度體味句意的側重點，是表示情理、環境許可的某種行爲，還是可憑借某種條件實施某種行爲或達到某種結果。如果能夠補充出作賓語的"之"類代詞並與上下文中某處契合，且句意側重於可依憑一定條件實行某種動作或達到某種結果者，均視爲"可以$_2$"；至於不能補出有關成份，強補則無所指實，且句意僅在於表示事理上許可的某種行爲者，則視爲"可以$_1$"。另外，從誦讀語感的角度攷慮，"可以$_2$"的"可"和"以"之間容許有一個短暫的頓宕，"以"字在句法上和語感上都是傾嚮於VP的。同時，跟"可以$_2$"相比較，"可以$_1$"中"可"的語義負荷量要小得多，"可以$_2$"除表示"能够"義之外，還表示"應該"、"值得"和"能力許可"；而"可以$_1$"的"可"祇表示"能够"義。

其次，將助動詞"可"與"可以$_1$"的語法特點作一對比。我們將有助動詞"可"的句子稱"可句"，有助動詞"可以$_1$"的稱爲"可以句"。

一、從詞性看

在上古漢語裏，"可"除了助動詞用法外，還有動詞、形容詞用法，這三類詞在詞彙意義上是有聯繫的。"可"最早是做形容詞，表"適宜"、"合適"、"可以"等義，例如《宣公十二年》："見可而進，知難而退。"這種句式中"可"是動作性不強或比較抽象的。當"可"後出現體詞性詞語（或並不出現，但可意會出來）時，引申出了"贊許"、"許可"、"批準"等動詞義。例如《僖公三十年》："子犯請擊之，公曰：'不可。'"當"可"後出現動作性謂詞時，它的詞義又進一步發展了，因爲贊許（許可）某種行爲時，也就意味着主觀上認爲應該（可以）進行某種行爲，於是由此又引申出"應該"、"可以"、"能够"等意義。例如《成公四年》："晉侯之命在諸侯，可不敬乎？"這一例的表意重心趨向於動作性較強的動詞上，前面的"可"祇是對這些動作行爲進行判斷、表態。這種"V1+V2"結構推動了動作性弱的V1向助動詞演化。這樣，"可"已具備了輔助性動詞的性質。"可"的動詞用法和助動詞用法均由它的形容詞用法引申發展而來。對助動詞"可"來說，這也是一個虛化過程，"可句"中的"可"正具有助動詞性質。

二、從語義看

"可以"句和"可"句如果表示爲"〔NP〕+可/以+VP"式,那麽"可以VP"和"可VP"是等值的。

三、從語法特點看

(一)"可"作助動詞時,大都用在主語是受事的句子中

例如:

〔1〕疾不可爲也,在肓之上,膏之下,攻之不可,達之不及,不可爲也。(《成公十年》)

〔2〕晉君少,不在諸侯,北方可圖也。(《文公九年》)

上例中"可"後的及物動詞不帶賓語,這些謂語動詞對主語來說,都有被動意。

〔3〕苟有明信,澗、溪、沼沚之毛,蘋、蘩、薀、藻之菜,……可薦於鬼神,可羞於王公,而況君子結二國之信,行之以禮,又焉用質?(《隱公三年》)

〔4〕我曲楚直,不可謂老。(《宣公十二年》)

以上二例中"可"後動詞帶有賓語或補語,"可"後的動詞謂語"薦"、"羞"、"謂"都有被動意。除了動詞,其它類的詞在"可"後作謂語時(包括短語中的謂語),也有類似情況,這是"可句"在語段篇章中的運用特色。例如:

〔5〕土不可易,國不可小。(《昭公十八年》)

有時候"可"後動詞雖不表被動,但動作行爲卻不是主語自願發出,而是外力促使它發生的,就主語而言仍含有受事意。例如:

〔6〕蔑也今而後知吾子之信可事也。(《襄公三十一年》)

從以上分析可看出:在"可+VP"格式裏,其主語經常表示受事,助動詞"可"後面的謂語就常有被動義且不帶賓語。

（二）"可以"作助動詞大都用在主語是施事的句子裏，其後動詞無被動意

例如：

［1］吾不可以立於人之朝矣。（《襄公二十七年》）

［2］左右曰："師徒不勤，而可以獲城，何故不爲？"（《昭公十五年》）

［3］凡從軍出而可以入者，將唯子是聽。（《定公元年》）

以上三例"可以"後的動作行爲正是前面主語（有時並不出現）發出的，因此沒有被動義。這種現象恰與"可"後動詞一般表被動義形成了鮮明對比。

由比較可以看出：那種"助動詞'可以'是由於助動詞'可'同介詞'以'經常連用而逐漸凝固而成"的觀點僅僅從語言形式的表面出發，割裂了語言的歷史聯繫。事實上，助動詞"可"和"可以"的變化過程並非如此。"可句"和"可以句"是兩種互相對立的句式，彼此功能不同，不能任意替換；而助動詞"可"和"可以"的並存，一方面是由於漢字的表義性，使得漢語在表達中既可選擇單字"可"的形式，也可選擇複字"可以"的形式，從而有效地調節了語言的節奏，使句子結構勻稱、音節配合和諧。同時，隨着漢語詞彙向雙音節的發展，造成古漢語"可"和"可以"並存現象。但助動詞"可"和"可以"能夠並存最主要的原因還在於其語法功能的不同。一是"可"既可作狀語，也可作謂語，而"可以$_1$"則祇能作狀語；二是在作狀語的時候，二者的分佈情況亦有別。用"可"作狀語的句子，其主語經常表示受事，且"可"後的動詞性詞語一般不帶賓語；用"可以$_1$"作狀語，其主語不再是受事，其後的動詞可以帶賓語。既然二者分工有別，則必有不可替代性。同時，從結構上看，"可以VP"可看作"可VP"和內嵌擴展式。這種擴展式，有些是由於經常使用，人們感覺它們已經類似於一種固定結構了，即："祇要詞和詞、成份和成份排成某種次序，彼此之間就不僅會建立某種關係，並且會在不同程度上互相吸引。大概正是這種不同程度的引力，最終引起成份的穩定。"①

---

① ［美］愛德華·薩丕爾《語言論·言語研究導論》，商務印書館，2011年，P102。

綜上分析，助動詞"可"和"可以₁"在先秦時代均已發展成熟，而且從詞匯意義上講，可以₁=可，但是這並不表明"可以₁"能够代替"可"，因爲"可以₁"有"可"不可替代的語法功能，在分佈上並存又正好説明"可以₁"與"可"具有某些互補性，因而兩者並未因爲對方的存在，本着同義競争的原則而淘汰對方。由於"可以₁"形成較早，所以在先秦古籍中尚看不見其形成軌迹，而在漢語的詞由單音節占優勢向雙音節占優勢過渡時，現代漢語選擇了古已有之的"可以₁"，並兼任了古代漢語"可"的大部分職責，雙音詞所表示的意義狹窄而具體，有豐富的内涵和明確的外延，因而排除了單音詞的多義性，消除了單音詞在意義上的模糊性。何樂士把這種凝固結構中的"以"看成是連詞。① 筆者則認爲這個"以"因常常同"可"、"足"等一起使用而逐漸與之凝固爲一個助動詞。② 這也説明就在先秦時代，一個以"根詞+詞綴"的語法造詞方式出現了，即：助動詞+詞綴=雙音助動詞。劉淇於"可"字條下云："可，即可以，以爲語助也。"裴學海云："'可以'之'以'爲語助，凡言可以者此。"他們都認爲"可以"祇取"可"義而"以"並無實義，"以"是作爲一個無意義的詞綴而存在的。至於凝固時間，有待於進一步探討。

貳 所以

"所以"是上古漢語中常用的凝固形式，從劉淇、馬建忠到黎錦熙、劉復，都對"所以"進行過研究，明確了"所以"有"所因"、"所用"二意，而表"所因"的"所以"又有"溯因"、"表果"之分。《左傳》中共有"所以"結構28例，皆用於動詞或動賓短語前，表示動作行爲"用來……的方式"或"導致……的原因"，没有超出"所用"和"所因"二義的範圍。王力判

---

① 何樂士《〈左傳〉的介詞"以"》，載《古漢語研究論文集》（三），中國社會科學院語言研究所古代漢語研究室編，北京出版社，1987年。
② 因"足"與"可"發展演化的途徑相同，造成相同的語法特點，"可以"與"足以"的語法功能是一致的。限於篇幅，本文省略"足以"的例句。

斷："在上古漢語裏，'所以'不但不是'因此'的意思，而且正相反，有時候它被用爲引起下文，用來追究原因，'所以'所構成的名詞性仂語成爲說明和解釋的對象。"① 並認爲"所以"過渡到連詞的特徵有兩個：（一）它放在句首；（二）句末沒有"也"字。另外，"所以"後面有主語。因此，將連詞"所以"的完備形式定爲"所以+主謂"。

按照這樣一個標準，《左傳》中的"所以"還沒有凝固爲一個詞，其中一部份表示原因的"所以"還僅僅處在由短語向因果連詞過渡的狀態。

那麼連詞"所以"究竟出現於什麼時代呢？它又是如何演變而成的？目前對這些問題，語法界尚無一致看法。王力以杜甫詩中"坐看清流沙，所以子奉使"爲證，認爲產生於唐代。② 潘榮以葛洪《抱朴子·內篇·地真》中"人能守一，一亦守人，所以白刃無所措其銳，百獸無所容其凶，居敗能成，在危獨安也"爲例，認爲產生於晉代；甘子欽以《黃帝內經·素問·四氣調神大論》中"夫四時陽陰者，萬物之根本也；所以聖人春夏養陽，秋冬養陰，以從其根，故萬物浮沉於生長之門"這個句子，認爲連詞"所以"在漢代就已出現了。③

我們認爲，連詞"所以"是由先秦"所【以+VP】"結構發展而成的，尤其是下面兩種句式：《戰國策·魏策三》："今國莫強於趙，而並齊、秦，王賢而有聲者相之，所以爲心腹之疾者，趙也。"《左傳·昭公二十年》："其所以蕃祉老壽者，爲信君使也，其言忠信於鬼神。"我們在攷查先秦這一類句子的過程中，發現大量的"……之所以……者"被用來構成"結果–原因"和"原因–結果"的判斷句。

隨着人類邏輯思維的發展，句子成份的複雜化，句子信息量的擴大，句子結構的擴展，如果說可以用判斷句形式表示工具和事物，那麼用判斷句來陳述事物的原因，就會受到形式本身的制約和限制，於是判斷句內部就有了表陳述的要求，而句子類型的轉變需要一種新的形式把陳述從判斷中分化出來。

---

① 王力《漢語史稿》（中冊），中華書局，1980年，P400—401。
② 同上，P402。
③ 潘榮《連詞"所以"產生於晉代》，載《中國語文》1982年第3期。

經我們攷查，在較早時期的存世文獻《尚書》中，已有"攸"①、"所"等詞出現，它們同有關詞語組成名詞性短語時，已有表"所用"、"所因"的用法。例如：

［1］無或敢伏小人之攸箴。（（尚書·盤庚》上）

［2］乃得周公所自以爲功代武王之説。（《尚書·金縢》）

［3］亦惟爾多士攸服奔走臣我多遜。（《尚書·多士》）

［4］九州攸同。（《尚書·禹貢》）

從以上句子可以看出："所"字是一個把謂詞性成份名詞化的標誌，這一點是"所（攸）字結構"的意義凝固化而造成的結果。

我們同時發現，在具體語境中，"所"在虛詞語法意義方面可以與"所以"形成互訓關係。例如《左傳·襄公三十一年》："大官大邑，身之所庇也。"例中"所"若用"所以"替代，亦無不通。其實，"所以"的雙音組合，在《論語》中已有出現，一是《里仁》："不患無位，患所以立。"這裏表"所用"；一是《衛靈公》："斯民，三代之所以直道而行也。"這是表"所因"。而攷查研究《左傳》中"所以"出現的82例，主要有表"所用"與"所因"兩種情況：

一、表"所用"

（一）"所以"在主語部份

即"所以VP"構成名詞性短語置於前一分句中。例如：

［1］小所以事大，信也。（《襄公八年》）

［2］大所以保小，仁也。（《哀公七年》）

以上例句中，"所以VP"表"所用"，出現在主語部份，指明進行某種活動的方法、措施等。此種用法在《左傳》中極少。

---

① "攸"字祇用於上古，一般作"所"字用，多見於《尚書》。段玉裁《説文解字注》："水之安行爲攸，故凡可安爲攸。"故"攸"可表示因果承接關係，可訓爲"用"，而"用"可訓"由"、"以"。"用"、"以"皆爲上古喻母字，一聲之轉，其訓釋往往相通，爲同源字。這樣的例子在《春秋左傳》中也時有所見。例如《左傳·昭公二十六年》："兹不穀震盪播越，竄在荆蠻，未有攸厎。"杜預註："厎，至也。攸，所也。"

（二）"所以"在謂語部份

即"所以VP"構成的名詞性短語置於後一分句中。例如：

[1] 退三舍辟之，所以報也。(《僖公二十八年》)

[2] 季梁請下之，弗許而後戰，所以怒我而怠寇也。(《桓公八年》)

[3] 去吳，所以翦其翼也。(《昭公十五年》)

以上例句中"所以VP"出現在謂語部份，說明憑借的方法、措施等，此種用法在《左傳》中占絕大多數。

二、表"所因"

（一）"所以"在句子的前半部份

[1] 晉所以霸，師武、臣力也。(《宣公十二年》)

[2] 人所以立，信、知、勇也。(《成公十七年》)

[3] 所以夭昏孤疾者，為暴君使也，其言僭嫚於鬼神。(《昭公二十八年》)

以上各例的"所以VP"表"所因"，都出現在句子的前半部份，即表示結果的部份，來探求事實的原因，這個句子的後半部份就是由果溯因陳述形成這個結果的原因。事實上"原因"也是一種憑借，祇不過"憑借"的方法、措施更為抽象。我們將之歸為"所用"，亦無不可。

（二）"所以"在句子的後半部份

[1] 亂政亟行，所以敗也。(《隱公五年》)

[2] 盈而以竭，夭且不整，所以凶也。(《宣公十二年》)

[3] 圍新密，鄭所以不時城也。(《僖公六年》)

以上各例"所以VP"出現在後半部份，也是結果部份，句子的前半部份由於因溯果陳述產生這種結果的原因。與上種形式相比，這種形式才是真正地表原因。

《馬氏文通》認為"所"是"接讀代字"，是介詞"以"的"司詞"；[①]

---

① 呂淑湘、王海棻《馬氏文通讀本》，上海教育出版社，1987年，P444—445。

王力認爲："'所'字是一種特殊代詞"，"也可以用作介詞的賓語，如'所以'。"①我們通過攷查以上《左傳》中"所以VP"的情況，認爲"所"爲結構助詞更符合實際。我們在《左傳》中，不僅發現了"所+［以+VP］"這種句式，還發現了與其結構相似的"所+［由+VP］"、"所+［從+VP］"以及"所+［與+VP］"等等一系列句式。

"所"字的作用，公認是將後面的謂詞性成份名詞化，從而組成"所字結構"；同時，表示動作行爲的原因或方式。這樣的結構關係，使得"……所以……"短語能夠長期保持名詞性質，存在於判斷句中。而處於判斷句中的"所以VP"，它所聯繫的句子末尾，一般都有表判斷的語氣詞"也"。基於這種情況，我們可以說在《左傳》中並不存在"所以"用作因果連詞的情況。"所以VP"用以表示"原因"、"憑恃"，至少在先秦兩漢時期，其語法分工並不是很明確的。"所以"最後成爲表示"因果關係"的連詞，是經歷了相當長時間發展之後才形成的。

林序達曾從表"所因"的"所以"出發預測了這種演變過程，認爲表"所因"的"所以"與因果連詞"所以"有着直接的淵源關係："主語比較複雜，有作分句的條件，這句子就有了演變爲複句的可能性。……這種句子中，那些'以'當'因'講的，便開始演變爲因果複句，'因'的分句在前，'果'的分句在後，'所以'用在果句的分句上，就成了意思略同於'是以（因此）'的連詞。"②但這祇說明了事實的一個方面。

我們通過上文分析，已明確了"所以VP"這種句式的語法特點，就可將這種結構進一步分析爲"所+［以O+VP］"。由於受內外語境的照應，介詞"以"後的賓語（O）可以不出現，從而在一種語言慣性，即介詞"以"在不同的語境條件制約下，可作多種隨文性理解；而事實上，介詞不能單獨作句子成份，經常和賓語組成介賓短語放在動詞前作狀語。如果賓語長期不出現（或從來不出現），介詞的語法功能變得模糊，和動詞之間產生"隔閡"，而"以"又總是附着於"所"字之後，於是"所以"有了詞彙化的傾向。同時，從句式上來說，並不是所有表"所因"的句子都有陳述化的要求。祇有"所

---

① 王力《王力文集》（十一卷），山東教育出版社，P98—P99。
② 林序達《古代漢語》，1978年油印稿。

以"在句子後半部份由因溯果時,纔有可能改變句子的類型,促成連詞"所以"的產生。當介詞"以"和動詞之間產生意義上的分離以後,動詞需要一個施事者來明確語義關係;而施事者位置或者出現在"所"字之前,或者不出現,形成"(S)+所以+(O)VP",如果將S移位於VP之前,從而形成"所以SVP",那麼SVP可表示一個完整的陳述意義,"所"字也就失去了它能把SVP名詞化的語法功能。隨着判斷句句末語氣詞"也"的消失,"所以"形成了新的意義和詞性,即S出現於"所以"與VP之間,進一步鞏固了"所以"詞匯化的凝聚力,"以"由動詞短語前的介詞虛化爲構詞語素。通常,漢語的句與句之間的意義關係都是靠意合法來體會的,因而兩句之間的邏輯關係賦予聯接詞"所以"以因果連詞的身份。這是句法單位的詞匯化結果。這種詞匯化在句法結構中的長期穩固,必然導致語法結構的擴展。同時,與之相應的是語義結構的簡縮,即把複雜的意義通過一個簡樸的約定俗成的格式體現出來。其中包括了複雜的語法關係,是在高一級水平上的簡化。我們通過對比發現,在語言運用上,《左傳》中的所有"所以"都存在於判斷句之中,而連詞"所以"確實應該存在於叙述句之中。從語法語義的角度看,兩者是很不一樣的。因此,我們認爲"所以"由短語向連詞過渡,儘管有内外在因素的多層影響,但究其根本原因,仍是由於它所聯繫的句子的類別的變化,導致其語法意義發生了質的變化,即由判斷句變成了叙述句。我們分辨《左傳》中的"所以"是短語還是連詞,就是看全句所表達的語法意義是不是判斷性質。

叁 是以

如果説《左傳》中的"所以"用作連詞還處於一種萌芽狀態,那麼"是以"作爲一個純粹的因果連詞,在《左傳》中已經逐漸定型。

"是以"和"以是"是古漢語中兩種並存的結構,各有自己的用法,不能等同。關於"是以"的結構關係,現在通行的説法是,"是以"等於"以是",是一個賓語提前的介賓結構。然而,從我們對《左傳》中的"是以"攷查來看，這種説法並不全面。"是以"同"以是"有相同之處。例如，"是以"是"以是"的倒文，是介詞"以"和代詞"是"組成的介詞結構，但這不是"是以"的全貌。古人把"是以"看成一個獨立運用的單位，不拆開來分析。例如，《詩經·關雎》序："是以一國之事，繫一人之本。"孔穎達疏："是以者，承上生下之辭，言詩人作詩，用心如此。"王引之《經傳釋詞》："是故、是以，皆承上啟下之詞，常語也。"這説明，在古人看來，"是以"和"以是"是兩個結構根本不同的詞語。《淮南子·道應訓》："吾爵益博。是以免三怨，可乎？"王念孫指出："'是以'當依《列子·説符篇》作'以是'。"① 王氏的這條校勘是正確的，這裏的"是以"和"以是"不能等同，不能替換，因爲從上下文來看，並不是因果關係或推論關係，而是表示憑借的方式。從這個意義上説，"以是"實，"是以"虛。

"是以"既然不等同於"以是"，那麼它又是一種什麼樣的結構關係呢？

首先，在上古漢語中，"是"經常作爲代詞，但隨着實詞虛化以及所代之詞的經常出現，"是"在當時已大大虛化了，在句子中基本上並不爲義；又由於漢語複句之間的關係常常通過意合法而不用連詞來實現，而"是"又經常處於因果複句之間，起着一種穩固因果邏輯關係的作用。例如：

［1］桑土既蠶，是降丘宅土。（《商書·禹貢》）

［2］失度則史書之，工誦之，三公進而讀之，宰夫減其膳，是天子不得爲非也。（《大戴禮記·保傅》）

［3］善用兵者，當擊其亂，不攻其治，是不襲堂堂之寇，不擊填填之旗。（《淮南子·兵略訓》）

［4］是從齊而攻宋，未必利也。（《戰國策·楚策》一）

其次，《左傳》中的"以"可作連詞，表示因果關係，和表"所因"的結構"所以VP"相同，有兩種形式：

1. "以"表原因

［1］臧孫見子玉而道之伐齊宋，以其不臣也。（《僖公二十六年》）

---

① （清）王念孫《讀書雜誌·淮南內篇雜誌》之十二。

[2] 我之不共，魯故之以。（《昭公十三年》）
　　[3] 晉侯、秦伯圍鄭，以其無禮於晉，且貳於楚也。（《僖公三十年》）
　2. "以"表結果
　　[1] 孤違蹇叔，以辱二三子，孤之罪也。（《僖公三十二年》）
　　[2] 闔廬惟能用其民，以敗我於柏舉。（《哀公元年》）
　　[3] 王揖而入，饋不食，寢不寐，數日，不能自克以及於難。（《昭公十二年》）

　這裏，"以"是表示因果關係的連詞。"是以"連用這種約定俗成的結構，往往被認爲是複音詞。造成這種疊加的原因有二，一種可能是由於"是"和"以"在因果複句中句法位置的一致性，促使二者凝固，這純粹是句法結構詞匯化所致。另一種可能是語詞雙音化要求所致，即：隨着漢語語法規則的日漸成熟和趨於系統化，造就了"是以"這樣一大批合成詞。因爲其構成成份即兩個語素有一種互相補充、互相制約的關係，排除了單音語素的多義性和表義的模糊性，從而增強了語言的表達力。

　在《左傳》中，"是以"在句中的位置及作用，大致有以下三種情況：

1. 置於省略了主語的謂語動詞前（78条）

　這類"是以"是介賓結構，介紹原因。例如：
　　[1] 子思曰："大國在敝邑之宇下，是以告急。（《哀公二十七年》）
　　[2] 既無德政，又無威刑，是以及邪。（《隱公十一年》）
　　[3] 衛侯不去其旗，是以能固。（《桓公十一年》）

2. 置於後句主語和謂語之間（共55条）

　例如：
　　[1] 鄭伯及其大夫盟，君子是以知鄭伯之不已也。（《襄公三十年》）
　　[2] 秋，師還。君子是以善魯莊公。（《莊公八年》）
　　[3] 諸侯是以知其不遂霸也。（《僖公二十二年》）

3. 置於前一分句和後面一分句之間，處在連接詞的位置（21条）

　這類"是以"是因果連詞。例如：
　　[1] 大國制義以爲盟主，是以諸侯懷德畏討，無有貳心。（《成公八

年》）

　　［2］生桓公而惠公薨，是以隱公立而奉之。（《隱公元年》）
　　［3］夫民，神之主也，是以聖王先成民而後致力於神。（《桓公六年》）

　　從以上情況看，"是以"的位置不限於在謂語動詞前，它也可以處於兩句之間，形成"是以+主謂"形式，逐漸具有了純粹連詞的性質。因此，我們說《左傳》中的"是以"正處於由介賓短語向連詞轉化的過程中。如果說用在句中主謂之間的"是以"還可以看成是介賓短語的話，那麼用在句與句之間就可以看成是轉化後的連詞了。"是以"的用法已遠遠超出了介賓結構的範圍，其位置已不限於謂語動詞前。它可處於兩分句之間，所以它已是一個表因果關係的連詞。在《左傳》中，確實存在着介賓短語"是以"和連詞"是以"並存的現象，這可以看作是二者在傳承演變過程中的過渡帶。所以，我們將其視爲由介賓短語到連詞的轉變。

　　我們再將《左傳》中的"是以"與"所以"作一比較，發現"是"和"所"相近，它們在歷史上不斷虛化，在後來"是以"和"所以"都能表示因果的邏輯關係，並隨着句子越來越複雜，"是"和"所"就喪失了其作用而虛化，而這些虛化的過程又毫無例外地都由一定的結構形式促成。我們可以説語法結構的擴展與語義結構的簡縮共同作用，最終完成了"是以"和"所以"由短語向連詞的過渡。二者作爲連詞的功能是一致的："是以"作爲更爲典型的因果連詞，聯繫的因果句末幾乎都沒有語氣詞"也"；而"所以"到中古時期，隨着判斷句標誌的句末語氣詞"也"的脫落，變得類似叙述的形式，纔宣告因果連詞"所以"的正式定型。

肆　無以/有以

　　"無以"、"有以"是上古漢語中的兩個固定結構，多數用在動詞或動詞短語前面，少數用在句末。一般認爲，句末的"無以"、"有以"是動賓結構，"以"是名詞作賓語，較少異議，但對動詞前的"無以"、"有以"則衆説紛紜，莫衷一是。吕叔湘在《文言虚字》中認爲："'有以'、'無以'實爲'有所以'、'無所以'之略，'以'字仍是介詞。"① 但並未對句末的"無以"、"有以"作出解釋。筆者同意其觀點，同時認爲，動詞前的和句末的"無以"、"有以"，就其形成看是同一種結構，祇因在句中所處位置不同產生分化而已。

從句子結構看，《左傳》全書中的11例"無+以+動詞"和4例"有+以+動詞"情況如下：

一、無以

[1] 爾貢苞茅不入，王祭不共，無以縮酒，寡人是征。（《僖公四年》）〔無所以縮酒之物〕

[2] 宜晉之伯也，有叔向以佐其卿，楚無以當之，不可與爭。（《襄公二十七年》）〔楚國無所以當之人〕

[3] 況用其道而不恤其人乎？子然無以勸能矣。（《定公九年》）〔無所以勸能之道〕

[4] 鄭武子賸之嬖許瑕求邑，無以與之。請外取，許之。（《哀公九年》）〔無所以與之之邑〕

[5] 今大國曰："爾未逞吾志。敝邑有亡，無以加焉。"（《文公十七年》）〔無所以加之力〕

[6] 子之教，敢不承命。抑微子，寡人無以待戎，不能濟河。（《襄公十一年》）〔無所以待戎之人〕

[7] 今烏餘之邑，皆討類也，而貪之，是無以爲盟主也。請歸之！（《襄公二十六年》）〔無所以爲盟主之人〕

[8] 起不堪也，無以及昭公。（《昭公七年》）〔無所以及昭公之處〕

---

① 吕叔湘《文言虚字》，開明書店，1957年，P67。

〔9〕晉師必至，吾無以待之，不如與之。（《昭公七年》）〔無所以待之之邑〕

〔10〕禮，人之幹也。無禮，無以立。（《昭公七年》）〔無所以立之道〕

〔11〕吾無以酬之，若何？（《昭公二十七年》）〔無所以酬之之物〕

二、有以

〔1〕凡我同盟，小國有罪，大國致討，苟有以藉手，鮮不赦宥。寡君聞命矣。（《襄公十一年》）〔有所以藉手之物〕

〔2〕人各有以事君，非佐之所能也。（《襄公二十八年》）〔有所以事君之術〕

〔3〕夫子，君子也。君子有信，其有以知之矣。（《昭公二年》）〔有所以知之之處〕

〔4〕伯氏，諸侯皆有以鎮撫王室，晉獨無有，何也？（《昭公十五年》）〔有所以鎮撫王室之物〕

茲分析"無以"、"有以"與"無所以"、"有所以"之間關係如下：

三、"所以"是上古漢語中常用的凝固形式

正如前文《所以》所述，從劉淇、馬建忠到黎錦熙、劉復，都對"所以"進行過研究，明確了"所以"有表"所因"和"所用"二意，可以用於動詞或動賓短語前，表示動作行爲"用來……的方式"或"導致……的原因"。公認"所"字的作用，一是完形，即將後面的謂詞性成份名詞化，從而組成"所字結構"；二是指示，這時"所"指代的不是動詞動作行爲的對象，而是介詞"以"所介紹的對象。我們還可將《僖公四年》"無以縮酒"變式中的"所以"結構表示如下：

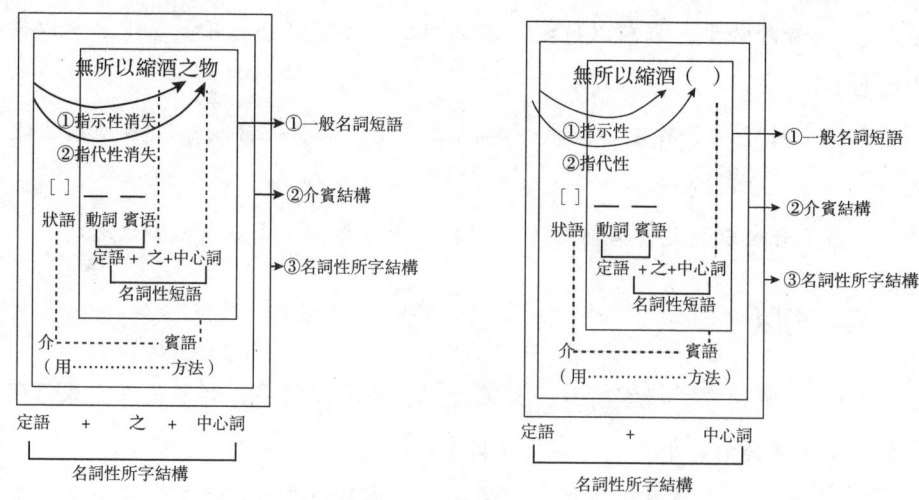

图15　"無以縮酒"變式中的"所"結構

我們從兩式的比較，可以看出："所"字雖然能指代介詞"以"所介紹的行爲賴以實現的方式和方法手段，但它祇是一個無定性的指稱詞，不能具體地表示是什麼人、什麼事物。爲了明確起見，可在【所以VP】結構後面加上名詞，做所字結構的中心詞，表示出具體的事物或人。同理，當"無所以縮酒"中助詞"之"的出現，使"所"字的指示性消失，中心語"物"出現時，"所"的指代性也隨之消失；而在"無（所）以"、"有（所）以"結構中，中心語往往並不出現，這就加強了"所"字的指示性和指代性。同時，"所字結構"表示動作行爲的原因或方式這樣的結構關係，使得"……所以……"短語能夠長期保持名詞性質，存在於判斷句中。我們可將"所以VP"句式進一步還原爲【所+（以Φ+VP】（Φ表示隱含成份）。由於受内外語境的照應，介詞"以"後的賓語可以不出現，從而形成一種語言慣性，即介詞"以"在不同的語境條件的制約下，在所指或VP改變等條件的制約下可作多種隨文性理解。同時，隨着句子結構的複雜化，句子類型的多樣化，一部份表示"所因"的句子由於"所以"處於句子後半部份由因溯果時，有了陳述化的要求，"所以VP"結構有了新的發展，動詞需要一個實施者來明確語義關係，而【所+（以Φ+VP）】句式中的實施者或者出現在"所"字之前或者不出現，形成【（S）+所以+ΦVP】，如果將S移位於VP之前，從而形成"所以SVP"，那麼"SVP"可表示一個完整的陳述義，"所"字也就失去了它能把"SVP"名詞化的功能。隨着句末語氣詞"也"、"矣"的消失,"所以"形成了新的意義和詞性,即S出現在"所以"與VP之間,進一步鞏固了"所以"詞匯化的凝聚力。與此同時,"所以"中部份表"表因"和"所用"的句子,除了盡力保留表判斷的語末語氣詞"也"、"矣"之外,又盡力掙脫"所以"詞匯化的趨勢,一種將"所以"從凝固化中分離出來的句式亟待出現。

四、"所"、"者"的作用及其特點

在句法的變化中,"所"字和"者"字有絕大的作用,它們共同的特點就是完形和指示,將謂詞性成份名詞化,且都可以被利用造成判斷句;尤其又都可廣泛地應用於有無句式中,組成"有所"、"無所"和"有……者"、"無……者"等句式。

例如《左傳·昭公三十年》:"晉之喪事,敝邑之間,先君有所助執紼矣。若其不問,雖士、大夫有所不獲數矣。"再如《成公八年》:"公族,公室之枝葉也,若去之則本根無所庇蔭矣。"(〔無庇蔭之本根矣〕)後句的"所"指代"本根"。當"本根"在前文出現時,"所"字往往可以省略,因而此句可改爲:"本根無庇蔭之本根矣。"前後意思不變。同時,由於"者"和"所"都有指代作用,還可將此句替換爲:"本根無庇蔭者矣。"

從以上三式的變換,我們可以預測"無以"、"有以"的形成:當一個有無句融接一個判斷句,即是一個典型的"有/無+所+介+動"句式。

例如《莊子·外篇·刻意》:"故素也者,謂其無所與雜也。"再如《墨子·天志》下:"今人皆處天下而事天,將無所以避逃之者矣。"又如《史記·淮陰侯列傳》:"王必欲長王漢中,無所事信;必欲爭天下,非信無所與計事者。"當"有(無)……者"句式與"所以……也"句式叠加時,雖然"所"和"者"都能把"有"、"無"從一個短語的謂語轉成一個短語的加語,把繁句化成簡句的形式,但"有"、"無"在此時祇是一個形式詞。我們未嘗不可把"有"、"無"當作一個表無定性的指稱詞。

上古漢語中,無定性的代詞,指人的有"莫"和"或"相對,在口語中不能不用"有"和"没有",而指物的不得不利用"有"和"無"。這兩個表示無定性並以介紹和限制爲主要作用的詞,使位於其後面的内容語義明確,最終省略了"者"和"所";而句末的"也"、"矣"一方面保持了句子的判斷語氣,以區別於陳述語氣,另一方面又可以看作變化的"胎記"。

五、"無以"、"有以"的產生是句法單位詞匯化的結果

這種詞匯化在句法結構中的長期穩定必然導致語法結構的擴展,而與之相應的是語義結構的簡縮,即把複雜的意義通過一個簡樸的約定俗成的格式表現出來,其中包括了複雜的語法關係,是在高一級水平上的簡化。同時,從此結構配置的角度看,人的思維因素也促成了這種"有(無)"和"以"的搭配形式,配合多次重複以後,產生一種心理上的定向思維。根據前面的標記,就能預測後面的標記,產生大量的"有(無)"和"以"配合的框架結構,從而將之凝固。

那麼,位於句末的"無(有)以"又作何解釋呢?

以《詩經·邶風·旄丘》"何其處也?必有與也。何其久也,必有以也"爲例,我們認爲"以"字誠然可以看作名詞,但這是經過發展變化以後的事實。從變換的角度看,這些"以"也由介詞發展而來,與"有以VP""無以VP"中的"以"一脈相承。我們不妨分別看看毛亨、鄭玄、孔穎達的解釋:

何其處也?必有與也。(言與仁義也。箋云:"我君何以處於此乎?必以衛有仁義之道故也。責衛今不行仁義。")何其久也?必有以也。(必以有功德。箋云:"我君何以久留於此乎?必以衛有功德故也。又責衛今不務功德也。"正義曰:"……言我何其久處於此也?必以衛有仁義之道與!我何其久留於此也?必以衛有功德與我故也。")[①]

"必有與也"和"必有以也"句式結構完全相同,"以"和"與"相對使用,毛亨把"以""與"都看作表示方法手段和原因的介詞。

我們再看鄭玄、賈公彥在《儀禮·特牲饋食禮》提到此例時的解釋:

原文:主人西面再拜,祝曰:"綦有以也。"

鄭註:'以'讀如'何其久也,必有以也'之'以'。祝告釋辭以誠

[①] (清)阮元校刻《十三經注疏》,中華書局,1980年,P306。

之，言女褒？於此，當有所以也。

賈疏：必有以從之者，以此經云，有以也者，以先祖有功德，長孫當嗣之。①

鄭玄把"有以"釋作"有所以"，此句的"蓋有以也""蓋有以蓋也"。我們根據前後語境判定，動詞"從"和"蓋"分別承前省略。可見，"有以"是"有所以"的省"所"形式，同時還保留有語氣詞"也"。

我們根據上面的討論，得出這樣的結論："有以VP""無以VP"是動詞和介詞的組合。其中"以"仍是介詞，"有以"不是動賓結構。"以"作爲一個有實際語義功能的活性成份，在語義上有兩個特點：一是具有明確的指向性，"以"的所指有時出現在句末，更多的時候則隱含在"有以"、"無以"句的外部語境中；二是具有多義性。"有以"、"無以"句中的"以"，一般認爲可理解爲"憑借"。這是一種概括性的理解。詞的概括義一旦進入流動的語用環境中，就有可能在其核心意義的基礎上發生一定的變化。而句末的"有以"、"無以"的"以"事實上原本是介詞，因處於句末或"所"字省略，由於句法位置的原因而被"概括"成了一個抽象名詞。

"有（無）以"作爲一個固定結構，有一種特定的配合義。不了解這一點，就是知道了其詞性和一般的語法意義，也不一定能搞清楚句式的意義。王力曾提倡對句式進行系統研究，他說："從來講古漢語虛詞的人往往祇講單詞，這是很不夠的。有些固定結構既不是單詞，也不是複音詞，而是固定詞組，或上下相應的結構，不懂虛詞性的詞組，常常看不懂古書。"② 因此，從整體理解這種有特殊語法作用的標記配置，纔不會將之簡單化，纔能從配合關係、語法範疇等方面去完整而準確地理解其意義。

---

① （清）阮元校刻《十三經注疏》，中華書局，1980年，P191。
② 王力《古漢語複音虛詞和固定結構·序》，載洪成玉《古漢語複音虛詞和固定結構》，浙江人民出版社，1983年。

伍　以為

"以……爲……"作爲一種凝固結構，在古漢語中使用頻率較高。它常常以緊縮形式"以爲"出現，同雙音節詞"以爲"不易分清，特別是"以"又有介詞、動詞、連詞之分，在它偶而和動詞"爲"臨時連用時，也會造成理解上的錯誤，所有這些都反映了語言的複雜性及其發展變化的情況。雖然這些問題在《馬氏文通》及其後一些語法著作中曾有涉及，但説法不一，有的語焉不詳。所以對"以……爲……"這種凝固結構再進行研究，對認識古漢語語法的一些特點是有幫助的。

我們説"以……爲……"是一種凝固結構，是因爲這種結構具有固定性。"以"和"爲"搭配在一起，它經常以"以A爲B"、"A以爲B"和"以爲AB"的形式出現。"以A爲B"的特點表現爲：1."以"爲表示處置意義的介詞；2."以"是動詞，具有認定意義或使令意義；3.具有使令意義的"以"帶的賓語，恰是動詞"爲"的主語，構成兼語式；具有認定意義的"以"要用"……爲……"主謂短語做賓語，其中的動詞"爲"的動作性較弱（有人理解爲繫詞）。而"A以爲B"或"以爲AB"式特點則表現爲"以爲"緊緊相連在一起。"A以爲B"中"以"和"爲"雖然表面上連在一起，但實際上分屬不同的語法平面，必須拆開來理解；"以爲AB"式"以爲"是一個詞，是"認爲"的意思，它不能拆開。"以"和"爲"在其中都是構成詞的語素，其後AB一般是陳述性成份。據我們統計，《左傳》中"以……爲……"形式一共是65例，其中具有認定意義的共23例，使令意義的共16例，"以爲"形式共計203例。

在甲骨文、西周金文裏尚未發現"以爲AB"或"以A爲B"的語例，《詩經》中祇有"A以爲B"，其"爲"字後面既可以是名詞性成份，也可以是謂詞性成份。例如：

[1] 維是褊心，是以爲刺。（《詩經·魏風·葛屨》）
[2] 我言維服，勿以爲笑。（《詩經·大雅·板》）

這裏的"以爲",不在一個語法結構的平面上。在《尚書》中祇有"A以爲B",全書共五例,其"爲"字後均爲名詞性成份。例如:

[1] 乃惟四方之多罪逋逃,是崇是使,是以爲大夫卿士。(《尚書·牧誓》)

[2] 公乃自以爲功,爲三壇同墠。(《尚書·金縢》)

[3] 天子作民父母,以爲天下王。(《尚書·洪範》)

[4] 邦人大恐,王與大夫盡弁,以啓金之書,乃得公所自以爲功代武王之說。(《尚書·金縢》)

[5] 惟今之謀人姑將以爲親。(《尚書·秦誓》)

五例"以爲"也不在一個語法結構的平面上。例[1]中"是以爲大夫卿士"應理解爲"以是爲大夫卿士"("是"指代以上"四方之多罪逋逃"),即任命這些人爲大夫卿士;例[2]、例[4]"自以爲功"即"拿自己當作抵押品。"例[5]省略了兼語。

春秋晚期,"A以爲B"出現了一種新的變化,介詞"以"的前置賓語移至"以"和"爲"之間,形成"以A爲B"的形式。例如《左傳》:

[1] 初,鄭文公有賤妾曰燕姞,夢天使與己蘭,曰:"余爲伯鯈。余,而祖也。以是爲而子。"(《宣公三年》)

[2] 季氏以公鉏爲馬正,慍而不出。(《襄公二十三年》)

以上是B爲名詞性成份的例子。B爲謂詞性成份的例子如《左傳》:

[1] 先君以寡人爲賢,使主社稷。(《隱公三年》)

[2] 日君以夫公孫段爲能任其事,而賜之州田。(《昭公七年》)

[3] 辟陋在夷,其孰以我爲虞?(《成公八年》)

以上各例B雖是謂詞性成份,但也都名詞化了,分別指稱賢者、能任其事者、覬覦的對象。

"以A爲B"式產生之後,"A以爲B"式仍繼續使用。例如:

君若以力,楚國方城以爲城,漢水以爲池,雖衆,無所用之。(《僖公四年》)

上例如果用"以A爲B"的形式來表示,則當爲"以方城爲城,以漢水爲池"。顯然,二者雖然A的位置不同,語義的重點也有某種變化,但基本性質是一樣的，"以A爲B"式是"A以爲B"式發展的產物。"以A爲B"式產生以後，"A以爲B"式明顯處於衰退狀態。

《左傳》中的"以A爲B"式，根據"以"意義的不同，又可分爲三種情況，即表示處置意義、使令意義和認定意義。後兩種用法，吕叔湘在《文言虚字》中講到："'以……爲'有致使（見於事實）和意謂（存於心中）兩種意思。含致使之意的時候和白話的'拿（用）……做'相當"，"含意謂之意的'以……爲'和白話'把……當'或'覺得……是'相當。"這種看法基本上符合《左傳》中"以A爲B"的情況。何樂士把《左傳》裏"以A爲B"和"以爲"中的92例"以"劃分爲介詞。如果把"以"視爲介詞，那麽，"以"與其賓語組成的介賓結構在句中祇能做狀語來修飾動詞"爲"。這樣，句子語氣重點就由"以"完全轉移到動詞"爲"上，從而削弱了句子所表達的認定或使令意義，降低了"以"在句中的地位，有損於對原文的理解。因此，我們認爲對《左傳》中"以A爲B"句式中的"以"應作具體分析。現將《左傳》中"以A爲B"式的情況列舉如下：

一、"以"爲介詞

引進物件或時間等對象，表示"把"、"用"之意，動詞"爲"表示"作爲"、"作成"等意思（26例）。例如：

［1］晉侯求之不獲，以綿上爲之田。（《僖公二十四年》）

［2］與孟孫以壬辰爲期。（《定公八年》）

［3］以日中爲期，家備盡往。（《哀公十四年》）

以上這種用法在《左傳》"以A爲B"式中所占的比例不大。

二、"以"爲一般動詞

與動詞"爲"配合，組成兼語式句式，表示對人或事物的主觀評判，有"認爲"義（23例）。例如：

［1］鄭以子良爲有禮，故召之。（《宣公十四年》）

［2］子囊殿，以吳爲不能而弗儆。（《襄公十四年》）

［3］唯君亦以我爲知難而行也。（《定公六年》）

　　我們說這種"以A爲B"具有意動意義是因爲：

　　一方面，意動用句通過"以……爲"句式表達，例如《襄公三十一年》："不如吾聞而藥之也！""藥"爲名詞，此處是意動用法，如改換成"不如吾聞而以之爲藥也！"意動用句換成具有認定意義的"以……爲"句式，其意義沒有變化。

　　另一方面，"以……爲"句式有時亦可通過意動句式表達出來。例如《襄公十五年》："子罕曰：'我以不貪爲寶，子以玉爲寶。'"此句如改爲"子罕曰：'我寶不貪，子寶玉。'"其意義前後沒有改變。

三、"以"爲使令性動詞

　　與動詞"爲"一起組成兼語式的句式，表示讓人擔任某種職務。動詞"以"是"任用"、"任命"、"委任"、"委派"、"尊奉"、"尊拜"一類意義（16例）。例如：

　　［1］初，鄭伯將以高渠彌爲卿，昭公惡之，固諫，不聽。（《桓公十八年》）

　　［2］君若去之以爲成，我以鄭爲內臣，君亦無所不利焉。（《僖公七年》）

　　［3］連稱有從妹，在公宮，無寵，使間公。曰："捷，吾以汝爲夫人。"（《莊公八年》）

　　這種句式中的"以"具有使動意義是因爲：

　　一方面，使動用句可通過"以……爲"句式表達，例如《左傳·定公十年》："公若曰：'爾欲吳王我乎？'"其中"吳王"本是名詞，此處是使動用法，如改換成"爾欲以我爲吳王乎？"其意義不變。

　　另一方面，"以……爲"句式有時亦可通過使動句表達出來，例如《桓公十八年》："鄭伯將以高渠彌爲卿。"此句如改作："鄭伯將卿高渠彌。""卿"由名詞活用爲動詞，其意義前後沒有改變。

　　通過對以上"以A爲B"形式以及使動意動的轉化關係的分析，可以看出："以……爲"凝固結構用於使動或用於意動，其含義是迥然不同的，必須結合上下文仔細品味其細微之別。因爲作爲使動用的詞限於名詞、形容詞或動詞，作爲意動用的詞限於名詞和形容詞，而"以……爲"句式中第二個動詞"爲"的賓語就不僅僅局限於名詞、形容詞或動詞，亦可能是短語或其它。

我們分析"以A爲B"時發現：在一部份句子中，"以"有"認爲"義，A是認定評判的對象，B是謂詞性成份，當這三個條件均已具備時，如果將A移於"爲"字之後，其B便恢復了陳述性，而"以"和"爲"便凝結在一起成爲"以爲AB"了。例如：

[1]唯君亦以我爲知難而行也。（《定公六年》）

[2]君子以督爲有無君之心，而後動於惡，故先書弑其君。（《桓公二年》）

[3]宋襄公即位，以公子目夷爲仁，使爲左師以聽政，於是宋治。（《僖公九年》）

以上各例，如果把A後移，"以爲"連在一起，便成爲地道的"以爲AB"，全句也由判斷式轉化爲陳述式。但並不是全部的B爲謂詞性成份的"以A爲B"式都可以當作陳述式來理解。例如：

[1]臣聞師衆以順爲武，軍事以信爲共。（《昭公十二年》）

[2]外內倡和爲忠，率事以信爲共。（《昭公十二年》）

[3]納而不定，廢而不立，以德爲怨，秦不其然。（《僖公十五年》）

以上各例因"以"不表意念活動而不能由"以A爲B"式轉化爲"以爲AB"式。通過這樣的比較可以看出，在這種轉化過程中，如果三者中一項不具備，便不能由A的移位而轉化爲"以爲AB"式。我們完全有理由認爲："以A爲B"形式中的　部份，由於A的位置由中置而後置，造成了"以爲AB"。這種後移在戰國中期的《墨子》中已有用例。例如：

[1]天子三公既立，以天下爲博大，遠國異土之民，是非利害三辨。不可一、二而明知。故畫分萬國，立諸侯國君。（《墨子·尚同》上）

[2]天子三公既已立矣，以爲天下博大，山林遠土之民不可得而一也，是故靡分天下，設以爲萬諸侯國君。（《墨子·尚同》中）

[3]上以式爲奇，拜爲緱氏令試之，緱氏便之。遷爲成皋令，將漕最。上以爲式樸忠，拜爲齊王太傅。（《史記·平準書》）

例[1][2]講的是同一個意思，一用"以A爲B"，一用"以爲AB"，例〔3〕同是講天子對卜式的看法，前用"以A爲B"，後用"以爲AB"。兩種形式的混用，恰恰說明"以A爲B"同"以爲AB"處在一個交替的過程中，後來隨着語詞由單音向複音的演變，"以爲"也由原來鬆散結構逐漸凝爲一體，成爲一個雙音複合動詞了。但是《左傳》中没有出現這種雙音複合動詞。例如：

〔1〕於是晉侯不見鄭伯，以爲貳於楚也。（《文公十七年》）

〔2〕於是夏父弗忌爲宗伯，尊僖公，且明見曰："吾見新鬼大，故鬼小，先大後小，順也。躋聖賢，明也。明、順，禮也。"君子以爲失禮。（《文公二年》）

〔3〕及齊，齊桓公妻之，有馬二十乘。公子安之。從者以爲不可。（《僖公二十三年》）

從表面上看，以上各例的"以爲"似乎都可以理解爲"認爲"之義，但作爲"以爲AB"式，它是不完備的，缺少A，所以仍是"以A爲B"式的省略。又如：

〔4〕十一年春王三月，公至自晉。晉人以公爲貳於楚，故止之。（《成公十一年》）

〔5〕鄭以子良爲有禮，故召之。（《宣公十四年》）

很顯然，例如果〔4〕省去A（公），就與〔1〕完全一樣；例〔5〕如果省去A（子良），就與例〔2〕完全一樣。在《左傳》中，祇出現"以爲B"，没有一例"以爲AB"，這是我們認爲"以爲"没有結合爲複音詞的根本原因。

從以上分析可以看出："以"和"爲"結合這種固定結構最早是以"A以爲B"的形式出現於春秋初期，而到春秋末戰國初發展爲"以A爲B"形式，已爲一種常用的結構了。秦漢時期，其使用頻率很高，並且沿用到現代漢語書面語中。同時，表示意念活動的"以A爲B"結構在發展中，A逐漸移到"爲"後變爲"以爲AB"式。這樣，"以爲"是一個動詞作謂語，AB（主謂短語）作賓語，句子的結構類型也改變了。

我們同時認爲：《左傳》中"以"和"爲"合用尚未普遍具有"認爲"的意義，大多數"以爲"可以看作是"以……爲"的兼語省略式。

從結構配置的角度看，人的思維因素也促成了這種"以"和"爲"的兩種搭配形式，配合多次重複以後，使得聽者有了心理上的定嚮作用，一聽到前面的標記，就會預期後面的標記，因而產生了"以"和"爲"配合的框架印象。

通過以上分析，可以看到標記通過配合以後，常常有一種特定的配合義。不了解這一點，即使知道了其詞性和一般的語法意義，也不一定能搞清楚句式的意義。《左傳》"以爲"結構再次提醒我們：祇有從整體理解具有特殊語法作用的標記配置，纔不會將之簡單化，纔能從配合關係、語法範疇等方面去完整而準確地理解其意義。

陸　S以VP

"S以VP"結構①是先秦常用的語言形式，也是語法學界爭論較大的歧義句。②我們對《左傳》此類句子進行調查後發現，這一格式實際上重疊了三種不同的結構：

1. （"以"的賓語）+以（介詞）+動+賓
2. 名（主語）+以［　］（省略"以"的賓語）+動+賓
3. 名（主語）+以+動+賓

這樣就形成了三種形式相同而內涵不同的同形異構結構。其中第一種和第二種句式，不少學者已進行了詳細的討論。③本文主要探討第三種句式的結構性質、產生的語言內外部原因以及在《左傳》中作爲一類句型所表現出的特殊作用。

一、"S以VP"結構的特點及其性質

我們經過調查發現，在早期漢語中，"S以VP"這種句式僅僅出現在《左

---

① S指主語，VP指動詞短語。
② 詳見朱德熙《語法答問》，商務印書館，1985年；何樂士《古漢語語法及其發展》，商務印書館，1980年；何樂士《左傳虛詞研究》，商務印書館，1989年；管燮初《左傳句法研究》，安徽教育出版社，1994年；姚振武《指稱與陳述的兼容性與引申問題》，載《中國語文》2000年第6期。
③ 麥梅翹《〈左傳〉中介詞"以"的前置賓語》，載《中國語文》1983年第5期。

傳》之中，在甲骨卜辭以及《詩經》和《尚書》中未發現一例，而上面所舉的一二種例句卻時有所見。同時，我們在《論語》、《孟子》、《禮記》、《莊子》以及後代的《史記》、《論衡》中更未發現此種類型的句子，這就進一步增強了我們對《左傳》中這一獨特類型進行研究的必要性。

何樂士統計《左傳》中此類句子共計62例，①並從作用、意義、語境以及語法結構多個方面進行了深入研究，首先確定了其"主題主語句"的身份。這一點，目前在學術界已達成共識。儘管有的學者將這種句式稱爲"工具主語句"，②而兩者的分歧僅在於句中"以"字詞性的判定。前者認爲是連詞，後者認爲是介詞，至今仍未有定論。我們經過對《左傳》這種句式進行的調查，發現在具體的語言環境裏，其表現形式和效果，大約有以下幾種：

（一）訓誡

［1］初，臼季使，過冀，見冀缺耨，其妻饁之，敬，相待如賓。與之歸，言諸文公曰："敬，德之聚也。能敬必有德。德以治民。君請用之！"（《僖公三十年》）

［2］女爲君目，將司明也。服以旌禮，禮以行事，事有其物，物有其容。今君之言，非其物也；而女不見，是不明也。（《昭公九年》）

例［1］是有關治國平天下的誡條，是要引起當事人的警覺和注意；例［2］是關於涵養方面的教導。

（二）論辯

［1］鄭伯使卒出，行出犬、雞，以詛射潁考叔者。君子謂鄭莊公失政、刑矣。政以治民，刑以正邪。既無德政，又無威刑，是以及邪。邪而詛之，將何益矣！（《隱公十一年》）

［2］且合諸侯而滅兄弟，非禮也；與衛偕命，而不與偕復，非信也；同罪異罰，非型也。禮以行義，信以守禮，刑以正邪。捨此三者，君將若之何？（《僖公二十八年》）

---

① 何樂士《〈左傳〉的"政以治民"和"以政治民"句式》，載《中國語言學報》第三期，商務印書館，1988年。
② 謝質彬《上古漢語中的工具主語句》，載《古漢語語法論文集》，語文出版社，1998年。

論辯的目的是爲了打動甚至征服對方，所以語言應犀利有力，成雙、成組地運用 "S以VP"，便能收到這種效果。

（三）列舉

［1］僑聞之，君子有四時，朝以聽政，晝以訪問，夕以令，夜以安身。……今無乃壹之，則生疾矣。（《昭公元年》）

［2］齊侯田於沛，招虞人以弓，不進。公使執之。辭曰："昔我先君之田也，旃以招大夫，弓以招士，皮冠以招虞人。臣不見皮冠，故不敢進。"乃捨之。（《昭公二十年》）

列舉諸例，"S以VP"結構的運用，都是成組地出現，形成排比句式，以示強調。

（四）對比

過申，子反入見申叔時，曰："師其何如？"對曰："德、刑、詳、義、禮、信，戰之器也。德以施惠，刑以正邪，詳以事神，義以建利，禮以順時，信以守物。……此戰之所由克也。今楚內棄其民，而外絕其好；瀆齊盟，而食話言；奸時以動，而疲民以逞。民不知信，進退罪也。人恤所，其誰致死？"（《成公十六年》）

此句"楚內棄其民"即"不施惠，無德"；"外絕其好"即"不以義建利"；"瀆齊盟"即"不以詳事神"；"食話言"即"不以信守物"；"奸時以動，而疲民以逞"即"不用以正邪"；"民不知信，進退罪也"即"人民不知信用何在"。①

（五）對話

戊午，晉侯朝王。王享醴，命之宥。請隧，弗許，曰："王章也，未有代德，而有二王，亦叔父之所惡也。"與之陽樊、溫、原、攢茅之田。晉於是始啓南陽。陽樊不服，圍之。蒼葛呼曰："德以柔中國，刑以威四夷。宜吾不敢服也！此，誰非王之親姻，其俘之也？"乃出其民。（《僖公五年》）

以上所列的四類例句，事實上都存在於對話之中，而對話的形式，往往

---

① 楊伯峻《春秋左傳注》，中華書局，1981年，P501。

也是一種論辯。

從修辭的角度説，這種"S以VP"句式多用於論辯場合，具有闡述和論斷的功能，因而主要出現在對話當中，其功用是爲了表達語氣的某種需要——強調。從形式上看，多爲四個字，短小精悍，削盡冗繁，給人留下深刻的印象。從内容上看，總是與一個比它大的語言結構段緊密地聯繫起來，常常是説話人用這種句式表示主語的作用如何，接着指出事實並非如此，最後得出結論，因而在内容上體現出有頭有尾的韻致。從語義特點上看，這類句子都含有一個共同的特點，即動詞所表示的動作行爲在某種意義上不完整，行爲的結果往往暗示"失敗"或者表示説話人對於某種事情否定的態度，在整個句子構局上表現出一種轉折的氣勢。我們可以稱之爲未完成結構。也就是説，在語段中運用這種句式往往是爲了表示理當如此而實際並非如此。

二、"S以VP"結構產生的原因

（一）"S以VP"結構產生的社會歷史原因

我們經過調查發現："S以VP"這種句式祇出現在《左傳》當中，且形成一定的規模，在《左傳》前後以及同時代的先秦文獻中，這種句式幾乎不存在。這就要求我們從文獻本身及作者兩個方面去尋求答案。儘管我們可以從語用方面來攷查，"S以VP"句式往往能使句子的結構均衡安穩，節奏音律平穩和諧，使説話人的語氣顯得從容不迫；或者從修辭角度看，是爲了追求語言的深刻生動、強調得宜，增強語言表現力。但這祇是觸及語言的表面現象，文獻本身纔是這種句式產生的物質土壤。《左傳》是記述春秋時期周王室及各諸侯國的政治、軍事、外交、文化方面的歷史，特別是各諸侯國爭霸權、兼併土地的歷史。《春秋》經文，記事簡略，僅爲綱目，於是出現各種解説，即"傳"。唐代劉知己《史通·六家》曰："蓋傳者，轉也，轉受經旨，以授受人。"關於《左傳》的作者，《漢書·藝文志》載："以魯周公之國，禮文備物，史官有法，故與左丘明觀其史記，據行事，仍人道，因興以立功，就敗以成罰，假日月以定曆數，借朝聘以正禮樂，有所襃諱貶損，不可書見，口授弟子，弟子退而異言。丘明恐弟子各安其意，以失其真，故論本事而傳，明夫子不以空言説經也。"這些辭令經過反復加工潤色，比較典雅，但也保留了一些口語成份；此外，《左傳》對一些歷史事件的記載極爲詳細，對一些人物的描寫栩栩如生，史料價值極高，與"佶屈敖牙"的《尚書》相比，《左傳》更貼近生活，因而歷史學家認爲"左氏浮誇"；但從文學描寫的角度看，卻具有較高的文學研究價值，保留的口語成份更多。很多學者已探討了《左傳》行文中的口傳痕蹟，以及瞽史在《左傳》成書過程中的作用。而"S以VP"結構基本出現在人物的談話中，衹有極個別出現在叙事的行文中。我們不敢説"S以VP"結構確是當時口語的記錄，但它至少應當是從春秋戰國時期口語中提煉出來的語言形式。至於它不見於同時代其它典籍中，也可能與作者的語言習慣與心理素質有關。我們完全可以從修辭的角度來欣賞這種主題主語句在《左傳》中的特殊作用；但從語言的角度看，這仍然是一種化整爲零的造句方法，即把複雜的內容，用一個個簡潔的判斷句表現出來。這正體現了説話人和作者根據思維的邏輯順序來編排語言的心理過程。所以，簡單的句式必定和複雜的語言段同現，以共同表達豐富的內涵。如果拋開了結構段來孤立地看待"S以VP"，必然損害此種句式特有的表達效果和存在價值。從這個意義上説，這種結構是該時期漢語發展的產物。

（二）"S以VP"結構產生的語言內部原因

衆所周知，"SVP"主謂結構是漢語的基本結構。那麽在《左傳》中爲什麽會約定俗成地出現"S以VP"這種主題主語句呢？這就有必要對"以"字在句式中的性質以及"以"在語流中的作用進行討論。

跟印歐語比較起來，漢語較爲突出的特點是主語與謂語之間結構鬆散。在漢語語流中，主語和謂語之間可以有停頓，而虛詞從來都是漢語句子中最活躍的成份。在主語和謂語之間，由於虛詞的介入而表現出不同的語義特點。例如，僅在《左傳》中就出現了以下幾種形式：

1. "主·也·謂"結構

毅也食子，難也收子。（《文公元年》）

"也"爲語氣詞，既增强了對比意味，又使整個句子的語氣跌宕有致，從容自如。

2. "主·而·謂"結構

王室而既卑矣,周之子孫日失其序。(《隱公十一年》)

"而"具有轉折意味。

3. "主·之·謂"結構

子之欲歸,不亦宜乎?(《僖公二十二年》)

4. "主·以·謂"結構

政以治民,刑以正邪。(《隱公十一年》)

這些結構充份表現了漢語依賴句中虛詞和語境表情達意的特點。

我們知道,主謂結構短語可以敘述動作、行為或事情的過程,而以上四種結構則強調該動作、行為或事情的結果(即使是虛擬的結果)。其中,"主·也·謂"、"主·而·謂"以及"主·之·謂"強調的都是該事物性狀的已成之態;而正如前文論證,"主·以·謂"結構則強調該事物性狀的未完成之態,因而我們可將四種結構做時間坐標,來分析動作的結果。同時,這四種句式又具有一個共同特點,即虛詞的加入,造成主語與謂語之間語流的頓宕和延緩,從而使後面的謂語成為全句的節奏重點和語義重點。作為主題主語句,主語和謂語之間的"以"不僅在主謂之間形成語流上的頓宕,同時又起一種形式標記和內在黏連劑的作用,展示一種主謂邏輯關係。因此,我們認為,將"以"定為維繫主謂語義關係的連詞或標誌主謂結構關係的助詞較妥。有的學者認為這種"S以VP"主題主語句中的"以"為介詞,並認為"以"後的賓語"反賓為主——作了全句的主語",把不同平面中的成份的綫性排列視為一種層層套疊的句法現象。這是從表面上看問題而產生的誤解,忽略了主題主語句的表達效果。

三、"S以VP"結構的衰弱

"S以VP"結構是先秦漢語特有的表現方式,是漢語在特定發展階段的特定產物。它為了增強當時漢語的表現力,應運而生。我們在其它文獻中找不到其痕蹟,也無從致求其衰落的原因,但語言的發展和人的思維有着必然的聯繫。人的思維越精密,語言的表達方式也越完善。"S以VP"用一個簡單的判斷句連同與其同現的結構段來表現複雜的內容,因此,容易導致與其同形異構的其它兩種句式的混淆。

同時，語言表達的準確性的要求推動了語言的發展。在同一時期的判斷句有多種形式，而"S以VP"祇是其中之一。《左傳》中還有其它幾種形式：

1. "S所以VP"結構

三《夏》，天子所以享元使也，使臣弗敢與聞……《鹿鳴》，君所以嘉寡君也，敢不拜嘉？《四牡》，君所以勞使臣也，敢不重拜？（《襄公四年》）

2. "S可/足以VP"結構

唯器與名，不可以假人。（《成公二年》）

3. "S，……（者）也"結構

君，將納民於軌、物者也。（《隱公元年》）

以上幾種表示判斷的句型與"S以VP"式一起同時出現在《左傳》中，而單憑語流的頓宕和結構段來表示複句中小句之間的邏輯關係，畢竟是含混的、籠統的。隨着另外三種形式主語的内容含量擴大，主謂之間可插入多種修飾成份以及判斷句的標準形式"……者也"的出現，使句子的結構複雜化，增强了語言的表現力，導致句法功能標準相應由隱性變爲顯性。同時，隨着人類思維以及語言自身的發展，用判斷句來陳述事理受到了很大的限制，存在於判斷句中的"所以"和"可以"受詞類雙音化的影響，逐漸發展成爲因果連詞和助動詞。它們在句中的作用更加靈活，既可出現在陳述句中，又可出現在複句當中，更加明確地表示句子的邏輯關係；而"S以VP"却因其音律鏗鏘，句式固定而失去了發展的機會。本着同形競爭的原則，"S以VP"終於退出了語言的舞臺，而其它三種形式在此後很長時間内繼續存在，有的仍然沉澱在現代漢語之中。

《馬氏文通》研究

壹 《馬氏文通》"位次"、"靜字"理論述評

《馬氏文通》的出現，標誌着中國語法學開始擺脫傳統"小學"的樊籬。書中提出的"位次"和"靜字"理論，對漢語語法研究的歷史進程產生過廣泛而深遠的影響。本文對《馬氏文通》的"位次"和"靜字"理論展開述評。

一、"位次"理論述評

"次"是《馬氏文通》裏的一個重要術語，是馬氏語法體系的重要內容。《馬氏文通》根據"中國文字無變也"①的特點，在"字"和"詞"（句子成份）的相應關係上建立了位次理論，即："凡名代諸字在句讀中所序之位，曰'次'。"②又於《實字》卷三說："'次'者，名代諸字於句讀中應處之位也。"可見，所謂"位次"就是名字、代字在句讀中應有的位置和次序。《馬氏文通》共立了六個"次"：主次和賓次、正次和偏次、前次和同次。

主次和賓次是一對互相聯繫的概念，"凡名代諸字在句讀之起詞者，其所處位曰主次"；"凡名代諸字爲止詞者，其所處位曰賓次"。主次包括：起詞、表詞、呼語、題名。賓次的內容較龐雜：外動字所帶止詞，介字所帶司詞，動字所轉及的轉詞，無介字的記地、記時、記價值、記度量、記里數等類詞語，名字先於動字不爲起詞、記由、記用、記形似者。正次和偏次則是一對

---

① 詳見卷七《介字》部份。
② 《界說》十七。

互相依存的概念，構成偏正結構。偏次的含義是"凡數名連用而意有偏正者，偏者居先，謂之偏次"，即偏正結構中的前附加語。而"正意位後，謂之正次"，即偏正結構的中心詞。偏次的範圍是：言正次之所屬者、言所有之度數、言其形似者、言其地者、言其時者。前次和同次是表示同一概念的兩個語言成份，即"名、代諸字，所指同而先後並置者"。在前的叫前次，在後的叫同次。同次的範圍比較寬泛，主要包括：1.表詞是起詞的同次，因爲起詞是主次，所以表詞是同次；2.同位語性質的加詞是同次，這種加詞的前次可以是主次、賓次或偏次。因此，它可以是同主次、同賓次或同偏次。

總括起來，六個位次是相互聯繫的相對概念：1.主次、賓次和偏次是主要的次，正次可以是主次或賓次，前次可以是主次、賓次或偏次。同次是同於前次；2.主次和賓次所涉及的語法結構的範圍較寬，而正次和偏次的範圍則祇限於偏正結構的短語。前次和同次的範圍則與主次、賓次、偏次互相交織聯繫在一起。

《馬氏文通》的"次"來源於拉丁語法，同時又和拉丁語法裏"格"的概念不完全相同。拉丁語法中，名詞有六個格：主格、賓格、所有格、給予格、呼格和奪格。但拉丁語的"格"屬於詞法範疇，它不僅僅指一種位置，更重要的是還包括形態變化，即所謂"格變"。而漢語中沒有這種形態變化。馬氏也認識到了這一點。《馬氏文通·虛字》卷七説："中國文字無變也，乃以介字濟其窮。"在馬氏看來，相當於格變的是介詞，因而將其作爲分析句子的輔助術語。《馬氏文通》的"次"是句法概念，"次"和"格"在性質上是完全不同的。劃分標準不同，範圍也不同。如《馬氏文通》的"主次"至少包括主格和呼格，賓次除了賓格外還包括與格和奪格。而漢語表示拉丁文中名詞的所有格用介詞"之"，表示給予格用"與"，表示被動（奪格）用"爲"、"于/於"等。同時，馬氏也注意到英文中沒有同位格，爲了便於論説實詞相涉之義而設立了同次。這是他的創見。

總之，《馬氏文通》講的"次"是指實詞相涉之義，也就是名詞與動詞、名詞與名詞、名詞與其它詞之間的關係，這與詞的格變不是一回事。可以這樣説：馬氏"次"的基本內容，即"次"所表示"名代諸字"在句法結構中跟其它實字的關係這一基本含義，是模仿拉丁語法的；而次的表現形式，區分爲幾種"次"以及爲了適應漢語需要而附加給"次"的具體含義等,卻是根據漢語的特點創立的。其中對"次"所下的定義本身,就是其一大貢獻。因爲馬氏看到中國文字無變,所以立"次"時就特別強調名代諸字在句讀中所序之位。馬氏認爲拉丁語法各個詞都有形態變化,所以不注重詞的次序。其主語、謂語、賓語等位置可前可後,人們讀了以後不可能弄錯它們之間的關係。而漢語是缺乏形態的語言,詞序在漢語語法中占有很重要的地位,很多語法關係是靠詞的位置來表示的。並且,馬氏也看到漢語語序比較固定。既然詞在句中的句法地位"各有定位",那麼就有一定的先後位置。因此,爲了更好地說明漢語語法這個特點,馬氏專門立了"次"來論述名代諸字在句讀中所序之位。馬氏在這裏沒有機械地模仿拉丁語法,而是根據漢語特點,發現了語序這個分析漢語句法的關鍵,因而對漢語語法研究又是一個貢獻。

同時,我們從前面的《正名》卷也可以看出,馬氏是把"次"作爲分析句子的輔助性術語的。馬氏在"次"之前分析句子成份,採用的是"成份分析法"。在《馬氏文通》裏,"詞"相當於今天的句子成份,隱含着名、代、動、靜諸字的語法功能分佈,包括有起詞、語詞、止詞、表詞、司詞、轉詞、加詞等。除了沒有定語、狀語兩個術語外,幾乎相當於現代漢語的所有成份。這在一百年前,是較爲先進的。然而,根據意義和句子結構功能來反映句子構成規律和類型的方法,不可能反映出句法結構間的層次結構,也不能反映出層次結構規律,更不可能反映出不同層次句法間成份的組合規律。也就是說,它還沒有達到"層次分析"的高度,但"次"術語的提出,使馬氏的句法分析臻於完善。它既彌補了漢語句子分析"詞"術語中沒有定語和狀語的不足,又可以幫助分析短語間的結構關係。我們從這裏可以看出,馬氏的句子分析體系表現了其整體性思想,即漢語祇有從組合關係中才能把握語法單位的特點和本質,祇有弄清了句法關係才能把握語言特點。馬氏高明地看到了這一點。表示"字"在句子中位置先後和關係的"次"與表示"字"在句子結構中語法功能分佈的"詞",兩者相輔相成,共同構成馬氏語法分析的網絡,爲以後的漢語語法研究提供了堅實的基礎。

馬氏的"次"理論,既有對拉丁語法的模仿,又有自己的創造。在模仿與創造時,必然會產生一些矛盾,主要有:

（一）概念不明確，一名兼指二者

《馬氏文通》"次"的定義中"所序之位"有兩種含義：一是詞在句子中的地位和彼此間的關係；二是詞在句中的前後位置。主次、賓次就動字而言或爲起詞或爲止詞，主要反映了語法結構，詞序並不重要。"所序之位"祇能從詞在句子中句法地位來理解；正次和偏次祇限於偏正短語，既有結構關係（偏正），又有先後次序問題；同次、前次僅僅是一個前後次序問題，語法結構功能在此顯得並不重要。作爲一個定義，如果"所序之位"有兩種不同涵義，當然是不嚴密的。同時，根據馬氏關於"次"的定義，是應該根據名代諸字在句讀中的位置來論述"次"的，但他有時卻根據意義來論述"次"。在對"同次"、"前次"的解說中，這個問題尤爲突出："表詞"與"起詞"所指爲一，所以也歸入"同次"。但若從位置上看，"表詞"與"起詞"是根本不能同一的。又如在對"同次"與"偏次"的分析上，馬氏心目中"次"的概念是不明確的，有時以"修飾"爲標準歸爲"偏次"，有時以"所指同"（意義）爲標準歸爲"同次"。另外，在"同次"節中關於"加詞"的概念也有不明確之處。在《馬氏文通》中，前後有兩個不同的概念叫"加詞"，一種是介字加司詞所構成的介司結構，這種結構相當於介賓結構，這種"加詞"相當於現代漢語的狀語和補語；另一種"加詞"相當於現代漢語的同位語複指成份。其中第一種"加詞"祇在"正名卷"中出現，此後再無論述，且易與"轉詞"產生混淆，"同次"中出現的祇是後者。這樣，就造成人們認識上的混亂。

（二）界限不清，立論欠周密

馬氏在下定義時，把"次"的概念限定在名代字內，但在具體分析時，卻將"次"的概念由名代的範圍擴大到動靜字的範圍，表現了馬氏立論和實際語言分析不相符。如在"同次"的分析上，同次有兩個內容，一是用於表詞者，一是用於加詞者。用於表詞的很多是靜字，用於加詞者有動字。這樣的矛盾不止一處出現，因而就在名代之外，把靜字、動字，甚至狀字和讀也拉進了次的範疇中。這就造成與"次"的定義相抵觸，一切混亂由此而起。我們同時發現，馬氏的六個"次"在論述上是不平衡的，且不在同一平面上。主、賓、偏次是並列的，"同次"無論如何說也不能和"前次"並列，因爲祇有主次、賓次、偏次是基本的次，"同次"或同於主次，或同於賓次，或同於偏次，因而是一個獨特的句子成份。所以，當有超出主、賓、偏次之外的"同次"時，馬氏就顯得無能爲力了，連他自己也不知道到底同於何次了。

（三）具體分析不够準確

這主要包括兩種情況：

1. 同類例子歸入不同次中

例如《論語·述而》"子不語怪力亂神"和《論語·子罕》"子罕言利與命與仁"，二者句式屬同一類型，馬氏把"怪力亂神"看作"不語"的同次，卻將"利與命與仁"看作動詞"言"的賓次。

2. 同一例句有兩種不同的解釋

例如《漢書·馮唐傳》："景帝立，以唐爲楚相。"前面解"楚相"與"唐"爲同次，後面"表詞"節中又認爲"楚相"爲賓次，反映了馬氏對"爲"到底是動詞還是决詞在認識上的不一致。

當然，"位次"之説作爲一種理論，並沒有因爲它模仿得不成功或論述上有缺陷而立即消亡。馬氏以後，我國不少語法學家在語法研究和探索中不同程度地採用了這種理論。馬氏的"次"固然表現了模仿和創造的矛盾，但在漢語句法學上，它還是有貢獻的。它對我國語法研究的歷史進程產生過廣泛而深遠的影響。如果沒有馬氏的"位次"理論，定語、狀語、同位語等成份的劃定不知要推後多少年。從1907年章士釗的《中等國文典》、1924年黎錦熙的《新著國語文法》到1930年楊樹達的《高等國文法》、1936年楊伯峻的《中國文法通解》，以至1936年王力的《中國文法初探》，都運用過"位次"理論。直到1948年高名凱的《漢語語法論》才摒棄了"位次"説。"位次"説在漢語語法研究史上曾存在50年，説明馬氏的"位次"理論曾在半個多世紀裏影響過漢語語法研究。

二、"静字"理論述評

如果説《馬氏文通》的"位次"理論可以從模仿和創新的角度來理解，那麼馬氏關於"静字"理論的闡述則更多的是獨創。

《馬氏文通》把"有事物之形"的實字稱爲"静字",並將静字分爲象静和滋静兩類。"象静"者,是以"言事物之如何也",即形容性狀;"滋静"是"以言事物之幾何也",表示數量。前者即通常所説的形容詞,後者即數詞。

關於"象静"的用法,馬氏列出以下五種:

1. 先乎名字,單者不加"之",偶者加"之"

例如:孝子、輕重之權

2. 象静字可用於名字

(1) 前文有名的,後以静字代名

例如《孟子·梁惠王》上:"以大易小,彼惡知之?"

(2) 前文無名,以静字代名

例如《荀子·議兵》:"兵不血刃,遠邇來服。"

3. 静字之後用"者"來區别同類事物

例如《荀子·榮辱》:"通者常制人,窮者常制於人。"

4. 静字前加否定詞表否定

例如《論語·八佾》:"《關雎》樂而不淫,哀而不傷。"

5. 有深淺對待義,可用連詞"而"、"以"、"且"、"又"相連接

例如《春秋公羊傳·隱公元年》:"隱長又賢,何以不宜立?"

滋静表示法主要有數目、序數、約數三種,即我們今天所説的基數詞、序數詞、分數,其中序數表示法包括"冠'第'"與"不冠'第'而單言數"兩種。

静字章最後的"論比"一節,屬於句法問題,主要是講静字的修辭用法,因而馬氏將"比"這一節放在静字後面,可以説也是有一定道理的。馬氏在這一節中,參照西方語法中的比較級和最高級而將比較句法分爲平比、極比、差比三種,並進行了詳細的論述。

馬氏在《馬氏文通》中對静字進行了分類,至於能否把滋静歸入静字,歷來説法不一。現代語法書中一般都是將數詞從形容詞中獨立出來。其實,馬氏將滋静歸入静字節是有其道理的。首先,在現代漢語中,數詞必加量詞才能修飾名詞。而在古漢語中,數詞可以直接修飾名詞,和形容詞用法相近。其次，古漢語中數詞可直接作謂語，這也是形容詞的特點；而現代漢語中數詞却無此功能。因此，馬氏把數詞和形容詞合爲一類，不是毫無理由的。我們認爲，馬氏正是動用了將詞法與句法緊密結合這一科學的方法，着重攷慮古漢語中形容詞和數詞在句中的位置，以及在句中承擔的語法功能相同的事實，把静字放到句法這個大系統中，其造句功能和所處位置就顯示了詞性特點，是以此入手進行的科學的分類。他摒棄了僅僅衹從詞的意義標準出發而不攷慮詞的語法功能分類法的不足。這種研究方法攷慮到了語言的本質特性，是馬氏基本的研究方法，值得我們今天的語法研究借鑒。

科學的方法必然導致對語言本質的認識。馬氏在静字章設立"表詞"一節和關於"象静司詞"的描述就是突出的表現。西方語言的句子一般要有一個動詞作謂語的核心，一種是一般動詞，一種是繫動詞，但後面一定有表詞（主語補足語）。馬氏注意到古漢語不僅動詞可作謂語，形容詞乃至名詞、代詞、頓和讀都可作"語詞"（謂語）的特點，並把它更名爲表詞，以表示與動字作表詞有別，所以特立"表詞"。馬氏在百年前不爲西方語法所拘泥，說明馬氏對漢語和西方語言在語法上的差異有清醒的認識，纔可能確定適合漢語特點的語法標準。馬氏的語法研究一反西方重詞法輕句法的傳統，在静字節裏把句法置於首位，對表詞和象静司詞的論述重在充任什麼句子成份，因而所作的分析都是圍繞着"句"、"讀"必備的"起詞"、"語詞"來進行的，充份顯示馬氏超越傳統小學的束縛，引領中國語法研究走向系統、科學的道路。①

同時，我們也要看到《馬氏文通》"静字"理論中存在的幾個問題：

（一）界限模糊，引例混亂

主要表現爲静字與狀字有混淆之處。在《静字》節裏，馬氏認爲重言或加"然"字的詞本身是狀字，而用作表詞或平比用則"用如静字"。可是在狀字界說後面的例子裏，卻又把它們當作狀字。顯然，馬氏把作爲句子成份的修飾語和作爲字類的静字混爲一談。其實，這仍是同一静字的不同用法，但馬氏卻在《狀字》章中把作狀語的形容詞都歸入狀字，並且狀字和狀語不分。這

---

① 後來的語法著作如黎錦熙的《新著國語文法》，認爲做謂語的非動詞不可，反而把作謂語的形容詞叫作"同動字"。而《文通》中的"同動字"却衹有"不記行而惟言不動之境者"，如"有"、"無"、"似"、"在"等字，因而沒有一個形容詞交錯其中。今天看來，這又是馬氏的高明之處。

樣，就造成前後矛盾。同時，馬氏把重言和加"然"字的字歸爲狀字，這又造成狀字的收字範圍和狀字的職務範圍發生矛盾，因爲這類字很難（有的完全不）修飾動字、靜字，反而經常作表詞。從語法功能看，倒不如歸入靜字更爲妥當。

（二）術語交混，論述不够嚴密

主要表現在對表詞和象靜司詞的論述中。馬氏將靜字當作語詞，更名爲表詞，緊接着又説："而表詞概爲靜字，然有以名字與頓、豆爲字者，則必用若靜字然。"馬氏認爲表詞必爲靜字性質，實際不是由用作表詞的語法性質決定的，而是從邏輯關係上表詞對起詞所起作用決定的，這就缺乏語法根據而難以成立。而馬氏在本節中所舉的以"名字"、"頓"、"豆"爲表詞的例子，如《史記·魏其武安侯列傳》："天下者，高祖天下。"這些表詞並不一定都具有靜字的性質，大多爲名詞性質的謂語，因而這一段的論述不是很嚴密。並且，"表詞"超出了本節定義爲形容詞的範圍，擴大名、代、頓、豆等範圍。在"象靜司詞"論述中更是如此。《正名》卷中，《馬氏文通》給"司詞"所下的定義是："凡名代諸字爲介字所司者。"相當於我們今天所説的介詞賓語。而在《靜字》節中，馬氏卻説："象靜後之司詞，猶動字後之止詞。"其作用是形容詞作謂語後賓語以"足其意"，並分爲"前有介字者"和"前無介字者"兩類。其中"前有介字者"相當於象靜的轉詞，"前無介字者"相當於象靜的止詞。因此，"象靜司詞"中的"司詞"與"凡名代諸字爲介字所司者"中的"司詞"是同名異實的兩個概念。馬氏"象靜司詞"這個名稱，必然引起人們對"司詞"理解的混亂。

三、結語

"位次"和"靜字"理論是《馬氏文通》的重要組成部份。它超越了傳統小學的束縛，也不拘泥於西方語法，使中國語法研究走向系統、科學，對中國語法研究的歷史進程產生了廣泛而深遠的影響。當然，"位次"和"靜字"理論也存在一些矛盾和問題，但其畢竟是創造中的失誤，也需要一個再實踐、再認識的過程。

貳　《馬氏文通》對助詞研究的貢獻

一、繼往開來，合璧中西

古代漢語裏很早就出現了助詞，甲骨文、金文所載出土文獻已有之，《詩經》亦多有其例。《説文解字》把凡是表示語氣的字都解作"詞"。例如：

者，別事詞也。（《白部》）

爾，詞之必然也。（《八部》）

余，語之舒也。（《八部》，段玉裁註："語，《匡謬正俗》引作詞。"）

乎，語之餘也。（《兮部》）

矣，語已詞也。（《矢部》）

哉，言之間也。（《口部》）

按，"言之間"猶"語之間"或"詞之間"，即表示句與句之間間歇的詞。

由上可見，許慎實際上是把語氣助詞從詞匯中劃分出來了，説明在許慎的頭腦裏，已經初步具備了的虛詞概念。東漢鄭玄註《禮記・檀弓》上"爾毋從從爾，爾毋扈扈爾"云："從從謂大高，扈扈謂大廣。爾，語助。"明確提出像"爾"這一類的詞爲語助，即在語句中起輔助作用的詞。六朝梁武帝時期，周興嗣所著《千字文》結尾曰："謂語助者，焉、哉、乎、也。"給語助的範圍勾勒了一個輪廓。與他同時期的劉勰在《文心雕龍・章句篇》裏説得更爲具體明確："尋兮字成句，乃語助餘聲，舜咏《南風》，用之久矣。……至於夫、惟、蓋、故者，發端之首唱；之、而、於、以者，乃劄句之舊體；乎、哉、矣、也者，亦送末之常科。據事似閑，在用實切。巧者迴運，彌縫文體，將令數句之外，得一字之助矣。"這一段話不但舉例説明了助詞的意義和範圍，而且對助詞的類別、用法及所表達的作用都作了簡略的解説。唐代劉知幾《史通・浮詞》也説："夫人樞機之發，賫賫不窮，必有餘音足句爲其始末。是以伊、惟、夫、蓋，發語之端也；焉、哉、矣、兮，斷句之助也。去之則言語不足，加之則章句獲全。"這一段話可謂是對劉勰的助詞論的補充。

到了唐代，"語助"這一名稱基本上固定下來了。而真正明確助詞的範圍和定義並客觀而明白地揭示其語法功能，却始於清末馬建忠的《馬氏文通》。

凡虛字用以結煞實字與句讀者，曰助字。①

字以達意，意之實處，自有動靜諸字寫之。其虛處，若語氣之輕重，口吻之疑似，動靜之字無是也，則惟有助字傳之。②

可見馬氏所說的助字，第一是位置必在句末或讀（短語）各實字末尾，第二是能表達各種不同的語氣。"結煞"是就助字的語音作用和出現位置說的，即出現在所助的語言單位之後；"傳語氣"則指助字表示的語法意義。顯然，《馬氏文通》的"助字"是從句讀中出現位置和表語氣兩方面來確立的"語法-詞匯"類，而不是單從語氣出發確定的詞匯類。王力評價："馬氏在詞類中建立助字一類，這是很大的創造。"③

《馬氏文通》對助詞的分類和描述，既充份繼承了傳統，又賦以嶄新的方法。作爲我國第一部系統的語法專著，馬氏對助字的理論上抽象概括並作科學的定義，可謂有開創之功。他對"助字"的精辟論斷"打破了束縛前人頭腦的'未可言傳'祇可'神而明之'的語言結構的神秘論，使人們對於語言組織結構能渙然冰釋，豁然開朗。"④

在《馬氏文通》之前，在訓詁虛詞著作中，如元代盧以緯《語助》，清代袁仁林《虛字說)、劉淇的《助字辨略》、王引之《經傳釋詞》、俞樾《古書疑義舉例》等，都零星論述了助字的作用，但祇是隨字為訓；《文心雕龍》等文藝理論研究著作則把一些功能相近的虛字概括成類加以研究，但不成系統，僅為舉例性質。

由於《馬氏文通》之前的訓詁家還不能辨別助字的詞性和語法功能，也就不可能分析到馬氏這樣的精密程度；而《馬氏文通》使漢語的語法研究脫離了經學家和古文家的束縛。同時，馬氏也深知傳統虛字研究已達到相當高的水平，所以他在建立自己的"助字"體系時，非常注意批判地繼承這些成果來豐

---

① 馬建忠《馬氏文通》，商務印書館，1983年重印本，P412。
② 同①，P421。
③ 王力《中國語言學史》，中華書局，2013年，P177。
④ 林玉山《漢語語法學史》，湖南教育出版社，1983年，P54。

富自己的理論。據統計，在《馬氏文通》助字章裏明確標出的就有《左傳》、《爾雅》、《穀梁傳》、《公羊傳》、《說文解字》、《廣雅》、《文心雕龍》、《顏氏家訓》、《玉篇》、《群書治要》、《經典釋文》、《廣韻》、《增韻》、《六書故》、《韻會》、《正韻》、《正字通》、《日知錄》、《助字辨略》、《讀書雜誌》、《經傳釋詞》、歷代註疏及柳宗元、段玉裁、曾國藩等的論述，並將其"述而有作"地融入自己的體系之中。例如在解釋"乎"和"哉"時說："'乎'字，《說文》謂'語之餘'也，《〈禮·檀弓〉正義》云'疑辭'也。語餘者，助字也。疑辭者，傳疑也。合兩說而猶云傳疑助字也，而究未悉其用。"① "'哉'字，《說文》謂'言之間也。'《禮記·曾子問》正義曰：'哉者，疑而量度之辭。'《說文》之解不切，《正義》之解不全。"又如對"也"字的解說："古人有謂'也'字三用，有用於句末者，有用於句中者，有用於稱謂者，蓋近之矣。愚謂'也'字所助有三，曰助句，曰助讀，曰助實字，以視所謂三用者較爲涵蓋。"這裏所謂"古人"，指劉淇，上說見於《助字辨略》卷三，馬氏還對立說未善之處予以補充。馬氏在解釋"焉"字時，不迷信王引之《經傳釋詞》的說解，大膽陳述自己的意見。這樣的例子比比皆是，足見馬氏助字研究的嚴謹和獨創性，而在助字的分類上則尤見馬氏高超的理論見地。

馬氏把助字分成"傳信"和"傳疑"兩大類：

助字所傳之語氣有二，曰信，曰疑。故助字有傳信者，有傳疑者。二者固不足以概助字之用，而大較則然矣。"傳信助字"爲"也"、"矣"、"耳"、"已"等字，決辭也。"傳疑助字"爲"乎"、"哉"、"耶"、"歟"等字，詰辭也。②

這裏，傳信者即今天的陳述語氣，傳疑者包括疑問和感嘆語氣，而決辭包括"決其然"和"決其不然"兩方面，即說話者對語句表達內容的確定性態度。傳信的"信"自然也就是指這種態度。柳宗元在《復杜溫夫書》中把助字限於"乎"、"歟"、"耶"等幾個疑辭和"矣"、"耳"、"焉"、"也"等幾個決辭。但實際上，"二者固不足以概助字之用"。

---

① 馬建忠《馬氏文通》，商務印書館，1983年重印本，P361。
② 同①，P412。

馬氏除了繼承傳統小學的豐碩成果外，還積極剖析西方科學的語法思想並將中西文化進行比較研究，通過比較顯現其特點。馬氏認爲西方語言之語氣是由動詞之形變表示出來的，漢語之語氣則是由助字表示出來的。因此，他並不依西方語氣之類來區別漢語語氣，而依漢語"助字"之所傳來區別之。顯然，馬氏的語法觀建立在對世界語言共性研究之上，對漢語和西方語言在詞類問題上的異同有着清醒的認識。因此，他對語言本質的認識纔會如此準確，並由此確立適合漢語特點的劃分詞類的標準。這正是馬氏重視漢語實際的表現。

《馬氏文通》以後的語法學家往往因事立名，將"助字"不止分爲兩類。例如，呂叔湘《中國文法要略》在"傳信"、"傳疑"的基礎上，又增加了"行動"、"感情"兩類；黎錦熙《新著國語文法》則增加至五類。顯然，"若不依助字之所傳，而依心理態度來分別語氣"，① 則必然導致分類上的繁瑣和混亂。因爲助詞是一種虛詞，使用起來變化多姿，傳神表情，極其微妙。有時同樣一個助詞，也往往因爲語言環境不同，因而有這樣或那樣細微差別，而這種細微差別又正是助詞特異功能的表現。所以要想把它們一個一個截然分開，幾乎是完全不可能的。

不過，正如馬氏所言："大較則然矣。"馬氏依"助字"之所傳來類別語氣，而不以"英文常俗文法書之所爲"，"卻能使語氣這個術語有較爲確定的涵義"。② 這樣，可以整理出一個"助字"體系，給這個體系的網繫上一張綱，使它成爲一個有條理的有個性的系統，而不是一堆雜亂無章的語言材料。對讀者來說，執綱在手，綱舉目張，閱讀和領會古代文獻，可得一臂之助。

同時，"助字"都有語氣作用，並同語音密切相關。馬氏深諳此道，故在"助字"章中頻頻運用音韻之理詳加分析。例如，在論述"歟"字時指出："'與'字之音與乎字相終始。'乎'喉音，音之始；'與'脣音，音之終，其用法亦大同，'與'字以助設問，以助擬議者其常，而以助咏嘆，則不若'哉'字。惟以其音之纖徐，故凡所助者，不若'乎'字之可質言也。"把"助字"之間的細微差別描寫得淋漓盡致。

---

① 何容《中國文法論》，商務印書館，1985年，P210。
② 同①，P211。

二、總結規律，開創體系

《馬氏文通》開宗明義："是書主旨，專論句讀，而句讀集字所成者，惟字之在句讀也必有其所，而字字相配必從其類，類別而後進論夫句讀焉。"① 與西方重詞法、輕句法的傳統相反，馬氏置句法於首位，而以詞法的研究服務於句法描寫。他對每類字，都先全面搜集相關句式，然後據以描寫歸納其全部特點，詳細論述各類字在句讀中的功能和作用。對實字，論述其重在充任什麼句子成份；對虛字，重點論述怎樣結合實字造句。其分析，皆圍繞"句"、"讀"所必備的成份來進行。因此，馬氏面對"攻小學者……皆知其如是，而卒不知其所以如是"②的局面，能超越傳統"小學"，而使虛詞體系達到前所未有的系統科學的高度，以至於其後漢語語法的研究，無不以《馬氏文通》爲基礎。

由於運用了緊密結合詞法和句法這一科學方法，馬氏對"助字"特點的揭示，達到了相當準確精細的程度。虛詞歷來被訓詁家看作"未可言傳"祇可"神而明之"的東西，而一經馬氏剖析，便條理分明而又貼切精到。

例如，《馬氏文通》在區別"也"、"矣"的用法時，從句式、語氣等不同層次揭示其共性和個性。馬氏看出"也"、"矣"分助兩種句型——判斷句和叙述句。

"也"字所以助論斷之辭氣，"矣"字惟以助叙説之辭氣。故凡句意之爲當然者，"也"字結之；已然者，"矣"字結之。所謂當然者，決是非，斷可否耳。所謂已然者，陳其事，必其效而已。③

這就從言事與決理、叙説與論斷、已然與當然三方面的不同，對"也"、"矣"進行了概括。

關於"矣"，馬氏反復舉例分析："其助'矣'字之句，雖無'已'字，而其意已隱寓矣。"④ "其絶句助'矣'字外，復蒙'已'、'既'、'固'、'嘗'各字，而辭氣蓋復闡緩矣。"⑤ "言效之句……'矣'字助之

---

① 馬建忠《馬氏文通》，商務印書館，1983年重印本，P15。
② 同①，P10。
③ 同①，P413。
④ 同①，P343。
⑤ 同①，P344。

者，蓋效之發見有待於後，而效之感應已露於先矣。"① "有兩事同時，其先者助以'矣'字，蓋視他事又爲已然矣。"② 而如果"矣"助形容詞謂語、數量謂語，則已產生的意義必有變化。馬氏最後用"'了'字之口氣"來對"矣"字進行總結。

關於"也"，馬氏指出其作用首先是煞句，大抵"助論斷之辭氣"。③ 其次，是在句中助讀和助字。助讀者，"頓宕取勢"，使"辭氣爲之舒展"；助字者，"凡實字之注意者，借助'也'字，則辭氣不直下，而其字有若特爲揭出矣。"助讀、助字雖有不同，但總歸是"起下文"。句末"也"與句中"也"作用相反，一"結上文"，一"起下文"。然"起下文"的方法是"停頓"，這就與句末"也"相反而成了。句末"也"加強肯定語氣，故語氣重，停頓時間長，也就自然既能"頓宕起勢"，又能以指"注意"之所在了。④

這樣，從句法角度看，深入研究了兩大句型；從詞法學度角看，"也""矣"的語法意義也就分析得透徹入微而又頭緒清楚。

同樣，馬氏在評論王引之《經傳釋詞》關於"焉"字的論述時，緊密聯繫句法，着重攷慮"焉"字在句中位置的不同以及在句中所承當的語法功能的不同，認爲王引之"強割'焉'字與下句連讀，則尤誤矣"。馬氏認爲："夫'焉'字助讀，頓挫有力，其寓有承轉之勢，自隱然有'乃'、'則'兩字之意，呼起下文，而必強令'焉'字解作'乃'、'則'兩字以代其位而冠諸句首，不亦固哉？"馬氏把王氏和自己的結論驗之於句，將"焉"字放在句首和句末進行一一對照，使矛盾自現，得出"句法不同，則用字自別"的結論。馬氏對"焉"字的分析，提出了"即制藝之文，其對比所助虛字，尚有歧異之處，而謂周秦之文，必令句句合掌乎"的質疑；進而運用演繹法指出："就令兩節諸句應比而同之矣，則夫以上文無'焉'字在句末，以證下文'焉'字之宜下屬者，愚亦可以上文無'焉'字在句首，以證'焉'字之宜上屬矣，豈非子矛子盾乎哉？"其論證層層深入，辨析精密。

馬氏對文獻語言的歸納、分類、界定、描寫和辨析，能凸現每類虛詞

---

① 馬建忠《馬氏文通》，商務印書館，1983年重印本，P345。
② 同①。
③ 同①，P325。
④ 同①，P325—340。

的不同特點，細致而紮實。例如，爲了分析"助字"中最爲習用的"也"、"矣"兩字，證明"也"、"矣"二者"爲用各別"的論點，推翻"經生家謂經籍内有'也'、'矣'兩字互相代用者"的觀點，馬氏用了很大的篇幅，引例498句（段），從各個側面進行條分縷析，最終指出："夫'矣'、'也'兩字皆決辭，有時所別甚微。若非細玩上下文意，徒以一時讀之順口，即據爲定論，此經生家未曾夢見（文通）者，亦何怪其爾也。"①

得益於研究方法的科學性，馬氏對古漢語虛詞的總體認識不斷深入。馬氏並不僅僅滿足於分類和舉例，而是進一步嘗試總結其中的規律。歷時的比較研究，使馬氏的理論充滿了活力。

例如，馬氏用歷史發展的眼光，指明"耳"在不同時代表示不同的語氣："《日知錄》謂'而已'爲'耳'與'矣'同義，有'止此'之解，助句助讀，惟所用耳"，認爲："'耳'字，後世用之，有非'而已'之解者。《三國·魏志》崔琰傳註：'後與南郡習授同載，見曹公出，授曰："父子如此，何其快耳！"'……'何其快耳'之'耳'有詠嘆之意……與'而已'義別。"

馬氏認爲語言是變化發展的，而非千古不變。例如，在分析"焉"字時指出："差比之句，其'焉'字本代字也，而既以殿句，亦可視同助字，用若'然'字。"然後，按朝代廣搜句例，得出結論："此種句法，《國策》以下不習見焉。"

與此相應，我們同樣可以從《馬氏文通》窺見其共時性的比較研究方法。例如，馬氏多次將《史記》和《漢書》進行比較，認爲《史記》中多用虛詞，而《漢書》卻很少用，從而體現出"虛詞傳神"的特點。又如，馬氏對照《公羊傳》和《穀梁傳》後發現，雖然同爲《春秋左傳》的索隱書，其在虛詞的運用上卻各有不同。《公羊傳》爲："此何以卒？"《穀梁傳》則爲："此何以卒也？"一個有"也"，一個卻無，從而所表現的語氣的強弱明暗亦不同，而此差異，正是"助字"語體功能的表現。馬氏指出："《公》《穀》兩傳，皆設爲問答以解經。《穀梁》則問答兩句，概殿'也'字；而

---

① 詳見馬建忠《馬氏文通》，商務印書館，1983年重印本，P442。

《公羊》則殿贊答句者爲常，其問句煞'也'者，未之見也。此其筆法使然耳。"

這些比較，有的是從詞匯角度，有的是從語法角度，對後人尋找科學的語法研究方法具有啓發價值，也爲豐富今天的語法研究提供了珍貴的素材。因此，《馬氏文通》對漢語歷時研究的開啓之功不可磨滅。

科學的方法必然引導對複雜現象的本質認識。馬氏"關於實字虛化規律的揭示就是突出的表現。"① 馬氏認爲漢語虛詞絶大多數就是實詞虛化甚至虛詞的再虛化，因而斷言："虛字概皆假借於有解之字。"②

同時，馬氏特別強調實詞轉化有意義和句法位置兩方面的原因。例如在《助字》章裏，他抓住"已爲動詞"這條綫索，指出："'已'決已然之口氣而皆有已了之意也。""而已"連用"有止此之意"。③ 這就透過文字表層，從深層意義入手抓住了動詞向助詞轉化的規律。

《馬氏文通》關於實字虛化的理論，不僅解釋了虛詞的來源，而且揭示了漢語語法儘可能利用詞匯手段表達語法範疇的發展趨勢。所以，虛詞的虛化總會殘留詞匯意義。例如："'爾'本狀字，解'如是'也。今爲傳信助字，可殿句，可殿讀焉，而已有'而已'、'如是'之意，其所別於狀字者，蓋加有決斷之口氣耳。"④ 再如："'焉'代字也，及爲助字，概寓代字本意。""'焉'既爲代字，又爲助字，一字而兩用明矣。"馬氏認爲"焉"有"於之"實義，自然含強調意味，又多在句末，最終形成實意、語氣兼表而以語氣爲主的狀況。又如，《馬氏文通》論述"夫"、"諸"兩字："'夫''諸'兩字之爲助字，仍不失有代字之意……皆各抱本解而爲助字也。"這裏的"抱本解而爲助"就是指實字向虛字的轉化。它們既有"代字"的屬性，又有"助字"的屬性。馬氏把這類字列爲"助字"，顯然是從"結煞"和"表語氣"兩方面來攷慮的，從而更加深刻地揭示出漢語通過實詞虛化來表達語法意義的特點。《馬氏文通》由此將其助詞理論推向高度抽象概括的理論高度，最終完成助詞理論的系統化。

---

① 劉永耕《〈馬氏文通〉對漢語詞類研究的貢獻》，載《福建師範大學學報》1996年第1期。
② 馬建忠《馬氏文通》，商務印書館，1983年重印本，P19。
③ 同②，P347。
④ 同②，P348。

三、結語

綜上所述,《馬氏文通》對助詞的概括是全面的,分類是合理的,分析是細緻的。在馬氏的語法分析中,既重視語言材料的梳理,又講究研究方法的創新;既有綜合,也有比較;既有演繹法,又有歸納法,多層次多角度地展開論述,對我們今天語法研究最大的啟迪就在於:在世界語言共性研究之上,尋求漢語獨特的語法現象。馬氏所獨創的,緊密結合句法來研究漢語虛詞的科學研究方法,歷經攷驗,顯示出巨大的生命力,爲漢語語法研究的深化做出了巨大貢獻。

當然,用今天的眼光看,《馬氏文通》對助詞的研究也不無可評判之處。例如,有的結論失於片面,有的"助字"界限不清,引例混亂;① 但這畢竟是創新中的缺點。《馬氏文通》所顯現的矛盾,爲我們今天研究語法提供了新的課題,正如呂叔湘所說的那樣:"也許《文通》之所以能吸引研究者,歷久不衰,正在於它的頭緒紛繁、瑕瑜互見吧!"②

叁 由《馬氏文通》研究引發的思攷

《馬氏文通》作爲中國近現代意義上的語法學著作,自誕生以來,人們對其進行了質疑、刊誤、批評。但是,我們至今仍然未能另起爐竈,建立新的語法學體系;相反,在漸進漸深的研究中,我們體悟了其特點和價值。廖序東《〈馬氏文通〉所揭示的古漢語語法規律》③(以下簡稱《規律》)與《〈馬氏文通〉所採用的研究方法》④(以下簡稱《方法》),正是這方面的回顧和探索。

---

① 以上問題不屬本文論述範圍。
② 呂叔湘、王海棻《〈馬氏文通〉評述》,載《〈馬氏文通〉研究資料》,中華書局,1987年版,P340。
③ 廖序東《〈馬氏文通〉所揭示的古漢語語法規律》,載《中國語文》1998年第5期。
④ 廖序東《〈馬氏文通〉所採用的研究方法》,載《語言研究》1999年第2期。

一、梳理古代漢語獨特的語法規律系統

辯證唯物主義認識論告訴我們，規律是事物或現象的各個要素之間內在的、必然的聯繫，把握規律是認識活動的關鍵。推演到語言學領域，即對語言規律的挖掘程度，能夠深刻認識、準確把握語言現象的本質。抓住語言要素之間根本的聯繫，是語言研究的真諦所在。廖序東的《規律》一文，正是在這種思想及語言學的一般原理和方法的指引下，尋找蘊含在《馬氏文通》中的鮮明的漢語語言規律，展示《馬氏文通》中研究和論述所顯示出來的自源性觀念和方法。因此，《規律》對《馬氏文通》中原創性成份的歸納，可以更多地幫助我們尋回一些漢語的"自我"。

《規律》將《馬氏文通》所揭示的古漢語語法規律概括爲十五條，並從理論和事實兩方面對其中每一條都作了充份的論證，還對照分析了一大批富有啓發性的例子。

（一）句讀集字，各有定位

這是馬氏所揭示的詞位規律，即語序。作爲漢語語法範疇之一的語序，歷來是訓詁著作的重要內容，但像馬氏這樣，能用語言學術語第一次進行系統論述，開創之功自不待言。《規律》在馬氏概括的基礎上，又將之一一條理化，使讀者對起詞與語詞的位置，內動詞、外動詞與止詞的位置，介詞與司詞的位置，以及狀語與定語的位置有了明確的認識。

（二）指名代字、詢問代詞之次

這一條仍可歸爲詞位規律。《規律》對《馬氏文通》中指明代字（人稱代詞）和詢問代字（疑問代詞）在句中的位次進行歸類，用窮盡的方法對屈賦及古代漢語的人稱代詞進行研究。[①]

（三）"之"、"其"二字的用法之區分

對指名代字中的指示代詞剖析之後，得出"'之'必賓次，而'其'必主次"的規律。

---

① 廖序東《論屈賦人稱代詞的用法》，載《中國語文》1964年第5期。

（四）偏正次間參否"之"字

《規律》列示了定語和被修飾語之間用否"之"，進而羅列排比出五條規律，即從正次與偏次的字數奇偶方面對"之"的使用情況進行說明。

（五）約數（即分數）表示之形式

《規律》將其歸納爲七種，窮盡了《馬氏文通》中分數的表示方法。

（六）象靜的比較

《規律》梳理了《馬氏文通》中平比、差比、極比的格式，概括出"平比之字，爲'如'、'猶'、'由'"，差比之字"概爲'於'字，'于'、'乎'兩字亦間用焉"，極比之字"'最'字最習用；或動字或名字，後續以'之至'、'之極'、'之盛'諸語，亦推極其至"。

（七）名字狀動、別類字用爲動字、內動字用爲外動字

《規律》從現代語法書所講的詞類活用角度，將其總括爲名詞作狀語、名詞活用爲動詞、代詞活用爲動詞、形容詞活用爲動詞、內動詞活用爲外動詞幾種形式。

（八）兩外動詞參以"而"字，止詞同者三例

這條理論仍是講位置。《規律》將"之"在用"而"聯結的兩外動詞間的位置分爲三種形式：1.止詞（賓語）未見上文，第二動字後代以"之"字。2.止詞已見於上文，第二動字後代以"之"字。3.止詞未見上文，第二動字有弗辭（否定詞），止詞用於第一動詞後；此外，止詞已見於上文，則於第一動字後代以"之"字，第二動詞不用止詞。

（九）外動字轉爲受動字（即被動）六式

這條規律即漢語的被動表示法。《規律》分析馬氏所揭示的六種形式：1.以"爲"、"所"兩字介乎外動者。2.以"爲"字先於外動者。3.外動字後以"於"字爲介者。4.以"見"、"被"等字加於外動之前者。5."可"、"足"兩字概有受動之意。6.外動字單用，先後無加，亦可轉爲受動。認爲前四式爲結構上被動，後二式爲意念上的被動或含有被動意義的句式兩類，從而廓清了

被動句方面長期存在的模糊認識。

(十) "之"爲讀之記

《規律》闡釋了主語和謂語之間的"之"的作用，通過對已經存在的例如構成"主語性領位"、名詞性短語以及取消句子獨立性的説法的比較甄別，公允、客觀地肯定了馬氏所揭示的"'之'字爲讀之記號"的規律。

(十一) 止詞先動字

《規律》展示了《文通》中體現的"賓語前置"三種規律：一是疑問代詞作賓語，二是否定句裏代詞作賓語，三是參"之"和"是"者，均要置於動詞之前。

(十二) 司詞先介字

這條規律與第十一條一脈相承，介詞賓語前置，除司詞的賓語爲詢問代字（疑問代詞）外，另外兩種前置爲介詞所有，一是司詞（賓語）先置於介字，二是司詞先置於介字，而轉詞又先置於動字。

(十三) 傳信、傳疑各助字作用之區分

《規律》在馬氏把助字分爲傳信、傳疑作用的基礎上，又用圖表的形式把助字的用法歸爲"有疑而問"、"無疑而反問"、"兩商"、"咏嘆"四種類型。

(十四) 起詞可省

這是《馬氏文通》對於漢語主語省略的認識。《規律》解析了這種省略之法，一爲"議事論道之句讀"；二爲"命誡之句"；三爲"讀如先句，句之起詞已蒙讀"；四是"既見於先，而文勢直貫"；五爲"無屬動字或間'有'、'無'兩字"。

(十五) 語詞先於起詞

這一條是從語序的角度説明漢語修辭的運用。

我們將《規律》對《馬氏文通》所揭示的語法現象與西方進行比較後發現：這十五條規律都是"華文所獨"。其中，第一、二、三、八、十一、十二

條是關於漢語的語序規律；第四、十、十三條爲虛詞的運用規律；第五、六、九條是漢語的特殊句子如約數、比較、被動表示法；第七、十四、十五條是漢語的特殊句子如約數、比較、被動表示法；第七、十四、十五條是漢語運用規律。儘管其中一些規律不是馬氏最先揭示出來的，《馬氏文通》之前的虛詞著作已經有所論述，但《馬氏文通》第一次全面地、大規模地將其一一揭示出來，篳路藍縷之功不可湮滅。廖序東先生的《規律》又將散見於《馬氏文通》中的漢語語法規律加以整化，使之有序，變成一個新的整體。這樣，原本零星的資料就轉化成集中而豐富的信息資源系統。這種研究方法對我們今天的語法研究仍有指導意義，即深入發掘《文通》中"華文所獨"的自源性或原創性的成份，在某種程度上也許比引進的東西更爲重要。

二、總結古代漢語語法研究方法

沒有一定的理論方法，就發現不了一定的事實，這已成了當今學界的普遍常識，可見研究方法對厘清語言事實富有積極意義。廖序東的《方法》一文是對《馬氏文通》所運用的研究方法的一次大總結，也正體現了對《馬氏文通》的研究已從具體材料抽象出了一般規律，從感性認識上升到了理性認識。《方法》一文將《馬氏文通》的研究方法概括爲歸納法、比較法、區分常與非常法、結合修辭分析法、句型變換分析法、層次分析法、重點分析法、篇章段落分析法等八種。其中，前三種方法是辯證、系統的科學方法論的具體運用，具有普遍的意義：

（一）歸納法

是所有學科中最爲"普通"的方法。正如《方法》所論，歸納法即是"找出若干類似的句子，通過觀察、比較、分析、綜合的功夫，提出假設，再求驗證，最後得出結論"。循此思路，我們發現《馬氏文通》中每條規律都可用歸納法得出，這是《馬氏文通》最基本的研究方法。

（二）比較法

在《馬氏文通》中的運用有三：一是中西語法的比較，二是共時的比較，三是歷時的比較。馬氏主要通過漢語語法與西方語法的比較，得出一套一致性的結論。例如，漢語定字類爲九，句子成份起詞、語詞、表詞、止詞、司詞五分法以及六個位次，而漢語語法的獨特性（如"以動詞之位濟變"、"以介字濟變"、"用助詞濟動詞不變之窮"以及"主語的省略"等）也由比較呈現在讀者面前。共時的比較，例如對《史記》與《漢書》中"之"、"於"的比較，《公羊傳》與《穀梁傳》用不用"也"的比較以及《公羊傳》與其它書之比較；歷時的比較，上起《書經》下至《漢書》。

（三）區分常與非常法

《方法》明示了在《馬氏文通》中"常"的用語爲"通例"、"常"、"常見"、"習見"、"習用"、"多"、"所在而是"、"所在而有"、"往往見之"、"所有皆是"等；"非常"的用語是"不常"、"間"、"罕見"、"罕用"、"鮮見"、"僅"、"僅見"、"少見"、"僅一二見"、"不常見"、"不多見"、"未之見"等。《方法》指明馬氏的字類規律和句法規律所用的這些術語，使我們很容易在《馬氏文通》中體味這些規律。

後五種方法屬於語言學研究的特有方法：

（四）結合修辭分析法

主要是從修辭的角度（包括文氣、文勢、聲調）以及從調整語言來增強語言效果的角度來分析、說解《文通》中字的用法和句的構造。《方法》歸納、說明、展示馬氏所揭示的修辭方法——虛詞的運用對文氣的影響、詞類的活用能增強文詞之神奇感、語言的調整——對表達效果的作用等。

（五）句型變換分析法

在《馬氏文通》中主要是用來講明句子的構造。《方法》發掘馬氏主要通過"猶云"來變換句法，以相比較。

（六）層次分析法

將傳統句子分析法中一個詞作爲一個句子成份的方法改變爲將一組詞作爲一個句子成份。由於《馬氏文通》處在傳統的語法框架內，因而馬氏的層次分析觀念與方法顯然不同於索緒爾及結構主義的層次分析法。《方法》向我們展示了馬氏滲透在《馬氏文通》中潛在的比較系統的層次分析法體系，提示我們不能忽視其在《馬氏文通》中的存在價值。

（七）重點研究法

在《馬氏文通》中，是專爲對介字的研究而創立的。馬氏言簡意賅地將四個介字作爲重點，尋找介詞理論的共性，從而概括性地分析了介賓結構的位置、介詞賓語的位置以及介詞賓語的省略這三個問題，從而避免了對單個介詞都逐個研究的拖沓繁冗。

（八）篇章段落分析法

在《馬氏文通》中，主要表現爲馬氏用精細而正確的圖解，使篇章的思想層次曲折活現於紙上。《方法》充分肯定《馬氏文通》整篇整段文章逐句的分析方法對後世語法的巨大影響與深遠意義，黎錦熙的《新著國語文法》即爲證明。

綜合排比以上八種研究方法，不難看出，《方法》在盡力將現代語言學最新方法與傳統語言學所用方法進行溝通。這種努力，必然促使語言學相關研究發生質的飛躍。事實上，就事論事衹能觸及現象，理論才能揭示本質。《方法》從傳統分析法到結構分析法再到變換分析法，這是一個否定的過程，每一種方法都不是孤立存在的，而是在吸收前一研究成果之後的步步深入，使語法研究更加講求條理，盡力在力所能及之處全面推進，整理出比較完備的系統，客觀上起到了引領語法研究跳出描寫語言學的框架、走向探索語言縱深機制的效用。

三、結語

廖序東的《規律》與《方法》二文的價值，在於其從規律與方法上對《馬氏文通》作了一次大規模整理和傳承工作。其所使用的描寫和解釋相結合的研究方法，使《馬氏文通》呈現出更爲立體多維的形象。這對完整理解並揭示《馬氏文通》，引導讀者正確認識使用該書有着指導性意義。同時，廖序東在認識論與方法論之間架起了一座橋梁。他舉一反三，觸類旁通的闡釋力和可操作性，以及對《馬氏文通》十五條規律和八條研究方法的概括和討論，從方法論上增益於後學。

我們同時也要看到，《馬氏文通》對漢語事實並未描寫盡淨，對漢語的深層解釋即揭示漢語真正的特點也遠未完成。由於漢語語法的諸多體系仍然因循西方語言，而且指導理論也基本秉承西方。因此，對規律和方法及其二者之間關係的思致，仍然是現階段語法研究的主題。怎樣憑借《規律》與《方法》指引的研究思路，挖掘依照西方語法體系建立起來的《馬氏文通》語法體系中自源性與原創性的成份，從紛繁的語言事實中尋找規律，並通過規律提取方法，再根據方法概括規律，並使二者有機化，成爲一個邏輯層次的系統，自是我們不可推卸的學術使命。

植根於傳統
語言文字學的漢語語法觀

章太炎先生把舊"小學"改定爲"中國語言文字學";黃季剛先生在此基礎上,進一步闡述:"夫所謂學者,有系統條理,而可以因簡馭繁之法也。明其理而得其法,雖字不能遍識,義不能遍曉,亦得謂之學。不得其理與法,雖字書羅胸,亦不得名學。"①闡明了漢語言文字學的規律性和系統性。陸穎民(宗達)先生和王寧先生是中國傳統語言文字學的重要繼承人,也是傳統語言文字學向現代語言學轉型時期繼往開來的語言學家。本文從陸王訓詁學理論對漢語語法學的關注切入,綜述植根於傳統語言文字學的漢語語法理論。

一、訓詁與語法的關係

訓詁是"小學"即傳統語言文字學的一部份,是用後代語言解釋前代文獻語言,或用雅言解釋方言的工作;與此相應,訓詁學則是以歷代的訓詁工作和訓詁材料爲研究對象的學科。②陸穎民(宗達)先生《訓詁簡論》指出訓詁與語法的關係:"首先,訓詁是以解釋詞義爲基礎工作的。除此之外,它還從分析句讀、闡述語法這兩個方面,對虛詞和句子結構進行分析,實際上爲後來的語法學提供了素材。"③由此可見,語法是訓詁的重要內容之一,也是傳統訓詁學的重要任務之一。王寧先生認爲:"中國古代沒有語法學,語法問題

---

① 黃侃述,黃焯編《文字聲韻訓詁筆記》,上海古籍出版社,1983年,P2。
② 詳見全國科學技術名詞審定委員會語言學名詞審定委員會《語言學名詞》,商務印書館,2011年,"訓詁學名詞"部份。
③ 陸宗達《訓詁簡論》,北京出版社,2002年,P17。

的探討是包含在訓詁之中的。就當代學科的分工而言，語法學與訓詁學必須分立；但是，在傳統語言學裏語法包含在訓詁之中的這一事實就説明了，當兩門學科都發展得比較成熟以後，它們的結合、交叉是必不可少的，結合、交叉之後，對兩門學科的發展，都會起到意想不到的作用。"① 歷代訓詁家在具體的訓詁實踐中，憑着對古代語文中詞的意義和用法分辨的敏鋭度，有意識地貫通訓詁和語法，爲古漢語語法的研究提供了大量可參照的資料，從而形成了一系列有意義的語法命題。

（一）詞類劃分問題

早在兩漢時期，訓詁學者就已把漢語詞匯分析爲"詞"、"事"、"名"三類。② 到了近代，章太炎先生和黃季剛先生也有關於詞類方面的研究。③ 章太炎先生曾設想過各種詞類的淵源順序關係："語言之初，當先緣天官，然則表德之名最夥矣。然文字可見者，上世先有表實之名，以次桄充，而表德、表業之名因之；後世先有表德、表業之名，以次桄充，而表實之名因之。"④ 我們將其理論具體歸納如表：

語義分類		發聲詞	德	業	實
分野		虛詞	實詞		
詞類		語氣詞、感嘆詞	形容詞	動詞	名詞
順序	上世	1		3	2
	後世			2	3

表14　章太炎先生論述實、德、業淵源順序關係表

黃季剛先生也設想過各種詞類的淵源順序關係，即"以名與事之法推之者"——"……感嘆之間故爲語言之真根源，而亦即文字遠溯之祖，故名詞由是生焉，動詞由是生焉。如日之名日，太古人不知也，不知必謂既大且明，既圓且熱之物，則合數字形容一物，而繁雜不可理矣。故造字必以簡號代之，

---

① 王寧《訓詁學》，高等教育出版社，2004年，P14。
② 陸宗達《訓詁簡論》，北京出版社，2002年，P45—46。
③ 有學者以爲："近代章太炎、黃侃兩位訓詁大師就沒有寫過語法方面的文章，也許可以説他們沒有進行過語法方面的專門研究。"（向熹《略論訓詁和語法的關係》一文，載《古漢語研究》1992年第3期。）其實不然。儘管兩位大師沒有專門寫過語法方面的文章，但不能説此斷言他們沒有進行過語法方面的專門研究。
④ 章太炎《國故論衡》，上海古籍出版社，2003年，P33—34。

作爲○字，而圓形象矣；太陽之精不虧，益而作☉，而光明之義顯矣。故名詞者，乃由動詞、形容詞中擇一要義以爲之名，而動詞、形容詞者，亦即名詞之根源也。故求文字之根源，當推諸虛字；求虛字之根源，當自音聲。"① 我們將其理論具體歸納如表：

訓詁分類	詞	事	名
分野	虛詞	實詞	
詞類	語氣詞、感嘆詞等	動詞、形容詞等	名詞、人稱代詞等
順序	1	2	3

表15　黃季剛先生論述實、德、業淵源順序關係表

　　黃季剛先生所述各種詞類的淵源順序關係，相當於章太炎先生所述後世階段。因此，章黃二位先生關於詞類淵源順序的論述並不矛盾。章黃二位先生關於詞類淵源順序的論述基於訓詁學的理念，對陸王二位先生基於訓詁學的語法學理論產生了重要影響。

　　陸穎民（宗達）先生認爲，漢語實詞有形態變化（主要表現爲重疊形態的語音變化），所以應按形態分類——名詞（包括量詞）、形容詞、動詞、數詞、代詞；虛詞則按在句子中的作用分類——副詞、關聯詞、語氣詞、感嘆詞。② 王寧先生也認爲："虛詞中的語氣詞概念訓詁書中早已存在。"③ "詞以類分，同類而聚，這就是一種聚合，因而，在早期訓詁材料的纂集裏，就已經存在着西方語義學所說的'語義場'觀念。"④ 傳統訓詁學中，有對材料纂集的傳統，即通過語義關係把一批詞語類聚起來，這些成果對我們今天的語法研究仍然有非常重要的意義。王寧先生還從傳統語言學的角度出發，認爲"先秦漢語詞的語法分類必須求得與詞匯意義的統一，有時還需要從詞源上對詞義特點加以證實，祗有這樣纔能保持漢語本身的特點"。⑤ 例如，在實詞分類中，結合動詞的來源和使用，應將先秦漢語動詞分爲兩類，一類是原生動詞，也可稱泛動詞；另一類是衍生動詞，也可稱專動詞。其中原生動詞用法寬泛，

---

① 黃侃述，黃焯編《文字聲韻訓詁筆記》，上海古籍出版社，1983年，P194—195。
② 陸宗達《陸宗達語言學論文集》，北京師範大學出版社，1996年，P100—106。
③ 王寧《訓詁學原理》，中國國際廣播出版社，1996年，P215。
④ 同③，P212。
⑤ 同③，P237。

是專門爲動詞詞項所造。①

在對虛詞進行分類時，王寧先生採用張世禄提出的"古代漢語的虛詞應分爲語氣詞和關係詞兩大類"的觀點。② 從語氣詞和關係詞的不同來源，指出語氣詞大部分是原生詞，對周秦文獻進行規範的《說文解字》中都可以尋到它們的本字；關係詞則是實詞虛化而來，大部分襲用了原來實詞的本字。不過，這些詞的關係意義與原來的實義有關，相當一部份是可以追溯的。綜合王寧先生的詞類標準有三個：一是合乎古代漢語實際，二是合乎傳統語言學的傳統習慣，三是與現代的分析方法有比較整齊的對應，易於銜接與溝通古今。

（二）句子結構分析問題

陸穎民（宗達）先生指出："分析句子結構是訓詁的重要工作之一。因爲一個詞或一個詞組的意義，必須通過語法組織才能確定下來。"③ 以毛亨《詩經詁訓傳》對虛詞的解釋爲例，其內容包括確定虛詞的用法和作用，用虛詞確定句型，說明虛詞在句子裏使用的位置，等等。可見，分析句子結構是訓詁學的傳統任務和方法之一。

在此基礎上，王寧先生根據漢語實詞和虛詞的特點，從傳統訓詁學的角度出發，有針對性地提出具有操作性的方法對句子結構進行分析。她認爲，儘管實詞是體現語義的主框架，但古代漢語很多實詞存在一詞多義現象，如果在詞沒有經過歸納概括的情況下，它祇能是處於貯存狀態，而非使用狀態，在這個層面，多義詞不同詞彙意義往往會直接影響其聯繫語義成份的功能，籠統地以詞爲單位，詞彙意義和語法類別之間的關係就很難辨別。因此，王寧先生提出"討論詞義與詞類的對當關係必須以詞項爲單位"，並進一步明確"詞項"（Lexical Item）是載負一個義項的語音或書寫形式。④ 這裏的"詞項"包括音項和義項，其根據是：1. 詞彙意義相近（可由引申得出）；2. 語義功能相同；3. 句法功能相同，經義項合並而成。同時，詞項的確立必須以訓詁材料提供的古意爲依據，有時還需要從詞源上對詞義特點加以證實，這樣就可以避免

---

① 這裏的"詞項"相當於詞典學上的一個義項，並非後文提到的"詞項"。
② 詳見張世禄《古代漢語》，上海教育出版社，1978年。
③ 陸宗達《訓詁簡論》，北京出版社，2002年，P53。
④ 王寧《訓詁學原理》，中國國際廣播出版社，1996年，P222。

以後代的意思來附會古書。"詞項"這一概念的確立,在當代的語法研究中得到了呼應,很多語法研究者借用此概念和具體的操作方式展開自己的語法研究,由於貼近了漢語的語言實際,取得了意想不到的進展。[①]其科學性和實用價值還在於解決了多年來隨意根據義項來確定詞的語法功能,進而判定其詞類,所造成的"詞無定類"、"離句無品"的矛盾以及詞類活用等問題。同時,在詞項這個單位上,詞匯意義與以它為中心的結構模式的一致性,使漢語句子結構分析可以操作、可以證實,又可以為計算機所識別。

二、語義與語法的關係

19世紀至20世紀語言學,根據對語義的不同看法而形成不同的流派。下面是王寧先生所列出有代表性的語義觀特點對比:

結構主義	句法語義學	認知語言學	王寧先生觀點
句法是人類共有的自足系統,一個不受語義支配的系統	語義範疇是從語法範疇中生出來的,句法支配語義	語義與語法有對應關係,語義支配語法	詞匯意義與句法結構是兩個不同的系統,語義是語言的核心
語義不是語言學研究的對象	語言學要研究的是語義範疇對語法範疇的解釋	語義、語法是語言學不可分割的研究對象	漢語詞匯意義的研究,應當也可以脫離句法而獨立
強調音義關係的任意性		強調音義關係的理據性	意義關係是總體的約定性和個體的理據性的統一

表16　各家語義觀對比表

以上語義觀的差異,一是因為研究者的學術淵源不同,二是由研究者所研究的語言自身的特點不同造成的。王寧先生的語義觀可以概括為三個方面:(1)語義主體論;(2)詞匯意義系統論;(3)音義關係的約定性和理據性的統一。這是漢語語義學與西方語義學對話的立足點和交流的基礎。

事實上,語義與語法是語言中一對既互相排斥、互相對立,又互相依存、互相作用,在一定條件下互相轉化的對立統一的矛盾體。究其原因,主要是因為詞匯意義與句法結構是兩個不同系統,二者可以獨立描寫。王寧先生的

---

① 例如,殷國光使用王寧先生的"詞項"概念,利用動詞配價進行《莊子》句型研究。

語義觀植根於傳統語言學基礎之上。中國固有的語義觀,其產生的學術淵源一方面是因爲傳統漢語研究以意義爲研究的出發點,又以意義爲研究的落脚點的研究習慣;另一方面是因爲漢字"與生俱來"的表意特點,使意義完全可以脱離語境成爲可識、可辨的實體;例如傳統"小學"從完全依靠語言環境的隨文釋義,發展到脱離文獻的纂集專書《説文解字》、《爾雅》、《方言》、《釋名》等,實現了意義的類聚,成爲互相依賴的一個系統,其中各成員之間或處於層級關係,或處於親(直接)、疏(間接)關係。中國的語言學很早就重視意義的獨立研究價值,而不把它當作從屬於語法的東西。勿庸置疑,西方語言學在語義上達不到我們的深度。王寧先生還通過實踐總結出,在先秦漢語中,詞匯意義與語法分類往往具有互求互證的關係,所以詞的詞匯意義與語法意義類别的一致性可以通過一種可操作的方法來測查,其中"語法環境"(由和它發生關係的詞的意義範疇來確定)和"語義環境"(由它在句子結構中所處的地位來確定)應當同時制約着被測查詞語的義位和詞類。[①] 爲此,她嘗試將"語法環境"和"語義環境"模式化,利用兩維標引的方式來測查義位和詞類的屬性,驗證二者之間的一致性規律和綜合數據,從而得出結論:"詞的語法功能和它所能存在的結構模式,是受它的詞匯意義控制,很多語法上的差異,常常能從詞義的特點的不同找到根本原因。"[②]

　　總結漢語語言點規律,應避免將語法形式與語義絶對割裂開來的做法。王寧先生認爲,在先秦漢語裏,由於存在大量的單音詞,一詞多義項現象大量存在,使詞匯意義對詞的語法功能和句子結構模式的制約更爲直接與强烈,漢語詞匯和句子的結構方式的演變是在意義推動(擴展、增多、細化)下產生的。因此,如果没有漢語詞匯史的依據,不參照語義的詮釋,套用印歐語法確定漢語特別是先秦漢語的詞類,不論是在理論還是應用上都是行不通的。[③] 西方結構語言學的前車之鑒,值得我們反思。漢語語法研究要兼顧語義,同樣,漢語語義研究也要兼顧語法。陸王關於語義與語法關係的理論與實踐,符合唯物辯證法的原理,妥善地解决了漢語的詞匯内在意義和外部形式的結合問題。

---

① 王寧《訓詁學原理》,中國國際廣播出版社,1996年,P221。
② 同①,P236。
③ 同①,P233。

三、語法化與詞匯化的關係

王寧先生認爲,"語法化"是一個漸進的過程,它在每一個層面上都積澱了不同的歷時現象;即使將共時的"時"劃分得再短,也存在不同時代的積澱。[①] 由於漢語書面語發展緩慢,文言語料又具有一定的泛時性,因此,往往可以在共時語料中看到實詞虛化的過程。這就決定了漢語的共時研究中,存在着歷時研究的課題。[②] 她還認爲,實詞虛化的過程,可以從虛化的不同程度中顯示出來,且往往沉澱到一個共時平面,因此,當前"語法化"理論已經包含了打破共時和歷時絕對化的思想。舉例來說,王寧先生從漢語實際出發,從訓詁學的角度,直指目前語法界討論的介詞來源這一語法熱點問題的本質——"一般把實義淡化後的介詞、連詞認爲是原來實詞的'本無其字'的假借,或認爲是引申,所以,這批虛詞本應沒有了實義,但都還具有造字理據很切實的本字。"[③] 也就是說,這種"引申"往往是語義與語法共同作用而產生的結果,是詞的語法功能影響了其語義環境,從而使某些義項引申出來了。

在漢語構詞法體系裏,作爲與"語法化"相反的系統和過程,"詞匯化"與"語法化"是兩個絕然相反的概念,二者没有互相包含關係。

20世紀80年代以來,漢語雙音合成詞的構詞研究存在着兩個問題:一是在處理内容與形式的問題上,採用句法與構詞法同一的純形式方法,"構詞法"實際上成爲"句法結構"的同義詞;二是在時間層次問題上,採用現代漢語共時方法和歷史層次法絕對分離的方法。這樣,就產生了兩個"永久性的難題":一是雙音合成詞與雙音短語的判別,二是構詞法研究日漸貧乏。結果造成很多問題(例如漢語詞匯雙音化的原因、合成詞中不自由語素產生的原因、語素之間結合時相互選擇的原因、語素結合後音與意演變的原因等等問題)長期成爲現代漢語語法研究的瓶頸。針對這一情況,王寧先生嘗試從中國語言學自己的方法中尋找出路,開展了卓有成效的探索。她認爲:隨着漢語的發展,古代造句法不再具有能產性,失去生成作用,語法形式退化而結構依然保存,

---

① 王寧《談中國語言學的自主創新》,載《南開語言學報》2006年第2期。
② 王寧先生所稱詞匯理論訓詁學意義上的的"虛實引申"是指"由於使用頻率過高,廣義度增加,意義逐步泛化,最終走向虛化","成爲没有詞匯意義,祇有語法作用的虛詞"。詳見王寧先生2004年11月9日在中國傳統語言文字學高級研討班上所作的報告《中國傳統語言學的繼承和發展Ⅱ》。
③ 王寧《訓詁學原理》,中國國際廣播出版社,1996年,P219。

致使用這種語法形式構成的短語殘留在現代漢語構詞法中。由於意義轉移或書寫形式的改變,使一部分古漢語短語失去正常的組合關係,語法組合模式與語義關係類型不再具有一致性,即詞語的現代用義與原初的構造理據脫節,致使這些結構退出造句法,進入構詞法,以合成詞的方式保留下來。這實際上也是一種功能的轉移和補償。兩個詞素在經過長時期的發展後,互相依附,祇佔有一個意義空間,成爲句子的一個成份,這兩個詞素就詞彙化了。構詞法不但不是句法的底層現象,而且是對句法的反嚮發展。

漢語詞彙和詞義的發展是累積型的,一方面要經歷長時間的積攢,另一方面詞彙和詞義系統內部也在進行能量的交換,採用舊的成份,形成新的系統。王寧先生打破絕對共時的研究方法,提出漢語雙音合成詞在結構形式上具有非句法的性質和非共時特徵,主張接受理論訓詁學語義中心和源流並重的觀點,採用以源釋流的泛時原則,採用古代文獻語言與現代漢語比較的方法,把現代漢語雙音詞分爲歷時傳承式和現代合成式兩種,並以意義結構的方法來研究漢語雙音詞的構詞模式。她在此基礎上,總結出合成詞的四種鑒定方法:1.非自由詞素鑒定法;2.非現行語法鑒定法;3.語法功能轉移鑒定法;4.非詞源意義鑒定法。這種"基於理論訓詁學的漢語雙音合成構詞的意義中心分析方法",不僅可以解決詞與短語的區別問題,還可以看出詞的一些重要屬性,可以說是漢語雙音詞研究中可以替代句法分析,或與句法分析互相參照的不可缺少的方法。[①]

四、結語

以上,我們從陸王訓詁學理論對漢語語法學的關注切入,回顧了中國傳統語言文字學的重要繼承人陸穎民(宗達)先生和王寧先生對於語法與訓詁、語法與語義、語法化與詞彙化三大關係的理論論述和實踐運用,進而綜述植根於傳統語言文字學的漢語語法理論。這些理論對於漢語語法學學科建設具有重要價值。

---

① 王寧《當代理論訓詁學與漢語雙音合成詞的構詞研究》,載《當代語言學理論與漢語研究》,商務印書館,2008年。

析"連X也/都Y"句式

漢語"連"字句指包含"連X也/都Y"結構的句子。① 它可以是複句,也可以是單句。"連"後多數是名詞,也可以跟動詞,甚至是小句。"連"的作用,一是明確比較對象,二是對後面出現的事件進行強調和評價。"連"字與副詞"也"、"都"常常共現。本文主要從句法、語義、語用三個方面對該句式進行分析。②

一、"連X也/都Y"句式的構成條件

(一)"連"後成份X的特點

在這一特殊句式中,"連"後可出現名詞、動詞,也可出現小句,但並不是所有的名詞和動詞以及由它們所組成的小句都可進入這一格式。例如:

老人七十三歲了……爬山越嶺,腳步輕快得連小伙子都攆不上。

在這個句子當中,"連"字句引出一種極端的情況,即情理上不應該而事實上如此,前後呈現明顯的對照。此句的隱含意義中包含着預設:(1)正常情況下小伙子攆得上老人。(2)小伙子一般情況下比老人腳步輕快。(3)小伙子攆不上的老人非同一般。這些背景知識在說話人看來是無可爭議的。上述預設可以概括為:在說話人看來,小伙子攆不上老人的可能性最小。但是,如果我們將這裏的"小伙子"改為"老太太",單純從語法角度看無可非議,

---

① 句式中的Y表示謂語部份,包括謂語的肯定形式和否定形式,也可表示爲"連X也/都VP"。VP即動詞性結構。

② "連"字的詞性,歷來是人們爭論的焦點,究竟是介詞、連詞還是副詞或者助詞,衆說紛紜,不在本文討論範圍。

從一般人的語感出發，它所傳達的信息，在聽話人的心裏理解和接受的難度較大。可見，"連"字句的預設是有限制的，一個句子一旦進入了此句型，都有一個規約意義——事件出乎人們的預料。"連X也/都Y"在句中直接引出一個違反常理的事件。"連"字句中出現不同的X，相應地就有不同的預設。在這裏，X隱含着若干個比較項。從理論上說，X的範圍越大，預設所提供的背景信息就越少；X的範圍越小，預設所提供的背景信息就越多。"XY最小"的結論祇有在比較中纔能得出——"連"字的使用使句子獲得一定的規約含義。

1. X存在的自然基礎

現實世界中存在的事物都是有序的集合，或依空間而成，或依時間而成，例如：時間的早晚；空間的前後、左右、上下、高低；數量的大小、厚薄；年齡的長幼甚至季節的春、夏、秋、冬交替變更等等，都會帶來一系列的有序排列。它們都是不以人的意志力轉移的。我們可將之稱爲"客觀順序"。這種順序是社會性的，不會因人而異，更不會隨時間或場合的不同而變化，因而較爲穩定。

2. X存在的心理基礎

與"客觀順序"相對的是"主觀順序"。人們常常就某一種屬性來比較兩件東西（或事物），因而分出高下、大小、長短、難易等等。同時，人們對現實的認識總會受到人的知識背景、社會文化背景的制約。儘管人們對事物的評價因人、因時、因地而異，但是人類又在孜孜不倦地追求共識，達成一致。主觀順序雖非天然順序，但在本質上又是一致的。它總是遵循一定的客觀規律或邏輯事理而定，並在社會中"約定俗成"，被社會每個個體所認同，又常常與人類的生存本能、社會倫理觀念以及價值取嚮等密切相關。因此，"順序"也常常被人們用來表示價值的高下。

總之，異同、高下都源於比較，比較是"連"字句存在的基礎。要構成比較關係，必須有相同的部份，又有相異的部份，纔能同中見異，或異中見同。因此，凡是進入"連X也/都Y"句式中X位置的成份，天然地都具有了順序義。它們以各種順序爲經緯，有序排列，卻以隱而不現的方式喻示從前一種事態轉變到當前的事態；而句子最終所表示的事態是"也"和"都"所控制的一系列事態中的當前的事態。在"連X也/都Y"句式中，X的存在總是隱含了另一個或幾個比較項,總是能透露出一些有關信息。可比較的範圍越小,比較越客觀,受到的其它限制越少;比較範圍越大,受到的時間、場合及事件的影響越大,但是X必處於該比較範圍中的極端位置——或爲最大值或爲最小值,然而Y的可能性最小。

(二)程度副詞"也"、"都"不可或缺

"連X也/都Y"句式雖隱含比較,但並非"比"字句。如果去掉"也""都",句中包含的邏輯事理和主觀心態就蕩然無存了。例如:

[1]連老師也/都不懂,何況學生。

[2]*連老師不懂,何況學生。

"連X也/都Y"句式預設在特定語境中,XY具有最小的可能性,説話人用"連"字來明確比較項並預示被比較項,即老師和學生相比較,"老師不懂"的可能性最小。程度副詞"也"和"都"一個表示類同,一個表示總括,類同和總括都指用語義上的複説強調一項與另幾項不同事物之間的共同特徵;"也"和"都"在"連"字句中的作用除了關聯的作用以外,最主要的就是比較,是"表'比較而相同'的限制詞"。① 從句式結構上説,含"也"、"都"的句式爲雙支點的結構。例如,"也"一方面意謂語境中藴含相關内容,同時也標誌兩種或幾種比較項之間存在一致的關係;"都"一方面對其前面的名詞性成份所表示的事物和動詞性成份所表示的動作進行確認,另一方面又對其後面的由動詞性短語所表示的動作、事件的數量、種類和次數等等的目前狀態做出總括。從意義上説,"也"、"都"具有雙重映射的作用:外映射——"也"、"都"的語義指向具有外指傾向,映射句外的相關謂語;內映射——往往配以相應關聯詞與"也"、"都"形成一套,相互呼應,從而含"也"、"都"的句子中的謂語具有了典型性。從語義特徵上説,這種典型性主要體現在兩個方面:一是用來強化一種持續變化狀態中的當前點;二是將此當前點提陞到一個認知上非常顯著的位置,成爲表達式所標識的對象,因而常常被用來表述極端情況。含"也"、"都"的句子以其特定的映射方式顯示語義焦點,同時以復説的方式再現焦點,而焦點本身可以起到明顯的"突出"作

---

① 呂淑湘《中國文法要略》,商務印書館,1982年,P326。

用。在話題中，焦點可以因對比而顯現，包括與上下文中的某個成份相比或與語境以及説話人心目中的某個對象相對比，"也"、"都"在這裏可看作是特定的焦點標記。如果我們將例［1］改爲"老師也/都不懂，何況學生"，省掉"連"字，此句亦成立。這充分證明副詞"也"、"都"本身具有顯示對比功能的獨立性。如果去掉"也"、"都"，"連"字句反而在語義上的對照和句式的強調比較意味會被削弱，表意不夠鮮明，甚至句子不合格。這足以證明"也"、"都"在"連"字句中的特殊作用。

二、"連 X 也/都 Y"句式的歷史演變

從漢語史的角度看，人們大多認爲"連X也/都Y"句式最初萌發於宋代；① 然而在宋代以前，相當於"連X也/都Y"的語義有多種表現方式。僅《史記》，就有"及……並"、"及……皆"和"及……亦"等句式。例如：

［1］於是復予秦仲後，及其先大駱地犬丘並有之。（《史記·秦本紀》）

［2］庶長壯與大臣、諸侯、公子爲逆，皆誅，及惠文后皆不得良死。（《史記·秦本紀》）

［3］戰咸陽，斬首數百，皆拜爵，及宦者皆在戰中，亦拜爵一級。（《史記·秦始皇紀》）

［4］滇王與漢使者言曰："漢孰與我大？"及夜郎侯亦然。（《史記·西南夷列傳》）

《説文解字》："及，逮也。""及"作爲動詞，本義是追趕。"及"的虛化大約始於西周中期，而大量產生是在春秋之後。《史記》中的"及"有今語"連"字的意義。以上例句中"並"、"皆"和"亦"都爲古漢語中表示類同和總括的詞語，意義相當於現代漢語的"也"和"都"。

到中古時期，"連X也/都Y"句式開始萌芽和發展，同時表示該意義的句式也呈現出多元化的趨勢。例如：

［1］忽若堯王敕知，兼我也遭帶累。（《敦煌變文集·舜子變》）

［2］和《通典》也須看，就中卻又議論更革處。（《朱子語類·朱子》）

---

① 馮春田《近代漢語的介詞"連"和"和"及其相關句式分析》，載《近代漢語語法問題研究》，山東教育出版社，1991年。

[3]周時豈特後稷各立廟,雖報王也自是一廟。(《朱子語類·朱子》)
　　[4]便顏子也祗是使得人心聽命於道心後,不被人心勝了道心。(《朱子語類·朱子》)

　　這個階段,由於漢語中的判斷句的謂語已由體詞性謂語轉變爲謂詞性謂語,特別是唐代產生的"連NVP"和晚唐五代出現的"和NVP"等新興句式(馮春田 1991),從而穩定了表示類同的介詞"也"在判斷句中的地位。在宋代時,"也"往往出現在VP之前,表現了與新興句式超強的組合能力。例如:
　　[1]祗他連這個也無,所以無進處。(《朱子語類·朱子》)
　　[2]非惟是功效不見,連那所做底事都壞了。(《朱子語類·論語》)
　　我們在攷察漢語史上"連"字句時,還發現了一些不用"連"字的句式:
　　[1]今有恣爲不忠不孝,冒廉恥,犯條貫,非獨他自身不把作差異事,(　)有司也不把作差異事,到得鄉曲鄰里也不把作差異事。(《朱子語類·大學》)
　　[2]如人兩足相先後行,便會漸漸行得道,若一邊軟了,便(　)一步也進不得。(《朱子語類·大學》)

　　此後,古漢語中表示範圍和類同的副詞已經完成了詞匯的興替,隨着"亦"、"皆"的衰落,基本固定在"也"和"都"上。到明清時期,"連X也/都Y"句式的發展已經基本成熟,"連"字句在現代漢語中的多種形式俱已完備。① 在我們所攷察的清代白話小說《水滸傳》和《紅樓夢》中,"連X也/都Y"句式中"連"字要求在位置上靠近所強調的內容,且盡量明確比較項與被比較項,這種結構緊湊、表達簡練的句式也是趨於口語化的用法。

三、"連X也/都Y"句式語義分析

　　"連X也/都Y"句式的語義特徵主要是通過與其前後關聯詞語的配合體現出來的。從整個句式的語義功能上看,連字句所體現的強調比較義主要有以下兩種:

---
　　① 周小兵《漢語"連"字句》(載《中國語文》1990年第4期)將"連X也/都Y"句式的基礎句式表示爲 N_1V_1, 連N_2V_2, 內推句式表示爲N_1V_1, N_2V_2……N_nV_n, 連N_{n+1}, 隱含句式"連……也"。

(一)語義層次的提陞

指在比較過程中，語義程度逐漸加深，表示一種比較性的遞進。可分爲兩種：

1. 正嚮提陞

［1］不但增加了許多脫漏的地方，連文法的錯誤，也都一一訂正。

［2］別說大夫，連一個人影兒也瞧不見。

［3］祇是我怕太太疑心，不但我的話白說了，且連葬身之地都沒有了！（《紅樓夢》第三十四回）

［4］若弄出事來，不但自己做官不成，祇怕連祖上的官也抹掉了呢。（《紅樓夢》第一百零三回）

以上例句都是前面用"不但"、"不獨"、"別說"先引出意思較輕的一層，然後用"連"引出後一種極端的情況，前後做出明顯的比較，把意義推向深入，強調某種動作行爲或性質形狀達到的程度之深。全句意思由淺入深，表現出由輕到重的遞進關係。

2. 逆嚮提陞

［1］連我們自己也被嚇了一跳，何況那個青年女子。

［2］連哈爾濱都下雪了，何況北京。

［3］他自恃是邢夫人陪房，連王夫人尚另眼相看，何況別個。（《紅樓夢》第七十四回）

［4］就連老太太、太太以至寶玉探丫頭等人，無論事大事小，有理無理，其不能各遂其心者，同一理也，何況你我旅居客寄之人哉！（《紅樓夢》第七十六回）

以上例句"連"先提出一種極端情況，後面用"何況"、"別說"、"豈止"引出另一層較輕的意思，前後做出明顯的比較，通過極端事例暗示非極端事例的可能性，全句意思由重到輕，表現出由重到輕的遞降關係。

(二)修辭層面的對比

由於比較項與被比較項同屬一個類別，將它們放在一起比較，具有強烈的強調色彩。例如：

[1] 不但男孩子不叫苦，就連女孩子也不叫苦。
[2] 連女人都不打扮，何況男人。

從"男孩子"與"女孩子"、"男人"與"女人"的比較，我們可以知道"女孩子比男孩子更容易叫苦"、"女人比男人更愛打扮"，這裏用"連"字分別對後面的比較項的不符合常理的行爲進行強調，同時具有一種誇張的修辭效果。

[3] 愛惜東西，連個綫頭兒都是好的。(《紅樓夢》第三十五回)
[4] 在各處尋找，連個影兒也沒有。(《紅樓夢》第六十七回)

"連"字後面爲數量短語，其語法功能是使無界概念變爲有界概念。當此數量爲最小值時，其修辭意義自現。

四、"連X也/都Y"句式的語用分析

(一)"連X也/都Y"句式的肯定形式和否定形式的語用對比

對事物的比較可以有兩種方式：或是從正面說或是從反面說，在句式上表現爲肯定形式的肯定句或否定形式的否定句。在"連X也/都Y"句式的生成過程中，關涉的比較項的肯定、否定與否，完全由對這個比較的預設評價來決定。首先來對比"連X也/都Y"句式的肯定形式和否定形式：

[1] 他連打雷都怕。(連X也/都VP)
[2] 他連打雷都不怕。(連X也/都不VP)

"連"字句有肯定和否定兩種形式，在表達效果上，它們的方向相反。如圖所示：

[1]←(膽小)怕──(大事)打雷(小事)──不怕(膽大)→[2]
                    ↑   ↑
預設：   負向   正向
句式：   肯定   否定
語義：   埋怨   推崇

圖2 "連"字句肯定式和否定式表達效果

上面的例[1]強調膽小，"他"將"打雷"視爲可怕的事情，在說話人看來恰恰相反，表明了說話人的埋怨情緒；例[2]則強調膽大，"他"將

"打雷"看作平常的事情,説話人對"打雷"的態度是和"他"相反的,表明了説話人對對方的推崇。在這裏,"連X也/都Y"句式通過對某一命題的預設評價的反常肯定或否定,來强調對另一命題的主觀認定。"連X也/都Y"句式的肯定和否定完全取决於評價者對此命題的預設評價。一般來説,表達的内容是人們樂於接受的甚至努力追求的,我們稱之爲正向評價。如果表達的内容是人們不願接受甚或極力回避的,我們稱之爲負向評價。具體表現爲:凡是評價者持有負向的預設評價,一般會使用肯定句式,予以拒絶,表示一種事實;凡是評價者懷有正向的預設評價,一般會采用否定句式,予以接受,表示一種事理。經過比較,我們還發現肯定"連"字句和否定"連"字句差别如下:

1. **形式上的不對稱**

從語用角度來説,大多肯定形式的"連"字句都有相應的否定句式,但有些"連"字句祇有否定形式而没有相應的肯定形式。例如:

[1] 連一個人也没有。

[2] 連一個人也没有了。

[3] 來了一個多月,連半個錢也没見到。(《紅樓夢》第九十九回)

[4] 這些家人聽了這話,越發唬得骨軟筋酥,連跑也跑不動了。(《紅樓夢》第一百一十回)

一方面對最小值的否定和最大值的肯定都可以起到强調作用,表示一種出乎意料之意;另一方面,"連"字後面跟謂詞性結構和數量短語時,謂語僅限於否定形式,不用肯定形式。

2. **數量上的不均衡**

肯定句是對事實的認可,一般是客觀的,因而是一個封閉的系統。否定句是對事實的一種否定。由於個人認識水平的不同,融注了個體的主觀色彩,是一個開放的系統,人們更容易運用否定句來表達,把一種虚擬和誇張叠加在一個句子當中,這樣"連"字句加上否定表示法,表達的修辭效果必定更爲突出。值得注意的是,"連"字句式從近代漢語發展到現代漢語,其肯定形式由《水滸傳》的95%下降到《蒼生》的47%,而否定句則由4%上升到35%。[①] 這充份説明與古代漢語不同,在現代漢語中,"連"字句的否定形式較爲多見,

---

① 數據統計引用崔希亮《漢語"連"字句的語用分析》,載《中國語文》1993年第2期。

表達形式更爲自由，尤其在口語中廣爲運用。

（二）"連X也/都Y"句式的感情色彩

總的說來，"連X也/都Y"是個強調誇張句式，XY是一種極端的情況，因而運用不同感情色彩的X與Y，整個句式也會因爲上下文語境的不同而有所變化。具體來說，貶義色彩的詞進入句式中的X位置後，其貶抑義通過程度副詞"也"、"都"的強調而更爲突出。例如：

［1］這種相機連傻子都會使用，你這麼聰明的人不會用。

［2］且是連一點剛性也沒有，連那些毛丫頭的氣都受的。（《紅樓夢》第三十五回》）

［3］可憐我熬得連個淫婦也不如了，我還有什麼臉來過這日子。（《紅樓夢》第四十四回）

中性色彩的詞進入句式中的X位置後，整個句式的感情色彩也會根據文章的語境的不同而變化，主要體現在貶義和褒義兩種感情色彩。

1. 貶義

［1］連三歲的小孩子都懂這個道理。（帶有誇張意味，隱含對方"聰明人"連三歲的小孩子都不如，具有諷刺的意味。）

［2］誰知城裏不但人尊貴，連雀兒也是尊貴的。（《紅樓夢》第四十一回）

［3］我那裏比得秋菱，連他腳底下的泥我還跟不上呢！（《紅樓夢》第八十三回）

2. 褒義

［1］老人七十三歲了……爬山越嶺，腳步輕快得連小伙子都攆不上。（表示對老人身體結實、腿腳輕便的敬佩和贊嘆。）

［2］連那些束帶頂冠的男子也不能過你。（《紅樓夢》第十三回）（當面對鳳姐料理家事的"卓越才能"的吹捧。）

［3］到底是寶玉孝順我，連一枝花兒也想得到。（《紅樓夢》第三十七回）

五、結語

本文從句法、語義、語用三個平面分析"連X也/都Y"句式,從中可以看到該句式由於結構緊湊、表意鮮明、表達簡練、形式自由而在日常生活中被廣泛運用,成爲極富口語性的句式。

語氣副詞"差點兒"語義、語用分析研究

語氣副詞"差點兒"產生時期較晚，清代以後才正式定型。在古代漢語中，表示揣測、估量語氣的副詞衹有"幾"，用在謂語動詞之前，對行爲進行估計。① 在現代漢語的各類副詞中，語氣副詞由於其在句子中的分佈以及獨具特色的功能特徵，成爲各類副詞中比較特殊的一類。長期以來，語氣副詞一直是對外漢語教學中的難點，從語體、語氣、篇章三個方面對其進行句法、語義和語用的研究也非易事。本文從句法功能、語義功能、語用功能等角度對語氣副詞"差點兒"的語體、語氣和篇章等進行多層次的攷察和分析。

一、"差點兒"的句法功能

從句法分佈來看，"差點兒"主要出現在主謂句的以下兩種格式中：

1. "差點兒"+NP+VP

差點兒事情就辦成了，最後又起了變化。

2. NP+"差點兒"+VP

事情差點兒就辦成了，最後又起了變化。

儘管語氣副詞"差點兒"在句中位置較爲靈活，可以位於主語前，亦可位於主語後，但它衹能位於主語所統轄的謂語之前。由於"差點兒"本身所具有的"評價"功能，"差點兒"及其動詞事實上共同組合了一個整體合成謂

---

① 《説文解字》："幾，微也，殆也。""幾"表示"差點兒"的語義，是其本義的引申，産生於先秦時期。例如《左傳·襄公十一年》："不從晉，國幾亡。"《左傳·襄公十九年》："楚師多凍，役徒幾盡。"

語。這不是靜態的短語層面的組合，而是動態的句子層面的組合，是對整個事件的全過程進行主觀評價，是整個句子的表述部份，而非修飾性或限制性部份。

（一）肯定與否定的對稱與不對稱

一般來說，否定句都帶有某種感情色彩。否定式中用否定詞"沒"和"沒有"時，"差點兒"句式所表述的意思有以下兩種情況：

1. 如指不希望發生的事，意思跟肯定式相同

國民黨的散兵也亂搶開了，差點沒把命丟掉。（華山《山中海路》）（差點把命丟了）

2. 如指不希望發生的事，意思跟肯定式相反

［1］這件事情差點兒沒辦成。（實際上辦成了）

［2］這件事情差點兒辦成了。（實際上沒辦成）

由於"差點兒"後面發生的事件如果是不希望發生的，一般多用肯定句式，因此，肯定式很少指希望發生的事。由此看來，"差點兒+（NP）+VP"句式中的VP直接決定了句子的肯定與否定在表義上是否等值。當VP的結果表現人們的負嚮評價，即人們所竭力逃避的，肯定與否定表現出一致性，從而存在着表義上的對應關係；當VP的結果表現人們的正嚮評價，即人們所努力追求的，則其肯定與否定就表現出對立性，則表義上存在不對稱關係。

（二）跟其它詞的搭配

1. 與否定副詞"沒""不"的搭配

"不"和"沒"是表示否定的副詞，在一般情況下都可以與"差點兒"配合使用；但"不"在"差點兒"句式中的出現頻率遠遠不如"沒"，且二者在入句之後，表義也略有不同。例如：

［1］我差點兒沒去。

［2］我差點兒不去。

以上兩句的意思雖然相同，都表示對"我去了"的慶幸，但說話的側重點不同。前者強調的是現在去了，後者強調的是當時不想去；前者強調動作

"去"的"已然"結果，後者則是對過去意願"將然"的否定。

2. 與其它副詞（"也"、"就"、"還"）的搭配

[1] 上個月，我用這把刀砍傷一頭狼，差點兒就砍死了，可惜給逃走了。（金庸《白馬嘯西風》）

[2] 差點兒還趕不上呢！（羅廣斌、楊益言《紅岩》）

[3] 差點兒也沒效上大學。

我們經調查發現，與"差點兒"同時共現的副詞有否定副詞、時間副詞、範圍副詞和頻率副詞等，這些分別表示時量、動量、度量和限量的詞都表現一種時間和空間概念的客觀性；一般情況下，"差點兒"不與程度副詞、語氣副詞和情態副詞等表現主觀意義的詞連用；在與以上幾種介詞共現時，如果是三項共現，則排列順序通常爲【"差點兒"+X副詞+否定副詞】；在與其它副詞共現時，"差點兒"必須前置。以上特點，顯然與其表義功能和句法特徵密切相關。

3. 與"把"字句連用

[1] 忽然跑來一個全身灰布軍裝的人，差點把姑娘手中的水缸撞翻了。（羅廣斌、楊益言《紅岩》）

[2] 羅小四說前幾天你還開會鬥爭過他，尖嘴婆打了他一板凳，差點把他打死。（王小波《黃金時代》）

4. 與"被"字句連用

[1] 別，別，別出去，我差點叫他們抓了去！（老舍《茶館》）

[2] 華爲說他嚮來很紅，去年"六一"大逮捕時，黑名單上就有名字，差點兒被抓去了。（羅廣斌、楊益言《紅岩》）

[3] "爲什麼要這樣凶？"長太爺差點沒給她推倒。（張天翼《脊背與奶子》）

[4] 他差點沒讓老虎吃了。

介詞"給"、"叫"、"讓"常常在口語當中用來表示被動，"差點兒"常常與其搭配使用。這些表示被動的口語介詞後面，一定有施事者（賓語）出現；而用"被"時，句中的施事者可以不出現。

（三）單獨使用

1. 單獨成句，大多配以語氣詞

－聽說你被車撞着了？－差點兒（呀）！

以上對話中的"差點兒"以感嘆句的形式單獨成句，表示"並沒有被撞着"。由於是在特定語境之中，因此其意自現，並不會出現歧義。

2. 單獨做謂語

－你上過大學嗎？－我差點兒！

以上獨用的"差點兒"都祇出現在不同的對話形式中，充份證明語氣副詞獨用是口語語法裏特有的現象。由此也可推斷出"差點兒"具有口語性，其蘊含的豐富的語境信息，使其在語體風格上表現爲口語色彩濃鬱。

二、"差點兒"的語義功能

語氣副詞"差點兒"在語義上表現爲兩個方面：一是某種事情幾乎實現而没有實現，二是某種事情幾乎不能實現而終於實現。也就是說，某事接近於並非客觀事實的"現實"，熔鑄了個人的主觀評價。有一部份"差點兒"句式，其肯定和否定句式所表達的語義相同。例如：

［1］我差點兒摔倒＝我差點兒没摔倒

［2］我差點兒通過攷試≠我差點兒没通過攷試

以上例［1］的兩個句子，雖然一個用肯定形式，一個用否定形式，表達方式不同，但所表達的意義都是"我没有摔倒"。例B的兩個句子形式不同，所表達的意義也正好相反。前者是"没通過攷試"，後者是"通過了攷試"。當否定式用否定詞"没"和"没有"時，如果"差點兒"後面是不希望發生的事情，否定句和肯定句表達的意思相同。換句話說，如果"差點兒"後面的事情是人們不希望發生的，不管用肯定或否定句式，其表義都是否定的，如例［1］即是。

由此看來，在"差點兒"句式中，人們對"現實"的認識和評價的標準並没有客觀性。這裏的標準是一種人性化的映射，是與人的生存本能、道德規範密切相關的。在此基礎上，我們將這種評價分爲三種：

（一）正嚮評價

行爲的結果是人們期待或常規接受的。例如"及格"、"趕上火車"、"攷上大學"。

（二）負嚮評價

行爲的結果是對自己或他人造成傷害或損失的。例如"摔倒"、"答錯"、"餓死"、"急死"、"不及格"、"鬧笑話"、"翻了"、"着火"。

（三）零嚮評價

介於正嚮評價和負向評價之間的行爲結果，無所謂好壞。

祇有當"差點兒"句式所包含的行爲結果爲負嚮評價時，整個句子的形式不管是肯定句還是否定句，其表義都是否定的；當行爲結果爲正嚮評價或零嚮評價時，其表義形式與句式形式恰恰相反。

"差點兒"句式在語氣上表現爲兩種類型：

（一）慶幸

爲事情意外得到好的結局而感到高興。例如：

［1］路特別滑，我差點兒摔倒嘍。

［2］差點兒沒趕上火車。

例［1］"摔倒"是說話人不希望實現的事情，幾乎實現而沒有實現；例［2］"趕上火車"是說話人希望實現的事情，幾乎不能實現而終於實現。

（二）惋惜

對人的不幸遭遇或事物的意外變化表示同情、可惜。例如：

［1］差點兒就趕上那趟車了。

［2］差點兒就買到票了。

以上二例是說話人希望實現的事情，幾乎實現而終究沒有實現。

儘管副詞"差點兒"在句中可以表現出"慶幸"或者"惋惜"的語氣，但其最基本的功用是對相關陳述進行主觀評價。

三、"差點兒"的語用功能

作爲副詞，"差點兒"的複雜性和疑難度不在句法方面，而主要表現在語用方面。由於"差點兒"在句中位於動詞前的位置固定，與謂語高度黏合，成爲謂語不可缺少的部份，傳達主語（往往隱含）所表示的人的一種主觀情態，因此，【"差點兒"+VP】句式中語義的肯定與否，往往與人們對句子所表示的命題的主觀評價密切相關。主要表現爲：

（一）既然"差點兒"作爲整體合成謂語的身份對整個命題進行評價，那麼此評價並非僅以句内因素作爲基點，而是以句外因素即說話人"我"的主觀判斷作爲基點，根據說話人對事件的認識，來表達說話人對相關命題和情景的主觀感受和態度，因而要兼顧說話人的態度及其對現實的肯定强度。

（二）"差點兒"句式所表現出的肯定或否定，與句式所蘊含的語義的肯定或否定，絕非對應關係。表義的肯定或否定完全取決於人們的主觀評價，而非由句式本身的形式來決定。也就是說，當"差點兒"句式所包含的行爲結果是負嚮評價時，不管整個句子的形式是肯定句還是否定句，其表義都是否定的；而當行爲結果是正嚮評價或零嚮評價時，其表義形式和句式形式則正好相反。總之，凡是與人的生存本能相關，一般不論句子形式是肯定還是否定，其表義傾向相同，即行爲均爲實現。句式、表義與主觀評價之間的肯定、否定關係，如表所示：①

句式	表義	評價
+	−	−
−	−	−
+	−	+
−	+	+
+	−	0
−	+	0

表17 "差點兒"句式、表義與主觀評價之間的肯定、否定關係

---

① 肯定和正嚮評價爲+，否定和負嚮評價用−，零嚮評價爲0。

（三）從副詞"差點兒"傳遞信息的交際功能看，其本質是具有較強傾嚮性的表述成份，在交際功能方面明顯的句類特徵是大部份用在感嘆句中，或者單獨做謂語，或者單獨成句，因此常常會在句末出現語氣詞來補足語義。"差點兒"的表義功能是陳述性感嘆。這恰恰同感嘆句傳達明確信息、表達主觀情感的功能相吻合。

四、結語

語氣副詞"差點兒"的複雜性在於句法形式與語義形式的不對稱性，因此，語用分析顯示出了其獨特的作用。我們通過對這一充滿口語色彩的詞語的全方位研究，清晰地認識到，使用語氣副詞是漢語表示情態的一種重要途徑。

漢語詞匯系統和詞義系統研究思路

詞匯系統是語言系統的一個部份。

首次提出語言系統的概念的是瑞士語言學家費爾迪南·德·索緒爾（Ferdinand de Saussure：1857—1913）："一種語言構成一個系統。……在這一方面，語言不是完全任意的，而且裏面有相對的道理。同時，也正是在這一點上表現出大衆不能改變語言。因爲這個系統是一種很複雜的結構，人們要經過深切思攷才能掌握，甚至每天使用語言的人對它也很茫然。人們要經過專家、語法學家、邏輯學家等等的參與纔能對某一變化有所理解。"[①] 索緒爾所説的語言系統自然也包括詞匯系統："系統駕馭要素，要素駕馭價值。（如此，會發覺意義是由其周圍的要素確定的。我也會回頭重新思攷先前探討過的章節，卻是以最恰當而有效的方式，經由系統來進行，不是從孤立的詞來着手。）爲了把握價值的觀念，我選擇從詞的系統出發，以與孤立的詞對比。"[②]

儘管中國傳統語言學沒有明確提出語言系統和詞匯系統的概念，卻蘊涵了系統的思想。20世紀初，章太炎先生《文始》"令諸夏之文，少則九千，多或數萬，皆可繩穿條貫，得其統紀。"[③] 季剛先生紹其衣鉢，嘗謂"有系統條理始得謂之學"。[④] "真正之訓詁學，即以語言解釋語言，初無時地之限域，

---

① ［瑞士］費爾迪南·德·索緒爾《普通語言學教程》，高名凱譯，商務印書館，1980年，P110。
② ［瑞士］費爾迪南·德·索緒爾《索緒爾第三次普通語言學教程》，屠友祥譯，上海人民出版社，2002年，P158。
③ 黃侃《黃侃論學雜著》，上海古籍出版社，1980年，P94。
④ 黃侃述，黃焯《文字聲韻訓詁筆記》，上海古籍出版社，1983年，P2。

且論其法式，明其義理，以求語言文字之系統與根源是也。"① 季剛先生還曾"利用《說文解字》的詞訓繫聯來展示詞義關係網絡的方法"。②

陸穎民（宗達）先生曾提出："我們研究語言文字，就要把詞的不同含義綜合起來，推求語源，闡明變化，找出詞義發展的綫索，弄清楚它的系統性。這樣，纔能更全面地理解這個詞所表示的概念的内涵和外延，更準確地掌握這個詞在不同語言環境中所表示的含義。"③ "不但要把單個的詞和固定的詞義訓釋好，還要在詞與詞之間、多義詞的義與義之間研究它們的相互關係，理出詞義的系統。"④ 1958年，王力結合漢字的偏旁來談（同類詞）詞與詞之間的意義聯繫，結合語音來談（同源詞）詞與詞之間的親屬關係，並認識到："一種語言的語音的系統性和語法的系統性都是容易體會到的，唯有詞匯的系統性往往被人們忽略了，以爲詞匯裹面一個個的詞好像是一盤散沙。其實詞與詞之間是密切聯繫着的。"⑤ 20世紀80年代中期起，王寧先生沿着陸穎民（宗達）先生關於詞義系統的思路，提出了"類聚"的概念："字、詞、義一經類聚，就顯現出内部的系統性，爲詞義的比較創造了很好的環境。"⑥ 並總結出了"同類類聚"、"同義類聚"和"同源類聚"三種類聚模式。1987年，蘇寶榮、宋永培總結："漢語的詞義系統，主要是指詞的本義與引申義的縱向聯繫，以及這一引申系列與有關同義詞、反義詞、同源詞的橫向聯繫。"⑦ 其後，有同道將詞義系統定義爲"詞匯系統的子系統，由相互聯繫、相互作用的語義要素，按照一定的結構秩序組成的、可與語言系統其它要素和語言系統之外其它因素發生關係，並具有表達思維與傳遞信息功能的有機整體。"⑧該領域的研究尚待全面而深入展開，取得突破的關鍵在於堅持詞匯和詞義的

---

① 黄侃述，黄焯《文字聲韻訓詁筆記》，上海古籍出版社，1983年，P181。
② 王寧《古漢語詞義系統研究·序》，内蒙古教育出版社，2000年，P2。
③ 陸宗達《說文解字通論》，北京出版社，1981年，P118。
④ 陸宗達《訓詁簡論》，北京出版社，2002年新1，P21。
⑤ 王力《漢語史稿》，中華書局，1980年，P545。
⑥ 王寧《訓詁原理概說》，原載《訓詁學的研究與應用》，内蒙古人民出版社，1986年；又載《訓詁學原理》，中國國際廣播出版社，1996年，P70。
⑦ 蘇寶榮、宋永培《古漢語詞義簡論》，河北教育出版社，1987年，P19。
⑧ 王軍《漢語詞義系統研究》，山東人民出版社，2005年，P202。

系統觀。①

　　堅持詞匯和詞義的系統觀，是重建與完善漢語詞匯語義學的必要前提和基本原則，這對於重建與完善漢語詞匯語義學具有極其重要的意義。

---

　　① 基於上述理念，李亞明根據中國傳統訓詁學的訓詁原理、語義觀念以及詞匯語義學原理，運用義素二分法，以《周禮·攷工記》詞語爲試點，在《論〈周禮·攷工記〉手工業職官系統的特徵》、《〈周禮·攷工記〉手工業原材料詞語關係》、《〈周禮·攷工記〉車輿詞語系統》、《〈周禮·攷工記〉行爲詞語系統》、《〈周禮·攷工記〉性狀詞語系統》、《〈攷工記〉弓矢詞語系統攷》、《〈周禮·攷工記〉樂鐘詞語系統》、《〈周禮·攷工記〉營國詞語關係》、《〈周禮·攷工記〉溝洫詞語關係》、《〈周禮·攷工記〉時空詞語關係》、《論〈周禮·攷工記〉色彩詞語系統》等一系列論文中，概括先秦手工業專科詞語系統的層次性、關聯性、有序性三大特徵，從一個側面映證春秋末期書面漢語詞語之間具有縱向、上下和橫向的結構關聯，由此形成詞語立體網絡，進而體現事物聯繫的普遍性。

《說文解字》段註詞義研究

壹 《說文解字》段註所見古代漢語詞義引申模式

　　詞義的發展衍變是由客觀事物的變遷、人的認識能力的增强、社會的發展、民族文化的演進,以及語言本身的某些原因而造成的。這種發展衍變主要體現在兩個方面:一是從同一語源分化出來的音義皆近的同源詞,二是由於人的聯想,從已有的意義中不斷産生相關新義的詞義運動形式即引申。構建同源新詞同引申表達新義的差別主要在於,前者是音義皆近而形異(儘管有時候聲符也有這樣或那樣的形體承襲),後者則是音形皆同,同時又有語義上一脈相承的相對歷史性差異;而這種差異的原始出發點仍然是基於共時的表達需要。正如皮亞傑(Jean Piaget,1896—1980)所説的那樣:"一個詞的歷史可以就是它的意義一系列改變的歷史。除了要滿足這個詞所處的那些一個個接着的共時性系統的表達需要這一必要性之外,意義的各個改變之間並没有其它關係。"① 陸穎民(宗達)先生和王寧先生指出,同源詞的義通關係和多義詞的引申關係是詞義運動的兩個結果,它們的差異在於是否改變詞形。詞形的改變——或變音、或造字——意味着詞的分化,詞形不變則視爲引申義共詞。因此,同源詞的義通規律和多義詞的引申規律是一致的。

　　基於這樣的認識,我們發現,同樣作爲古代漢語詞義衍變的主要體現方

---

① 〔瑞士〕皮亞杰《結構主義》,商務印書館,1984年,第五章《語言學的結構主義》。

式,構建同源新詞同引申表達新義的内部存在着一個很重要的相似之處。那就是説,從其成立過程之中,都可以提取出一套詞義範疇體系。① 但是由於語音的作用和一部分形體的影響,詞義範疇在同源系統裏僅僅表現爲一種結果;而在引申系統之中,詞義範疇則起着樞紐和橋梁作用,同時也由於不受形音的干擾,因而表現得比較純粹。

　　美國當代語言學家拉希(Lahey)把那些由信息編碼形成的特有的思想稱作"語言内容";而把那些包含了衆多信息的範圍廣度(即涉及一般内容中的事物的總的範疇)稱作"語言論題"。兩者之間可以通過概括而互相獲得。我們從古代漢語的大量例證中發現,在詞義引申過程中,前一歷史階段的"語言内容"可以通過"語言論題"的中介概括,發展爲後一歷史階段的"語言内容"。"語言論題"中的詞義範疇,就是詞義發生歷史性的質的變化的(以區別於修辭意義的臨時性變化的)主要樞紐和橋梁。脱離詞義範疇來認識詞義的引申,就不可能全面認識詞義發生衍變的規律。

　　傳統的關於詞義引申的分類法主要有三種,即從意義變化的原因出發的發生學的分類法,從參與意義變化過程的聯想作用類型出發的心理學的分類法和從概念的内涵和外延的變化出發的邏輯的分類法。我們在此討論古代漢語詞義引申模式中詞義範疇的中樞作用和詞性的各種變換形式,並不以上述任何一種分類法爲出發點,但又同每一種都有或多或少的聯繫。

　　本文以段玉裁《説文解字注》(以下簡稱"段註")爲主要攷察對象,探討古代漢語裏以詞義引申過程中概念的中介作用爲基礎的詞義範疇體系,總結由詞義範疇和語法詞性凝成的詞義引申模式的具體表現形式及其實現方式。

---

① 王力歸納同源字各種關係如下:工具、對象、性質、作用、共性、特指、行爲者、受事者、抽象、因果、現象、原料、比喻、委婉語、形似、數目、色彩、使動。陸穎民(宗達)先生和王寧先生歸納三種古代漢語書面語詞義引申類型如下:一、理性的引申(因果、時空、動静、施受、反正、空虚);二、狀所的引申(同狀[同形、同態、同用]、同所、同感);三、禮俗的引申。齊佩瑢歸納事物得名由來之類型如下:形貌、顔色、聲音、性質、成份、作用、位置、比喻。王鳳陽歸納同源詞類型如下:語法同源詞(變用同源、變性同源、行爲與對象、行爲與憑借、事物與特徵、行爲與特徵)、條件同源詞(施動條件、受動條件、所限條件、行爲方式、事物内部分化)、比喻同源詞(形狀、職能、特徵)、關聯同源詞(行爲、行爲與處所、事物與處所、時間、方位、原料與成品)。

把許慎《説文解字》同段註所涉及的詞義引申現象作一對照,① 我們就可以總結出一套以詞義引申過程中概念的中介作用爲基礎的詞義範疇體系。其構成如下:

一、主體(Subject)

二、時間(Time)

三、空間(Space)

四、活動(Action)

  (一)伴隨活動(Follow Action)

  (二)活動方式(The Way of Action)

  (三)活動狀態(The State of Action)

  (四)活動對象(The Object of Action)

  (五)活動結果(The Result of Action)

五、形貌(Shape)

六、性質(Quality)

七、程度(Degree)

八、功能(Function)

這個系統内部的詞義範疇同語法詞性相結合,就產生各種具體的詞義引申模式。這些模式反映了詞義從本義出發,不斷產生新義(或派生新詞),由此構成有系統的義列。其格式表達如下:

本义词性─词义范畴→引申义词性

下面以段註爲觀察對象,列舉所見古代漢語引申的主要模式:

---

① 應當明確的是,《説文解字》段註所稱"引申"的外延較之詞匯學一般意義上的引申爲廣,二者不盡相同。在段註那裏,"引申"是詞義發展演變這個結果的總稱,而並不限定以何種形式。儘管這兩種概念有相當部份是重合的,但它們的支點並不一樣。在段註所稱"引申"例中,還包括了一部份同源關係和假借關係(如一上土部"土"註,一下皿部"盇"註、二上八部"必"註)。有時,段註還以"假借"表示引申關係,有時則以"引申假借"連稱,或表引申,或表假借(如一上王部"皇"註、六上木部"果"註、十二上至部"至"註)。在涉及段註引申例時,本文經過辨别、提取。

一、主體

【始】

《說文解字》女部："女之初也。從女，臺聲。"段註："《釋詁》曰：'初，始也。'此與爲互訓。初、裁皆衣之始也。基者，墻之始也。凡言之者，皆分別之䛐。"

概言之，即：女之始→始。

二、時間

（一）N—T→Adv

【甫】

《說文解字》用部："男子美稱也。從用、父，父亦聲。"段註："按，甫者，男子美偁。……凡男子皆得偁之。以男子始冠之偁，引伸爲始也。"

概言之，即：男子剛成年的美稱→始。

【才】

《說文解字》才部："艸木之初也。從丨上貫一，將生枝葉。一，地也。凡才之屬皆從才。"段註："引伸爲凡始之偁。……凡艸木之字才者，初生而枝葉未見也。"

概言之，即：即將長出的草木→始（六下才部）。

（二）V—T→V

【裁】

《說文解字》衣部："製衣也。從衣戈聲。"段註："刀部曰：'製者，裁也。'二字爲轉注。《韓非子》曰：'管仲善製割，賓胥無善削縫，隰朋善純緣。'製割者，前裁之謂也。裁者，衣之始也。引伸爲裁度、風裁。"

概言之，即：裁衣→裁度。

（三）V—T→Adv

【朔】

《說文解字》月部："月一日始甦也。從月，㷿聲。"段註："《樂記》註曰：'更息曰甦。'息，止也，生也，止而生矣。引伸爲凡始之偁。"

概言之，即：月一日始甦→始。

三、空間

（一）N—Sp→N

【宇】

《說文解字》宀部："屋邊也。從宀，於聲。《易》曰：'上棟下宇。'"段註："《豳風》：'八月在宇。'陸德明曰：'屋四垂爲宇。'引韓《詩》：'宇，屋霤也。'高誘註《淮南》曰：'宇，屋檐也。'引伸之，凡邊謂之宇。如'輪人爲蓋，上欲尊而宇欲卑'、《左傳》云'在君之宇下'，又云'失其守宇'皆是也。宇者，言其邊。故引伸之義又爲大。《文子》及《三蒼》云：'上下四方謂之宇，往古來今謂之宙。'上下四方者，大之所際也。《莊子》云：'有實而無乎處者，宇也；有長而無本剽者，宙也。'有實而無乎處，謂四方上下實有所際，而所際之處不可得到。"

概言之，即：屋邊→上下四方。

（二）N—Sp→V

【防】

《說文解字》𨸏部："隄也。從𨸏，方聲。"段註："《周禮·稻人》曰：'以防止水。'註云：'偃瀦者，畜流水之陂也。防者，瀦旁隄也。'引申爲凡備御之偁。"

概言之，即：堤壩→防止/戒備。

（三）Adj—Sp→N

【壟】

《說文解字》土部："丘壟也。從土龍聲。"段註："高者曰丘壟。《周禮》註曰：'冢，封土爲丘壟也。'《曲禮》：'適墓不登壟。'註曰：'爲其不敬。'壟，冢也。墓，塋域。是則壟非謂墓畔也。郭註《方言》曰：

'有畉垺似耕壠以名之。'此恐方語,而非經義也。壟畝之偁,取高起之義引申之耳。"

概言之,即:高→高地。

(四) N—Sp—T→N

【初】

《說文解字》刀部:"始也。從刀從衣。裁衣之始也。"段註:"始也。見《釋詁》。從刀衣,會意。楚居切。五部。裁衣之始也。衣部曰:'裁,製衣也。'製衣以針,用刀則爲製之始,引伸爲凡始之偁。此說從刀衣之意。"

概言之,即:成衣之始→始。

【基】

《說文解字》土部:"墻始也。從土,其聲。"段註:"墻始者,本義也;引申之爲凡始之偁。《釋詁》、《周語》、《毛詩傳》皆曰:'基,始也。'"

概言之,即:墻之始→始。

四、活動

(一) V—Fo Act→V

1. 伴隨活動

【班】

《說文解字》玉部:"分瑞玉。從玨,從刀。"段註:"《堯典》曰:'班瑞於羣后。'從玨、刀,會意。刀所以分也。"

概言之,即:分瑞玉→序/次/列/別。

【曑】

《說文解字》日部:"晞也。從日,從出,從収,從米。"段註:"《攷工記》:'晝曑諸日。'《孟子》:'一日曑之。'引伸爲表曑、曑露之義。"

概言之,即:曬→曝露。

【從】

《說文解字》从部："隨行也。從从、辵，从亦聲。"段註："以從辵，故云隨行。《齊風》：'並驅從兩肩兮。'《傳》曰：'從，逐也。'逐亦隨也。《釋詁》曰：'從，自也。'其引伸之義也。又引伸訓順。《春秋經》：'從祀先公。'《左傳》曰：'順祀先公。'是從訓順也。《左傳》：'使亂大從。'王肅曰：'從，順也。'《左傳》：'大伯不從，是以不嗣。'謂不肎順其長幼之次也。引伸爲主從，爲從橫，爲操從。亦假縱爲之。從从、辵，舊作辵、从，今正。從辵者，隨行也。主从不主辵，故不入辵部。"

概言之，即：隨行→順從。

2.活動方式

（1）V—W Act→Adv

【徒】

《說文解字》辵部："步行也。從辵，土聲。"段註："《賁·初九》：'捨車而徒。'引伸爲徒搏、徒涉、徒歌、徒擊鼓。"

概言之，即：步行→無所憑借地（進行活動）。

（2）V—W Act→V

【奠】

《說文解字》酋部："置祭也。從酋。酋，酒也。下其丌也。《禮》有奠祭者。"段註："置祭者，置酒食而祭也。故從酋、丌。丌者，所置物之質也。如置於席則席爲奠。引伸爲凡置之偁。"

概言之，即：置祭→置。

【雨】

《說文解字》雨部："水從雲下也。一象天，冂象雲，水霝其閒也。凡雨之屬皆從雨。"段註："引申之凡自上而下者偁雨。"

概言之，即：降雨→（雨、雪、霰雹和雨淞等）垂直降水。

3.活動狀態

（1）V—St Act→V

【連】

《說文解字》辵部："負車也。從辵，從車。"段註："負車，各本作

'負連',今正。'連'卽古文'輦'也。《周禮·鄕師》'輦輦',故書'輦'作'連'。大鄭讀爲'輦'。《巾車》'連車',本亦作'輦車'。《管子·海王》:'服連軺輂,立政,荊餘戮民,不敢服絻,不敢畜連。'負車者,人挽車而行,車在後如負也。字從辵、車,會意。猶'輦'從㚘、車,會意也。人與車相屬不絕,故引伸爲連屬字。耳部曰:'聯,連也。'《大宰》註曰:'古書連作聯。'然則聯、連爲古今字,連、輦爲古今字。假連爲聯,乃專用輦爲連。大鄭當云'連,今之輦字',而云讀爲輦者,以今字易古字,令學者易曉也。許不於車部曰'連,古文輦'而入之辵部者,小篆'連'與'輦'殊用,故云'聯,連也者',今義也;云'連,負車也者',古義也。"

概言之,卽:負車→連屬。

【營】

《說文解字》宮部:"帀居也。從宮,熒省聲。"段註:"'帀',各本作'市',今依葉抄宋本及《韻會》本訂。玫《集韻》作'市',《類篇》、《韻會》作'匝',蓋由古本作'帀',故有訛爲'市'者。帀居謂圍繞而居,如市營曰'闤'、軍壘曰'營'皆是也。《西京賦》:'通闤帶闠。'薛註:'闤,市營也。闠,中隔門也。'崔豹曰:'市墻曰闤,市門曰闠。'孫氏星衍曰:'營闤音近,如'自營曰厶',今本《韓非子》作'自環',在甍甍在疚亦作'嫈嫈'是也。諸葛孔明《表》云:'營中之事。'謂軍壘也。引伸之爲經營、營治。凡有所規度皆謂之營。"

概言之,卽:圍繞而居,經營/營治。

(2) V—St Act→Adj

【閔】

《說文解字》門部:"弔者在門也。從門,文聲。"段註:"引申爲凡痛惜之辭。俗作'憫'。《邶風》:'覯閔旣多。'《豳風》:'鬻子之閔斯。'《傳》曰:'閔,病也。'"

概言之,卽:弔者在門→哀痛。

【鞏】

《說文解字》革部:"以韋束也。《易》曰:'鞏用黃牛之革。'從革，鞏聲。"段註："《大雅》：'蕩蕩昊天，無不克鞏。'毛曰：'鞏，固也。'此引伸之義也。《易》曰：'鞏用黃牛之革。'革，《初九》辭。王弼曰：'鞏，固也。'按，此與卦名之革相反而相成。"

概言之，即：以牛皮束縛→牢固。

【等】

《說文解字》竹部："齊簡也。從竹，從寺。寺，官曹之等平也。"段註："齊從竹寺。會意。寺，官曹之等平也。說從寺之意。寸部曰：'寺，廷也，有法度者也，故從寸。'官之所止九寺，於此等平法度，故等從竹寺。"

概言之，即：整理簡册→齊整。

【沓】

《說文解字》曰部："語多沓沓也。從水，從曰。"段註："《孟子》、《毛傳》釋《詩》皆曰：'洩洩猶沓沓也。'引伸爲凡重沓字。"

概言之，即：說話羅嗦→重複。

4. 活動對象

（1）V—O Act→N

【臭】

《說文解字》犬部："禽走，臭而知其迹者，犬也。從犬，從自。"段註："走臭猶言逐氣。犬能行路踪迹前犬之所至，於其氣知之也，故其字從犬、自。自者，鼻也。引伸段借爲凡氣息芳臭之偁。"

概言之，即：犬嗅氣息踪迹→氣息（香臭之臭）。

【載】

《說文解字》車部："乘也。從車戋聲。"段註："乘者，覆也。上覆之則下載之，故其義相成。引申之，謂所載之物曰載。如《詩》'載輸爾載'，下'載'音才再反是也。引申爲凡載物之偁。如《詩》'汎汎楊舟，載沈載浮'、《中庸》'天地之無不持載'是也。"

概言之，即：裝、覆→所載之物。

（2）N—O Act→V

【獻】

《說文解字》犬部："宗廟犬名羹獻，犬肥者以獻之。從犬，鬳聲。"

段註:"此説從犬之意也。《曲禮》曰:'凡祭宗廟之禮,犬曰羹獻。'按,'羹'之言良也;'獻'本祭祀奉犬牲之偁,引伸之爲凡薦進之偁。"

概言之,即:祭祀所奉犬名→薦進。

5. 活動結果

(1) V—R Act→V

【許】

《説文解字》言部:"聽也。從言,午聲。"段註:"聽從之言也。耳與聲相入曰聽。引伸之,凡順從曰聽。"

概言之,即:聽從所言→順從。

【異】

《説文解字》異部:"分也。從廾,從畀。畀,予也。凡異之屬皆從異。"段註:"分之則有彼此之異。……竦手而予人則離異矣。"

概言之,即:分→離異。

【革】

《説文解字》革部:"獸皮治去其毛,革更之。象古文革之形。凡革之屬皆從革。"段註:"獸皮治去其毛曰革,各本'獸皮治去其毛,革更之,象古文革之形'。文義、句讀皆不可通。今依《召南》、《齊風》、《大雅》、《周禮·掌皮》四疏訂正。'革'與'鞹'二字轉注。'皮'與'革'二字對文則分別,如'秋斂皮,冬斂革'是也。散文則通用,如《司裘》之'皮車'卽革路,《詩·羔羊》傳'革猶皮也'是也。革,更也。二字雙聲。治去其毛,是更改之義。故引伸爲凡更新之用。《襍卦》傳曰:'革,去故也。'鄭註《易》曰:'革,改也。'《公羊傳》:'革取清者。'何曰:'革,更也。'《管子·輕重》:'革築室。'房註:'革,更也。'"

概言之,即:除卻獸毛→更改、更新。

【罷】

《説文解字》網部:"遣有辠也。從網、能。言有賢能而入網,而貰遣之。《周禮》曰:'議能之辟。'"段註:"引伸之爲止也、休也。《周易》:'或鼓或罷。'《論語》:'欲罷不能。'"

概言之,即:釋放有才能的罪犯→休/止。

（2）V—R Act→Adj

【多】

《說文解字》多部："重也。從重夕。夕者，相繹也，故爲多。重夕爲多，重日爲疊。凡多之屬皆從多。"段註："緟者，增益也，故爲多。多者勝少者，故引伸爲勝之偁。戰功曰多，言勝於人也。"

概言之，即：增益→多少之多/優勝。

（3）Adj—R Act→V

【爽】

《說文解字》㸚部："明也。從㸚從大。"段註："爽本訓明，明之至而差生焉，故引伸訓差也。"

概言之，即：明→差錯/差異。

【猒】

《說文解字》甘部："飽也。從甘從肰。"段註："飽也，足也。'足也'二字依《韻會》增。淺人多改'猒'爲'厭'，'厭'專行而'猒'廢矣。'猒'與'厭'音同而義異。《雒誥》：'萬年猒於乃德。'此古字，當存者也。按，飽足則人意倦矣，故引伸爲猒倦、猒憎。……猒、厭古今字。猒、饜正俗字。"

概言之，即：飽足→厭倦/厭憎。

（4）N—R Act→V

【獲】

《說文解字》犬部："獵所獲也。從犬，蒦聲。"段註："獵所獲也，故從犬。引伸爲凡得之偁。"

概言之，即：打獵所得物→獲得。

五、形貌

（一）N—Q→Adj

【氣】

《說文解字》气部："雲氣也。象形。凡气之屬皆從气。"段註：

"'气'、'氣'古今字。自以'氣'爲雲氣字,乃又作'餼'爲廩氣字矣。'气'本雲氣,引伸爲凡氣之偁。"

概言之,即:雲氣→空氣。

【穴】

《說文解字》穴部:"土室也。從宀,八聲。凡穴之屬皆從穴。"段註:"引伸之,凡空竅皆爲穴。"

概言之,即:土室→空穴。

(二) N—Sh→V

【翹】

《說文解字》羽部:"尾長毛也。從羽,堯聲。"段註:"班固《白雉詩》:'發皓羽兮奮翹英。'《射雉賦》:'斑尾揚翹。'按,尾長毛必高舉,故凡高舉曰翹。《詩》曰:'翹翹錯薪。'高則危。《詩》曰:'予室翹翹。'"

概言之,即:禽尾長羽→高仰。

【交】

《說文解字》交部:"交脛也。從大,象交形。凡交之屬皆從交。"段註:"交脛謂之交,引申之爲凡交之偁。故'爻'下曰:'交也。''烄'下曰:'交木然也。''樆'下曰:'木參交以枝炊爨者也。''衿'下曰:'交衽也。'凡两者相合曰交,皆此義之引申叚借耳。"

概言之,即:交叉的小腿→交叉。

(三) V—Sh→Adj

【融】

《說文解字》鬲部:"炊氣上出也。從鬲,蟲省聲。"段註:"《釋詁》、《毛傳》、《方言》皆曰:'融,長也。'此其引伸之義也。"

概言之,即:炊氣上出→長。

六、性質

（一）N—Q→Adj

【皇】

《說文解字》王部："大也。從自。自，始也。始皇者，三皇，大君也。"段註："大也，見《詩》毛傳。從自王，依《韻會》補'王'字。自，始也。始王者，三皇。'王'各本訛'皇'，今正。先鄭註《周禮》云：'四類、三皇、五帝、九皇、六十四民，咸祀之。'《尚書》大傳：'燧人爲燧皇，伏羲爲羲皇，神農爲農皇。'譙周說同。《白虎通》曰：'三皇者何？伏羲、神農、燧人。'則改燧人居第三，恐非舊也。鄭依《春秋緯》：'伏羲、女媧、神農爲三皇。'皇甫謐說同。大君也，始王天下，是大君也，故號之曰皇。因以爲凡大之稱。此說字形會意之恉，並字義訓大之所由來也。皇本大君，因之，凡大皆曰皇。假借之法準此矣。"

概言之，即：大君→大。

【自】

《說文解字》自部："大陸，山無石者。象形。凡自之屬皆從自。"段註："《釋地》、《毛傳》皆曰：'大陸曰阜。'李巡曰：'高平曰陸。'謂土地豐正名爲陸，陸土地獨高大名曰阜，阜最大名爲陵。引申之爲凡厚、凡大、凡多之偁。《秦風》傳曰：'阜，大也。'《鄭風》傳曰：'阜，盛也。'《國語》註曰：'阜，厚也。'皆由土山高厚演之。……《詩》曰：'如山如阜。'山與自同而異也。《釋名》曰：'土山曰阜。'象形者，象土山高大而上平，可層絫而上。"

概言之，即：土山→厚/大/多。

【粗】

《說文解字》米部："疏也。從米，且聲。"段註："《大雅》：'彼疏斯粺。'箋云：'疏，麤也，謂糲米也。''麤'即'粗'，正與許書互相證。疏者，通也。引申之猶大也，故粗米曰疏。糲米與粺米挍，則糲爲粗；稷與黍稻粱挍，則稷爲粗。《九穀攷》云：'凡經言疏食者，稷食也。'《論語》'疏食菜羹'即《玉藻》之'稷食菜羹'。《左傳》：'粱則無矣，麤則有之。'''麤'對'粱'而言,穊之謂也。《儀禮·昏禮》:'婦饋舅姑,有黍無稷。'特著其文,蓋婦道成以孝養,不進疏食也。按,引伸叚借之,凡物不精者皆謂之粗。"

概言之,即:糙米→粗糙/粗略。

(二) V—Q→Adj

【延】

《說文解字》延部:"長行也。從廴,丿聲。"段註:"本義訓長行,引伸則專訓長。《方言》曰:'延,長也。'凡施於年者謂之延。"

概言之,即:長行→長。

【剛】

《說文解字》刀部:"彊斷也。從刀,岡聲。"段註:"彊者,弓有力也,有力而斷之也。《周書》所謂'剛克'。引伸凡有力曰剛。"

概言之,即:弓有力度→有力度。

七、程度

(一) Adj—D→V

【遴】

《說文解字》辵部:"行難也。從辵,粦聲。《易》曰:'以往遴。'"段註:"《漢書》:'遴柬布章。'遴簡,謂難行封也。引伸爲遴選,選人必重難也。"

概言之,即:行難→選拔人材。

(二) Adj—D→Adv

【甚】

《說文解字》甘部:"尤安樂也。從甘,從匹耦也。"段註:"尤甘也。引伸凡殊尤皆曰甚。"

概言之,即:非常安樂→非常。

八、功能

（一）N—Fu→V

【藉】

《説文解字》艸部："祭藉也。一曰艸不編，狼藉。從艸，耤聲。"段註："……祭天以爲藉也，引伸爲凡承藉，蘊藉之義；又爲假藉之義。"

概言之，即：祭祀所用墊席→承藉/蘊藉/憑借。

【翳】

《説文解字》羽部："華蓋也。從羽，殹聲。"段註："《司馬相如傳》曰：'泰山梁父設壇場，望華蓋。'劉歆《遂初賦》：'奉華蓋於帝側。'《西京賦》：'華蓋承辰。'薛綜曰：'華蓋星覆北門，王者法而作之。'蔡邕曰：'凡乘輿車，皆羽蓋金華爪。'張衡賦曰：'羽蓋葳蕤，庭瑶曲莖。'又曰：'樹翠羽之高蓋。'薛綜云：'羽蓋，以翠羽覆車蓋也。'按，以羽，故其字從羽。翳之言蔽也，引伸爲凡蔽之偁，在上在旁皆曰翳。"

概言之，即：華蓋→遮蔽。

這套模式系統完整性的極值是這樣攷慮的：假設四種詞類之間都有建立演變關係的可能，那麼單向是六類，雙向是十二類；同十二種中介概念結合，就將產生144種模式；而事實上，某種詞類的演變關係往往同某種特定的概念有較爲密切的聯繫。所以，在具體語言的詞義引申的歷史過程中，這一極值永遠不可能達到。正如物理學研究亞原子粒子存在和發生的傾向一樣，我們所能預言的祇是一種機會，而無法確切地預言粒子組合的方式。因爲，儘管基本粒子和元素的種類是有限的，但它們組合產生的物質形態則是無限的。這樣，我們祇能預言或總結某一種組合的百分比，而這種統計性的預言和結論需要大量的測算來予以證實。

從模式找結論：從詞性引出概念的結果來看，除活動與動詞聯繫較多外，其它分佈比較均勻；從概念引出詞性的結果來看，較明顯者如時間與副詞、空間與名詞、活動與動詞、性質與形容詞等。最爲常見的詞類衍變關係是V→V式、V→Adj式、N→V式和N→N式。

縱觀某一具體詞語所含意義的發展變化，實際上也就是多種詞義概念綜合運用的過程。進行定片定段的分析有助於平面解剖，是探索語詞作爲意義整體的多維發展狀況的基礎，因而是必要的。同時，《説文解字》及段註並非全體古代漢語現象，本文祇是作爲探索詞義引申規律的一種方法的嘗試而已。

貳　《説文解字》段註所見古代漢語詞義脱落現象

根據文化人類學家的研究，原始思維經常以那些具有具體性質的集體表象來代替概念的運用。這些表象不注重描寫感知着的主體所獲得的印象，而注重於描寫客體在空間中的形狀、輪廓、位置、運動或運動方式；但隨着認識對象範圍的擴大、種類的增多，以及作爲主體的人的認知能力的增强，它們會産生變形、分解和重新組合。抽象就是其中一種表現形態。

抽象是一種過程。隨着偶然性的量的遞增，事物的非本質屬性被省略，代表事物最本質屬性且有概括性的新觀念逐漸形成。例如，人發現石灰、牛奶和雪都有"白色"這個共同特點，以後，"白色"就可以作爲一個新的觀念，脱落石灰、牛奶和雪而單獨存在；現象由於抽象的結果而撇開了使它複雜化的附帶情況。

同樣，表現在古代漢語詞義引申裏的脱落現象，也是一種過程。隨着偶然性的量的遞增，異於本義之質的必然性新義也逐漸形成。例如《説文解字》穴部："突，犬從穴中暫出也。從犬在穴中。"原包含"犬"、"穴"、"暫"、"出"四個實義單位。段註："引伸爲凡猝乍之偁。"只剩"暫"（猝乍）得到定性，其餘三個單位則已脱落。《説文解字》危部："危，在高而懼也。"原包含"高"、"懼"兩個實義單位。段註："引伸爲凡可懼之偁。"只剩"懼"得到定性，"高"則已脱落。再如：

《爾雅·釋詁》："初、哉、首、基、肇、祖、元、胎……始也。"郝懿行《爾雅義疏》："初者，裁衣之始；哉者，草木之始；基者，築墻之始；

肇者，開户之始；祖者，人之始；胎者，生之始也。每字皆有本義，但俱訓始，例得兼通，不必與本義相關也。"

正是由於"開始"這個意義在量方面的高頻度需要，導致這些被訓字拋開了本義各深層單位在質方面的複雜性，在表達抽象的"開始"這個意義上進行連續性的習慣使用，從而使得一部份形聲字或會意字的形符蘊含着的範疇意義隨着原來的詞義內涵一起枯涸、消失，踏入一個新質的境界。本文以《說文解字》及段註爲主要攷察對象，總結下列古代漢語詞義脫落現象的類型：

一、脫落主體

【天】

《說文解字》一部："顚也。至高無上，從一、大。"段註："顚者，人之頂也，以爲凡高之偁。始者，女之初也，以爲凡起之偁。然則，天亦可爲凡顚之偁。臣於君，子於父，妻於夫，民於食，皆曰天是也。"

引申義脫落本義的主體修飾成份"人"。

【瞰】

《說文解字》目部："目陷也。從目咸聲。"段註："《廣雅》：'瞰，陷也。'引伸爲凡陷之偁。"

引申義脫落本義的主體修飾成份"目"。

【眇】

《說文解字》目部："小目也。從目，從少，少亦聲。"段註："按，眇訓小目，引伸爲凡小之偁。"

引申義脫落本義的主體限定成分"目"。

【虧】

《說文解字》亏部："气損也。從亏雐聲。"段註："引伸凡損皆曰虧。"

引申義脫落本義的主體修飾成份"气"。

【才】

《說文解字》才部："艸木之初也。從丨上貫一，將生枝葉。一，地也。凡才之屬皆從才。"段註："引伸爲凡始之稱。"

引申義脫落本義的主體修飾成份"草木"。

【頃】

《說文解字》匕部："頭不正也。從匕從頁。"段註："匕頭角而不正方，故頭不正從匕曰頃。引伸爲凡傾仄不正之偁。今則'傾'行而'頃'廢。專爲'俄頃'、'頃畝'之用矣。"

借字"傾"義脫落本字"頃"本義的主體修飾成份"頭"。

【頗】

《說文解字》頁部："頭偏也。從頁皮聲。"段註："引伸爲凡偏之偁。《洪範》曰：'無偏無頗，遵王之義。'人部曰：'偏者，頗也。'以'頗'引伸之義釋'偏'也。俗語曰頗多、頗久、頗有，猶言偏多、偏久、偏有也。"

引申義脫落本義的主體修飾成份"頭"。

【廢】

《說文解字》广部："屋頓也。從广發聲。"段註："頓之言鈍，謂屋鈍置無居之者也。引伸之，凡鈍置皆曰廢。《淮南·覽冥訓》：'四極廢。'高註：'廢，頓也。'"

引申義脫落本義的主體修飾成份"屋"。

【永】

《說文解字》永部："水長也。象水巠理之長。《詩》曰：'江之永矣。'凡永之屬皆從永。"段註："引申之，凡長皆曰永。《釋詁》、《毛傳》曰：'永，長也。'《方言》曰：'施於衆長謂之永。'"

引申義脫落本義的主體修飾成份"水"。

二、脫落對象

【登】

《說文解字》癶部："上車也。從癶、豆。象登車形。"段註："引伸之，凡上陞曰登。"

引申義脫落本義的對象"車"。

【奪】

《說文解字》奞部："手持隹失之也。從又，從奞。"段註："引伸爲凡失去物之偁。凡手中遺落物當作此字，今乃用'脫'爲之，而用'奪'爲

'爭敓'字，相承久矣。"

引申義脫落本義的對象"鳥"。

三、脫落主體和對象

【嗣】

《說文解字》冊部："諸侯嗣國也。從冊，從口，司聲。"段註："引伸爲凡繼嗣之偁。"

引申義脫落本義的對象"國"。

四、脫落限定

（一）脫落限定名物者

【畔】

《說文解字》田部："田界也。從田，半聲。"段註："田界者，田之竟處也。《左傳》：'子產曰："行無越思，如農之有畔，其過鮮矣。"'一夫百畞，則畔爲百畞之界也。引申爲凡界之偁。"

引申義脫落限定本義的範圍"田"。

（二）脫落限定活動者

【㳲】

《說文解字》㳲部："徒行濿水也，從㳲、步。"段註："'濿'或'砅'字也。'砅'本履石渡水之偁，引申爲凡渡水之偁。《釋水》曰：'繇膝以上爲涉。'毛《傳》同。許云'徒行'者，以別於以車及方之、舟之也。許意《詩》所言'揭'、'厲'皆徒行也，皆涉也，故字從步。"

引申義脫落限定本義的活動方式"徒步"。

五、脫落性質

【喬】

《說文解字》夭部："高而曲也。從夭，從高省。《詩》曰："南有喬木。"《爾雅·釋詁》:"喬,高也。"

引申義脫落本義的另一性質"曲"。

"脫落"是詞義發展過程中的客觀現象。它在詞義整體發展過程所體現的思維方式衍變軌蹟中處於這樣的位置:當感性的簡單形象和復合形象經過昇華,到達理性的簡單抽象和復合抽象時,"脫落"成爲從復合形象過渡到簡單抽象的結果。作爲不考慮語音要素在內的語言現象來看,"脫落"在早期漢語發展過程中則處於這樣的位置:當部分獨體的"文"(包括象形和部分指事)進化成合體的"字"(包括會意、形聲和部分指事),進而進化成能獨立運用的最小語言單位時,"脫落"成爲成爲從合體的"字"向帶有更高頻運用期待的"詞"發展這一過渡階段的結果,即從帶有強烈形體結構意義的"字"向能獨立運用的"詞",從原始本義向新的引申義過渡的階段。在詞義引申過程中,形聲字或會意字某個形符的意義真值的強化或枯竭、固定或消失,同整個字所體現的概念外延的大小有着密切聯繫。詞義擴大的過程,往往也就是形聲字或會意字某個形符失去本來的範疇意義的過程,同時也就是詞義的"脫落"過程。

例如,《說文解字》𠂤部:"厚,山陵之厚也。從𠂤,從厂。"同是一個"厚"字,在此既充當被訓字,同時又作爲似乎未經脫落的訓詞,說明在許慎的東漢時代,"厚"的本義與引申義並存,因爲無論是"脫落"還是"未脫落"的現象,在許慎本人和同時代的讀者那裏都能達到理解的程度。

要真正理解詞義脫落現象,還須理解觀念的可析離性。一個詞,無論它自身多麼絕對與完整,但祇不過是語言和思維某些部份的保持者。事實上,"一個名字的功能並不在於詳盡無遺地指稱一個具體情景,而僅僅在於選擇和詳述某一方面。把這個方面分離出來並不是消極的活動而是積極的活動。因爲在命名活動中,我們從多種多樣的、零散的感覺材料中擇取出了某些固定的知覺中心。"[①] 早在公孫龍子的《白馬論》那裏,就已經涉及到了觀念的可析離性問題。他説:"馬者,所以名形也;白者,所以命色也。"亞里士多德(*Aristotle*,前384—前322)也在《形而上學》(*Metaphysics*)裏區別了自立

---

① [德]恩斯特·卡西爾(*Cassire.E*)《人論》,甘陽譯,上海譯文出版社,1985年,第八章《語言》。

體（Substance）和依附體（Abstract）。英國經驗主義者洛克（John Locke，1632—1704）更主張心靈可以分析、混合、打碎和分類。我們則把析離當作對人的認識抽象過程進行反溯的一種方法。

　　觀念的可析離性是建立在最初表象的開架結構，即偶發情形基礎之上的。這種情形有兩個特徵：一是臨時性。丹麥語言學家奧托·葉斯帕森（Otto Jespersen，1860—1943）在《語言：它的性質、發展和起源》一書中提到，在古英語中，顏色名稱根據物體的性質而變化。例如灰色，可以用來形容羊毛或鵝，而形容馬時則用另一個灰色名稱，在形容牛時又要換一個灰色的名稱，而當説到人的頭髮和其它某些動物的毛時，則還要另外使用一個形容灰色的詞。我們可以想像，上溯人的認識抽象過程如果到了這裏，就會發現觀念中依附體的不定性。後來的人要想研究這一階段"灰色"觀念，就祇能到各自相配的自立體與依附體的結合單位中去進行析離和概括。其次，是具體性，這表現爲古代語言當中，最初某些特性的名稱也就是對象的名稱（這種對象用説話者的眼光來看，也就是特性或屬性的負荷者），感性的質被當作事物的特性被規定着。各種顏色在古代語言裏的詞義來源就是一個很典型的例子。類似顏色這樣的屬性祇是隨着抽象思維的發展，纔逐漸從自立體中單獨分離出來，並呈現在思想中。在後人看來，就是原先充當自立體的中心詞脱落了，而充當依附體的限定詞卻得到了定性。放到詞法中來説，就是形成了不包含負荷者映像的形容詞。

《周禮·攷工記》詞語系統研究

壹 《周禮·攷工記》性狀詞語系統

　　《周禮·攷工記》（*The Artificers' Record*，以下簡稱《攷工記》）是迄今所見中國最早的手工業技術文獻，成書時間當爲春秋末期，出於齊國人之手。《攷工記》所記工藝分六類三十個工種，包括攻木之工、攻金之工、攻皮之工、設色之工、刮摩之工、搏埴之工等，分別記述木工、金工、皮革、染色、制陶和城市規劃等內容。《攷工記》曾以戰國古文的形式流傳。西漢河間獻王（劉德）因《周官》缺《冬官》篇，以此書補入。

　　關於"攷工記"名義，孫詒讓解釋："百工爲大宰九職之一，此稽攷其事，論而紀識之，故謂之《攷工記》。"① 亞明案，《禮記·月令》："孟冬之月……是月也，命工師效功，陳祭器，案度程，毋或作爲淫巧，以蕩上心，必功致爲上。物勒工名，以攷其誠，功有不當，必行其罪，以窮其情。"鄭玄《禮記注》："刻工姓名於其器，以察其信，知其不功致。"李學勤亦謂："戰國時期青銅器、陶器、漆器等，不少記有工匠的身份、籍貫、名氏等項。"② 例如，《古陶瑣萃》錄有陶文"高閭豆里人陶者曰泪"，《季木藏陶》錄有陶文"獲陽南里陶者期"等字樣。③《攷工記》之名，蓋源於此。

---

① （清）孫詒讓《周禮正義》，王文錦、陳玉霞點校，中華書局，1987年，P3101。
② 李學勤《東周與秦代文明》，文物出版社，1984年，P210－211。
③ 詳見朱德熙《戰國陶文和璽印文字中的"者"字》，載《古文字研究》第1輯，中華書局，1979年。

前代有關《攷工記》的主要註釋和整理文獻有：漢代鄭玄《周禮注》，唐代賈公彥《周禮疏》，宋代林希逸《攷工記集解》，明代徐光啓《攷工記解》，明代郭正域《批點攷工記》，明代徐昭慶《攷工記通》，明代程明哲《攷工記纂注》，清代江永《周禮疑義舉要》，清代程瑶田《通藝錄·攷工創物小記》，清代戴震《攷工記圖》，清代孫詒讓《周禮正義》（卷74—86）等；然良莠參差，《四庫全書總目提要》業已辨明。

關於《攷工記》的成書時代，清代江永《周禮疑義舉要》："《攷工記》，東周後齊人所作也。其言'秦無廬''鄭之刀'，厲王封其子友，始有鄭；東遷後，以西周故地與秦，始有秦：故知爲東周時書。"郭沫若根據《攷工記》提到了鄭、宋、魯、吳、越等國，而這些國家進入戰國時代不久就都先後滅亡，推斷《攷工記》所言是春秋時代之事。① 《攷工記》詞語基本符合春秋後期到戰國末期漢語詞匯發展的特點："一、新詞大量迅猛地涌現，特別是表示抽象概念的詞成系統地出現，大大地增強了語言的表現能力。二、漢語文學語言詞匯基礎的形成。三、增變原有的詞的意義，使之表達新事物、新概念……四、在新詞中，複音詞所占比例比單音詞大；在複音詞中，合成複合詞所占比例比複音詞大。"② 因此，《攷工記》性狀詞語從一個側面呈現了春秋末期書面漢語的詞匯系統面貌。

系統（System）是由相互聯繫、相互作用的要素（部份）組成的具有一定結構和功能的整體，是對整個物質世界普遍聯繫的高度概括和深化。③ 詞匯語義的系統性問題是近年來詞匯語義學的熱點。學界基本認同詞匯語義存在系統性，但還停留在籠統的觀念上，缺乏對特定語料的梳理、描寫、統計和分析。先秦漢語詞匯研究是漢語史的薄弱部份。選取具體的先秦文獻，以全面而聯繫的眼光對其詞匯進行梳理、描寫、統計和分析，對於總結相關的漢語詞匯語義規律，逐步建構普通語言學意義上的詞匯系統框架，具有一定的必要性和可行性。該領域的研究尚待全面而深入展開，取得突破的關鍵在於堅持詞匯和詞義

---

① 詳見郭沫若《〈攷工記〉的年代與國別》，原載《天地玄黃》，大孚出版公司1947年版；又載《郭沫若文集》卷16，人民文學出版社，1962年。
② 徐朝華《上古漢語詞匯史》，商務印書館，2003年，P134—138。
③ 一般系統論把系統定爲：由若幹要素以一定結構形式聯結構成的具有某種功能的整體。這個定義包括了系統、要素、結構、功能四個概念。

的系統觀。系統地研究《攷工記》性狀詞語之間的關係，對於總結春秋末期書面漢語的詞匯系統，豐富和發展漢語詞匯語義學，對於漢語辭書訂補，對於古籍整理，都具有一定的理論意義和實用意義。① 爲此，本文在全面整理《攷工記》性狀詞語的基礎上，根據中國傳統訓詁學的訓詁原理、語義觀念以及詞匯語義學原理，運用義素二分法，類聚、梳理並分析《攷工記》性狀詞語關係。

系統具有層次性、關聯性、有序性等特徵，《攷工記》性狀詞語系統也相應表現爲如下特徵：

一、層次性

層次（Levels）是"表現系統内部結構不同等級的範疇"。② 按照系統辯證論的觀點，"任何事物都是較高級系統的要素，又都是較低級要素的系統，形成向宇宙無限發展的等級序列。"③ 當我們深入到特定的詞語系統内部時，可以發現：一方面，各級詞語具有層次性；另一方面，義素中的類義素和表義素同樣相應具有層次性。黄季剛先生在《文字聲韻訓詁筆記》中述及訓詁形式之一是"兼容"，"其形爲◎。"這裏是講詞義外延的包括關係，"顯示詞義一定的規律"。④ "兼容"實際上概括了詞義的層次關係（Hierarchy）。

《攷工記》性狀詞語的層次關係主要表現爲一般與個別（Universal and Individual）的層次關係。一般是事物普遍具有的屬性，即共性；個別是單一事物的個體性和獨特性，以及區别於其它事物的差異性，即個性。詞語的一般與個別既互相對立，又互相依存，《攷工記》性狀詞語中一般與個別的層次關係也不例外。

例如，車軸的三種質量標準性狀"三理"由"轂"、"久"、"利"三者構成。

軸有三理：一者以爲轂也，二者以爲久也，三者以爲利也。（《輈人》）
鄭玄註："轂，無節目也。" "久，堅刃也。" "利，滑密。" 孫詒讓

---
① 專科詞語與全民詞語（也稱"普通詞語"，簡稱"普詞"）是兩個不同而又密不可分的概念。
② 中國大百科全書總編輯委員會哲學編輯委員會《中國大百科全書・哲學卷》，中國大百科全書出版社，1988年。
③ 烏杰《系統辯證論》，人民出版社，1997年，P47。
④ 陸宗達、王寧《訓詁與訓詁學》，山西教育出版社，1994年，P24—25。

正義："滑言其旋轉不滯,密言與轂密湊無隙也。"① "媺"同"美",指車軸材質平滑而無節疤。"久"指車軸經久耐用。"利"指車軸滑順而致密。三者之間構成一般與個別的層次關係,兼容點爲類義素:(+)質量標準性狀。如表所示:

上位詞	三理		
下位詞	媺	久	利
表義素	平滑/無節疤	經久耐用	滑順/緻密
類義素	車軸/質量標準性狀		

表18 "三理"層次表

"三理"作爲性狀上位詞一般,包容下一層次的性狀下位詞"媺"、"久"、"利"三個個別。

二、關聯性

系統論認爲,系統中各要素不是孤立地存在着的,每個要素在系統中都處在一定的位置,起着特定的作用。要素之間互相關聯、依存、作用、補充、制約,構成了一個不可分割的整體。要素是整體中的要素,如果將要素從系統整體中割離出來,要素就將失去要素的作用。整體是構成事物的各種要素的統一和集合,部份是整體中的要素。整體中的各個部份不是單純而機械的叠加或堆積,而是以一定的結構形式互相聯繫、互相作用。系統中相互關聯的部份的關聯性決定了系統的性質和形態。要素是在系統整體性能制約下相對獨立的組成部份。系統對要素起主導和支配作用,要素受系統整體性能的制約。構成系統的各要素可以具有不同的功能,但要實現系統的整體功能。系統的整體觀念是系統論的核心思想。語言系統也不例外。把握詞彙系統的關聯性,對於詞彙語義學理論建設和應用實踐,都頗具價值。我們不但要把握詞語本身,還必須把握義位和義素的結構,以及義位之間、義素之間的結合方式和特性。

《攷工記》性狀詞語系統的關聯性,主要表現爲相近關係(Approximative)、

---

① (清)孫詒讓《周禮正義》,王文錦、陳玉霞點校《十三經清人注疏本》,中華書局,1987年(以下註文引用該文獻時簡稱"《周禮正義》"),P3209。

並列關係（Co-ordination）和對立關係（Antonymy）等幾個方面。

（一）相近關係

黃季剛先生在《文字聲韻訓詁筆記》中述及訓詁形式之一是"相入"，這裏是講詞義外延的交叉關係，主要與詞語相近關係相銜接。

從手工業專科內容的角度來看，《攷工記》性狀詞語的相近關係如"善"、"良"、"更"之間的關係。

［1］既摩，革色青白，謂之轂之善。（《輪人》）

［2］凡揉牙，外不廉而內不挫，旁不腫，謂之用火之善。（《輪人》）

［3］眡其朕而直，則制善也。（《函人》）

《説文解字》言部："譱，吉也。從誩，從羊。此與義美同意。""善"指美、佳。

［4］善者在外，動者在內，雖善於外，必動於內，雖善，亦弗可以爲良矣。（《弓人》）

由［4］可知，"善"言外而"良"言內。

"更"也指美、佳。

［5］眡其裏而易，則材更也。（《函人》）

鄭玄《周禮注》（以下簡稱"鄭玄註"）引鄭衆語："更，善也。"孫詒讓《周禮正義》（以下簡稱"孫詒讓正義"）引俞樾語："'更'之爲'善'，猶'易'之爲'善'也。《周易·繫辭傳》：'辭有險易。'《釋文》引京房曰：'易，善也。''易'與'更'同義。'變'謂之'更'，亦謂之'易'；'善'謂之'易'，亦謂之'更'。正古訓之展轉相通者。"[①]
三者相近點爲類義素：（+）美/佳。

再如"齵"與"齛"的關係。

［6］察其菑蚤不齵，則輪雖敝不匡。（《輪人》）

［7］衣之，欲其無齛也。……衣之無齛，則變也。（《函人》）

《輪人》賈公彥《周禮疏》（以下簡稱"賈公彥疏"）："齵者，人之牙齒參差謂之齵，此三十輻入轂，與蚤入牙，一一相當，不相佹戾，亦是不

[①] 《周禮正義》，P3290—3291。

齫也。"戴震《玫工記圖》:"人齒伉戾曰齫。"《說文解字》齒部:"齫,齒不正也。"《函人》賈公彥疏:"人之齒齭前卻不齊,絭葉參差,與齒齭相似,故以齭爲喻。"《說文解字》齒部:"齭,齒相切也。"二者相近點爲類義素:(+)參差不齊。

又如"齊"、"均"、"侔"、"同"、"中"之間的關係。

[8] 揉輻必齊,平沈必均。(《輪人》)

鄭玄註:"揉謂以火橋之,眾輻之直齊如一也。平沈,平漸也。"賈公彥疏:"重者沉多,輕者沉淺,沉重者更去之,則平而輕重等也。"孫詒讓正義:"平漸謂置之水,兩輪所漸漬之度,高下平等。"①《說文解字》齊部:"齊,禾麥吐穗上平也。象形。凡齊之屬皆從齊。"徐鍇《繫傳》曰:"生而齊者,莫若禾麥。二,地也,兩傍在低處也。"土部:"均,平徧也。從土,從勻,勻亦聲。"這裏的"齊"指直度齊等,"均"指比重齊等。

[9] 凡爲輪,行澤者欲杼,行山者欲侔。杼以行澤,則是刀以割塗也,是故塗不附。侔以行山,則是摶以行石也,是故輪雖敝,不甋於鑿。(《輪人》)

鄭玄註:"侔,上下等。"《說文解字》人部:"侔,齊等也。"這裏的"侔"指牙輞上下厚度齊等。

[10] 是故……水之以眠其平沈之均也,量其藪以黍,以眠其同也,權之以眠其輕重之侔也。(《輪人》)

鄭玄註:"平漸其輪無輕重,則斫材均矣。""黍滑而齊,以量兩壺,無贏不足,則同。"賈公彥疏:"謂兩輪俱用黍量,視其容受同不,齊同則無贏,亦無不足。鄭云'黍滑而齊',則不取《律曆志》以黍爲度量衡之義也。"鄭玄註:"侔,等也。稱兩輪,鈞石同,則等矣。""均"指重量齊等。"同"指空間容積齊等。"侔"指重量齊等。

[11] 斫摯必中,膠之必均。斫摯不中,膠之不均,則及其大修也,角代之受病。(《弓人》)

鄭玄註:"中猶均也。"賈公彥疏:"斫榦厚薄,必調均爲之。施膠亦

---

① 《周禮正義》,P3170。

均，不得偏厚也。"這裏的"中"和"均"都指厚度齊等。"齊"、"均"、"侔"、"同"、"中"之間的相近點是類義素：（＋）齊等。如表所示：

詞	篇目	相異表義素		相近類義素
齊	《輪人》	直度		齊等
均	《輪人》	比重	深度	
	《弓人》	厚度		
侔	《輪人》	厚度		
同	《輪人》	容積	比重	
中	《弓人》	厚度		

表19 "齊"、"均"、"侔"、"同"、"中"關係表

當然，相異表義素的相異性並不是絕對的，相異表義素之間在一定條件下可以相通甚至轉化，但仍不影響類義素的相近性。例如，賈公彥疏釋"平沈"，孫詒讓正義釋"平漸"，都是表義素比重與深度相通。《輪人》"量其藪以黍，以眡其同也"一句，孫詒讓正義引江永語："兩壺欲同者，欲其肉好均而輕重等也。"① 如此看來，表義素容積與比重也可相通。

另如"孫（遜）"與"經"的關係。

［12］凡揉輈，欲其孫而無弧深。（《輈人》）

［13］水屬不理孫，謂之不行。（《匠人》）

《輈人》鄭玄註："孫，順理也。"《匠人》鄭玄註："孫，順也。"兩處"孫"都通"遜"。

［14］輈欲弧而無折，經而無絕。（《輈人》）

鄭玄註："經，亦謂順理也。"賈公彥疏："即上文'欲其孫'，亦一也。""孫（遜）"與"經"二者相近點爲類義素：（＋）順。

最後來看"豐"與"鴻"的關係。

［15］舉之而豐，則明也。（《函人》）

［16］前弱則俯，後弱則翔，中弱則紆，中強則揚，羽豐則遲，羽殺則趮。是故夾而搖之，以眡其豐殺之節也。（《矢人》）

鄭玄註均訓："豐，大也。"《説文解字》豐部："豐，豆之豐滿者也。從豆，象形。""豐"均指豐滿。

---

① 《周禮正義》，P3178。

［17］小首而長，摶身而鴻，若是者謂之鱗屬，以爲筍。（《梓人》）

孫詒讓正義引林希逸語："鴻，大也。'摶身而鴻'，身圓而大也。"又引俞樾語："'鴻'當讀爲'雉'，《說文》隹部：'雉，鳥肥大雉也，或從鳥作雉。''摶身而鴻'者，亦謂其肥大也。作'鴻'者，叚字。"① "鴻"亦指豐滿。二者相近點爲類義素：（+）豐滿。

［18］橈之，以眡其鴻殺之稱也。（《矢人》）

賈公彥疏："此言'鴻'，即上文'強'是也。此言'殺'，即上文'弱'是也。"與上文"豐"俱與"殺"連文對義。這是形狀義素與力度義素相通。

［19］角欲青白而豐末。……豐末也者，柔之徵也。（《弓人》）

鄭玄註："豐，大也。"孫詒讓正義："末謂角端，端豐則力強而氣盛。"② 這也是形狀義素與力度義素相通。如表所示：

詞	篇目	相近表義素	相近類義素
豐	《函人》		豐滿
	《矢人》		
	《弓人》	強	
鴻	《矢人》	強	
	《梓人》		

表20 "豐"、"鴻"關係表

由上可見，《攷工記》性狀詞語的相近關係都有語境條件。

（二）並列關係

黃季剛先生在《文字聲韻訓詁筆記》中述及訓詁形式之一是"相距"，"其形爲○○。"這裏是講詞義外延的並列關係。

例如"美"與"巧"的關係。

［1］天有時，地有氣，材有美，工有巧，合此四者，然後可以爲良。材美工巧，然而不良，則不時、不得地氣也。（《總叙》）

［2］材美，工巧，爲之時，謂之參均。（《弓人》）

---

① 《周禮正義》，P3383。
② 同①，P3537。

"美"指美好,"巧"指精巧。二者相並點爲類義素:(+)質量標準性狀。

再如上文"一、層次性"所引《輈人》"三理"中,"嬒"、"久"、"利"之間構成並列關係,相並點爲類義素:(+)質量標準性狀。

又如"搏"、"重"、"疏"、"栗"之間的關係。

[3]倂以行山,則是搏以行石也,是故輪雖敝,不甐於鑿。(《輪人》)

[4]凡相笴,欲生而搏,同搏欲重,同重節欲疏,同疏欲栗。(《矢人》)

[5]小首而長,搏身而鴻,若是者謂之鱗屬,以爲筍。(《梓人》)

[6]凡兵,句兵欲無彈,刺兵欲無蜎,是故句兵椑,刺兵搏。(《廬人》)

[7]昔也者,深瑕而澤,紾而搏廉。(《弓人》)

《輪人》鄭玄註:"搏,圜厚也。"孫詒讓正義:"《梓人》、《廬人》、《弓人》註並云:'搏,圜也。'《說文》手部同。《楚辭·橘頌》王註云:'搏,圜也。楚人名圜爲搏。'對澤輪削薄,故云搏厚。"①《矢人》鄭玄註:"生謂無瑕蠹也。"賈公彥疏:"云'生謂無瑕蠹也'者,直言'欲生',於義無所取,故以無瑕蠹解之。無瑕,謂無異色。無蠹,謂無蠹孔也。"孫詒讓禮正義:"云'生謂無瑕蠹也'者,謂若初生之木也。"並引程瑤田語:"'生'如《漢律志》'泠綸取竹之解谷生,其竅均厚'之'生'。晉灼曰:'生而自然均也。'彼言其厚而自然均,此言其形生而自然圜。且'生'字直貫下四者'搏'、'重'、'疏'、'栗',生而自然者也。"孫詒讓正義評:"程說較鄭爲長。"②《梓人》、《廬人》、《弓人》鄭玄註均以"圜"釋"搏"。"搏"指圓厚;"重"指比重人;"疏"指稀疏;"栗"指質堅實貌(一說如栗色貌)。四者相並點爲類義素:(+)質量標準性狀。

由上可見,《考工記》性狀詞語的並列關係也是有語境條件的。

(三)對立關係

黃季剛先生所述訓詁形式之一"相距",除了講詞義外延的並列關係,還講對立關係。

---

① 《周禮正義》,P3174。
② 同上,P3366。

從哲學的角度來看，"對立是系統内部諸多差別關係中最尖銳或最發展的形式，在事物内部的關係體系中處於某種支配地位，構成了事物本質的最重要的方面。"① 瑞士心理學家皮亞杰（*Jean Piaget*，1896—1980）提出："種種意義合成的整體，自然地形成一個以區別和對立關係爲基礎的系統，因爲這些意義相互之間是有聯繫的；而且還形成一個共時性的系統，因爲這些意義之間存在着相互依存關係。"② 可見，語言系統是對立等關係構成的聚合體，對立是語言系統關聯性的一種重要表現形式。

從手工業專科内容的角度來看，《攷工記》性狀詞語的對立關係主要有以下類型：

1. 外形性狀詞語的對立關係

例如"大"與"小"的關係。

[1] 轂小而長則柞，大而短則摯。（《輪人》）

[2] 凡居材，大與小無並，大倚小則摧，引之則絕。（《輿人》）

[3] 是故大鐘十分其鼓間，以其一爲之厚；小鐘十分其鉦間，以其一爲之厚。……鐘大而短，則其聲疾而短聞；鐘小而長，則其聲舒而遠聞。（《鳧氏》）

[4] 良鼓瑕如積環。鼓大而短，則其聲疾而短聞；鼓小而長，則其聲舒而遠聞。（《韗人》）

[5] 厚唇弇口，出目短耳，大胸燿後，大體短脰，若是者謂之臝屬，恒有力而不能走，其聲大而宏。有力而不能走，則於任重宜；大聲而宏，則於鐘宜。（《梓人》）

[6] 鋭喙決吻，數目顧脰，小體騫腹，若是者謂之羽屬，恒無力而輕，其聲清陽而遠聞。（《梓人》）

[7] 廟門容大扃七个，闈門容小扃參个，路門不容乘車之五个，應門二徹參个。（《匠人》）

[8] 凡相筋，欲小簡而長，大結而澤。小簡而長，大結而澤，則其爲獸必剽，以爲弓，則豈異於其獸。（《弓人》）

---

① 中國大百科全書總編輯委員會哲學編輯委員會《中國大百科全書·哲學卷》，中國大百科全書出版社，1988年。

② [瑞士]皮亞杰《發生認識論原理》，王憲鈿譯，商務印書館，1981年，P53。

"大"指外形的體積、規模等方面超過一般或所比較的對象,"小"指外形的體積、規模等方面不及一般或所比較的對象。二者之間構成對立關係,相對點爲表義素:(±)(外形的體積、規模等方面)超過一般。

再如"侈"與"弇"的關係。

[9] 棧車欲弇,飾車欲侈。(《輿人》)

孫詒讓正義:"所謂弇侈者,自指較端之飾言之。士車無鞃飾,其較不重,對飾車言之,則謂之弇。……飾車,大夫以上之車,有重較,較上重耳反出,較之常車爲張大,故曰侈。"① 這裏的"弇"指較端內斂,"侈"指較端外張。

[10] 薄厚之所震動,清濁之所由出,侈弇之所由興,有説。(《鳧氏》)

孫詒讓正義:"此以鐘口之度言。"② 這裏的"弇"指鐘口內斂,"侈"指鐘口外張。二者之間構成對立關係,相對點爲表義素:(±)內斂。

2. 數量性狀詞語的對立關係

例如"衆"與"寡"的關係。

[1] 攻國之人衆,行地遠,食飲饑,且涉山林之阻,是故兵欲短;守國之人寡,食飲飽,行地不遠,且不涉山林之阻,是故兵欲長。(《廬人》)

這裏的"衆"指數量多,與"寡"相對;"寡"指數量少,與"衆"相對。二者之間構成對立關係,相對點爲表義素:(±)多。

再如"多"與"寡"的關係。

[2] 往體多,來體寡,謂之夾臾之屬,利射侯與弋。往體寡,來體多,謂之王弓之屬,利射革與質。(《弓人》)

這裏的"多"指程度深;"寡"指程度不深。二者之間構成對立關係,相對點爲表義素:(±)程度深。如表所示:

---

① 《周禮正義》,P3203。
② 同上,P3268。

篇目＼詞語	衆	寡	多
《廬人》	（＋）←數量多→（－）		
《弓人》		（－）←程度深→（＋）	

表21 "衆"、"寡"、"多"關係表

3. 長度性狀詞語的對立關係

例如"長"與"短"的關係。

[1] 轂小而長則柞，大而短則摯。（《輪人》）

[2] 已倨則不入，已句則不決，長內則折前，短內則不疾，是故倨句外博。（《冶氏》）

[3] 鍾大而短，則其聲疾而短聞；鍾小而長，則其聲舒而遠聞。（《鳧氏》）

[4] 鼓大而短，則其聲疾而短聞；鼓小而長，則其聲舒而遠聞。（《韗人》）

[5] 故攻國之兵欲短，守國之兵欲長。攻國之人衆，行地遠，食飲飢，且涉山林之阻，是故兵欲短；守國之人寡，食飲飽，行地不遠，且不涉山林之阻，是故兵欲長。（《廬人》）

[6] 行澤者欲短轂，行山者欲長轂，短轂則利，長轂則安。（《車人》）

《說文解字》長部："長，久遠也。從兀，從匕。兀者，高遠意也，久則變化。亡聲。……凡長之屬皆從長。"徐鉉等曰："倒亡，不亡也，長久之義也。"儿部："兀，高而上平也。從一在人上。讀若敻。茂陵有兀桑里。"這裏的"長"指兩點之間距離大，不短；"短"指兩點之間距離不大，不長。二者之間構成對立關係，相對點爲表義素：（±）距離大。

再如"遠"與"短"的關係。

[7] 鍾大而短，則其聲疾而短聞；鍾小而長，則其聲舒而遠聞。（《鳧氏》）

[8] 鼓大而短，則其聲疾而短聞；鼓小而長，則其聲舒而遠聞。（《韗人》）

這裏的"遠"指空間距離大，不近；"短"指空間距離不大，不遠。二者之間構成對立關係，相對點爲表義素：（±）距離大。

又如"遠"與"慼"的關係。

[9] 夫角之本，慼於腦而休於氣，是故柔。（《弓人》）

[10] 夫角之末，遠於腦而不休於氣，是故脆。（《弓人》）

這裏的"遠"也指空間距離大，不近。鄭玄註："邇，近也。""邇"指空間距離不大，不遠。兩者之間構成對立關係，相對點爲表義素：（±）距離大。

綜上，我們整理《攷工記》長度性狀詞語的對立關係如表所示：

篇目 \ 詞語	長	短	遠	邇
《輪人》	(+) ←距離→ (−)			
《冶氏》				
《鳬氏》①				
《韗人》①				
《廬人》①				
《車人》				
《鳬氏》②			(−) ←距離→ (+)	
《韗人》②				
《弓人》				(−) ←距離→ (+)

表22　"長"、"短"、"遠"、"邇"關係表

《攷工記》表述"遠"的對立意義時，尚有不設詞用法。例如：

[11] 故攻國之兵欲短，守國之兵欲長。攻國之人衆，行地遠，食飲飢，且涉山林之阻，是故兵欲短；守國之人寡，食飲飽，行地不遠，且不涉山林之阻，是故兵欲長。（《廬人》）

王寧先生闡明此類現象："單設詞說明有高度概括；反之，不設詞就說明沒有高度概括；設詞不周全說明密度分佈不均衡，進而說明人的思維的重視程度不均衡。"①

4. 寬度性狀詞語的對立關係

例如"博"與"帴"的關係。

若苟自急者先裂，則是以博爲帴也。（《鮑人》）

"博"指寬闊，橫向距離大；"帴"指狹窄，橫向距離小。二者之間構成對立關係，相對點爲表義素：（±）距離大。

---

① 王寧先生2005年4月6日指導李亞明博士學位論文《《周禮·攷工記》先秦手工業專科詞語詞匯系統研究》預開題語。

5. 高度性狀詞語的對立關係

例如"崇"與"庫"的關係。

［1］輪已崇，則人不能登也；輪已庫，則於馬終古登阤也。（《總叙》）

《說文解字》山部："崇，嵬高也。"孫詒讓正義："《說文》廣部云：'庫，一曰屋卑。'通言之，輪卑亦得稱庫。"[①] "崇"指高，從下向上距離大。"庫"同"卑"，指低矮，從下向上距離小。二者之間構成對立關係，相對點爲表義素：（±）距離大。

再如"尊"與"卑"的關係。

［2］上欲尊而宇欲卑，上尊而宇卑，則吐水疾而霤遠。（《輪人》）

"尊"指高，從下向上距離大；"卑"指低矮，從下向上距離小。二者之間構成對立關係，相對點爲表義素：（±）距離大。

又如"崇"與"卑"的關係。

［3］蓋已崇則難爲門也，蓋已卑是蔽目也，是故蓋崇十尺。（《輪人》）

"崇"指高，從下向上距離大；"卑"指低矮，從下向上距離小。二者之間構成對立關係，相對點爲表義素：（±）距離大。

綜上，我們整理《攷工記》高度性狀詞語的對立關係如表所示：

篇目＼詞語	崇	庫（卑）	尊
《總叙》	（+）←距離→（-）		
《輪人》①		（-）←距離→（+）	
《輪人》②	（+）←距離→（-）		

表23 "崇"、"庫"（"卑"）、"尊"關係表

6. 厚度性狀詞語的對立關係

例如"厚"與"薄"的關係。

［1］薄厚之所震動，清濁之所由出，侈弇之所由興，有説。鍾已厚則石，已薄則播，侈則柞，弇則鬱，長甬則震。（《鳧氏》）

［2］卷而搏之而不迤，則厚薄序也。（《鮑人》）

［3］凡相角，秋閷者厚，春閷者薄。……厚其帤則木堅，薄其帤則需，

---

① 《周禮正義》，P3135。

是故厚其液而節其帤。（《弓人》）

"厚"指扁平物體上下兩面的距離大，"薄"指扁平物體上下兩面的距離小。二者之間構成對立關係，相對點爲表義素：（±）距離大。

7. 密度性狀詞語的對立關係

例如"積"與"疏"的關係。

［1］陽也者積理而堅，陰也者疏理而柔，是故以火養其陰而齊諸其陽，則轂雖敝不藃。（《輪人》）

鄭玄註："積，致也。"孫詒讓正義引段玉裁語："致，今之'緻'字。積者，禾之密，引申爲文理之密。"① "積"指緻密，"疏"指稀疏。二者之間構成對立關係，相對點爲表義素：（±）緻密。

再如"數"與"疏"的關係。

［2］約之不皆約，疏數必侔。（《弓人》）

賈公彥疏："約之多少，須稀疏必均也。" "數"（cù）指密集，"疏"指稀疏。二者之間構成對立關係，相對點爲表義素：（±）密集。

綜上，我們整理《攷工記》密度性狀詞語的對立關係如表所示：

篇目 \ 詞語	積	疏	數
《輪人》	（+）	←緻密→ （−）	
《弓人》		（−）	←密集→ （+）

表24 "積"、"疏"、"數"關係表

8. 深度性狀詞語的對立關係

例如"深"與"淺"的關係。

［1］輻廣而鑿淺，則是以大扤，雖有良工，莫之能固。鑿深而輻小，則是固有餘而强不足也。（《輪人》）

這裏的"深"指從外到内的距離大，"淺"指從外到内的距離小。

［2］輈深則折，淺則負。（《輈人》）

這裏的"深"指從上到下的距離大，"淺"指從上到下的距離小。二者

---

① 《周禮正義》，P3150。

之間構成對立關係，相對點爲表義素：（±）距離大。

9. 硬度性狀詞語的對立關係

例如"堅"與"柔"的關係。

［1］凡斬轂之道，必矩其陰陽。陽也者稹理而堅，陰也者疏理而柔，是故以火養其陰而齊諸其陽，則轂雖敝不藃。（《輪人》）

［2］堅地欲直庛，柔地欲句庛。（《車人》）

［3］夫角之中，恒當弓之畏。畏也者必橈，橈故欲其堅也。青也者，堅之徵也。夫角之末，遠於腦而不休於氣，是故脆。脆故欲其柔也。豐末也者，柔之徵也。（《弓人》）

"堅"指堅硬，堅韌；"柔"指柔軟。二者之間構成對立關係，相對點爲表義素：（±）堅硬。

再如"堅"與"需（耎）"的關係。

［4］革欲其荼白而疾澣之，則堅；欲其柔滑而腥脂之，則需。（《鮑人》）

［5］厚其帤則木堅，薄其帤則需，是故厚其液而節其帤。（《弓人》）

《鮑人》孫詒讓正義："'需'當作'耎'。"① 《弓人》孫詒讓正義："此明弓幹必有粈，不可太堅剛，亦不可太耎弱，以明粈之必欲節也。……此經'需'與'堅'文相對，'堅'謂堅强，'需'亦即謂柔耎。"② "堅"指堅硬，堅韌。"需（耎）"指柔軟。二者之間構成對立關係，相對點爲表義素：（±）堅硬。

綜上，我們整理《攷工記》硬度性狀詞語的對立關係如表所示：

篇目＼詞語	柔	堅	需（耎）
《輪人》			
《車人》	(−) ←堅硬→ (+)		
《弓人》①			
《鮑人》		(+) ←堅硬→ (−)	
《弓人》②			

表25 "柔"、"堅"、"需（耎）"關係表

---

① 《周禮正義》，P3293。
② 同①，P3546。

10. 彎度性狀詞語的對立關係

例如"橈"與"直"的關係。

［1］今夫大車之轅摯，其登又難；既克其登，其覆車也必易。此無故，唯轅直且無橈也。是故大車平地既節軒摯之任，及其登阤，不伏其轅，必縊其牛。此無故，唯轅直且無橈也。故登阤者，倍任者也，猶能以登；及其下阤也，不援其邸，必緧其牛後。此無故，唯轅直且無橈也。（《輈人》）

"橈"指彎曲，"直"指不彎曲。二者之間構成對立關係，相對點爲表義素：（±）彎曲。

再如"枉"與"直"的關係。

［2］引而信之，欲其直也。信之而直，則取材正也；信之而枉，則是一方緩、一方急也。（《鮑人》）

"枉"指彎曲，與"直"構成對立關係。二者之間相對點爲表義素：（±）彎曲。

又如"句"與"直"的關係。

［3］車人爲耒，庛長尺有一寸，中直者三尺有三寸，上句者二尺有二寸。（《車人》）

［4］堅地欲直庛，柔地欲句庛。直庛則利推，句庛則利發。（《車人》）

"句"指彎曲，與"直"構成對立關係。二者相對點爲表義素：（±）彎曲。

綜上，我們整理《攷工記》彎度性狀詞語的對立關係如表所示：

詞語 篇目	橈	直	枉	句
《輈人》	（+）	←彎曲→ （−）		
《鮑人》		（−） ←彎曲→	（+）	
《車人》		（−）	←彎曲→	（+）

表26 "橈"、"直"、"枉"、"句"關係表

11. 整齊度性狀詞語的對立關係

例如"正"與"齵"的關係。

眡其綆，欲其蚤之正也。察其菑蚤不齵，則輪雖敝不匡。（《輪人》）

賈公彥疏："爪入牙中，鑿孔必正直不隨邪也。""正"指整齊，不歪斜；"齲"指參差不齊。二者之間構成對立關係，相對點爲表義素：(±)整齊。

12. 緊度性狀詞語的對立關係

例如"緩"與"急"的關係。

信之而直，則取材正也；信之而枉，則是一方緩、一方急也。若苟一方緩、一方急，則及其用之也，必自其急者先裂。若苟自急者先裂，則是以博爲棧也。(《鮑人》)

"緩"指鬆弛，"急"指緊。二者之間構成對立關係，相對點爲表義素：(±)鬆弛。

13. 濕度性狀詞語的對立關係

例如"旱"與"濕"的關係。

然則居旱亦不動，居濕亦不動。(《弓人》)

"旱"指乾燥，"濕"指潮濕。二者之間構成對立關係，相對點爲表義素：(±)乾燥。

14. 光澤度性狀詞語的對立關係

例如"澤"與"昔"的關係。

稺牛之角直而澤，老牛之角紾而昔。(《弓人》)

孫詒讓正義："角宜用稚牛，故下云'瘠牛之角無澤'，明以有澤爲貴也。'昔'亦即無澤，二文相對。"[①]"澤"指有光澤，"昔"指沒有光澤。二者之間構成對立關係，相對點爲表義素：(±)光澤。

15. 音色性狀詞語的對立關係

例如"清"與"濁"的關係。

[1] 薄厚之所震動，清濁之所由出，侈弇之所由興，有說。(《凫氏》)

"清"指聲音清楚而響亮，"濁"指聲音低沉而麤重。二者之間構成對立關係，相對點爲表義素：(±)清亮。

再如"上"與"下"的關係。

---

① 《周禮正義》，P3536。

［2］已上則摩其旁，已下則摩其耑。（《磬氏》）

鄭玄註："玄謂大上，聲清也。薄而廣則濁。大下，聲濁也。短而厚則清。""上"指聲音清亮，"下"指聲音低濁。二者之間構成對立關係，相對點爲表義素：（±）清亮。

又如"疾"與"舒"的關係。

［3］鍾大而短，則其聲疾而短聞；鍾小而長，則其聲舒而遠聞。（《鳧氏》）

［4］鼓大而短，則其聲疾而短聞；鼓小而長，則其聲舒而遠聞。（《韗人》）

"疾"指聲音急速，"舒"指聲音舒緩。二者之間構成對立關係，相對點爲表義素：（±）急速。

16. 重量性狀詞語的對立關係

例如"輕"與"重"的關係。

［1］權之以眡其輕重之侔也。（《輪人》）

［2］厚唇弇口，出目短耳，大胸燿後，大體短脰，若是者謂之臝屬，恒有力而不能走，其聲大而宏。有力而不能走，則於任重宜。（《梓人》）

［3］銳喙決吻，數目顧脰，小體騫腹，若是者謂之羽屬，恒無力而輕，其聲清陽而遠聞。無力而輕，則於任輕宜。（《梓人》）

［4］凡攫閷援簭之類，必深其爪，出其目，作其鱗之而。深其爪，出其目，作其鱗之而，則於眡必撥爾而怒。苟撥爾而怒，則於任重宜。（《梓人》）

"重"指重量或比重大，"輕"指重量或比重小。二者之間構成對立關係，相對點爲表義素：（±）重量（或比重）大。

17. 難度性狀詞語的對立關係

例如"難"與"易"的關係。

今夫大車之轅摯，其登又難；既克其登，其覆車也必易。（《輈人》）

"難"指不易，"易"指不難。二者之間構成使用行爲狀態的對立關係，相對點爲表義素：（±）難。

18. 情態性狀詞語的對立關係

例如"安"與"危"的關係。

凡爲弓，各因其君之躬志慮血氣。豐肉而短，寬緩以荼，若是者爲之危弓，危弓爲之安矢。骨直以立，忿埶以奔，若是者爲之安弓，安弓爲之危矢。其人安，其弓安，其矢安，則莫能以速中，且不深。其人危，其弓危，其矢危，則莫能以願中。(《弓人》)

孫詒讓正義："《説文》危部云：'危，在高而懼也。'引申之亦爲急疾，對安爲舒緩。"並引江永駁賈疏語："當是剽疾者爲危，柔緩者爲安。"[①] 這裏，指人時，"安"指寧静，"危"謂指躁，二者之間構成對立關係，相對點爲表義素：(±)寧静。指弓矢時，"安"指舒緩，"危"指急速，二者之間構成對立關係，相對點爲表義素：(±)舒緩。如表所示：

主體 \ 性狀	安	危
君	寧静	急躁
弓矢	舒緩	急速

表27 "安"、"危"關係表

由上可見，《攷工記》性狀詞語對立現象是由於不同的詞在特定語境中義位（進而可深究到義素）的對立而形成的。另一方面，詞語的對立性也制約詞語的同一性，使詞語的同一性祇能存在於一定的條件下和一定的限度内。詞語的對立性和同一性既互相聯結，又互相制約，由此形成多種類型的詞語對立關係。

三、有序性

系統論認爲，人類改造客觀世界的實踐活動的核心是控制。施控者、控制器、受控對象都具有各自的功能和性狀，並按照特定的方式耦合成完整的控制系統。在系統學中，有序（Order）是"一切事物作爲系統在結構和功能上的組織程度及其變化趨勢。有序即系統的組織性。"[②] 有序是系統組織化程度的標誌，主要表現爲系統的結構、功能、層次、排列或分佈具有使系統趨於穩定的確定性、規則性和方向性聯繫。

詞語關係也是有序的。《攷工記》詞語關係的有序性表現爲詞語結構概

---

① 《周禮正義》，P3562。
② 中國大百科全書總編輯委員會哲學編輯委員會《中國大百科全書·哲學卷》，中國大百科全書出版社，1988年。

括性搭配限制的有序搭配關係，即分佈限制的規則性。

搭配關係是在特定語言環境中形成的。以下，我們主要從性狀詞語結構概括性搭配限制的有序搭配關係（包括性狀詞語與原材料對象詞語的有序搭配關係、性狀詞語與成品對象詞語的有序搭配關係、性狀詞語與行爲詞語的有序搭配關係、性狀詞語之間的有序搭配關係等方面）看《攷工記》性狀詞語與其它詞語之間所具有的事理上的理據性，看語義或語用上的可接受性，以及由此呈現出的規則性即有序性。

（一）性狀詞語與原材料詞語的有序搭配關係

《攷工記》中，性狀詞語與原材料詞語具有事理方面的理據，以及語義或語用方面的可接受性。例如：

[1] 天有時，地有氣，材有美，工有巧，合此四者，然後可以爲良。材美工巧，然而不良，則不時、不得地氣也。（《總叙》）

[2] 材美，工巧，爲之時，謂之參均。（《弓人》）

這裏的"材"是原材料的總稱；"美"指佳、善，屬性狀。

不同的性狀詞語與不同的原材料詞語相搭配。例如：

[3] 凡斬轂之道，必矩其陰陽。陽也者稹理而堅，陰也者疏理而柔。（《輪人》）

同爲"轂"原材料詞語的下位詞，"陽"與性狀詞語"稹"、"堅"搭配，而"陰"則與性狀詞語"疏"、"柔"搭配。再如：

[4] 施膠必厚，施筋必數。（《輪人》）

原材料詞語"膠"與性狀詞語"厚"搭配，而原材料詞語"筋"則與性狀詞語"數"搭配。又如：

[5] 凡析幹，射遠者用埶，射深者用直。（《弓人》）

同爲原材料詞語"幹"的下位詞，"射遠者"與性狀詞語"埶"搭配，而"射深者"則與性狀詞語"直"搭配。

有的性狀詞語之間存在因果關係。例如：

[6] 引而信之，欲其直也。信之而直，則取材正也。（《鮑人》）

性狀詞語"直"受性狀詞語"正"的作用而產生；性狀詞語"正"引起

性狀詞語"直"的產生，是性狀詞語"直"的根源。

原材料的不同部位，具有不同的性狀因果關係。例如：

[7]角欲青白而豐末。夫角之本，蟄於腦而休於氣，是故柔。柔故欲其勢也。白也者，勢之徵也。夫角之中，恒當弓之畏。畏也者必橈，橈故欲其堅也。青也者，堅之徵也。夫角之末，遠於腦而不休於氣，是故脆。脆故欲其柔也。豐末也者，柔之徵也。(《弓人》)

弓角部位性狀因果關係表述爲：

本──柔→勢→白
中──橈→堅→青
末──脆→柔→豐

概括如表所示：

部位		本		中		末	
性狀	原因	柔	勢	橈	堅	脆	柔
	結果	勢	白	堅	青	柔	豐

表28　弓角部位性狀因果關係表

在角的本部，"勢"既是"柔"的結果，又是"白"的原因；在角的中部，"堅"既是"橈"的結果，又是"青"的原因；在角的中部，"柔"既是"脆"的結果，又是"豐"的原因，形成因果互相轉化、互相作用的鏈條。因果的互相轉化和互相作用爲弓角部位性狀詞語構成因果相對比例序列(Proportional series)關係提供了條件。再如：

[8]信之而枉，則是一方緩、一方急也。若苟一方緩、一方急，則及其用之也，必自其急者先裂。若苟自急者先裂，則是以博爲帴也。(《鮑人》)

兩個部位"一方"的性狀"緩"和"急"決定了上位韋革的性狀"枉"。又如：

[9]凡察革之道，眡其鑽空，欲其愜也；眡其裏，欲其易也；眡其朕，欲其直也。橐之，欲其約也；舉而眡之，欲其豐也；衣之，欲其無齘也。眡其鑽空而愜，則革堅也；眡其裏而易，則材更也；眡其朕而直，則製善也；橐之而約，則周也；舉之而豐，則明也；衣之無齘，則變也。(《函人》)

"更"指善；佳。鄭玄註："周，密致也。"孫詒讓正義："《説文》口部云：'周，密也。'《白虎通義·號篇》云：'周者，致也，密也。''致'亦即'緻'字。"① "周"指緻密。"約"指緊縮。"豐"指豐滿。"齗"指參差不齊。鄭玄註："明，有光耀。"並引鄭眾語："變，隨人身便利。""明"指光耀明艷；熠熠生輝。"變"指隨特定狀況而應變。這裏，部位"鑽空"的性狀"窓"決定了整體"革"的性狀"堅"，部位"裏"的性狀"易"決定了整體"革"的性狀"更"，部位"朕"的性狀"直"決定了整體"革"的性狀"善"。概括如表所示：

因			果	
		性狀	原材料整體	性狀
原材料部位	鑽空	窓	革	堅
	裏	易		更
	朕	直		善
檢驗行爲	橐	約		周
	舉	豐		明
	衣	無齗		變

表29　"革"性狀因果表

我們看到，不同層次的性狀詞語與原材料詞語之間的搭配關係也具有因果的規則性即有序性。

（二）性狀詞語與成品詞語的有序搭配關係

《攷工記》中，性狀詞語與成品詞語具有事理方面的理據，以及語義或語用方面的可接受性。

以車類成品爲例——

1. "輪"類成品詞語與性狀詞語

［1］凡察車之道，欲其樸屬而微至。不樸屬，無以爲完久也；不微至，無以爲戚速也。（《總叙》）

［2］望而眡其輪，欲其幎爾而下迤也；進而眡之，欲其微至也；無所取之，取諸圜也。（《輪人》）

---

① 《周禮正義》，P3290。

《總叙》鄭玄註："樸屬，猶附着堅固貌也。"並引鄭衆語："微至，謂輪至地者少，言其圜甚，著地者微耳。著地者微則易轉，故不微至無以爲戚速。"並謂："齊人有名疾爲戚者。《春秋傳》曰：'蓋以操之爲已戚矣。'速，疾也。書或作'數'。"孫詒讓正義："先鄭從或本作'數'，此亦明圜甚則利轉之義。"① 上述兩段文字是説滾動摩擦力與地面接觸大小成正比的關係。"樸屬"指附着堅固的樣子。"微至"指車輪正圓，着地面微小，即圓與直綫相切，致滾動摩擦力小。"戚速"指急速；快速。

2. "轂"類成品詞語與性狀詞語

［1］轂也者，以爲利轉也。（《輪人》）

［2］望其轂，欲其眼也；進而眂之，欲其幬之廉也；無所取之，取諸急也。（《輪人》）

［3］是故以火養其陰而齊諸其陽，則轂雖敝不藃。轂小而長則柞，大而短則摯。（《輪人》）

［4］容轂必直，陳篆必正，施膠必厚，施筋必數，幬必負幹。既摩，革色青白，謂之轂之善。（《輪人》）

孫詒讓正義："轂中貫軸，轉還無滯，謂之利。"②《説文解字》車部："眼，轂齊等貌。"戴震《攷工記圖》："'齊等'者，不橈減也。"鄭玄註："鄭司農云：'……藃當作耗。'玄謂藃，藃暴，陰柔後必橈減，幬革暴起。"孫詒讓正義："後鄭以'藃'爲'暴'，革贏也。先鄭以'藃'爲'耗'，轂不足也。二讀不同，而義實相因。"③ "利"指滑順而致密。"眼"指車轂均匀而整齊。"藃"指因變形而不平。

3. "輻"類成品詞語與性狀詞語

［1］輻也者，以爲直指也。（《輪人》）

［2］望其輻，欲其揱爾而纖也；進而眂之，欲其肉稱也；無所取之，取諸易直也。（《輪人》）

［3］揉輻必齊，平沈必均。直以指牙，牙得，則無槷而固。（《輪人》）

---

① 《周禮正義》，P3135。
② 同①，P3142。
③ 同①，P3150。

賈公彥疏："入轂入牙，並須直指，不邪曲也。"鄭玄註："掣、纖，殺小貌也。""眾輻之直齊如一也。"這裏，"直"指不彎曲；"掣"、"纖"指纖細；"稱"指均勻；"易"指平滑；"齊"指整齊。

4. "牙"類成品詞語與性狀詞語①

［1］牙也者，以為固抱也。（《輪人》）

［2］眡其綆，欲其蚤之正也。察其菑蚤不齵，則輪雖敝不匡。（《輪人》）

［3］牙得，則無槷而固。不得，則有槷，必足見也。（《輪人》）

［4］凡揉牙，外不廉而內不挫，旁不腫，謂之用火之善。（《輪人》）

"正"指不歪斜。"齵"指參差不齊。

5. "軸"類成品詞語與性狀詞語

軸有三理：一者以為嫥也，二者以為久也，三者以為利也。（《輈人》）

"嫥"、"久"、"利"並為車軸的三種質量標準。"嫥"同"美"，指車軸材質平滑而無節疤。"久"指車軸經久耐用。"利"指滑順而緻密。

6. "輈"類成品詞語與性狀詞語

［1］凡揉輈，欲其孫而無弧深。（《輈人》）

［2］是故輈欲頎典；輈深則折，淺則負；輈注則利，準則久，和則安；輈欲弧而無折，經而無絕。進則與馬謀，退則與人謀，終日馳騁，左不楗，行數千里，馬不契需，終歲御，衣衽不敝，此唯輈之和也。（《輈人》）

"孫"通"遜"，指紋理順通。鄭玄註："頎典，堅刃貌。"賈公彥疏："注謂轅曲中以前。"戴震《攷工記圖》："'輈注'謂深淺適中也。"

---

① "輻"、"牙"類成品與性狀關係如圖所示：

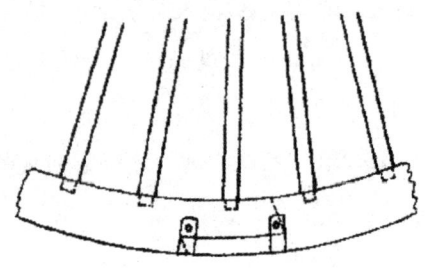

圖16　輻牙結合性狀示意圖

（張長壽、張孝光《井叔墓地所見西周輪輿》，《攷古學報》1994年第2期）

孫詒讓正義引江永語："注者，不深不淺，行如水注。"① "頎典"指堅韌的樣子。"注"指輈彎曲部份的彎度適中。鄭玄註："準則久，謂輈之在輿下者平如準，則能久也。"賈公彥疏："準，平也，亦水之類，故以準爲平解之。……準謂在輿下。" "前後曲直調和，則人乘之安穩。" "準"指輈在車厢下面的部份平如水面。"和"指調和、和諧。"安"指安穩。

7. "轅"類成品詞語與性狀詞語

今夫大車之轅摯，其登又難；既克其登，其覆車也必易。此無故，唯轅直且無橈也。是故大車平地既節軒摯之任，及其登阤，不伏其轅，必縊其牛。此無故，唯轅直且無橈也。故登阤者，倍任者也，猶能以登；及其下阤也，不援其邸，必緧其牛後。此無故，唯轅直且無橈也。（《輈人》）

"橈"指彎曲，與"直"相對。②

綜上，我們將車類零部件詞語"德"、"實"之間的關係概括如表所示：

成品		性狀											
輪		樸屬	完久	微至	戚速	慎爾	下迤	圜	(−)匡	固	利	安	
轂	行山者	輓	(−)歎	小	大		直	善	短				
	行澤者			長	短				長				
	侔			柞	摯				廉	急			
輻		掣	纖		稱		易	直	齊				
牙	蚤	固	正	(−)匡	(−)廉	(−)挫	(−)腫		(−)鑿				
	蚤												
綆	蚤							正					
軸			嫩			久			利				
輈	孫	頎典	深	淺	注	利	準	久	和	安	(−)折	(−)絕	
轅			直					(−)橈					

表30　車類成品詞語與性狀詞語關係表

---

① 《周禮正義》，P3226。
② "轅"類成品與性狀如圖所示：

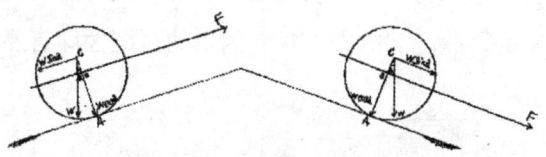

圖17　直轅牛車上下坡受力性狀示意圖
（黃富成《兩周獨輈馬車構造技術的探索》）

我們看到，與成品詞語"輈"搭配的性狀詞語共有12個，而與成品詞語"轅"搭配的性狀詞語祇有2個，反映了車類成品中馬車的精細與牛車的粗略，恰如孫詒讓正義評述《車人》的那樣："此車人所爲三車，皆牛車，與輪人、輿人、輈人三職所爲駟馬車不同。其制粗略，故輪、輿及轅以一工爲之。"① 類似的數據都可以説明性狀詞語與成品詞語的搭配關係具有規則性即有序性。

（三）性狀詞語與行爲詞語的有序搭配關係

系統論認爲，施控者、控制器、受控對象都具有各自的功能和性狀，並按照特定的方式耦合成完整的控制系統。《攷工記》中，性狀詞語與行爲詞語具有事理方面的理據，以及語義或語用方面的可接受性。具體表現爲：

1. 治材行爲的性狀決定原材料的性狀

革欲其荼白而疾澣之，則堅；欲其柔滑而腥脂之，則需。② （《鮑人》）

"澣"指洗滌，"脂"指塗脂。原材料對象的性狀詞語與治材行爲的性狀詞語的關係表述爲：

[疾]澣[之（韋革）→堅]
[腥]脂[之（韋革）→需]

概括如表所示：

因		果		
治材行爲	治材行爲性狀	原材料	原材料性狀	
			目的	結果
澣	疾	韋革	荼白	堅
脂	腥		柔滑	需

表31　治韋革性狀因果表

我們看到，治材行爲的性狀"疾"決定了原材料韋革的性狀"荼白"和"堅"，"腥"決定了原材料韋革的性狀"柔滑"和"需"。治材行爲的性狀詞語與原材料對象的性狀詞語的關係具有因果的規則性即有序性。

---

① 《周禮正義》，P3516。
② 此經句讀或爲："革欲其荼白而疾，澣之則堅；欲其柔滑而腥，脂之則需。"解亦略異。本文從黃季剛先生《手批白文十三經》以及中華書局1987年版《十三經清人注疏本》王文錦、陳玉霞點校《周禮正義》句讀。

2. 治材行爲的性狀決定成品的性狀

凡甲，鍛不摯則不堅，已敝則橈。（《函人》）

孫詒讓正義："鍛不摯，謂椎鍛不精致也。"① 治材行爲性狀詞語與成品性狀詞語的關係表述爲：

鍛［（甲），（－）摯→（－）堅］
鍛［（甲），敝→橈］

概括如表所示：

因		果	
治材行爲	治材行爲性狀	成品	成品性狀
鍛	（－）摯	甲	（－）堅
	敝		橈

表32　鍛甲性狀因果表

我們看到，治材行爲"鍛"的性狀"摯"決定了成品"甲"的性狀"堅"，"敝"決定了成品"甲"的性狀"橈"。治材行爲的性狀詞語與成品的性狀詞語的關係具有因果的規則性即有序性。

3. 成品的性狀決定製作行爲的成品部位

已上則摩其旁，已下則摩其耑。（《磬氏》）

《中國大百科全書·物理學》揭示："這種調音方法反映出當時人們對音調與振動體長短、寬窄、厚薄之間關係的定性認識。"② 文物學家闡明："……磬音若高出設計要求，磨其兩旁使之變薄，其振幅就會加大，頻率就隨之降低，音自然就由'上'而下。反之，磬音若低於設計要求，磨其端部以加大厚度在各部尺寸中的比例，頻率就會提高，音便由'下'而上了。可見，'摩其旁'、'摩其端'都是調節音高的重要手段。它可以改變磬音的高低，達到預期的效果。"③ 成品性狀詞語與製作行爲詞語及成品部位詞語的關係表述爲：

---

① 《周禮正義》，P3289。
② 中國大百科全書總編輯委員會物理學編輯委員會《中國大百科全書·物理學》，中國大百科全書出版社，1988年。
③ 譚維四《曾侯乙墓》，文物出版社，2001年。

摩〔上→旁；下→端〕

概括如表所示：

因		果	
成品	成品性狀	製作行爲	成品部位
磬	上	摩	旁
	下		端

表33　磬性狀因果表

我們看到，成品"磬"的性狀"上"決定了製作行爲"摩"的成品部位"旁"，性狀"下"決定了製作行爲"摩"的成品部位"端"。成品性狀詞語與製作行爲詞語及成品部位詞語的關係具有因果的規則性即有序性。

綜上，我們將《弓人》性狀詞語與治材行爲詞語的有序搭配關係概括如表：

治材行爲	治材行爲性狀		原材料對象	原材料性狀		功能或目的
析	倫		幹（柘/檍/檿桑/橘/木瓜/荆/竹）	射遠者	埶	遠
摶	埶	（一）贏		射深者	直	
斲	荼			目		
析	（一）邪			秋殺者	厚	
				春殺者	薄	
摶	埶	（一）燀	角	稚牛之角	直而澤	
				老牛之角	紾而昔	
				瘠牛之角	（一）澤	
液				角之本	柔→埶→白	
				角之中	橈→堅→青	
				角之末	脆→柔→豐	
治			筋	小	簡而長	剝 深
引	盡	（一）傷		大	結而澤	
鬻	埶		膠		昔	和
			絲		沈	固
			漆		測	受霜露

表34　弓性狀與治弓行爲關係表

我們看到，治材行爲的性狀既與治材行爲有關，也與原材料的性狀、功能或目的有關。正如美國人類學家摩爾根（Thomas, Hunt Morgan, 1866—1945）所認爲的那樣："弓箭所體現的各種力的配合非常巧妙，因此，我們認爲它不像是偶然發明出來的。對於一個蒙昧人來說，要覺察到某幾種樹木的彈性和韌性、要了解動物的筋或植物的纖維繫在弓弧上的張力，最後還要想到如何將上面這兩種力和人體的膂力結合起來纔能把箭發射出去，這一切都不是一望而知的事。"① 《攷工記》性狀詞語與行爲詞語所具有的事理方面的理據，以及語義或語用方面的可接受性，標誌着春秋末期中國先人的手工業複合思維已達到一定水平。

（四）性狀詞語之間的有序搭配關係

《攷工記》性狀詞語之間的各種關聯也貫通無礙。

例如，我們從上文可以看到，《輪人》成品"輪"的性狀"樸屬"決定了"完久"，"微至"決定了"戚速"。成品"輈"的性狀"注"決定了"利"，"準"決定了"久"，"和"決定了"安"。這反映了性狀詞語間的搭配關係具有因果的規則性即有序性。再如：

［1］六尺有六寸之輪，綆參分寸之二，謂之輪之固。（《輪人》）

這裏，"綆"決定了其整體"輪"的性狀"固"。這說明不同層次的性狀詞語與成品詞語之間的搭配關係具有因果的規則性即有序性。又如：

［2］行澤者欲短轂，行山者欲長轂，短轂則利，長轂則安。（《車人》）

這裏，成品"轂"的性狀"短"決定了整體"輪"的性狀"利"，性狀"長"決定了整體"輪"的性狀"安"。科技史學者闡釋："輪轂較短，滑動軸承的長度就較小，摩擦力矩較小，車子輕便；但由於軸頸的剛度較大，運行時不平穩。對於輿和軸剛性固聯的車子，是靠軸頸的彈性變形來起緩衝減震作用的。加大軸頸的長度，會大大減少軸頸的剛度，乘坐就舒適了。"② 另如：

［3］鍾大而短，則其聲疾而短聞；鍾小而長，則其聲舒而遠聞。（《鳧氏》）

《周禮·春官宗伯·典同》："典同掌六律、六同之和，以辨天地、四

---

① ［美］劉易斯·亨利·摩爾根《古代社會》，楊東蓴等譯，商務印書館，1977年，P26。
② 楊青、杜白石《秦陵銅車輪軸部件設計中的力學和機械學原理》，載《西北農業大學學報》1995年第23卷增刊。

方、陰陽之聲，以爲樂器。凡聲，高聲，正聲緩，下聲肆，陂聲散，險聲斂，達聲贏，微聲韽音，回聲衍，侈聲筰，弇聲鬱，薄聲甄，厚聲石。"科技史學者總結《攷工記》中的聲學關係：1. 音調高低（即振動頻率）與發聲體的厚薄、形狀的關係；2. 聲音響度（實質上是振幅）與發聲體厚薄、形狀的關係；3. 聲源的衰減與其形狀的關係；4. 聲音的輻射與鐘口形狀的關係；5. 聲音傳播遠近與聲源強弱、聲音頻率的關係等等。① 還有學者歸納鐘的形狀與發聲的關係如表所示：②

鐘的形狀	體厚	體薄	口寬	口狹	柄長	體大而短	體小而長
發聲情況	渾厚	單薄	狹窄急迫	幽鬱不揚	聲音不正	聲音急疾，易衰減，不能遠傳	發聲舒緩，可遠傳

表35　鐘形狀與發聲關係表

我們從《鳧氏》看到，成品"鐘"的性狀"大"決定了"聲"的"疾"，"短"決定了"聲"的"短"，"小"決定了"聲"的"舒"，"長"決定了"聲"的"遠"。這些都反映了性狀詞語間的搭配關係具有因果的規則性即有序性。類似的例子如：

［4］前弱則俛，後弱則翔，中弱則紆，中強則揚，羽豐則遲，羽殺則趮。（《矢人》）

部位"前"的性狀"弱"決定了上位"矢"的性狀"俛"；部位"中"的性狀"弱"決定了上位"矢"的性狀"紆"，部位"中"的性狀"強"決定了上位"矢"的性狀"揚"；部位"後"的性狀"弱"決定了上位"矢"的性狀"翔"；部位"羽"的性狀"豐"決定了上位"矢"的性狀"遲"，部位"羽"的性狀"殺"決定了上位"矢"的性狀"趮"。正如唐代杜牧所説的那樣："前弱則矢行而低，後弱則矢行而旋；中弱則矢行而曲，中強則矢行而起。"③科技史學者從空氣動力學的角度闡述："箭矢所受的多種阻力均與箭羽的大小有關。若箭羽過大，則阻力增大，使飛行速度降低；而若

---

① 聞人軍《〈攷工記〉中聲學知識的數理詮釋》，載《杭州大學學報》1982年第4期。
② 詳見董英哲等《〈攷工記〉的技術理論》，載《西北建築工程學院學報》1994年第2期。
③ （唐）杜牧《攷工記註》，見《樊川文集》，內府藏本。

箭羽過少或參差不齊，則箭的橫向或縱向穩定性便較差，飛行中容易發生偏斜。"① "《攷工記》講到制造箭的時候，箭幹、鏃頭、後羽要有一定的比例，才能使箭在疾風中保持一定的彈道前進。它指出，箭幹前輕後重或前重後輕會影響箭飛行的高低，箭幹中間過輕或過重會影響箭飛行的穩度，箭尾羽毛多寡又會影響箭飛行的速度和準確度。這樣細致地分析箭的結構和它的飛行狀況，比起歐洲被亞里士多德學派統治的整個中世紀物理學裏認爲拋射體沿直綫前進的理論要高明得多。"②

《矢人》性狀詞語之間的因果關係以並存的空間詞語爲存在形式。如表所示：

部位		前		中	後	羽	
性狀	原因	弱	弱	強	弱	豐	殺
	結果	俛	紆	揚	翔	遲	趯

表36　成品"矢"性狀詞語關係表

我們看到，各個性狀詞語作爲引起性狀詞匯子系統產生根源的元素，對成品詞匯系統整體產生作用。這種不同層次的性狀詞語與成品詞語之間的因果相對比例序列關係，是詞語關係的規則性即有序性的表現。

《攷工記》行爲主體的性狀詞語與成品的性狀詞語之間，也具有因果相對比例序列關係。例如：

［5］故攻國之兵欲短，守國之兵欲長。攻國之人衆，行地遠，食飲飢，且涉山林之阻，是故兵欲短；守國之人寡，食飲飽，行地不遠，且不涉山林之阻，是故兵欲長。(《廬人》)

主體"攻國之人"的性狀"衆"、"遠"、"飢"決定了成品"攻國之兵"的性狀"短"，主體"守國之人"的性狀"寡"、"遠"、"飽"決定了成品"守國之兵"的性狀"長"。如表所示：

---

① 宣兆琦等主編《齊文化通論》，新華出版社，2000年，P261。
② 戴念祖《中國古代的力學知識》，載《中國古代科技成就》，自然科學史研究所編，中國青年出版社，1978年。

主體	因			果	
	性狀			成品	性狀
攻國之人	衆	遠	飢	攻國之兵	短
守國之人	寡	(一)遠	飽	守國之兵	長

表37　成品"兵"性狀詞語關係表

再如：

[6] 凡爲弓，各因其君之躬志慮血氣。豐肉而短，寬緩以荼，若是者爲之危弓，危弓爲之安矢。骨直以立，忿埶以奔，若是者爲之安弓，安弓爲之危矢。（《弓人》）

鄭玄註："又隨其人之情性。言損贏濟不足。"賈公彥疏："此經以下，説君之躬與志慮弓之所宜者也。……言'損贏濟不足'者，言豐肉寬緩是不足，則危弓濟之。危弓爲贏，則以安矢損之。骨直忿埶是贏，則安弓損之。安弓是不足，則以危矢濟之。"主體的性狀詞語與成品的性狀詞語之間是一種相對比例序列關係。如表所示：

主體	因				果			
	性狀				成品	性狀	成品	性狀
君	豐	短	寬緩	荼	弓	危	矢	安
	直	立	忿埶	奔		安		危

表38　成品"弓"、"矢"性狀詞語關係表

由此可見，《攷工記》各層次的性狀詞語之間，以及性狀詞語與成品詞語和主體之間的搭配關係，具有規則性即有序性。

以上，我們以性狀詞語與原材料對象詞語的有序搭配關係、性狀詞語與成品對象詞語的有序搭配關係、性狀詞語與行爲詞語的有序搭配關係、性狀詞語之間的有序搭配關係等爲例，描述並分析了《攷工記》性狀詞語與其它詞語之間所具有的事理上的理據性，語義或語用上的可接受性，以及由此呈現出的規則性即有序性。我們從《攷工記》性狀詞語的有序搭配關係看到了使性狀詞語關係趨於穩定的確定性、規則性和方向性聯繫，看到了詞彙立體網絡的橫向和縱向結構。《攷工記》性狀詞語系統具有層次性、關聯性、有序性三大特

徵。《攷工記》性狀詞語之間具有縱向、上下和橫向的結構關聯,由此形成性狀詞語立體網絡。如果把單個的性狀詞項(或義位或義素)視爲點,把它們之間的兩兩聯繫視爲綫,把多個性狀詞項(或義位或義素)之間的兩兩聯繫視爲面,那麼我們就發現性狀詞語立體網絡是由點、綫、面各種關係綜合交織而成的,而不是平面、單綫的,更不是孤立的。《攷工記》各種性狀詞語關係有序地聯繫在一起,形成一種多層、多向、往復不斷的網絡,體現了事物聯繫的普遍性。系統地研究該文獻性狀詞語之間的關係,對於總結春秋末期書面漢語的詞匯系統,豐富和發展漢語詞匯語義學,對於漢語辭書訂補,對於古籍整理,都具有一定的理論意義和實用意義。

貳 《周禮·攷工記》名形動同詞形的語義基礎

一、前言

在區分詞類的問題上,馬建忠從意義出發,認爲"字無定義,故無定類",主張"依義定類"、"隨義轉類",提出:"義不同而其類亦別焉。故字類者,亦類其義焉耳。"[①] 黎錦熙認爲:"國語的詞類,在漢字上沒有形態的區別,在詞義的性質和複合詞的形態上雖有主要的區別,還須看它在語句中的位次、職務,纔易於確認這一個詞是屬於何種詞類。"[②] 提出:"依句辨品,離句無品。"陳承澤認爲"字(詞)有定類",並提出了"一義數用"的觀點,主張詞應"從其本用",以詞在句子中的功能來決定詞類。王力認爲:"中國語裏,詞的分類,差不多完全祇能憑着意義來分。就意義上說,詞可分爲兩大類,第一類是實詞,它們的意義是很實在的,它們所指的是實物、數目、形態、動作等等;第二類是虛詞,它們的意義是很空靈的,獨立的時候

---

① 馬建忠《馬氏文通》,商務印書館,1983年,P23。
② 黎錦熙《新著國語文法》,商務印書館,1992年,P17。

它們幾乎沒有意義可言，然而它們在句子裏卻有語法上的意義。"① 吕叔湘主張把詞"按意義和作用相近的歸爲一類"。② 之後，人們一般認同從詞彙意義（即概念範疇）、形態標準（包括構形性質和構詞性質）以及句法標準（即詞在句中的作用或功能、詞的組合等）等方面區分詞類。

在判定"兼類"的問題上，王力認爲兼類詞必須具備兩種以上的常見用法。③ 張志公認爲一詞兼類的意義必須相關。④ 吕叔湘認爲："主要的原則是：凡是在相同的條件下，同類的詞都可以這樣用的，不算詞類轉變；凡是在相同的條件下，同類的詞不是都能這樣用，而是決定於習慣的，是詞類轉變……語義的變化比較特殊，祇是偶而這樣用，沒有經常化，這算是臨時'活用'，不同於永久性的詞類轉變。"⑤ 胡明揚提出："分類不解決，兼類無從談起。"⑥ 我們把同詞兼類視爲一個詞在不同的語言環境裏經常具備兩種或兩種以上詞性，互有內在詞義聯繫的現象。本文區分偶然的臨時活用與習慣性的兼類。例如，《攷工記》中，"橈"的性狀義位"彎曲"用例有八個：

〔1〕今夫大車之轅摯，其登又難；既克其登，其覆車也必易。此無故，唯轅直且無橈也。是故大車平地既節軒摯之任，及其登陁，不伏其轅，必緻其牛。此無故，唯轅直且無橈也。故登陁者，倍任者也，猶能以登；及其下陁也，不援其邸，必絥其牛後。此無故，唯轅直且無橈也。（《輈人》）

〔2〕凡甲鍛不摯則不堅，已敝則橈。（《函人》）

〔3〕灸諸牆，以眡其橈之均也。（《廬人》）

〔4〕畏也者必橈，橈故欲其堅也。……恒角而短，是謂逆橈，引之則縱，釋之則不校。（《弓人》）

檢驗行爲"使彎曲"用例祇有1個：

〔5〕橈之，以眡其鴻殺之稱也。（《矢人》）

我們把"橈"的"使彎曲"義視爲使動臨時活用而非兼類。

關於漢語名詞、形容詞和動詞之間的關係，章太炎先生嘗謂："一實之

---

① 王力《中國語法綱要》，開明書店，1946年，P43。
② 吕叔湘《中國文法要略》，商務印書館，1982年，P16。
③ 王力《中國語法理論》"新版自序"，中華書局，1957年，上册，P22—29。
④ 張志公《漢語語法常識》，中國青年出版社，1953年，P21—22。
⑤ 吕叔湘《漢語語法分析問題》，商務印書館，1979年，P46。
⑥ 胡明揚《漢語詞類兼類研究》，載《語言文字應用》2000年第1期。

名，必與其德若，與其業相麗。"① 黃季剛先生嘗謂："名事同源，其用不別。"②《攷工記》也不例外。

本文運用義素二分法（Dichotomy of Sememe）③，對《攷工記》文本進行封閉測查和分析，通過對《攷工記》名物義位與性狀義位同詞形，名物義位與行爲義位同詞形，性狀義位與行爲義位同詞形，名物義位、性狀義位與行爲義位同詞形等現象的描述和分析，探討該文獻名形動同詞形的語義基礎，從中看到名詞、形容詞和動詞之間的詞義淵源，進而看到漢語語義和語法的有機關聯、協同發展。本文遵照邏輯分類的原則，以物類爲參攷，但主要從意義的角度，把具有共同特點的個體對象歸入同類，並把具有共同特點的類概括成更大的類，由此提煉類義素。

二、名物義位與性狀義位同詞形

有學者認爲，名詞所含的對名詞內涵進行描寫、修飾的描述性語義特徵，是"名–形"兼類的語義基礎。④ 以下，我們試從《攷工記》中的度量義位與性狀義位同詞形、部位義位與性狀義位同詞形兩種類型來看"名–形"同詞形的語義基礎。

（一）度量義位與性狀義位同詞形

王寧先生認爲："詞匯意義與詞的語法功能和類別所以是一致的，是可以同步測查的，這是因爲二者本來就是互相制約的。"⑤ 我們按照這條思路，

---

① 章太炎《國故論衡·語言緣起説》，浙江圖書館，《章氏叢書十三種》刊本，1919年。
② 黃侃述、黃焯編《文字聲韻訓詁筆記》，上海古籍出版社，1983年，P180。
③ 即現代訓詁學在利用義界對詞義內部結構分析時，把詞的義位切分爲"表義素+類義素"兩部份的方法（詳見全國科學技術名詞審定委員會語言學名詞審定委員會《語言學名詞》，商務印書館，2011年，"訓詁學名詞"部份）。文中表義素（Distinctive sememe）指從同詞義中提取出的類義素以外的區別性特徵；類義素（Generic Sememe）指從同類詞中提取的類別特徵。
④ 蘇寶榮認爲："義的核心是概念義（或'理性義'）。名詞的概念義，可以首先分爲兩個部份：一部份表示人或事物的類屬，即類屬義；一部份表示人或事物的特徵，即特徵義。名詞所含的特徵義又可以從不同角度進行分類：可以有表示形貌、性狀的靜態特徵，也可以有表示行爲動作的動態特徵；可以是對名詞內涵進行説明、限制的限定性語義特徵，也可以是對名詞內涵進行描寫、修飾的描述性語義特徵。而名詞所含語義特徵的不同，對該名詞的功能轉化，以及形成'兼類'的發展趨向，具有很大的制約作用。……一般説來，名詞詞義中含有描述性語義特徵，即隱含形容詞的某種性質或狀態義，這個名詞才可能成爲'名–形'兼類詞。'名–形'兼類或稱'名轉形'是有其內在的語義基礎的。"（《詞語兼類的功能顯示與深層語義分析》，載《語文研究》2005年第1期。）
⑤ 王寧《訓詁學原理》，中國國際廣播出版社，1996年，P233。

根據語義環境和語法結構環境，歸納並測查《攷工記》"長"、"尊"、"崇"、"廣"、"博"、"厚"、"重"的"名–形"同詞形兩維模式頻率如表39。本文設語料標引符號如下：主語部分爲SU，謂語部分爲PR，賓語部分爲OB，定語部分爲AT。名詞爲N（其中度量名詞爲$N_度$，方位名詞爲$N_方$，實物名詞爲$N_實$，幾何名詞爲$N_幾$）。動詞爲V。形容詞爲A。

兩維模式	頻率	百分比（%）
$SU-N_度$	78	47.56
$OB-N_度$	47	28.66
SU-A	4	2.44
PR-A	24	14.63
OB-A	5	3.05
AT-A	6	3.66
總頻率	164	100%

表39　"名–形"同詞形兩維模式頻率表Ⅰ

我們從詞匯意義着眼，歸納並測查這七個詞形的度量義位和性狀義位同詞形情況如表：

數據＼詞形	總數	度量義位		性狀義位	
		數量	百分比（%）	數量	百分比（%）
長	61	48	78.69	13	21.31
尊	4	1	25	3	75
崇	23	17	73.91	6	26.09
廣	28	27	96.43	1	3.57
博	9	7	77.78	2	22.22
厚	23	17	73.91	6	26.09
重	16	8	50	8	50

表40　度量義位與性狀義位同詞形情況表

以下，我們試從這些詞形的度量義位與性狀義位同詞形來看"名–形"同詞形的語義基礎。[①]

---

① 文中的"詞項"（Lexeme），"它相當於一個義位（Glosseme），也就是相當於詞典學上的一個義項。"（王寧《訓詁學原理》，中國國際廣播出版社，1996年，P206）

1. 長

《攷工記》中,"長"的度量義位"長度,兩點之間的距離"用例(詞項"長$_I$")有48個,性狀義位"兩點之間的距離大"(與"短"相對)用例(詞項"長$_{II}$")有13個。我們根據語義環境和語法結構環境,歸納並測查《攷工記》"長"的兩維模式如下:

(1)長$_I$

① SU-N$_{度}$

[1]人長八尺,崇於戈四尺,謂之三等;殳長尋有四尺,崇於人四尺,謂之四等。(《總叙》)

[2]部長二尺,桯長倍之,四尺者二。(《輪人》)

[3]弓長六尺,謂之庇軹,五尺謂之庇輪,四尺謂之庇軫。(《輪人》)

[4]輿人爲車,輪崇、車廣、衡長,參如一,謂之參稱。(《輿人》)

[5]築氏爲削,長尺博寸,合六而成規。(《築氏》)

[6]冶氏爲殺矢,刃長寸,圍寸,鋌十之,重三垸。(《冶氏》)

[7]以其臘廣爲之莖圍,長倍之。中其莖,設其後。參分其臘廣,去一以爲首廣,而圍之。(《桃氏》)

[8]身長五其莖長,重九鋝,謂之上制,上士服之;身長四其莖長,重七鋝,謂之中制,中士服之;身長三其莖長,重五鋝,謂之下制,下士服之。(《桃氏》)

[9]韗人爲皋陶,長六尺有六寸,左右端廣六寸,中尺,厚三寸,穹者三之一,上三正。鼓長八尺,鼓四尺,中圍加三之一,謂之鼖鼓。爲皋鼓,長尋有四尺,鼓四尺,倨句磬折。(《韗人》)

[10]大圭長三尺,杼上,終葵首,天子服之。(《玉人》)

[11]刃長寸,圍寸,鋌十之,重三垸。(《矢人》)

[12]車人爲耒,庛長尺有一寸,中直者三尺有三寸,上句者二尺有二寸。(《車人》)

[13]車人爲車,柯長三尺,博三寸,厚一寸有半。……轂長半柯,其圍一柯有半。……柏車轂長一柯,其圍二柯。(《車人》)

[14]鬲長六尺。(《車人》)

[15] 角長二尺有五寸，三色不失理，謂之牛戴牛。(《弓人》)

[16] 弓長六尺有六寸，謂之上制，上士服之；弓長六尺有三寸，謂之中制，中士服之；弓長六尺，謂之下制，下士服之。(《弓人》)

度量名詞"長"充當主語。共26例。

② OB–N$_{度}$

[1] 椁其漆内而中詘之以爲之轂長，以其長爲之圍。(《輪人》)

[2] 五分其轂之長，去一以爲賢，去三以爲軹。(《輪人》)

[3] 參分其轂長，二在外，一在内，以置其輻。(《輪人》)

[4] 參分其輻之長而殺其一，則雖有深泥，亦弗之溓也。(《輪人》)

[5] 參分弓長而揉其一。參分其股圍，去一以爲蚤圍。參分弓長，以其一爲之尊。(《輪人》)

[6] 凡任木，任正者，十分其鞷之長，以其一爲之圍，衡任者，五分其長，以其一爲之圍。……十分其鞷之長，以其一爲之當兔之圍。(《輈人》)

[7] 身長五其莖長，重九鋝，謂之上制，上士服之；身長四其莖長，重七鋝，謂之中制，中士服之；身長三其莖長，重五鋝，謂之下制，下士服之。(《桃氏》)

[8] 以其鉦之長爲之甬長。以其甬長爲之圍，參分其圍，去一以爲衡圍。參分其甬長，二在上，一在下，以設其旋。(《鳧氏》)

[9] 權其上旅與其下旅，而重若一，以其長爲之圍。(《函人》)

[10] 參分其長而殺其一，五分其長而羽其一，以其笴厚爲之羽深，水之以辨其陰陽，夾其陰陽以設其比。(《矢人》)

[11] 凡爲殳，五分其長，以其一爲之被而圍之。……凡爲酋矛，參分其長，二在前、一在後而圍之。(《廬人》)

[12] 五分其長，以其一爲之首。(《車人》)

[13] 凡爲轅，三其輪崇，參分其長，二在前，一在後，以鑿其鉤。(《車人》)

度量名詞"長"充當賓語。共22例。

(2) 長$_{II}$

① PR–A

《周禮·攷工記》詞語系統研究　237

[1] 轂小而長則柞，大而短則摯。（《輪人》）

[2] 已倨則不入，已句則不決，長內則折前，短內則不疾，是故倨句外博。（《冶氏》）

[3] 鍾已厚則石，已薄則播，侈則柞，弇則鬱，長甬則震。……鍾大而短，則其聲疾而短聞；鍾小而長，則其聲舒而遠聞。（《鳧氏》）

[4] 良鼓瑕如積環。鼓大而短，則其聲疾而短聞；鼓小而長，則其聲舒而遠聞。（《韗人》）

[5] 小首而長，摶身而鴻，若是者謂之鱗屬，以為筍。（《梓人》）

[6] 故攻國之兵欲短，守國之兵欲長。攻國之人眾，行地遠，食飲飢，且涉山林之阻，是故兵欲短；守國之人寡，食飲飽，行地不遠，且不涉山林之阻，是故兵欲長。（《廬人》）

[7] 凡相筋，欲小簡而長，大結而澤。小簡而長，大結而澤，則其為獸必剽，以為弓，則豈異於其獸。（《弓人》）

形容詞"長"充當謂語。共10例。

②AT-A

[1] 行澤者欲短轂，行山者欲長轂，短轂則利，長轂則安。①（《車人》）

---

① 寶雞茹家莊西周墓地1號車馬坑之1號車輪轂總長42.9厘米；張家坡西周墓地出土車輪轂長多在30至55厘米之間，個別車如M24，輪轂長達60厘米；浚縣辛村西周衛墓M3出土車輪轂銅飾為一喇叭狀長管銅飾，其中一輪轂長達57.61厘米；河南淮陽戰國楚墓出土4號車輪轂長達65厘米；1980年秦始皇陵西側出土的兩乘銅車，輪徑較大的一號車，輪轂長度較短（26.7厘米），與輪軸直徑的比值分別為5.71和7.35。輪轂較短，滑動軸承的長度就較小，摩擦力矩較小，車子輕便；但由於軸頸的剛度較大，運行時不平穩。對於輿和軸剛性固聯的車子，是靠軸頸的彈性變形起緩衝減震作用的。二號車輪轂長度較長（29.4厘米），加大軸頸的長度，會大大減少軸頸的剛度，乘坐就舒適了。因此，兵車採用較短的輪轂，安車採用較長的輪轂。詳見楊青、杜白石《秦陵銅車輪軸部件設計中的力學和機械學原理》，《西北農林科技大學學報》（自然科學版）1995年第23卷增刊。根據秦陵銅車馬發掘報告，出土銅車與秦代實物車的比例為1：2，則秦代兵車輪轂長53.4厘米，安車輪轂長58.8厘米。如圖：

圖18　秦陵1號銅車

圖19　秦陵2號銅車

［２］凡居角，長者以次需。（《弓人》）

形容詞"長"充當定語。共3例。

我們從詞義入手，分析《攷工記》"長"的詞義與詞性之間關係如表：

詞項	義位	義素		詞性
		表義素	類義素	
長$_I$	度量義位	長度	兩點之間	距離	名詞
長$_{II}$	性狀義位	兩點之間距離大	兩點之間距離	大	形容詞

表41　"長"詞義詞性關係表

我們看到，《攷工記》中，"長$_{II}$"性狀義位的表義素由"長$_{II}$"度量義位的表義素與類義素之和構成。因此，《攷工記》中，"長$_I$"的度量義位是"長""名-形"同詞形的語義基礎。

2. 尊

《攷工記》中，"尊"的度量義位"高度，從下向上的距離"用例（詞項"尊$_I$"）有1個，性狀義位"高，從下向上的距離大"用例（詞項"尊$_{II}$"）有2個，性狀義位"高出；從下向上的距離超出一般的"用例（詞項"尊$_{III}$"）有1個。我們根據語義環境和語法結構環境，我們歸納並測查《攷工記》"尊"的兩維模式如下：

（1）尊$_I$：OB-N$_度$

參分弓長，以其一爲之尊。（《輪人》）

鄭玄註："尊，高也。"度量名詞"尊"充當賓語。共1例。

（2）尊$_{II}$：PR-A

上欲尊而宇欲卑，上尊而宇卑，則吐水疾而霤遠。[①]（《輪人》）

---

① 如圖：

圖20　上尊而宇卑

形容詞"尊"充當謂語。共2例。

（3）尊$_{III}$：PR-A

部尊一枚。（《輪人》）

鄭玄註："尊，高也。蓋斗上隆高，高一分也。"賈公彥疏："高者必尊，故尊爲高也。"形容詞"尊"充當謂語。共1例。

我們從詞義入手，分析《攷工記》"尊"的詞義與詞性之間關係如表：

詞項	義位	義素		詞性
		表義素	類義素	
尊$_I$	度量義位	高度	從下向上	距離	名詞
尊$_{II}$	性狀義位	高	從下向上距離	大	形容詞
尊$_{III}$		高出	從下向上距離	超出一般	

表42 "尊"詞義詞性關係表

我們看到，《攷工記》中，"尊$_{II}$"和"尊$_{III}$"的性狀義位的表義素由"尊$_I$"度量義位的表義素與類義素之和構成。因此，《攷工記》中，"尊$_I$"的度量義位是"尊""名–形"同詞形的語義基礎。

3. 崇

"崇"的度量義位"高度，從下向上的距離"用例（詞項"崇$_I$"）有17個，性狀義位"高，從下向上的距離大"（與"卑"、"庳"相對）用例（詞項"崇$_{II}$"）有6個。我們根據語義環境和語法結構環境，歸納並測查《攷工記》"崇"的兩維模式如下：

（1）崇$_I$

①SU-N$_度$

［1］六尺有六寸之輪，軹崇三尺有三寸也，加軫與轐焉四尺也。（《總叙》）

［2］輿人爲車，輪崇、車廣、衡長，参如一，謂之参稱。（《輿人》）

［3］瓬人爲簋，實一觳，崇尺，厚半寸，脣寸。豆實三而成觳，崇尺。髀崇四尺，方四寸。（《瓬人》）

［4］梓人爲侯，廣與崇方，参分其廣而鵠居一焉。（《梓人》）

［5］殷人重屋，堂脩七尋，堂崇三尺，四阿，重屋。（《匠人》）

[6] 凡爲防，廣與崇方，其閷參分去一。（《匠人》）

[7] 寶其崇三尺。牆厚三尺，崇三之。（《匠人》）

[8] 大車崇三柯，綆寸，牝服二柯有參分柯之二，羊車二柯有參分柯之一，柏車二柯。（《車人》）

度量名詞"崇"充當主語。共11例。

② OB-N$_度$

[1] 是故六分其輪崇，以其一爲之牙圍。（《輪人》）

[2] 以其廣之半爲之式崇，以其隧之半爲之較崇。（《輿人》）

[3] 六分其輪崇，以其一爲之牙圍。柏車轂長一柯，其圍二柯，其輻一柯，其渠二柯者三，五分其輪崇，以其一爲之牙圍。……凡爲轅，三其輪崇，參分其長，二在前，一在後，以鑿其鉤，徹廣八尺，鬲長六尺。（《車人》）

度量名詞"崇"充當賓語。共6例。

（2）崇$_{II}$：PR-A

[1] 輪已崇，則人不能登也；輪已庳，則於馬終古登陁也。（《總敘》）

[2] 戈柲六尺有六寸，既建而迤，崇於軫四尺，謂之二等；……人長八尺，崇於戈四尺，謂之三等；……車戟常，崇於殳四尺，謂之五等；酋矛常有四尺，崇於戟四尺，謂之六等。（《總敘》）

[3] 蓋已崇則難爲門也，蓋已卑是蔽目也，是故蓋崇十尺。（《輪人》）

形容詞"崇"充當謂語。共6例。

我們從詞義入手，分析《攷工記》"崇"的詞義與詞性之間關係如表：

詞項	義位		義素		詞性
			表義素	類義素	
崇$_I$	度量義位	高度	從下向上	距離	名詞
崇$_{II}$	性狀義位	高	從下向上距離	大	形容詞

表43 "崇"詞義詞性關係表

我們看到，《攷工記》中，"崇$_{II}$"的性狀義位的表義素由"崇$_I$"度量義位的表義素與類義素之和構成。因此，《攷工記》中，"崇$_I$"的度量義位是"崇""名-形"同詞形的語義基礎。

4. 廣

"廣"的度量義位"寬度，橫向的距離"用例（詞項"廣$_I$"）有27個，性狀義位"寬闊，橫向的距離大"（與"小"相對）用例（詞項"廣$_{II}$"）有1個。我們根據語義環境和語法結構環境，歸納並測查《攷工記》"廣"的兩維模式如下：

（1）廣$_I$

① SU–N$_度$

［1］部廣六寸。……弓鑿廣四枚。（《輪人》）

［2］輿人爲車，輪崇、車廣、衡長，參如一，謂之參稱。（《輿人》）

［3］桃氏爲劍，臘廣二寸有半寸。（《桃氏》）

［4］戈廣二寸，內倍之，胡三之，援四之。……戟廣寸有半寸，內三之，胡四之，援五之，倨句中矩，與刺重三鋝。（《冶氏》）

［5］韗人爲皋陶，長六尺有六寸，左右端廣六寸，中尺，厚三寸，穹者三之一，上三正。（《韗人》）

［6］夏后氏世室，堂脩二七，廣四脩一，五室，三四步，四三尺，九階，四旁兩夾，窗白盛，門堂，三之二，室，三之一。（《匠人》）

［7］匠人爲溝洫，耜廣五寸，二耜爲耦；一耦之伐，廣尺，深尺，謂之甽；田首倍之，廣二尺，深二尺，謂之遂。九夫爲井，井間廣四尺，深四尺，謂之溝；方十里爲成，成間廣八尺，深八尺，謂之洫；方百里爲同，同間廣二尋，深二仞，謂之澮。（《匠人》）

［8］梢溝三十里而廣倍。（《匠人》）

［9］凡爲防，廣與崇方，其閷參分去一。（《匠人》）

［10］凡爲轅，三其輪崇，參分其長，二在前，一在後，以鑿其鉤，徹廣八尺，氐長六尺。（《車人》）

度量名詞"廣"充當主語。共17例。

② OB–N$_度$

［1］凡輻，量其鑿深以爲輻廣。（《輪人》）

［2］故竑其輻廣以爲之弱，則雖有重任，轂不折。（《輪人》）

［3］信其桯圍以爲部廣。（《輪人》）

[4] 以其廣之半爲之式崇，以其隧之半爲之較崇。六分其廣，以一爲之軫圍。（《輿人》）

[5] 以其臘廣爲之莖圍，長倍之。中其莖，設其後。參分其臘廣，去一以爲首廣，而圍之。（《桃氏》）

[6] 以其鼓間爲之舞脩，去二分以爲舞廣。（《鳧氏》）

[7] 梓人爲侯，廣與崇方，參分其廣而鵠居一焉。（《梓人》）

度量名詞"廣"充當賓語。共10例。

（2）廣Ⅱ：PR-A

輻廣而鑿淺，則是以大扤，雖有良工，莫之能固。鑿深而輻小，則是固有餘而強不足也。①（《輪人》）

形容詞"廣"充當謂語。共1例。

我們從詞義入手，分析《攷工記》"廣"的詞義與詞性之間關係如表：

詞項	義位	義素		詞性
		表義素	類義素	
廣Ⅰ	度量義位	寬度	橫向	距離	名詞
廣Ⅱ	性狀義位	寬	橫向距離	大	形容詞

表44 "廣"詞義詞性關係表

---

① 據戴念祖主編《中國科學技術史·物理學卷》（科學出版社，2001年，P113），輻廣與鑿深比例如圖所示：

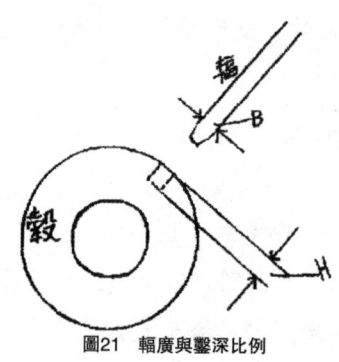

圖21 輻廣與鑿深比例

我們看到，《攷工記》中，"廣$_{II}$"的性狀義位的表義素由"廣$_I$"度量義位的表義素與類義素之和構成，因此，《攷工記》中，"廣$_I$"的度量義位是"廣""名-形"同詞形的語義基礎。

5. 博

"博"的度量義位"寬度，橫向的距離"用例（詞項"博$_I$"）有7個，性狀義位"寬闊，橫向的距離大"（與"狹"相對）用例（詞項"博$_{II}$"）有1個，性狀義位"角度大"用例（詞項"博$_{III}$"）有1個。我們根據語義環境和語法結構環境，歸納並測查《攷工記》"博"的兩維模式如下：

（1）博$_I$

① SU-N$_度$

[1] 築氏爲削，長尺博寸，合六而成規。（《築氏》）

[2] 爲磬，倨句一矩有半。其博爲一，股爲二，鼓爲三。（《磬氏》）

[3] 車人爲車，柯長三尺，博三寸，厚一寸有半。（《車人》）

[4] 輻長一柯有半，其博三寸，厚三之一。（《車人》）

度量名詞"博"充當主語。共4例。

② OB-N$_度$

參分其股博，去一以爲鼓博；參分其鼓博，以其一爲之厚。（《磬氏》）

度量名詞"博"充當賓語。共3例。

（2）博$_{II}$：OB-A

若苟自急者先裂，則是以博爲穳也。（《鮑人》）

形容詞"博"充當賓語。共1例。

（3）博$_{III}$：PR-A

戈廣二寸，內倍之，胡三之，援四之。已倨則不入，已句則不決，長內則折前，短內則不疾，是故倨句外博。（《冶氏》）

孫詒讓正義引程瑤田語："外博者，援與胡縱橫不正方也。所以然者，戈無枝，其上徒平，故使其援外博焉，而不令中矩也。'倨句外博'者，外博於矩也。"①

---

① 《周禮正義》，P3248。

形容詞"博"充當謂語。共1例。

我們從詞義入手,分析《攷工記》"博"的詞義與詞性之間關係如表:

詞項	義位	義素		詞性
		表義素	類義素	
博$_I$	度量義位	寬度	橫向	距離	名詞
博$_{II}$	性狀義位$_I$	寬闊	橫向距離	大	形容詞
博$_{III}$	性狀義位$_{II}$	角度大①	角度		

表45 "博"詞義詞性關係表

我們看到,《攷工記》中,"博$_{II}$"的性狀義位$_I$的表義素由"博$_I$"度量義位的表義素與類義素之和構成,"博$_{III}$"的性狀義位$_{II}$雖然與"博$_I$"的度量義位沒有直接關係,但借助與"博$_{II}$"性狀義位$_I$的共同類義素"大"而與"博$_I$"的度量義位發生間接的相通關係。因此,《攷工記》中,"博$_I$"的度量義位是"博""名–形"同詞形的語義基礎。

6. 厚

"厚"的度量義位"厚度,扁平物體上下兩面的距離"用例(詞項"厚$_I$")有17個,性狀義位"扁平物體上下兩面的距離大"(與"薄"相對)用例(詞項"厚$_{II}$")有6個。我們根據語義環境和語法結構環境,歸納並測查《攷工記》"厚"的兩維模式如下:

---

① 楊泓總結:"東周時期,戈、戟鑄造技術逐漸臻於成熟,其改進主要體現在援與内的變化上。援鋒逐漸改進為弧形尖削,越來越銳利。援與柲的夾角由90°增加到100°,戰國中晚期接近110°。援體變窄變長,上、下刃均為弧曲,整體呈彎月狀。内加長,三面出刃。"(《中國古兵器論叢》[增訂本],中國社會科學出版社,2007年,P249–251)。姚智輝、範雲峰《〈攷工記〉"戈體已倨已句二病"新探》描繪戈頭角度與啄擊力、勾斫力之間關係如圖(載《中原文物》2010年第2期):

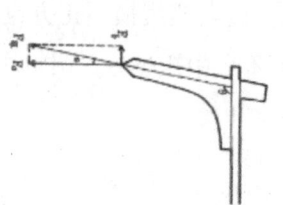 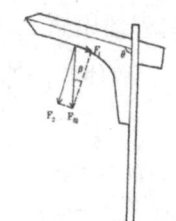

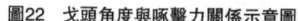

圖22 戈頭角度與啄擊力關係示意圖   圖23 戈頭角度與勾斫力關係示意圖

（1）厚$_I$

① SU–N$_度$

［1］韗人爲臯陶，長六尺有六寸，左右端廣六寸，中尺，厚三寸，穹者三之一，上三正。（《韗人》）

［2］牙璋、中璋七寸，射二寸，厚寸，以起軍旅，以治兵守。……大琮十有二寸，射四寸，厚寸，是謂內鎮，宗后守之。（《玉人》）

［3］陶人爲甗，實二鬴，厚半寸，脣寸。盆，實二鬴，厚半寸，脣寸。甑，實二鬴，厚半寸，脣寸，七穿。鬲，實五觳，厚半寸，脣寸。庚，實二觳，厚半寸，脣寸。（《陶人》）

［4］瓬人爲簋，實一觳，崇尺，厚半寸，脣寸。（《瓬人》）

［5］牆厚三尺，崇三之。（《匠人》）

［6］車人爲車，柯長三尺，博三寸，厚一寸有半，五分其長，以其一爲之首。（《車人》）

［7］轂長半柯，其圍一柯有半。輻長一柯有半，其博三寸，厚三之一。（《車人》）

度量名詞"厚"充當主語。共12例。

② OB–N$_度$

［1］參分其鼓博，以其一爲之厚。（《磬氏》）

［2］是故大鍾十分其鼓間，以其一爲之厚；小鍾十分其鉦間，以其一爲之厚。……爲遂（隧），六分其厚，以其一爲之深而圜之。（《鳧氏》）

［3］參分其長而殺其一，五分其長而羽其一，以其笴厚爲之羽深，水之以辨其陰陽，夾其陰陽以設其比。（《矢人》）

度量名詞"厚"充當賓語。共5例。

（2）厚$_{II}$

① SU–A

［1］卷而搏之而不弛，則厚薄序也。（《鮑人》）

［2］薄厚之所震動，清濁之所由出，侈弇之所由興，有說。（《鳧氏》）

形容詞"厚"充當主語。共2例。

② PR-A

［1］容轂必直，陳篆必正，施膠必厚，施筋必數，幬必負幹。（《輪人》）

［2］鍾已厚則石，已薄則播，侈則柞，弇則鬱，長甬則震。（《鳧氏》）

［3］凡相角，秋斲者厚，春斲者薄。（《弓人》）

形容詞"厚"充當謂語。共3例。

③ AT-A

厚脣弇口，出目短耳，大胸耀後，大體短脰，若是者謂之羸屬，恒有力而不能走，其聲大而宏。①（《梓人》）

形容詞"厚"充當定語。共1例。

我們從詞義入手，分析《攷工記》"厚"的詞義與詞性之間關係如表：

詞項	義位	義素		詞性
		表義素	類義素	
厚$_I$	度量義位	厚度	扁平物體/上下兩面	距離	名詞
厚$_{II}$	性狀義位	厚	扁平物體上下兩面/距離	大	形容詞

表46 "厚"詞義詞性關係表

我們看到，《攷工記》中，"厚$_{II}$"的性狀義位的表義素由"厚$_I$"度量義位的表義素與類義素之和構成。因此，《攷工記》中，"厚$_I$"的度量義位是"厚""名-形"同詞形的語義基礎。

---

① 鐘虡羸屬形象如圖：

圖24 曾侯乙墓編鐘筍簴局部

7. 重

"重"的度量義位"重量"用例（詞項"重$_I$"）有8個，性狀義位"重量大"（與"輕"相對）用例（詞項"重$_{II}$"）有6個，性狀義位"麤，橫剖面大"（與"細"相對）用例（詞項"重$_{III}$"）有2個。我們根據語義環境和語法結構環境，歸納並測查《攷工記》"重"的兩維模式如下：

（1）重$_I$：SU-N$_度$

［1］冶氏爲殺矢，刃長寸，圍寸，鋌十之，重三垸。（《冶氏》）

［2］戟廣寸有半寸，内三之，胡四之，援五之，倨句中矩，與刺重三鋝。（《冶氏》）

［3］身長五其莖長，重九鋝，謂之上制，上士服之；身長四其莖長，重七鋝，謂之中制，中士服之；身長三其莖長，重五鋝，謂之下制，下士服之。（《桃氏》）

［4］重一鈞。（《栗氏》）

［5］權其上旅與其下旅，而重若一，以其長爲之圍。（《函人》）

［6］刃長寸，圍寸，鋌十之，重三垸。（《矢人》）

度量名詞"重"充當主語。共8例。

（2）重$_{II}$

① SU-A

同重節欲疏，同疏欲栗。（《矢人》）

形容詞"重"充當主語。共1例。

② OB-A

［1］凡相筍，欲生而摶，同摶欲重。（《矢人》）

［2］有力而不能走，則於任重宜。……苟撥爾而怒，則於任重宜。（《梓人》）

形容詞"重"充當賓語。共3例。

③ AT-A

［1］故竑其輻廣以爲之弱，則雖有重任，轂不折。（《輪人》）

［2］權之以眡其輕重之侔也。（《輪人》）

形容詞"重"充當定語。共2例。

（3）重$_{III}$

① SU-A

重欲傅人，傅人則密，是故侵之。（《廬人》）

鄭玄註引鄭衆語："'重欲傅人'，謂矛柄之大者在人手中者。"孫詒讓正義："謂手所操處，稍大之則重。"① 形容詞"重"充當主語。共1例。橫剖面大與重量大存在因果關係。

② OB-A

戟兵同強，舉圍欲細，細則校；刺兵同強，舉圍欲重。（《廬人》）

形容詞"重"與"細"相對，充當賓語。共1例。

我們從詞義入手，分析《攷工記》"重"的詞義與詞性之間關係如表：

詞項	義位		義素		詞性
			表義素	類義素	
重$_I$	度量義位	重量	物體/受到重力	度量	名詞
重$_{II}$	性狀義位Ⅰ	重量大	物體/受到重力/度量	大	形容詞
重$_{III}$	性狀義位Ⅱ	麤	橫剖面		

表47 "重"詞義詞性關係表

我們看到，《攷工記》中，"重$_{II}$"的性狀義位$_I$的表義素由"重$_I$"度量義位的表義素與類義素之和構成，"重$_{III}$"的性狀義位$_{II}$雖然與"重$_I$"的度量義位沒有直接關係，但借助與"重$_{II}$"性狀義位$_I$的共同類義素"大"而與"重$_I$"的度量義位發生間接的相通關係。因此，《攷工記》中，"重$_I$"的度量義位是"重""名-形"同詞形的語義基礎。

綜上，我們發現《攷工記》"長"、"尊"、"崇"、"廣"、"博"、"厚"、"重"的度量義位都有共同的類義素"距離"（或"度量"），並與名詞詞性相應；性狀義位都有共同的類義素"大"，並與形容詞詞性相應。

（二）方位義位與性狀義位同詞形

我們根據語義環境和語法結構環境，歸納並測查《攷工記》"上"、"中"、"下"的"名-形"同詞形兩維模式頻率如表：

---

① 《周禮正義》，P3411。

兩維模式	頻率	百分比（%）
SU-N$_方$	18	40
OB-N$_方$	4	8.89
PR-A	2	4.44
AT-A	21	46.67
總頻率	45	100%

表48　"名–形"同詞形兩維模式頻率表Ⅱ

我們從詞匯意義着眼，歸納並測查這三個詞形的方位義位和性狀義位同詞形情況如表：

數據 詞形	總數	方位義位		性狀義位	
		數量	百分比（%）	數量	百分比（%）
上	24	14	58.33	10	41.67
中	6	4	66.67	2	33.33
下	15	4	26.67	11	73.33

表49　方位義位與性狀義位同詞形情況表

以下，我們試從這些詞形的方位義位與性狀義位同詞形來看名形同詞形的語義基礎。

1. 上

《攷工記》"上"的方位義位"上部，上端或上面的部位"用例（詞項"上$_Ⅰ$"）有14個，性狀義位"等級或地位高"義位用例（詞項"上$_Ⅱ$"）有9個，性狀義位"樂音高"用例（詞項"上$_Ⅲ$"）有1個。我們根據語義環境和語法結構環境，歸納並測查《攷工記》"上"的兩維模式如下：

（1）上$_Ⅰ$

① SU-N$_方$

［1］上欲尊而宇欲卑，上尊而宇卑，則吐水疾而雷遠。（《輪人》）

［2］部尊一枚，弓鑿廣四枚，鑿上二枚，鑿下四枚。（《輪人》）

［3］鳧氏爲鍾，兩欒謂之銑，銑間謂之于，于上謂之鼓，鼓上謂之鉦，鉦上謂之舞；舞上謂之甬，甬上謂之衡。……于上之攠謂之隧。（《鳧氏》）

［4］韗人爲皋陶，長六尺有六寸，左右端廣六寸，中尺，厚三寸，穹者三之一，上三正。（《韗人》）

［5］堂上度以筵。（《匠人》）

［6］車人爲耒，庛長尺有一寸，中直者三尺有三寸，上句者二尺有二寸。（《車人》）

方位名詞"上"充當主語。共12例。

② OB-N$_方$

［1］參分其甬長，二在上，一在下，以設其旋。（《鳧氏》）

［2］大圭長三尺，杼上，終葵首，天子服之。（《玉人》）

方位名詞"上"充當賓語。共2例。

（2）上$_Ⅱ$：AT-A

［1］攻金之工，築氏執下齊，冶氏執上齊。（《冶氏》）

［2］身長五其莖長，重九鋝，謂之上制，上士服之。（《桃氏》）

［3］權其上旅與其下旅，而重若一，以其長爲之圍。（《函人》）

［4］上兩个，與其身三，下兩个半之。上綱與下綱出舌尋，縓寸焉。（《梓人》）

［5］上工以有餘，下工以不足。（《弓人》）

［6］弓長六尺有六寸，謂之上制，上士服之。（《弓人》）

形容詞"上"充當定語。共9例。

（3）上$_Ⅲ$：PR-A

已上則摩其旁，已下則摩其耑。（《磬氏》）

鄭玄註："玄謂大上，聲清也。"孫詒讓正義："上猶高也。聲高則清，故云'大上，聲清（也）'。"（3356）形容詞"上"充當謂語。共1例。

我們從詞義入手，分析《攷工記》"上"的詞義與詞性之間關係如表：

詞項	義位		義素		詞性
			表義素	類義素	
上$_Ⅰ$	方位義位	上端或上面的部位	上端或上面	部位/位置	名詞
上$_Ⅱ$	性狀義位Ⅰ	部位在上端或上面的/等級或地位高的	部位/等級或地位	在上端或上面/高	形容詞
上$_Ⅲ$	性狀義位Ⅱ	樂音高	樂音/音階		

表50 "上"詞義詞性關係表

我們看到，《攷工記》中，"上$_{\text{II}}$"的性狀義位Ⅰ的表義素與"上$_{\text{I}}$"方位義位的類義素相通，而"上$_{\text{II}}$"性狀義位Ⅰ的類義素與"上$_{\text{I}}$"方位義位的表義素相通；"上$_{\text{III}}$"的性狀義位Ⅱ雖然與"上$_{\text{I}}$"的方位義位沒有直接關係，但借助與"上$_{\text{II}}$"性狀義位Ⅰ的表義素與"上$_{\text{I}}$"方位義位的類義素相通，以及"上$_{\text{II}}$"性狀義位Ⅰ的類義素與"上$_{\text{I}}$"方位義位的表義素相通，從而與"上$_{\text{I}}$"的方位義位發生間接的相通關係。因此，《攷工記》中，"上$_{\text{I}}$"的方位義位是"上""名-形"同詞形的語義基礎。

2. 中

"中"的方位義位"中部，兩端之間的部位"用例（詞項"中$_{\text{I}}$"）有4個，性狀義位"中等"用例（詞項"中$_{\text{II}}$"）有2個。我們根據語義環境和語法結構環境，歸納並測查《攷工記》"中"的兩維模式如下：

（1）中$_{\text{I}}$：SU–N$_{\text{方}}$

車人為耒，庛長尺有一寸，中直者三尺有三寸，上句者二尺有二寸。（《車人》）

這裏的"中"指"上"、"下"的中端。

前弱則俛，後弱則翔，中弱則紆，中強則揚，羽豐則遲，羽殺則趮。（《矢人》）

這裏的"中"指"前"、"後"的中端。

韗人為皋陶，長六尺有六寸，左右端廣六寸，中尺，厚三寸，穹者三之一，上三正。（《韗人》）

這裏的"中"指"左"、"右"的中端。

夫角之中，恒當弓之畏。畏也者必橈，橈故欲其堅也。青也者，堅之徵也。（《弓人》）

這裏的"中"則指"本"、"末"的中端。方位名詞"中"充當主語。共4例。

（2）中$_{\text{II}}$：AT–A

弓長六尺有三寸，謂之中制，中士服之。（《弓人》）

形容詞"中"充當定語。共2例。

我們從詞義入手，分析《攷工記》"中"的詞義與詞性之間關係如表：

詞項	義位		義素		詞性
			表義素	類義素	
中₁	方位義位	兩端之間的部位	兩端之間	部位/位置	名詞
中₂	性狀義位	中等	部位/等級或地位	兩極之間	形容詞

表51 "中"詞義詞性關係表

我們看到，《攷工記》中，"中₂"的性狀義位的表義素與"中₁"方位義位的類義素相通，而"中₂"性狀義位的類義素與"中₁"方位義位的表義素相通。因此，《攷工記》中，"中₁"的方位義位是"中""名-形"同詞形的語義基礎。

3. 下

"下"的方位義位"下部，下端或下面的部位"用例（詞項"下₁"）有4個，性狀義位"等級低的"用例（詞項"下₂"）有10個，性狀義位"樂音低"用例（詞項"下₃"）有1個。我們根據語義環境和語法結構環境，歸納並測查《攷工記》"下"的兩維模式如下：

（1）下₁

① SU–N方

部尊一枚，弓鑿廣四枚，鑿上二枚，鑿下四枚；鑿深二寸有半，下直二枚，鑿端一枚。（《輪人》）

方位名詞"下"充當主語。共2例。

② OB–N方

［1］參分其甬長，二在上，一在下，以設其旋。（《鳧氏》）

［2］凡取幹之道七，柘為上，檍次之，檿桑次之，橘次之，木瓜次之，荊次之，竹為下。（《弓人》）

方位名詞"下"充當賓語。共2例。

（2）下₂：AT–A

［1］攻金之工，築氏執下齊，冶氏執上齊。（《築氏》）

［2］身長三其莖長，重五鋝，謂之下制，下士服之。（《桃氏》）

［3］權其上旅與其下旅，而重若一，以其長為之圍。（《函人》）

［4］上兩个，與其身三，下兩个半之。上綱與下綱出舌尋，緽寸焉。（《梓人》）

［5］下柎之弓，末應將興。（《弓人》）

［6］上工以有餘，下工以不足。（《弓人》）

［7］弓長六尺，謂之下制，下士服之。（《弓人》）

形容詞"下"充當定語。共10例。

（3）下ⅲ：PR-A

已上則摩其旁，已下則摩其耑。①（《磬氏》）

鄭玄註："大下，聲濁也。"孫詒讓正義："下猶低也。聲低則濁，故云'大下，聲濁也'。"② 形容詞"下"充當謂語。共1例。

我們從詞義入手，分析《攷工記》"下"的詞義與詞性之間關係如表：

詞項	義位	義素		詞性
		表義素	類義素	
下Ⅰ	方位義位	下端或下面的部位	下端或下面	部位/位置	名詞
下Ⅱ	性狀義位Ⅰ	部位在下端或下面的/等級或地位低的	部位/等級或地位	在下端或下面/低	形容詞
下Ⅲ	性狀義位Ⅱ	樂音低	樂音/音階		

表52 "下"詞義詞性關係表

我們看到，《攷工記》中，"下Ⅱ"的性狀義位Ⅰ的表義素與"下Ⅰ"方位義位的類義素相通，而"下Ⅱ"性狀義位Ⅰ的類義素與"下Ⅰ"方位義位的表義素相通；"下Ⅲ"的性狀義位Ⅱ雖然與"下Ⅰ"的方位義位沒有直接關係，但借助與"下Ⅱ"性狀義位Ⅰ的表義素與"下Ⅰ"方位義位的類義素相通，以及"下Ⅱ"性狀義位Ⅰ的類義素與"下Ⅰ"方位義位的表義素相通，從而與"下Ⅰ"的方位義位發生間接的相通關係。因此，《攷工記》中，"下Ⅰ"的方位義位是"下""名-形"同詞形的語義基礎。

綜上，我們發現《攷工記》"上"、"中"、"下"的方位義位都有共同的

---

① 王子初闡釋："在厚度不變的情況下，石磬的音高主要決定於磬體的長與寬。磬體上對音高最爲敏感的部位正是在磬底的中部。要使磬音提高，可以打磨兩博（即兩端），使磬長度縮短；使磬音降低，可以打磨磬的兩面，使磬體變薄。這就是《攷工記》所說'已上則摩其旁，已下則摩其耑'的真諦。"（《石磬的音樂攷古學斷代》，載《中國音樂學》2004年第2期）

② 《周禮正義》，P3356。

類義素"部位/位置",並與名詞詞性相應;性狀義位都有共同的表義素"部位/等級或地位",並與形容詞詞性相應。

當然,"名-形"同詞的語法功能不是絕對的,而必須借助具體的語言環境來判定。

三、名物義位與行爲義位同詞形

劉禾先生認爲,有些詞從產生伊始就兼有名詞性和動詞性,可稱爲"原始性兼類詞";有些詞最早或僅是動詞,或僅是名詞,後因語言的不斷發展變化,有的詞則由單義變多義,由單類變兼類,可稱爲"後發性兼類詞"。① 也有學者認爲,名詞詞義中含有動態特徵義,即具有與之直接、固定搭配關係的動作,這個名纔可能成爲"名-動"兼類詞。② 以下,我們試從《攷工記》中原材料義位與加工行爲義位同詞形,成品義位與製作行爲義位同詞形,工具義位、角度義位與檢驗行爲義位同詞形,度量標準義位與測量行爲義位同詞形等四種類型來看"名-動"同詞形的語義基礎。

(一)原材料義位與加工行爲義位同詞形

我們根據語義環境和語法結構環境,歸納並測查《攷工記》"漆"、"膠"的"名-動"同詞形兩維模式頻率如表:

兩維模式	頻率	百分比(%)
SU–N$_賁$	11	57.89
OB–N$_賁$	5	26.32
PR–V	3	15.79
總頻率	19	100%

表53 "名-動"同詞形兩維模式頻率表 I

我們從詞匯意義着眼,歸納並測查這兩個詞形的原材料義位和加工行爲義位同詞形情況如表:

---

① 詳見劉禾《古漢語入門》,吉林人民出版社,1984年,P112—113。
② 詳見蘇寶榮《詞語兼類的功能顯示與深層語義分析》,載《語文研究》2005年第1期。

數據 詞形	總數	原材料義位		加工行爲義位	
		數量	百分比（%）	數量	百分比（%）
漆	5	3	60	2	40
膠	14	12	85.7	2	14.3

表54　原材料義位與加工行爲義位同詞形情况表

以下，我們試從《攷工記》中原材料義位與加工行爲義位同詞形來看"名-動"同詞形的語義基礎。

1. 漆

《攷工記》"漆"的原材料義位"樹脂塗料"用例（詞項"漆$_I$"）有4個，加工行爲義位"塗抹樹脂塗料"用例（詞項"漆$_{II}$"）有1個。我們根據語義環境和語法結構環境，我們歸納並測查《攷工記》"漆"的兩維模式如下：

（1）漆$_I$

① SU-N$_{實}$

漆也者，以爲受霜露也。……筋欲敝之敝，漆欲測，絲欲沈。……九和之弓，角與幹權，筋三侔，膠三鋝，絲三邸，漆三斞。[①]（《弓人》）

實物名詞"漆"充當主語。共3例。

② OB-N$_{實}$

椁其漆内而中詘之以爲之轂長。（《輪人》）

實物名詞"漆"充當賓語。共1例。

（2）漆$_{II}$：PR-V

參分其牙圍而漆其二。[②]（《輪人》）

動詞"漆"充當謂語。共1例。

我們從詞義入手，分析《攷工記》"漆"的詞義與詞性之間關係如表：

---

① 長沙掃把塘138號墓出土竹弓中部以兩層竹材合成，用綢絹包纏後，再用絲綫纏緊，髹黑漆；弓的兩端也塗有漆。

② 根據長沙出土的203號墓中的木車模型可知，2號車和3號車的車輪表面塗漆，車轂細端被黑漆所遮蓋，軸的末端和轂被漆結合爲一。詳見中國科學院攷古研究所《長沙發掘報告》，科學出版社，1957年，附録一《長沙203號墓出土的木車模型》，P143—148。

詞項	義位	義素		詞性
		表義素	類義素	
漆$_I$	原材料義位	樹脂塗料	樹脂	原材料	名詞
漆$_{II}$	加工行爲義位	塗抹樹脂塗料	樹脂塗料	加工	動詞

表55 "漆"詞義詞性關係表

我們看到，《攷工記》中，"漆$_{II}$"加工行爲義位的表義素與"漆$_I$"的原材料義位相同，由"漆$_I$"原材料義位的表義素與類義素之和構成，而"漆$_I$"原材料義位所含的表義素"樹脂"與類義素"原材料"的深層，含有與之直接而固定搭配的加工行爲動態特徵義。因此，《攷工記》中，"漆$_I$"的原材料義位是"漆""名-動"同詞形的語義基礎。

2. 膠

"膠"的原材料義位"動物黏性物質"用例（詞項"膠$_I$"）有12個，加工行爲義位"用動物黏性物質黏合"用例（詞項"膠$_{II}$"）有2個。我們根據語義環境和語法結構環境，歸納並測查《攷工記》"膠"的兩維模式如下：

（1）膠$_I$

①SU–N$_{實}$

［1］膠也者，以爲和也。（《弓人》）

［2］鹿膠青白，馬膠赤白，牛膠火赤，鼠膠黑，魚膠餌，犀膠黃。（《弓人》）

［3］九和之弓，角與幹權，筋三侔，膠三鋝，絲三邸，漆三斛。（《弓人》）

實物名詞"膠"充當主語。共8例。

②OB–N$_{實}$

［1］施膠必厚。①（《輪人》）

① 施膠如圖：

圖25 施膠

［2］凡相膠，欲朱色而昔。昔也者，深瑕而澤，紾而摶廉。（《弓人》）

［3］夫懷膠於內而摩其角，夫角之所由挫，恒由此作。……橋幹欲孰於火而無贏，橋角欲孰於火而無燂，引筋欲盡而無傷其力，鬻膠欲孰而水火相得，然則居旱亦不動，居濕亦不動。（《弓人》）

實物名詞"膠"充當賓語。共4例。

（2）膠_{II}：PR-V

斲摯必中，膠之必均。斲摯不中，膠之不均，則及其大脩也，角代之受病。（《弓人》）

動詞"膠"充當謂語。共2例。

我們從詞義入手，分析《攷工記》"膠"的詞義與詞性之間關係如表：

詞項	義位		義素		詞性
			表義素	類義素	
膠_I	原材料義位	動物黏性物質	動物/黏性	原材料	名詞
膠_{II}	加工行爲義位	黏合	動物黏性物質	加工	動詞

表56　"膠"詞義詞性關係表

我們看到，《攷工記》中，"膠"的加工行爲義位的表義素與原材料義位相同，由原材料義位的表義素與類義素之和構成，而原材料義位所含的表義素"動物/黏性"與類義素"原材料"的深層，含有與之直接而固定搭配的加工行爲動態特徵義。因此，《攷工記》中，"膠"的原材料義位是"膠""名-動"同詞形的語義基礎。

綜上，我們發現《攷工記》"漆"、"膠"的原材料義位都有共同的類義素"原材料"，並與名詞詞性相應；加工行爲義位都有共同的類義素"加工"，並與動詞詞性相應。

（二）成品義位與製作行爲義位同詞形

凡爲甲，必先爲容，然後製革。（《函人》）

這裏的"容"指模型（詞項"容ᵢ"），名詞充當賓語。①

容轂必直。（《輪人》）

鄭玄註："玄謂容者，治轂爲之形容也。"這裏的"容"指製作成品部件模型（詞項"容ᵢᵢ"），動詞充當謂語。

我們從詞義入手，分析《攷工記》"容"詞義與詞性之間關係如表：

詞項	義位	義素		詞性
		表義素	類義素	
容ᵢ	成品義位	模型	成品部件	模型	名詞
容ᵢᵢ	製作行爲義位	製作成品部件模型	成品部件/模型	製作	動詞

表57　"容"詞義詞性關係表

我們看到，《攷工記》中，"容ᵢᵢ"製作行爲義位的表義素與"容ᵢ"的成品義位相同，由"容ᵢ"成品義位的表義素與類義素之和構成，而"容ᵢ"成品義位所含的表義素"成品部件"與類義素"模型"的深層，含有與之直接而固定搭配的製作行爲動態特徵義。因此，《攷工記》中，"容ᵢ"的成品義位是"容""名-動"同詞形的語義基礎。"容ᵢ"成品義位類義素"模型"與名詞詞性相應，製作行爲義位的類義素"製作"與動詞詞性相應。

---

①　曾侯乙墓出土甲冑，皮胎，模壓成型，計二百零一甲片，用紅色絲綫縱橫編聯而成，通體髹黑漆，素面。詳見隨縣擂鼓墩一號墓攷古發掘隊《湖北隨縣曾侯乙墓發掘簡報》，載《文物》1979年第7期。如圖：

圖26　曾侯乙墓出土甲冑

（三）工具義位、幾何義位與檢驗行爲義位同詞形

章太炎先生曾注意到"度"的同詞形狀況："度字本從又，爲分、寸、尺、丈、引之名，是爲度數；引申之則爲量度。"[①] 此即幾何義位與行爲義位同詞形。我們根據語義環境和語法結構環境，歸納並測查《攷工記》"規"、"矩"（蠆）、"水"、"縣"、"量"、"權"的"名–動"同詞形兩維模式頻率如表：

兩維模式	頻率	百分比（%）
SU–N$_{幾}$	1	2.27
OB–N$_{實}$	11	25
OB–N$_{幾}$	9	20.46
PR–N$_{幾}$	1	2.27
PR–V	22	50
總頻率	44	100%

表58 "名–動"同詞形兩維模式頻率表Ⅱ

我們從詞匯意義着眼，歸納並測查這六個詞形的工具義位、幾何義位和檢驗行爲義位同詞情況如表：

詞形 \ 數據	總數	名物義位				行爲義位			
		工具義位		幾何義位		治材義位		檢驗義位	
		數量	%	數量	%	數量	%	數量	%
規	10	1	10	7	70			2	20
矩（蠆）	8	2	25	3	37.5	1	12.5	2	25
水	5	1	20					4	80
縣	6	4	66.67					2	33.33
量	8	2	25					6	75
權	7	2	28.57					5	71.43

表59 工具義位、幾何義位與檢驗行爲義位同詞形情況表

以下，我們試從這些詞的工具義位、幾何義位和檢驗行爲義位同詞形來看"名–動"同詞形的語義基礎。

---

① 章太炎《膏蘭室札記·橫》，《章太炎全集》，上海人民出版社，1982年。

1. 規

《攷工記》"規"的工具義位"圓規,畫圓的工具"用例(詞項"規$_I$")有1個,① 幾何義位"圓周/圓形(360°)"用例(詞項"規$_{II}$")有7個,檢驗行爲義位"用圓規測查圓形"用例(詞項"規$_{III}$")有2個。我們根據語義環境和語法結構環境,歸納並測查《攷工記》"規"的兩維模式如下:

(1)規$_I$:OB–N$_{實}$

圜者中規。(《輿人》)

孫詒讓正義:"以下通論爲輿上諸材形度之中規矩準繩也。"②(3201)實物名詞"規"充當賓語。共1例。

(2)規$_{II}$:OB–N$_{幾}$

[1] 琬圭九寸,判規,以除慝,以易行。(《玉人》)

[2] 築氏爲削,長尺博寸,合六而成規。(《築氏》)

[3] 爲規,識日出之景與日入之景。(《匠人》)

[4] 爲天子之弓,合九而成規;爲諸侯之弓,合七而成規;大夫之弓,合五而成規;士之弓,合三而成規。(《弓人》)

戴震《攷工記圖》:"琬圭左右剡,坳而下,如規之判。"孫詒讓正義:"是判規者,若割圓爲四象限形,圭左右剡各一象限,合兩圭而成規也。其義於經較切。"③今案,"規"之"規勸"、"諫正"義蓋由此而來。幾何名詞"規"充當賓語。共7例。

---

① 工具義位的"規"、"矩"如圖:

圖27 漢畫像石女媧執規、伏羲執矩圖

② 《周禮正義》,P3201。
③ 同②,P3335。

（3）規$_{III}$：PR-V

是故規之以眡其圜也……故可規、可萬、可水、可縣、可量、可權也，謂之國工。（《輪人》）

鄭玄註："輪中規則圜矣。"賈公彥疏："謂輪成，以繩規之，中規則不枉也。"動詞"規"充當謂語。共2例。

我們從詞義入手，分析《攷工記》"規"的詞義與詞性之間關係如表：

詞項	義位		義素		詞性
			表義素	類義素	
規$_I$	工具義位	圓規	畫圓	工具	名詞
規$_{II}$	幾何義位	圓周/圓形	圓（360°）	幾何形	
規$_{III}$	檢驗行爲義位	用圓規測查圓形	用圓規/圓形	測查	動詞

表60 "規"詞義詞性關係表

我們看到，《攷工記》中，"規$_{III}$"的檢驗行爲義位的表義素與"規$_I$"的工具義位和"規$_{II}$"的幾何義位相同，由"規$_I$"的工具義位及"規$_{II}$"的幾何義位的表義素與類義素之和構成，而"規$_I$"的工具義位所含的表義素"畫圓"與類義素"工具"的深層，以及"規$_{II}$"的幾何義位所含的表義素"圓（360°）"與類義素"幾何形"的深層，含有與之直接而固定搭配的"規$_{III}$"檢驗行爲動態特徵義。因此，《攷工記》中，"規$_I$"的工具義位和"規$_{II}$"的幾何義位是"規""名-動"同詞形的語義基礎。

2. 矩

"矩"（萬）的工具"畫直角或方形的曲尺"義位用例（詞項"矩$_I$"）有2個，幾何義位"直角或方形（90°）"用例（詞項"矩$_{II}$"）有3個，治材行爲義位"標識，作出標記"用例（詞項"矩$_{III}$"）有1個，檢驗行爲義位"用曲尺測查直角形"用例（詞項"矩$_{IV}$"）有兩個。我們根據語義環境和語法結構環境，歸納並測查《攷工記》"矩"的兩維模式如下：

（1）矩$_I$：OB-N$_{實}$

[1] 方者中矩。（《輿人》）

[2]戟廣寸有半寸，內三之，胡四之，援五之，倨句中矩，與刺重三鋝。（《冶氏》）

實物名詞"矩"充當賓語。共2例。

（2）矩$_{II}$

① SU-N$_{幾}$

車人之事，半矩謂之宣。（《車人》）

孫詒讓正義引程瑤田語："矩者，倨句之正方者也。"[①] 幾何名詞"矩"充當主語。共1例。

② PR-N$_{幾}$

磬氏爲磬，倨句一矩有半。（《磬氏》）

幾何名詞"矩"充當謂語。共1例。

③ OB-N$_{幾}$

欲爲淵，則句於矩。（《匠人》）

幾何名詞"矩"充當賓語。共1例。

（3）矩$_{III}$：PR-V

凡斬轂之道，必矩其陰陽。（《輪人》）

鄭玄註："矩，謂刻識之也。"孫詒讓正義："刻識猶畫也。"[②] 動詞"矩"充當謂語。共1例。

（4）矩$_{IV}$：PR-V

是故規之以眡其圜也，萬之以眡其匡也……故可規、可萬、可水、可縣、可量、可權也，謂之國工。（《輪人》）

孫詒讓正義引鄭鍔語："萬，矩也。"又引洪頤煊語："萬與規對，萬即矩字。"[③] 動詞"矩"充當謂語。共2例。

我們從詞義入手，分析《攷工記》"矩"的詞義與詞性之間關係如表：

[①] 《周禮正義》，P3507。
[②] 同上，P3149。
[③] 同上，P3176。

詞項	義位		義素		詞性
			表義素	類義素	
矩I	工具義位	畫直角或方形的曲尺	畫直角或方形/曲	工具	名詞
矩II	幾何義位	直角或方形	直/方（90°）	幾何形	
矩III	治材行爲義位	標識，作出標記	標識	治材	動詞
矩IV	檢驗行爲義位	用曲尺測查直角或方形	用曲尺/直角或方形	測查	

表61 "矩"詞義詞性關係表

我們看到，《攷工記》中，"矩IV"檢驗行爲義位的表義素與"矩I"的工具義位和"矩II"的幾何義位相同，由"矩I"的工具義位及"矩II"幾何義位的表義素與類義素之和構成，而"矩I"工具義位所含的表義素"畫直角或方形/曲"與類義素"尺"的深層，以及"矩II"幾何義位所含的表義素"直/方（90°）"與類義素"幾何形"的深層，含有與之直接而固定搭配的檢驗行爲動態特徵義。因此，《攷工記》中，"矩I"的工具義位和"矩II"幾何義位是"矩""名–動"同詞形的語義基礎。

3. 水

"水"的幾何義位"水平面（180°）"用例（詞項"水I"）有1個，檢驗行爲義位"測查水平面"用例（詞項"水II"）有4個。我們根據語義環境和語法結構環境，我們歸納並測查《攷工記》"水"的兩維模式如下：

（1）水I：OB-N幾

衡者中水。（《輿人》）

幾何名詞"水"充當賓語。共1例。

（2）水II：PR-V

［1］水之以辨其陰陽。（《矢人》）

［2］水之以眡其平沈之均也……故可規、可萬、可水、可縣、可量、可權也，謂之國工。（《輪人》）

［3］匠人建國，水地以縣，置槷以縣，眡以景。（《匠人》）

動詞"水"充當謂語。共4例。

我們從詞義入手，分析《攷工記》"水"的詞義與詞性之間關係如表：

詞項	義位		義素		詞性
			表義素	類義素	
水$_I$	幾何義位	水平面（180°）	水平面（180°）	幾何形	名詞
水$_{II}$	檢驗行爲義位	測查水平面	水平面（180°）	測查	動詞

表62　"水"詞義詞性關係表

《説文解字》水部："水，準也。"我們看到，《攷工記》中，"水$_{II}$"檢驗行爲義位的表義素與"水$_I$"的幾何義位相同，由"水$_I$"幾何義位的表義素與類義素之和構成，而"水$_I$"幾何義位所含的表義素"水平面（180°）"與類義素"幾何形"的深層，含有與之直接而固定搭配的檢驗行爲動態特徵義。因此，《攷工記》中，"水$_I$"的幾何義位是"水""名-動"同詞形的語義基礎。

4. 縣

"縣"的工具義位"懸挂的垂直綫"用例（詞項"縣$_I$"）有4個，檢驗行爲義位"用懸挂的垂直綫測查"用例（詞項"縣$_{II}$"）有2個。我們根據語義環境和語法結構環境，歸納並測查《攷工記》"縣"的兩維模式如下：

（1）縣$_I$：OB-N$_{實}$

［1］立者中縣。（《輿人》）

［2］豆中縣。（《瓬人》）匠人建國，水地以縣。置槷以縣，眡以景。（《匠人》）

《輿人》孫詒讓正義："縣繩所以正植，亦以測四植距水之高下均否，此蓋兼有準繩之用矣。"① 《瓬人》鄭玄註："縣，縣繩，正豆之柄。"顏春峰、汪少華攷訂："《瓬人》'豆中縣'之'縣'是名詞，即'縣繩'，而'正豆之柄'是縣繩所起的作用。"② 實物名詞"縣"充當賓語。共4例。

（2）縣$_{II}$：PR-V

縣之以眡其輻之直也……故可規、可萬、可水、可縣、可量、可權也，

---

① 《周禮正義》，P3149。

② 顏春峰、汪少華《〈周禮正義〉點校攷訂》，中華書局，2017年，P563。

謂之國工。（《輪人》）

動詞"縣"充當謂語。共2例。

我們從詞義入手，分析《攷工記》"縣"的詞義與詞性之間關係如表：

詞項	義位		義素		詞性
			表義素	類義素	
縣₁	工具義位	懸挂的垂直綫	懸挂	工具	名詞
縣₂	檢驗行爲義位	用懸挂的垂直綫測查	懸挂/垂直綫	測查	動詞

表63 "縣"詞義詞性關係表

我們看到，《攷工記》中，"縣₂"的檢驗行爲義位的表義素與"縣₁"的工具義位相同，由"縣₁"工具義位的表義素與類義素之和構成，而"縣₁"工具義位所含的表義素"懸挂"與類義素"垂直綫"的深層，含有與之直接而固定搭配的檢驗行爲動態特徵義。因此，《攷工記》中，"縣₁"的工具義位是"縣""名-動"同詞形的語義基礎。

5. 量

"量"的工具義位"量器"①用例（詞項"量₁"）有2個，檢驗行爲義位"用量器測查"用例（詞項"量₂"）有6個。我們根據語義環境和語法結構環境，歸納並測查《攷工記》"量"的兩維模式如下：

（1）量₁：OB-N實

栗氏爲量。……嘉量既成，以觀四國。（《栗氏》）

實物名詞"量"充當賓語。共2例。"量"的"量器"義藴涵了度量衡的

---

① 如圖：

圖28 戰國燕客銅量

圖29 秦量（現藏臺北故宮博物院）

深層義。① 這與《漢書·律曆志》"量者，龠、合、升、斗、斛也，所以量多少也"相應。孫詒讓正義："此器兼律度量衡——'方尺'、'深尺'則度也；'實一鬴'則量也；'重一鈞'則衡也；'聲中黃鍾之宮'則律也；內方外圜，則方圜冪積、少廣旁要之理，該而具也。"②

（2）量ᴵᴵ：PR-V

[1] 凡輈，量其鑿深以爲輈廣。……量其藪以黍，以眡其同也……故可規、可萬、可水、可縣、可量、可權也，謂之國工。（《輪人》）

[2] 準之然後量之。量之以爲鬴，深尺，內方尺而圜其外，其實一鬴。（《栗氏》）

[3] 量其力有三均。③（《弓人》）

---

① 東漢新莽追古，設計嘉量形制如圖：

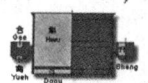

圖30　新莽嘉量示意圖

② 《周禮正義》，P3282。實物如圖：

圖31　新莽嘉量（現藏臺北故宮博物院）

③ 如圖：

圖32　試弓定力

動詞"量"充當謂語。共6例。

我們從詞義入手，分析《攷工記》"量"的詞義與詞性之間關係如表：

詞項	義位		義素		詞性
			表義素	類義素	
量_I	工具義位	量器	量	工具	名詞
量_{II}	檢驗行爲義位	測查	估量	測查	動詞

表64 "量"詞義詞性關係表

我們看到，《攷工記》中，"量_{II}"的檢驗行爲義位的表義素與"量_I"的工具義位相同，由"量_I"工具義位的表義素與類義素之和構成，而"量_I"工具義位所含的表義素"量"與類義素"器皿"的深層，含有與之直接而固定搭配的檢驗行爲動態特徵義。因此，《攷工記》中，"量_I"的工具義位是"量""名-動"同詞形的語義基礎。

6. 權

"權"的工具義位"稱錘"義位用例（詞項"權_I"）有2個，檢驗行爲義位"用稱錘測查重量"用例（詞項"權_{II}"）有5個。我們根據語義環境和語法結構環境，歸納並測查《攷工記》"權"的兩維模式如下：

（1）權_I：OB-N_實

駔琮五寸，宗后以爲權。……駔琮七寸，鼻寸有半寸，天子以爲權。（《玉人》）

鄭玄註引鄭衆語："以爲稱錘，以起量。"[①] 實物名詞"權"充當賓語。

---

① 如圖：

圖32　駔琮

共2例。

（2）權$_{II}$：PR-V

［1］栗氏爲量，改煎金錫則不秏。不秏然後權之，權之然後準之，準之然後量之。（《栗氏》）

［2］權之以眡其輕重之侔也。故可規、可萬、可水、可縣、可量、可權也，謂之國工。（《輪人》）

［3］權其上旅與其下旅，而重若一，以其長爲之圍。（《函人》）

鄭玄註："權，謂稱分之也。"動詞"權"充當謂語。共5例。

我們從詞義入手，分析《攷工記》"權"的詞義與詞性之間關係如表：

詞項	義位	義素		詞性
		表義素	類義素	
權$_I$	工具義位	稱錘	稱	工具	名詞
權$_{II}$	檢驗行爲義位	用稱錘測查重量	稱錘	測查	動詞

表65　"權"詞義詞性關係表

我們看到，《攷工記》中，"權$_{II}$"的檢驗行爲義位的表義素與"權$_I$"的工具義位相同，由"權$_I$"工具義位的表義素與類義素之和構成，而"權$_I$"工具義位所含的表義素"稱"與類義素"錘"的深層，含有與之直接而固定搭配的檢驗行爲動態特徵義。因此，《攷工記》中，"權$_I$"的工具義位是"權""名-動"同詞形的語義基礎。

綜上，我們發現《攷工記》"規"、"矩"（萬）、"水"、"縣"、"量"、"權"的工具義位都有共同的類義素"工具"，並與名詞詞性相應；檢驗行爲義位都有共同的類義素"測查"，並與動詞詞性相應。

（四）度量標準義位與測量行爲義位同詞形

例如，《攷工記》"度"的度量標準義位"度量標準"用例（詞項"度$_I$"）有4個，測量行爲義位"按度量標準測量"用例（詞項"度$_{II}$"）有6個。我們根據語義環境和語法結構環境，歸納並測查《攷工記》"度"的兩維模式如下：

1. 度$_I$：OB-N$_實$

［1］輈有三度，軸有三理。國馬之輈深四尺有七寸，田馬之輈深四尺，

駕馬之輈深三尺有三寸。……小於度,謂之無任。(《輈人》)

[2]璧羨度尺,好三寸,以爲度。(《玉人》)

《輈人》鄭玄註:"度,深淺之數。"《玉人》賈公彥疏:"以爲度者,天子以爲量物之度也。實物名詞"度"充當賓語。共4例。

2.度$_{II}$:PR-V

周人明堂,度九尺之筵,東西九筵,南北七筵,堂崇一筵,五室,凡室二筵。室中度以几,堂上度以筵,宮中度以尋,野度以步,塗度以軌。(《匠人》)

動詞"度"充當謂語。共6例。

我們從詞義入手,分析《玫工記》"度"的詞義與詞性之間關係如表:

詞項	義位	義素		詞性
		表義素	類義素	
度$_I$	度量標準義位	度量標準	度量	標準	名詞
度$_{II}$	測量行爲義位	按度量標準測量	按度量標準	測量	動詞

表66 "度"詞義詞性關係表

我們看到,《玫工記》中,"度$_{II}$"的測量行爲義位的表義素與"度$_I$"的度量標準義位相同,由"度$_I$"度量標準義位的表義素與類義素之和構成,而"度$_I$"度量標準義位所含的表義素"度量"與類義素"標準"的深層,含有與之直接而固定搭配的檢驗行爲動態特徵義。"度$_I$"度量標準義位的類義素與名詞詞性相應,"度$_{II}$"測量行爲義位的類義素與動詞詞性相應。進一步來看,《玫工記》中,"度$_I$"的度量標準義位是"度""名-動"同詞形的語義基礎。"度"的測量行爲義位使用頻率高於度量標準義位,說明《玫工記》"名-動"同詞形中,測量行爲義位已具備獨立的語法功能。

《玫工記》這組詞形的詞項,祇能根據具體語境進行確認。各具詞性的詞項之間,其原始義位潛隱的深層義素所具有的屬性基因相近或相同。

四、性狀義位與行爲義位同詞形

我們根據語義環境和語法結構環境,歸納並測查《玫工記》"和"、"殺"、"準"、"信""形-動"同詞形兩維模式頻率如表:

兩維模式	頻率	百分比（%）
SU-A	1	4.76
OB-A	2	9.52
PR-A	5	23.82
AT-A	2	9.52
PR-V	11	52.38
總頻率	21	100%

表67　"形–動"同詞兩維模式頻率表

我們從詞匯意義着眼，歸納並測查其性狀義位與行爲義位同詞形情況如表：

數據 詞形	總數	加工行爲義位		製作行爲義位		檢驗行爲義位		性狀義位	
		數量	%	數量	%	數量		百分比（%）	
和	9	2	22.2			1	11.1	6	66.7
殺	5			2	40			3	60
準	3					2	66.7	1	33.3
信	5			1	20	3	60	1	20

表68　《攷工記》性狀義位與行爲義位同詞情況表

以下，我們試從其性狀義位與行爲義位同詞形來看"形–動"同詞形的語義基礎。

1.和

《攷工記》"和"的性狀義位"和諧"用例（詞項"和$_I$"）有6個，加工行爲義位"調和"用例（詞項"和$_{II}$"）有2個，檢驗行爲義位"調試；調校"用例（詞項"和$_{III}$"）有1個。我們根據語義環境和語法結構環境，歸納並測查《攷工記》"和"的兩維模式如下：

（1）和$_I$

① SU-A

大和無灂，其次筋角皆有灂而深，其次有灂而疏，其次角無灂。（《弓人》）

形容詞"和"充當主語。共1例。

② PR-A

輈注則利，準則久，和則安。輈欲弧而無折，經而無絕。進則與馬謀，退則與人謀，終日馳騁，左不楗，行數千里，馬不契需，終歲御，衣衽不敝，此唯輈之和也。（《輈人》）

賈公彥疏："前後曲直調和，則人乘之安穩。"形容詞"和"充當謂語。共2例。

③ OB-A

［1］膠也者，以爲和也。（《弓人》）
［2］均者三，謂之九和。（《弓人》）

形容詞"和"充當賓語。共2例。

④ AT-A

九和之弓，角與幹權，筋三侔，膠三鋝，絲三邸，漆三斞。（《弓人》）

形容詞"和"充當定語。共1例。

（2）和$_{II}$：PR-V

［1］輪人爲輪，斬三材，必以其時。三材既具，巧者和之。（《輪人》）
［2］弓人爲弓，取六材必以其時。六材既聚，巧者和之。（《弓人》）

《輪人》鄭玄註："調其鑿內而合之。"賈公彥疏："鄭以調解和。"動詞"和"充當謂語。共2例。

（3）和$_{III}$：PR-V

和弓擊摩。（《弓人》）

鄭玄註："和猶調也。"動詞"和"充當謂語。共1例。

我們從詞義入手，分析《攷工記》"和"的詞義與詞性之間關係如表：

詞項	義位	義素		詞性
		表義素	類義素	
和$_{I}$	性狀義位	和諧	和諧	性狀	形容詞
和$_{II}$	加工行爲義位	調和	調和	加工	動詞
和$_{III}$	檢驗行爲義位	調試；調校	調試；調校	檢驗	

表69 "和"詞義詞性關係表

我們看到，《攷工記》中，"和$_{I}$"的性狀義位是加工行爲義位的目的，也是"和ⅲ"檢驗行爲義位的内容,"和ᵢ"性狀義位的深層,含有與之直接而固定搭配的加工行爲和檢驗行爲動態特徵義。因此,《攷工記》中,"和ᵢ"的性狀義位是"和""形-動"同詞形的語義基礎。

2. 殺

"殺"的性狀義位"少"用例(詞項"殺ᵢ")有3個,製作行爲義位"削減;減小"用例(詞項"殺ⅱ")有2個。我們根據語義環境和語法結構環境,歸納並測查《攷工記》"殺"的兩維模式如下:

(1)殺ᵢ

① PR-A

羽豐則遲,羽殺則趮。(《矢人》)

孫詒讓正義:"'羽殺'謂羽減少也。"① 形容詞"殺"充當謂語。共1例。

② AT-A

是故夾而搖之,以眡其豐殺之節也;橈之,以眡其鴻殺之稱也。(《矢人》)

形容詞"殺"充當定語。共2例。

(2)殺ⅱ:PR-V

[1]參分其輻之長而殺其一,則雖有深泥,亦弗之溓也。(《輪人》)

[2]參分其長而殺其一。② (《矢人》)

《輪人》鄭玄註:"殺,衰小之也。"動詞"殺"充當謂語。共2例。

我們從詞義入手,分析《攷工記》"殺"的詞義與詞性之間關係如表:

---

① 《周禮正義》,P3365。
② 如圖:

圖33 參分其長而殺其一

詞項	義位	義素		詞性
		表義素	類義素	
殺$_I$	性狀義位	少	少	性狀	形容詞
殺$_{II}$	製作行爲義位	削減；減少	削減；減少	製作	動詞

表70 "殺"詞義詞性關係表

我們看到，《攷工記》中，"殺$_I$"的性狀義位是"殺$_{II}$"製作行爲義位的目的，"殺$_I$"性狀義位的深層，含有與之直接而固定搭配的製作行爲動態特徵義。因此，《攷工記》中，"殺$_I$"的性狀義位是"殺""形-動"同詞形的語義基礎。

3. 準

"準"的性狀義位"平（如水面）"用例（詞項"準$_I$"）有1個，檢驗行爲義位"（以水面比重狀態）測算"用例（詞項"準$_{II}$"）有2個。我們根據語義環境和語法結構環境，歸納並測查《攷工記》"準"的兩維模式如下：

（1）準$_I$：PR-A

輈注則利，準則久，和則安。（《輈人》）

鄭玄註："準則久，謂輈之在輿下者平如準，則能久也。"賈公彥疏："準，平也，亦水之類，故以準爲平解之。……準謂在輿下。"形容詞"準"充當謂語。共1例。

（2）準$_{II}$：PR-V

㮚氏爲量，改煎金錫則不耗。不耗然後權之，權之然後準之，準之然後量之。（《㮚氏》）

戴震《攷工記圖》："以合度之方器承水，置金其中，則金之方積可計，而其體之重輕大小可合而齊，此'準之'之法也。"動詞"準"充當謂語。共2例。

我們從詞義入手，分析《攷工記》"準"的詞義與詞性之間關係如表：

詞項	義位	義素		詞性
		表義素	類義素	
準$_I$	性狀義位	平（如水面）	水面	性狀	形容詞
準$_{II}$	檢驗行爲義位	（以水面比重狀態）測算	水面/比重狀態	檢驗	動詞

表71 "準"詞義詞性關係表

我們看到，《攷工記》中，"準₁"的性狀義位的表義素與"準ₙ"檢驗行爲義位的表義素部份相合，"準₁"性狀義位的表義素是"準ₙ"檢驗行爲義位的方式，"準₁"性狀義位表義素的深層，含有與之直接而固定搭配的檢驗行爲動態特徵義。因此，《攷工記》中，"準₁"的性狀義位是"準""形–動"同詞形的語義基礎。

4. 信（伸）

"信"（伸）的性狀義位"舒展"用例（詞項"信₁"）有1個，製作行爲義位"伸展"用例有1個，檢驗行爲義位"伸展"用例（詞項"信ₙ"）有3個。我們根據語義環境和語法結構環境，歸納並測查《攷工記》"信"的兩維模式如下：

（1）信₁：PR–A

卷而摶之而不虒，則厚薄序也；眡其著而淺，則革信也。（《鮑人》）

孫詒讓正義："'信'亦'伸'字。《廣雅·釋詁》：'伸，展也，直也。'革展之直，則平而無縮，急而不緩。"①今按，"信"、"伸"古今字。形容詞"信"充當謂語。共1例。

（2）信ₙ：PR–V

信其桯圍以爲部廣，部廣六寸。（《輪人》）

賈公彦疏："'信'，古之'申'字。申上桯圍六寸以爲此部徑。"孫詒讓《周禮正義》："此申桯之曲圍以爲達常之直徑，故以'信'言之。"②動詞"信"充當謂語。共1例。

（3）信ₘ：PR–V

引而信之，欲其直也。信之而直，則取材正也；信之而枉，則是一方緩、一方急也。（《鮑人》）

陸德明《經典釋文》："信，音申。"孫詒讓正義："'信'與'伸'同。"③動詞"信"充當謂語。共3例。

我們從詞義入手，分析《攷工記》"信"的詞義與詞性之間關係如表：

---
① 《周禮正義》，P3296。
② 同①，P3180。
③ 同①，P3294。

詞項	義位		義素		詞性
			表義素	類義素	
信₁	性狀義位	舒展	直	性狀	形容詞
信₂	製作行爲義位	伸展		製作	動詞
信₃	檢驗行爲義位			檢驗	

表72 "信"詞義詞性關係表

我們看到，《攷工記》中，"信"的性狀義位是製作行爲義位的目的，也是檢驗行爲義位的内容，性狀義位的深層，含有與之直接而固定搭配的製作行爲和檢驗行爲動態特徵義。因此，《攷工記》中，"信"的性狀義位是"信""形–動"同詞形的語義基礎。

綜上，我們發現《攷工記》"和"、"殺"、"準"、"信"4個詞形的性狀義位都有共同的類義素"性狀"，並與形容詞詞性相應；加工行爲義位都有共同的類義素"加工"，製作行爲義位都有共同的類義素"製作"，檢驗行爲義位都有共同的類義素"檢驗"，並與動詞詞性相應。

五、名物義位、性狀義位與行爲義位同詞形

我們試從《攷工記》"深"的名物義位、性狀義位與行爲義位同詞形來看名形動同詞形的語義基礎。

《攷工記》中，"深"的度量義位"從上到下或從外到内的距離"用例（詞項"深₁"）有13個，性狀義位"從上到下或從外到内的距離大"（與"淺"相對）用例（詞項"深₂"）有8個，性狀義位"顏色重"用例（詞項"深₃"）有1個，行爲義位"測量深度"用例（詞項"深₄"）有1個，行爲義位"深藏"用例（詞項"深₅"）有3個。我們根據語義環境和語法結構環境，歸納並測查《攷工記》"深"的兩維模式如下：

（1）深₁

①SU–N$_度$

［1］鑿深二寸有半。（《輪人》）

［2］國馬之輈深四尺有七寸，田馬之輈深四尺，駑馬之輈深三尺有三寸。（《輈人》）

[3] 量之以爲鬴，深尺，内方尺而圜其外，其實一鬴。（《栗氏》）

[4] 匠人爲溝洫，耜廣五寸，二耜爲耦；一耦之伐，廣尺，深尺，謂之甽；田首倍之，廣二尺，深二尺，謂之遂。九夫爲井，井間廣四尺，深四尺，謂之溝；方十里爲成，成間廣八尺，深八尺，謂之洫；方百里爲同，同間廣二尋，深二仞，謂之澮。（《匠人》）

度量名詞"深"充當主語。共10例。

② OB-N$_{度}$

[1] 凡輻，量其鑿深以爲輻廣。（《輪人》）

[2] 爲遂（隧），六分其厚，以其一爲之深而圜之。（《鳧氏》）

[3] 以其笴厚爲之羽深。（《矢人》）

度量名詞"深"充當賓語。共3例。

（2）深$_{II}$

① PR-A

[1] 鑿深而輻小，則是固有餘而強不足也。（《輪人》）

[2] 輈深則折，淺則負。（《輈人》）

[3] 其人安，其弓安，其矢安，則莫能以速中，且不深。（《弓人》）

形容詞"深"充當謂語。共3例。

② OB-A

[1] 凡揉輈，欲其孫而無弧深。（《輈人》）

[2] 筋也者，以爲深也。（《弓人》）

[3] 往體來體若一，謂之唐弓之屬，利射深。（《弓人》）

形容詞"深"充當賓語。共3例。

③ AT-A

[1] 參分其輻之長而殺其一，則雖有深泥，亦弗之溓也。（《輪人》）

[2] 凡析幹，射遠者用埶，射深者用直。（《弓人》）

形容詞"深"充當定語。共2例。

（3）深$_{III}$：PR-A

昔也者，深瑕而澤，紾而摶廉。（《弓人》）

形容詞"深"充當謂語。共1例。

（4）深ᵢᵥ：PR-V

凡溝防，必一日先深之以爲式。（《匠人》）

賈公彥疏："言'深'者，謂深淺尺數。"《爾雅·釋言》："深，測也。"《儀禮·士冠禮》："南北以堂深。"陸德明《經典釋文》："凡度淺深曰深。"動詞"深"充當謂語。共1例。

（5）深ᵥ：PR-V

凡攫閷援篸之類，必深其爪，出其目，作其鱗之而。深其爪，出其目，作其鱗之而，則於眂必撥爾而怒。……爪不深，目不出，鱗之而不作，則必穨爾如委矣。（《梓人》）

鄭玄註："深猶藏也。"動詞"深"充當謂語。共3例。

我們從詞義入手，分析《攷工記》"深"的詞義與詞性之間關係如表：

詞項	義位		義素		詞性
			表義素	類義素	
深ᵢ	度量義位	從上到下或從外到內的距離	從上到下或從外到內	距離	名詞
深ᵢᵢ	性狀義位Ⅰ	從上到下或從外到內的距離大	從上到下或從外到內的距離	大	形容詞
深ᵢᵢᵢ	性狀義位Ⅱ	顏色重	顏色	重	
深ᵢᵥ	行爲義位Ⅰ	測量深度	從上到下或從外到內的距離	測量	動詞
深ᵥ	行爲義位Ⅱ	深藏	從外到內的距離/大	藏	

表73　"深"詞義詞性關係表

我們看到，《攷工記》中，"深ᵢᵢ"的性狀義位Ⅰ及"深ᵢᵥ"行爲義位Ⅰ的表義素與"深ᵢ"的度量義位相合，均表示距離；"深ᵢᵢᵢ"性狀義位Ⅱ的表義素部分與"深ᵢᵢ"性狀義位Ⅰ的類義素相合，均表示量大、程度深。"深ᵢ"的度量義位和"深ᵢᵢ"的性狀義位的深層，含有與之直接而固定搭配的行爲動態特徵義。因此，《攷工記》中，"深ᵢ"的度量義位和"深ᵢᵢ"的性狀義位是"深""動-名-形"同詞形的語義基礎，名物義位、性狀義位與行爲義位同詞形決定了名形動同詞形。"深ᵢ"度量義位的類義素與名詞詞性相應，"深ᵢᵢ"和"深ᵢᵢᵢ"性狀義位的類義素與形容詞詞性相應，"深ᵢᵥ"和"深ᵥ"行爲義位的類義素與動詞詞性相應。

六、結語

我們從《攷工記》中名物義位與性狀義位同詞形決定名形同詞形，名物義位與行爲義位同詞形決定名動同詞形，性狀義位與行爲義位同詞形決定形動同詞形，名物義位、性狀義位與行爲義位同詞形決定名形動同詞形等幾個方面攷察了春秋末期漢語詞匯意義對動名形同詞形的制約，看到名物義位的類義素與名詞詞性相應，性狀義位的類義素與形容詞詞性相應，行爲義位的類義素與動詞詞性相應。具體表現爲：

（一）度量義位的類義素與名詞詞性相應，度量性狀義位的類義素與形容詞詞性相應；

（二）方位義位的類義素與名詞詞性相應，方位性狀義位的類義素與形容詞詞性相應；

（三）原材料義位的類義素與名詞詞性相應，加工行爲義位的類義素與動詞詞性相應；

（四）成品義位的類義素與名詞詞性相應，製作行爲義位和檢驗行爲義位的類義素與動詞詞性相應；

（五）工具義位的類義素與名詞詞性相應；

（六）度量標準義位的類義素與名詞詞性相應，測量行爲義位的類義素與動詞詞性相應。

作爲中國春秋末期手工業專科語言的載體，《攷工記》按照潛在的語義規則，利用已有的詞形，借助相關的名物、行爲和性狀義位給還沒有命名的事物新造詞項，進而構成名形動同詞形現象，不僅是非常自然的事，而且具有深刻的哲學底蘊——同一要素或結構可以有多種功能；不同要素或結構可以有相同的功能。要素不變時，結構決定功能；結構相同時，要素決定功能。這映證了德國語言學家威廉·馮·洪堡特（Wilhelm von Humboldt，1767—1835）的說法："不管聽起來多麼矛盾，我仍堅持認爲，恰恰是因爲漢語從表面上看不具備任何語法，漢民族的精神才得以發展起一種能夠明辯言語中的内在形式聯繫的敏銳意識。"① 《攷工記》名形動同詞形的現象，從一個側面呈現了春秋

---

① ［德］威廉·馮·洪堡特《論人類語言結構的差異及其對人類精神發展的影響》，姚小平譯，商務印書館，2004年，P316。

末期書面漢語專科詞語形式聯繫的面貌，而其内在的深層聯繫，則須從語義基礎去發掘。

叁 《周禮·攷工記》名量同詞形的語義基礎

量詞是表示事物和行爲動作數量單位的詞。先秦漢語的物量表示法主要是將數詞直接放在名詞前面，組成"數+名（量）"的數量短語；而現代漢語"數+量+名"格式中的"量詞"概念，直至1952年《暫擬漢語教學語法系統》纔被正式列爲獨立的詞類。可見，作爲漢語中最後劃類、定名的詞類，量詞的正名經歷了漫長的過程。①

這是否説明古代漢語和西方印歐語言一樣，没有豐富的個體量詞範疇呢？抑或古代漢語中"數"的概念没有今天這麽重要和精確呢？事實並非如此。《説文解字》禾部"程"："十髪爲程，十程爲分，十分爲寸。"寸部"寸"："㣺，十分也。人手卻一寸動脈謂之寸口。從又，從一。"尺部"尺"："尺，十寸也。人手卻十分動脈爲寸口，十寸爲尺。尺，所以指尺規榘事也。從尸，從乙。乙，所識也。周制，寸、尺、咫、尋、常、仞諸度量皆以人之體爲法。"尺部"咫"："咫，中婦人手長八寸，謂之咫。周尺也。"段玉裁註又部"度"："寸法人手之寸口，咫法中婦人手長八寸，仞法伸臂一尋，皆於手取法。"時賢也注意到：從"以人體定度量衡單位，到尋求復現性能較好的自然物或某些自然現象來定義度量衡單位，一直是我國古代度量衡科學研究的重要課題之一，並且取得了很高的成就，在世界度量衡史上也是獨樹一幟的。"②可見，古代社會，數量的概念與人們的日常生活和社會實踐息息相關，名量詞（也稱物量詞）多由表示標準化實物的名詞引申而來。

以《周禮》爲例，時賢注意到："《周禮》物量詞比較集中地反映了上古漢語物量詞的特徵，即與名詞聯繫緊密，名詞兼作量詞，量名合一在《周

---
① 《馬氏文通》卷三把量詞稱爲"計數之詞"，將其列爲静詞（形容詞）的"滋静"一類，而未單獨列爲詞類；《新著國語文法》把量詞列爲名詞的一種。
② 丘光明《中國古代度量衡標準》，載《攷古與文物》2002年第3期。

禮》一書中十分普遍。"① 作爲《周禮》冬官部份的《攷工記》是迄今所見中國最早的手工業技術文獻。在這部專科文獻中,有些詞形兼有名詞和度量衡量詞(也稱標準量詞)的詞性,並表現出度量義位受名物義位制約的傾向。量名合一現象源於標準化實物的度量功能。例如:"《匠人》篇主管土木建築工程,在設計中採用了與建築有聯繫的標準化實物作爲度量單位,如道路用車寬(軌),庭院用步長,室用几(小桌)長,堂用筵(草席)長,門用鼎(扃),牆用夯土板長寬(雉)等。"② 因此,"人體尺度和生活起居中所最常使用的器物是產生建築標準尺度的物質基礎。"③

本文運用義素二分法(Dichotomy of sememe),通過對《攷工記》"名-量"④ 同詞形現象的描述和分析,探討二者同詞形的語義基礎,從中看到名詞和量詞之間的詞義淵源,進而看到漢語語義和語法的有機關聯、協同發展。

首先,我們從詞義着眼,歸納並測查《攷工記》"筵"、"耟"、"柯"、"豆"、"鬴"這5個"名-量"同詞形的名物義位與度量義位同詞形情況如表。⑤

詞形\數據	頻率	名物義位		度量義位	
		頻率	百分比(%)	頻率	百分比(%)
筵	6	2	33.33	4	66.67
耟	2	1	50	1	50
柯	11	1	9.09	10	90.91
豆	5	1	20	4	80
鬴	5	1	20	4	80
總頻率	29	6	20.69	23	79.31

表74　名物義位與度量義位同詞形情況表

然後,我們根據語義環境和語法結構環境,歸納並測查其兩維模式頻率如表。

---

① 劉興均《〈周禮〉物量詞使用義探析》,《古漢語研究》2002年第1期,P37。
② 《中國大百科全書·美術》"《攷工記》"條,中國大百科全書出版社,1988年。
③ 王世仁《中國最早的建築尺度觀念》,載《建築學報》1963年第4期。
④ 本文所涉量詞,與現代漢語嚴格意義上的量詞微異。本文所涉量詞處於名詞矢量詞過渡的過程之中,兼有較爲實在的名詞意義痕蹟,因而有的學者仍將其歸爲名詞,有的學者將其稱爲"臨時量詞"。本文屬閉本文攷察,因而將其通稱爲量詞。
⑤ 本文設語料標引符號如下:主語部份爲SU,謂語部份爲PR,賓語部份爲OB,定語部份爲AT,補語部份爲CO。名詞爲N,量詞爲ME。

兩維模式	頻率	百分比（%）
SU–N	3	10.34
OB–N	2	6.9
CO–N	1	3.45
SU–ME	1	3.45
OB–ME	1	3.45
PR–ME	19	65.51
AT–ME	2	6.9
總頻率	29	100%

表75　"名–量"同詞形兩維模式頻率表

表74和表75相輔相成。表74顯示《玫工記》這組詞形的度量義位占多數，而其所源的名物義位反而居較小比例。表75顯示這組詞形在句子結構中，主要承擔謂語的功能，由其構成的數量結構"數+名/量"大多出現在述語位置上。意義與功能的相宜性，印證了虛化前的量詞由指稱到陳述的狀態轉化。

以下，我們從義素分析等角度，玫察這組詞形的語義基礎。

1. 筵

《玫工記》中，"筵"的名物義位"竹席"①用例（詞項"筵₁"）有2個：

周人明堂，度九尺之筵……室中度以几，堂上度以筵，宮中度以尋，野度以步，塗度以軌。（《匠人》）

鄭玄註："周文者，各因物宜爲之數。"賈公彥疏："因物宜者，謂室中坐時憑几。堂上行禮用筵。宮中合院之内無几無筵，故用手之尋也。在野論

---

① 如圖：

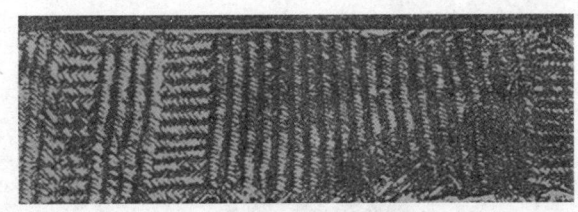

圖34　湖北江陵望山一號楚墓出土春秋篾席　　　圖35　河南信陽楚墓出土戰國竹席

里數皆以步，故用步。塗有三道，車從中央，故用車之軌。是因物所宜也。"孫詒讓正義："《說文》竹部云：'筵，竹席也。《周禮》曰："度堂以筵。"筵一丈。'案：許說本此經，而長度不合，未詳所據。"①

"筵"的度量義位"竹席長度單位"用例（詞項"筵Ⅱ"）有4個：

東西九筵，南北七筵，堂崇一筵，五室，凡室二筵。（《匠人》）

孫詒讓正義："《公食大夫記》云：'司宮具几與蒲筵，常，加萑席，尋。'註云：'丈六尺曰常。'聶氏《三禮圖》引《舊圖》云：'士蒲筵長七尺，廣三尺三寸。'……蓋筵席廣度略同，而長度則有或丈六尺、或一丈、或九尺、八尺、七尺之異，故此記特著其度與？"②

我們根據語義環境和語法結構環境，歸納並測查《攷工記》"筵"的兩維模式頻率如表。

詞項	兩維模式	頻率
筵Ⅰ	OB-N	1
	CO-N（介賓結構）	1
筵Ⅱ	PR-ME	4

表76 "筵"兩維模式頻率表

我們從詞義入手，分析《攷工記》"筵"的詞義與詞性之間關係如表。

詞項	義位	義素		詞性
		表義素	類義素	
筵Ⅰ	名物義位	竹席	竹	席	名詞
筵Ⅱ	度量義位	竹席長度單位	竹席	長度單位	量詞

表77 "筵"詞義詞性關係表

我們看到，《攷工記》中，"筵Ⅱ"度量義位的表義素由"筵Ⅰ"名物義位的表義素與類義素之和構成。因此，《攷工記》中，"筵Ⅰ"的名物義位"竹席"是"筵""名-量"同詞形的語義基礎。

---

① 《周禮正義》，P3457。
② 同①。

2.耡

《攷工記》中，"耡"的名物義位"耒類農具"①用例（詞項"耡Ⅰ"）有1個，度量義位"農具寬度單位"用例（詞項"耡Ⅱ"）有1個：

耡廣五寸，二耡爲耦。（《匠人》）

《説文解字》木部："梠，耒也。"孫詒讓正義："'梠'正'耡'正字。"② "治溝洫必用耡，因叚以起度也。"③

我們根據語義環境和語法結構環境，歸納並測查《攷工記》"耡"的兩維模式頻率如表。

詞項	兩維模式	頻率
耡Ⅰ	SU-N	1
耡Ⅱ	SU-ME	1

表78 "耡"兩維模式頻率表

我們從詞義入手，分析《攷工記》"耡"的詞義與詞性之間關係如表。

詞項	義位		義素		詞性
			表義素	類義素	
耡Ⅰ	名物義位	耒類農具	耒類	農具	名詞
耡Ⅱ	度量義位	農具寬度單位	農具	寬度單位	量詞

表79 "耡"詞義詞性關係表

我們看到，《攷工記》中，"耡Ⅱ"度量義位的表義素與"耡Ⅰ"名物義位的類義素相同。因此，《攷工記》中，"耡Ⅰ"的名物義位是"耡" "名-量"同詞形的語義基礎。

---

① 攷古發掘河姆渡骨耡如圖：

圖36 河姆渡骨耡

② 《周禮正義》，P3482。
③ 同②，P3479。

3. 柯

《攷工記》中，"柯"的名物義位"長三尺，傾角101.25°的斧柄"用例（詞項"柯$_I$"）有1個：

車人爲車，柯長三尺，博三寸，厚一寸有半，五分其長，以其一爲之首。（《車人》）

鄭玄註："柯，其柄也。鄭司農云：'柯長三尺，謂斧柯，因以爲度。'"《說文解字》木部："柯，斧柄也。"

"柯"的度量義位"三尺長度單位"用例（詞項"柯$_{II}$"）有9個：

轂長半柯，其圍一柯有半。輻長一柯有半，其博三寸，厚三之一。……大車崇三柯，綆寸，牝服二柯有參分柯之二，羊車二柯有參分柯之一，柏車二柯。（《車人》）

度量義位"101.25°角度單位"用例（詞項"柯$_{III}$"）有1個：

車人之事，半矩謂之宣，一宣有半謂之欘，一欘有半謂之柯。（《車人》）

孫詒讓正義引程瑤田語："又由欘而倨焉，益半欘，則倨於矩，而爲一矩又八分矩之一矣，是謂之柯。……判其欘爲半欘，欘者四分一矩之三，半欘者，四分一矩之一分有半，以半欘加於一欘，則出乎一矩又餘八分一矩之一矣。……斧內以柲，其倨句之外博也應之，故謂之柯，而因以名其柲。"[①] 今按，"柯"的角度由欘（67.5°）與欘的二分之一夾角（33.75°）之和構成。

我們根據語義環境和語法結構環境，歸納並測查《攷工記》"柯"的兩維模式頻率如表。

詞項	兩維模式	頻率
柯$_I$	SU-N	1
柯$_{II}$	PR-ME	9
柯$_{III}$	OB-ME	1

表80 "柯"兩維模式頻率表

我們從詞義入手，分析《攷工記》"柯"的詞義與詞性之間關係如表。

---

① 《周禮正義》，P3510。

詞項	義位	表義素	類義素	詞性
		義素		
柯_I	名物義位	長三尺，傾角101.25°的斧柄	長三尺/傾角101.25°	斧柄	名詞
柯_{II}	度量義位	三尺長度單位	三尺	長度單位	量詞
柯_{III}	度量義位	101.25°角度單位	101.25°	角度單位	量詞

表81 "柯"詞義詞性關係表

我們看到，《攷工記》中，"柯$_{II}$"度量義位和"柯$_{III}$"度量義位的表義素均為"柯$_{I}$"名物義位的表義素之一。因此，《攷工記》中，"柯$_{I}$"的名物義位是"柯""名-量"同詞形的語義基礎。

4. 豆

《攷工記》中，"豆"的名物義位"盛四升食物的容器"[①]用例（詞項"豆$_{I}$"）有1個：

瓬人為簋，實一觳，崇尺，厚半寸，唇寸，豆實三而成觳，崇尺。（《瓬人》）

鄭玄註："豆實四升。"《説文解字》豆部："古食肉器也。從口，象形。凡豆之屬皆從豆。"

"豆"的度量義位"四升容積單位"用例（詞項"豆$_{II}$"）有4個：

[1] 其臀一寸，其實一豆。（《栗氏》）

[2] 梓人為飲器，勺一升，爵一升，觚三升。獻以爵而酬以觚，一獻而三酬，則一豆矣。食一豆肉，飲一豆酒，中人之食也。（《梓人》）

---

① 如圖：

圖37 西周晚期重環紋豆　　圖38 曾侯乙墓出土銅豆

我們根據語義環境和語法結構環境，歸納並測查《攷工記》"豆"的兩維模式頻率如表。

詞項	兩維模式	頻率
豆$_I$	SU-N	1
豆$_{II}$	PR-ME	2
	AT-ME	2

表82　"豆"兩維模式頻率表

我們從詞義入手，分析《攷工記》"豆"的詞義與詞性之間關係如表。

詞項	義位	義素		詞性
		表義素	類義素	
豆$_I$	名物義位	盛四升食物的容器	四升	容器	名詞
豆$_{II}$	度量義位	四升容積單位	四升	容積單位	量詞

表83　"豆"詞義詞性關係表

我們看到，《攷工記》中，"豆$_{II}$"度量義位的表義素與"豆$_I$"名物義位的表義素相同。因此，《攷工記》中，"豆$_I$"的名物義位是"豆""名-量"同詞形的語義基礎。

5.䤬

《攷工記》中，"䤬"的名物義位"六斗四升的量器"[①]用例（詞項"䤬$_I$"）有1個：

---

① 如圖：

圖39　戰國早期齊量三器之陳純釜

量之以爲䰛……（《栗氏》）

鄭玄註："以其容爲之名也。"賈公彥疏："此量器受六斗四升曰釜，因名此器為䰛，故云以其容爲之名也。"《說文解字》鬲部："䰛，鍑屬。"段玉裁註："'䰛'或從金，父聲。今經典多作'釜'，惟《周禮》作'䰛'。"《說文解字》金部："鍑，釜大口者。"《方言》卷五："釜，自關而西，或謂之釜，或謂之鍑。"

"䰛"的度量義位"六斗四升容積單位"用例（詞項"䰛$_{II}$"）有4個：

［１］量之以爲䰛，深尺，內方尺而圜其外，其實一䰛；其臀一寸，其實一豆；其耳三寸，其實一升；重一鈞。（《栗氏》）

［２］陶人爲甗，實二䰛，厚半寸，唇寸。盆，實二䰛，厚半寸，唇寸。甑，實二䰛，厚半寸，唇寸，七穿。（《陶人》）

《栗氏》鄭玄註："四升曰豆，四豆曰區，四區曰䰛。䰛，六斗四升也。䰛十則鍾。"《陶人》鄭玄註："量六斗四升曰䰛。"今案，䰛容四區，區容四豆，豆容四升，是故䰛容六斗四升。

我們根據語義環境和語法結構環境，歸納並測查《考工記》"䰛"的兩維模式頻率如表。

詞項	兩維模式	頻率
䰛$_I$	OB–N	1
䰛$_{II}$	PR–ME	4

表84　"䰛"兩維模式頻率表

我們從詞義入手，分析《考工記》"䰛"的詞義與詞性之間關係如表。

詞項	義位	義素		詞性
		表義素	類義素	
䰛$_I$	名物義位	六斗四升的量器	六斗四升	量器	名詞
䰛$_{II}$	度量義位	六斗四升容積單位	六斗四升	容積單位	量詞

表85　"䰛"詞義詞性關係表

我們看到，《考工記》中，"䰛$_{II}$"度量義位的表義素與"䰛$_I$"名物義位的表義素相同。因此，《考工記》中，"䰛$_I$"的名物義位是"䰛""名-

量"同詞形的語義基礎。

綜上可見，這組詞形本來都是有實在意義的名詞，有的表示"竹席"（筵）、有的表示"農具"（耤）、有的表示"斧柄"（柯）、有的表示"容器"（豆）、有的表示"量器"（鬴），但在表示與自身或相關的事物的數量時，均可"因物所宜"、"因以爲度"、"叚以起度"，用作表示度量的量詞；二者的橋梁是語義的相關性或兼容性。

《孟子》趙岐註同義連用訓釋並列式短語類型及其詞匯化成因

一、前言

東漢趙岐（？—201），京兆長陵（今陝西咸陽）人。初名嘉，字臺卿。桓帝延熹元年（公元158年），因得罪宦官，爲避難，變名爲岐，字邠卿，逃亡北海（今山東昌樂西北），賣餅市中。孫嵩引其至宅，藏於複壁之内。趙岐隱忍三年，著成《孟子章句》（以下簡稱"趙岐註"）。其註篳路藍縷，融會貫通，後被收入《十三經注疏》。《四庫全書總目提要》評趙岐註："其説雖不及後來之精密，而開闢荒蕪，俾後來得循途而深造，其功要不可泯也。"

趙岐註《孟子》時，經常運用雙音同義連用訓釋的體例。例如【束縛】：

《告子》下："五霸桓公爲盛，葵丘之會諸侯，束牲載書而不歃血。"趙岐註："與諸侯會於葵丘，束縛其牲，但加載書，不復歃血。"焦循《孟子正義》（以下簡稱"焦循正義"）："趙氏解經之例，每以疊字爲訓。"①《現代漢語詞典》："使受到約束限制……"②

趙岐註與現代漢語的古今形義一貫，註疏中的兩個同義詞衍變爲現代漢語雙音節詞的詞素，現代漢語雙音節詞義相當於註疏中兩個同義詞的凝合。

關於"加載"，焦循正義："《説文》車部云：'載，乘也。'《淮南子·氾論訓》云：'彊弱相乘。'高誘註云：'乘，加也。'是載之訓爲

---

① （清）焦循《孟子正義》，沈文倬點校，中華書局，1987年，P203。
② 中國社會科學院語言研究所詞典編輯室《現代漢語詞典》，商務印書館，2016年第7版，P1216。

加。趙氏叠'加載'二字，即以加釋載，猶叠'束縛'二字，即以縛釋束。'但加載書'，謂但加載此書，非謂但加此載書也。"趙岐註依據遞訓方式，將訓詞置於被訓詞之前，構成兩個同義詞臨時連用訓釋。焦循正義揭示註疏和字書以"加""釋""乘"，以"乘""釋""載"，是故趙岐註以"加""釋""載"，構成遞訓。焦循正義由此批評有的註疏因不識同義連用體例而誤解誤訓："毛氏、閻氏未識趙氏叠字爲訓之例，亦未識鄭氏註《司盟》之義，而謂趙氏不以載爲加，失之甚矣！"可見，焦循正義之所以能夠正確解釋《孟子》，關鍵在於能夠正確理解並自覺運用趙岐註中的同義連用體例（焦循正義稱其爲"叠字"）。

《四庫全書總目提要》評趙岐註："漢儒註經，多明訓詁名物，惟此註箋釋文句，乃似後世之口義，與古學稍殊。然孔安國、馬融、鄭玄之註《論語》，今載於何晏《集解》者，體亦如是。蓋《易》、《書》文皆最古，非通其訓詁則不明。《詩》、《禮》語皆徵實，非明其名物亦不解。《論語》、《孟子》詞旨顯明，惟闡其義理而止，所謂言各有當也。"《孟子》趙岐註大量運用雙音同義連用訓釋體例，與其口語語體風格有關。

按照訓詁學的總結，古代漢語詞義訓釋的兩大方式是直訓和義界。直訓（Explaining a word by another word）是"以一個詞去解釋另一個詞的訓釋方式。由一個或數個直訓可以構成單訓、互訓、遞訓、同訓"。① 義界（Explaining by definition）則是"用定義來表述詞義內容的訓釋方式"。② 義界"以句釋詞"，"用定義和描寫的方式來表述詞義的內容，以便展示詞義的特點，從而把詞與鄰近的詞或義項區別開來"。③ 當代理論訓詁學認爲，典型的義界結構是"義值差（Difference of semantic feature）+主訓詞（Major explaining word）"。義值差是指在義界中表示被訓釋詞語義特徵的用語；主訓詞是指在義界中用來表示與被訓釋詞相同意義成份的詞語，一般是被訓釋詞的同義詞或上位概念。④ 例如"觀，諦視也"，其中"諦"爲義值差，"視"

---

① 全國科學技術名詞審定委員會語言學名詞審定委員會《語言學名詞》，"訓詁學名詞"部份。商務印書館，2011年。
② 同①。
③ 王寧《訓詁學原理》，中國國際廣播出版社，1996年，P97—98。
④ 同①。

爲主訓詞。以王寧先生爲代表的當代理論訓詁學辨明：典型的義界是定義式；除了定義式義界外，義界還有兩種變式，其中之一是嵌入式義界。嵌入式義界之一是"將被訓詞嵌入義值差中，但組成雙音詞或詞組以明義"。① 例如《説文解字》："寬，屋寬大也。"

《孟子》趙岐註同義連用訓釋的體例，沿襲了《孟子》文本同義連用的傳統，② 實即當代理論訓詁學所總結的嵌入式義界之一。其作用相當於語義標註。這種嵌入式義界有其直訓的依據和背景。

以下，我們試從訓釋方式、訓釋詞語與現代漢語雙音複合詞的關係等方面分析《孟子》趙岐註同義連用訓釋並列式短語的類型，並以該種訓釋詞語在現代漢語的流變形式爲參照，總結漢語詞匯化的成因。

二、從《孟子》趙岐註同義連用訓釋的方式分析

以王寧先生爲代表的當代理論訓詁學認爲，"義訓"是可以證明詞的同義的首選材料。③ 訓釋的兩個詞之間必定有一定的聯繫，在一定的語言環境裏可以互相消解。從《孟子》趙岐註同義連用訓釋的方式來看，主要類型有單訓、同訓、互訓、遞訓等。

（一）兩個單訓詞連用，構成同義連用訓釋

單訓（Unilateral Explanation）是指"訓釋詞與被訓釋詞衹是單向訓釋的直訓"。④ 從《孟子》趙岐註同義連用單訓詞的詞性和位置來看，主要有以下幾種類型：

1. 兩個單訓名詞臨時連用

（1）訓詞附於被訓詞之後臨時連用

【幣帛】

《萬章》上："湯使人以幣聘之。"趙岐註："湯聞其賢，以玄纁之幣

---

① 王寧《訓詁學原理》，中國國際廣播出版社，1996年，P97—98。
② 周文德總結《孟子》原文顯示出的單音節實詞的同義關係格式之一是："兩個單音節實詞並列連用，如果二者在訓詁材料中有訓釋關係，則二者構成同義關係。"（周文德《孟子同義詞研究》，巴蜀書社，2002年，P343。）
③ 同①，P83。
④ 全國科學技術名詞審定委員會語言學名詞審定委員會《語言學名詞》，"訓詁學名詞"部份。商務印書館，2011年。

帛往聘之。"

訓詞"帛"與被訓詞"幣"的類義素是：(+)絲織品。《説文解字》巾部："幣，帛也。"鄭玄註《禮記·曲禮》下"幣曰量幣"訓同。

（2）訓詞置於被訓詞之前臨時連用

【居處】

《滕文公》上："文公與之處。"趙岐註："文公與之居處，舍之宅也。"

訓詞"居"與被訓詞"處"的類義素是：(+)住所。高誘註《呂氏春秋·功名》"故民無常處"："處，居也。"

【衆庶】

《萬章》下："在國曰市井之臣，在野曰草莽之臣，皆謂庶人。庶人不傳質爲臣，不敢見於諸侯，禮也。"趙岐註："庶，衆也。衆庶之人，未得爲臣。"

訓詞"衆"與被訓詞"庶"的類義素是：(+)平民。《爾雅·釋詁》："庶，衆也。"

2. 兩個單訓動詞臨時連用

（1）訓詞附於被訓詞之後臨時連用

【舍置】

《梁惠王》下："夫人幼而學之，壯而欲行之，王曰：'姑舍女所學而從我。'則何如？"趙岐註："謂人少學先王之道，壯大而仕，欲施行其道，而王止之曰：'且舍置汝所學，而從我之教命。'此如何也？"

訓詞"置"與被訓詞"舍"的類義素是：(+)終止。高誘註《呂氏春秋·仲春·上農》等篇："舍，置也。"註《必己》"舍故人之家"："舍，止也。"

【濟成】

《公孫丑》上："率其子弟，攻其父母，自有生民以來，未有能濟者也。"趙岐註："譬若率勉人子弟，使自攻其父母。自生民以來，何能以此濟成其所欲者也。"

訓詞"成"與被訓詞"濟"的類義素是：(+)成功。《爾雅·釋言》："濟，成也。"

【變詭】

《公孫丑》下："不欲變，故不受也。"趙岐註："不欲即去，若爲變詭，見非泰甚，故且宿留。"

訓詞"詭"與被訓詞"變"的類義素是：(+)變異。

【教敕】

《公孫丑》下："好臣其所教，而不好臣其所受教。"趙岐註："……無它，但好臣其所教敕役使之才可驕者耳，不能好臣大賢可從而受教者。"

訓詞"敕"與被訓詞"教"的類義素是：(+)教導。《廣雅·釋詁》："教，敕語也。"

【厲病】

《滕文公》上："今也滕有倉廩府庫，則是厲民而以自養也，惡得賢？"趙岐註："今滕賦稅有倉廩府庫之富，是爲厲病其民以自奉養，安得爲賢君乎？"

訓詞"病"與被訓詞"厲"的類義素是：(+)侵害。《詩經·大雅·思齊》："烈假不瑕。"鄭箋讀"烈"爲"厲"："厲，病也。"《論語·子張》："信而後勞其民，未信則以爲厲己也。"王肅："厲，病也。"

【易治】

《滕文公》上："夫以百畝之不易爲己憂者，農夫也。"趙岐註："農夫以百畝不易治爲己憂。"

訓詞"治"與被訓詞"易"的類義素是：(+)治理。《詩經·齊風·甫田》："禾易長畝。"毛傳："易，治也。"

【委棄】

《滕文公》上："蓋上世嘗有不葬其親者，其親死，則舉而委之於壑。"趙岐註："其父母終，舉而委棄之壑中也。"

訓詞"棄"與被訓詞"委"的類義素是：(+)抛棄。《楚辭·離騷》："委厥美以從容兮。"王逸註："委，棄也。"

【消盡】

《滕文公》下："險阻既遠，鳥獸之害人者消，然後人得平土而居之。"趙岐註："水去，故鳥獸害人者消盡也。"

訓詞"盡"與被訓詞"消"的類義素是：（+）滅絕。《說文解字》水部："消，盡也。"

【附就】

《滕文公》下引《尚書》逸篇："有攸不惟臣，東徵，綏厥士女，匪厥玄黃，紹我周王見休，惟臣附於大邑周。"趙岐註："匪厥玄黃，謂諸侯執玄三纁二之帛，願見周王，望見休善，使我得附就大邑周家也。"

訓詞"就"與被訓詞"附"的類義素是：（+）歸附。

【令告】

《離婁》上："既不能令，又不受命，是絕物也。"趙岐註："言諸侯既不能令告鄰國，使之進退，又不能事大國，往受教命，是所以自絕於物。"

訓詞"告"與被訓詞"令"的類義素是：（+）命令。《詩經·齊風·東方未明》："自公令之。"毛傳："令，告也。"《爾雅·釋詁》訓同。《左傳·文公十八年》："惠伯令龜。"孔穎達疏："令者，告令，使知其意，與'命'同也。"

【平治】

《離婁》下："君子平其政，行辟人可也，焉得人人而濟之！"趙岐註："君子為國家平治政事刑法，使無違失其道，辟除人，使卑辟尊可為也。安得人人濟渡於水乎？"

訓詞"治"與被訓詞"平"的類義素是：（+）治理。高誘註《淮南子·時則訓》"平詞訟"："平，治也。"

【濟渡】

《離婁》下："君子平其政，行辟人可也，焉得人人而濟之！"趙岐註："君子為國家平治政事刑法，使無違失其道，辟除人，使卑辟尊可為也。安得人人濟渡於水乎？"

訓詞"渡"與被訓詞"濟"的類義素是：（+）渡。鄭玄註《易·既濟》："濟，渡也。"

【逢遇】

《離婁》下："自得之，則居之安；居之安，則資之深；資之深，則取之左右逢其原：故君子欲其自得之也。"趙岐註："左右取之，在所逢遇皆知其原本也。"

訓詞"遇"與被訓詞"逢"的類義素是：（+）遇。《廣雅·釋詁》："逢，遇也。"

【擇異】

《離婁》下："此亦妄人也已矣。如此，則與禽獸奚擇哉？"趙岐註："無知者與禽獸何擇異也？"

訓詞"異"與被訓詞"擇"的類義素是：（+）區別。高誘註《呂氏春秋·簡選》"與惡劍無擇"："擇，別也。"高誘註《離謂》"其與橋言無擇"："擇，猶異也。"

【泄狎】

《離婁》下："武王不泄邇，不忘遠。"趙岐註："泄，狎。邇，近也。不泄狎近賢，不遺忘遠善。"

訓詞"狎"與被訓詞"泄"的類義素是：（+）輕慢。焦循正義："《方言》云：'媟，狎也。'……《荀子·榮辱》篇云：'橋泄者，人之殃也。'註云：'"泄"與"媟"同。''泄'本發洩之'洩'，通於'媟'，故以狎釋之也。"

【歸往】

《萬章》上："爲不順於父母，如窮人無所歸。"趙岐註："爲不愛於父母，其爲憂愁，若困窮之人無所歸往也。"

訓詞"往"與被訓詞"歸"的類義素是：（+）歸趨。《廣雅·釋詁》："歸，往也。"

【唯（惟）念】

《萬章》上："唯茲臣庶，汝其於予治。"趙岐註："惟念此臣衆，汝故助我治事。"

訓詞"念"與被訓詞"唯（惟）"的類義素是：（+）思念。

【推排】

《萬章》上："思天下之民，匹夫匹婦有不被堯、舜之澤者，若已推而内之溝中。"趙岐註："伊尹思念不以仁義之道化民者，如已推排内之溝壑中也。"

訓詞"排"與被訓詞"推"的類義素是：（+）摒棄。《説文解字》手部："推，排也。"

【舉用】

《萬章》下："悦賢不能舉，又不能養也，可謂悦賢乎？"趙岐註："孟子譏繆公之雖欲有悦賢之意，而不能舉用使行其道，又不能優養終竟之，豈可謂能悦賢也！"

訓詞"用"與被訓詞"舉"的類義素是：（+）任用。高誘註《吕氏春秋·遇合》"凡舉人之本"、《分職》'而我舉之'，《淮南子·主術》"無小而不舉"、《氾論》"未足大舉"均云："舉，用也。"鄭玄註《禮記·儒行》"懷忠信以待舉"云："舉，見舉用也。"

【加益】

《告子》上："萬鍾則不辯禮義而受之，萬鍾於我何加焉？"趙岐註："萬鍾於己身何加益哉？"

訓詞"益"與被訓詞"加"的類義素是：（+）增益。高誘註《淮南子·脩務訓》"蟫蟫然日加數寸"："加，猶益也。"

【拂戾】

《告子》下："故天將降大任於是人也，必先苦其心志，勞其筋骨，餓其體膚，空乏其身，行拂亂其所爲，所以動心忍性，增益其所不能。"趙岐註："言天將降下大事以任聖賢，必先勤勞其身，餓其體而瘠其膚，使其身乏資絶糧，所行不從，拂戾而亂之者，所以動驚其心，堅忍其性，使不違仁，困而知勤，增益其素所不能行。"

訓詞"戾"與被訓詞"拂"的類義素是：（+）擾亂。高誘註《淮南子·主術訓》"豈能拂道理之數"："拂，戾也。"

【占望】

《公孫丑》下："有賤丈夫焉，必求龍斷而登之，以左右望而罔市利。"趙岐註："左右占望，見市中有利，罔羅而取之。"

訓詞"占"與被訓詞"望"的類義素是：（+）瞻望。《方言》："占，猶瞻也。"

（2）訓詞置於被訓詞之前臨時連用

【告語】

《公孫丑》下："坐！我明語子。"趙岐註："且坐，我明告語子。"

訓詞"告"與被訓詞"語"的類義素是：（+）告訴。高誘註《呂氏春秋·節喪》篇"傳以相告"："告，語也。"

【望見】

《滕文公》下引《尚書》逸篇："有攸不惟臣，東徵，綏厥士女，匪厥玄黄，紹我周王見休，惟臣附於大邑周。"趙岐註："匪厥玄黄，謂諸侯執玄三纁二之帛，願見周王，望見休善，使我得附就大邑周家也。"

訓詞"望"與被訓詞"見"的類義素是：（+）見。另如：

【滿溢】

《離婁》上："故沛然德教溢乎四海。"趙岐註："沛然大治，德教可以滿溢於四海之内也。"

訓詞"滿"與被訓詞"溢"的類義素是：（+）滿。《廣雅·釋詁》："溢，滿也。"

【誅伐】

《離婁》上："國必自伐，而後人伐之。"趙岐註："國先自爲可誅伐之政，故見伐也。"

訓詞"誅"與被訓詞"伐"的類義素是：（+）攻打。楊倞註《荀子·議兵》"堯伐驩兜"："伐，亦誅也。"

【牽援】

《離婁》上："嫂溺，則援之以手乎？"趙岐註："見嫂溺水，則當以手牽援之不邪？"

訓詞"牽"與被訓詞"援"的類義素是：（+）牽拉。鄭玄註《禮記·中庸》"不援上"："援，謂牽引之也。"

【責怒】

《離婁》上："以正不行，繼之以怒。繼之以怒，則反夷矣。"趙岐註："教以正道，而不能行，則責怒之。夷，傷也。父子相責怒，則傷義矣。"

訓詞"責"與被訓詞"怒"的類義素是：（+）譴責。《尚書大傳·甫刑》："怒必思兼兼思意。"鄭玄註："怒，責也。"《禮記·內則》："而後怒之。"鄭玄注："怒，譴責也。"

【奉事】

《萬章》上："帝使其子九男二女，百官牛羊倉廩備，以事舜於畎畝之中。"趙岐註："堯使九子事舜以爲師，以二女妻舜，百官致牛羊倉廩，致粟米之饋，備具饋禮，以奉事舜於畎畝之中。"

訓詞"奉"與被訓詞"事"的類義素是：（+）侍奉。成玄英疏《莊子·寓言》"事之以皮帛而不受"："事，奉也。"

【興作】

《萬章》下："子以爲有王者作，將比今之諸侯而誅之乎？其教之不改而後誅之乎？"趙岐註："子以爲後如有聖人興作，將比地盡誅今之諸侯乎？將教之其不改者乃誅之乎？"

訓詞"興"與被訓詞"作"的類義素是：（+）崛起。王引之《經義述聞·禮記》中《故聖人作則必以天地爲本》："作，起也，興也，起而在位也。《易·文言》曰：'聖人作而萬物睹。'文義與此同。"

【攻伐】

《離婁》上："求非我徒也，小子鳴鼓而攻之可也。"趙岐註："孔子以冉求不能改季氏使從善，爲之多斂賦粟，故欲使弟子鳴鼓以聲其罪，而攻伐責讓之。"

訓詞"伐"與被訓詞"攻"的類義素是：（+）攻擊。《說文解字》支部："攻，擊也。"人部："伐，擊也。"

3. 兩個單訓形容詞臨時連用

（1）訓詞附於被訓詞之後臨時連用

【過謬】

《滕文公》下："且子過矣。"趙岐註："謂陳代之言過謬也。"

訓詞"謬"與被訓詞"過"的類義素是：（+）錯誤。高誘註《戰國策·秦策》"王之料天下過矣"："過，謬也。"

【長大】

《萬章》下："嘗爲乘田矣，曰：'牛羊茁壯長而已矣。'"趙岐註：

"乘田，苑囿之吏也，主六畜之芻牧者也，牛羊茁壯肥好長大而已。"

訓詞"大"與被訓詞"長"的類義素是：（+）大。焦循正義："《吕氏春秋·諭大》篇、《任數》篇高誘註皆云：'長，大也。'故以大釋長。"

【休善】

《滕文公》下引《尚書》逸文："紹我周王見休……"趙岐註："願見周王，望見休善……"

訓詞"善"與被訓詞"休"的類義素是：（+）好。

【故常】

《離婁》下："天之高也，星辰之遠也，苟求其故，千歲之日至，可坐而致也。"趙岐註："天雖高，星辰雖遠，誠能推求其故常，千歲日至之日可坐而致也。"

訓詞"常"與被訓詞"故"的類義素是：（+）平常。《廣韻·暮韻》："故，常也。"

【頑貪】

《萬章》下："故聞伯夷之風者，頑夫廉，懦夫有立志。"趙岐註："後世聞其風者，頑貪之夫，更思廉潔。"

訓詞"貪"與被訓詞"頑"的類義素是：（+）貪婪。焦循正義："趙氏以頑訓貪，未詳其所出；而兩漢及唐人皆引作'貪'，知必非無本矣。……《吕氏春秋·慎大》篇云：'暴戾頑貪。'是頑亦貪也。諸書引作'貪'，亦頑訓貪之證。"

【鄙狹】

《萬章》下："故聞柳下惠之風者，鄙夫寬，薄夫敦。"趙岐註："鄙狹者更寬優……"

訓詞"狹"與被訓詞"鄙"的類義素是：（+）狹隘。趙岐註《孟子·盡心》下"鄙夫寬"："鄙，狹也。"

【固陋】

《萬章》下："固哉！高叟之爲詩也！……固矣夫，高叟之爲詩也！"趙岐註："固，陋也。……重言固陋，傷高叟不達詩人之意也。"

訓詞"陋"與被訓詞"固"的類義素是：（+）鄙陋。焦循正義："《論語·述而》篇：'險則固。'《集解》引孔氏云：'固，陋也。'"

（2）訓詞置於被訓詞之前臨時連用

【婉順】

《滕文公》下："以順爲正者，妾婦之道也。"趙岐註："孟子以禮言之，男子之道當以義匡君，女子則當婉順從人耳。"

訓詞"婉"與被訓詞"順"的類義素是：（+）柔順。《說文解字》女部："婉，順也。"《毛詩·邶風·燕婉》傳訓同。

【廉儉】

《離婁》上："儉者不奪人。"趙岐註："爲廉儉者，不奪取人。"

訓詞"廉"與被訓詞"儉"的類義素是：（+）廉潔。《釋名·釋言語》："廉，儉也。自檢儉也。"高誘註《淮南子·原道訓》"不以廉爲悲"："廉猶儉也。"

4. 兩個單訓副詞臨時連用

【正但】

《公孫丑》上："必有事焉而勿正，心勿忘，勿助長也。"趙岐註："言人行仁義之事，必有福在其中，而勿正但以爲福。故爲仁義也，但心勿忘其爲福，而亦勿汲汲助長其福也。"

訓詞"但"與被訓詞"正"的類義素是：（+）祇。焦循正義："蓋以'但'字解'正'字。趙氏於訓詁，每以二字相疊爲釋，此常例也。"

《孟子》趙岐註連用單訓例，證明了當代理論訓詁學的結論Ⅰ："直訓的訓釋詞與被訓釋詞如果不屬於文意訓釋,[①] 則必定同義。"[②]

（二）兩個同訓詞連用，構成同義連用訓釋

同訓（Explaining a Few Words by the Same Word）是指"同一個詞訓釋幾個詞的直訓"。[③] 從《孟子》趙岐註同義連用同訓詞的詞性和位置來看，主要有以下幾種類型：

[①] 文意訓釋（Explanation of Contextual Meaning），表述被訓釋詞在言語環境中的具體含義的訓釋。全國科學技術名詞審定委員會語言學名詞審定委員會《語言學名詞》，"訓詁學名詞"部份。商務印書館，2011年。

[②] 王寧《訓詁學原理》，中國國際廣播出版社，1996年，P83。

[③] 全國科學技術名詞審定委員會語言學名詞審定委員會《語言學名詞》，"訓詁學名詞"部份。商務印書館，2011年。

1. 兩個同訓動詞臨時連用

（1）訓詞附於被訓詞之後臨時連用

【振揚】

《萬章》下："集大成也者，金聲而玉振之也。"趙岐註："振，揚也。故如金音之有殺，振揚玉音終始如一也。"

訓詞"揚"與被訓詞"振"的類義素是：（+）振動。高誘註《呂氏春秋·必己》篇"盡揚播入於河"："揚，動也。"高誘註《淮南子·本經訓》"共工振滔洪水"："振，動也。"

（2）訓詞置於被訓詞之前臨時連用

【興爲】

《公孫丑》下："故將大有爲之君，必有所不召之臣，欲有謀焉，則就之。"趙岐註："言古之大聖大賢有所興爲之君，必就大賢臣而謀事，不敢召也。"

訓詞"興"與被訓詞"爲"的類義素是：（+）作爲。焦循正義："爲，作也；興，亦作也。故以興釋爲。"

【張設】

《離婁》下："其設心以爲不若是，是則罪之大者。"趙岐註："章子張設其心……"

訓詞"張"與被訓詞"設"的類義素是：（+）安設。焦循正義："《說文》言部云：'設，施陳也。'弓部云：'張，施弓弦也。'是'設'即'張'也。"

2. 兩個同訓形容詞臨時連用

【僞詐】

《滕文公》上："從許子之道，則市賈不貳，國中無僞。雖使五尺之童適市，莫之或欺。"趙岐註："如使從許子淳樸之道，可使市無二價，不相僞詐，不相欺愚小也。"

訓詞"詐"與被訓詞"僞"的類義素是：（+）虛僞。焦循正義："《說文》人部云：'僞，詐也。'趙氏註《萬章》篇'然則舜僞喜者與'亦云：'僞，詐也。'《淮南子·本經訓》：'其心愉而不僞。'高誘註云：'僞，虛詐也。'詐兼以虛。《國語·楚語》：'是言誕也。'註云：'誕，虛也。'《吕氏春秋·應言》篇云：'令許綰誕魏王。'高誘註云：'誕，詐也。'故趙氏此註以誕釋僞。"《説文》、趙氏注《萬章》本以"詐"單訓"僞"，焦循正義復以"虛"、"詐"同訓"僞"、"誕"，加固"僞"、"詐"連用關係，可見同訓基於單訓。

《孟子》趙岐註連用同訓例，證明了當代理論訓詁學的結論Ⅱ："同訓詞如果其中没有文意訓釋，也可判定在這一義項上同義。"①

（三）兩個互訓詞連用，構成同義連用訓釋

互訓（Mutual Explanation）是指"兩個詞互相訓釋的直訓"。② 從《孟子》趙岐註同義連用互訓詞的詞性和位置來看，主要有以下幾種類型：

1. 兩個互訓動詞臨時連用

（1）訓詞附於被訓詞之後臨時連用

【班列】

《萬章》下："周室班爵禄也，如之何？"趙岐註："班，列也。問周家班列爵禄，等差謂何？"

訓詞"列"與被訓詞"班"的類義素是：（+）排列。《方言》："班、徹，列也。……"戴震《方言疏證》："趙岐《孟子註》孟子'班爵禄'云：'班，列也。'《春秋》昭公二年《左傳》'送從逆班'，杜預註云：'班，列也。'任昉《奏彈曹景宗》曰：'榮高列侯。'李善註引《方言》：'列，班也。'所引即此文。"

（2）訓詞置於被訓詞之前臨時連用

【簡擇】

《公孫丑》上："里仁爲美，擇不處仁，焉得智？"趙岐註："夫簡擇不處仁，爲不智。"

訓詞"簡"與被訓詞"擇"的類義素是：（+）選擇。焦循正義："《爾雅·釋詁》云：'柬，擇也。'《説文》手部云：'擇，柬選也。'柬部云：

---

① 王寧《訓詁學原理》，中國國際廣播出版社，1996年，P83。
② 全國科學技術名詞審定委員會語言學名詞審定委員會《語言學名詞》，"訓詁學名詞"部份。商務印書館，2011年。

'柬，分別簡之也。'柬，古簡字。"

2. 兩個互訓形容詞臨時連用

【寬優】

《萬章》下："故聞柳下惠之風者，鄙夫寬，薄夫敦。"趙岐註："鄙狹者更寬優……"

訓詞"優"與被訓詞"寬"的類義素是：(+)寬厚。焦循正義："《賈子·道術》篇云：'優賢不逮謂之寬。'《詩·大雅·瞻卬》：'維其優矣。'箋云：'優，寬也。'是寬即優也。"

【惰懈】

《離婁》下："惰其四支，不顧父母之養，一不孝也。"趙岐註："惰懈不作……"

訓詞"懈"與被訓詞"惰"的類義素是：(+)懈怠。高誘註《淮南子·脩務》"爲民興利除害而不懈"："懈，惰也。"《廣韻·過韻》："惰，懈也。"

《孟子》趙岐註連用互訓例，證明了當代理論訓詁學的結論Ⅲ："互訓更易判定爲同義詞。"①

（四）兩個或兩個以上遞訓詞連用，構成同義連用訓釋

遞訓（Mutual Explanation among Three or More Words）是指"兩個以上的詞遞相訓釋的直訓"。②《孟子》趙岐註中的遞訓詞連用訓釋表現爲動詞。從同義連用遞訓詞的位置來看，主要有以下幾種類型：

1. 訓詞附於被訓詞之後臨時連用

【干害】

《公孫丑》上："其爲氣也，至大至剛，以直養而無害，則塞於天地之間。"趙岐註："養之以義，不以邪事干害之，則可使滋蔓，塞滿天地之間，布旅德教，無窮極也。"

---

① 全國科學技術名詞審定委員會語言學名詞審定委員會《語言學名詞》，"訓詁學名詞"部份。商務印書館，2011年。

② 同①。

訓詞"干"與被訓詞"害"的類義素是：（+）侵害。焦循正義："《說文》干部云：'干，犯也。'《國語·周語》云：'水火之所犯。'註云：'犯，害也。'故以干釋害，謂以邪事干害之也。"焦循正義繫聯註疏，以"害"釋"犯"，以"犯"釋"干"，最終闡釋趙岐註以"干"釋"害"之理，構成遞訓。

【耘治】

《公孫丑》上："以爲無益而捨之者，不耘苗者也。"趙岐註："以爲福祿在天，求之無益，捨置仁義，不求爲善，是由農夫任天，不復耘治其苗也。"

訓詞"治"與被訓詞"耘"的類義素是：（+）治理。焦循正義："《毛詩·甫田》：'或耘或耔。'傳云：'耘，除草也。'《禮記·曲禮》云'馳道不除'，註云：'除，治也。'故以治釋耘。"焦循正義繫聯註疏，以"治"釋"除"，以"除"釋"耘"，最終闡釋趙岐註以"治"釋"耘"之理，構成遞訓。另如：

【率勉】

《公孫丑》上："率其子弟，攻其父母，自生民以來，未有能濟者也。"趙岐註："鄰國之君，欲將其民來伐之，譬若率勉人子弟，使自攻其父母。自生民以來，何能以此濟成其欲也。"

訓詞"勉"與被訓詞"率"的類義素是：（+）鼓勵。焦循正義："《小爾雅·廣詁》云：'率，勸也。'勸之義與勉，故以勉釋率。"焦循正義繫聯註疏，以"勸"釋"率"，以"勉"釋"勸"，最終闡釋趙岐註以"勉"釋"率"之理，構成遞訓。

【捐去】

《萬章》上："父母使舜完廩，捐階，瞽瞍焚廩。"趙岐註："使舜登廩屋，而捐去其階，焚燒其廩也。"

訓詞"去"與被訓詞"捐"的類義素是：（+）撤除。焦循正義："《說文》手部云：'捐，棄也。'棄即去也，故云'捐去其階'。"焦循正義繫聯註疏，以"棄"釋"捐"，以"去"釋"棄"，最終闡釋趙岐註以"去"釋"捐"之理，構成遞訓。

【事行】

《萬章》下："曰：'然則孔子之仕也，非事道與？'曰：'事道也。'" 趙岐註："萬章問孔子之仕，非欲事行其道與？孟子曰：孔子所仕者，欲事行其道。"

訓詞"行"與被訓詞"事"的類義素是：（+）施行。焦循正義："《韓非子·喻老》篇云：'事，爲也。'《禮記·樂記》云：'事蚤濟也。'註云：'事猶爲也。'《檀弓》云：'不仁而不可爲也。'註云：'爲猶行也。'《呂氏春秋·愛類》篇云：'無不行也。'高誘註云：'行，爲也。''行'、'事'、'爲'三字義同，故以行釋事。事道即行道也。"焦循正義繫聯註疏，以"爲"釋"事"，以"行"釋"爲"，最終闡釋趙岐註以"行"釋"事"之理，構成遞訓。

2. 訓詞置於被訓詞之前臨時連用

例如本文前言敘及《告子》下趙岐註"加載"例，焦循正義繫聯註疏和字書，以"加"釋"乘"，以"乘"釋"載"，最終闡釋趙岐註以"加"釋"載"之理，構成遞訓。

《孟子》趙岐註同義連用訓釋的方式，除了上述類型以外，還有一種訓詞與被訓詞同義連用同訓加遞訓的情況。

【異遠】

《滕文公》上："今也南蠻鴃舌之人，非先王之道，子倍子之師而學之，亦異於曾子矣。"趙岐註："……與曾子之心亦異遠也。"

訓詞"遠"與被訓詞"異"的類義素是：（+）疏遠。焦循正義："《説文》異部云：'異，分也。'《呂氏春秋·知接》篇：'願君之遠易牙。'高誘註云：'遠，猶疏也。'《淮南子·道應訓》：'襄子疏隊而擊之。'高誘註云：'疏，猶分也。'以是通之，則異有遠義，故以遠釋異。"焦循正義先以"分"同訓"異"、"疏"，繼以"疏"訓"遠"，形成以"遠"釋"異"的遞訓鏈，繫聯趙岐註的理據。

【迫窄】

《滕文公》下："迫，斯可以見矣。"趙岐註："迫窄則可以見之。"

訓詞"窄"與被訓詞"迫"的類義素是：（+）接近。焦循正義："《説文》竹部云：'筈，迫也。辵部云：'迫，近也。'蓋謂君既來近我，我則可以見之。'窄'即'筈'字，又通作'迮'。《爾雅·釋言》云：'逼，迫也。'《小爾雅·廣詁》云：'逼，近也。'是'逼'、'迫'義亦爲近。"焦循正義先以"迫"同訓"逼"、"筈"，繼以"近"同訓"逼"、"迫"，形成以"窄"釋"迫"的遞訓鏈，繫聯趙岐註的理據。

《孟子》趙岐註連用遞訓例，證明了當代理論訓詁學的結論Ⅳ："互訓和同訓經過繫聯，可以證明三個或更多的詞同義。"①

三、從《孟子》趙岐註同義連用訓釋並列式短語凝合爲現代漢語雙音複合詞的關係分析

在漢語言文字學史上，很多學人都曾注意過這類古漢語詞語同義連用的現象，稱謂各有不同。現擇要列表如下：

學者	稱謂	表述
孔穎達	重言	《左傳·成公十三年》："芟夷我農功，虔劉我邊陲。"杜預註："虔、劉，皆殺也。"孔穎達正義："'劉，殺'，《釋詁》文；《方言》云：'虔，殺也。'重言殺者，亦圓文耳。"②
王念孫	連語	凡連語之字，皆上下同義，不可分訓，説者望文生義，往往穿鑿而失其本指。③
王引之	複語	古人訓詁，不避重複，往往有平列二字上下同義者。解者分爲二義，反失其指。……古人自有複語。④
焦 循	叠字	（詳見上文）
俞 樾	語詞複用	古人用助語詞，有兩字同義而複用者。⑤
黃 侃	連言	《詩經》中連言之字，《爾雅》〈釋言〉〈釋訓〉即以爲訓。⑥

---

① 王寧《訓詁學原理》，中國國際廣播出版社，1996年，P83。
② （唐）孔穎達《春秋左傳正義》，（清）阮元等校刻《十三經注疏》，中華書局，1980年影印版，P1912。
③ （清）王念孫《讀書雜誌》，江蘇古籍出版社，1985年，《漢書》十六，P407。
④ 清代王引之分析《周易》、《尚書》、《詩經》、《周禮》、《禮記》、《左傳》、《國語》等文獻中的"經傳平列二字上下同義"現象63例，內含同（近）義複語和聯綿詞兩種情況。王氏父子所稱"連語"、"複語"內容有部份重合。詳見"古人自有複語"。詳見（清）王引之《經義述聞》，江蘇古籍出版社，2000年，P772。
⑤ （清）俞樾《古書疑義舉例》卷四"語詞複用例"，載《古書疑義舉例五種》，中華書局，2005年，P68。
⑥ 黃侃述，黃焯編《文字聲韻訓詁筆記》，上海古籍出版社，1984年，P235。

學者	稱謂	表述
劉師培	複詞	古人屬詞，雖以達詞爲主，然句法貴齊。若所宣之蘊已罄，而詞氣未休，則叠累其意，以複詞足其語。……古人實指之詞，應難之語，言之不足則尚重言，雖僅單義，亦以複詞達之；而所用複詞，大抵義同而字異，然推闡之意，得複詞而益充。①
胡適	複音字	（詳見胡適《國語的進化》，載1920年2月2日《新青年》）
王力	同義詞臨時組合	（詳見王力《古代漢語》，中華書局，1981年，P86）
張世祿	同義爲訓／同義並行複合詞	同義詞的豐富性，使得詞義解釋上形成了"同義爲訓"的體例；同義詞在訓詁學上的這種作用，又促使同義詞之間的經常聯合起來應用，因而產生了大量的同義並行複合詞。②
王寧	同義連用	爲了調整音節，文言文中常有將同義連用的情況，意義與單用時仍然相近，證明二者在這個環境裏義無差別。③
朱誠	同義連用	兩個或兩個以上的同義成份連在一起，共表一個意義的用法。④
趙克勤	同義複音詞	（詳見趙克勤《古代漢語詞彙學》，商務印書館，1994年，P31）
宋子然	並列複合詞	（一）註家以同義兩字直接解釋一字，則兩字可視爲一個並列複合詞。（二）註家以章句體例申講文意，其中以同義兩字對釋正文一字，則此兩字可視爲一個並列複合詞。⑤
蘇寶榮 宋永培	並列雙音合成詞	由同義詞或近義詞結合而成的並列雙音合成詞，其中的兩個語素往往有互相訓釋的作用，形成詞義的單一性和鮮明性。⑥
李運富	同義並列複合詞（或同義連用）	所謂"連語"，實際上就是同義並列複合詞（或同義連用）。……跟王引之所說的'經傳平列二字上下同義'的複語完全相同。⑦
張博	並列式連用	本文所謂"並列式連用"是一個廣義的概念，既包括並列式詞組，也包括並列式複合詞。⑧

---

① 劉師培所稱"複詞"中，一類"主於足意"，相當於實詞；另一類"主於足句"，相當於虛詞。詳見劉師培《古用複詞攷》，載《劉申叔先生遺書》卷八，寧武南氏鉛印本，1934年，P3—5。
② 張世祿《張世祿語言學論文集》，學林出版社，1984年。
③ 王寧《訓詁學原理》，中國國際廣播出版社，1996年，P104。
④ 朱誠《同義連用淺論》，《古漢語研究》，1990年第4期，P21。
⑤ 宋子然《從漢人訓詁看上古並列複合詞的構成及其特點》，載《四川師範學院學報》1985年第2期，P91—92。
⑥ 蘇寶榮、宋永培《古漢語詞義簡論》，河北教育出版社，1987年，P84。
⑦ 李運富《王念孫父子的"連語"觀及其訓解實踐（上）》，載《古漢語研究》1990年第4期，P33—34；該文評價，王念孫父子"從複音詞內部的語義構成上着眼"，"開創了從語素構成劃分詞類的新角度"（P68—69）。
⑧ 張博《先秦並列式連用詞序的制約機制》，載《語言研究》1996年第2期，P13—26。

學者	稱謂	表述
朱承平	連文	由兩個同義詞或近義詞組成的雙音複合詞組。①
李亞明	連言爲訓/近義連文	（黃季剛先生）所稱"連言"，是指古文獻裏特定語境中有聯繫的上下文。……《爾雅》輯爲一項，便構成"連言爲訓"（這是編纂體例）。……《爾雅》連言爲訓的體例大概可以歸納爲以下諸類型：一、訓詞與被訓詞構成近義連文……這種現象發展到了後代，往往形成近（同）義複詞，即兩個義相近（同）的詞都作爲詞素融合成爲表示同一概念的雙音節複合詞。②

表86　各家對古漢語詞語同義連用現象的稱謂

綜合上述各家提法，我們說，古漢語詞語同義連用主要是指兩個單音同（近）義詞的連用現象。與此相應，同義連用訓釋主要是指連用的兩個單音同（近）義詞之間的訓釋。歸根到底，同義連用訓釋是一種義訓（Semantic Gloss），即"不借助字音、字形，根據意義之間的關係直接解釋詞義的訓釋"。③《孟子》趙岐註同義連用訓釋詞語屬並列式短語。

本文從《孟子》趙岐註同義連用訓釋並列式短語凝合爲現代漢語雙音複合詞的關係來分析，歸納類型如下：

（一）古今形義一貫，《孟子》趙岐註中的訓詞和被訓詞衍變爲現代漢語雙音合成詞的兩個詞素，詞義與現代漢語雙音合成詞相同

1. 兩個單訓詞連用

（1）兩個單訓名詞連用

【恩愛】

《滕文公》上："儒者之道，'古之人若保赤子'，此言何謂也？之則以爲愛無差等，施由親始。"趙岐註："之以爲當同其恩愛，無有差次等級親疏也。"

---

① 朱承平歸納"連文應用諸法"如下："1.古語今詞連文則可據今詞推古語之義例"、"2.本字之義與借字連文則可據以破假借例"、"3.古語連文則可據一字之釋推他字之義例"、"4.連文中同義異構同素對比以知古義例"、"5.兩字相連並用詞語同義不得異義異訓例"、"6.據連文以證單詞之義例"。詳見朱承平《文獻語言材料的鑒別與應用》，江西高校出版社，1991年，P248—251。

② 詳見本書下文《〈爾雅〉連言爲訓體例略說》。

③ 全國科學技術名詞審定委員會語言學名詞審定委員會《語言學名詞》，"訓詁學名詞"部份。商務印書館，2011年。

訓詞"恩"與被訓詞"愛"的類義素是：（+）情義。焦循正義："《毛詩·豳風·鴟鴞》篇云：'恩斯勤斯。'傳云：'恩，愛也。'是愛即恩也。"《現漢》【恩愛】："（夫妻）相親相愛，有情義。"《孟子》此經泛指一切人際關係的親愛感情，現代漢語則特指夫妻之間的親愛感情。

（2）兩個單訓動詞連用

① 訓詞附於被訓詞之後連用

【焚燒】

《萬章》上："瞽瞍焚廩。"趙岐註："焚燒其廩也。"

訓詞"燒"與被訓詞"焚"的類義素是：（+）燒。鄭玄註《周禮·秋官·掌戮》"凡殺其親者焚之"，高誘註《呂氏春秋·義賞》"而憂其不焚也"並云："焚，燒也。"《現漢》【焚燒】："燒毀；燒掉。"

② 訓詞置於被訓詞之前連用

【變化】

《公孫丑》下："且比化者，無使土親膚，於人心獨無恔乎？"趙岐註："棺槨敦厚，比親體之變化，且無令土親肌膚，於人子之心，獨不快然無所恨也。"

訓詞"變"與被訓詞"化"的類義素是：（+）變。高誘註《呂氏春秋》、《淮南子》："化，變也。"《現漢》【變化】："事物在形態上或本質上產生新的狀況。"

【遺忘】

《離婁》下："武王不泄邇，不忘遠。"趙岐註："不泄狎近賢，不遺忘遠善。"

訓詞"遺"與被訓詞"忘"的類義素是：（+）忘記。《說文解字》辵部："遺，亡也。"《現漢》【遺忘】："忘記。"

【怨懟】

《萬章》上："如告，則廢人之大倫以懟父母，是以不告也。"趙岐註："告則不聽其娶，是廢人之大倫，以怨懟於父母也。"

訓詞"怨"與被訓詞"懟"的類義素是：（+）怨恨。《爾雅·釋言》："懟，怨也。"《現漢》【怨懟】："〈書〉怨恨。"

【憎惡】

《萬章》下："諸侯惡其害己也,而皆去其籍,然而軻也嘗聞其略也。"趙岐註："諸侯欲恣行,憎惡其法度妨害己之所爲,故滅去典籍。"

訓詞"憎"與被訓詞"惡"的類義素是:(+)厭惡。高誘註《呂氏春秋·大樂》"天使人有惡"、《呂氏春秋·首時》"其貌適吾所甚惡也"並云:"惡,憎也。"《現漢》【憎惡】:"憎恨;厭惡。"

(3) 兩個單訓形容詞連用

【廉潔】

《萬章》下："故聞伯夷之風者,頑夫廉,懦夫有立志。"趙岐註："後世聞其風者,頑貪之夫,更思廉潔,懦弱之人更思有有立義之志也。"

訓詞"潔"與被訓詞"廉"的類義素是:(-)貪。《鬼谷子·摩》:"廉者,潔也。"《現漢》【廉潔】:"不損公肥私;不貪污。"

2. 兩個互訓詞連用

表現爲兩個動詞連用訓釋,訓詞置於被訓詞之前連用互訓。

【妨害】

《萬章》下："其詳不可得聞也。諸侯惡其害己也,而皆去其籍,然而軻也嘗聞其略也。"趙岐註："諸侯欲恣行,憎惡其法度妨害己之所爲,故滅去典籍。"

這是兩個動詞連用訓釋,訓詞置於被訓詞之前連用互訓。

《告子》上："今有無名之指,屈而不信,非疾痛害事也。如有能信之者,則不遠秦、楚之路,爲指之不若人也。"趙岐註："無名指者,非手之用指也,雖不疾痛妨害於事,猶欲信之,不遠秦、楚,爲指之不若人故也。"

這也是兩個動詞連用訓釋,訓詞置於被訓詞之前連用互訓。訓詞"妨"與被訓詞"害"的類義素是:(+)妨害。王逸註《楚辭·招魂》"敬而無妨些":"妨,害也。"顏師古註《漢書·董仲舒傳》"不害爲輔佐":"害,猶妨也。"王逸註以"害"釋"妨",顏師古註則以"妨"釋"害"。王、顏二註構成互訓。二例均爲及物動詞。《現漢》【妨害】:"有害於。"

（二）古今形同義微異，《孟子》趙岐註中的訓詞和被訓詞衍變爲現代漢語雙音合成詞的兩個詞素，其和相當於現代漢語雙音合成詞的特定詞項

1. 兩個單訓詞連用
(1) 兩個單訓名詞連用

【溝壑】

《萬章》上："思天下之民，匹夫匹婦有不被堯、舜之澤者，若己推而内之溝中。"趙岐註："伊尹思念不以仁義之道化民者，如己推排内之溝壑中也。"

這是訓詞附於被訓詞之後連用。訓詞"壑"與被訓詞"溝"的類義素是：(+)山溝。韋昭註《國語·晉語》"餱壑可盈"："壑，溝也。"《現漢》【溝壑】："山溝①；坑。"另如：

【道理】

《萬章》下："其交也以道，其接也以禮，斯孔子受之矣。"趙岐註："孟子言其來求交己以道理，其接待己有禮者，若斯，孔子受之矣。"

訓詞"理"與被訓詞"道"的類義素是：(+)情理。《莊子·繕性》："道，理也。"《管子·君臣》："順理而不失之謂道。"《現漢》【道理】："②……情理。"

【技巧】

《萬章》下："智，譬則巧也。"趙岐註："智，譬猶人之有技巧也，可學而益之。"

訓詞"技"與被訓詞"巧"的類義素是：(+)技能。《説文解字》工部："巧，技也。"《現漢》【技巧】："①表現在藝術、工藝、體育等方面的巧妙的技能。"

(2) 兩個單訓動詞連用
① 訓詞附於被訓詞之後連用

【奪取】

《離婁》上："儉者不奪人。"趙岐註："爲廉儉者，不奪取人。"

訓詞"取"與被訓詞"奪"的類義素是：(+)強取。《現漢》【奪取】："①用武力強取。"

【施行】

《離婁》上:"得其心有道,所欲與之聚之,所惡勿施,爾也。"趙岐注:"勿施行其所惡,使民近,則民心可得矣。"

訓詞"行"與被訓詞"施"的類義素是:(+)實行。高誘註《淮南子·脩務》"聲施千里":"施,行也。"《現漢》【施行】:"②按照某種方式或辦法去做;實行。"

② 訓詞置於被訓詞之前連用

【承受】

《滕文公》上:"吾有所受之也。"趙岐註:"曰喪祭之事,各從其先祖之法。言我轉有所承受之,不可於己身獨改更也。"

訓詞"承"與被訓詞"受"的類義素是:(+)繼承。焦循正義:"《儀禮·喪服》云:'受以小功衰。'註云:'受,猶承也。'故以承釋受;承受則遵而從之,故不改更也。"《現漢》【承受】:"②繼承(財產、權利等)。"

上列諸例均爲及物動詞。

2. 兩個同訓詞連用

【供奉】

《告子》上:"爲宮室之美,妻妾之奉,所識窮乏者得我與?"趙岐註:"己身不能獨食萬鍾也,豈不爲廣美宮室,供奉妻妾,施與所知之人窮乏者也。"

這是兩個及物動詞連用訓釋,訓詞置於被訓詞之前連用同訓。訓詞"供"與被訓詞"奉"的類義素是:(+)供養。杜預註《左傳》昭公六年"奉之以仁":"奉,養也。"《廣雅·釋言》:"供,養也。"《現漢》【供奉】:"①敬奉;供養。"

3. 兩個互訓詞連用

【遭遇】

《梁惠王》下:"吾之不遇魯侯,天也。"趙岐註:"……故曰吾之不遭遇魯侯,乃天所爲也。"

這是兩個及物動詞連用訓釋,訓詞置於被訓詞之前連用互訓。訓詞

"遭"與被訓詞"遇"的類義素是：（+）逢。焦循正義："《吕氏春秋·長攻》篇云：'必有其遇。'註云：'遇，猶遭也。'《説文》辵部云：'遭，遇也。'遭、遇二字轉注。"《現漢》【遭遇】："①碰上；遇到（敵人、不幸的或不順利的事等）。"趙岐註"遭遇"没有特定對象，現代漢語"遭遇"的對象則特指"敵人、不幸的或不順利的事等"。

（三）古今形同義異，《孟子》趙岐註中的訓詞和被訓詞之和與現代漢語雙音合成詞詞形相同，但詞義不同

以王寧先生爲代表的當代理論訓詁學分析這類古今形同義異的同形詞："兩個詞素在古代已經組合，但經過語用的積澱，産生了與原有組合完全不同的意義，這個過程稱作非詞源化（De-Etymologisation）。在傳承造詞中，這種雙音合成詞的數量也相當可觀。"[①]《孟子》趙岐註同義連用訓釋並列式短語中的這類古今形同義異的同形詞還可細分爲以下類型：

1. 兩個單訓詞連用

（1）兩個單訓名詞連用

【分寸】

《離婁》下："如中也棄不中，才也棄不才，則賢不肖之相去，其間不能以寸。"趙岐註："如使賢者棄愚，不養其所以當養，則賢亦近愚矣。如此，賢不肖相覺，何能分寸！"

訓詞"分"與被訓詞"寸"的類義素是：（+）長度單位。焦循正義："《説苑·辨物》篇云：'十分爲一寸。'趙氏連言分寸，明此寸謂十分之寸也。"《現漢》【分寸】："説話或做事的適當限度。"趙註"分寸"指長度單位，現代漢語"分寸"的表義素則爲言行。

（2）兩個單訓動詞連用

① 訓詞附於被訓詞之後連用

【動作】

《滕文公》上："爲民父母，使民盼盼然，將終歲勤動不得以養其父

[①] 王寧《當代理論訓詁學與漢語雙音合成詞的構詞研究》，載《當代語言學理論與漢語研究》，沈陽、馮勝利編，商務印書館，2008年。

母。"趙岐註："言民勤身動作終歲，不得以養食其父母。"

訓詞"作"與被訓詞"動"的類義素是：（+）勞動。《爾雅·釋詁》："動，作也。"《現漢》【動作】："①全身或身體的一部分的活動。②活動；行動起來。"

②訓詞置於被訓詞之前連用

【禁閉】

《離婁》上："陳善閉邪謂之敬。"趙岐註："陳善法以禁閉君之邪心，是爲敬君。"

訓詞"禁"與被訓詞"閉"的類義素是：（+）堵塞。鮑彪註《戰國策·趙策》"韓乃西師以禁秦國"："禁，閉拒之。"《現漢》【禁閉】："把犯錯誤的人關在屋子裏讓他反省，是一種處罰。"

（3）兩個單訓形容詞連用

【簡易】

《離婁》下："我欲行禮，子敖以我爲簡，不亦異乎！"趙岐註："我欲行禮，故不歷位而言，反以我爲簡易也。"

訓詞"易"與被訓詞"簡"的類義素是：（+）粗陋。《説苑·脩文》："簡者，易野也。易野者，無禮文也。"《現漢》【簡易】："①簡單而容易的。②設施簡陋的。"

2.兩個遞訓詞連用

【尊嚴】

《公孫丑》上："無嚴諸侯。"趙岐註："嚴，尊也。無有尊嚴諸侯可敬者也。"

這是兩個及物動詞連用訓釋，訓詞置於被訓詞之前連用遞訓。訓詞"尊"與被訓詞"嚴"的類義素是：（+）敬重。焦循正義："《吕氏春秋·審應篇》高誘註云：'嚴，尊也。'《禮記·學記》云：'嚴師爲難。'註云：'嚴，尊敬也。'《廣雅·釋詁》云：'尊，敬也。'尊、嚴、敬三字義同。"《現漢》【尊嚴】："①尊貴莊嚴。②可尊敬的身份或地位。"儘管趙岐註的"尊嚴"與現代漢語雙音節詞"尊嚴"詞形相同，但後者的詞義並不等於趙岐註中"尊"和"嚴"兩個同義詞的凝合。現代漢語"尊嚴"的兩個義項分别爲形容詞和名詞，趙岐註"尊嚴"則爲動詞，與現代漢語同形詞的詞性和詞義都不同。

四、《孟子》趙岐註同義連用訓釋並列式短語凝結爲現代漢語雙音複合詞的成因

以王寧先生爲代表的當代理論訓詁學認爲："歷時的攷查證明，現代漢語雙音詞是從各個不同的時代積澱下來的，因而與歷代漢語的詞匯都存在着一定的關係。"① 因此，貫通古今漢語詞語的發展脈絡來探究本源雙音合成詞的歷史成因，十分必要。

人們一般將詞匯化理解爲短語或由句法決定的其它語言單位在語言的發展演變中變成穩固詞項的過程。趙岐所處的東漢，正是漢語並列雙音詞發展的高峰時期。② 從《孟子》趙岐註同義連用訓釋詞語在現代漢語的流變形式來看，一部份同義連用訓釋詞語屬臨時連用，沒有凝合爲現代漢語的詞（如上文"貳、從《孟子》趙岐註同義連用訓釋的方式分析"所列舉的例子）；一部份凝合了《孟子》趙岐註同義連用訓釋的換序詞形；還有一部份《孟子》趙岐註同義連用訓釋詞語詞匯化，③ 在現代漢語中凝合爲歷史傳承式本源雙音合成詞。④ 爲了清晰地理順古今漢語詞語的發展脉絡，我們試以《孟子》趙岐註同義連用訓釋並列式短語爲對象，分别從正反兩個方面探究其凝結爲現代漢語雙音複合詞的歷史成因。

（一）古代漢語並列式短語詞匯化不取决於指稱性程度的强弱

對古代漢語並列式短語在現代漢語流變形式起决定性作用的主要因素是

---

① 王寧《訓詁學與漢語雙音詞的結構和意義》，載《語言教學與研究》，1997年第4期，P11。
② 參見程湘清《漢語史專書複音詞研究》，商務印書館，2003年；方一新《東漢語料與詞匯史研究芻議》，載《中國語文》1996年第2期；肖曉輝《漢語雙音並列合成詞語素結合規律研究——以《墨子》語料爲中心》，中國傳媒大學出版社，2010年。
③ 學界有觀點不承認同義聯合短語的詞匯化成詞方式（例如丁喜霞《中古常用並列雙音詞的成詞和演變研究》，語文出版社，2006年；劉曉然《雙音短語的詞匯化：以〈太平經〉爲例》，四川大學博士學位論文，2007年），本文不受這種觀點的約束。
④ "本源雙音合成詞"的概念是王寧先生提出來的："所謂本源雙音合成詞，指的是用漢語自身系統中的語素及自身的結構方式構成的雙音詞。"（王寧《論本源雙音合成詞凝結的歷史原因——兼論古今漢語的傳承與溝通》，載《古典文獻與文化論叢》，杭州大學出版社，1999年）

什麼？漢語並列式短語成詞是否有語義限制？有觀點認爲，漢語並列式短語成詞的語義限制之一是："如果並列項爲名詞性成份，指稱性越弱越容易成詞。"① 從本文"貳、從《孟子》趙岐註同義連用訓釋的方式分析""一、兩個單訓詞連用，構成同義連用訓釋""（一）兩個單訓名詞臨時連用"所列舉的3個例子來看，這些臨時連用的名詞性訓釋詞語沒有凝合爲現代漢語的詞，其指稱性程度強者2例，指稱性程度弱者1例。如表所示：

連用形式	訓釋方式	類義素	指稱性強弱程度
幣帛	單訓	絲織品	強
居處		住所	強
衆庶		民衆	弱

表87　《孟子》趙岐註同義連用詞語未凝合爲現代漢語的詞例的不同指稱性強弱程度

再從下列8個名詞性訓釋詞語凝合爲現代漢語雙音合成詞的例子來看，其指稱性程度強者3例，指稱性程度弱者5例。如表所示：

連用形式	訓釋方式	類義素	指稱性強弱程度
恩愛②	單訓	情義	弱
溝壑③		山溝	強
道理④		情理	弱
技巧⑤		技能	弱
分寸⑥		長度單位	弱
壙（曠）野⑦		原野	強
萌牙（芽）⑧		新生事物	弱
肌膚⑨	同訓	肌肉	強

表88　《孟子》趙岐註同義連用詞語凝合爲現代漢語的詞例的不同指稱性強弱程度

---

① 董秀芳《詞匯化：漢語雙音詞的衍生和發展》，四川民族出版社，2002年，P115。
② 詳見本文三（一）。
③ 詳見本文三（二）。
④ 同③。
⑤ 同③。
⑥ 詳見本文三（三）。
⑦ 詳見本文四（三）"詞形原因"。
⑧ 同⑦。
⑨ 《公孫丑》下："且比化者，無使土親膚，於人心獨無恔乎？"趙岐註："棺椁敦厚，比親體之變化，且無令土親肌膚，於人子之心，獨不快然無所恨也。"《説文解字》肉部："肌，肉也。"《廣雅·釋詁》："膚，肉也。"

這些《孟子》趙岐註同義連用訓釋詞形中的兩個訓詞衍變爲現代漢語雙音合成詞的詞素，其指稱性程度，有强有弱，在現代漢語中詞匯化過程中，指稱性程度的强弱因素並不明顯。因此，從《孟子》趙岐註同義連用訓釋詞語在現代漢語的流變形式來看，指稱性程度的强弱不是漢語並列式短語成詞的語義限制。

（二）古代漢語並列式短語詞匯化不取決於及物性

有觀點認爲，漢語並列式短語成詞的語義限制之一是："如果並列項爲動詞性成份，兩個成份都是及物性的比兩個成份都是不及物性的更容易成詞。"[①]如果僅僅靜止地從現代漢語雙音並列合成動詞來分析，也許兩個詞素均源於及物性成份的動詞數量多於兩個詞素均源於不及物性成份的動詞數量；但若歷時地反觀古代漢語並列式短語未在現代漢語中成詞的例子，兩個成份都是及物性的並列式短語的數量同樣多於兩個成份都是不及物性的並列式短語的數量。從《孟子》趙岐註動詞性同義連用訓釋來看，訓釋詞語臨時連用而沒有凝合爲現代漢語的詞共44例，兩個成份均爲及物性者（用+表示）31例，占70.45%；兩個成份均爲不及物性者（用–表示）13例，占29.55%。如表所示：

連用形式	訓釋方式	類義素	是否及物
捨置		終止	+
濟成		成功	–
變詭		變異	–
教敎		教導	+
厲病		侵害	+
易治		治理	+
委棄	單訓	抛棄	+
消盡		滅絕	–
附就		歸附	+
令告		命令	+
平治		治理	+
濟渡		渡	–
逢遇		遇	+

---

① 董秀芳《詞匯化：漢語雙音詞的衍生和發展》，四川民族出版社，2002年，P115。

連用形式	訓釋方式	類義素	是否及物
擇異	單訓	區別	−
泄狎		輕慢	+
歸往		歸趨	
唯(惟)念		思念	+
推排		摒棄	+
舉用		任用	+
加益		增益	−
拂戾		擾亂	+
占望		瞻望	−
告語		告訴	+
望見		見	−
滿溢		滿	
誅伐		攻打	+
牽援		牽拉	+
責怒		譴責	+
奉事		侍奉	+
興作		崛起	
加載		記載	+
攻伐	同訓	攻打	+
振揚		振動	+
興爲		作爲	−
張設		安設	+
班列	互訓	排列	+
簡擇		選擇	−
干害	遞訓	侵害	+
耘治		治理	+
率勉		鼓勵	+
捐去		撤除	+
事行		施行	
異遠		疏遠	+
迫窄		接近	+

表89 《孟子》趙岐註同義連用詞語未凝合爲現代漢語的詞例的及物性

漢語並列式短語中，兩個成份都是及物性的絕對數量大於比兩個成份都是不及物性的絕對數量，並不能證明前者比後者更容易成詞。因此，從《孟子》趙岐註同義連用訓釋詞語在現代漢語的流變形式來看，是否及物也不是漢語並列式短語的成詞的語義限制。

（三）古代漢語並列式短語詞匯化不取決於意義的相似或相對（相反）

有觀點認爲，漢語並列式短語成詞的語義限制之一是："兩個並列項在語義上相似的並列短語比並列項在意義上相對或相反的一類更容易成詞。"①本文所涉《孟子》趙岐註同義連用訓釋詞形，均爲兩個並列項在語義上相似的並列短語，但後來的形式，共有未成詞、換序、成詞三種。數據如表：

趙註同義連用訓釋並列項詞性	訓釋方式	現代漢語結構流變形式		
		未成詞	換序	成詞
名詞	單訓	3	3	6
	同訓	0	0	1
	互訓	0	0	0
	遞訓	0	0	0
動詞	單訓	32	4	19
	同訓	4	0	1
	互訓	2	0	3
	遞訓	7	0	1
形容詞	單訓	12	1	4
	同訓	1	0	0
	互訓	2	2	0
	遞訓	0	0	0
副詞	單訓	1	1	0
	同訓	0	0	0
	互訓	0	0	0
	遞訓	0	0	0
總計（110）		64	11	35
百分比		58.18%	10%	31.82%

表90　《孟子》趙岐註並列同義連用詞語在現代漢語中的結構流變形式

① 董秀芳《詞匯化：漢語雙音詞的衍生和發展》，四川民族出版社，2002年，P115。

《孟子》趙岐註同義連用訓釋詞形，均爲兩個並列項在語義上相似的並列短語，但到了後來，未成詞者占58.18%，換序者占10%，成詞者僅占31.82%。也就是說，《孟子》趙岐註同義連用訓釋中，兩個並列項在語義上相似的並列短語，凝合爲現代漢語雙音合成詞的情況不到三分之一。因此，從《孟子》趙岐註同義連用訓釋詞語在現代漢語的流變形式來看，意義的相似或相對（相反）也不是漢語並列式短語的成詞的語義限制。

　　那麼，古代漢語並列式短語在現代漢語詞匯化的主要原因是什麼呢？以王寧先生爲代表的當代理論訓詁學認爲："如何運用訓詁學的原理來解決漢語雙音詞形成的原因，以及它們的構詞理據呢？雙音詞的構詞理據，包括以下三方面的要點：（1）原始構詞時兩個語素各自的意義；（2）兩個語素結合的語言原因和文化原因；（3）與這兩方面原因相關的語素結構模式，這一問題還要涉及語素的書寫形式。"[①] 所以，詞匯化的進程是有系統規律可循的。我們以《孟子》趙岐註同義連用訓釋詞語在現代漢語的流變形式爲參照，把漢語詞匯化的主要成因，歸納爲以下幾個方面：

（一）詞形原因

1. 古代漢語並列式短語中兩個單音詞的原始構形與現代漢語雙音合成詞的詞形發生轉移

　　現代漢語雙音合成詞的詞形經歷了從不穩定到穩定的過程。王力主編的《古代漢語》注意到："漢語大部份的雙音詞都是經過同義詞臨時組合的階段的。"證明之一是："最初某些同義詞的組合沒有固定的形式，幾個同義詞可以自由組合……"[②]《孟子》趙岐註同義連用訓釋詞形也不例外。例如，"易治"和"平治"中，"治"與"易"和"平"可以臨時自由組合；"附就"和"歸就"中，"就"與"附"和"歸"可以臨時自由組合；"齊等"和"齊同"中，"齊"與"等"和"同"可以臨時自由組合；"占望"和"望見"中，"望"與"占"和"見"可以臨時自由組合；"攻伐"和"誅伐"中，"伐"與"攻"和"誅"可以臨時自由組合；等等。上面這些臨時自由組合而成的並列式短語，沒有凝結爲現代漢語雙音合成詞。

---

① 王寧《訓詁學與漢語雙音詞的結構和意義》，載《語言教學與研究》1997年第4期，P14。
② 王力主編《古代漢語》，中華書局，1981年，P86。

與此相反，另有一部份古代漢語並列式短語的兩個單音詞的原始構形，與現代漢語雙音合成詞的詞形發生轉移後，凝結爲現代漢語雙音合成詞。例如：

【壙（曠）野】

《離婁》上："民之歸仁也，猶水之就下、獸之走壙也。"趙岐註："民之思明君，猶水樂埤下，獸樂壙野，毆之則歸其所樂。"以"野"釋"壙"。朱熹《孟子集注》："壙，廣野也。"焦循正義："趙氏以'壙野'釋之，讀'壙'爲'曠'也。"朱駿聲《說文通訓定聲》："'曠'，假借爲'壙'，野也。"

"壙"本義是"原野"，現代漢語則衍借爲"曠"，變成了"空而寬闊"的意思。《現漢》【曠野】："空曠的原野。"

【萌牙（芽）】

《告子》上："雖有天下易生之物也，一日暴之，十日寒之，未有能生者也，吾見亦罕矣。吾退而寒之者至矣，吾如有萌焉。何哉？"趙岐註："譬諸萬物，何由得有萌牙生也？"焦循正義："《說文》艸部云：'萌，草芽也。''芽，萌芽也。'牙與芽通，故幼小稱童牙。萌芽即萌蘗也。"

《孟子》趙岐註中的訓詞"牙（芽）"和被訓詞"萌"衍變爲現代漢語雙音合成詞"萌芽"的兩個詞素，其和相當於現代漢語雙音合成詞的特定詞項。"萌牙"現代漢語衍爲"萌芽"，指新生事物。《現漢》【萌芽】："②比喻新生的未長成的事物。"

【罔（網）羅】

《公孫丑》下："有賤丈夫焉，必求龍斷而登之，以左右望而罔市利。"趙岐註："左右占望，見市中有利，罔羅而取之。"焦循正義："罔，《說文》作'網'，……今作'網'。《毛詩·王風》：'雉離於羅。'傳云：'鳥網曰羅。'是'罔市利'爲罔羅而取利也。"

《孟子》趙岐註中的訓詞"羅"和被訓詞"罔（網）"衍變爲現代漢語雙音合成詞"網羅"的兩個詞素，其和相當於現代漢語雙音合成詞的特定詞項。"罔羅"現代漢語衍爲"網羅"，指搜羅。《現漢》【網羅】："②從各方面搜尋招致。"

2. 古代漢語並列式短語中兩個單音詞的原始詞序與現代漢語雙音合成詞的詞序發生變換

王力主編的《古代漢語》論及漢語大部份的雙音詞經過同義詞臨時組合階段時說："在最初的時候，祇是兩個同義詞的並列，還沒有凝結成爲一個整體，一個單詞。"證明之一是："最初某些同義詞的組合沒有固定的形式，幾個同義詞可以自由組合，甚至可以顛倒。"[①] 鄭奠（1964）[②]和曹先擢（1979）[③]等論文曾列舉這類例子。現代漢語雙音合成詞的順序也有一個從不穩定到穩定的過程。

《孟子》趙岐註同義連用訓釋詞形與現代漢語詞形換序的類型有以下幾種：

（1）兩個單訓詞連用訓釋，現代漢語凝合其換序詞形

①兩個單訓名詞連用

【情性：性情】[④]→【性情】

《滕文公》上："夫物之不齊，物之情也。"趙岐註："夫萬物好醜異賈，精粗異功，其不齊同，物之情性也。"

訓詞是"性"，被訓詞是"情"。《荀子·正名》："性之好惡喜怒哀樂謂之情。"高誘註《呂氏春秋·上德》"此之謂順情"及《淮南子·本經訓》"人愛其情"："情，性也。"

《離婁》下："天下之言性也，則故而已矣。"趙岐註："言天下萬物之情性，當順其故，則利之也。"

訓詞是"情"，被訓詞是"性"。韋昭註《國語·周語》上"而厚其性"："性，情性也。"

這兩處趙岐註訓詞與被訓詞的類義素均爲：（+）本性。《現漢》【性情】："性格。"

②兩個單訓動詞連用

---

① 王力主編《古代漢語》，中華書局，1981年，P86。
② 鄭奠《古漢語字序對換的雙音詞》，載《中國語文》1964年第6期。
③ 曹先擢《並列式同素異序同義詞》，載《中國語文》1979年第6期。
④ 程湘清將這種現象稱爲"同素異序詞"，並認爲："……這類雙音詞當中有些詞的字序確實也有個穩定過程，但字序是AB，還是BA，往往並不影響它們共同代表同一個概念，換句話說，不影響它們同時作爲雙音詞而存在。"（《漢語史專書複音詞研究》，商務印書館，2003年，P132—133）

【辯爭】→【爭辯】

《滕文公》下："外人皆稱夫子好辯，敢問何也？"趙岐註："好辯，言孟子好與楊墨之徒辯爭。"

訓詞"爭"與被訓詞"辯"的類義素是：（+）爭論。《易·訟卦》釋文引鄭註："辯財曰爭。"《現漢》【爭辯】："爭論；辯論。"

【悟覺】→【覺悟】

《萬章》上："天之生此民也，使先知覺後知，使先覺覺後覺也。予，天民之先覺者也，予將以斯道覺斯民也，非予覺之而誰也？"趙岐註："覺，悟也。天欲使先知之人悟後知之人，我先悟覺者也，我欲以此仁義之道覺悟此未知之民，非我悟之，將誰教乎？"

訓詞"悟"與被訓詞"覺"的類義素是：（+）醒悟。焦循正義："《說文》見部云：'覺，寤也。'寤、悟字通。"《現漢》【覺悟】："①由迷惑而明白；由模糊而認清；醒悟。"

上述二例均爲訓詞置於被訓詞之前連用。

③兩個單訓形容詞連用

A. 訓詞附於被訓詞之後連用

【隘狹】→【狹隘】

《公孫丑》上："伯夷隘，柳下惠不恭。隘與不恭，君子不由也。"趙岐註："伯夷隘，懼人之污來及己，故無所含容，言其大隘狹也。"

訓詞"狹"與被訓詞"隘"的類義素是：（+）狹隘。焦循正義："隘，猶狹陋也。"《現漢》【狹隘】："③（心胸、氣量、見識等）局限在一個小範圍裏；不寬廣；不宏大。"

【悅喜】→【喜悅】

《告子》上："長楚人之長，亦長吾之長，是以長爲悅者也，故謂之外也。"趙岐註："所悅喜老者在外，故曰外也。"

訓詞"喜"與被訓詞"悅"的類義素是：（+）愉快。《廣雅·釋詁》："悅，喜也。"張預註《孫子·火攻》"慍可以復悅"："見於色者謂之喜，得於心者謂之悅。"《現漢》【喜悅】："愉快；高興。"

B. 訓詞置於被訓詞之前連用

【涸乾】→【乾涸】

《離婁》下："苟爲無本，七八月之間雨集，溝澮皆盈，其涸也，可立而待也。"趙岐註："誠令無本，若周七八月，夏五六月，天之大雨，潦水卒集，大溝小澮皆滿，然其涸乾可立待者，以其無本故也。"

訓詞"乾"與被訓詞"涸"的類義素是：(+)枯乾。朱熹《孟子集注》："涸，乾也。"《現漢》【乾涸】："（河道、池塘等）沒有水了。"

④兩個單訓副詞連用

【同共】→【共同】

《滕文公》上："八家皆私百畝，同養公田。"趙岐註："八家各私得百畝，同共養其公田之苗稼。"

訓詞"共"與被訓詞"同"的類義素是：(+)共同。鄭玄註《周禮·地官·司市》"以泉府同貨而斂賒"："同，共也。"《現漢》【共同】："大家一起（做）。"

（2）兩個互訓詞連用訓釋，現代漢語凝合其換序詞形

【困窮】→【窮困】

《萬章》上："爲不順於父母，如窮人無所歸。"趙岐註："爲不愛於父母，其爲憂愁，若困窮之人無所歸往也。"

訓詞"困"與被訓詞"窮"的類義素是：(+)窘迫。《論語·堯曰》："四海困窮。"《廣雅·釋詁》："困，窮也。"諸古文獻"困窮"指窘迫，現代漢語凝合其倒序詞形，特指貧窮，外延縮小，詞義有異。《現漢》【窮困】："生活貧窮，經濟困難。"

【薄淺】→【淺薄】

《萬章》下："故聞柳下惠之風者，鄙夫寬，薄夫敦。"趙岐註："薄淺者更深厚。"

訓詞"淺"與被訓詞"薄"的類義素是：(+)輕浮。高誘註《淮南子·齊俗訓》"煩挐澆淺"："淺，薄也。"《現漢》【淺薄】："③輕浮；不淳樸。"

上述例子可以概括爲：

趙岐註連用形式	趙岐註連用短語詞性	現代漢語雙音合成詞	現代漢語詞性
情性	名詞+名詞	性情	名詞
辯爭	動詞+動詞	爭辯	動詞
悟覺	動詞+動詞	覺悟	動詞
隘狹	形容詞+形容詞	狹隘	形容詞
悅喜	形容詞+形容詞	喜悅	形容詞
澗乾	形容詞+形容詞	乾澗	形容詞
同共	副詞+副詞	共同	副詞
困窮	形容詞+形容詞	窮困	形容詞
薄淺	形容詞+形容詞	淺薄	形容詞

表91　《孟子》趙岐註同義連用訓釋詞形與現代漢語詞形換序類型

上述例子中的詞形換序後，趙岐註同義連用訓釋中的訓詞與被訓詞衍變爲現代漢語雙音合成詞的詞素，現代漢語雙音合成詞義相當於註疏中訓詞與被訓詞的凝合，詞性也沒有發生變化。另一方面也説明，漢語雙音合成詞原始階段的形式並不穩定。從臨時換序到固定順序，反映了雙音並列短語凝固爲雙音並列合成詞的過程。至於制約詞序的因素，則比較複雜。①

③古代漢語並列式短語中兩個單音詞的原始構形與現代漢語雙音合成詞的詞形發生轉移，同時詞序也發生變換

【原本】→【本源】

《離婁》下："自得之，則居之安；居之安，則資之深；資之深，則取之左右逢其原：故君子欲其自得之也。"趙岐註："左右取之，在所逢遇皆知

---

① 關於制約漢語並列式雙音詞詞序的因素，周祖謨認爲："在漢語裏兩個詞並舉合稱的時候，兩個詞的先後順序，除了同是一個聲調以外，一般是按照平仄四聲爲序，平聲字在前，仄聲字在後。如果同是仄聲，則以上去入爲序。先上，後去、入；或先去，後入。"（周祖謨《漢語駢列的詞語和四聲》，載《北京大學學報》1985年第4期）崔希亮總結："決定並列式雙音詞AB順序的因素有三個：1.聲調決定；2.意義決定；3.約定俗成。其中約定俗成包括了我們所不知道的規律。"（崔希亮《並列式雙音詞的結構模式》，載《第三屆國際漢語教學討論會論文集》，北京語言學院出版社，1991年，P449）張博總結："先秦雙音節並列式連用中詞序的主要制約因素是調序；意義與調序雙重制約而形成的異調順序連用數量極少，絕大多數異調順序連用純然是調序制約的結果；在意義關係與調序產生矛盾時，意義制約力並不絕對起決定作用。"（張博《先秦並列式連用詞序的制約機制》，載《語言研究》1996年第2期，P18）"影響先秦並列式連用詞序的因素十分複雜。在衆多的制約因素中，調序的制約力度最强，其他制約因素與調序制約因素相互影響，相互有機交織，在特定的條件下和範圍內發揮作用，從而共同構成了作用於並列式連用詞序的內在制約機制。"（同上，P22）

其原本也。"

訓詞是"本",被訓詞是"原"。鄭玄註:《禮記·孔子閒居》"必達於禮樂之原""原,本也。"

《離婁》下:"原泉混混,不捨晝夜,盈科而後進,放乎四海。有本者如是,是之取爾。"趙岐註:"言水不捨晝夜而進。……至於四海者,有原本也。"

訓詞是"原",被訓詞是"本"。高誘註《吕氏春秋·驕恣》"此得失之本也"、《吕氏春秋·無義》"萬利之本也"、《淮南子·氾論》"乃得道之本":"本,原也。"《現漢》【本源】:"事物產生的根源。"

【介草:草芥】→【草芥】

《孟子》趙岐註"介(芥)草"與"草芥"兩種詞形並存。

《萬章》上:"非其義也,非其道也,一介不以與人,一介不以取諸人。"趙岐註:"一介草不以與人,亦不以取於人也。"焦循正義:"趙氏讀"介"爲"芥",故以草釋之也。"

此爲單訓訓詞附於被訓詞之後臨時連用。"介"同"芥"。

換序詞形爲"草芥"。

《離婁》下:"君之視臣如土芥,則臣視君如寇讎。"趙岐註:"芥,草芥也。"

此爲單訓訓詞置於被訓詞之前臨時連用。《方言》:"芥,草也。自關而西或曰草,或曰芥。"《現漢》【草芥】:"比喻最微小、無價值的東西(芥:小草)。"這個例子說明"草芥"經歷了從不穩定到穩定的過程。兩種詞形順序不同,但所蘊概念相同。

(二)語音原因

馮勝利曾從韻律的角度描述漢語詞彙化過程爲:短語韵律詞→固化韻律詞→詞化韻律詞。[1]《孟子》趙岐註同義連用訓釋詞語在現代漢語中詞彙化的語音原因約有以下類型:

---

[1] 馮勝利《漢語的韻律、詞法與句法》,北京大學出版社,1997年。

1. 雙聲

【運行】

《梁惠王》下："如水益深，如火益熱，亦運而已矣。"趙岐註："如其所患益甚，則亦運行奔走而去矣。"焦循正義："《淮南子·原道》、《終身》、《覽冥》等篇，高誘註皆云：'運，行也。'故以行釋運。"

上古音中，訓詞"行"匣紐陽韻，被訓詞"運"匣紐文韻，二者雙聲；其類義素是：（+）運轉。《現漢》【運行】："周而復始地運轉（多指星球、車船等）。"

【侮慢】

《離婁》上："恭者不侮人。"趙岐註："爲恭敬者，不侮慢人。"《離婁》上："夫人必自侮，然後人侮之。"趙岐註："人先自爲可侮慢之行，故見侮慢也。"高誘註《呂氏春秋·遇合》"是侮也"："侮，慢也。"

上古音中，訓詞"慢"明紐元韻，被訓詞"侮"明紐侯韻，二者雙聲；其類義素是：（+）輕慢。《現漢》【侮慢】："欺侮輕慢。"

2. 叠韵

【毀壞】

《離婁》上："家必自毀，而後人毀之。"趙岐註："家先自爲可毀壞之道，故見毀也。"《小爾雅·廣言》："毀，壞也。"

上古音中，訓詞"壞"匣紐微韻，被訓詞"毀"曉紐微韻，二者叠韻；其類義素是：（+）壞。《現漢》【毀壞】："損壞；破壞。"

3. 雙聲兼叠韵

【恭敬】

《離婁》上："恭者不侮人。"趙岐註："爲恭敬者，不侮慢人。"《爾雅·釋詁》："恭，敬也。"

上古音中，訓詞"敬"見紐耕韻，被訓詞"恭"見紐東韻，二者雙聲，韻旁轉；其類義素是：（+）敬。《現漢》【恭敬】："對尊長或賓客嚴肅有禮貌。"

【懦弱】

《萬章》下："故聞伯夷之風者，頑夫廉，懦夫有立志。"趙岐註：

"後世聞其風者，頑貪之夫，更思廉潔，懦弱之人更思有有立義之志也。"《説文解字》心部："懦，駑弱者也。"韋昭註《國語‧晉語》"少懦於諸侯"："懦，弱也。"

上古音中，訓詞"弱"日紐藥韻，被訓詞"懦"日紐侯韻，二者雙聲，韻旁對轉；其類義素是：（＋）軟弱。《現漢》【懦弱】："軟弱，不堅强。"

（三）詞義原因

《孟子》趙岐註同義連用訓釋並列式短語凝結爲現代漢語雙音合成詞的根本原因，恐怕還是詞義原因。以王寧先生爲代表的當代理論訓詁學總結："詞的語法功能和它所能存在的結構模式，是受它的詞匯意義控制的，很多語法上的差異，常常能從詞義特點的不同找到最根本的原因。"①

1. 古代漢語並列式短語中兩個單音詞之間，即由古代漢語並列式短語凝結而成的現代漢語雙音合成詞的兩個語素之間，以及古代漢語並列式短語中兩個單音詞與現代漢語雙音合成詞之間，都具有共同的意義基礎

這裏有兩層意思：第一層意思是，古代漢語並列式短語中兩個單音詞之間，即由古代漢語並列式短語凝結而成的現代漢語雙音合成詞的兩個語素之間，具有共同的意義基礎，這是指古代漢語兩個單音詞的基本意義相同。假如古代漢語並列式短語凝結爲現代漢語雙音合成詞，則構成雙音合成詞的兩個語素的基本意義相同。因此，有的古漢語教材將同義連用現象列爲同義詞的確證之一。②換言之，同義連用現象是可以證明詞的同義的材料之一："在古漢語裏，同義詞可以連用而義不變，這正是後來發展爲雙音合成詞的基礎。"③其他學人也曾注意到此點。④第二層意思是，古代漢語並列式短語中兩個單音詞

---

① 王寧《訓詁學原理》，中國國際廣播出版社，1996年，P236。其他學人類似的表述如，李運富認爲："古代構詞法的問題，不完全是語法問題，離開語素意義的攷證，要判定複音詞的性質（内部語義結構）是困難的。"（李運富《王念孫父子的"連語"觀及其訓解實踐》，載《古漢語研究》1991年第2期，P69）李慧認爲："由於詞組與詞在現代漢語共時層面共存，因而詞組義與詞義之間的語義跨度成爲現代漢語中詞組詞匯化的主要語義條件。"（李慧《現代漢語雙音節詞組詞匯化基本特徵探析》，載《語言教學與研究》2007年第2期，P54）

② 王寧《古代漢語通論》，北京師範大學出版社，1996年，P104。

③ 同①，P84。

④ 例如，徐朝華注意到上古漢語由兩個同義或近義語素組成的複合詞，"一般都是在兩個語素原有的共同意義（或本義或引申義）的基礎上構成一個更概括的意義。""兩個語素之間形成互相制約、互相補充的關係，從而排除了語素的多義性，使詞義具有確定性和概括性。"（徐朝華《上古漢語詞匯史》，商務印書館，2003年，P281）

與現代漢語雙音合成詞之間，都具有共同的意義基礎。例如：

【思念】

《萬章》上："思天下之民，匹夫匹婦有不被堯、舜之澤者，若己推而內之溝中。"趙岐註："伊尹思念不以仁義之道化民者，如己推排內之溝壑中也。"鄭玄註《禮記·玉藻》"書思對命"："思，思念也。"趙岐註《孟子·公孫丑》上"思與鄉人立"："思，念也。"

訓詞"念"與被訓詞"思"的類義素是：（＋）想念。《現漢》【思念】："想念。"

【推求】

《離婁》下："天之高也，星辰之遠也，苟求其故，千歲之日至可坐而致也。"趙岐註："天雖高，星辰雖遠，誠能推求其故常，千歲日至之日可坐而致也。"高誘註《淮南子·原道》"固其自然而推之"、《本經》"可以厤推得也"、《主術》"推之而弗猒"均云："推，求也。"

訓詞"推"與被訓詞"求"的類義素是：（＋）探索。《現漢》【推求】："根據已知的條件或因素來探索（道理、意圖等）。"

有學者用"語義的曲折性（Indirectness）"來概括短語固化成詞之後的語義特徵，認爲雙音短語的詞匯化必然會導致這個詞語（短語）意義的虛化和結構功能的虛化，最終整個結構的意義不能憑藉構成成份的意義預測出來，即消失了透明度（Transparency）。我們不敢苟同這種"必然"的觀點。

2. 古代漢語並列式短語中兩個單音詞原始構意與現代漢語雙音合成詞意義發生轉移

現代漢語雙音合成詞的意義也經歷了從不穩定到穩定的過程。有一部份古代漢語並列式短語的兩個單音詞的原始構意，與現代漢語雙音合成詞的意義發生轉移後，凝結爲現代漢語雙音合成詞。下列這些《孟子》趙岐註同義連用訓釋並列式短語的兩個單音詞凝結爲現代漢語雙音合成詞後，語義發生一定轉移，無法再套用語法結構來對其進行分析。恰如以王寧先生爲代表的當代理論訓詁學總結的那樣："由於意義轉移或書寫形式的改變，使一部份古代漢語的詞組失去了正常的組合關係，語法組合模式與語義關係類型不再具有一致性，也就是使詞語的現代用義與原初的構造意圖脫節，致使這些結構退出造句法，

進入構詞法,以合成詞的方式保留下來。這實際上也是一種功能的轉移和補償。"① 例如:

【出去】

《離婁》下:"夫章子豈不欲有夫妻子母之屬哉?爲得罪於父,不得近,出妻屏子,終身不養焉。"趙岐註:"夫章子豈不欲身有夫妻之配,子有子母之屬哉?但以身得罪於父,不得近父,故出去其妻,摒遠其子,終身不爲妻子所養也。"

高誘註《呂氏春秋·忠廉》"殺身出生以徇其君"、《呂氏春秋·知分》"夏后啓辭而出"、《呂氏春秋·驕恣》"趨而出"、《呂氏春秋·開春》"封人子高出"、《呂氏春秋·貴直》"先出也"並云:"出,去也。"楊倞註《荀子·大略》"乘其出者是其反者也"訓同。趙岐註"出去"意爲"逐出",現代漢語同形詞則表趨向。《現漢》同形詞【出去】一指"從裏面到外面去";另一則爲趨向動詞(用在動詞後,表示動作由裏向外離開說話的人)。

【銷鑠】

《告子》上:"仁、義、禮、智,非由外鑠我也,我固有之也,弗思耳矣。"趙岐註:"仁、義、禮、智,人皆有其端,懷之於內,非從外銷鑠我也。"《説文》金部:"鑠,銷金也。"

"消鑠"現代漢語衍爲"銷鑠",指熔化。《現漢》【銷鑠】:"〈書〉①熔化;消除。"《孟子》趙岐註中的訓詞"消(銷)"和被訓詞"鑠"衍變爲現代漢語雙音合成詞"銷鑠"的兩個詞素,其和相當於現代漢語雙音合成詞的特定詞項。

《孟子》趙岐註同義連用訓釋所顯現的古代漢語並列式短語中兩個單音詞之間,以及古代漢語並列式短語中兩個單音詞與現代漢語雙音合成詞之間的意義,是同中有異,異中有同,其異同關係是辨證的、相對的,而不是形而上的、絕對的。《孟子》趙岐註同義連用訓釋所顯現的由古代漢語並列式短語凝結而成的現代漢語雙音合成詞的兩個語素的基本意義相同,並不等於意義完全相同。事實上,兩個語素之間存在附屬意義的微異;恰恰是古代漢語並列式短

---

① 王寧《論本源雙音合成詞凝結的歷史原因——兼論古今漢語的傳承與溝通》,載《古典文獻與文化論叢》,杭州大學出版社,1999年。

語中兩個單音詞之間，以及由古代漢語並列式短語凝結而成的現代漢語雙音合成詞的兩個語素之間附屬意義的微異，起到了標註語義的作用，實現了註疏訓釋的精細化定位，實現了現代漢語雙音合成詞意義的區別。這符合當代理論訓詁學所總結的漢語詞彙發展的累積律和區別律。

另一方面，即使《孟子》趙岐註同義連用訓釋所顯現的古代漢語並列式短語中兩個單音詞原始構意與現代漢語雙音合成詞意義發生了轉移，其歷史淵源也或多或少遺留有相同的痕蹟。例如：

【亡失】

《告子》上："故曰求則得之，捨則失之。"趙岐註："求存之，則可得而用之；捨縱之，則亡失之矣。"

訓詞"亡"與被訓詞"失"的類義素是：（+）失去。高誘註《戰國策·秦策》五"亡趙自危"："亡，失也。"高誘註《淮南子·說林》"不亡其適"："亡，亦失之。"趙岐註的"亡失"偏指抽象事物，現代漢語同詞形則偏指具體事物。《現漢》【亡失】："丟失；散失。""亡"與"失"之間，以及"亡失"的《孟子》趙岐註詞形與現代漢語詞形之間，既有共同的語義基礎，又有附屬意義的微異。

對於上述類型的辨證關係，學界曾有所認識。[①]

（四）語法原因

以王寧先生爲代表的當代理論訓詁學總結："單音詞的全部或部份義項喪失獨立構句的性能，淪爲不自由語素，產生依附性，致使一批受語法支配的詞組無法分開而凝結成詞。"[②] 我們以《孟子》趙岐註同義連用訓釋爲例，並列式短語"憎惡"中，"憎"的"恨"義，"惡"的"厭惡"義，在現代漢語中不能直接進入造句法，凝結爲下面的詞：

[①] 例如，程湘清認爲："聯合式複音詞兩個語素的關係是辨證統一的關係：既有彼此融合的一面，這就是說複音詞的詞義決不是兩個單音語素意義的簡單相加；又有相互制約的一面，即把雙方的意義制約在一定義位上。而語言的發展，既要求詞義的豐富性、多樣性，又要求表達的單一性、明確性。爲解決這一矛盾，在單音詞義不斷發展、豐富的基礎上，能夠使義位表達更爲單純明確而且容量更大、更能滿足交際需要的聯合式複音詞大量出現就是題中應有之義。"（程湘清《漢語史專書複音詞研究》，商務印書館，2003年，P20）

[②] 王寧《論本源雙音合成詞凝結的歷史原因——兼論古今漢語的傳承與溝通》，載《古典文獻與文化論叢》，杭州大學出版社，1999年。

憎稱/憎恨/憎惡/愛憎分明/面目可憎

好惡/深惡痛絕

《孟子》趙岐註同義連用訓釋並列式短語"廉"、"潔"的"不損公肥私"、"不貪污"義，在現代漢語中不能直接進入造句法，凝結爲下面的詞：

廉耻/廉潔/廉明/廉正/廉政/廉直/清廉/潔身自好

《孟子》趙岐註同義連用訓釋並列式短語"肌膚"中，"肌"的"肌肉"義，"膚"的"皮膚"和"浮淺"義，在現代漢語中不能直接進入造句法，凝結爲下面的詞：

肌膚/肌腱/肌理/肌肉/肌體/平滑肌

膚色/切膚之痛/體無完膚

膚泛/膚廓/膚淺/膚皮潦草

上述《孟子》趙岐註同義連用訓釋並列式短語的兩個單音詞，在現代漢語雙音合成詞中淪爲不自由或半自由語素，無法獨立造句。

當然，語法原因祇是《孟子》趙岐註同義連用訓釋並列式短語凝結爲現代漢語雙音合成詞的原因之一，且不是根本原因。

綜上可見，古代漢語並列式短語詞匯化的成因是多方面的。儘管本文所列，並非漢語詞匯化的全部成因，[①] 但它們仍然在相當程度上反映了對古代漢語並列式短語詞匯化產生的客觀的、普遍的、必然的作用。這些成因持久而系統地引起現代漢語雙音複合詞的產生，成爲現代漢語雙音複合詞產生根源的要素；這些成因與現代漢語雙音複合詞之間構成引起和被引起的關係，導致古代漢語並列式短語產生現代漢語雙音複合詞的關係。現代漢語雙音複合詞作爲這些成因的被引起者，成爲結果。分析《孟子》趙岐註同義連用訓釋並列式短語的類型，並以該種訓釋詞語在現代漢語的流變形式爲參照，總結漢語詞匯化的成因，對於漢語詞匯史研究，具有一定的價值。[②]

[①] 譬如頻率原因等。

[②] 此外，借助文獻註疏同義連用訓釋體例進行校勘，還可判定註疏同義連用訓字誤入文本造成衍文的可能。例如《孟子·滕文公》上："堯獨憂之，舉舜而敷治焉。"趙岐註："敷，治也。《書》曰：'禹敷土。'是言治其土也。"王念孫《廣雅疏證》："今本《孟子》'敷'下有'治'字，後人取註義加之也。"焦循正義："趙氏以'治'釋'敷'，則趙本似無'治'字，乃今各本皆無無'治'字者。"

從《連文釋義》和《現代漢語詞典》的比較看漢語雙音並列詞語的傳承方式

一、前言

《連文釋義》，清代王言（慎旃）纂，載道光癸巳年（1833）世楷堂藏版《昭代叢書》乙集卷三十四。王言自序："有連稱二字似一名，或可獨用，而仍有兩義者。蓋一字有一字之義，小子未能知也。"此類造詞理據和結構方式屬歷史傳承式，與現代合成式相對。

用今天的眼光來看，連文是古漢語中由兩個單音的同義詞或近義短語成的雙音並列短語。這種短語有的在漢語史長河中被淘汰；有的經過演變和轉化，在歷史傳承過程中凝結爲雙音並列合成詞，而原來兩個單音的同義詞或近義詞，則作爲雙音並列合成詞的語素積澱下來。爲方便叙述，本文將雙音並列短語與雙音並列合成詞統稱爲雙音並列詞語。

《連文釋義》共收錄雙音並列詞語272條。其中，127條與《現代漢語詞典》[①]（以下簡稱《現漢》）詞目同形，占46.69%；145條未被收入《現漢》（表明已在漢語史長河中被淘汰），占53.31%。本文以前者爲語料對象，運用義素二分法，通過比較、分析《連文釋義》和《現漢》的同形雙音並列詞語，探討其歷史傳承。

---

① 中國社會科學院語言研究所詞典編輯室《現代漢語詞典》，商務印書館，2016年第7版。本文所錄《現代漢語詞典》詞語，有的是書面上的文言詞語，有的是古代的用法，因而並不完全代表現代漢語。

從造詞理據和結構方式來比較，《連文釋義》和《現漢》的同形雙音並列詞語之間，大致有兩大類型。

第一種類型是，《現漢》雙音並列合成詞是《連文釋義》雙音並列詞組中兩個單音詞的簡單合稱，體現了造詞理據和結構方式的完全傳承。例如：

【烽燧】

《連文釋義》："夜則舉烽，晝則燔燧。"

《史記·司馬相如列傳》："夫邊郡之士聞烽舉燧燔，皆攝弓而馳，荷兵而走。"司馬貞《索隱》引韋昭語："烽主晝，燧主夜。"《集韻·鍾韻》："夜曰烽，晝曰燧。"單音詞"烽"和"燧"的類義素均爲"警報"。《現漢》："古時遇敵人來犯，邊防人員點烟火報警，夜裏點的火叫烽，白天放的烟叫燧。"其表義素"火/烟"是單音詞"烽"的表義素"火"和"燧"的表義素"烟"的簡單相加。

【墳墓】

《連文釋義》："高曰墳，平曰墓。"

《禮記·檀弓》上："古地墓而不墳。"鄭玄註："土之高者曰墳。"《方言》十三："塚，秦晉之間謂之墳……凡葬而無墳謂之墓。"《說文解字》土部："墳，墓也。"段註："此渾言之也。析言之則墓爲平處。墳爲高處。"單音詞"墳"和"墓"的類義素均爲"葬處"。《現漢》"墳墓"："埋葬死人的穴和上面的墳頭。"其表義素"平坦/隆起"是單音詞"墓"的表義素"平坦"和"墳"的表義素"隆起"的簡單相加。

【鳳凰】

《連文釋義》："雄曰鳳，雌曰凰。"

此沿《書·益稷》"鳳皇來儀"孔安國傳、《詩·大雅·卷阿》"鳳皇于飛"毛亨傳等說。《方言》十三："塚，秦晉之間謂之墳……凡葬而無墳謂之墓。"《說文解字》土部："墳，墓也。"段註："此渾言之也。析言之則墓爲平處。墳爲高處。"單音詞"鳳"和"凰"的類義素均爲"鳥王"。《現漢》："古代傳說中的百鳥之王，羽毛美麗，雄的叫鳳，雌的叫凰。常用來象徵祥瑞。"其表義素"雄/雌"是單音詞"鳳"的表義素"雄"與"凰"的表義素"雌"的簡單相加。

【句讀】

《連文釋義》:"凡經書成文,語絶處謂之句;語未絶而點分之,以便誦咏,謂之讀。"

此《增韻》語。單音詞"句"和"讀"的類義素均爲"文辭停頓處"。《現漢》"句讀":"古時稱文辭停頓的地方叫句或讀(dòu)。連稱句讀時,句是語意完整的一小段,讀是句中語意未完,語氣可停的更小的段落。"這是單音詞"句"和"讀"的簡單合稱。

【題跋】

《連文釋義》:"在前曰題,在後曰跋。"

單音詞"題"和"跋"的類義素均爲"文章"。《現漢》:"寫在書籍、字畫等前後的文字。'題'指寫在前面的,'跋'指寫在後面的,總稱題跋。內容多爲品評、鑒賞、攷訂、記事等。"其表義素"前/後"是單音詞"題"的表義素"前"和"跋"的表義素"後"的簡單相加。

【猿猴】

《連文釋義》:"猿之德静以緩,猴之德躁以囂。"

段註《說文解字》"蝯":"柳子厚言猴性躁而蝯性緩。二者迥異。"單音詞"猿"和"猴"的類義素均爲"靈長目哺乳動物"。《現漢》:"猿和猴。"這是單音詞"猿"和"猴"的簡單合稱。

【卜筮】

《連文釋義》:"龜爲卜,蓍爲筮。"

《禮記·曲禮》上:"卜筮不相襲。卜不吉則又筮,筮不吉則又卜,是瀆龜策也。"單音詞"卜"和"筮"的類義素均爲"占卜"。《現漢》:"古代用龜甲占卜叫卜,用蓍草占卜叫筮,合稱卜筮。"其表義素"龜/蓍"是單音詞"卜"的表義素"龜"和"筮"的表義素"蓍"的簡單相加。

【弔唁】

《連文釋義》:"弔死曰弔,弔生曰唁。"

《說文解字》人部:"弔,問終也。"口部:"唁,弔生也。"《現漢》:"祭奠死者並慰問家屬。"這是單音詞"弔"和"唁"的簡單合稱。

【欠伸】

《连文释义》:"意阑则欠,体疲则伸。"

《儀禮·士相見禮》:"凡侍坐君子,君子欠伸,問日之早晏,以食具告。"鄭玄註:"志倦則欠,體倦則伸。"《現漢》:"打哈欠,伸懶腰。"這是單音詞"欠"和"伸"的簡單合稱。

【咽喉₁】

《連文釋義》:"通食在咽,通氣在喉。"

《韻會》:"醫經云:'咽者嚥水,喉者候氣。'"《夢溪筆談》卷二十六:"咽則納飲食,喉則通氣。"《現漢》:"①咽和喉。"這是單音詞"咽"和"喉"的簡單合稱。

【楊柳₁】

《連文釋義》:"楊葉短,柳葉長。揚起者爲楊,下垂者爲柳。"

《說文解字》木部:"柳,小楊也。"段註:"楊之細莖小葉者曰柳。"李時珍《本草綱目·木二·柳》:"楊枝硬而揚起,故謂之楊。柳枝弱而垂流,故謂之柳。蓋一類二種也。"《現漢》"楊柳":"①楊樹和柳樹。"這是單音詞"楊"和"柳"的簡單合稱。

【章句】

《連文釋義》:"意斷處曰章,言斷處曰句。"

《說文解字》句部:"句,曲也。"段註:"凡章句之句亦取稽畱可鉤乙之意。"《現漢》"章句":"①古書的章節和句讀。"這是單音詞"章"和"句"的簡單合稱。

另一種類型則表現爲,《連文釋義》雙音並列短語中的兩個單音詞是《現漢》雙音並列合成詞中的兩個語素,但《現漢》雙音並列合成詞並非《連文釋義》雙音並列短語中兩個單音詞的簡單合稱,體現了造詞理據和結構方式的不完全傳承。此類現象大量存在,具體包括以下五大類。

二、雙音並列合成詞產生統稱義

雙音並列合成詞產生統稱義的方式,主要是兩個單音詞的表義素脫落,類義素陞格爲義位。類型主要有以下二十二種:

（一）單音詞的主體表義素脫落

【婚姻】

《連文釋義》："壻曰婚，妻曰姻。壻以昏時而來，女則因之而去。妻之父曰婚，言壻親迎用昏，又恒以昏夜成禮也；壻之父曰姻，姻，因也，女往因媒也。"

此沿鄭玄註《禮記·經解》"昏姻之禮"、《爾雅·釋親》、《釋名·釋親屬》諸說。單音詞"婚"和"姻"的表義素分別爲"夫/岳父"和"妻/公公"等，類義素爲"夫妻關係"。《現漢》"婚姻"："結婚的事；因結婚而產生的夫妻關係。"其統稱義基於單音詞"婚"和"姻"表義素"夫/岳父"和"妻/公公"等的脫落，以及類義素（"夫妻關係"）的義位陞格，雙音並列合成詞統稱主體。

【姻亞】

《連文釋義》："壻之父曰姻，兩壻相謂曰亞。"

此沿《詩·小雅·我行其野》"不思舊姻"及《節南山》"瑣瑣姻亞"毛亨傳及鄭玄箋、《爾雅·釋親》、《釋名·釋親屬》諸說。單音詞"姻"和"亞"的表義素分別爲"親家"和"連襟"，類義素爲"姻親"。《現漢》"姻亞"："同'姻婭'。""姻婭"："親家和連襟。泛指姻親。"其統稱義基於單音詞"姻"和"亞"表義素"親家"和"連襟"的脫落，以及類義素（"姻親"）的義位陞格，雙音並列合成詞統稱主體。

（二）單音詞的生命表義素脫落

【名諱】

《連文釋義》："生曰名，死曰諱。"

《左傳·桓公六年》："周人以諱事神，名終將諱之。"顧炎武《日知錄》有說。單音詞"名"和"諱"的表義素分別爲"生"和"死"等，類義素爲"夫妻關係"。《現漢》"名諱"："舊時指尊長或所尊敬的人的名字。"其統稱義基於單音詞"名"和"諱"的表義素"生"和"死"的脫落，以及類義素（"人名"）的義位陞格，雙音並列合成詞統稱主體。

（三）單音詞的性別表義素脱落

【媒妁】

《連文釋義》："男曰媒，女曰妁。"

單音詞"媒"和"妁"的表義素分别爲"男"和"女"，類義素爲"媒人"。《現漢》"媒妁"："媒人。"其統稱義基於單音詞"媒"和"妁"的表義素"男"和"女"的脱落，以及類義素（"媒人"）的義位陞格，雙音並列合成詞統稱主體。

【姓氏】

《連文釋義》："因生賜姓，姓統其祖考之所自出；胙土命氏；氏别其子孫之所自分。"

此沿《史記·五帝本紀》"姓姬氏"裴駰《集解》引鄭玄《駁許慎〈五經異義〉》等説。單音詞"姓"和"氏"的表義素分别爲"祖族"和"裔族"，類義素爲"族字"。《現漢》"姓氏"："表明家族的字。姓和氏本有分别，姓起於女系，氏起於男系。後來説姓氏，專指姓。"其統稱義基於單音詞"姓"和"氏"的表義素"祖族"和"裔族"的脱落，以及類義素（"族字"）的義位陞格，雙音並列合成詞統稱主體。

【嬰兒】

《連文釋義》："女曰嬰，男曰兒。"

此沿《倉頡篇》等説。單音詞"嬰"和"兒"的表義素分别爲"女"和"男"，類義素爲"小孩兒"。《現漢》"嬰兒"："不滿一歲的小孩兒。"其統稱義基於單音詞"嬰"和"兒"的表義素"女"和"男"的脱落，以及類義素（"小孩兒"）的義位陞格，雙音並列合成詞統稱主體。

【嬰孩】

《連文釋義》："女曰嬰，男曰孩。"

此沿《倉頡篇》等説。單音詞"嬰"和"孩"的表義素分别爲"女"和"男"，類義素爲"小孩兒"。《現漢》"嬰孩"："嬰兒。"其統稱義基於單音詞"嬰"和"孩"的表義素"女"和"男"的脱落，以及類義素（"小孩兒"）的義位陞格，雙音並列合成詞統稱主體。

【麒麟】

《連文釋義》："牡曰麒，牝曰麟。"

此沿《倉頡篇》等説。單音詞"麒"和"麟"的表義素分別爲"雄性"和"雌性"，類義素爲"祥瑞/動物"。《現漢》"麒麟"："古代傳説中的一種動物，形狀像鹿，頭上有角，全身有鱗甲，有尾。古人拿它象徵祥瑞。簡稱麟。"其統稱義基於單音詞"麒"和"麟"的表義素"雄性"和"雌性"的脱落，以及類義素（"祥瑞/動物"）的義位陞格，雙音並列合成詞統稱事物。

（四）單音詞的時間表義素脱落

【潮汐₁】

《連文释义》："朝曰潮，夕曰汐。"

此沿蔣驥註《楚辭·九章·悲回風》"聽潮水之相擊"等説。單音詞"潮"和"汐"的表義素分別爲"早上"和"晚上"，類義素爲"定時/漲落/水位"。《現漢》"潮汐"："①通常指由於月亮和太陽的引力而產生的水位定時漲落的現象。"其統稱義基於單音詞"潮"和"汐"的表義素"早上"和"晚上"的脱落，以及類義素（"定時/漲落/水位"）的義位陞格，雙音並列合成詞統稱事物。

【朝覲₁】

《連文釋義》："春見曰朝，秋見曰覲。"

此沿《周禮·春官·大宗伯》和《説文解字》等説。單音詞"朝"和"覲"的表義素分別爲"春季"和"秋季"，類義素爲"朝見"。《現漢》"朝覲"："①朝見。"其統稱義基於單音詞"朝"和"覲"的表義素"春季"和"秋季"的脱落，以及類義素（"朝見"）的義位陞格，雙音並列合成詞統稱行爲。

（五）單音詞的空間表義素脱落

【姦宄】

《連文釋義》："亂在外曰姦，在内曰宄。"

《左傳·成公十七年》："臣聞亂在外爲姦，在内爲宄。"《書·舜典》"寇賊姦宄"孔安國傳相似。單音詞"姦"和"宄"的表義素分別爲"外"和"内",類義素爲"壞人"。《現漢》"姦宄":"壞人(由内而起叫姦,由外而起叫宄)。"其統稱義基於單音詞"姦"和"宄"的表義素"外"和"内"的脱落,以及類義素("壞人")的義位陞格,[①]雙音並列合成詞統稱主體。

【斥鹵】

《連文釋義》:"鹹地也。東方謂之斥,西方謂之鹵。"

此沿《説文解字》鹵部等説。單音詞"斥"和"鹵"的表義素分別爲"東方"和"西方",類義素爲"鹽鹼地"。《現漢》"斥鹵":"指含有過多的鹽鹼成份,不宜耕種的土地。"其統稱義基於單音詞"斥"和"鹵"表義素"東方"和"西方"的脱落,以及類義素("鹽鹼地")的義位陞格,雙音並列合成詞統稱事物。

【歌曲】

《連文釋義》:"南人曰歌,北人曰曲。"

單音詞"歌"和"曲"的表義素分別爲"南"和"北",類義素爲"詩歌/音樂作品"。《現漢》"歌曲":"供人歌唱的作品,是詩歌和音樂的結合。"其統稱義基於單音詞"歌"和"曲"表義素"南"和"北"的脱落,以及類義素("詩歌/音樂作品")的義位陞格,雙音並列合成詞統稱事物。

【阡陌】

《連文釋義》:"田間道南北曰阡,東西曰陌。"

此沿《史記·秦本紀》"爲田開阡陌"司馬貞《索隱》引《風俗通》等説。單音詞"阡"和"陌"的表義素分別爲"南北向"和"東西向",類義素爲"田間小路"。《現漢》"阡陌":"田地中間縱横交錯的小路。"其統稱義基於單音詞"阡"和"陌"的表義素"南北向"和"東西向"的脱落,以及類義素("路")的義位陞格,雙音並列合成詞統稱事物。

【帷幕】

《連文釋義》:"在旁曰帷,在上曰幕。"

[①] 《現代漢語詞典》釋"姦"、"宄"内外,沿玄應《一切經音義》註引《左傳》卷一而非卷十七及《説文解字》諸説,故與《連文釋義》相異。

此沿《說文解字》和鄭玄註《周禮·天官·幕人》"掌帷幕幄帟綬之事"等說。單音詞"帷"和"幕"的表義素分別爲"旁邊"和"上邊"，類義素爲"幕布"。《現漢》"帷幕"："挂在較大的屋子裏或舞臺上的遮擋用的幕。"其統稱義基於單音詞"帷"和"幕"表義素"旁邊"和"上邊"的脫落，以及類義素（"幕布"）的義位陞格，雙音並列合成詞統稱事物。

【牙齒】

《連文釋義》："下曰牙，上曰齒。"

此沿《字彙》之說。單音詞"牙"和"齒"的表義素分別爲"上面"和"下面"，類義素爲"咬切、咀嚼器官"。《現漢》"牙齒"："牙¹①的通稱。""牙¹①"："人和高等動物咬切、咀嚼食物的器官，由堅固的骨組織和釉質構成。人的牙按部位和形狀的不同，分爲切牙、尖牙、前磨牙、磨牙。通稱牙齒，也叫齒。"其統稱義基於單音詞"牙"和"齒"的表義素"空間/上面"和"空間/下面"的脫落，以及類義素（"咬切、咀嚼器官"）的義位陞格，雙音並列合成詞統稱事物。

【衣裳】

《連文釋義》："上曰衣，下曰裳。"

此沿《詩·齊風·東方未明》"顛倒衣裳"毛亨傳和《說文解字》等說。單音詞"衣"和"裳"的表義素分別爲"上面"和"下面"，類義素爲"衣服"。《現漢》"衣裳"："衣服。"其統稱義基於單音詞"衣"和"裳"表義素"空間/上面"和"空間/下面"的脫落，以及類義素（"衣服"）的義位陞格，雙音並列合成詞統稱事物。

【跋涉】

《連文釋義》："草行曰跋，水行曰涉。"

此沿《詩·鄘風·載馳》"大夫跋涉"毛亨傳等說。《說文解字》水部："涉，徒行厲水也。"單音詞"跋"和"涉"的表義素分別爲"草地"和"江河"，類義素爲"艱苦/旅行"。《現漢》"跋涉"："爬山蹚水，形容旅途艱苦。"其統稱義基於單音詞"跋"和"涉"的表義素"草地"和"江河"的脫落，以及類義素（"艱苦/旅行"）的義位陞格，雙音並列合成詞統稱行爲。

【彳亍】

《連文釋義》:"左步爲彳,右步爲亍。合則爲行。"

此沿《唐韻》、《集韻》之説。單音詞"彳"和"亍"的表義素分别爲"左步"和"右步",類義素爲"行走/停止"。《現漢》"彳亍":"慢步走,走走停停。"其統稱義基於單音詞"彳"和"亍"表義素"左步"和"右步"的脱落,以及類義素("行走/停止")的義位陞格,雙音並列合成詞統稱行爲。

【掩映】

《連文釋義》:"左山爲掩,右山爲映。"

單音詞"掩"和"映"的表義素分别爲"左"和"右",類義素爲"遮掩/襯托"。《現漢》"掩映":"彼此遮掩而互相襯托。" 其統稱義基於單音詞"掩"和"映"的表義素"左"和"右"的脱落,以及類義素("遮掩/襯托")的義位陞格,雙音並列合成詞統稱行爲。

【廬舍】

《連文釋義》:"在野曰廬,市居曰舍。"

此沿《漢書·食貨志》上及《説文解字》人部諸説。單音詞"廬"和"舍"的表義素分别爲"郊外"和"市區",類義素爲"住房"。《現漢》"廬舍":"房屋;田舍。"其統稱義基於單音詞"廬"和"舍"的表義素"郊外"和"市區"的脱落,以及類義素("住房")的義位陞格,雙音並列合成詞統稱空間。

【險阻】

《連文釋義》:"山巇曰險,水隔曰阻。"

此沿《釋名》之説。單音詞"險"和"阻"的表義素分别爲"山"和"水",類義素爲"險惡/+阻礙"。《現漢》"險阻":"(道路)險惡而有阻礙,不容易通過。"其統稱義基於單音詞"險"和"阻"的表義素"山"和"水"的脱落,以及類義素("險惡/+阻礙")的義位陞格,雙音並列合成詞統稱性狀。

（六）單音詞的時間和空間表義素脱落

【宇宙₁】

《連文釋義》："上下四方曰宇，往古來今曰宙。"

此沿《淮南子・齊俗訓》之説。單音詞"宇"和"宙"的表義素分别爲"空間"和"時間"，類義素爲"物質形式總體"。《現漢》"宇宙"："②一切物質及其存在形式的總體（'宇'指無限空間，'宙'指無限時間）。哲學上也叫世界。"其統稱義基於單音詞"宇"和"宙"的表義素"空間"和"時間"的總和，以及類義素（"物質形式總體"）的義位陞格，雙音並列合成詞統稱時間和空間。

（七）單音詞的部位表義素脱落

【蟲豸】

《連文釋義》："有足曰蟲，無足曰豸。"

此沿《爾雅・釋蟲》等説。單音詞"蟲"和"豸"的表義素分别爲"+足"和"-足"，類義素爲"蟲子"。《現漢》"蟲豸"："蟲子。"其統稱義基於單音詞"蟲"和"豸"的表義素"+足"和"-足"的脱落，以及類義素（"蟲子"）的義位陞格，雙音並列合成詞統稱事物。

（八）單音詞的行爲表義素脱落

【稼穡】

《連文釋義》："種之曰稼，斂之曰穡。"

此沿《詩・魏風・伐檀》"不稼不穡"毛亨傳等説。單音詞"稼"和"穡"的表義素分别爲"種植"和"收割"，類義素爲"農業勞動"。《現漢》"稼穡"："種植和收割，泛指農業勞動。"其統稱義基於單音詞"稼"和"穡"的表義素"種植"和"收割"的脱落，以及類義素（"農業勞動"）的義位陞格，雙音並列合成詞統稱行爲。

【庖厨₁】

《連文釋義》："庖，宰殺之所；厨，烹飪之所。"

單音詞"庖"和"厨"的表義素分别爲"宰殺"和"烹飪"，類義素爲"處所/厨房"。《現漢》"庖厨"："①厨房。"其統稱義基於單音詞"庖"和"厨"的表義素"宰殺"和"烹飪"的脫落，以及類義素（"處所/厨房"）的義位陞格，雙音並列合成詞統稱空間。

（九）單音詞的原因表義素脫落

【火災】

《連文釋義》："人火曰火，天火曰災。"

此沿《左傳·宣公十六年》及《說文解字》火部諸說。單音詞"火"和"災"的表義素分別爲"人爲"和"天然"，類義素爲"失火/災害"。《現漢》"火災"："失火造成的灾害。"其統稱義基於單音詞"火"和"災"的表義素"人爲"和"天然"的脫落，以及類義素（"失火/災害"）的義位陞格，雙音並列合成詞統稱事物。

【饑饉】

《連文釋義》："穀不熟曰饑，菜不熟曰饉。"

此沿《說文解字》食部、《爾雅·釋天》諸說。單音詞"饑"和"饉"的表義素分別爲"穀"和"菜"，類義素爲"歉收"。《現漢》"饑饉"："饑荒①（因糧食歉收等引起的食物嚴重缺乏的狀況）。"其統稱義基於單音詞"饑"和"饉"的表義素"穀"和"菜"的脫落，以及類義素（"歉收"）的義位陞格，雙音並列合成詞統稱事物。

（十）單音詞的數量表義素脫落

【隊伍】

《連文釋義》："聚衆爲隊，五人爲伍。"

"伍"沿《周禮·小司徒》之說。單音詞"隊"和"伍"的表義素分別爲"衆/人"和"五/人"，類義素爲"組織/集體編制單位"。《現漢》"隊伍"："①軍隊。②有組織的集體。③有組織的群衆行列。"表義素分別爲"武裝"、"集體"、"行列"，類義素爲"組織"。其統稱義基於單音詞"隊"和"伍"的表義素"衆/人"、"五/人"和部分類義素（"集體編制單位"）的脫落，以及部分類義素（"組織"）的義位陞格，雙音並列合成詞統稱主體。

【筵席】

《連文釋義》："重曰筵，單曰席。"

單音詞"筵"和"席"的表義素分別為"雙層"和"單層"，類義素為"酒席"。《現漢》"筵席"："指宴飲時陳設的座位，泛指酒席。"其統稱義基於單音詞"筵"和"席"表義素"雙層"和"單層"的脫落，以及類義素（"酒席"）的義位陞格，雙音並列合成詞統稱事物。

【康衢】

《連文釋義》："五達曰康，四達曰衢。"

"康"沿《爾雅·釋宮》等說，"衢"沿《說文解字》行部、《爾雅·釋宮》、《釋名·釋道》諸說。單音詞"康"和"衢"的表義素分別為"五達"和"四達"，類義素為"大道"。《現漢》"康衢"："寬闊平坦的大道。"其統稱義基於單音詞"康"和"衢"表義素"五達"和"四達"的脫落，以及類義素（"大道"）的義位陞格，雙音並列合成詞統稱空間。

【鄰里₁】

《連文釋義》："五家為鄰，五鄰為里。"

此沿《周禮·地官·遂人》等說。單音詞"鄰"和"里"的表義素分別為"五/家"和"廿五/家"，類義素為"鄉里/街坊"。《現漢》"鄰里"："①指家庭所在的鄉里，也指市鎮上互相鄰接的一些街道。"其統稱義基於單音詞"鄰"和"里"的表義素"五/家"和"廿五/家"的脫落，以及類義素（"鄉里/街坊"）的義位陞格，雙音並列合成詞統稱空間。

(十一) 單音詞的形狀表義素脫落

【波浪】

《連文釋義》："水生紋曰波，風吹水涌曰浪。"

單音詞"波"和"浪"的表義素分別為"紋狀"和"涌動狀"，類義素為"-平/水面"。《現漢》"波浪"："江湖海洋上起伏不平的水面。"其統稱義基於單音詞"波"和"浪"的表義素"紋狀"和"涌動狀"的脫落，以及類義素（"-平/水面"）的義位陞格，雙音並列合成詞統稱事物。

【款式】

《連文釋義》:"古器上陰字凹入者曰款,陽字凸出者曰式。"

單音詞"款"和"式"的表義素分別爲"凹"和"凸",類義素爲"文字/樣式"。《現漢》"款式":"格式;樣式。"其統稱義基於單音詞"款"和"式"的表義素"凹"和"凸"的脫落,以及類義素("文字/樣式")的義位陞格,雙音並列合成詞統稱事物。

【珠璣$_1$】

《連文釋義》:"圓者爲珠,不圓者爲璣。"

"珠"沿高誘註《淮南子·人間》"又利越之犀角、象齒、翡翠、珠璣"之說,"璣"沿《說文解字》之說。單音詞"珠"和"璣"的表義素分別爲"圓"和"-圓",類義素爲"珠子"。《現漢》"珠璣":"①珠子。"其統稱義基於單音詞"珠"和"璣"的表義素"圓"和"-圓"的脫落,以及類義素("珠子")的義位陞格,雙音並列合成詞統稱事物。

【池沼】

《連文釋義》:"圓曰池,曲曰沼。"

單音詞"池"和"沼"的表義素分別爲"圓"和"曲",類義素爲"水坑"。《現漢》"池沼":"比較大的水坑。"其統稱義基於單音詞"池"和"沼"的表義素"圓"和"曲"的脫落,以及類義素("水坑")的義位陞格,雙音並列合成詞統稱空間。

(十二)單音詞的性狀表義素脫落

【砥礪$_1$】

《連文釋義》:"砥,細磨石,爲柔石;礪,粗磨石,爲卓石。"

《尚書·費誓》:"礪乃鋒刃。"王肅傳:"礪,磨石也。"孔穎達正義:"'厲'以'粗糲'爲稱,故砥細於礪。"單音詞"砥"和"礪"的表義素分別爲"細/柔"和"粗/硬",類義素爲"磨石"。《現漢》"砥礪":"①磨刀石。"其統稱義基於單音詞"砥"和"礪"的表義素"細/柔"和"粗/硬"的脫落,以及類義素("磨石")的義位陞格,雙音並列合成詞統稱事物。

【鴻鴈₁】

《連文釋義》："大曰鴻，小曰鴈。"

《詩經·小雅·鴻鴈》毛傳："大曰鴻，小曰鴈。"孔穎達正義："鴻、鴈俱是水鳥，故連言之。其形鴻大而鴈小，嫌其同鳥雄雌之異，故傳辨之云'大曰鴻，小曰鴈'也。"鄭玄箋《豳風·九罭》"鴻飛遵渚"："鴻，大鳥也。"單音詞"鴻"和"鴈"的表義素分別爲"大"和"小"，類義素爲"候鳥"。《現漢》"鴻雁"："①鳥，嘴扁平，腿短，趾間有蹼，羽毛紫褐色，腹部白色，有黑色條狀橫紋。群居在水邊，喫植物種子，也喫魚和昆蟲。飛時一般排列成行，是一種冬候鳥。"其統稱義基於單音詞"鴻"和"鴈"的表義素"大"和"小"的脱落，以及類義素（"水鳥"）的義位陞格，雙音並列合成詞統稱事物。

【卷帙】

《連文釋義》："可舒卷者曰卷，編次者曰帙。"

此沿《增韻》之説。單音詞"卷"和"帙"的表義素分別爲"舒卷"和"編次"，類義素爲"書籍"。《現漢》"卷帙"："書籍（就數量説）。"其統稱義基於單音詞"卷"和"帙"的表義素"舒卷"和"編次"的脱落，以及類義素（"書籍"）的義位陞格，雙音並列合成詞統稱事物。

【律吕】

《連文釋義》："律屬陽，吕屬陰。"

此沿鄭玄註《禮記·禮運》"五聲六律十二管"等説。單音詞"律"和"吕"的表義素分別爲"陽"和"陰"，類義素爲"音律"。《現漢》"律吕"："古代用竹管製成的校正樂律的器具，以管的長短（各管的管徑相等）來確定音的不同高度。從低音管算起，成奇數的六個管叫做'律'；成偶數的六個管叫做'吕'。後來用'律吕'作爲音律的統稱。"其統稱義基於單音詞"律"和"吕"的表義素"陽"和"陰"的脱落，以及類義素（"音律"）的義位陞格，雙音並列合成詞統稱事物。

【聲響】

《連文釋義》："實而精者曰聲，樸而浮者曰響。"

此沿徐鍇《説文解字繫傳》之説。單音詞"聲"和"響"的表義素分別爲"實/精"和"樸/浮",類義素爲"聲音"。《現漢》"聲響":"聲音。"其統稱義基於單音詞"聲"和"響"的表義素"實/精"和"樸/浮"的脫落,以及類義素("聲音")的義位陞格,雙音並列合成詞統稱事物。

【蹊徑】

《連文釋義》:"路曲而僻曰蹊,路直而小曰徑。"

單音詞"蹊"和"徑"的表義素分別爲"曲/僻"和"直/小",類義素爲"路徑"。《現漢》"蹊徑":"途徑。"其統稱義基於單音詞"蹊"和"徑"表義素"曲/僻"和"直/小"的脫落,以及類義素("路徑")的義位陞格,雙音並列合成詞統稱空間。

(十三)單音詞的形狀表義素和性狀表義素脫落

【脂膏$_1$】

《連文釋義》:"戴角者脂,無角者膏。凝者爲脂,釋者爲膏。"

此沿《説文解字》肉部、孔穎達疏《禮記·内則》"脂膏以膏之"諸説。單音詞"脂"和"膏"的表義素分別爲"+角/凝結"和"-角/稀釋",類義素爲"脂肪"。《現漢》"脂膏":"①脂肪。"其統稱義基於單音詞"脂"和"膏"的表義素"+角/凝結"和"-角/稀釋"的脫落,以及類義素("脂肪")的義位陞格,雙音並列合成詞統稱事物。

(十四)單音詞的形狀表義素、内容表義素和等級表義素脫落

【碑碣】

《連文釋義》:"方者爲碑,圓者爲碣。又披列事功而載之,金石曰碑;揭示操行而立之,墓隧曰碣。又碑碣之制,五品以上碑,七品以下碣。隱淪道孝義著,亦用碣。"

單音詞"碑"和"碣"的表義素分別爲"方/記功/五品↑"和"圓/記德/七品↓",類義素爲"碑"。此沿李賢註《後漢書·竇憲傳》"封神丘兮建隆嵑"等説。《現漢》"碑碣":"碑。"其統稱義基於單音詞"碑"和"碣"的表義素"方/記功/五品↑"和"圓/記德/七品↓"的脫落,以及類義素("碑")的義位陞格,雙音並列合成詞統稱事物。

（十五）單音詞的分合表義素脱落

【氏族】

《連文釋義》："別而稱之曰氏，合而言之曰族。"

此沿孔穎達疏引杜預《春秋釋例》釋《春秋左傳·隱公八年》"胙之土而命之氏"之説。單音詞"氏"和"族"的表義素分别爲"裔族"和"祖族"，類義素爲"血統集體"。《現漢》"氏族"："原始社會由血統關係聯繫起來的人的集體，氏族内部實行禁婚，集體佔有生産資料，集體生産，集體消費，也叫氏族公社。"其統稱義基於單音詞"氏"和"族"表義素"裔族"和"祖族"的脱落，以及類義素（"血統集體"）的義位陞格，雙音並列合成詞統稱主體。

（十六）單音詞的組織表義素和意願表義素脱落

【朋友₁】

《連文釋義》："同門爲朋，同志爲友。"

《説文解字》又部："友，同志為友。"鄭玄註《周禮·地官·大司徒》"四曰聯師儒"："同師曰朋，同志曰友。"何休解詁《春秋公羊傳·定公四年》"朋友相衛"説近同。單音詞"朋"和"友"的表義素分别爲"門派"和"志向"，類義素爲"情投意合者"。《現漢》"朋友"："①彼此有交情的人。"其統稱義基於單音詞"朋"和"友"的表義素"門派"和"志向"的脱落，以及類義素（"情投意合者"）的義位陞格，雙音並列合成詞統稱主體。

（十七）單音詞的作用表義素脱落

【器皿】

《連文釋義》："器以盛物，皿以覆器。"

"皿"沿趙岐註《孟子·滕文公》下"牲殺器皿衣服不備"等説。單音詞"器"和"皿"的表義素分别爲"盛放"和"覆蓋"，類義素爲"日用器具"。《現漢》"器皿"："某些盛東西的日常用具的統稱，如缸、盆、碗、碟等。"其統稱義基於單音詞"器"和"皿"的表義素"盛放"和"覆蓋"的脱落，以及類義素（"日用器具"）的義位陞格，雙音並列合成詞統稱事物。

（十八）單音詞的方式表義素脫落

【賓白】

《連文釋義》："兩人對説曰賓，一人自説曰白。"

此沿李詡《戒庵老人漫筆》之説。單音詞"賓"和"白"的表義素分別爲"對話"和"獨白"，類義素爲"説白"。《現漢》"賓白"："戲曲中的説白。中國戲曲藝術以唱爲主，所以把説白叫做賓白。"其統稱義基於單音詞"賓"和"白"的表義素"對話"和"獨白"的脱落，以及類義素（"説白"）的義位陞格，雙音並列合成詞統稱事物。

【反切】

《連文釋義》："音韻展轉相協謂之反，兩字相摩以成聲韻謂之切。"

此沿丁度等《禮部韻略》之説。單音詞"反"和"切"的表義素分別爲"展轉"和"相摩"，類義素爲"注音方法"。《現漢》"反切"："我國傳統的一種註音方法，用兩個字來註另一個字的音，……。被切字的聲母跟反切上字相同，……被切字的韻母和字調跟反切下字相同……"其統稱義基於單音詞"反"和"切"的表義素"展轉"和"相摩"的脱落，以及類義素（"註音方法"）的義位陞格，雙音並列合成詞統稱事物。

【炮烙】

《連文釋義》："置肉於火曰炮，以火灼肉曰烙。"

單音詞"炮"和"烙"的表義素分別爲"烤"和"灼"，類義素爲"火/酷刑"。《現漢》"炮烙"："就是'炮格'，古代的一種酷刑。"其統稱義基於單音詞"炮"和"烙"的表義素"烤"和"灼"的脱落，以及類義素（"火/酷刑"）的義位陞格，雙音並列合成詞統稱事物。

【耒耜】

《連文釋義》："斫木爲耜，揉木爲耒。"

語出《周易·繫辭》。單音詞"耒"和"耜"的表義素分別爲"揉"和"斫"，類義素爲"犁類農具"。《現漢》"耒耜"："古代一種像犁的農具，也用作農具的統稱。"其統稱義基於單音詞"耒"和"耜"的表義素"揉"和"斫"的脱落，以及類義素（"犁類農具"）的義位陞格，雙音並列合成詞統稱事物。

【土壤】

《連文釋義》:"以萬物自生則曰土,以人所耕樹藝則曰壤。"

此沿鄭玄註《周禮·地官·大司徒》"辨十有二壤之名物"之説。單音詞"土"和"壤"的表義素分別爲"自然生長"和"種植",類義素爲"地表疏鬆物質"。《現漢》"土壤":"地球陸地表面的一層疏鬆物質,由各種顆粒狀礦物質、有機物質、水份、空氣、微生物等組成,能生長植物。"其統稱義基於單音詞"土"和"壤"的表義素"自然生長"和"種植"的脱落,以及類義素("地表疏鬆物質")的義位陞格,雙音並列合成詞統稱事物。

【輔弼】

《連文釋義》:"相道爲輔,矯過爲弼。比我而相謂之輔,拂我而相謂之弼。遠君爲輔,近君爲弼。"

此沿韋昭註《國語·越語》下"憎輔遠弼"、《大戴禮記·保傅》引《明堂之位》諸説。單音詞"輔"和"弼"的表義素分別爲"支持/依附/遠"和"批評/違背/近",類義素爲"輔佐"。《現漢》"輔弼":"輔佐。"其統稱義基於單音詞"輔"和"弼"的表義素"支持/依附/遠"和"批評/違背/近"的脱落,以及類義素("輔佐")的義位陞格,雙音並列合成詞統稱行爲。

【言語】

《連文釋義》:"自言曰言,答述曰語。又直言曰言,論難曰語。"

此沿《説文解字》言部、鄭玄註《周禮·春官·大司樂》"以樂語教國子興道諷頌言語"諸説。陸穎民(宗達)先生和王寧先生指出:"主動説話叫作'言',與人相對答才是'語'。"[1]單音詞"言"和"語"的表義素分別爲"自身/直白"和"回答/辯論",類義素爲"説"。《現漢》"言語":"②説;説話。"其統稱義基於單音詞"言"和"語"的表義素"自身/直白"和"回答/辯論"的脱落,以及類義素("説")的義位陞格,雙音並列合成詞統稱行爲。

---

[1] 陸宗達、王寧《"言"與"語"辨》,載《訓詁與訓詁學》,山西教育出版社,1994年,P256。

【游泳】

《連文釋義》:"浮水曰游,潛行曰泳。"

此沿《詩經·邶風·谷風》"就其淺矣,泳之游之"毛傳之説,《爾雅·釋水》、朱熹集傳諸説近同。單音詞"游"和"泳"的表義素分别爲"浮"和"潛",類義素爲"游動"。《現漢》"游泳":"①人或動物在水裏游動。"其統稱義基於單音詞"游"和"泳"的表義素"浮"和"潛"的脱落,以及類義素("游動")的義位陞格,雙音並列合成詞統稱行爲。

(十九)單音詞的趨向表義素脱落

【洄游】

《連文釋義》:"逆流而上曰泝洄,順流而下曰泝游。"

"洄"沿《説文解字》水部、《爾雅·釋水》諸説。單音詞"洄"和"游"的表義素分别爲"逆流"和"順流",類義素爲"往返游動"。《現漢》"洄游":"海洋中一些動物(主要是魚類)因爲産卵、覓食或受季節變化的影響,沿着一定路綫有規律地往返遷移。"其統稱義基於單音詞"洄"和"游"的表義素"逆流"和"順流"的脱落,以及類義素("往返游動")的義位陞格,雙音並列合成詞統稱行爲。

【造化$_1$】

《連文釋義》:"造自無而之有,化自有而之無。"

單音詞"造"和"化"的表義素分别爲"無→有"和"有→無",類義素爲"創造/化育"。《現漢》"造化":"②創造,化育。"其統稱義基於單音詞"造"和"化"的表義素"無→有"和"有→無"的脱落,以及類義素("創造/化育")的義位陞格,雙音並列合成詞統稱行爲。

(二十)單音詞的對象表義素脱落

【饕餮$_1$】

《連文釋義》:"貪財曰饕,貪食曰餮。"

此沿杜預註《春秋左傳·文公十八年》"天下謂之饕餮"等説。單音詞"饕"和"餮"的表義素分别爲"財物"和"食物",類義素爲"貪婪/惡獸"。《現漢》"饕餮":"①傳説中的一種凶惡貪食的野獸,古代鼎彝等銅器上面常用它的頭部形狀做裝飾，叫做饕餮紋。"其統稱義基於單音詞"饕"和"餮"的表義素"財物"和"食物"的脫落，以及類義素（"貪婪/惡獸"）的義位陞格，雙音並列合成詞統稱事物。

【輜重】

《連文釋義》："輜，載衣車；重，載物車。"

單音詞"輜"和"重"的表義素分別爲"被服"和"軍械/糧草"，類義素爲"載裝物資"。《現漢》"輜重"："行車時由運輸部隊携帶的軍械、糧草、被服等物資。"其統稱義基於類義素（"載裝物資"）的義位陞格，雙音並列合成詞統稱事物。

【錯綜】

《連文釋義》："錯，要其文；綜，理其義。"

"綜"沿《玄應音義》卷二十三"參綜"注。單音詞"錯"和"綜"的表義素分別爲"文"和"義"，類義素爲"交叉"。《現漢》"錯綜"："縱横交叉。"其統稱義基於單音詞"錯"和"綜"的表義素"文"和"義"的脫落，以及類義素（"交叉"）的義位陞格，雙音並列合成詞統稱行爲。

【嫉妒】

《連文釋義》："害賢曰嫉，害色曰妒。"

此沿王逸註《楚辭·離騷》"各興心而嫉妒"之説。單音詞"嫉"和"妒"的表義素分別爲"妒賢"和"妒色"，類義素爲"忌妒"。《現漢》"嫉妒"："忌妒。"其統稱義基於單音詞"嫉"和"妒"的表義素"妒賢"和"妒色"的脫落，以及類義素（"忌妒"）的義位陞格，雙音並列合成詞統稱行爲。

【倉廩】

《連文釋義》："穀藏曰倉，米藏曰廩。"

"倉"沿《説文解字》倉部等説，"廩"沿鄭玄註《周禮·地官·序官》"廩人"等説。單音詞"倉"和"廩"的表義素分別爲"穀"和"米"，類義素爲"糧食/倉庫"。《現漢》"倉廩"："儲藏糧食的倉庫。"其統稱義基於單音詞"倉"和"廩"的表義素"穀"和"米"的脫落，以及類義素（"倉庫"）的義位陞格，雙音並列合成詞統稱空間。

【園圃】

《連文釋義》："種樹曰園，種菜曰圃。"

"園"沿《詩經·鄭風·將仲子》"無踰我園"毛亨傳等説，"圃"沿《説文解字》口部等説。單音詞"園"和"圃"的表義素分別爲"樹"和"菜"，類義素爲"種植園地"。《現漢》"園圃"："種蔬菜、花果、樹木的場所。"其統稱義基於單音詞"園"和"圃"的表義素"樹"和"菜"的脱落，以及類義素（"種植園地"）的義位陞格，雙音並列合成詞統稱空間。

【貪婪】

《連文釋義》："愛財曰貪，愛食曰婪。"

此沿王逸註《楚辭·離騷》"衆皆競進以貪婪兮"之説。單音詞"貪"和"婪"的表義素分別爲"財"和"食"，類義素爲"貪"。《現漢》"貪婪"："①貪得無厭（含貶義）。②渴求而不知滿足。"其統稱義基於單音詞"貪"和"婪"的表義素"財"和"食"的脱落，以及類義素（"貪"）的義位陞格，雙音並列合成詞統稱性狀。

（二十一）單音詞的顏色表義素和習性表義素脱落

【烏鴉】

《連文釋義》："純黑反哺者謂之烏；小而腹下白，不反哺者謂之鴉。"

此沿《小爾雅·廣鳥》之説。單音詞"烏"和"鴉"的表義素分別爲"+純黑/+反哺"和"-純黑/-反哺"，類義素爲"鳥"。《現漢》"烏鴉"："鳥，嘴大而直，全身羽毛黑色，翅膀有綠光。多群居在樹林中或田野間，以穀物、果實、昆蟲等爲食物。有的地區叫老鴰、鴉。"其統稱義基於單音詞"烏"和"鴉"的表義素"+純黑/+反哺"和"-純黑/-反哺"的脱落，以及類義素（"鳥"）的義位陞格，雙音並列合成詞統稱事物。

（二十二）單音詞的伴隨物表義素脱落

【園囿】

《連文釋義》："有藩曰園，有墻曰囿。"

《說文解字》囗部:"囿,苑有垣也。"段註:"高註《淮南》曰:'有牆曰苑,無牆曰囿。'與許互異。蓋有無互譌耳。"此沿孔穎達疏《詩·秦風·駟驖·序》"園囿之樂焉"等説。單音詞"園"和"囿"的表義素分別爲"藩籬"和"圍墻",類義素爲"動植物園"。《現漢》"園囿":"供遊玩的花園或動物園。"其統稱義基於單音詞"園"和"囿"的表義素"藩籬"和"圍墻"的脱落,以及類義素("動植物園")的義位陞格,雙音並列合成詞統稱空間。

上述雙音並列合成詞產生統稱義的過程,實際上是兩個單音詞漸變爲語素的過程。在此過程中,兩個語素義一方面脱落差異,一方面互相補充,由具體而抽象,通過類義素的義位陞格,共同指稱類名。

三、雙音並列合成詞產生偏稱義

雙音並列合成詞產生偏稱義的方式,主要是兩個單音詞之一的表義素脱落,類義素陞格爲義位。類型主要有以下六種:

(一)單音詞的時間表義素脱落

【宇宙₂】

《連文釋義》:"上下四方曰宇,往古來今曰宙。"

此沿《淮南子·齊俗訓》之説。單音詞"宇"和"宙"的表義素分別爲"空間"和"時間",類義素爲"物質形式總體"。《現漢》"宇宙":"①包括地球及其它一切天體的無限空間。"其偏稱義基於單音詞"宇"的表義素"空間"的沉澱,以及"宙"的表義素"時間"的脱落,雙音並列合成詞偏稱空間。

(二)單音詞的功能表義素脱落

【市井】

《連文釋義》:"邑居爲市,野廬爲井。市,交易之處;井,共汲之所。"

"市"沿《易·説卦》"爲近利市三倍"焦循章句等説,"井"沿顏師古註《漢書·貨殖傳》"商相與語財利於市井"等説。單音詞"市"和"井"

的表義素分別爲"市區/商貿"和"郊外/汲水",類義素爲"公共場所"。《現漢》"市井":"街市;市場。"其偏稱義基於單音詞"市"的表義素"市區/商貿"的沉澱,以及"井"的表義素"郊外/汲水"的脱落,雙音並列合成詞偏稱空間。

(三)單音詞的數量表義素脱落

【跬步】

《連文釋義》:"一舉足曰跬,跬三尺;兩舉足曰步,步六尺。"

此沿《小爾雅·廣度》、《司馬法》等説。單音詞"跬"和"步"的表義素分別爲"一次"和"兩次",類義素爲"脚步/長度單位"。《現漢》"跬步":"半步。"其偏稱義基於單音詞"跬"的表義素"一次"的沉澱,以及"步"的表義素"兩次"的脱落,雙音並列合成詞偏稱事物。

(四)單音詞的形狀表義素脱落

【剞劂₁】

《連文釋義》:"剞,曲刀;劂,刀鑿。"

"剞"沿《説文解字》刀部等説,"劂"沿吕延濟註揚雄《甘泉賦》"般倕棄其剞劂兮"等説。單音詞"剞"和"劂"的表義素分別爲"彎曲"和"直鑿",類義素爲"刀"。《現漢》"剞劂":"①雕刻用的彎刀。"其偏稱義基於單音詞"剞"的表義素"彎曲"的沉澱,以及"劂"的表義素"直鑿"的脱落,雙音並列合成詞偏稱事物。

【楊柳₂】

《連文釋義》:"楊葉短,柳葉長。揚起者爲楊,下垂者爲柳。"①

單音詞"楊"和"柳"的表義素分別爲"短/揚起"和"長/下垂",類義素爲"樹"。《現漢》"楊柳":"②指柳樹。"其偏稱義基於單音詞"柳"的表義素"長/下垂"的沉澱,以及"楊"的表義素"短/揚起"的脱落,雙音並列合成詞偏稱事物。

---

① 出處同前文【楊柳₁】。

（五）單音詞的性狀表義素脫落

【繩索】

《連文釋義》："小曰繩，大曰索。"

此沿《小爾雅·廣度》等説。單音詞"繩"和"索"的表義素分別爲"小"和"大"，類義素爲"繩子"。《現漢》"繩索"："粗的繩子。"其偏稱義基於單音詞"索"的表義素"大"的沉澱，以及"繩"的表義素"小"的脱落，雙音並列合成詞偏稱事物。

【羊羔】

《連文釋義》："大曰羊，小曰羔。"

此沿《詩經·召南·羔羊》"羔羊之皮"毛亨傳等説。單音詞"羊"和"羔"的表義素分別爲"大"和"小"，類義素爲"羊"。《現漢》"羊羔"："①小羊。"其偏稱義基於單音詞"羔"的表義素"小"的沉澱，以及"羊"的表義素"大"的脱落，雙音並列合成詞偏稱事物。

【離別】

《連文釋義》："近曰離，遠曰別。"

此沿王逸註《楚辭·離騷》"余既不難夫離別兮"之説。單音詞"離"和"別"的表義素分別爲"近"和"遠"，類義素爲"分"。《現漢》"離別"："比較長久地跟熟悉的人或地方分開。"其偏稱義基於單音詞"別"的表義素"遠"的沉澱，以及"離"的表義素"近"的脱落，雙音並列合成詞偏稱行爲。

（六）單音詞的伴隨物表義素脫落

【歌謡】

《連文釋義》："合曲曰歌，徒歌曰謡。"

此沿《詩經·魏風·園有桃》"我歌且謡"毛亨傳及朱熹《集傳》、《爾雅·釋樂》等説。單音詞"歌"和"謡"的表義素分別爲"+音樂"和"-音樂"，類義素爲"韻語"。《現漢》"歌謡"："指隨口唱出，沒有音樂伴奏的韻語，如民歌、民謡、兒歌等。"其偏稱義基於單音詞"謡"的表義素"−音樂"的沉澱,以及"歌"的表義素"+音樂"的脱落,雙音並列合成詞偏稱事物。

【哭泣】

《連文釋義》:"有聲有泪曰哭,無聲有泪曰泣。"

《說文解字》哭部:"哭,哀聲也。"水部:"泣,無聲出涕曰泣。"單音詞"哭"和"泣"的表義素分別爲"+聲"和"−聲",類義素爲"流泪"。《現漢》"哭泣":"輕聲哭。"其偏稱義基於單音詞"哭"的表義素"+聲"的沉澱,以及"泣"的表義素"−聲"的脱落,雙音並列合成詞偏稱行爲。

上述這種同義詞或同類詞之間泛稱時可以通用,相對出現時又必須區别的現象,傳統訓詁學稱之爲"對文(析言)則異,散文(統言或渾言)則通"。王寧先生將其概括爲詞匯廣義分化類型之一(下位半程分化),即保留住上位詞,上位詞兼用。①

四、雙音並列合成詞產生代稱義

雙音並列合成詞產生代稱義的方式,主要是兩個單音詞的表義素脱落,類義素的相關義素陞格爲義位。類型主要有以下六種:

(一)單音詞的行爲表義素脱落

【庖厨₂】

《連文釋義》:"庖,宰殺之所;厨,烹飪之所。"

單音詞"庖"和"厨"的表義素分別爲"宰殺"和"烹飪",類義素爲"處所/厨房"。《現漢》"庖厨":"②厨師。"其代稱義基於單音詞"庖"和"厨"的類義素"處所/厨房"的相關主體"厨師",雙音並列合成詞代稱主體。

(二)單音詞的空間表義素脱落

【城郭】

《連文釋義》:"内曰城,外曰郭。"

---

① 王寧《中國傳統語言學的繼承和發展Ⅱ》,2004年11月9日報告。

《管子·度地》:"城外謂之郭。"《禮記·禮運》:"城郭溝池以爲固。"孔穎達疏:"城,內城也;郭,外城也。"單音詞"城"和"郭"的表義素分別爲"內"和"外",類義素爲"城牆"。《現漢》"城郭":"城牆(城指內城的牆,郭指外城的牆),泛指城市。"其代稱義基於單音詞"城"和"郭"的類義素"城牆"的相關範圍"城市",雙音並列合成詞代稱空間。

【縱橫₁】

《連文釋義》:"南北爲縱,東西爲橫。"

此沿王逸註《楚辭·七諫·沉江》"緯曰橫,經曰縱"之説。單音詞"縱"和"橫"的表義素分別爲"南北向"和"東西向",類義素爲"交錯"。《現漢》"縱橫":"②奔放自如。"其代稱義基於單音詞"縱"和"橫"的類義素"交錯"及其性狀"奔放",雙音並列合成詞代稱性狀。

【縱橫₂】

《連文釋義》:"南北爲縱,東西爲橫。"①

單音詞"縱"和"橫"的表義素分別爲"南北向"和"東西向",類義素爲"交錯"。《現漢》"縱橫":"③奔馳無阻。"其代稱義基於單音詞"縱"和"橫"的類義素"交錯"相關行爲"奔馳",雙音並列合成詞代稱行爲。

(三)單音詞的數量表義素脱落

【鄰里₂】

《連文釋義》:"五家爲鄰,五鄰爲里。"

此沿《周禮·地官·遂人》等説。單音詞"鄰"和"里"的表義素分別爲"五/家"和"廿五/家",類義素爲"鄉里/街坊"。《現漢》"鄰里":"②同一鄉里的人。"其代稱義基於單音詞"鄰"和"里"類義素"鄉里/街坊"的相關主體"人",雙音並列合成詞代稱主體。

【尋常】

《連文釋義》:"八尺曰尋,倍尋曰常。"

此沿鄭玄註《周禮·攷工記》"車戟常崇於殳四尺"等説。單音詞"尋"和"常"的表義素分別爲"八尺"和"倍/八尺",類義素爲"長度單

---

① 出處同前文【縱橫₂】。

位"。《現漢》"尋常":"平常(古代八尺爲尋,倍尋爲常,尋和常都是平常的長度)。"其代稱義基於單音詞"尋"和"常"的類義素"長度單位"的相關性狀"平常",雙音並列合成詞代稱性狀。

(四)單音詞的形狀表義素脫落

【剞劂₂】

《連文釋義》:"剞,曲刀;劂,刀鑿。"

"剞"沿《説文解字》刀部等説,"劂"沿吕延濟註揚雄《甘泉賦》"般倕棄其剞劂兮"等説。單音詞"剞"和"劂"的表義素分别爲"彎曲"和"直鑿",類義素爲"刀"。《現漢》"剞劂":"②雕版;刻書。"其代稱義基於單音詞"剞"和"劂"的類義素"刀"的相關行爲"雕刻",雙音並列合成詞代稱行爲。

(五)單音詞的性狀表義素脫落

【京師】

《連文釋義》:"京,大也;師,衆也。天子之居,必以衆大言之。"

此沿《公羊傳·桓公九年》之説。單音詞"京"和"師"的表義素分别爲"宏大"和"衆多",類義素爲"程度/高"。《現漢》"京師":"首都。"其代稱義基於單音詞"京"和"師"的類義素"程度/高"的相關空間"國家最高政權機關所在/城市",雙音並列合成詞代稱空間。

【吹噓】

《連文釋義》:"出氣急曰吹,緩曰噓。"

此沿《玉篇》口部引《聲類》之説。單音詞"吹"和"噓"的表義素分别爲"急"和"緩",類義素爲"出氣"。《現漢》"吹噓":"誇大地或無中生有地説自己或别人的優點;誇張地宣揚。"其代稱義基於單音詞"吹"和"噓"的類義素"出氣"的相關行爲"誇耀",雙音並列合成詞代稱行爲。

【砥礪₂】

《連文釋義》:"砥,細磨石,爲柔石;礪,粗磨石,爲卓石。"①

---

① 出處同前文【砥礪₁】。

單音詞"砥"和"礪"的表義素分別爲"細/柔"和"粗/硬",類義素爲"磨石"。《現漢》"砥礪":"②磨煉。"其代稱義基於單音詞"砥"和"礪"的類義素"磨石"的相關行爲"磨煉",雙音並列合成詞代稱行爲。

(六)單音詞的趨向表義素脫落

【造化₂】

《連文釋義》:"造自無而之有,化自有而之無。"

單音詞"造"和"化"的表義素分別爲"無→有"和"有→無",類義素爲"創造/化育"。《現漢》"造化":"①自然界的創造者,也指自然。"其代稱義基於單音詞"造"和"化"的類義素"創造/化育"的相關主體"創造者",雙音並列合成詞代稱主體。

五、雙音並列合成詞產生特稱義

雙音並列合成詞產生特稱義的方式,主要是兩個單音詞的類義素不變,表義素脫落後,轉變爲其它範疇的特定表義素。類型主要有以下四種:

(一)單音詞的性別表義素脫落

【奴婢】

《連文釋義》:"男曰奴,女曰婢。"

此沿《輟耕錄》之說。《說文解字》女部:"奴、婢,皆古之辠人也。《周禮》曰:'其奴,男子入於辠隸,女子入於舂藁。'"單音詞"奴"和"婢"的表義素分別爲"男"和"女",類義素爲"奴僕"。《現漢》"奴婢":"男女奴僕。太監對皇帝、後妃等也自稱奴婢。"其特稱義基於類義素"奴僕"身份的特定引申,雙音並列合成詞特稱主體。

(二)單音詞的組織表義素和意願表義素脫落

【朋友₂】

《連文釋義》:"同門爲朋,同志爲友。"①

---

① 出處同前文【朋友₁】。

單音詞"朋"和"友"的表義素分別爲"門派"和"志向",類義素爲"情投意合者"。《現漢》"朋友":"②指戀愛的對象。"其特稱義基於類義素"情投意合者"的特定引申,雙音並列合成詞特稱主體。

(三)單音詞的時間表義素脫落

【潮汐₂】

《連文釋義》:"朝曰潮,夕曰汐。"

此沿蔣驥註《楚辭·九章·悲回風》"聽潮水之相擊"等説。單音詞"潮"和"汐"的表義素分別爲"早上"和"晚上",類義素爲"定時/漲落/水位"。《現漢》"潮汐":"②特指海潮。"其特稱義基於類義素"定時/漲落/水位"的特定引申,雙音並列合成詞特稱事物。

【朝覲₂】

《連文釋義》:"春見曰朝,秋見曰覲。"①

單音詞"朝"和"覲"的表義素分別爲"春季"和"秋季",類義素爲"朝見"。《現漢》"朝覲":"②指宗教徒拜謁聖像、聖地等。"其特稱義基於類義素"朝見"的特定引申,雙音並列合成詞特稱行爲。

(四)單音詞的行爲表義素脫落

【功勳】

《連文釋義》:"國功曰功,謂保全國業;王功曰勳,謂輔成王業。"

此沿《周禮·夏官·司勳》及鄭玄註之説。單音詞"功"和"勳"的表義素分別爲"衛國"和"勤王",類義素爲"功勞"。《現漢》"功勳":"指對國家、人民做出的重大貢獻,立下的特殊功勞。"其特稱義基於類義素"功勞",雙音並列合成詞特稱事物。

六、雙音並列合成詞產生比喻義

雙音並列合成詞產生比喻義的方式,主要是兩個單音詞的表義素脫落,類義素作爲喻體,成爲雙音並列合成詞義位本體的基礎。類型主要有以下

---

① 出處同前文【朝覲₁】。

十一種：

(一) 單音詞的主體表義素脱落

【零落】

《連文釋義》："草曰零，木曰落。"

此沿《說文解字》艸部等說。單音詞"零"和"落"的類義素爲"衰敗"。《現漢》"零落"："③稀疏不集中。"其喻稱義基於單音詞"零"和"落"類義素（"衰敗"）的狀態特徵，雙音並列合成詞喻稱性狀。

【榮華】

《連文釋義》："草曰榮，木曰華。"

此沿《爾雅·釋草》之說。單音詞"榮"和"華"的類義素爲"開花"。《現漢》"榮華"："草木開花，比喻興盛或顯達。"其喻稱義基於單音詞"榮"和"華"類義素（"開花"）的狀態特徵，雙音並列合成詞喻稱性狀。

(二) 單音詞的空間表義素脱落

【原委】

《連文釋義》："原，泉所出也；委，流所聚也。"

此沿鄭玄註《禮記·學記》"三王之祭川也，皆先河而後海，或源也，或委也"之說。"原"同"源"。單音詞"原"和"委"的類義素爲"泉流"。《現漢》"原委"："事情從頭到尾的經過；本末。"其喻稱義基於單音詞"原"和"委"的類義素（"泉流"）的過程特徵，雙音並列合成詞喻稱事物。

【楨榦】

《連文釋義》："築墻版也。兩頭曰楨，兩旁曰榦。"

《尚書·費誓》："峙乃楨榦。"孔傳："題曰楨，旁曰榦。楨當牆兩端者也，榦在牆兩邊者也。"單音詞"楨"和"榦"的類義素爲"建築板材/重要"。《現漢》"楨榦"："比喻能擔當重任的人才。"其喻稱義基於單音詞"楨"和"榦"的類義素（"建築板材/重要"）的作用特徵，雙音並列合成詞喻稱事物。

【門户】

《連文釋義》："外曰門；内曰户，又半門爲户。"

《説文解字》户部："户，護也。半門曰户。"桂馥《説文解字義證》引《六書精藴》："内曰户，外曰門。"單音詞"門"和"户"的類義素爲"門（統稱）"。《現漢》"門户"："②比喻出入必經的要地。"其喻稱義基於單音詞"門"和"户"類義素（"門〔統稱〕"）的空間特徵，雙音並列合成詞喻稱空間。

【頡頏】

《連文釋義》："飛上曰頡，飛下曰頏。"

此沿《詩經·邶風·燕燕》"頡之頏之"毛亨傳等説。單音詞"頡"和"頏"的類義素爲"鳥/上下飛"。《現漢》"頡頏"："②泛指不相上下，相抗衡。"本處"泛指"宜作"喻指"。其喻稱義基於單音詞"頡"和"頏"的類義素（"鳥/上下飛"）的行爲特徵，雙音並列合成詞喻稱行爲。

（三）單音詞的部位表義素脱落

【肯綮】

《連文釋義》："骨間曰肯，肉間曰綮。"

《説文解字》肉部："肎，骨間肉肎肎箸也。"《集韻·薺韻》："綮，肉結處也。"單音詞"肯"和"綮"的類義素爲"關鍵部位"。《現漢》"肯綮"："筋骨結合的地方，比喻事物的關鍵。"其喻稱義基於單音詞"肯"和"綮"的類義素（"關鍵部位"）的作用特徵，雙音並列合成詞喻稱事物。

【桎梏】

《連文釋義》："手械曰桎，足械曰梏。"

《説文解字》木部："桎，足械也。""梏，手械也。"與此相反。《連文釋義》沿《玄應音義》"桎梏"註等説。單音詞"桎"和"梏"的類義素爲"刑具"。《現漢》"桎梏"："脚鐐和手銬，比喻束縛人或事物的東西。"其喻稱義基於單音詞"桎"和"梏"的類義素（"刑具"）的作用特徵，雙音並列合成詞喻稱事物。

【羈絆】

《連文釋義》:"繫首曰羈,繫足曰絆。"

此沿胡三省註《資治通鑑·梁紀》八"歡不加羈絆而罽之"等說。單音詞"羈"和"絆"的類義素爲"束縛"。《現漢》"羈絆":"纏住了不能脫身;束縛。"其喻稱義基於單音詞"羈"和"絆"的類義素("束縛")的行爲特徵,雙音並列合成詞喻稱行爲。

(四)單音詞的行爲表義素脫落

【芻蕘】

《連文釋義》:"刈草曰芻,采薪曰蕘。"

《詩經·大雅·板》:"先民有言,詢於芻蕘。"毛傳:"芻蕘,薪採者。"孔穎達疏:"言詢於芻蕘,謂謀於取芻取蕘之人,非謀於草木,故云'芻蕘,薪採者',是賤人也。《說文》云:'薪,蕘也。'蕘即薪也。然則芻者飼馬牛之草,蕘者供燃火之草,蕘是薪耳。以薪者亦是採取,故連言之。"胡三省註《資治通鑑·漢紀》二十三"芻蕘之臣"和《晉紀》十九"博察芻蕘"等說近同。單音詞"芻"和"蕘"的表義素分別爲"割"和"砍",類義素爲"鄙陋"。《現漢》"芻蕘":"②指割草打柴的人。③謙辭,在嚮別人提供意見時把自己比作草野鄙陋的人。"③的喻稱義基於單音詞"芻"和"蕘"的性狀特徵,雙音並列合成詞喻稱主體。

【綱紀】

《連文釋義》:"凡網,署張之爲綱,理之爲紀;總之爲綱,周之爲紀。"

此沿《詩經·大雅·棫樸》"綱紀四方"鄭玄箋、朱熹《集傳》,《素問·陰陽應象大論》"萬物之綱紀"張之聰《集註》等說。單音詞"綱"和"紀"的表義素分別爲"佈撒"和"整理";類義素爲"網",分別爲"張"、"理"、"總"、"周"的對象。《現漢》"綱紀":"社會的秩序和國家的法紀。"其喻稱義基於單音詞"綱"和"紀"的行爲特徵,雙音並列合成詞喻稱事物。

(五)單音詞的數量表義素脫落

【糞土】

《連文釋義》:"三尺以上曰糞,三尺以下曰土。"

單音詞"糞"和"土"的類義素爲"穢土"。《現漢》"糞土"："糞便和泥土，比喻不值錢的東西。"其喻稱義基於單音詞"糞"和"土"的類義素（"穢土"）的價值特徵，雙音並列合成詞喻稱事物。

【咫尺】

《連文釋義》："八寸曰咫，十寸曰尺。"

《説文解字》尺部："咫，中婦人手長八寸，謂之咫。周尺也。""尺，十寸也。人手卻十分動脈爲寸口。十寸爲尺。尺，所以指㯓尺榘事也。"單音詞"咫"和"尺"的類義素爲"長度單位"。《左傳·僖公九年》："天威不違顔咫尺。"《現漢》"咫尺"："比喻很近的距離。"其喻稱義基於單音詞"咫"和"尺"的類義素（"長度單位"）的程度特徵，雙音並列合成詞喻稱事物。

（六）單音詞的形狀表義素脱落

【脂膏₂】

《連文釋義》："戴角者脂，無角者膏。凝者爲脂，釋者爲膏。"

此沿《説文解字》肉部、孔穎達疏《禮記·内則》"脂膏以膏之"諸説。單音詞"脂"和"膏"的類義素爲"脂肪"。《現漢》"脂膏"："②比喻人民的血汗和勞動果實。"其喻稱義基於單音詞"脂"和"膏"的類義素（"脂肪"）的價值特徵，雙音並列合成詞喻稱事物。

【珠璣₂】

《連文釋義》："圓者爲珠，不圓者爲璣。"

"珠"沿高誘註《淮南子·人間》"又利越之犀角、象齒、翡翠、珠璣"等説，"璣"沿《説文解字》玉部等説。單音詞"珠"和"璣"的類義素爲"珠子"。《現漢》"珠璣"："②比喻優美的文章或詞句。"其喻稱義基於單音詞"珠"和"璣"的類義素（"珠子"）的價值特徵，雙音並列合成詞喻稱事物。

【檃括】

《連文釋義》："揉曲者曰檃，正方者曰括。"

單音詞"檃"和"括"的類義素爲"矯正"。《現漢》"檃括"："②

（就原有的文章、著作）剪裁改寫。"其喻稱義基於單音詞"櫽"和"括"的類義素（"矯正器"）的作用特徵，雙音並列合成詞喻稱行爲。

（七）單音詞的性狀表義素脱落

【英雄】

《連文釋義》："草之精秀者爲英，獸之特群者爲雄。聰明秀出謂之英，膽力過人謂之雄。"

此沿《人物志・英雄》之説。單音詞"英"和"雄"的表義素分別爲"秀美/聰明"和"優異/勇猛"，類義素爲"生物"。《現漢》"英雄"："①本領高强、勇武過人的人。②不怕困難，不顧自己，爲人民利益而英勇鬥争，令人欽敬的人。"其喻稱義基於單音詞"英"和"雄"的性狀特徵，雙音並列合成詞喻稱主體。

【鴻鴈$_2$】

《連文釋義》："大曰鴻，小曰鴈。"①

單音詞"鴻"和"鴈"的類義素爲"候鳥"。《現漢》"鴻鴈"："②比喻書信。"其喻稱義基於單音詞"鴻"和"鴈"的類義素（"候鳥"）的往返習性特徵，雙音並列合成詞喻稱事物。

（八）單音詞的功能表義素脱落

【規矩$_1$】

《連文釋義》："規，所以爲圓；矩，所以爲方。"

此沿趙岐註《孟子・告子》上"必以規矩"等説。單音詞"規"和"矩"的類義素爲"幾何工具"。《現漢》"規矩"："①畫圓形和方形的兩種工具，借指一定的標準、法則或習慣。"其喻稱義基於單音詞"規"和"矩"的類義素（"幾何工具"）的作用特徵，雙音並列合成詞喻稱事物。

【咽喉$_2$】

《連文釋義》："通食在咽，通氣在喉。"②

---

① 出處同前文【鴻鴈$_1$】。
② 出處同前文【咽喉$_1$】。

《夢溪筆談》卷二十六："咽則納飲食，喉則通氣。"單音詞"咽"和"喉"的類義素爲"器官/通道"。《現漢》"咽喉"："②比喻形勢險要的交通孔道。"其喻稱義基於單音詞"咽"和"喉"的類義素（"器官/通道"）的作用特徵，雙音並列合成詞喻稱事物。

【規矩₂】

《連文釋義》："規，所以爲圓；矩，所以爲方。"

此沿趙岐註《孟子·告子》上"必以規矩"等說。單音詞"規"和"矩"的類義素爲"幾何工具"。《現漢》"規矩"："②合乎標準或常理；（行爲）端正老實。"其喻稱義基於單音詞"規"和"矩"的類義素（"幾何工具"）的作用特徵，雙音並列合成詞喻稱性狀。

（九）單音詞的取向表義素脫落

【要害】

《連文釋義》："於我爲要，於敵爲害。"

此沿顏師古註《漢書·西南夷傳》"大司農豫調穀積要害處"之說。單音詞"要"和"害"的類義素爲"關鍵部位/部份"。《現漢》"要害"："①身體上能致命的部位。②比喻關鍵的或重要的部份。"其喻稱義基於單音詞"要"和"害"的類義素（"關鍵部位/部份"）的作用特徵，雙音並列合成詞喻稱事物。

（十）單音詞的方式表義素脫落

【馳驅】

《連文釋義》："走馬謂之馳，策馬謂之驅。"

此沿孔穎達疏《詩·唐風·山有樞》"弗馳弗驅"之說。《說文解字》馬部："馳，大驅也。"段註："《詩》每以'馳''驅'並言。《許穆夫人》首言'載馳載驅'，下言'驅馬悠悠'，'馳'亦'驅'也，較大而疾耳。"單音詞"馳"和"驅"的類義素爲"騎馬/奔跑"。《現漢》"馳驅"："①（騎馬）快跑。②〈書〉指爲人奔走效力。"其喻稱義基於單音詞"馳"和"驅"的類義素（"騎馬/奔跑"）的行爲特徵，雙音並列合成詞喻稱行爲。

【錦綉】

《連文釋義》:"織曰錦,刺曰綉。"

《説文解字》帛部:"錦,襄邑織文。"鄭玄註《書·益稷》"黼、黻、絺、綉":"刺者爲綉。"顏師古註《急就篇》卷二"錦綉縵紈離雲爵":"錦,織綵爲文也;綉,刺綵爲文也。"單音詞"錦"和"綉"的類義素爲"絲織品"。《現漢》"錦綉":"②屬性詞。比喻美麗或美好。"其喻稱義基於單音詞"錦"和"綉"的類義素("絲織品")的價值特徵,雙音並列合成詞喻稱性狀。

(十一)單音詞的對象表義素脫落

【饕餮$_2$】

《連文釋義》:"貪財曰饕,貪食曰餮。"

此沿杜預註《春秋左傳·文公十八年》"天下謂之饕餮"等説。單音詞"饕"和"餮"爲陳述對象,其表義素分別爲"財"和"食",均爲"貪"的對象;類義素爲"貪/獸"。《現漢》"饕餮":"②比喻凶惡貪婪的人。③比喻貪吃的人。"其喻稱義基於單音詞"饕"和"餮"的性狀,雙音並列合成詞喻稱主體。

上述這些比喻義是基於人的聯想,從已有的意義中產生出來的相關新義。

七、結語

清人張潮爲《連文釋義》題辭:"訓詁之學,莫盛於漢儒。朱子釋經,皆援之以爲依據。蓋必通乎其字之義,而後通篇之大旨始明。乃空疎無學者流,輒鄙爲小學,而不屑於從事,不知孔子之訓,小子以學《詩》,亦未嘗不以多識爲貴;而孟子於'流連'、'荒亡'之訓,'庠序'、'學校'之解,皆不憚詳釋其義。然則訓詁之學,誠有未可略者矣。……"可見,在漢語雙音並列詞語發展史上,傳承與斷裂並行,對立而統一;古今詞語異中有同,同中有異。"同"表現爲類義素的傳承,"異"表現爲表義素的脫落。傳承和脫落都有其深厚的認知基礎。① 儘管《連文釋義》的理據解釋不盡合理，② 然而，相當一部份古代單音詞作爲後代雙音詞的語素沉澱下來，這符合漢語詞彙發展規律。通過比較、分析《連文釋義》和《現代漢語詞典》的同形雙音並列詞語，探討其歷史傳承，可以從一個側面揭示這種規律。

---

① 詳見本書上文《〈説文解字〉段註所見古代漢語詞義脱落現象》。
② 例如，《連文釋義》強制分解連綿詞"檳榔"："尖長而有紫文者爲檳，圓而矮者爲榔。"強制分解連綿詞"菡萏"："蓮花合時曰菡，開時曰萏。"強制分解連綿詞"朦朧"："月將入爲朦，月將出爲朧。"強制分解連綿詞"琵琶"："推手向前曰琵，卻手向後曰琶。"強制分解連綿詞"魍魎"："神不明謂之魍，精不明謂之魎。"強制分解連綿詞"窈窕"："善心曰窈，善容曰窕。"（此沿《詩經·大序》"哀窈窕"陸德明《經典釋文》引王肅說）。均不當。

漢語縮略詞語研究

壹　普通話複合縮略詞語結構分析

縮略詞語（又稱略語、簡稱）本是通過簡縮構詞，但由於長期使用，其形式和內容固定化，因而人們往往並不明顯察覺到這種簡縮過程。縮略詞語的構成內容並不限於事物的名稱或固定短語。本文通過對現代漢語普通話中由摘取原詞語最主要信息複合而成的複合縮略詞語的攷察、分析，總結出五種結構類型：

一、聯合型

（一）由動詞和動詞聯合縮略而成

例如：保教（保育和教育）/比學趕幫（比先進、學先進、趕先進、幫後進）/裁回（裁決並駁回）/測繪（測量和繪製）/沖擴（沖洗和擴印）/調研（調查、研究）/調運（調撥、運輸）/防保（預防、保健）/防治（預防、治理［療］）/放活（開放、搞活）/赴蹈（赴湯蹈火）/供求（供應、需求）/關停併轉（關閉、停產、合併、轉產）/觀通（觀測、通訊聯絡）/叕準（審叕、批準）/監控（監測［視］、控制）/檢測（檢驗、測試）/檢控（檢舉、控告）/鑒評（鑒定、評審）/講用（講解、運用）/揭批（揭發、批判）/旅遊（旅行、遊覽）/破解（揭破、解開）/任免（任命、免職）/審判（審理、判決）/識記（識別、記憶）/收審（收容、審查）/收支（收入、支出）/收治

（收留、治療）/調改（調整、改革）/調校（調節、校準）/調控（調節、控制）/拓展（開拓、發展）/宣教（宣傳、教育）/優撫（優待、撫恤）/栽誣（栽贓、誣陷）/栽養（栽植、培養）/整改（整頓、改革）/滯脹（停滯、膨脹）/尊崇（尊敬、推崇）

（二）由形容詞和形容詞聯合縮略而成

例如：風雅（風流、儒雅）/高精尖（高級、精密、尖端）/諧易（詼諧、平易）

（三）由名詞和名詞聯合縮略而成

例如：財經（財政、經濟）/財會（財務、會計）/財貿（財政、貿易）/財稅（財政、稅務）/膽略（膽量、謀略）/風紀（作風、紀律）/風習（風俗、習慣）/感知（感覺、知覺）/幹群（幹部、群眾）/綱要（總綱、要則）/工交（工業、交通業）/工貿（工業、貿易）/公檢法（公安局、檢察院、法院）/戶口（住戶、人口）/勞資（勞方、資方［或勞動、工資］）/路礦（鐵路、礦山）/平戰（和平、戰爭）/皮黃（西皮、二黃）/輕紡（輕工業、紡織工業）/水暖（自來水和暖氣設備）/文博（文物和博物）/文教（文化、教育）/星相（星命、相術）/影視（電影、電視）/幼托（幼兒園、托兒所）/政法（政治、法律）/政教（政權、教權）/智能（智慧、能力）/資信（資金［本］、信用）

（四）由副詞和副詞聯合縮略而成

例如：頓漸（頓悟、漸悟）/紛沓（紛至沓來）

二、偏正型

（一）以名詞為中心詞者

1. 限定詞表示主體

例如：部標（部頒標準）/幹屬（幹部家屬）/工運（工人運動）/農運（農民運動）/學運（學生運動）/國債（國家公債）/軍屬（軍人家屬）/民警

（人民警察）/人武（人民武裝）

　　2. 限定詞表示對象

　　例如：美展（美術作品展覽會）/群工（群眾工作）/特嫌（特務嫌疑分子）

　　3. 限定詞表示領域

　　例如：化肥（化學肥料）/化工（化學工業）/匯價（外匯牌價）/火險（火災保險）/機工（機械工人）/技工（技術工人）/家電（家用電器）/建材（建築材料）/交運（交通運輸）/軍工（軍事工業[工程]）/軍科（軍事科學）/軍列（軍用列車）/軍體（軍事體育）/空乘（航空乘務）/空姐（空中小姐）/空模（航空模型）/美編（美術編輯）/美工（美術工藝[或美術工作者]）/民品（民用產品）/民庭（民事法庭）/農資（農業生產資料）/社科（社會科學）/社群（社會群體）/生化（生物化學）/通貨（流通貨幣）/土建（土木建築）/外事（外交事務）/外長（外交部長）/文革（文化大革命）/舞美（舞臺美術）/險種（保險種類）/政工（政治思想工作）/政委（政治委員）/政協（政治協商會議）/職中（職業中學）

　　4. 限定詞表示空間

　　例如：地鐵（地下鐵道）/地心（地球質心）/地壓（地層壓力）/環衛（環境衛生）/庫容（水庫蓄水容積）/外空（外層空間）

　　5. 限定詞表示範圍

　　例如：單產（單位面積產量）/公廁（公共廁所）/公共（公共交通）/市話（市區電話）

　　6. 限定詞表示距離

　　例如：長話（長途電話）/短導（短程導彈）/中導（中程彈道導彈）/遠導（遠程彈道導彈）

　　7. 限定詞表示性質

　　例如：富纖（富強纖維）/禮遇（尊敬有禮的待遇）/流感（流行性感冒）/流腦（流行性腦脊髓膜炎）/普高（普通高中）/普客（普通客車）/武警（武裝警察）/知青（知識青年）

　　8. 限定詞表示職責

　　例如：常委（常務委員）/責編（責任編輯）

9. 限定詞表示層次

例如：高幹（高級幹部）/高工（高級工程師）/高教（高等教育）/高會（高級會計師）/高師（高等師範）/高小（高級小學）/高校（高等學校）/高研（高級研究員）/高知（高級知識份子）/高職（高級職員）

10. 限定詞表示從屬

例如：附小（附屬小學）/附中（附屬中學）

11. 限定詞表示功能

例如：傳媒（傳播媒介）/功血（功能失調性子宮出血）

12. 限定詞表示行為

例如：工委（工作委員會）/抗戰（抗日戰爭）/組工（組織工作）/組委（組織委員[會]）

13. 限定詞表示方式

例如：電教（電化教育）/放療（放射療法）/光纖（光導纖維）/立交（立體交通）/衛視（衛星電視）

14. 限定詞表示目的

例如：民運（民主運動）/統戰（統一戰線）

15. 限定詞表示形狀

例如：盒帶（盒式錄音磁帶）/粒肥（顆粒肥料）

16. 限定詞表示作用

例如：助編（助理編輯）/助導（助理導演）/助工（助理工程師）/助研（助埋研究員）

17. 限定詞表示其它詞義範疇

限定詞表示原料者如：染化（染料化學）；表示原理者如：熱機（熱力發動機）；表示規模者如：微機（微型電子電腦）；表示數量者如：行頻（行掃描頻率）；表示內容者如：智商（智力商數）；表示狀態者如：液晶（液態晶體）；表示籍貫者如：外教（外籍教師）；表示年齡者如：青工（青年工人）；表示速度者如：高鐵（高速鐵路）；表示傾嚮者如：反標（反動標語）。

此外，以名詞為中心詞的多重複合縮略詞如：幹訓班（幹部訓練班），限定詞分別表示對象+行為；海防林（海岸防護林），限定詞分別表示空間+功能。

（二）以動詞爲中心詞者

1. 限定詞表示空間、地點、部位

例如：長漂（長江漂流探險）/海監（海洋監測）/肌注（肌肉注射）/空戰（空中戰鬥）/胸透（胸部透視）/長跑（長距離跑步）

2. 限定詞表示時間

例如：春運（春節期間運輸）

3. 限定詞表示範圍

例如：公審（公開審判）/公展（公開展覽）/局麻（局部麻醉）/普測（普通勘測［或探測］）/普查（普遍調查）/普調（普遍調整）/普選（普通選舉）/全陪（全程陪同）

4. 限定詞表示方式

例如：層析（色層分析）/程控（程序控制）/代銷（代理銷售）/電選（電力選礦）/飛播（飛機播種）/航測（航空攝影測量）/航拍（航空拍攝）/化療（化學治療）/化探（地球化學勘探）/化燙（化學燙髮）/機播（機械播種）/經援（經濟援助）/軍管（軍事管制）/空運（航空運輸）/勞改（勞動改造）/理療（物理治療）/聲療（超聲波治療）/食療（食物治療）/數控（數字程控）/體療（體育治療）/物探（地球物理勘探）/壓鑄（壓力鑄造）/照排（照相排版）/針麻（針刺麻醉）/中麻（中藥麻醉）/重選（重力選礦）/自控（自動控制）

5. 限定詞表示對象、內容

例如：車檢（車輛檢查）/城建（城市建設）/房改（住房制度改革）/房管（房屋管理）/工改（工資制度改革）/工調（工資調整）/活檢（活體組織監測）/環保（環境保護）/紀檢（紀律檢查）/技改（技術改造）/教改（教學改革）/科普（科學普及）/能耗（能量消耗）/企管（企業管理）/商檢（商品檢驗）/少管（少年犯管教）/生防（生物防治）/體檢（體格檢查）/土改（土地改革）/文保（文物保護［文化保衛］）/物流（物資交流）/血防（血吸蟲

病防治）/植保（植物保護）/植檢（植物檢疫）/職防（職業病防治）/職改（職稱制度改革）/質監（質量監督）/質檢（質量檢測）

6. 限定詞表示性質

例如：基建（基礎建設）/義演（義務演出）

7. 限定詞表示程度

例如：嚴打（嚴厲打擊刑事犯罪活動）

8. 限定詞表示目的

例如：安檢（安全檢查）

三、補充型

（一）補充狀態

例如：謄清（謄寫清楚）

（二）補充目的

例如：格致（格物致知）

（三）補充結果

例如：審結（審理結案）/回順（[價格]回落理順）

四、動賓型

例如：編程（編制計算機運算程序）/編目（編制目錄）/採氣（開採天然氣）/承保（承擔保險）/承建（承擔建設項目）/持平（保持平衡）/創匯（創收外匯）/錯峰（錯開高峰時間）/定編（確定編制）/改制（改革體制）/建交（建立外交關係）/擴軍（擴充軍備）/普法（普及法律知識）/審幹（審查幹部）/提幹（提拔幹部）/套匯（套換外匯）/推普（推廣普通話）/執導（執行導演工作）/執紀（執行紀律）

又有一種聯合動賓型。例如：清產覈資（清理財產，覈定資金）/尊老愛幼（尊敬老人，愛護幼童）

五、主謂型

例如：客清（客戶往來謄清）/人防（人民防空）

貳　港臺複合縮略詞語結構分析

本文通過對港臺地區通用的由摘取原詞語最主要信息複合而成的複合縮略詞的攷察和分析，總結出五種結構類型：

一、聯合型

（一）由動詞和動詞聯合縮略而成

例如：愛顧（愛護、照顧）/拔薦（提拔、舉薦）/報備（申報、備案）/比對（比較、對比）/播報（播送、報導）/播散（傳播、散佈）/佈達（佈告、通達）/採行（採納、實行）/纏雜（糾纏、混雜）/產製（生產、製造）/撤廢（撤銷、廢止）/襯疊（襯托、疊映）/承領（繼承、領取）/承納（承認、容納）/籌動（籌劃、策動）/傳告（傳播、告述）/傳輸（傳遞、輸送）/擔挂（擔心、挂念）/抵拒（抵制、抗拒）/訂頒（制訂、頒佈）/訂定（制定、確定）/督勵（督促、勉勵）/煩慍（煩惱、慍怒）/防杜（預防、杜絕）/放領（發放、領取）/封隔（封閉、隔離）/奉拜（供奉、朝拜）/符應（符合、應驗）/浮漾（浮現、漾溢）/關愛（關心、愛護）/管控（管理、控制）/管訓（管制、訓育）/歸化（歸屬、同化）/覈可（覈準、認可）/嚇脅（恐嚇、威脅）/嚇阻（恐嚇、阻止）/衡估（衡量、估計）/化解（溶化、消解）/毀罵（詆毀、辱罵）/匯整（匯集、整理）/惑騙（迷惑、欺騙）/擊蕩（衝擊、振蕩）/檢控（檢舉、控告）/檢證（檢驗、證明）/戒謹（戒備、謹慎）/敬遠（敬而遠之）/覺識（覺悟、認識）/抗執（抗議、爭執）/攷量（攷慮、衡量）/攷述（攷證、論述）/攷析（攷察、分析）/攷選（攷試、選拔）/渴羨（渴望、羨慕）/肯認（肯定、承認）/控禦（控制、駕禦）/凌壓（欺凌、壓迫）／流洩（流露、發洩）／排拒（排斥、拒絕）／評覈（評價、效覈）／評量（評價、衡量）／啓導（啓發、引導）／器任（器重、委任）／侵逼（侵擾、逼迫）／清丈（清理、丈量）／染觸（感染、觸動）／坦承（坦白、承認）／探辟（探索、開辟）／統獨（統一或獨立）／統禦（統治、駕禦）／推估（推測、估計）／推展（推動、開展）／維續（維持、繼續）／析論（分析、討論）／析述（分析、叙述）／倡導（宣傳、引導）／研參（研究、參攷）／研擬（研究、擬定）／研發（研製、開發）／研判（研究、判斷）／展售（展覽、銷售）／增化（增加、強化）／掌控（掌握、控制）／招承（招供、承認）／照護（照料、看護）／偵辦（偵查、辦案）／鎮制（鎮壓、控制）／執守（執行、遵守）／指述（指示、述說）／制頒（制訂、頒布）／綜融（綜合、融匯）／鑽求（鑽營、謀求）／遵行（遵守、執行）

（二）由形容詞和形容詞聯合縮略而成

例如：愛嬌（可愛、嬌媚）／傲狠（傲慢、凶狠）／慘烈（悲慘、壯烈）／沉厚（深沉、厚重）／沉勇（深沉、勇敢）／誠敬（虔誠、敬仰）／遲重（遲緩、沉重）／腐散（腐敗、渙散）／僵固（僵化、頑固）／精準（精確、準確）／刻虧（刻薄、虧待）／懇到（懇切、周到）／狂奮（瘋狂、興奮）／亮亢（響亮、高亢）／流麗（流暢、美麗）／清麗（清秀、美麗）／信實（誠信、實在）／壯碩（強壯、碩大）

（三）由名詞和名詞聯合縮略而成

例如：本兼（本職、兼職）／處遇（處境、遭遇）／方策（方法、策略）／幹略（才幹、謀略）／國族（國家、民族）／機運（機遇、運氣）／架構（框架、結構）／理則（道理、原則）／權能（權力、職能）／事況（事情、情況）／思行（思想、行動）／俗化（風俗、教化）／險失（缺陷、失誤）／項款（項目、條款）／學養（學問、修養）／樣貌（模樣、容貌）／樣態（模樣、神態）／資性（資質、天性）

二、偏正型

（一）以名詞爲中心詞者

1. 限定詞表示主體

例如：個展（個人作品展覽）/公保（公務人員的福利保險）/國權（國家主權）/國小（國民小學）/國益（國家利益）

2. 限定詞表示領域

例如：店招（商店招聘）/法條（法律條文）/法益（法律權益）/軍系（軍事系統）/文事（文化教育事務）/刑責（刑事責任）/銀貸（銀行貸款）/政制（政治體制）

3. 限定詞表示空間

例如：陸積（陸地面積）/臺海（臺灣海峽）/鄉晚（同鄉晚輩）

4. 限定詞表示範圍

例如：公視（公共電視）/公信（公眾信譽）/公業（公共事業）/內匯（國內匯兌）

5. 限定詞表示性質

例如：榮面（繁榮的局面）/要角（重要角色）

6. 限定詞表示功能

例如：味官（味覺器官）

7. 限定詞表示行為

例如：衡准（衡量標準）/駕照（駕駛執照）/開用（開銷費用）/判準（判斷標準）/評準（評價標準）/賽果（比賽結果）/攝記（攝影記者）/社群（社會群體）/施措（施政措施）/違失（違法過失）/執董（執行董事）/罪嫌（犯罪嫌疑）

8. 限定詞表示方式

例如：化武（化學武器）/機雷（機械水雷）

9. 限定詞表示目的

例如：平權（平等權利）/星運（當明星的運氣）

10. 限定詞表示內容

例如：產能（生產能力）/傳習（傳統習慣）/代誌（代溝的標誌）/符徵（符號特徵）/績等（成績等級）/事會（事情的機會）/文宣（文化宣傳）/文制（文明制度）/刑度（刑罰程度）/言責（言論責任）

11. 限定詞表示階段

例如：備員（預備人員）/補定（補充規定）

12. 限定詞表示作用

例如：助卿（助理國務卿）

13. 限定詞表示狀態

例如：常兒（正常兒童）

（二）以動詞為中心詞者

1. 限定詞表示對象

例如：品管（質量管制）

2. 限定詞表示狀態

例如：彈動（有彈性地顫動）

3. 限定詞表示方式

例如：英打（英文打字）/直選（直接選舉）/自腐（自行腐敗）/綜理（綜合治理）

4. 限定詞表示階段

例如：重委（重新委任）/臨檢（臨時檢查）/向表（一向表示）

5. 限定詞表示目的

例如：安護（安全保護）

三、補充型

1. 補充狀態

例如：習常（習以爲常）

2. 補充程度

例如：分殊（分歧懸殊）

3. 補充目的

例如：導正（引導使進入正途）/分明（分辨以說明）/救存（救亡求生存）/迫遷（強迫搬遷）/曲全（委曲求全）

4. 補充結果

例如：宣結（宣告結束）/抑低（抑制使降低）

四、動賓型

例如：出塵（超出塵世）/解嚴（解除戒嚴）/禁核（禁止核武器）/慶生（慶祝生日）/全交（保全交情）/陞資（提陞工資）/脫法（逃脫法制）/限武（限制武裝力量）/炫博（炫耀博學）

五、主謂型

例如：婦解（婦女解放）/績優（成績優異）/條達（條理通達）/通脹（通貨膨脹）/形塑（形象塑造）

類語詞典編纂漫議

一、各大語種類語辭典編纂情況梗概

類語辭典由包括同義詞和反義詞以及其它屬於同一範疇、代表同一類事物的詞即類義詞分類編排而成。① 同傳統詞典編纂和檢索的程序相反，類語辭典不是按詞的發音或書寫形式進行分類，而是根據先有的意義或概念、或特定思想，找出最合適的詞語。

各大語種均有不同程度的類語詞典編纂實踐。

英語類語辭典當首推1852年出版的由彼得·羅杰特（*Peter Roget*）編著的《羅氏英語分類概念詞典》（*Roget's thesaurus of English Words and Phrases*）。1980年出版的由費爾南多·梅洛·維安納（*Fernando Mellon Vianna*）主編的《羅氏新編英語分類概念詞典》（*Roget's Ⅱ: the New Thesaurus*）取消了老《羅氏》中複雜的索引系統，採用互相參照（Cross-references）方法，將表達同一概念的詞聯繫起來；同時彌補了老《羅氏》收詞過泛的缺陷。1981年出版的由湯姆·麥克阿瑟（*Tom Mcarthur*）編纂的新型類語詞典《朗曼當代英語（分類概念）詞典》（*Longman Lexicon of Contemporary English*）更比老《羅氏》有所改進。《朗曼》對每個詞都有詳盡的釋義、例證和說明，使讀者不但可以觸類旁通，有效地擴大詞匯量，而且可以對比屬於同一概念的一組詞之間的異同。它標誌着英語類語詞成熟。

法語類語詞典的草創之作，是1953年至1970年間出版的由羅貝爾（*P.Robert*）主編的《法語自序與類語詞典》（*Dictionnaire alphabétique et*

---

① 類語辭典（Thesaurus）又稱類義詞典、義類詞典、類屬詞典、義族詞典、分類詞典、意海或詞庫等。

analogique de la langue francaise，俗稱《大羅貝爾詞典》）。它在按字母順序編排的基礎上，加上類義的編排法，以幫助讀者找到遺忘的詞語或查出新的近義詞彙，即所謂"把扇子當中缺了的那根扇骨子找回來"（羅貝爾語）。比較完備的法語類語詞典，當推1976年出版的《小羅貝爾詞典》（*Le Petit Robert*）。它將詞彙視爲具有一定結構的整體，將類語詞典編纂原理運用於一般語文詞典的編纂，尤爲注重語法範疇的標準。法語的其它類語辭典，尚有馬凱（C. Maquet）的《類義詞典》（*Dictionnaire analogique*）、魯愛克斯（P. Rouaix）的《聯想詞詞典》（*Dictionnaire desidées suggérées parlesmots*）、德拉斯（D. Delas）的《新編法語類義詞詞典》（*Nouveau Dictionnaire analogique du francais*）、尼奧貝（G. Niobey）的《新類義詞典》（*Nouveau Dictionnaire analogique*）和布西諾（R. Boussinot）的《同義詞、類義詞、反義詞詞典》（*Dictionnaire des synonymes, analogies et antonyms*）等。

1942年出版的《西班牙思路詞典》（*Diccionario Ideoloògico de la Lengua Espsnola*）兼有類語辭典和一般語文詞典的功能——既可從概念到詞，也可從詞到概念；既可從一般到個別到一般。1966年出版的《西班牙語用法詞典》（*Diccionario de Uso del Espanol*）更具備了詞典的多種功能。編者瑪麗亞·莫利內爾（Maria Moliner）在編纂實踐中貫串了這樣一種理論：詞義系統是一個逐步分階的構成。它的底部是表示種概念的內涵廣而外延窄的無數詞語。它們通過一系列表示屬概念的詞語，最後上陞到名詞Cosa（事物、東西）和動詞Cer（是、存在）這兩個頂端詞中去。較小概念的詞由此上陞到較大概念的詞，整部詞典的詞彙由此形成爲一個內部緊密聯繫的金字塔形錐體。

漢語類語詞典的濫觴是《爾雅》。筆者曾從詞典釋義的典範性要求入手分析其詞典屬性，得出這樣一種結論：《爾雅》近似於由義類匯編和百科詮釋構成的綜合性義類詞典。[①] 其後十六篇採用某些屬加種差定義式釋義法詮釋各

[①] 詳見本書下文《〈爾雅〉的詞典屬性》。李亞明早期從詞典釋義的概括性原則、區別性原則和規範性原則三個方面論證《爾雅》近似於由義類匯編和百科詮釋構成的綜合性義類詞典，《廣雅》的性質亦與此相似；晚期受王寧先生學術思想影響，逐條辨明《爾雅》與《周易》、《尚書》、《詩經》、《周禮》、《儀禮》、《禮記》、《春秋左傳》、《春秋公羊傳》、《春秋穀梁傳》及其傳註的關係，推翻了《四庫全書總目提要》謂《爾雅》"實爲一書，不附經義"的觀點，認爲《爾雅》與諸經傳註均有不同程度的關聯，也推翻了自己早期認爲《爾雅》近似於綜合性義類詞典的觀點，轉而認爲《爾雅》中大量詞目與釋文臨時關係詮釋的類型，並不符合詞典釋義的概括性原則，因此，《爾雅》祇是經書訓詁的匯編，即同訓纂集。

學科名物詞語，類似於百科詞典，而不同於按詞義分類的類語詞典。其前三篇（《釋詁》、《釋言》、《釋訓》）儘管缺乏真正的詮釋，其對釋式定義也祇停留在詞目的始見書語境中臨時使用意義的同義詞對釋階段，但它們確實近似於原始的漢語類語詞典，其意義絲毫不小於《羅氏英語分類詞典》。整個雅書系統通釋語義類雅書的詞典屬性都大體同上述情況相似。現代出版的漢語類語詞典主要有《同義詞詞林》[①]、《簡明類語詞典》[②]和《古辭辨》[③]等等，不一贅述。

二、類語詞典分類標準問題

《羅氏英語分類詞典》按照人類共有的對客觀世界的認識體系，將概念分爲六個大類和二十四個種類。具體爲：一、抽象關係：1.存在；2.關係；3.量；4.次序；5.數；6.時間；7.變化；8.因果。二、空間：1.一般空間；2.量度；3.形式；4.運動。三、物質：1.一般物質；2.無機物質；3.有機物質。四、理智：1.概念的形成；2.概念的傳達。五、意志：1.個人意志；2.社會意志。六、情感：1.一般感情；2.個人感情；3.社會感情；4.道德感情；5.宗教感情。

《朗曼當代英語（分類概念）詞典》則按照以下十四個語義場劃分詞語：生命和生物；動植物的功能與保養；人與家庭；建築物、房屋、家、衣服、財物及個人衛生；食物、飲料和農業；感情、情緒、態度、激情；思想和交際，語言和語法；物質、材料、物體和設備；藝術和手工藝，科學和技術，工業和教育；數字、計量、貨幣和商業；娛樂、運動和比賽；空間和時間；運動、地點、旅行、運輸；一般的和抽象的詞語。

《爾雅》的前三篇之間沒有嚴格的分類區別，不足以構成分類標準；後十六篇則按領域分類，同詞義分類有本質區別，也不足以構成類語詞典的分類標準。

中華書局1920年出版的《作文類典》把詞語分爲三十一門、數百小類；翼文書局1921年出版的《分類字源》把詞語分爲三十九部。它們收錄的大多是意

[①] 梅家駒等《同義詞詞林》，上海辭書出版社，1983年。
[②] 王安節等《簡明類語詞典》，黑龍江人民出版社，1984年。
[③] 王鳳陽《古辭辨》，吉林文史出版社，1994年；中華書局2011年出版增訂本。

義和所指關係比較直接的詞；而那些意義和所指關係比較概括和抽象的詞則較少被涉及。王鳳陽先生《古辭辨》除分三十五類名物詞和十一類運動詞之外，還分出四類特徵詞，比上述兩種類語詞典的分類標準都有較大進步。

理論方面，鮑克怡曾提出："詞義分類詞典的分類對象是語言中的詞，這就必須攷慮語言的特點及人們使用這種分類詞典的目的。因此，確定分類詞典類别的原則，應把概念的範疇劃分和詞的語言特徵兩個方面結合起來攷慮。"① 本着結合概念的範疇劃分和詞的語言特徵兩個方面的原則，她擬定了下列類目：（一）天；（二）地；（三）時間；（四）空間；（五）人；（六）具體物；（七）抽象事物；（八）性質和形狀；（九）現象和狀態；（十）身體動作；（十一）社會活動；（十二）心理；（十三）事物關係；（十四）連結語與輔助語。

我們認爲，詞義是由概念（或表象）所反映的客觀事物（或現象）的特性用語音形式鞏固下來而形成的，因此，它以概念（或表象）爲基礎和來源。當概念和詞語表示出來時，概念的内涵就轉化爲詞語的理性意義，外延則轉化該詞語的下義詞語。難怪蘇格拉底（Sokrates）試圖從語言的結構了解某些概念的本質並進而做概念的澄清工作；而薩丕爾（Edward Sapir）也提出，語言的基本事實與其説是語音，不如説是概念的分類、概念的形式構造和概念的關係這一觀點。當然，在以概念或表象爲基礎和來源這個事實之外，詞義還受到語言本身結構和系統的影響。因此，詞義與概念又表現出各自所屬規律、功能和結構的不一致。從這個意義上來説，無論是《羅氏英語分類詞典》和《西班牙語用法詞典》的編纂者還是鮑克怡的範疇觀念，都是極有高度、極爲合理的。

三、類語詞典編纂中的詞義範疇導入

詞義的基礎和來源——概念——是反映事物本質屬性或特徵的思維元素。它是在認識過程中由一類具有某種共同屬性的事物提煉而成的，它的特點是概括性和抽象性。當被規定了的概念對客觀對象的普遍本質進行概括和反應

---

① 鮑克怡《試論詞義分類詞典的編纂》，載《詞典和詞典編纂的學問》，上海辭書出版社，1985年。文中"概念的範疇劃分"，是指詞典所設計的類别必須有最大的概括性；"詞的語言特徵"，是指把相近詞義和相同詞性的詞儘可能劃爲同一或鄰近的類别。

時，就形成爲範疇。

在西方哲學史上，第一個系統地探討範疇的人是亞里士多德。他總是竭力對每個對象加以規定，進而思辨地深入到對象的本質中去。在他那裏，範疇表示實在東西的最高類型。譬如説某物是椅子，椅子是一件家具，家具是一種人工制品，如此擴展以至於實體。到了實體，就不能再進一步分類下去了，因而實體就是一種範疇。可以説，亞氏這種分類是從語言事實出發的，因爲它們很自然地體現了某事物跟某事物有關，以及某事物存在着什麼樣的問題等。放到邏輯學裏頭來看，最上位的概念成爲謂詞，最普遍的謂詞就是範疇。

最完整的亞氏範疇體系爲：

實體（Substance）　　　　數量（Quantity）
性質（Quality）　　　　　關係（Relation）
地點（Place）　　　　　　時間（Time）
姿態（Position）　　　　　狀態（State）
活動（Action）　　　　　　遭受（Affection）

以上十大範疇見於《範疇篇》。此外，尚有後來被康德和黑格爾稱作副範疇的五種類型：

對立（Opposite）　　　　　先於（Prior）
運動（Motion）　　　　　　同時的（Simultaneous）
有（Have）

在亞氏《形而上學》第五卷，又有下面一系列範疇（某些重見）：

起源［開端］（Beginning）　　原因（Cause）
元素［要素］（Element）　　　本質［性質］（Nature）
必然（Necessary）　　　　　　一（One）
是［存在］（Being）　　　　　實體（Substance）
相同（Same）　　　　　　　　對立（Opposite）
先於和後於（Prior and posterior）　潛能［潛在］（Potency）
量（Quantum）　　　　　　　性質［質］（Quality）
關係（Relation）　　　　　　完全（Complete）
限制［界限］（Limit）　　　　由何（That in virtue of which）

安排（Disposition）	有（Having）
遭受［影響］（Affection）	缺乏［喪失］（Privation）
持有（Have）	從所來（To come from something）
部份（Part）	全體（Whole）
分割（Mutilate）	種（Genus）
假（False）	偶然［屬性］（Accident）

現在人們傾向於把亞氏式的分區説成是語義的，即意義的種類或樣態之間的區分，而不是語言表達的種類或者事物（或事件）種類的區分。

現代邏輯實證主義者卡爾納普（Paul Rudolf Carnap，1891—1970）區分了概念間關係的句法範疇和處理概念與指方的語義範疇。這很有必要。當語義範疇在詞這個平面得到實現時，我們就把它叫做詞義範疇。[1]

由於語言與思維、詞義與概念之間存在着既密切聯繫又各有差異的辯證關係，因而用亞氏範疇學説來建立漢語詞義範疇體系是有可能的，但同時必然又是部份的、有選擇性的。我們同樣相信類語詞典編纂中詞義範疇導入的可行性。

比較同義詞的異同，是類語詞典編纂的重要內容。由於詞義以概念為基礎和來源，因此，比較理性意義異同的工作，基本能夠以語義成份的形式在詞義範疇這個關節點上得到完成。

例如，古代漢語中，"饗"與"飧"，均有膳食義，不同的是"饗"為早餐，"飧"為晚餐，[2] 實體相同而時間相異；"巢"與"窠"均有築巢窠義，不同的是"巢"在樹枝，"窠"在洞穴，[3] 實體相同而空間（確切地説，是存在範圍或界限）相異；"步"、"趨"、"奔"均有奔走、奔跑義，不同之一是"步"在堂下，"趨"在門外，"走"在庭中，"奔"在大路，[4] 活動相似而空間（確切地説，是活動的範圍或界限）相異；"皮"與"革"均有皮

---

[1] 我們根據亞氏範疇體系和漢語實際情況，初擬出以下這個漢語詞義範疇體系：（一）主體。（二）時間。（三）空間；1.存在的範圍或界限；2.活動範圍或界限。（四）活動；1.伴隨活動；2.活動方式；3.活動狀態；4.活動主體；5.互動對象；6.活動結果。（五）形體；1.形貌；2.形඲。（六）性質。（七）程度；1.實體程度；2.活動的程度。（八）功能。參見本書上文《〈説文解字〉段註所見古代漢語詞義引申模式》。

[2] 詳見《説文解字》食部"飧"註。

[3] 詳見《説文解字》穴部"窠"。

[4] 詳見《説文解字》行部"行"段註。

革義，不同的是"革"爲去毛的皮，① 兩者實體相似而形製相異；"碾"與"轢"均有壓義，不同的是"碾"指脚踩，"轢"指車輪碾壓，② 活動相似而活動的主體相異；"鏤"與"刻"均有刻義，不同的是"鏤"指刻金，"刻"指刻木，③ 活動相同而活動的對象相異；"邦"與"國"均有國家義，不同的是"邦"指大國，"國"指小國，④ 實體相同而程度相異；"顧"與"眷"均有轉頭看義，不同的是"顧"指一般的側轉頭看，"眷"則指深深地調轉頭去看，活動相似而程度相異。等等。

當然，一部類語詞典不僅要説明類義詞在理性意義方面的異同，還應説明其附加的色彩意義方面的異同。不過，由於同義詞的核心義是理性意義，附加的色彩意義祇具有微弱的區別性特徵（褒貶色彩意義除外），因此，在類語詞典的釋義中，詞義範疇基本可以占據核心地位。

---

① 詳見《説文解字》革部"革"。
② 詳見張衡《西京賦》薛綜註。
③ 詳見《説文解字》刀部"刻"段註。
④ 詳見《説文解字》邑部"邦"段註。

古典文獻專書辭典編纂原則與方法的有益實踐
——評《十三經辭典》

《十三經辭典》是經國務院批準，列入新聞出版署《1988-2000年全國辭書編寫出版規劃》的大型專書辭典，從1988年12月編寫工作正式開始，到2002年12月正式陸續出版，歷時十餘載。筆者於1996至1999年在陝西師範大學辭書編纂研究所參與其中部份章節的整理工作，不僅得以親見這部巨著的誕生歷程，更爲難得的是以近水樓臺的條件而收先睹爲快之益。一部高質量的辭典，一方面是對文化知識的積累和傳承，另一方面也反映了本領域科學研究的最新成果。《十三經辭典》的編纂者們正是以其獨特的視角，透視了古籍研究領域中"理論"的內涵，並由此拓展和激活了其"實踐"意蘊，以實踐操作取嚮，闡釋了編纂原則與理念是如何折射到辭書編纂運作的方方面面，還在操作的同時構築自己的學術平臺和學術趨向。這種穎悟，無疑將會給我們現今的辭書編纂領域拂入一縷清風。

一、《十三經辭典》的特點

（一）百科性

翻檢或閱讀本辭典的讀者一般都是對"十三經"有濃厚興趣或學有專長的人，他們或要求解決經書中的某些問題，或着手研究經書中某個方面。爲適應這種需求，該辭典所收詞語的類別，既包括哲學、政治、文化、倫理道德等基本概念的一般詞語，亦包括天子伯侯、封國建制、政治文教、兵刑禮樂、賦役財用、冠婚喪祭、宮室車馬、服飾飲食、農醫商卜、天文律曆、草木蟲魚等諸多方面的特殊詞語。與《辭海》、《辭源》相比較，《十三經辭典》收錄了大量含有經義的專科詞語和句子，這是顯示該辭典特色的一個亮點。

第一，《十三經辭典》的這種文化特質明晰地劃定了與其它辭典的界限，彌補了一般辭書釋義的不足。如"酸"、"苦"、"甘"、"辛"、"咸"五味，在《禮記》中已經不是單純的五種味道。在五行思想的影響下，其被賦予了配四時、五方以順天道（自然規律）的含義，在此完全體現了一種禮文化的內涵，反映了古代的社會思想，同時也爲月令而昭告於天下。一些表示動作的詞語，本身就是某種禮儀的體現，如果祇簡單地解釋這一動作，那麼對這種禮儀產生的原因、目的及其方法、過程就不能全面了解。例如"宿"本義是住、停的意思，在《禮記》中表示一種禮儀：舉行大禮之前，先戒，再宿戒。戒爲祭祀前七日的齋戒，宿戒爲祭祀前三日的齋戒，簡稱"宿"。

第二，雖然對這些詞目進行釋義時困難重重，編纂者要花費大力氣認真研究這些特殊詞語所在的每個句子的內涵，進行歸納概括，但是此項原創工作本身的價值就在於它基本上集我國歷史上有關經書研究之大成，在語言方面對漢民族文化遺產作了一次大規模的整理，對散見、零星的資料予以複合和整合，使之成爲真正可以開發利用的學術寶庫，力求在有限的篇幅內傳遞最爲豐富的歷史文化信息。其澤被所及，將勝過語言學本身。其它一些社會人文歷史科學乃至自然科學也都會從中追溯到自己的根源和依據。例如同樣是人物條目，《十三經辭典》在簡述其生卒年代、生活朝代、頭銜、姓氏、字號、籍貫、主要生平的基礎上，《孟子卷》的"伯夷"條還介紹了孟子對"伯夷"的評介，"充虞"條敘述了充虞與孟子交往的具體情況和交談的具體內容。《孟子卷》還通過反映經義的不同詞目分別概述了孟子的天道觀及其哲學思想、倫理道德思想、政治思想、經濟思想、軍事思想、美學思想及其修養方法、教育方法、教育態度和教育原則，爲讀者提供儘可能全面的信息，滿足讀者多方面的需求。

（二）科學性

該辭典設計了一個比較好的體例框架，用它來統攝駕馭這些材料，使所要傳遞的信息有序化，讀者可根據自己的各種需要重新進行整合；同時，編纂者在編纂過程中對待遇到的問題沒有視而不見，回避不釋，也沒有簡單肯定或者簡單否定，而是努力採取科學的態度，實事求是，回歸原典，把經書的原初狀態展示給讀者。

《十三經辭典》除了窮盡地收錄各部經書的詞語之外，第二個亮點就是通過分析、歸納、整理、描寫四個環節爲每個詞語在語音、詞匯、語法範疇內找到其位置，同時顯現其字頻、音頻、詞頻、義頻，細致入微地將使用中的詞的動態變化呈現出來，爲研究者提供必要的量化資料。這一開創性的工作有助於準確、全面解釋詞義，使釋義更加完備，義項分合更加妥當，例證與釋義更加吻合。由於漢語缺乏豐富的形態，給標注詞性帶來一定困難，這方面所牽涉的諸多問題，如介詞與動詞的區分，形容詞與副詞的區分，副詞與連詞的區分，詞類活用，動詞、形容詞做主語、賓語時如何標注詞性，兼類詞的處理等等，都是漢語語法研究懸而未決的問題，因而標注詞性一直被辭書編纂者視爲畏途。《十三經辭典》對這些問題所作的理論探討及操作上的嘗試值得我們借鑒。

第一，該詞典在確定是詞還是非詞以及非詞如何標注詞性的問題上，嘗試性地在詞和短語分化上使用如下兩種方法：一種是建立在恪守詞義整體性的基礎之上的詞義分析法；另一種是建立在詞的結構整體性基礎之上的結構分析-擴展法。在具體操作上，對於兩個音節的雙音組合，如果加入別的詞特別是虛詞後意義和功能不變者，即可認定爲短語；反之，則爲詞。以上兩種方法是本辭典在編纂實踐中提煉出來的，且行之有效。

第二，在區別是兼類詞還是不同的詞的問題上，《十三經辭典》抓住詞性標注兼有定性、定量的一體兩面特性，按照該詞使用中的狀態標注詞性，因爲在經書的時代就是這樣使用的。這樣，就可以原原本本地將原文中詞的組合能力以及在句子中的位置，通過標註詞性表現出來，同時也可以充份表現經書及經書所處時代學人組詞造句的習慣及特點。至於這種用法是臨時用法還是一般用法，是活動還是正常使用，語言研究者可以通過直觀、實在的數據信息的支持得出科學的結論。這就爲編纂系統的漢語史研究和大型漢語詞典提供了完備、可靠的資料。應該承認的是，編纂者運用動態分析法巧妙地將這一理念浸潤於編纂的各個方面，以一種直觀的呈現方式，真實地展示了語言的實際面貌。這是極具啓發和借鑒意義的。

（三）針對性

該辭典以"十三經"爲反映對象，是爲讀者閱讀和研究"十三經"而編纂的大型專書辭典，兼顧一般讀者的查檢需要和專業讀者的提高要求。爲了突出其"工具性"的特點，必須攷慮一般讀者的需要，同時也要攷慮特殊讀者的特殊需求，爲了將二者有機融合，該辭典做到了：

第一，每部辭典正文的前面都有一篇較有份量的概述，介紹有關經書作者、成書時代、列入經書的時間，以及經書的結構、主要內容、特點及後世的影響，特別是分述歷代研究的狀況、成就、出土文獻簡介和今天研究的價值、意義等等；同時，也説明辭典在整理這些材料時所採用的基本原則和方法以及讀者在使用辭典時應注意的問題等等。這樣就能更好地引導讀者來正確地認識和使用辭典。

第二，多種檢索方式並存。辭典不僅正文前有《部首表》、《部首檢字表》、《辭（詞）目筆畫索引表》，後面還附有《音序檢字表》、《辭（詞）目音序索引表》、《四角號碼檢字表》幾種索引，在每部詞典正文後面還特別附有"詞語索引"，以適應不同層次讀者的查檢需要。

第三，使用快捷方便。辭典首次在正文中標出註疏本的頁碼、欄位和辭典所附原文的頁碼，置於書證後的括號中，如《論語卷》"子之燕居，申申如也，~也。（8/2481下）"，即知道這句話是在註疏本第2481頁的下欄，辭典所附原文在第8頁。這種強大的檢索功能和實用性，無疑將擴大使用者的範圍和使用效率。

第四，字體處理原則得當。採用《印刷通用漢字字形表》，對於新、舊字形的變動情況，列出《新舊字形對照表》加以説明。採用繁體字，保留異體字，儘可能保留文獻原貌。

第五，重視附錄。該辭典各卷正文後，分別附校點過的經書原文和校勘記、歷代研究參攷書目以及西安碑林唐開成石經拓片。這擴大了辭典的信息容量，使讀者能夠及時多層次、多角度、全方位地覈查對照。

二、《十三經辭典》的價值

《十三經辭典》首先儘可能保留古籍的原貌，提高古籍整理的水平；其次，在整理的形式、整理的方法上作了進一步創新，沒有停留在清人的水平上，而是根據時代的發展要求，將古籍整理與研究相結合，立足學術前沿，使古籍整理成果充份顯示出時代水平。主要表現在兩個方面：

（一）注意充份利用古註古疏，吸收傳統訓詁材料等優秀遺產

漢註去古未遠，有價值的東西很多，唐人的疏和其它註釋對前代文獻的研究做出了新的總結，而清人的新註新疏又有更多的發現，對漢唐舊註多有匡正。這些註釋資料極具參攷價值，是辭典建立義項、解釋詞義的重要依據。但即便是精華，也有時代性以及剝離和轉化的問題，《十三經辭典》編纂者嘗試通過利用傳統訓詁遺產並且強調吸收現代研究成果來儘可能抽象語詞的深層內涵，以提高釋義質量。其具體做法就是注意揭示語詞的語用義和歷史文化內涵。《十三經辭典》不僅重視詞語的概念解釋，而且更強調對詞語的訓釋，在正確地解釋其內涵的基礎上，説明其所反映的思想觀點，然後歷史地叙述其演變、作用和影響。這些全面、準確、可靠的信息使辭典成爲有價值的信息庫，不僅爲語文研究提供了素材，也爲文史探攷尤其是儒學研究提供了全面的資料。

（二）爲漢語史詞匯、語法研究提供原始材料

專書辭典對歷時語言研究及文化研究具有重要的參攷價值。釋義深入準確，義項細致完備，纔能更好地爲語言學研究和大型語文詞典的編纂鋪墊基礎，提供資料和參證。例如，《尚書》作爲我國最早的傳世文獻，標誌着書面語言發展的重要階段，是語言學研究的重要材料。《尚書卷》窮盡性地將《尚書》中的詞語全部列出，標注詞性、字頻、詞頻、義頻，並按照使用頻率

排列，無疑是一份詳盡的語言調查報告，不僅可供研究《尚書》者參攷，更爲古代漢語詞匯史和語法史研究提供了詳盡的材料；尤其是《尚書》中那些經過攷定的真實文獻，反映了殷周時代的語言特點。如從《尚書卷》可以看出，當時不用或很少用"也"、"乎"、"矣"一類語氣詞，《尚書》中"也"字未出現，"乎"出現6次，"矣"7次，足以證明這些虛詞是春秋以後纔發展起來的。"而"作爲人稱代詞"你"的用法祇有3次。"但"、"則"等字甲骨文中未見，卻出現於《盤庚》中。又如甲骨文中祇用"于"，《尚書》、《周易》、《詩經》中多用"於"，《左傳》、《荀子》中"于"、"於"並用，戰國以後的文獻多用"於"；由此看來，"于"、"於"不僅是簡單的字形問題，更表現出不同時代漢字使用的不同特點，有其深層的文化内涵和學術價值。這些獨特的語言現象經過系統的整理，能更好地推進古漢語詞匯、語法研究的進程。

（三）爲編纂和修訂大型語文辭書提供參證

專書辭典因其性質和規模，往往可以避免大型語文辭書因資料工作不足等原因造成的一些缺憾，可爲編纂和修訂大型語文辭書提供參證。《十三經辭典》在這一方面也頗有建樹，兹列舉數例：

1. 增補語文詞典漏收的詞目

例如《十三經辭典》中所收"不伐"、"不惠"、"不懋"、"不矜"、"不息"、"不服"、"不臧"、"不暇"、"不友"，《辭源》未收；"不矜"、"不修"、"不欽"、"不簡"、"不忌"、"不懋"、"不齒"、"不睦"，《漢語大詞典》未收。

2. 爲某些詞義提供時代更早的用例

例如《漢語大詞典》"年"第二義項"一年中莊稼的收成，年成"的首例爲《新唐書·魏冑傳》"七月以來，霖潦未止，……年之有亡未可知。"與《十三經辭典·尚書卷》的用例《多士》"爾厥有幹，有年于兹洛"相比，晚近千年；《漢語大詞典》"乂"的義項"安定"用《三國志·蜀志·後主傳》"上下交暢，然後萬物協和，庶類獲乂"爲例，不如《尚書卷》的《康誥》"若保赤子，爲民其康乂"更早、更典型。

3.可使某些詞或短語的義項更完備

例如《尚書·顧命》："王三宿，三祭、三咤。"宿，通"肅"，義爲徐行向前，"三宿"釋爲"前進三次"，可補充《辭源》的義項；"不享"的"不祭祀"、"不能享有禄位"兩個義項可補《辭源》、《漢語大詞典》之缺。

4. 可糾正誤釋

將《尚書·召誥》"今相有殷，天迪格保，面稽天若，今時既墜厥命"中"面"解釋爲"用同'勔'，努力，勉力"，可糾《辭源》"向，面向"之誤；《辭源》將"三正"解釋爲"天地人的正道或建子、建丑、建寅"，均爲誤釋。

5.高科技手段在古籍整理中大顯身手

《十三經辭典》在編寫過程中，自始至終利用計算機作爲輔助工具，建立了"十三經信息庫"，如"《十三經詞語索引》系統"就是專門爲編纂而設計的，保證了選詞立目、頻數統計的準確性、可靠性，爲辭書編纂計算機化進行了有益的探索。

從《左傳》主題句中"以"的詞性判定看語文詞典詞性標註問題

　　主題句是一種把句首的成份看成是話題加以評説的句型。用句子形式作謂語來解釋漢語"話題-評論語"型句子構造，符合漢語的真實情况，也體現了漢語語法的特點。因此，古漢語虛詞研究應自覺把虛詞及與虛詞同現的語言結構段緊密地聯繫起來，通過詞性的標註，使義項的劃分趨於細密化，並使句法功能標準由隱性變爲顯性，對義項的劃分產生積極的影響。

　　"以"字在古代漢語中有省略賓語和賓語前置兩種情况，兩種情况的"以"後都可直接出現動詞，即：

　　　　A.（"以"的賓語）+"以"（介詞）+動+賓
　　　　B.名（主語）+"以"〔　〕（省略"以"的賓語）+動+賓

我們通過編寫《十三經辭典》，發現還有第三種形式出現，即：

　　　　C.名（主語）+"以"+動+賓

　　這樣，就形成了三種形式相同而内涵不同的同形異構結構。比較以上三種句式，我們發現它們共同表現爲"N以VP"結構。[①] 其中第一種形式中"以"的前置賓語是謂語的組成部份，不屬於主語範圍，但它形式上和後兩種形式，即"以"後省略賓語或無賓語的句子主語完全一樣。

　　麥梅翹認爲："要區別它們是句子的主語還是'以'的前置賓語，就祇好把'以'前的名詞移到'以'後去看看是否文從字順。若移位後句意順暢，

---

① N即名詞，VP即動詞短語。

則'以'前的名詞就是前置賓語，否則就是句子的主語。"① 例如：

〔1〕齊侯田於沛，招虞人以弓，不進。公使執之。辭曰："昔我先君之田也，旃以招大夫，弓以招士，皮冠以招虞人。臣不見皮冠，故不敢進。"乃捨之。（《左傳·昭公二十年》）

〔2〕鄭子產作丘賦，國人謗之，曰："其父死於路，已爲蔑尾，以令於國，國將若之何？"子寬以告。子產曰："何害？苟利社稷，死生以之。"（《左傳·昭公四年》）

〔3〕求逞志而棄信，志將逞乎？志以發言，言以出信，信以立志，參以定之。（《左傳·襄公二十七年》）

我們從例〔2〕上下文可以看出，"以"的賓語是"國人謗之"這一事實和"其父死於路……"的具體謗言，因而是承上文而省略；從例〔1〕可以看到，"旃以招大夫"、"弓以招士"、"皮冠以招虞人"這是三個同類句式排列，講的是先君過去田獵時，"旃"、"弓"、"皮冠"的作用，"N以VP"句式中的N在《左傳》中多爲具體的工具等物，它和例〔3〕兩個語段的下文都隱含現在不是這樣的。我們同時發現，例〔1〕和例〔3〕雖同爲"N以VP"結構，但二者又有根本區別，那就是例〔3〕這類"N以VP"的結構無法還原爲"以NVP"。這一點從上下文的語義聯繫中可以看出來。例〔3〕中四個"N以VP"式並列。從上文看，"志以發言"是說"志"，"言以出信"是說"言"，"信以立志"是說"信"，否則句意就理解錯誤。我們還注意到，這種"N以VP"句式中的N在《左傳》中多爲不能發出動作的抽象名詞，如"德"、"刑"、"禮"、"義"、"志"、"樂"、"言"等，並多出現在一定的語段之中。語段的前面往往從正面用此式闡述"N"的作用是什麼，接著指出事實的發展並不是這樣，然後很有感慨地做出結論。因此，從修辭角度說，這種句子由於多用於論辯場合，具有闡述和論斷功能，它們前面一般沒有施事語，因而無疑是區別於介詞賓語空語類的句式，② 屬於主題句的類型。其結構重心在主題語上，語意重心在評論語上。

---

① 麥梅翹《〈左傳〉中介語"以"的前置賓語》，載《中國語文》1983年第5期。
② 空語類是一種零形式，它祇是在心理上存在，在物理上不存在，由於沒有形式標誌，空語類主要出現在賓語位置。

那麼，確定漢語主題句的理論基礎是什麼呢？它又是怎樣生成的呢？不少學者將漢語的這種主題句與英語的主題句相對照，認爲漢語主題是像英語的主題一樣由句子深層結構中受動詞控制的某一成份（一般是賓語）移到句首前生成的，即N成份由前移表强調進而變爲主語，因而將這種主題句表示爲［名（主語）＋"以"（省略賓語）＋動＋賓］。這混淆了我們前面所列舉的第［2］［3］類例句，其結果必然是以動詞爲中心來分析，將"以"的詞性定爲介詞。

我們認爲，漢語的這種主題句已經不能再被西方語言"主–動–賓"的狹義句子框架所套用，雖然N與動詞在語義上有某種聯繫，但是已與句法無關，即漢語中大量的句首主題是無法還原到句中賓語的位置上去的。假使我們强行進行這種"移動"，必然會造成主題信息持續性的斷裂。我們認爲主題與動詞在一個結構段中没有必然的關係。早在《馬氏文通》中，馬氏就細致地區别了漢語主題的不同情況，並指出漢語中有一種話題式的主語，即把人在説話時首先形成的意念突顯出來，然後加以評論。例如："句讀内有同指一名爲主次、爲賓次或爲偏次者，往往冠其名於句讀之上，一若起者然，避重名也。"① 認爲此種句式"爲華文所獨"。

馬氏揭示的事實説明：漢語主題句這種表達功能獨特的句子樣態是凌駕於句法之上的，顯然用句子形式作謂語而非動詞作謂語來解釋"主題–評論"型句子構造，是符合漢語的語法特點的。漢語主題句的主語成爲謂語論述的"大主題"，而非西方語言中受核心動詞制約的"小主語"。漢語的這一重要特點，已被很多語法學家所重視，例如，郭紹虞從中國傳統語文精神出發，提出了"名詞重點"這一深刻的命題。② 他認爲漢語的名詞多爲單音節詞或音節並不太長，在任何一種詞後都可作一停頓，在語氣上往往使句首的詞或短語成爲一種言談的題目，從而暗示全句的發展脉絡。這就深刻揭示出漢語主題句的本質是以名詞爲重點，而非以動詞爲核心。用句子形式作謂語的方法來分析漢語，已被越來越多的語法學家所接受。例如，黄伯榮主編《現代漢語》教材中的"主謂謂詞句"的第二種類型是"全句主語提出一個話題，跟主謂詞語中的

---

① 《馬氏文通》卷十。
② 郭紹虞《照隅室語言文字論集》，上海古籍出版社，2009年，P406—407。

成份没有關係，而是整個主謂詞組對這個話題加以說明"，"大主語與大謂語具有表達上的整體聯繫，大謂語從某個角度對大主語進行說明"。這可謂是對古代漢語主題句的現代闡釋。

我們從以上的分析再來重新審視這種包含着"以"的主題主語句與介賓短語句的深層區別，將《左傳》中"以政治民"和"政以治民"句式作一比較。前者句式前帶有施事主語，是施事者發出的動作行爲，"以"爲介詞，介賓短語"以政"是"治民"的狀語；後者句式中"政"是主語，"治民"是謂語，説明評價主語的作用，而維繫這一語義關係的紐帶正是連詞"以"。它與介詞"以"的區別在於給主題主語句增加了一種形式上的標誌和内在的黏連性，使句子總是與一個比它大的語言結構段緊密地聯繫起來。它常出現在這樣的結構段中：説話人用這種句式表示主語的作用如何，接着指出事實並不是這樣，最後得出結論。因此，兩種句式中的"以"無疑是處於兩個截然不同的結構平面上的。前種句式祗能在"動賓"這樣一個封閉的結構中分析，而後者則可以凌駕於句法之上的開放性結構系統中去。這樣，"N以VP"式可以是語段中的一個成份，也可以是一個句子或者是複句中的一個成份。在這個動態環境中，語言系統的彈力和張力才得到充分的表現。

我們通過對以上主題主語句中"以"的詞性判定，可以得出這樣一個結論，即語文詞典中詞性（尤其是虛詞）標註對義項的劃分有積極的作用。

首先，詞性標註使義項劃分趨於細密化。"N以VP"結構是一個多義的意合法結構。其結構形式與表義内容是一對多的關係，因而這個結構無法使語法形式與語法意義對應起來。這造成了義項劃分的複雜性。通過以上分析，我們達到一個共識，那就是應從認識上打破陳陳相因的樊籬，走出誤區，不要因爲介詞"以"可有省略賓語和前置賓語兩種情況，就認爲所有位於動詞前面的介詞"以"都是充當介詞來修飾動詞，從而忽視了古漢語中主題主語句的存在，割裂了明顯的主題與後面謂語部份的聯繫。主題主語句式反映了謂語部份的擴展，從而加大了句子的容量。這樣的義項劃分使語法形式與語法意義相對應、相統一，是漢語發展趨向精密化的結果。

其次，詞性標註使句法功能標準由隱性變爲顯性。以上所分析的三種句型的單位結構皆以意合法爲表現方式，其所表現出來的種種語義關係都是隱性的，必須通過結合具體的語言環境，把握前後語義之間的關係，纔能了解這三種結構形式所包含的特定意義。這正體現了先秦時期重隱性的語義關係的特點。隨着語文詞典編纂工作的深入發展並趨於成熟，編纂者們企冀以語法啓迪、促進、規範漢語的學習和運用。在詞典裏加進詞性的內容，決不是對西洋語文詞典詮釋法的機械簡單化的照搬或模仿，而是一種積極能動的語言實踐。我們應從中國的語言實際出發，自覺地把虛詞与虛詞同現的語言結構段緊密地聯繫起來研究漢語虛詞。在正確的語法思想指導下，辭書詞性標註終將使句法功能標準由隱性變爲顯性。這將推動我國語文辭書編纂工作的規範化和科學化進程。

從《周禮・攷工記》看語文辭書釋義問題

壹　從《周禮・攷工記》看《漢語大字典》和《漢語大詞典》的釋義

《周禮・攷工記》（*The Artificers' Record*）（以下簡稱《攷工記》）是迄今所見中國最早的手工業技術文獻。本文通過與該文獻比覈，發現《漢語大字典》[①]和《漢語大詞典》[②]相關詞語釋義欠安和義項疏漏的問題。不過，《攷工記》在古文獻裏，只是滄海一粟；《攷工記》關於物類的記載，只是一家之說，不一定是先秦通說，也不一定與攷古出土的文物相符。《漢語大字典》和《漢語大詞典》屬語文類辭書，自有體例。本文僅為芹獻備補，純屬管窺之見，絲毫無減《漢語大字典》和《漢語大詞典》體大思精的總體優點。

一、釋義欠安

【垸】

《漢語大字典》：③通"鍰"。量名。清朱駿聲《説文通訓定聲・乾部》："垸，叚借爲鍰。"《周禮・攷工記・冶氏》："冶氏爲殺矢，刃長寸，圍寸，鋌十之，重三垸。"鄭玄註引鄭衆云："垸，量名。"

[①]《漢語大字典》，漢語大字典編輯委員會編，四川辭書出版社、湖北辭書出版社，1993年。
[②]《漢語大詞典》，漢語大詞典編輯委員會、漢語大詞典編纂處編纂，漢語大詞典出版社，1997年。

《漢語大詞典》"垸₁"：③通"鋝"。《周禮·攷工記·冶氏》："冶氏爲殺矢，刃長寸，圍寸，鋌十之，重三垸。"按，戴震於"重三鋝"補註云："鋝、鍰篆體易訛，説者合爲一，恐未然也。鍰讀如丸，十一銖二十五分銖之十三。垸其假借字也。"見《攷工記圖》。

今按，《漢語大詞典》未釋義；《漢語大字典》釋義易歧解。賈公彥疏《攷工記》："其垸是稱兩之名，非斛量之號。"明"量名"之註易致重量與容量之歧，故特申説。其重量有三種説法：鄭玄的六兩大半兩説、王肅的六兩説及許慎的十一銖二十五分銖之十三説。其義同鋝。綜上，本義項釋義宜調整爲："通'鋝'。量詞。古代重量單位。"

【倨】

《漢語大字典》：②直。《周禮·攷工記·冶氏》："已倨則不入，已句則不決。"鄭玄註："已倨，謂胡微直而邪多也。"《大戴禮記·勸學》："其流行痹下倨句，皆循其理。"清王聘珍解詁："倨，直也。句，曲也。"

《漢語大詞典》：②微曲。《禮記·樂記》："倨中矩，句中鉤。"宋洪邁《夷堅丙志·孫鬼腦》："醜狀駭人，面絕大，深目倨鼻，厚唇廣舌。"

今按，賈公彥疏《攷工記》："已倨，謂胡頭大舒。"孫詒讓《周禮正義》："此經説製器曲折形勢，凡侈者曰倨，斂者曰句，合校其角度之銳鈍，則曰倨句，《樂記》云'倨中矩，句中鉤'是也。"① 並引程瑤田語："倨謂援倨於外博，犬向上也。"② "由一矩之折，而漸伸之出乎一矩之外，名之曰倨。"③《大戴禮記·勸學》"倨句"泛指彎曲的角度，故其例不適於本義項。綜上，本義項釋義宜調整爲："曲，彎曲；與'直'相對。特指向外彎曲，夾角大於直角（90°）；與'句'相對。"

【句】

《漢語大字典》：曲，彎曲。《周禮·攷工記·廬人》："句兵欲無彈。"……

《漢語大詞典》"句₁"：①彎曲。《周禮·攷工記·冶氏》："戈廣二

---

① （清）孫詒讓《周禮正義》，王文錦、陳玉霞點校，中華書局，1987年，P3248。以下簡稱"孫詒讓正義"。

② 同①，P3246。

③ 同①，P3507。

寸，内倍之，胡三之，援四之。已倨則不入，已句則不決。"鄭玄註："戈，句兵也……已句謂胡曲多也。以啄人則創不決。"……

今按，"句"的"曲，彎曲"義，《車人》例證更爲確切："車人爲耒，庛長尺有一寸，中直者三尺有三寸，上句者二尺有二寸。"凸現與"直"相對。《冶氏》例特指向内彎曲，夾角小於直角（90°），與"倨"相對。孫詒讓《周禮正義》："刃大屈向下，曲勢多也。"①"此經説製器曲折形勢，凡侈者曰倨，斂者曰句……"②並引程瑤田語："句謂援句於外博，橫啄之雖可入，然太向下，與胡相迫，是以入而難決斷也。"③"由一矩之折，而復屈之入乎一矩之内，名之曰句。"④《匠人》："欲爲淵，則句於矩。"孫詒讓正義引程瑤田語："惟準曲矩之正方而句之，或如倨句之欘形，且又句之如倨句之宣形，相其來水之緩急，與其地脉之所宜而權衡之，自能成莫測之深淵矣。"⑤綜上，本義項釋義宜調整爲："曲，彎曲；與'直'相對。特指向内彎曲，夾角小於直角（90°）；與'倨'相對。"

【宣】

《漢語大字典》：16.古代度量單位，古尺一尺三又三分之一寸。《周禮·攷工記·車人》："車人之事，半矩謂之宣。"鄭玄註："半矩尺三寸三分寸之一，人頭之長也。"……

《漢語大詞典》：17.長度單位。古代一尺三又三分之一寸，稱宣。《周禮·攷工記·車人》："半矩謂之宣。"鄭玄註："半矩，尺三寸三分寸之一，人頭之長也。"

今按，《車人》原文爲："車人之事，半矩謂之宣，一宣有半謂之欘，一欘有半謂之柯，一柯有半謂之磬折。"孫詒讓正義："此矩即《輿人》'方者中矩'之'矩'。鄭誤以此經爲説長短之度，而一矩、半矩，度無明文，故以意定之，謂取法人身長八尺，上下分之，有此三節，因以求其數也。……鄭所推宣欘磬折尺度，皆以《車人》'爲車柯三尺'之文，增減求之。不知

---

① 《周禮正義》，P3247。
② 同①，P3248。
③ 同①，P3246—3247。
④ 同①，P3507。
⑤ 同①，P3500。

此文自泛論倨句之形，而非計長短之度。一欘有半之倨句，與三尺之長本不相謀也。"① 並引程瑤田語："矩者，倨句之正方者也。……故車人之事爲倨句發凡起例，而折直矩爲正方之一矩，以爲一切倨句之權衡，乃裹判一矩之角而二之，曰半矩。"② 陳澧《東塾讀書記·周禮》："一宣者四十五度角也。"綜上，本義項釋義宜調整爲："量詞。古代角度單位，矩的二分之一夾角（45°）。"

【練】

《漢語大字典》：練絲，煮絲使成熟絲。《說文》水部："湅，㶕也。"段玉裁註："湅之、暴之，而後絲帛之質精，而後染人可加染，湅之使去其瑕，如㶕米之去康粃，其用一也。故許以㶕釋湅……㶕謂米，湅謂絲帛也。"《玉篇·水部》："湅，煮絲絹熟也。"《周禮·攷工記·㡛氏》："㡛氏湅絲以涗水。"……

《漢語大詞典》：①煮絲絹使之軟熟。

今按，段玉裁註又引《周禮·染人》"凡染，春暴練……"及其註"暴練，練其素而暴之"，並云："按，此'練'當作'湅'。'練其素'，素者，質也，即《㡛氏》之'湅絲'、'湅帛'也。已湅之帛曰練。糸部'練'下云：'湅繒也'是也。㡛氏如法湅之、暴之，而後絲帛之質精，而后染人可加染。"《漢語大字典》引《攷工記》破句。《㡛氏》原文爲："㡛氏湅絲，以涗水漚其絲七日，去地尺暴之。晝暴諸日，夜宿諸井，七日七夜，是謂水湅。湅帛，以欄爲灰，渥淳其帛，實諸澤器，淫之以蜃。清其灰而盝之，而揮之，而沃之，而盝之；而塗之，而宿之。明日，沃而盝之。晝暴諸日，夜宿諸井，七日七夜，是謂水湅。"宋代王昭禹《周禮詳解》："治絲而熟之爲湅，絲帛熟然後可以設飾爲用。"孫詒讓正義："凡治絲治帛，通謂之湅。"③科學史學者從古代精練的角度予以闡述："這整個過程所述是利用了絲膠在鹼性溶液中溶解度較大的特點，先在較濃的鹼性溶液（楝灰水）中使絲膠充份膨潤、溶解，再用較稀的鹼性溶液（蜃灰水）把絲膠脱下。……《攷工記》把

---

① 《周禮正義》，P3508。
② 同①，P3507—3508。
③ 同①，P3317。

絲、帛之精練區別開來，這是十分合理的，因絲未必要像帛那樣，把絲膠脫除得那樣乾淨。"① 兹將涷絲帛成品詞語及方式詞語關係概括如表：

製作行爲上位詞	成品對象	製作行爲方式	製作行爲下位詞
涷	絲	灰涷	漚→暴
		水涷	暴→宿
	帛	灰涷	淳→淫→蠱→揮→沃→蠱→塗→宿→沃→蠱
		水涷	暴→宿

表92　涷絲帛成品詞語及方式詞語關係

綜上可見，涷絲帛方式不限於後來的煮這一種。因此，本義項釋義宜調整爲："運用浸泡、曝曬、煮等加工方式練絲帛使軟熟。"參見下文【水涷】。

二、義項疏漏

【軓】

《漢語大字典》：車前掩輿之板。《説文·車部》："軓，車軾前也。"段玉裁註："戴先生曰：'車旁曰輢，式前曰軓，皆掩輿版也。軓以掩式前，故漢人亦呼曰掩軓，《詩》謂之陰。'"《周禮·攷工記·輈人》："軓前十尺而策半之。"鄭玄註："……軓，法也，謂輿下三面之材，輢式之所尌，持車正也。"清鄭珍《輪輿私箋》二："車箱三面之下即軓之左右前三方也。……"一説在輿之前軹下正中。清阮元《攷工記車制圖解·輿解第二》："當式下圍輈者曰軓。軓之爲物，蓋在輿之前軹下正中，略如伏兔，爲半規形，以圍輈身與輿之力……"清焦循《釋軓》："軓宜與轐平，而礙於前後軫之飛出，則必於飛出礙軓之處，刻爲方缺，以限軓，所謂軓者，蓋即此。"

《漢語大詞典》：軾前掩輿之板。《周禮·攷工記·輈人》："軓前十尺而策半之。"鄭玄註："鄭司農云：'軓謂式前也。'玄謂軓是。軓，法也，謂輿下三面之材，輢式之所尌，持車正也。"一説，爲圍輈之木。形如半規，位於輿之前軹下正中。清阮元《攷工記車制圖解·輿解》："當式下圍輈

---

① 《中華文明史》，河北教育出版社1994年，第二卷"先秦"，P214。

者曰軓。軓之爲物，蓋在輿之前軫下正中，略如伏兔，爲半規形，以圍輈身。輈與輿之力，在後軫則有任正以持之，在前軫則有軓以銜之，故左右轉戾不致敗折。"清焦循《釋軓》："輈宜與軾平，而礙於前後軫之飛出，則必於飛出礙輈之處，刻爲方缺，以限輈，所謂軓者，蓋即此。"

今按，戴震説見《攷工記圖》。孫詒讓正義疏《輈人》此經："……但軓之本義，則自通晐輿前及左右三面材。《大行人》之'車軹'，《説文》車部引作'前軓'。有前軓，明有左右軓矣，故後鄭又增成其義也。"① "至後鄭詁'軓'爲'輿下三面材'，先鄭詁'軓'爲'式前'，義雖小異，意實相成。"② "輿下三面材持車正者總名軓。"③ 並引徐養原語："軓前者，前軓之前也。"④

綜上，本義項釋義似宜調整爲："車前掩輿之板，與'輢'相對。一説軾下半規形圍輈部件，與'任正'相對。一説車厢底部前面及左右兩面的横木，與'軫'相對。"

【水】

《輿人》："立者中縣，衡者中水。"《説文解字》水部："水，準也。""水"指"水平面"。《漢語大字典》義項⑤"用水測平"，其語義基礎是名詞"水平面"。《漢語大字典》和《漢語大詞典》均未收録本義項。宜補。

【九和】

《弓人》："材美，工巧，爲之時，謂之參均。角不勝幹，幹不勝筋，謂之參均。量其力有三（參）均。均者三，謂之九和。九和之弓，角與幹權，筋三侔，膠三鋝，絲三邸，漆三斞。"孫詒讓正義："參均者凡三，相乘爲九，是謂九和也。和均義同。"⑤ "九和"指"弓的角、幹、筋三者力度均匀而協調，並分别達到材料完美、製作精巧而適時的三個要求。"《漢語大詞典》"九和"未收録本義項，似宜補。

---

① 《周禮正義》，P3210。
② 同①，P3212。
③ 同①。
④ 同①，P3211。
⑤ 同①，P3558。

【磬折】

《漢語大詞典》：③泛指人身、物體或自然形態曲折如磬。《周禮·攷工記·韗人》："爲皋鼓，長尋有四尺，鼓四尺，倨句，磬折。"鄭玄註："磬折，中曲之，不參正也。"

今按，"磬折"之名，錢寶琮謂135°上下，聞人軍謂合今151°52′30″，戴吾三謂合今148°。孫詒讓正義疏《韗人》："此經言'磬折'者，文凡四見，而度則有三（分別約一百三十五度、一百五十一度八分度之一、一百六十五度——今按），不足異也。"[①]另三見爲：《匠人》："凡行奠水，磬折以參伍。"《車人》："車人之事，半矩謂之宣，一宣有半謂之欘，一欘有半謂之柯，一柯有半謂之磬折。""倨句磬折，謂之中地。"孫詒讓正義："《車人》磬折，本爲一柯有半，與《磬氏》文異（《磬氏》文指："磬氏爲磬，倨句一矩有半。其博爲一，股爲二，鼓爲三。"——今按）。依鄭此註，其倨雖視一柯有半尚贏十餘度，然亦不害其同爲磬折。《車人》倨句四形，祇就拿侈弧度約略區別之，不必豪秒密合也。"[②]"……而爲《韗人》皋鼓之'倨句磬折'，則約百六十五度也。"[③]並引程瑤田語："依其說圖之，過乎《磬氏》磬折約三十度。"[④]孫詒讓《周禮正義》又云："磬折者，如磬之倨句也。但《磬氏》云'倨句一矩有半'。二者不同者，此經所説宣、欘、柯、磬折四倨句之形，各以益半遞增成度，與《磬氏》'一矩有半'專明爲磬之度異。然'一柯有半'之'磬折'，與'一矩有半'之'磬折'數異，而名不害其同也。……'一柯有半'之'磬折'，則百五十一度八分度之一也。……是故此職之'磬折'則百五十一度八分度之一，《磬氏》之'倨句'則百三十五度，二形差十六度八分度之一，而皆可以'磬折'名之。蓋此經四者益半遞增之度，本非求合於磬折，特以兩度所差不多，遂叚'磬折'以爲名。"（3511）是即：

$$90° < 磬折 < 180°$$

---

① 《周禮正義》，P3511。

② 同①，P3303。《車人》"磬折"度數可參見李亞明《〈周禮·攷工記〉度量衡比例關係攷》，載《古籍整理研究學刊》2010年第1期。

③ 同①，P3511。

④ 同①，P3303。

綜上，本義項釋義似宜調整爲："泛指人身、物體或自然形態曲折如磬，即形成大於直角（90°）而小於平角（180°）的鈍角。"

【柯】

《漢語大字典》：②尺度。長三尺之稱。清王筠《說文句讀》："《攷工記》'柯長三尺'，故又曰'一欘有半謂之柯'，是因以爲尺度之名也。"《周禮·攷工記·車人》："半矩謂之宣，一宣有半謂之欘，一欘有半謂之柯，一柯有半謂之磬折。"鄭玄註："伐木之柯，柄長三尺。"……

《漢語大詞典》設"古爲長三尺之稱"義項。

今按，王筠《說文句讀》混《車人》"柯長三尺"與"一欘有半謂之柯"二例爲一義。《漢語大字典》所引《車人》"一欘有半謂之柯"例證與所附義項不適。孫詒讓正義疏《車人》駁鄭註："云'柄長三尺'者，亦誤以柯爲長短之度也。……'一欘有半'之'柯'，則一百一度四分度之一也；'一柯有半'之'磬折'，則百五十一度八分度之一也。"① 並引程瑤田語："又由欘而倨焉，益半欘，則倨於矩，而爲一矩又八分矩之一矣，是謂之柯。"② 是即：

$$柯 = 欘 + 1/2\,欘 \approx 67.5° + 33.75° \approx 101.25°$$

綜上，"柯"宜補義項："量詞。古代角度單位，欘（67.5°）與欘的二分之一夾角（33.75°）之和（101.25°）。"③

【圭】

《漢語大字典》：①古玉器名。長條形，上端作三角形，下端正方。古代貴族朝聘、祭祀、喪葬時以爲禮器。

《漢語大詞典》：1.古代帝王諸侯朝聘、祭祀、喪葬等舉行隆重儀式時所用的玉制禮器。長條形，上尖下方。其名稱、大小因爵位及用途不同而異。

今按，上端尖銳呈三角形即所謂"上尖下方"的圭，今人稱之爲"尖首圭"，古文獻稱之爲"琰圭"。《玉人》："琰圭九寸，判規，以除慝，以易行。"鄭玄註："凡圭，琰上寸半。琰圭，琰半以上，又半爲瑑飾。諸侯有爲

---

① 《周禮正義》，P3510-3511。
② 同①，P3510。
③ 汪少華《從〈攷工記〉看〈漢語大字典〉的義項漏略》曾指出《漢語大字典》漏列本義項，惜未提出角度度數；載《古漢語研究》1996年第2期。

不義，使者征之，執以爲瑞節也。"《周禮·春官·典瑞》："琰圭以易行以除慝。"鄭玄註引鄭司農語："琰圭有鋒芒、傷害、征伐、誅討之象者。"琰圭與戈端相似，由兵器演變而來。

事實上，圭的形製不盡上尖下方；上尖下方祇是圭的形製之一。《說文解字》土部："圭，瑞玉也。上圜下方。"可見圭還有上端呈半圓形的"琬圭"。《玉人》："琬圭九寸而繅，以象德。"鄭玄註："琬猶圜也。王使之瑞節也。諸侯有德，王命賜之，使者執琬圭以致命焉。"琬圭是天子的使臣嘉勉諸侯時所持的圭，長0.9尺，上端呈半圓形。戴震《攷工記圖》繪有琬圭圖形，可備參。① 實物則如圖：

圖40　琬圭圖

攷古出土西周大型玉圭標本洛陽M196的上段略呈圓弧狀。② 可爲佐證。

此外，龍山文化有一種玉鷹紋獸面紋圭，上端呈梯形。如圖：

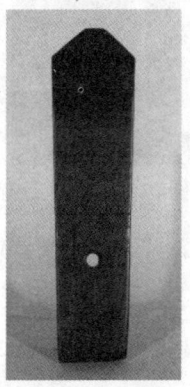

圖41　龍山文化玉鷹紋獸面紋圭

---

① （清）戴震《攷工記圖》，《戴震全集》，清華大學出版社，1992年，P780。
② 洛陽市文物工作隊《洛陽市東郊發現的兩座西周墓》，載《文物》1992年第3期。

另有刃部平直者，今人稱之爲"平首圭"。如圖：

圖42　龍山文化晚期鷹紋圭[①]
（現藏臺北故宮博物院）

商代早期也有一種上端呈平頭形的圭，近似石斧之形。如圖：

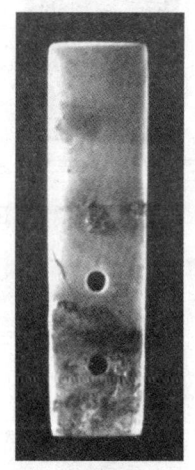

圖43　商代早期圭

由此看來，《漢語大字典》"上端作三角形"、《漢語大詞典》"上尖下方"的説法均不够周延。[②]"圭"的釋義宜調整爲："古代帝王、諸侯朝聘、祭祀、喪葬等場合所用的長條形玉製禮器。"

---

① 清代乾隆皇帝由於不識，將該圭刃部朝下，並在器表加刻詩、玉璽。
② 《漢語大詞典》釋【琬圭】："上端呈圓形的圭。"

貳　從《攷工記》再看《漢語大詞典》

我們通過與《攷文記》比覈，發現《漢語大詞典》[①]詞目失衡、義項疏漏、理據待補、義界不清、循環乞貸和釋義欠安等問題。兹列如下：

一、詞目失衡

【兩圭】

《玉人》："四圭尺有二寸，以祀天。……兩圭五寸，有邸，以祀地，以旅四望。"《周禮·春官·典瑞》也有類似的表述："四圭有邸，以祀天、旅上帝；兩圭有邸，以祀地、旅四望。""兩圭"與"四圭"對應，但《漢語大詞典》收列詞目【四圭】而未收【兩圭】，似失平衡。"兩圭"即兩圭有邸，古代貴族祭地所用的玉製禮器。其形製，由整塊玉雕成，中央爲璧或琮，兩端鋭出爲圭。[②] 如圖：

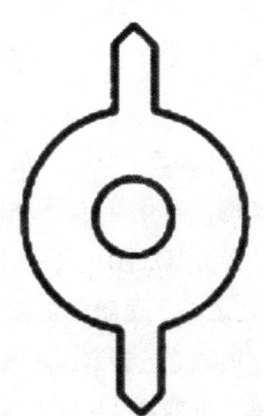

圖44　《三禮圖》所繪兩圭有邸

【磬虡】

《梓人》："若是者以爲鍾虡，是故擊其所縣，而由其虡鳴。……若是者以爲磬虡，故擊其所縣，而由其虡鳴。""鍾虡"與"磬虡"相提並論，但

[①]　《漢語大詞典》，漢語大詞典編輯委員會、漢語大詞典編纂處編纂，漢語大詞典出版社，1997年。
[②]　一說，"兩圭"係由在璧或琮的兩端連接兩塊圭而成，可備參。

《漢語大詞典》收列詞目【鍾虡】而未收【磬虡】，似失平衡。"磬虡"指懸挂樂磬支架的長頸鶴形豎桿。如圖2：

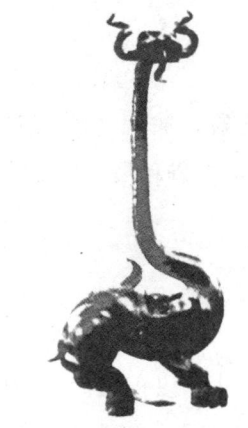

圖45　曾侯乙墓編磬簴圖

二、義項疏漏

【股】

《漢語大詞典》"股$_1$"：2.車輻近轂之處。《周禮·考工記·輪人》："參分其股圍，去一以爲骹圍。"賈公彥疏："其幅近轂粗處謂之股，若人髀股。"

今按，《輪人》與"骹"相對之"股"，指車輪輻條較粗一端，即"車輻近轂之處"。據《輪人》文例，尚有與"蚤"相對之"股"，指車蓋弓靠近部的較粗一端。《輪人》："參分其股圍，去一以爲蚤圍。"賈公彥疏："此言弓近蓋計頭粗、近末頭細之意。"孫詒讓正義引王宗涑語："股，弓近部者。"① 並引鄭鍔語："股，與輻之近轂者謂之股同。弓之近部者亦謂之股，以其大也。"② 汪少華曾指出"車蓋蓋弓靠近蓋斗（即'部'）的這部份也稱作'股'"，《漢語大字典》"股"漏略了"蓋弓上端入鑿處"的義項。③ 同理，《漢語大詞典》"股$_1$"也宜增設義項"車蓋弓上端近部入鑿之處"，以與【蚤】之增設義項對稱照應。

---

① 《周禮正義》，P3187。
② 同①。
③ 汪少華《從〈考工記〉再看〈漢語大字典〉的義項漏略》，載《南昌大學學報》（社會科學版）1996年第4期。

【蚤】

《漢語大詞典》"蚤₂"：3.車輻榫入牙中的小的一頭。《周禮·攷工記·輪人》："爲輪，視其緎，欲其蚤之正也。"鄭玄註："蚤當爲爪，謂輻入牙中者也。"孫詒讓正義："車輻大頭名股，蚤爲小頭，對股言之與人手爪相類，故以蚤爲名……云'謂輻入牙中者也'者，別於薔，爲輻入轂中者也。戴震云：'輻端之枘建牙中者謂之蚤。'"

今按，《漢語大詞典》"車輻榫入牙中的小的一頭"之"蚤"與"車輻近轂之處"之"股"相對，孫詒讓正義語見中華書局1987年版十三經清人註疏本《周禮正義》第3147頁。據《輪人》文例，尚有與"車蓋弓近部之處"相對之"蚤"，指車蓋弓較細的一端。《輪人》："參分其股圍，去一以爲蚤圍。"鄭玄註："蚤當爲爪。"賈公彥疏："此言弓近蓋計頭粗、近末頭細之意。"孫詒讓正義引王宗涑語："爪，弓末也。"[①]並引鄭鍔語："蚤，與輻之入牙者謂之蚤同。弓之宇曲亦謂之蚤，以其小也。"[②]汪少華曾指出《漢語大字典》"蚤"漏略了"蓋弓的末端"義項。[③]同理，《漢語大詞典》"蚤₂"宜增設義項"車蓋弓較細的一頭（即末端）"，以與【股】之增設義項對稱照應。

【上士】【下士】

《漢語大詞典》：【上士】1.道德高尚的人。……2.古代官階之一。其地位次於下大夫，高於中士。……3.佛經中對菩薩的稱呼。……4.軍銜，軍士的最高一級。【下士】1.官名。古代天子、諸侯都設有士，分上士、中士、下士。秦以後亦沿用。……2.今用作軍銜，爲軍士的最低一級。3.才德差的人。

今按，《桃氏》："身長五其莖長，重九鋝，謂之上制，上士服之。身長四其莖長，重七鋝，謂之中制，中士服之。身長三其莖長，重五鋝，謂之下制，下士服之。"鄭玄註："人各以其形貌大小帶之。此士謂國勇力之士，能用五兵者也。"賈公彥疏："宜以據形長者爲上，次者爲中，短者爲

[①] 《周禮正義》，P3187。
[②] 同①。
[③] 汪少華《從〈攷工記〉再看〈漢語大字典〉的義項漏略》，載《南昌大學學報》（社會科學版）1996年第4期。

下士。"《弓人》:"弓長六尺有六寸,謂之上制,上士服之。弓長六尺有三寸,謂之中制,中士服之。弓長六尺,謂之下制,下士服之。"鄭玄註:"人各以其形貌大小服此弓。"綜上,【上士】似應增加"身材魁偉的武士"義項;【下士】似應增加"身材矮小的武士"義項。《漢語大詞典》【中士】"4.指中等身材的人。"已經注意到"身材",惜框架系統詞目的義項未能平衡、對稱。

【牙璋】

《漢語大詞典》:【牙璋】1.古代的一種兵符。……2.借指將帥。

今按,【牙璋】確有"兵符"義項。《玉人》:"牙璋、中璋七寸,射二寸,厚寸,以起軍旅,以治兵守。"鄭玄註:"二璋皆有鉏牙之飾於琰側。"賈公彥疏:"鄭知二璋皆爲鉏牙之飾者,以其同起軍旅,又以牙璋爲首,故知中璋亦有鉏牙。但牙璋文飾多,故得牙名而先言也。"這裏的"牙璋"指調動大規模軍隊時所持的半圭形玉制兵符。沈括《夢溪筆談·辯證》一:"牙璋,判合之器也,當於合處爲牙,如今之'合契'。牙璋,牡契也。以起軍旅,則其牝宜在軍中,即虎符之法也。"牙璋因柄部闌側飾有交錯齒形,故名。① 我們同時也注意到,牙璋不僅是兵符,也可用作禮器。《周禮·春官·典瑞》:"牙璋以起軍旅,以治兵守。"鄭玄註引鄭衆語:"牙璋瑑以爲牙。牙齒,兵象,故以牙璋發兵,若今時以銅虎符發兵。"並云:"玄謂牙璋,亦王使之瑞節。"玫古界認爲,牙璋係從原始社會晚期的耒耜演變爲禮器,而後纔逐漸演變爲兵符。陝西神木石峁龍山文化遺址出土的墨玉璋,穿孔附近兩側的闌,有比較複雜的齒棱。河南鄔師二里頭三、四期遺址出土兩件牙璋,長柄凹刃,雙重闌,有對稱的齒牙。② 另有四川廣漢三星堆文化遺址出

---

① 《説文解字》牙部:"牙,牡齒也,象上下相錯之形。"或謂"牙"指射部刻出的叉形刃端,似違《説文解字》"上下相錯之形",故不採信。

② 中國社會科學院玫古研究所二里頭工作隊《一九八〇年秋河南鄔師二里頭遺址發掘簡報》,載《玫古》1983年第3期。

土牙璋，也有類似齒牙。① 上述早期文化遺址出土牙璋，皆似禮器而非兵符。綜上，《漢語大詞典》【牙璋】似應增加"禮器"義項。

三、理據待補

【棧車】

《漢語大詞典》：【棧車】古代用竹木製成的車，不張皮革，爲士所乘。《周禮·春官·巾車》："服車五乘：孤乘夏篆，卿乘夏縵，大夫乘墨車，士乘棧車，庶人乘役車。"鄭玄註："棧車不革鞔而漆之。"唐陸龜蒙《襲美題郊居十首次韵》之一："出亦圖何事，無勞置棧車。"清杜岕《〈棟亭詩鈔〉序》："《三百篇》之採風，彤弓、湛露、棧車、幽草……莫不有詩。"

今按，《輿人》："棧車欲弇。"孫詒讓正義："《晏子春秋·內篇·襍》下云：'晏子棧軫之車，而駕駑馬以朝。'彼'棧軫'與《詩·秦風·小戎》'俴收'義同，謂車軫軹俴狹。'棧''俴'同聲假借字，與此'棧車'小異；但'俴'即《鮑人》註'俴淺'之'俴'，淺狹與斂弇義亦相近，可相參證也。"② "棧"通"俴"。《說文解字》人部："俴，淺也。" "棧車"指士所乘較端內斂、車體狹窄的馬車。《漢語大詞典》釋義似未切中"棧"之理據。

【上旅】【下旅】

《漢語大詞典》：【上旅】謂腰以上。指戰服的上衣。《周禮·考工記·函人》："凡爲甲，必先爲容，然後製革。權其上旅與其下旅，而重若

① 如圖：

圖46　三星堆出土商末玉璋

② 《周禮正義》，P3203。

一。"鄭玄註引鄭司農曰:"上旅謂要以上,下旅謂要以下。"賈公彥疏:"上旅,腰以上,謂衣也。下旅,腰以下,謂裳也。"【下旅】謂腰以下。詳"上旅"。

今按,"旅"通"膂"。《說文解字》呂部:"呂,脊骨也。象形。……膂,篆文呂,從肉,從旅。"段玉裁註:"呂象顆顆相承,中象其繫聯也。沈氏彤《釋骨》曰:'項大椎之下二十一椎通曰脊骨,曰脊椎,曰膂骨;或以上七節曰背骨,第八節以下乃曰膂骨。'"膂"本指脊骨,引申指腰部。"上旅"、"下旅"由此得名。《漢語大詞典》釋義似未切中"旅"之理據。

【躬圭】

《漢語大詞典》:【躬圭】古玉器六瑞之一,為伯所執。以人形為飾。

今按,《玉人》:"命圭七寸,謂之躬圭,伯守之。"這裏的"躬圭"指伯爵在朝聘、祭祀、喪葬等場合所執圭。《周禮·春官·大宗伯》:"伯執躬圭。"鄭玄註:"身圭、躬圭,蓋皆象以人形為瑑飾,文有粗縟耳,欲其慎行以保身。圭皆長七寸。"亦此之謂也。《說文解字》呂部:"躳,身也。从身从呂。躬,躳或从弓。""躳"篆文躳,段玉裁註《說文解字》:"从呂者,身以呂為柱也。矦執信圭,伸圭人形直;伯執躬圭,躬圭人形曲。鞠躬者,斂曲之皃也。""躬"篆文躬,段玉裁註《說文解字》:"弓身者,曲之會意也。"躬圭以彎腰躬身人形為瑑飾,取鞠躬、恭順之意,故名。《漢語大詞典》釋義似未切中"躬"之理據。

【句兵】

《漢語大詞典》:【句兵】兵器,戈戟之屬。《周禮·考工記·廬人》:"句兵欲無彈。"鄭玄註:"句兵,戈戟屬。"《呂氏春秋·知分》:"直兵造胸,句兵鉤頸。"高誘註:"句,戟也。"句一本作"勾"。

今按,《説文解字》句部:"句,曲也。"戈戟之屬的主體部份(援)傾斜,用以勾擊,"句兵"由此得名。①《漢語大詞典》釋義似未切中"句"之理據。

四、義界不清

【軫】

《漢語大詞典》"軫₁":"軫₁"的繁體字。1.車後橫木。一説,爲車廂底部四面的橫木。《周禮·攷工記·序》:"車軫四尺。"鄭玄註:"軫,輿後橫木。"《周禮·攷工記·輈人》:"軫之方也,以象地也。"賈公彦疏:"云'軫之方也,以象地也'者,據輿方而言,不言輿言軫者,軫是輿之本,故舉以言之。"《漢書·司馬相如傳》下:"是胡越起轂於下而羌夷接軫也,豈不殆哉!"顏師古註:"軫,車後橫木。"唐韓愈《贈崔立之評事》詩:"曾從關外來上都,隨身卷軸車連軫。"錢仲聯《集釋》引祝充曰:"軫,車後木。"清戴震《釋車》:"枕輿下謂之軫。"

今按,《攷工記》"軫"字含義有三種:

第一種是渾言,泛指車廂底部四面的橫木。例如《總叙》:"六尺有六寸之輪,軹崇三尺有三寸也,加軫與轐焉四尺也。"鄭玄註:"軫,輿也。"孫詒讓正義:"云'軫,輿也'者,以此軫加轐軹之上,明通輿下四面材言之,不徒指後軫也。"②

---

① 如圖:

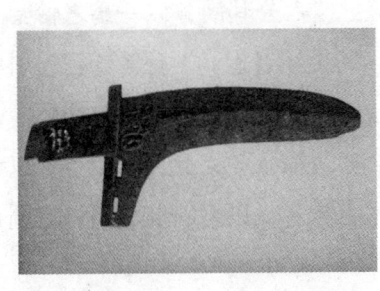

圖47　西周早期太保菁戈

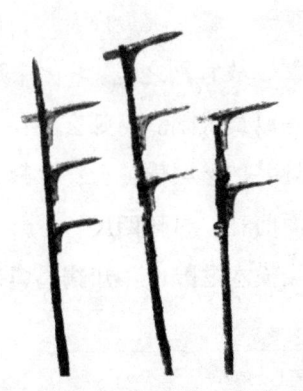

圖48　曾侯乙墓有刺三戈戟、三戈戟、雙戈戟

② 《周禮正義》,P3137。

第二種是析言，特指車廂底部兩面之橫木。例如《輪人》："弓長六尺，謂之庇軹，五尺謂之庇輪，四尺謂之庇軫。"《輈人》："五分其軫間，以其一爲之軸圍。"賈公彥疏："上《輿人》云：'輪崇、車廣、衡長參如一。'則軫間即輿廣輿衡長，俱六尺六寸。"孫詒讓正義引戴震語："左右軫之間六尺六寸，軸之長出轂末，而以軫間爲度者，主乎任輿之六尺六寸也。"①

　　第三種也是析言，但特指車廂底部後面的橫木，與"軓"並稱。例如《總叙》："車軫四尺，謂之一等。戈柲六尺有六寸，既建而迤，崇於軫四尺，謂之二等。"鄭玄註："軫，輿後橫木。"賈公彥疏："即今之車枙，一也。"戴震《攷工記圖》："輿下四面材合而收輿謂之軫，亦謂之收，獨以爲輿後橫者，失其傳也。"孫詒讓正義引徐養原語："軫之本義，專指車後橫木，以其爲輿之本，言輿者多舉以言之，故輿床及兩旁通謂之軫矣。《説文》云：'軓，車軾前也。'鄭註《輈人》云：'軓謂輿下三面之材，輢式之所尌。'然則輿之兩旁，或因乎前面，通謂之軓；或因乎後面，通謂之軫，本無定名。惟前軓後軫，則不可互易。……記'軫'凡五見，其別有三：'六分其廣，以一爲之軫圍'，輿後橫木也；'加軫與轐'，軫方象地，輿也；'五分軫間'、'弓長……庇軫'，兩旁也。"②並引鄭珍語："軫自是輿後橫木專名，軓自是輿下三面材專名。軫名可通於軓，軓名不可通於軫。……康成註'軫'凡三處：此云'軫，輿後橫木'者，著其主名也。四面高同，言專處，餘可見矣；下'加軫與轐'云'軫，輿也者'，以經通言四面也；《輿人》'軫圍'云'軫，輿後橫者'，以軫軓異圍，經所明是後橫者之度，其軓圍在《輿人》，故宜別之也。"③《輿人》："六分其廣，以一爲之軫圍。參分軫圍，去一以爲式圍。"鄭玄註："軫，輿後橫者也。"孫詒讓正義引鄭珍語："康成註'加軫與轐'云：'軫，輿也。'是非不以軫爲四方庇軫、軫間爲兩旁矣。而前註'車軫四尺'，云'軫，輿後橫木'，此又云然者，以此經軫圍獨爲輿後橫木之數也。知獨爲輿後橫木之數者，以左右前三面材之圍在下《輈

---

① 同上，P3217。
② 同上，P3130。
③ 同上，P3130—3131。

人》也。四方皆軫，其圍宜同，而後獨異者，以興後止人所登下，非若三面範輿任正之外，又須於上置闌，故其圍狹於三面也。四方圍數雖異，同連輿底，自歸輿人為之。"①《輿人》的"軫"即屬第三種含義，指車廂底部後面橫木。

綜上，《漢語大詞典》宜釐清"軫"的三種義界（Explaining by Definition）即"用定義來表述詞義內容的訓釋方式"，② 分清"軫"的三個義項。此外，"車後橫木"是《說文解字》及《方言》郭璞註對"軫"字的訓語，不宜簡單地挪為辭書釋語。③

【水湅】

《漢語大詞典》:【水湅】古時練絲的一種方法。

今按，古時練絲方法多種多樣，"水湅"究竟是哪種方法？《漢語大詞典》釋義未定義界，過於簡略。陸穎民（宗達）先生闡釋: "古代湅麻用兩種灰：一種叫'欄'，是用楝木燒成的；一種叫'蜃灰'，是用貝殼做的灰。程序是搓灰以後，用水漂盪。《周禮·攷工記》所謂'清其灰而盪之而揮之'。這種方法叫'湅'。"④ "水湅"指用水漂盪的方法練絲。參見上文【湅】。《漢語大詞典》宜補義值差（Difference of Semantic Feature）即"在義界中表示被訓釋詞語義特徵的用語"。⑤

【鐘虡】

《漢語大詞典》:【鐘虡】亦作"鐘簴"。一種懸鐘的格架。上有猛獸為飾。

今按，《梓人》: "若是者以為鐘虡，是故擊其所縣，而由其虡鳴。"鄭玄註《梓人》"梓人為筍虡": "樂器所縣，橫曰筍，植曰虡。" "鐘虡"特指懸掛樂鐘支架的立人形豎桿。如圖:

---

① 《周禮正義》，P3197—3198。
② 全國科學技術名詞審定委員會語言學名詞審定委員會《語言學名詞》，商務印書館，2011年，"訓詁學名詞"。
③ 《說文解字》車部: "軫，車後橫木也。"段玉裁註: "合輿下三面之材與後橫木而正方，故謂之軫……渾言之，四面曰軫；析言之，輢軾所尌曰軛，軫後曰軫。"《方言》第九: "軫謂之枕。"郭璞註: "車後橫木。"
④ 陸宗達《說文解字通論》，北京出版社，1981年，P173。
⑤ 同②。

圖49　曾侯乙墓編鐘篋圖

《漢語大詞典》沒有用義值差來區別"虡"和"筍"的語義特徵，宜厘清。

五、循環乞貸

【荼白】

《漢語大詞典》：【荼白】如荼之白色。《周禮·攷工記·鮑人》："革，欲其荼白，而疾澣之，則堅；欲其柔滑，而脂腊之，則需。"

今按，《漢語大詞典》"荼"字有四種讀音，九種釋義，簡單地釋爲"如荼之白色"，陷入循環乞貸，不知何指。《鮑人》鄭玄註："韋革，遠視之，當如茅莠之色。"孫詒讓正義："蓋韋革色貴白，遠視之與茅華色同，故經云'荼白'也。"① 白茅如圖：

---

① 《周禮正義》，P3291。

圖50　白茅圖

《漢語大詞典》"荼白"宜釋爲："像茅花似的白色。"

六、釋義欠安

【丹秫】

《漢語大詞典》：【丹秫】古代用作染料的赤粟。《周禮·攷工記·鍾氏》："鍾氏染羽，以朱湛丹秫，三月而熾之。"鄭玄註引鄭司農云："丹秫，赤粟。"

今按，《説文解字》禾部："秫，稷也。"稷，一説爲黍或穀子，一説爲高粱。黍（通稱黄米）和粟（通稱穀子、小米）籽色均黄，唯高粱籽色或白或紅褐，故"丹秫"當指紅高粱。

【晉】

《漢語大詞典》"晉1"：10.通"鐏"。戈柄下的銅套，形鋭，可以插入地裏。

今按，"晉"（鐏）不僅僅是"戈柄下的銅套"，凡殳、矛、戟、戈等長柄兵器柄部末端的銅套均稱"晉"。《廬人》："凡爲殳，五分其長，以其一爲之被而圍之。參分其圍，去一以爲晉圍；五分其晉圍，去一以爲首圍。凡爲酋矛，參分其長，二在前、一在後而圍之。五分其圍，去一以爲晉圍；參分其晉圍，去一以爲刺圍。"鄭玄註："鄭司農云：'晉謂矛戟下銅鐏也。……'玄謂晉讀如'王搢大圭'之搢，矜所捷也。"孫詒讓正義："兵器柲末並以銅錯之，名曰鐏，亦曰晉。"① 《說文解字》日部："晉，進也，日出萬物進。從日，從臸。"朱駿聲《說文通訓定聲》："晉，叚借為鐏。"《說文解字》金部："鐏，柲下銅也。"段玉裁註："《曲禮》曰：'進戈者前其鐏，後其刃，進矛戟者前其鐓。'註云：'後刃，敬也。三兵鐏、鐓雖在下，猶爲首也。銳底曰鐏，取其鐏地；平底曰鐓，取其鐓地。'按，鐏地，可入地；鐓地，箸地而已，知古'鐓'讀如'敦'也，鄭析言之。許渾言不析者，蓋銳、鈍皆可爲，非必戈銳而矛戟鈍也。《曲禮》或互文耳。"細品《禮記·曲禮》互文意，與《說文解字》渾言義一脈相承。《釋名·釋兵》："矛下頭曰鐏，鐏入地也。"《廣雅·釋詁》："搢，插也。"王念孫《廣雅疏證》："晉訓為插，故殳、矛柄所插亦謂之晉。……又案，搢之言進也……""晉"、"搢"、"鐏"上古雙聲疊韻，聲同屬精紐，韻則真文旁轉，理據均為"進入"，屬同源詞。鐏如圖：

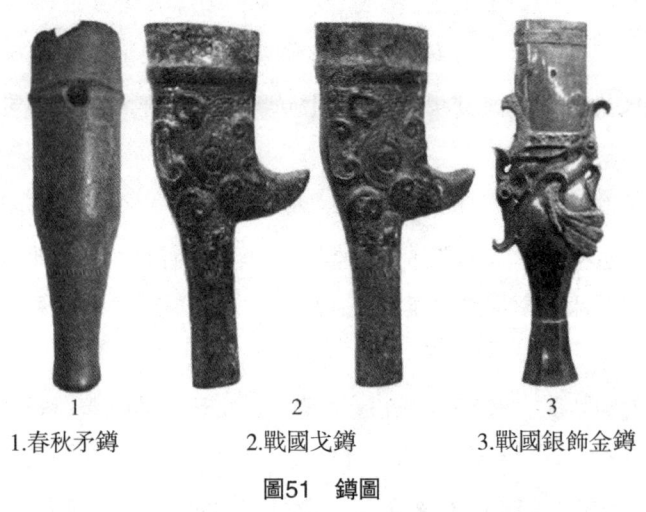

1. 春秋矛鐏　　2. 戰國戈鐏　　3. 戰國銀飾金鐏

圖51　鐏圖

---

① 《周禮正義》，P3413。

《漢語大詞典》該釋語的外延過小，義值差不够準確；宜調整爲"長柄兵器柄部末端的銅套"。

【門阿】

《漢語大詞典》：【門阿】門屋。《周禮·考工記·匠人》："王宫門阿之制五雉。"鄭玄註："阿，棟也。"賈公彦疏："棟也者，謂門之屋，兩下爲之，其脊高五丈。"

今按，孫詒讓正義引胡承珙語："鄭以'棟'訓'阿'者，非謂'棟'有'阿'名，謂屋之中脊其當棟處名'阿'耳。'阿'之訓義爲曲。……《説文》：'阿，一曰曲䶊也。'其在宫室，則凡屋之中脊，其上穹然而起，其下必卷然而曲。其曲處即謂之阿。……中脊者棟之所承，故鄭以當阿爲當棟耳。"① "門阿"指王宫臺門的頂脊。如圖：

圖52　門阿側面俯視圖

【句弓】

《漢語大詞典》：【句弓】彎曲而不能遠射的劣質弓。《周禮·考工記·弓人》："覆之而角至，謂之句弓。"鄭玄註："句，於三體材敝惡，不用之弓也。覆，猶察也。謂用射之時而察之。至，猶善也。但角善，則矢雖疾而不能遠。"孫詒讓正義："《司弓矢》云：'句者謂之弊弓。'註云：'弊，猶惡也。'……句則體弱不任用也。"

今按，孫詒讓正義末句原文爲："此句弓，即合三成規，比往體多來體

---

① 《周禮正義》，P3472。

寡之弓爲尤句，則體弱不任用也。"①《漢語大詞典》引文破句，遂致釋義忽略"尤"字。《説文解字》句部："句，曲也。""句"甲骨文 ᗄ，金文 ᗄ，篆文 ᗄ，段玉裁註《説文解字》："凡曲折之物，侈爲佝，斂爲句。"弓皆彎曲，而或能遠射，或不能遠射，是故不能遠射之原因不是彎曲，而是過於彎曲。"句弓"指角、幹、筋三者質量低劣，弓體過於彎曲的弓。

---

① 《周禮正義》，P3568。

從三部詞典看離合詞的編寫問題

漢語離合詞的數量在《現代漢語詞典》（第7版）中已超過3千多條。由於離合詞數量多、插入成份多樣等原因，學習者很難把握離合詞的特點，在離合詞的學習和使用中不能舉一反三，甚至出現回避現象。因此，在華文教學中，離合詞教學一直是一個相對薄弱的環節，工具書的作用就尤顯重要。針對這一情況，我們對幾部學習者使用的工具書中有關離合詞的內容進行調查，希望對工具書編纂者有所裨益。

一、對漢語工具書中對離合詞釋例的調查

我們首先對《現代漢語離合詞用法詞典》（北京師範大學出版社，2006年）、《漢語教與學詞典》（商務印書館，2011年）、《現代漢語詞典》（第7版）（商務印書館，2016年）三部詞典中離合詞的編錄情況進行調查。

（一）《現代漢語離合詞用法詞典》對離合詞的處理

楊慶惠主編的《現代漢語離合詞用法詞典》是外國人學習漢語離合詞的一本專門性的工具書，旨在幫助母語為非漢語的學習者正確使用離合詞。該詞典共收集了4066個詞匯，對其中1738個離合詞進行了整理和解釋，比較詳細地列舉出了離合詞的使用特徵。為了取得更明顯的視覺效果，本詞典對離合詞進拼音的中間用兩條斜綫（//）來標識，例如：頂嘴díng//zuǐ爭辯；頂撞。用【離】、【合】等標記，分別歸納出離合詞的離析形式和合成形式，再用【正】、【誤】等方式列出外國學生經常出現的偏誤以及正確的使用方式。但並沒有進行詞性的標注。該詞典自1995年出版以來，沒有修訂過，有些常用離

合詞並沒有收錄其中,比如"抽煙"等。這可能會給使用者查閱帶來不少的疑惑。由於該詞典是專門針對外國學生的離合詞使用而出版的,也是此前唯一的離合詞詞典,因此,外國使用者往往會誤認爲這部詞典裏沒有收錄的詞,可能就不屬於離合詞的範疇。

(二)《漢語教與學詞典》對離合詞的處理

施光亨、王紹新主編的《漢語教與學詞典》是一部專爲華文教學服務而設計的中型工具書,供華文教師和中級階段學習漢語的外國人使用,詞目僅限於外國留學生漢語水平(攷試)大綱和教學大綱中的初、中級常用詞,離合詞的標註方式是拼音分寫後中間用一條斜綫(/)來表示。如:【見面】jiàn/miàn [動] meet; see 彼此當面相見△我們已經很久沒~了|我和他經常~|我想我們這次分手以後,再想~就不容易了|~的時間、地點還沒有說定。**提示**:a."見面"是動賓結構的離合詞,中間可以插入其它成份,如"我跟他見了面"、"我們見過面"、"昨天見到他的面了";後面不能帶賓語。"見面"的對方可跟"和"、"跟"、"同"、"與"組成介賓短語作狀語,如"和他見面",不能說"見面他"。表示數量的補語要放在動詞性成份"見"後面,如"見了一次面",不說"見面了一次"。b. 可重疊爲"AAB"式,如"利用校慶的機會,大家見見面"。

該詞典對離合詞首先是在拼音中間用一個斜綫(/)來標註,然後進行詞性標示和釋義,最後用例子來解釋其用法。詞典在解釋部份中用藍色突出離合詞的語法特點,例如離合詞的結構、常用的離析形式、能否帶賓語、與介詞的搭配使用情況、數量詞的位置、重疊形式等等,詳細明示離合詞的多種句式和語法特徵,與一般的漢語詞典中的離合詞部份相比,顯得詳盡而周到。

(三)《現代漢語詞典》(第7版)對離合詞的處理

《現代漢語詞典》是爲中等以上文化程度學習者編寫的一部詞典,詞典收錄字、詞、短語、熟語、成語等多達5萬6千餘條,可以說是目前最權威的漢語詞典之一。雖然《現代漢語詞典》面向的讀者群體並非外國留學生,但留學生手頭普遍使用的各種雙語小詞典和電子詞典大多以《現代漢語詞典》爲藍本進行删減而成。2016年出版的第7版《現代漢語詞典》中用統一標準來分類的離合詞數量超過了3千條以上，特別是對離合詞的標注有所突破，即對離合詞及與其同音同形的非離合詞的分詞原則有所改變。例如，離合詞及與其同音同形的非離合詞之間，如果意義上有聯繫的話，則合併詞目，如果沒有聯繫，則分離詞目；然而，與上面兩部詞典相比而言，《現代漢語詞典》中離合詞的處理就稍顯遜色了。例如，對離合詞"見面"的處理方式是：【見面】jiàn//miàn 動 彼此對面相見：跟這位老戰友多年沒~了◇思想~。詞典對離合詞"見面"的處理非常簡單，祇用兩個斜綫（//）來標注，然後標示詞性並進行釋義，祇列有兩個合成形式的用例，沒有離析形式的相關說明和例子。對外國學生來說，很難通過這樣的解釋方式真正理解和掌握該離合詞的用法。因此，根本不能滿足這部分學習者的要求。在以後的修訂中，如果能夠全面涵蓋離合詞常用的離析形式，將會有利於外國學習者對離合詞的理解和掌握。

通過對比分析以上三種詞典中離合詞部分的處理情況，我們發現了一些亟待改進的地方：

首先，離合詞標註形式尚不統一。《現代漢語詞典》和《現代漢語離合詞用法詞典》在離合詞後面的拼音中間都用兩條斜綫（//）表示，然而在《漢語教與學詞典》中，離合詞的標註方式是在拼音中間用一條斜綫（/）來表示。

其次，對一些基本或常用離合詞的定性和收錄尚不一致。三部詞典中存在着對離合詞的不同處理方式。例如在教材《漢語教程》、《橋梁》中出現的一些離合詞"游泳"、"返航"等，在《現代漢語詞典》中都處理為詞；教材中出現的"堵車"、"臉紅"、"開獎"、"失職"、"嘆氣"、"宰人"、"致辭"等離合詞，《現代漢語詞典》有收錄，而《現代漢語離合詞用法詞典》卻沒有收錄；又如"上街"、"打魚"在《現代漢語離合詞用法詞典》中有所收錄，但在《現代漢語詞典》中卻沒有收錄；另如，《漢語教與學詞典》中處理為離合詞的"抽煙"，在《現代漢語詞典》和《現代漢語離合詞用法詞典》中都沒有收錄。

再次，對離合詞的解釋尚需斟酌。比如教材中出現的"抽煙"跟"吸煙"，《漢語教與學詞典》裏處理為離合詞，如："提示："抽煙"是動賓結構的離合詞，中間可以插入其它成份，如"休息的時候抽了一支煙"、"你怎麼也抽起煙來了"、"等他抽完煙再走吧"後面不能帶賓語。"而《現代漢語詞典》把"抽煙"處理成動賓結構的短語。這樣，對離合詞的不同解釋加劇了學習者的混淆。

離合詞的使用跟社會的語言環境息息相關。隨着社會的發展，離合詞的數量越來越多，有一些新產生的離合詞卻並未被收入。比如初級華文教材中出現的"抽煙"、"吸煙"等詞語，並未處理爲離合詞。由於大量離合詞在口語中被靈活地使用，因此，大型辭書應及時收錄新產生的離合詞。

二、對語文辭書中離合詞編寫的建議

（一）語文辭書應採用統一的離合詞標註符號

雖然三部詞典對離合詞的標註形式都有所攷慮，但是，我們覺得如果能統一標註符號的話，會取得更好的學習效果。在初學者還弄不清漢語離合詞與雙音節詞及雙音節短語之間的區別時，至於該離合詞是否是"一個詞"對留學生來說並不重要，因此，我們傾向於採用《現代漢語詞典》中離合詞的標註方法，應以分寫爲佳，即用兩條斜綫（//）標註並註明詞性，如：【見面】jiàn//miàn動。使用這樣的標註方式，不僅可以減少用一條或兩條斜綫來標註離合詞所帶來的混淆，還可以解決有些華文教材裏的短語和離合詞都用這種方式來標註引起的麻煩，也有利於爲華文教材編寫離合詞時提供方便而統一的標準，從而給學習者帶來便利。同時，這種形式上的統一，使學習者能進一步通過視覺刺激來加深對離合詞的印象，突出離合詞"離"的形式，有效地提示學生注意到離合詞可插入其它成份的特點，有利於學習者對離合詞的逐步累積過程的強化。

（二）明示並强調離合詞跟語境之間的關係

儘管可以把離合詞的離析形式的語法、語義歸納出來，但其離合能力的强弱、插入成份的多少以及使用頻率的高低往往受到語境和語體的制約。王春霞（2001）用"現代漢語研究語料庫"約35.8萬字的文本語料，觀察離合詞在不同語體中的分佈，得出話劇、小說、新聞三種語體平均每萬字含離合詞的數量分別爲18.59個、11.71個、3.68個。① 顯然，這種現象與離合詞使用的語言環境有關。由於口語表達比書面語更靈活、更自由、更貼近語言的變化，我們在講解和解析離合詞時離不開動態的使用環境。比如，下面是熱播電視劇《男人幫》中的一段對話：

a：怎麼了，什麼事兒讓你這麼發脾氣呀？是不是你生我的氣呀？

b：不，我不是生你的氣。（強調"你"）

a：那麼，你生誰的氣呀？（強調"誰"）

b：我是生他的氣。（強調"他"）

a：你說那個警察？爲什麼？發生了什麼事兒？

b：他罰我款。

a：唉，他爲啥罰你的款，我看犯規的不是你，而是對方。（強調"你"）

b：你說呢！警察應該罰他款才對，爲什麼偏偏罰我的款呢？（強調"他"和"我"）

再比如：

約什麼會、排什麼隊、較什麼勁、搞什麼鬼、費什麼心、道什麼歉、認什麼錯（表示不滿或不屑）

通過前面的調查也可以充份地證明：新離合詞的不斷產生正是跟社會語言環境有着密切的關係。因此，工具書在收錄離合詞時，不僅要對常用離合詞進行詳細的解釋，而且要列舉其在實際語境中的典型用例。這樣，纔能體現出詞典的實用性。

（三）及時收錄吸收新出現的離合詞和離合詞離析形式

我們在調查中還發現，權威的《現代漢語詞典》和專門針對離合詞學習設計的《現代漢語離合詞詞典》尚需進一步補充、收錄新的離合詞。比如："造型"在《現代漢語詞典》中處理爲一般動詞或者名詞，在《現代漢語離合詞用法詞典》中沒有收錄。然而，我們還是可以聽到這樣的例子：

a：那我給你造個型。

b：造型，我一個男人，造什麼型啊？（電視劇《夫婦這些年》對白）

---

① 王春霞《基於語料庫的離合詞研究》，北京語言文化大學碩士學位論文，2001年。

"造型"在大部份詞典中被處理為一般動詞,但中間卻可以插入"個"、"什麼"等詞,顯示出跟一般動詞不同的語法特徵。這樣的詞該怎麼歸類呢?到底是詞、短語還是離合詞呢?我們覺得應該屬於離合詞,因為它們分別具有動詞和名詞兩個詞性,說明動賓結構的兩個語素之間的關係已經不那麼緊密了。當然,離合詞的界定需要公認的標準。當我們確定是一種新的離合詞形式,特別是一些在日常生活中使用頻率較高的形式,就需要在工具書的修訂中予以適當的補充。為此,我們歸納了最近熱播電視劇《男人幫》對白中的一些精彩用例,歸納其離析形式如下:①

插入成份	離合詞的表現形式
了、着、過	打了水、嫁了人、辭了職、睡着覺、發過誓、洗過澡、合過眼
一/個	熱一个身、睡了一覺、打一車、撒一謊、吵一架、洗個澡、表個態、握個手、蓋個章、打個賭、請個假、道個歉、加個班、換個班、開個會、吃個飯、付個款、度個假、訂個票
什麼	出什麼事、約什麼會、排什麼隊、有什麼用、求什麼婚、發什麼呆、較什麼勁、搞什麼鬼、費什麼心、道什麼歉、認什麼錯
的	許的願、下的毒、報的警、作的孽、造的孽
代詞	生我自己的氣、出你的差、吃誰的醋、丟這個臉、隨你的便、幫我的忙
形容詞	加滿油、排(這麼)長隊、出大事、加很晚的班
數量詞	少抽點煙、請了幾天假、插一句嘴、發一中午呆、離過一次婚
名詞	下毒手、上女人的當
補語	脫不了身、改不了口、見到面、加完班、掙到錢
介詞	向……道歉、向……罰款
重疊	提提神、敘敘舊、消消氣、透透氣
倒置	連覺也不睡、單你買一下、這個家不能搬、婚都離了

表93 電視劇《男人幫》對白離合詞形式

---

① 電視劇《男人幫》中的例子由北京語言大學漢語國際教育專業2010級韓國研究生尹漢旭同學搜集並整理。

（四）期待全新的、全面的、權威的離合詞綜合詞典的出版

目前，收錄離合詞數量最多的是《現代漢語離合詞用法詞典》，約4千個詞條，除了有釋例的1738個離合詞以外，對收錄的其它離合詞沒有做出任何處理，尤其缺乏對離合詞離析形式的講解和解釋。《漢語教與學詞典》用不同的顏色（藍色）明確地標出離合詞的使用特徵，涵蓋了對離合詞的結構方式、中間可插入的成份，以及能否帶賓語等內容的解釋，並進一步附錄了豐富的例子。由於該詞典是專門爲漢語水平初、中級階段的學習者設計的，收錄的離合詞數量有限，還不能作爲專門的離合詞詞典使用。2011年由北京語言大學出版社出版，周上之主編的《漢語常用離合詞用法詞典》，是按照《漢語水平詞匯與漢字等級大綱》編寫的小型離合詞詞典，共收入了268條離合詞，其中甲級離合詞18條，乙級離合詞47條，丙級離合詞47條，丁級離合詞156條。雖然該詞典收錄的離合詞數量不多，但對離合詞的處理方式值得稱贊。該詞典從離合詞的句法功能和插入成份兩大方面解釋了離合詞的各種用法，並進行了詳細的說明。同時，該詞典在"國家語委現代漢語語料庫"、"北京大學中國語言學研究中心現代漢語語料庫"和"臺灣現代漢語平衡語料庫"等相關語料庫的基礎上設計和修改，以幫助外國學習者學習和使用。該詞典在語料庫基礎上設計的與日常生活貼近的例句，給學習者帶來極大的幫助。不過，它仍不具備全面、專門的離合詞詞典的功能。我們期待收錄離合詞數量更豐富、展示離析形式更完備的，更新、更權威的離合詞綜合詞典的出版。

建立辭書質量保障體系

辭書是一切種類的辭典和百科辭典的統稱。在人類文化歷史長河中，辭書起到了渡津和舟楫的作用。恩格斯回顧："法國的唯物主義者……爲了證明他們的學說可以普遍應用，他們選擇了最簡便的道路：在他們因以得名的巨著《百科全書》中大膽地把這一學說應用於所有的知識對象。"① 法國啓蒙運動中，辭書是喚醒蒙昧的號角，是直刺紅衣主教的利劍，是驅逐黑暗鋪展光明的晨曦，是摧毀精神古堡的雷電——"狄德羅主編的百科全書，動搖了18世紀歐洲封建主義和宗教神學的思想基礎，給漫漫黑夜中爲夢魘所苦的人們帶來一個新時代的智慧的光明。"② 辭書的教育作用表現在思想品德教育、知識教育和語言教育三個方面。③ 由於辭書具有知識性、客觀性、穩定性、概括性、系統性、實用性和規範性等特徵，同時也由於辭書在圖書品種中占有相當比例，因此，辭書與社會生活有着緊密的聯繫，其質量直接影響到圖書出版的整體水平。

新中國成立以來，辭書事業興旺發達，盛況空前。但另一方面，辭書粗製濫造、質量低劣的狀況也非常嚴重。這在很大程度上制約了辭書事業的發展。

質量是"反映產品或服務滿足明確或隱含需要能力的特徵和特性的總和"（ISO 9000）。國家新聞出版管理部門爲實現圖書出版從擴大規模數量爲主向提高質量效益爲主的轉變，爲提高圖書出版整體水平，依據國務院頒布的《出版管理條例》，於1997年頒佈了《圖書質量保障體系》和修改補充後的

---

① 《馬克思恩格斯全集》，中央編譯局譯，人民出版社，1965年，第22卷，P352。
② 金常政《百科全書學》，中國大百科全書出版社，2000年，P29。
③ 詳見王鴻濱、李亞明《陸王辭書學理論述略》，載《辭書研究》2007年第1期。

《圖書質量管理規定》，從而爲出版事業朝着健康、有序、優質、高效的方向發展提供了質量管理制度的依據。

辭書質量包括辭書的使用性質量、社會性質量、經濟性質量、服務性質量和技術性質量。20世紀90年代初，有學者主張運用系統論的概念和方法，把辭書質量形成過程中各個環節的質量職能組織起來，進行全員性、全部門性、全過程性和全制度性的辭書全面質量管理，從而形成最佳質量管理和實時操作體系即"辭書質量保證體系"。[1] 隨着國家辭書事業發展的需要和圖書出版質量管理制度的完善，制定一整套辭書出版工作規範及辭書質量檢驗和評價標準，日顯必要而可行。這樣，我們就提出了建立辭書質量保障體系的話題。

我們認爲，一套理想的辭書質量保障體系應由以下幾個方面構成：

一、辭書編輯出版責任機制

（一）前期保障機制

1. 建立專業出版辭書許可制度

辭書是一種特殊的圖書品種。王寧先生指出："不論對社會總體來説還是對讀者個人來説，辭書的重要性應高過一般的書籍，對辭書的權威性要求應僅次於法律。"[2] 因此，辭書的出版有着特殊的質量要求。

2. 加強辭書選題規劃、策劃和論證工作

辭書質量的提高，很大程度上也取決於選題的優化。而辭書選題的優化，首先就要做好選題的規劃和策劃工作。

國家製定的辭書出版規劃對於克服辭書盲目立項和重複出版的現象起到了一定的作用；同時應具有法規性、指令性、權威性和壟斷性，絕不能成爲一紙空文。

辭書選題的策劃工作要依靠辭書專業出版社全體編輯人員的積極參與，依靠對辭書編纂出版範圍有關信息的廣泛收集、積累和研究，依靠與辭書學專家、學者的聯繫，依靠明確而非隨意的編纂和出版宗旨。祇有這樣，才能提高

---

[1] 劉志榮《辭書質量概念及其質量管理芻議》，載《辭書研究》1991年第8期。
[2] 王寧《辭書質量縱橫談》，載《辭書研究》1994年第5期。

辭書選題的策劃水平。

　　辭書選題的論證應以質量第一爲原則，符合控制總量、優化結構、提高質量、增進效益的總體要求；在以社會效益爲最高準則的前提下，力爭做到雙效益的結合；做好對學術動態、讀者需求和市場供求情況的調查研究，使辭書選題建立在準確、可靠、科學的基礎之上。

（二）中期保障機制

1. 堅持辭書稿件的三審責任制度

　　審稿是辭書編輯工作的關鍵，是決定辭書質量的重要步驟，也是辭書編輯人員的基本職責。辭書稿件的三級審稿制度有利於發揮各級編輯的集體智慧，有利於提高辭書稿件的質量。具體來說，初審應在通讀全部稿件的基礎上，主要負責從專業的角度對稿件的社會價值和文化學術價值進行審查，把好政治關、知識關和文字關；復審也應通讀全部稿件，復覈初審意見，解決初審未能解決的問題，並對稿件質量作出總的評價；終審對稿件質量作出最後評價，對能否采用作出最後決定。

　　根據辭書特點，辭書稿件的三級審稿，除要求發排稿件做到齊、清、定外，還應着重要求稿件到達以下幾個方面的要求：

　　（1）內容經得起較長時期的穩定性攷驗，無政治性和政策性錯誤，無嚴重個人傾向性；

　　（2）概念清楚，科學性內容無實質性錯誤；

　　（3）資料建設質量高，重要事實和數據都有根據；

　　（4）術語、符號等符合標準化要求；[①]

　　（5）釋文符合語言規範，簡練、準確、通俗、明白；邏輯嚴整，互不矛盾；

　　（6）圖文比例適當，圖題、圖註和圖内說明及符號與釋文嚴格一致；

---

　　① 辭書工作的標準化大體包括以下內容：編纂的原則與方法；編纂工作中的術語；種類的劃分；規劃的劃分；（按種類和規模的）詞目選擇要求；（按種類和規模的）釋文撰寫要求；正文編排的規定；圖示、符號和格式的排列要求；文獻收錄註明出處的要求；檢索方法的要求等。同時原則要求符合以下標準：GB/T 15238.1-94《辭書編纂基本術語·第一部份》、GB 11617-89《辭書編纂符號》、GB/T 15933-1995《辭書編纂常用漢語縮略語》、GB/T 10112-88《確定術語的一般原則與方法》、GB/T15781《出版物上數字用法的規定》GB 3100～3102-92《量和單位》、GB/T 16159-1995《漢語正詞法基本規則》和GB/T 15834-1995《標點符號用法》等。

（7）檢索途徑齊備、便捷，檢索率高；

（8）不存在侵犯著作權和版權問題。

此外，百科辭書（這裏包括專科詞典、百科辭典和百科全書）稿件還應達到以下要求：

（1）框架設計合理，詞目（或詞條）設置符合特定辭書的性質、定位和特色；

（2）詞目（或詞條）規範而合理，兼顧科學性和針對性；

（3）詞目（或詞條）規模適當；

（4）相關詞目（或詞條）無遺漏，參見條嚴密而不落空；

（5）詞目（或詞條）排序嚴整，無倒錯；

（6）解決好交叉問題。

語文辭書稿件還應達到以下要求：[①]

（1）義項完備，分項標準統一，概括嚴謹，條理分明，排序科學；

（2）義項內容一致，釋義準確、規範；

（3）拼讀、拼寫、語義、語用、語法、修辭、詞源、構詞等信息符合特定辭書的性質、定位和特色；

（4）例證與義項統一、協調，具有典型性、穩定性和實用性，無歧義，無雷同，無反復。

雙語詞典的釋文和例證還應符合相應語言的規範和習慣。

2. 堅持辭書的責任編輯制度，責任設計編輯制度和設計方案三級審覈制度

3. 堅持辭書的責任校對制度和"五校一讀"制度

辭書的編校質量直接影響到辭書的整體質量。一部辭書，如果選題、內容和編輯加工都很好，但是文字差錯率高，那麼仍不能算是一部好的辭書。從歷屆評獎結果來看，都有相當一部份辭書，內容質量不錯，但因文字差錯率高而未能獲獎。爲提高辭書的編校質量，出版社應爲每一部辭書配備具有專業技

[①] 鄒酆認爲，從編纂角度看，語文詞典的質量標準可從六方面來攷察：第一，是否建立與具體體現了現代語言學"詞"的觀念；第二，是否在形音義結合的基礎上突出詞義的中心地位，義項概括是否合理；第三，是否從橫雙軌交錯地展示詞義引申的真實面貌；第四，是否做到釋文與書例證對口配合，書證是否典範、始見；第五，是否做到入典詞語知識內容與編排形式協調一致；第六，是否做到正文與附件搭配得當，附件是否適用、創新。見《漢語語文詞典質量評估標準試論》，載《辭書研究》1993年第2期。

術職稱的專職校對人員擔任責任校對，負責校樣的文字技術整理和付印樣的通讀工作；指定具有中級以上專業技術職稱的專職校對人員擔任終校；堅持"五校一讀"制度，重點辭書則應增至八校、九校乃至十校。

4. 堅持辭書的印制質量標準

要求做到：

（1）版式清新、美觀，觀感效果良好；

（2）版式相對緊密，有較大的容量，詞條之間界限清楚，便於區分、查檢；

（3）印刷清晰、整潔，閱讀效果良好；

（4）材料堅韌耐磨，裝訂精良、牢固；

（5）裝潢相對精致、攷究。

5. 堅持書名頁使用標準、中國標準書號和圖書條形碼使用標準。

（三）後期保障機制

1. 堅持辭書的裝訂樣書檢查制度、出書後評審制度、徵訂廣告審覈制度、樣本繳送制度、重版前審讀制度、稿件及辭書質量資料歸檔制度，實行質量管理工作標準化和程序化。

2. 堅持辭書專業出版社與作者和讀者的聯繫制度，建立包括質量動態信息和反饋信息的質量信息系統。

二、辭書出版管理宏觀調控機制

國家應強化辭書出版管理宏觀調控的下列機制：

（一）預報機制

應專門建立辭書的年度選題計劃審批和備案制度、重大選題備案制度和全國發排新書目中辭書書目的審覈制度。

（二）引導機制

1. 目前，中宣部和新聞出版管理部門定期主持召開出版通氣會。我們建議，應建立出版通氣會上辭書出版專項議程，主要貫徹中央和國務院的新精神，通報全國辭書出版工作的新情況、新問題，及時對全國的辭書出版工作提出指導意見。

2. 健全出版法規，強化培訓制度，製定和實施中長期辭書出版規劃制度及辭書出版專項基金保障制度。

3. 堅持出版界和辭書學界的輿論導嚮制度，充分發揮各種新聞傳媒和學術刊物的宣傳、引導、評論作用，圍繞提高辭書質量，溝通信息，品評優劣。加強對辭書評論的理論研究，確立辭書評論的科學標準，總結概括辭書評論的一般規律，發揮辭書評論在提高辭書質量進程中的積極作用。

（三）約束機制

堅持辭書專業出版社年檢登記制度、書號使用總量宏觀調控制度、辭書跨省印制審批制度和辭書售前送審制度。

（四）監督機制

堅持辭書的隨機抽樣審讀制度、辭書出版定期綜合分析制度、辭書的編校與印裝質量檢查制度和辭書市場的動態監測制度。

（五）獎懲機制

1. 堅持優秀辭書獎勵制度。獎勵優秀辭書，有利於調動辭書出版工作者和辭書學工作者的積極性，有利於向廣大讀者推薦優秀辭書，從而促進辭書質量的提高和辭書事業的發展。。

2. 堅持優秀辭書編輯出版人員表彰制度。各級出版行政部門及出版界、辭書界有關社會團體應分層次、分門類定期做好辭書編輯出版人員的表彰工作，以充份調動這支辭書質量保障主力軍的積極性，激勵其不斷提高思想和業務水平。

3. 在全國出版社年檢的基礎上，建立對優秀辭書專業出版社和良好辭書專業出版社的專項表彰制度。

4. 堅持對違規出版社和負責人的處罰制度。各級出版行政管理部門，應本着依法管理、有法必依、違法必究的原則，嚴肅處理出版劣質辭書的出版社和負責人。除根據定性對劣質辭書做出處理外，對出版社則根據所犯錯誤的性質,依據有關法規和規定作出批評、警告、沒收利潤、罰款、停止辭書編輯業務、停止辭書出版權、全社停業整頓、吊銷社號等行政處罰。對構成犯罪的,要依法追究刑事責任。

(六)責任機制

1. 堅持各級出版行政部門對辭書出版的分級管理責任制度和主管辭書專業出版社的單位負責制。

2. 在辭書專業出版社設立辭書質量管理專門機構,負責對本社辭書進行全面、系統的檢測和評價。

3. 建立辭書專業出版社業務人員持證上崗制度,開展對辭書出版工作者的業務培訓、資格認定和業績攷覈;對辭書出版工作者提出專業知識、業務知識、綜合能力(包括策劃辭書選題能力、各種管理能力和把關能力)及責任心的要求;同時善於發現人才並合理使用人才,實現辭書專業出版社人事管理上的優勝劣汰。

4. 實行辭書質量崗位責任制,並使之與經濟手段挂鈎,真正實現按勞分配。

三、社會監督機制

充分發揮中國辭書學會等學術性群衆團體及中國出版工作者協會和中國編輯學會等出版行業協會對辭書出版工作的調研、協調和監督作用;重視社會輿論對辭書質量的監督作用;加強對讀者投訴辭書質量問題的調查和處理,並予滿意的回復。

我們相信,隨着一整套辭書質量保障體系的建立和不斷完善,我國的辭書出版事業必將更加興旺發達。

訓詁學思辨

壹 訓詁的"價值命題"

"訓詁"是用語言分析語言,解釋語言,主要表現爲"釋古今之異辭,辨物之形貌"。① 在多數人的心目裏,"訓詁"是跟"概括"、"一般"、"確定"、"客觀"、"經驗"等概念聯繫在一起的,而"訓詁學"這門古老的傳統學科也被許多人視爲正襟危坐冰面霜顔詰屈聱牙暮氣沉沉的破舊玩藝兒。事實上,祇要我們揚棄褊狹的哲學系統、宗教教條和當代的庸俗傾向,持一種把人對於真善美的追求所體現出的人的價值放在首要位置的思想態度,那麼,"訓詁"照樣能夠給我們以無窮的啓示,"訓詁學"照樣能夠產生新的活力。訓詁的"價值命題"就向我們展示了這一點。

美籍德裔邏輯實證主義者卡爾納普(Paul Rudolf Carnap,1891—1970)曾經斷言,語言有兩種性質完全不同的職能,即表述職能(Representative function)和表達職能(Expressive function)。前者表述經驗事實,是有意義的命題。後者則祇表達個人的内心世界(即自我的感情、意志和願望等),它没有任何表述經驗事實的作用,無所謂真和假,因而没有任何意義。具體的,譬如説倫理學一些有關善和惡的命題,文學藝術方面一些有關美和醜的命題。它們從認識論或知識論方面來説没有意義,但是從人類社會的生活方面來説卻是有價值的,因而是一些不具有意義,但具有價值的命題——價值命題。

---

① (唐)孔穎達《毛詩疏》語。

那麼，訓詁中是否也包含着這樣的命題呢？

這個問題，即使沒有功能主義（Functionalism）者的舉手支持，回答也是肯定的。

訓詁的主要任務是"以語言解釋語言"，溝通意義的時間或空間或時間加空間的隔閡。它的內容——意義，除了有概念意義和上下文意義之別外，還有"內涵意義"（Cennotativemeaning）和"外延意義"（Denotativemeaning）之別。而"內涵意義"就是帶有感情色彩的。這種色彩是客觀世界的個人色彩，是由個人的心靈私自加上的（且不論讀者借助於訓詁而產生的共鳴和同情）；它不但存在於隨文釋義的註疏裏，而且也存在於通釋語義的訓詁專著之中。拿《爾雅》來講，它的目的和功用是"所以通訓詁之指歸，叙詩人之興咏，總絕代之離詞，辨同實而殊號者也"。[①] 別不待說，詩人興咏起來，那主觀感情色彩及其所蘊的審美價值也是夠可以的了。而這種價值成份就或多或少留在《爾雅》當中——儘管已經被作過冷冰冰的過濾處理。從這個意義上來說，我們同意意大利哲學家維科（*Giambattista Vico*，1668—1744）的觀點：語言不是人精心構造起來表達先已存在的思想的人工媒介，它的發展進程同人類心靈本身不可分割。

從人的一面來看，人——既是能動的、實踐的動物，同時又是感情的動物。人對客觀世界進行的感情評價，就形成了人與自然的審美關係。祇要"美"現實地存在於客觀世界之中，人對它的體驗和追求也就必然存在；而這種體驗和追求也必然反映到其主要載體和方式之一（同樣也是人的所有物）——語言上來。

從詞源的一面來看，"美"的漢字結構及其意蘊足以說明中國古代文化中的價值觀。歷來對於"美"字本義的訓解有幾種不同的看法。那麼，哪一種看法才是正確的呢？（換種說法也就是：各種對"美"的訓釋是"是"還是"非"？）

如果放到價值命題裏頭來攷慮，那麼這個問題的提出是沒有意義的。正如卡爾納普所說的那樣："形而上學的命題，就像抒情詩一樣，祇有表達作

---

① （晉）郭璞《〈爾雅〉序》語。

用，没有表述作用。它們既不真，又不假；它們對什麼也不肯定，因而既不包含知識，也不會有錯誤；它們完全在知識領域之外，即是在真與假的範圍之外的。"英國實證主義者A.J.艾耶爾（*Alferd Jules Ayer*，1910—1989）也主張價值判斷主要是一種感情作用，而不是認識。而感情作用是沒有"是""非"可言的。同時，既然審美是一種主觀的活動，那麼它的範圍、形式和結論就不應當受到限制和拘囿；即使審美對象的初始狀態不必爲然，而具有主動創造能力的審美者又何不可以爲然呢？所以，價值的每一次判斷、每一次解釋都可以被理解爲每一次新的美感的創造。英國表現主義美學家鮑桑葵（*Bernard Basanquet*，1848—1923）説過："美首先是一種創造，一種新的獨特表現，使一種新的情感從而獲得存在。"正因爲如此，我們對於"美"的訓釋的多樣性也就大可不足爲奇了。

圖53　《甲骨文合集》第35346[①]

現在讓我們來逐一體會這些訓釋。

第一種説法，"美"（[甲]、[金]）由圖騰發展而來。這圖騰的具體物是什麼呢？大約是羊。根據我們的攷證，在中國遠古的原始部落裏，炎帝、帝嚳和後稷確有把羊當作圖騰的現象。爲什麼拿羊做對象呢？也許跟原始

---

① 釋文："丙辰卜，才（在）□，鼎（貞）：叀（惠）大又先□……□美，□，利，不雉（失）衆。"

人的生存基礎有關。功利價值畢竟是人類社會中産生的第一種價值形式。這也就是説，合適和效用是價值的最古老形式；使用價值先於審美價值。原始人對於因生存需要而不得不加以殺害的動物由感激而上陞爲虔敬的崇拜（總之是肯定的感情評價），認爲宗親人群和其所依靠的自然勢力之間存在着一種神秘的聯繫乃至同流關係。誠然，原始人的這種集體表象屬於原邏輯思維（還不至於"非邏輯"），但這種思維體現了美從完全隸屬於善的地位過渡到具備相對的獨立性的狀態，因而仍不失爲一種對美的價值進行估量的審美判斷。

圖54　商代羊紋方鼎①

圖55　商晚期至西周早期梳形玉珮羊形面紋（現藏臺北故宮博物院）

第二種説法，"美"即"美味"義。許慎《説文解字》："美，甘也。從羊大。羊在六畜，主給膳也。"段玉裁註云："甘者，五味之一；而五味之美者皆曰甘。引申之，凡好皆謂之美。"爲什麽味覺能代表所有的美感？這

---

① ［法］戴克成（Christian Deydier）《讀懂中國青銅器——文化、形式、功能與圖案》，譯林出版社，2016年，P157。

跟膳食享受在中國古代的特殊地位有關。此點可從種種精致繁雜的烹調和飲食器皿，以及統治者對"庖丁"的重視、司味與司政的統一等情況中窺得一斑。我們翻檢《廣雅·釋詁》"美也"條，發現其中與食味有關的詞語，竟有"腆"、"酏"、"甘"、"旨"、"甜"、"滑"等十一個之多。由此可見，在審美藝術的初始階段，人們不可避免地把美感（或美感對象）同快感（或快感對象）聯繫在一起。照鮑桑葵的說法，這是"最起碼的審美經驗"。

中國古人把女色同食味相提並論，所謂"秀色可餐"。試看《廣雅·釋詁》，"嬌"、"契"、"娥"、"媛"、"艷"等有關女色的詞語同上述有關食味的詞語一起工工整整地排在"美也"條下。正如孟老夫子所言："口之於味也，有同嗜焉；耳之於聲也，有同聽焉；目之於色也，有同美焉。"人的本性是一個複雜的綜合統一體。這種以人的享樂本能爲標準的審美觀體現了審美藝術低級階段的價值判斷形式。

第三種說法，"美"由"大"而得義。《廣雅·釋詁》"美也"條中，還有"皇"、"翼"、"蒸"、"將"四個詞語，是同高程度有關的。王念孫《廣雅疏證》以平行同源法闡述說："美從大，與大同意。故大謂之將，亦謂之皇；美謂之皇，亦謂之將；美謂之賁，猶大謂之墳也；美謂之膚，猶大謂之甫也。"作爲與"優美美"相對的"崇高美"的一部份，"大"的確能夠喚起人的強烈情感，從而成爲"美"的一種現象形態的具體表現。

對於"美"的各種訓解，我們都已經替它們找到了之所以成立的理由。其主要原因，是人在審美時所不可避免而又不可缺少的主觀色彩。這種色彩基本體現爲審美是一種人對美的肯定性感情評價，而"沒有'人的感情'，就從來沒有也不可能有人對於真理的追求"。[①] 從這個意義上來說，"美"是同"真理"密切相關的。對於這種相對性的認識，必將對當代的訓詁學產生巨大影響，導致訓詁學的內容、原則和目的的重新確立。具體地說，就是：第一，打破以客觀性和確定性爲訓詁學所可遵奉的唯一宗旨的舊觀念；第二，對"價值"的發現和肯定，並把它提到與"意義"相比並的地位。

當然，訓詁中的"價值"衹是"貢獻價值"而非"終極價值"，但是，訓詁存在"價值"這個事實不容忽視。

---

① 《列寧全集》第20卷，中共中央馬克思恩格斯列寧斯大林著作編譯局編譯，人民出版社，1959年，P255。

同樣是人的精神產物，同樣是人的智慧和感情的結晶，語言學同美學完全具有相互對話的可能。正像意大利的克羅齊（Bendetto Croce，1866—1952）所打的譬喻那樣，凡是有哲學頭腦的語言學家在徹底深入語言問題時，常常發現自己很像掘地道的工人，到了某個地點，他必能聽到他的伙伴美學家從地道的另一頭在挖掘的聲音。我們相信，訓詁就是這樣的一條語言地道，當我們的訓詁家奮鎬掘通那另一頭時，前景將豁然開朗，訓詁學將獲得新生。

貳　論傳統訓詁學的現代化

　　20世紀，訓詁學這門具有悠久傳統的解釋語言的學科，受到來自內部自身和外部環境的雙重震宕，並呈相對衰微的景象。究其根源，外部方面，是中西文化與文明的激烈衝突，中國固有的人文體系受到西方新學的衝擊和排斥；內部方面，則是傳統訓詁學體系蕪雜、方法落後、職能單一、領域狹窄等等原因決定了它自身的命運。所以根源歸結爲一點，就是舊訓詁學的極端傳統化問題。

　　傳統是由歷史沿傳而來的種種因素的總和，現代化則是文明演化的進步和發展，是現代人對歷史文化積累的繼續和開拓。因此，現代化是包含着衆多内容的複雜概念。在人類歷史上，隨着人們需要的變化，傳統的行爲和態度不斷地被取代或改變。這些變化着的需要源於經常變遷的環境對人們不斷提出的新的挑戰，以及人們由此而產生的壓力。由於時間和環境發生變化，人們開始發現許多問題無法解決。因此，即使依戀並希望堅守那些已被確立的，曾經是完滿的範型，最終也還是懷疑起特定的傳統文化的合理性，並不得不設計或接受新的範型。

　　過去，許多人祇把訓詁視爲漢民族文化的遺產，因此固守在傳統文化的本位上，而忽略了對訓詁在人類整體文化中意義的探討。還有人則根本就反對訓詁學的現代化，認爲訓詁本來就屬於傳統的範疇，訓詁學本來就是傳統的學問，如果訓詁學現代化了，就不再稱其爲訓詁學了。這種態度，對於訓詁學在社會科學中占有應有席位，是很大的阻力。訓詁學在二十世紀受到的冷遇，迫使我們認識到：訓詁學已面臨現代化的嚴峻挑戰；如果我們放棄現代人的主體地位的權利，仍舊沿襲舊訓詁學極端傳統化的老路走下去，那麼訓詁學就會喪失生機和活力，最終化爲歷史。

那麼，訓詁學現代化的內涵究竟是什麼呢？我們認爲大致有以下四個方面：

一、建立和完善以語言學理論爲指導的、系統而規範的訓詁學學科體系，實現訓詁學的學科現代化

訓詁以解釋、傳達語義爲其主要任務，而作爲語言的內容，語義系統恰恰構成語言結構的兩重性之一（另一極是作爲語言表達結構的語音）。從這個意義來講，訓詁是語言的一種特殊表現形式，訓詁應被視爲一種以語言爲基礎的特有的言語現象。

如果說訓詁是一種實踐，那麼訓詁學就是一種理論。具體來說，訓詁學是一門從先代各種訓釋材料中總結出解釋語言的規律和方法的學科。作爲一門學科，它應被大致歸入語文學（Philology）或歷時語言學（Diachronic Linguistics）之中去，並具備一套相對獨立的理論體系。當然，我們不必用現代語言學理論的框架去苛求傳統的語文實踐，但另一方面，訓詁學確須綜合運用語文學的各個部門和語文學的各個分科的理論、方法和成果來完善自己。國外的語文學就有這方面的經驗。例如印度吠陀語言開山祖師羅斯（Roth）借助於比較語言學和歷史攷證的方法研究《梨俱吠陀》，就取得了很大成果。

訓詁學學科體系的建立，是20世紀的事了。1920年，沈兼士首次提出了建立訓詁學的設想。[①] 1928年始，黃季剛先生在中央大學講授《訓詁學》課程，首次明確提出了"訓詁"和"訓詁學"的定義，創立了獨立的訓詁學理論體系，提出了由互訓、義界和推因三者構成的訓詁方式，劃分了本有之訓詁與後起之訓詁、獨立之訓詁與附屬之訓詁、說字之訓詁與解經之訓詁等界限。儘管這個框架還比較龐略，但它標誌着訓詁學擺脫了千年來經學附庸的地位，成爲

---

① 沈兼士《研究文字學形和義的幾個方法》，載《北京大學月刊》1920年第1卷第8號。

了一門獨立的學科。

20世紀40年代,我國語言學家自覺接受西方比較語言學和歷時語言學理論,並將其貫串到訓詁學學科理論建設中去。齊佩瑢在《訓詁學概論》中闡述了形、音、義、法四位一體的思想,並明確提出:"要想使訓詁脱離了文字形體的拘束,抛棄了玄學的空疏的不科學的氛圍,走入現代比較語言學的領域,那麽就非得以比較語言學的理論作出發點不可。"由此將訓詁學納入了語言學的軌道。與此相應,王力則將訓詁所涵語義的歷史歸入語言史的範疇,提出"從歷史上去觀察語義的變遷,然後訓詁學才有新的價值"。① "新訓詁學"派堅持歷史的觀點和詞義系統聯繫的觀點,重視詞義同語音和語法的聯繫。他們所建的訓詁學體系也曾被人理解爲詞義學或詞彙學,但我們説,現代化的訓詁學理應擺脱傳統訓詁學的束縛,大膽以現代語言學理論爲指導,正視並研究訓詁所載詞義現象,探討古代漢語詞義結構、詞義系統、詞義演變、同義詞、同源詞、義位、深層義、詞義繫聯和詞義範疇等問題。

20世紀"新訓詁學"派的理論嘗試,客觀上促進了訓詁學的變革,同時也幫助了現代語言學理論從訓詁學中獲得借鑒和啓發。現代語言學理論的導入,爲訓詁學在社會科學領域中獲得應有的學科席位創造了條件,同時也提醒我們審慎地重新確立訓詁學的定義、性質、職能、方法和內容,並促使我們爲訓詁學設立一個明確的、系統而規範的、能有效控制和處理大量語言和非語言因素的結構框架,把訓詁學建設成爲一門具有普遍原則和開放活力的學科。

如果説章、黃完成了舊的訓詁之學向科學詞義學前進的過渡,那麽,陸穎民(宗達)先生和王寧先生則從以下五個方面完成了訓詁學與科學詞義學相銜接的學科建設,在植根於中國傳統語言文字學的基礎之上,發展了訓詁學:解釋詞義是訓詁學的基礎工作和重要內容;理清詞義系統是訓詁學的任務;從漢語詞義學的高度顯示訓釋方式和訓詁方法的規律;訓詁學奠定了漢語詞義學的基礎,現代的科學訓詁學要與歷史語義學銜接;訓詁學與漢語詞彙學、語義學的互動關係。②

---

① 王力《新訓詁學》,《龍蟲並雕齋文集》第一册,中華書局,1980年。
② 詳見李亞明《植根於傳統語言文字學的陸王訓詁學理論》,載《陸宗達先生百年誕辰紀念文集》,中國廣播電視出版社,2005年。

二、發掘訓詁的實用價值，研究古代物質層文化和制度層文化，實現訓詁學表述職能的現代化

在對訓詁學性質的認識問題上，學界一直存在着兩種不同的看法。一種是力圖實現訓詁學在語言學範型內向現代語義學的轉化，另一種則認爲訓詁本體是解釋學而非語義學，訓詁學的解釋是一種文化闡釋。還有的學者前期認爲現代訓詁學的發展趨勢應是文獻詞義學，也就是古漢語詞義學，後期也轉而承認，無論哪個領域想探討本專業的歷史，都離不開訓詁學。

我們認爲，訓詁材料帶有極大的綜合性，它們不但包含了相當於現代語言學的各個部門，還包含了天文、地理、風俗、禮制甚至同古代生活、生產有關的所有方面的內容。因此，訓詁學應以語義研究爲核心，但並不限於語義的範圍；訓詁學的目標既是一種語言研究，也是一種古籍的解釋；訓詁學的性質既是一門語言學科，也是一門綜合性的邊緣學科。誠然，離開文化研究訓詁的方向無疑仍應繼續作爲訓詁學的一個內容，但訓詁學不能無視作爲訓詁研究主體的人的文化行爲，就像理論化學不能無視元素的屬性一樣。在這個問題上，我們主張語義和文化兩個方面在訓詁學體系中相輔相承，得到完善的統一。在具體研究時，采取兩條腿走路的辦法。祇有這樣，才能實現訓詁學整體職能的現代化。

語言有兩種職能，即表述職能（Representative Function）和表達職能（Expressive Function）。表述職能祇表述經驗事實，它是揭示物質層文化和制度層文化的工具。具體來看，依靠表述職能發掘訓詁的實用價值包括下面兩個方面：

1. 通過名物訓詁闡釋古代物質層文化

鄭樵曾說："古人之言所以難明者，非爲書之理意難明也，實爲書之事物難明也。"① 名物是指範圍比較特定、特徵比較具體的專門名詞，"是生活和禮俗專有名詞的分類"。② 辨別並解釋名物，探求其得名之源，是名物訓詁的工作。名物訓詁主要闡釋物質層文化的各類專有名詞。訓詁的物質層文化內

---

① 《通志·藝文略》。
② 王寧《"三禮"名物詞研究·序》，商務印書館，2016年，P2。

涵主要通過名物訓詁表現出來。

物質層文化是人類改造自然界物質成果的總合，是人類社會存在和發展的基礎。名物訓詁是揭示訓詁的制度層文化內涵和心理層文化內涵的基礎。從讀經的角度來說，"古聖王經世之道，莫切於禮；然必悉其名物，而後可求其制度；得其制度，而後可語其精微。"① 因此，黃季剛先生說："三《禮》名物必當精究，辨是非而攷異同，然後禮意可得而明也。"②

陸穎民（宗達）先生和王寧先生揭示名物訓詁所蘊物質層文化內涵的實踐如：《說文解字通論》③第三章闡釋《說文解字》中所保存的有關古代社會生產、科學、醫療學等社會狀況的資料；《談談"鞭長莫及"的"鞭"》、④《釋"不介馬而馳之"》⑤闡釋駕馭用具；《皋比與虎皮》⑥闡釋戰具；《"且"和它的同源詞釋證》⑦闡釋禮器；《釋"廁"》⑧闡釋建築；《談談"因"字的形與義》⑨闡釋起居用具；《衩衣趣談》⑩闡釋服飾；《關於幾個古代食品名稱的研究》⑪、《烹飪與用火》⑫、《烹飪名詞的攷證》⑬、《和·調·齊——談古代烹飪的辯證法》⑭、《中國古代烹飪飲食用語名實攷》⑮闡釋食物和烹飪文化；等等。

"解讀名物詞是'小學'通經史的一個真功夫。"⑯通過名物訓詁闡釋古代物質層文化，是現代化訓詁學的任務之一。例如，依據通釋語義類名物訓詁發掘實用價值，依據《爾雅》中的《釋宮》闡釋古代民居文化和建築文化，依據《釋器》闡釋古代各種器制、服飾文化和飲食文化，依據《釋樂》闡釋古代

---

① 《四庫全書總目提要》，卷十九經部，十九禮類，《禮說》條。
② 黃侃《禮學略說》，載《黃侃論學雜著》，上海古籍出版社，1980年，P465。
③ 陸宗達《說文解字通論》，北京出版社，1981年。
④ 陸宗達《陸宗達語言學論文集》，北京師範大學出版社，1996年，P424—425。
⑤ 陸宗達、王寧《訓詁與訓詁學》，山西教育出版社，1994年，P291—292。
⑥ 同④。
⑦ 同④，P458—463。
⑧ 同④，P558—560。
⑨ 同④，P221—224。
⑩ 同④，P430。
⑪ 同④，P431—433。
⑫ 同④，P436—438。
⑬ 同④，P447—449。
⑭ 同④，P451—454。
⑮ 王寧《訓詁學原理》，中國國際廣播出版社，1996年，P284—340。
⑯ 王寧《"三禮"名物詞研究·序》，商務印書館，2016年，P1。

音樂表現藝術，依據《釋天》推導先秦天文學史研究，依據《釋地》、《釋丘》和《釋山》推導先秦地理學史研究，依據《釋水》推導先秦水文學史研究，依據《釋草》、《釋木》、《釋蟲》、《釋魚》、《釋鳥》、《釋獸》和《釋畜》推導先秦生物學史研究，依據《毛詩草木鳥獸蟲魚疏》、《埤雅》和《爾雅翼》推導歷代生物學史研究，依據《石藥爾雅》推導唐代藥學史研究，等等。此外，如戴震《釋車》、程瑤田《釋宮》、《釋草》、《釋蟲小記》、錢坫《爾雅〈釋地〉四篇注》、宋翔鳳《釋服》、任大椿《釋繒》、劉寶楠《釋穀》、王國維《爾雅草木蟲魚鳥獸釋例》等訓詁文獻，都是我們可借以闡釋古代物質層文化的寶貴文本。

2. 通過訓詁闡釋古代制度層文化

制度層文化是指在特定歷史條件下形成的社會制度和禮儀習俗等體系。陸穎民（宗達）先生認為："語言是屬於社會現象之列的，它離不開人的社會性，離不開人類的歷史發展，必然要反映出人與人的相互關係和歷代不同的社會制度。"[①] "詞義的發展與社會制度有關。"[②] 因此，"訓詁學家訓釋詞義時，對當時的社會制度必須有所瞭解，有所分析，才能得出正確的解說。"[③] 例如，"《說文》中所收的'字形''字義'有很豐富的古史資料，如'臣'的訓牽；'侯'是射的，都可以幫助對古代制度的推原求變的探討。"[④] 陸穎民（宗達）先生和王寧先生揭示名物訓詁所蘊制度層文化內涵的實踐如：《說文解字通論》[⑤] 第三章闡釋《說文解字》中所保存的有關古代社會制度的資料；《說"祭"字》[⑥] 闡釋祭祀制度；《釋"當具"》[⑦] 闡釋供奉制度；《干支字形義釋》[⑧] 闡釋曆法制度；《"中"字形義釋》[⑨] 闡釋檔案制度；《"備

---

① 陸宗達《訓詁簡論》，北京出版社，2002年，P164。
② 同①，P151—163。
③ 同①，P184。
④ 陸宗達《介紹許慎的〈說文解字〉》，載《陸宗達語言學論文集》，北京師範大學出版社，1996年，P138。
⑤ 陸宗達《說文解字通論》，北京出版社，1981年。
⑥ 陸宗達、王寧《訓詁與訓詁學》，山西教育出版社，1994年，P162—163。
⑦ 陸宗達《陸宗達語言學論文集》，北京師範大學出版社，1996年，P378—381。
⑧ 同⑥，P164—167。
⑨ 同⑥，P164—167。

行伍"解》①闡釋勞役制度；《"原田每每，捨其舊而新是謀"解》②闡釋農耕制度；《"尚書"與"尚公主"》③闡釋職官制度；《"夥伴"與"夥計"》④闡釋軍隊編制；《"戲"、"麾"、"和"、"綏"皆旗說》⑤闡釋軍事指揮制度；《古代尊師之禮——釋菜》⑥闡釋禮儀習俗，等等。

　　名物訓詁可以依據所蘊物質層文化和制度層文化比較互證。陸穎民（宗達）先生《"緀"的本義是"繩子"》⑦將度量衡工具與度量衡制度比較互證，就是典型的例子。

　　物質層文化是活躍的、經常變動的文化，而作爲心物結合的制度層文化則相對穩定一些，它規定着文化的性質，是文化中的權威因素。儘管如此，制度層文化仍較語言文化爲活躍，因而即使現實的人類社會制度已經發生變化，舊的消逝了的制度層文化的痕蹟也仍然可以在語言中沉澱並保留下來，布龍菲爾德所說的"語言變化比生物的變化要快得多，但是比人類社會的其它制度的變化也許要慢些"也就是這個意思。利用表述職能闡釋古代制度層文化的實踐，譬如可依據《爾雅》中的《釋親》闡釋古代宗法制度和婚姻制度，依據《釋天》闡釋古代祭祀制度，依據《釋地》闡釋古代封建分封制度，等等。陸穎民（宗達）先生首次將"攷察古代社會"作爲一種訓詁方法正式提出，並舉封建之"封"爲例，闡釋中國古代以土地爲勞動資料，以農業爲主要經濟基礎的狀況。宋永培提出，《周禮》中"通"、"達"的詞義系統憑借的文化背景，是周代的封建制度。訓詁中"道路"的意象，象徵了周代邦國之間以及邦國與周王室之間的溝通與暢達。這方面的研究工作，有待全面、系統地展開。

三、發掘訓詁中的主體價值，研究古代心理層文化，實現訓詁學表達職能的現代化

　　心理層文化是指人的感覺、知覺、記憶、映像、體驗、想像、思維、情

---

① 陸宗達、王寧《訓詁與訓詁學》，山西教育出版社，1994年，P183—187。
② 同①，P287—290。
③ 同①，P293—295。
④ 陸宗達《陸宗達語言學論文集》，北京師範大學出版社，1996年，P446。
⑤ 同①，P250—254。
⑥ 同①，P280—282。
⑦ 同④，P426—427。

緒、意志等社會實踐的產物。心理層文化是最爲保守的深層次文化，包括審美趣味、價值觀念、道德規範、宗教信仰、思維方式和民族性格。心理層文化具有延時性，能非常恰當地通過具有時間跨度的訓詁表達出來。

語言的表達職能（Expressive Function）儘管沒有任何表述經驗事實的作用，無所謂真和假，但從人類社會生活方面來説，它們表述作爲主體的人的感情、意志和願望等内心世界，因而具有豐富的主體價值。從釋義學的角度來看，訓詁是一種相對於原始文本而言的、包含心理理解和解釋傳達内容的意義再構造。在此過程中，我們可以發掘到大量植根於對象之中的、滿足主體某些需要或利益的特性即主體價值。與此相應，有關功利價值、審美價值和倫理價值的評價也自然從中流露出來。因此，訓詁學的表達職能是揭示古代心理層文化的有效工具。

陸穎民（宗達）先生和王寧先生揭示名物訓詁所藴心理層文化内涵的實踐如：《談"社"與"后"》[①]將動物名物、氏族社會制度與君神觀念比較互證；《釋"不介馬而弛之"》[②]將駕禦用具名物與天文觀念比較互證，等等。

再如，我們由關於"美"的本義的三種不同訓解，提煉出三種心理層文化意義：1. 效用是價值的最古老形式；2. 快感是審美藝術初級階段的價值判斷形式，但知覺的善、知覺的真和表象的真能够升華爲美；3. 崇高美以強烈情感爲基調。再如《廣雅·釋詁》"善也"條，將"謹"、"柔"、"順"列入"善"的範疇，我們由此得出結論：漢民族傳統文化特有的倫理觀藴涵着主體的感情色彩和功利目的，它將行爲的美昇華爲理性的善，將主體的自我價值和情感生活融入了認識世界和評價世界的過程；在漢民族傳統文化裏，人是富有主動性和創造性的主體，人支配着對美和善等範疇的理解，而非範疇決定人的存在。

在揭示主體的思維方式方面，我們已知漢語的象徵性和整體性決定了漢民族傳統思維方式的模糊性，訓詁亦不例外。"統言"表明，處於原邏輯思維階段的古人並不特別注意同一屬概念之下不同種概念之間的細微差別，不具有對所遇到的每一種特殊事物都形成清晰觀念、以及長期保留在印象裏的先天知覺能力。另一方面，古人在某些有直接實用意義起作用的場合或有關生存的事

---

① 陸宗達、王寧《訓詁與訓詁學》，山西教育出版社，1994年，P225—227。
② 同①，P291—292。

物上，又顯得十分細心，竭力區別一些特別相似的印象。這就形成了"析言"的認知基礎。再如，由通釋語義類訓詁所見詞義脫落現象可被理解和闡釋爲：隨着認知對象範圍的廣大、種類的增多及人的認知能力的增強，沉澱在早期語言裏的原始思維逐漸向邏輯思維發展，導致那些具有具體性質的代替概念的集體表象發生變形、分解和重新組合。人的抽象逐漸省略了事物的非本質屬性，把原與主要觀念並列的其它觀念排斥在真正存在以外，造成具有概括性的一般的觀念，並支配着語義朝着某一特定方向運轉和演化。又如"反訓"，可被闡釋爲詞的意義並不是本身自足的，而是在與其它項的對立中得到確定和實現的，等等。

發掘訓詁中的主體價值，研究古代心理層文化，是一個嶄新的領域。

訓詁學的詞義取嚮和文化取嚮，關係到訓詁學的學科建設方嚮，關係到訓詁學如何與現代學科相銜接。訓詁學對詞義與文化兩種取嚮的相輔相成和並行不悖，並不是說詞義與文化在訓詁學學科建設中的重心完全相同。誠然，訓詁與文化可以互爲映證，但作爲一門學科的傳統訓詁學在與當代學科相銜接時，主體還是適配漢語詞義學，而非寬泛的文化學。

四、吸取和移植社會科學領域和自然科學精華，充份運用多層次研究方法，實現訓詁學方法論的現代化

現代訓詁學工作者應當認識到，訓詁學研究方法的水平直接制約着訓詁學整體研究的現實水平和發展的前景。訓詁學要獲得真正發展，就不能停留在傳統訓詁學的訓詁方式階段，而必須善於分析、綜合大量的訓詁材料，善於吸取和移植社會科學領域和自然科學領域的精華，在研究方法上有所突破。研究方法的創新不但能開掘訓詁學研究的深度，而且也能拓展訓詁學研究的廣度。充分運用多層次的研究方法，建立起一套完備的綜合性訓詁學方法論體系，是全面實現訓詁學現代化的一個重要步驟。這個體系由下面三個層次組成：1.哲學方法；2.一般研究方法；3.訓詁學專門研究方法。

一般研究方法對於哲學方法，以及訓詁學專門研究方法對於哲學方法，都是特殊與普遍的關係。哲學方法貫串在一般研究方法和訓詁學專門研究方法之中，但一般研究方法和訓詁學專門研究方法都受到哲學方法的制約，並不能

超越哲學方法。從理解和解釋意義的過程來説，充份運用觀察、統計、比較、類比、歸納、演繹、分析、綜合、抽象、概括、程序化等多種方法，有利於訓詁實踐的完善，也有利於實現訓詁學方法論體系的現代化。

現在讓我們回到主題："傳統訓詁學的現代化"，看似一種悖論——傳統訓詁學的全部資料、全部眼光、全部理論和方法都是由傳統文化所提供的，而我們想要實現的卻是一種傳統文化的現代化，我們所展望的是一種傳統文化的未來。但是，這個主題的根本價值也恰恰在此。

叁　訓詁研究中"史"的觀念和"境"的觀念

"史"和"境"都是訓詁過程中確定詞義的重要證據，但是在強調兩個觀念的同時，還應注意從具體意義出發理解具體詞語。這兩個觀念不能成爲限制理解的羈絆。

舉兩個例子。

第一個例子。《荀子·不苟》："君子至德，嘿然而喻，未施而親，不怒而威；夫此順命以慎其獨者也。"郝懿行《荀子補注》責備楊倞註"慎"字引《禮記·中庸》一事爲缺乏"史"的觀念："'慎'字古多訓誠……惟《中庸》以戒慎、慎獨爲言，此別義，乃今義也。荀書多古義，楊註未瞭，往往釋以今義，遂致舛誤。"但是王念孫卻認爲，郝氏恰恰泥於"史"的觀念，以爲同一史段的語言現象必同義，反之則必異義。與此相反，王氏擺脱了這種束縛。他在《讀書雜誌》中説："凡經典中'慎'字，與'謹'同義者多，與'誠'同義者少。訓謹訓誠原無古今之異。惟'慎獨'之'慎'，則當訓爲誠。"爲了證明這一點，王氏充份利用了"境"的證據。《禮記·禮器》："觀天下之物，無可以稱其德者，如此則得不以少爲貴乎？是以君子慎其獨也。"鄭註："少其牲物致誠慤。"同爲《禮記》，主旨亦似，故《中庸》之"慎"亦當作"誠"解。但"境"並不等於篇章，同一篇章之内相同的字詞並不絶對同義。而不同篇章相似的"境"（廣義的），照樣可以引以爲證。王念孫充份認識到了這幾點。《禮記·中庸》："是故君子戒慎乎其所不睹,恐懼乎其所不聞,莫見乎隱,莫顯乎微。故君子慎其獨也。"王氏在《讀書雜誌》中指出:"《中庸》之'慎獨','慎'字亦當訓爲誠,非上文'戒慎'之謂。"這就是不囿於同篇同語段同字之"境"。同樣道理,上舉《荀子·不苟》例下之"此六生者,君子慎之,而禹、桀所以分也"的"慎"字,亦異於"慎獨"之"慎"。這種現象,在同段、同句和同字(詞)幾個層次上都有反映。

英國語言學家*R. H. Robins*認爲,解釋詞義,須把詞看成語流中的片段,同時把語言以外的環境當作背景。我們同意這種觀點。訓詁之"境",廣義來看,包括作者、地域、題材、體裁、主旨、文風、源流和上下文語法制約等許多素材。除此之外,還包括古註之"境"。《禮器》中,鄭註已經指明"慎獨"義即"誠獨",所以對於下面篇章中《中庸》原文中的同樣字眼不再重複訓釋;而孔穎達不明此"境",故訓《中庸》之"慎"爲"謹慎"之義。

第二個例子是《荀子·仲尼》:"夫齊桓公有天下之大節焉,夫孰能亡之?倓然見管仲之能足以托國也,是天下之大知也。安忘其怒,出忘其讎,遂立以爲仲父,是天下之大決也。"王念孫《讀書雜誌》製造了"絕對語境",說:"《荀子》書通以'安''案'二字爲語詞。"而于省吾《雙劍誃荀子新證》認爲:"蓋'安'與'出'均指桓公當時與公子糾爭國脫險而言。安則忘其危急之怒,出則忘其困厄之讎……如王說《荀子》書通以'安''案'二字爲語詞,豈因此而無平安之義訓乎?"于說殆是。應該明確的是,"一般"本來就由許多"個別"組成,因此不能由於肯定"一般"而否認"個別"。可以說,"絕對語境"事實上並不存在。

同是一位訓詁家,同是研究一個文獻對象(譬如王念孫與《讀書雜誌》荀子部份),有時可以擺脫"史"的觀念的束縛(第一個例子),而同時又不免受到"境"的觀念的束縛(第二個例子)。倒過來的現象,也是有的。總之,訓詁研究者應自覺培養和加強"史"和"境"的觀念;但同時,也應持一種通達觀,不能過份地泥滯和偏執於任何一方。

訓詁方法論

壹　詞義訓釋與文意訓釋的學理及其應用

"詞義訓釋"（Explanation of lexical meaning）指表述被訓釋詞概括的語言意義的訓釋；"文意訓釋"（Explanation of contextual meaning）則指表述被訓釋詞在言語環境中的具體含義的訓釋。① 例如：

《說文解字》彳部："徹，通也。"段玉裁註："《孟子》曰：'徹者，徹也。'鄭註《論語》曰：'徹，通也，爲天下通法也。'按，《詩》：'徹彼桑土。'《傳》曰：'裂也。''徹我墻屋。'曰：'毀也。''天命不徹。'曰：'道也。''徹爲墻土。'曰：'治也。'各隨文解之，而'通'字可以隱括。"

按照段玉裁的說法，《說文解字》訓"徹"爲"通"相當於詞義訓釋，而"徹"在《論語》、《孟子》、《詩經》裏的訓釋則相當於文意訓釋。

當代理論訓詁學對詞義訓釋與文意訓釋的廓清，對於古籍整理和語文辭書編纂正確吸收訓詁成果具有指導意義。② 以下分別言之。

---

① 全國科學技術名詞審定委員會語言學名詞審定委員會《語言學名詞》，商務印書館，2011年，"訓詁學名詞"。

② 詳見陸宗達《訓詁簡論》（北京出版社，2002年）；陸宗達、王寧《談比較互證的訓詁方法》，原載《訓詁方法論》（中國社會科學出版社，1983年），又載《訓詁與訓詁學》（山西教育出版社，1994年）；陸宗達、王寧《談古代文獻詞義的探求》，原載《古漢語詞義答問》（甘肅人民出版社，1986年），又載《訓詁與訓詁學》（山西教育出版社，1994年）；王寧《論詞義訓釋》，原載《辭書研究》1988年第1期，又載《訓詁學原理》（中國國際廣播出版社，1996年）；王寧《談語義註釋與文意註釋》，原載《中學語文教學》1990年第7期，又載《訓詁學原理》（中國國際廣播出版社，1996年）；王寧《再論訓詁學在當代的發展》，載《訓詁學原理》（中國國際廣播出版社，1996年）；王寧《單語詞典釋義的性質與訓詁釋義方式的繼承》，載《中國語文》2002年第4期。

一、古籍整理

古籍整理在吸收訓詁成果時，必須明確區分詞義訓釋和文意訓釋這兩種不同的訓釋，並注重文意訓釋。例如：

［1］《孟子·公孫丑》上："國家閒暇，及是時明其政刑，雖大國必畏之矣。"趙岐註："及無鄰國之虞，以是閒暇之時，明脩其政教，審其刑罰，雖天下大國，必來畏服。"焦循正義："明之義，一爲脩明，一爲明審。趙氏以政教宜脩，刑罰宜審，故分釋之。"

［2］《孟子·滕文公》上："設爲庠序學校以教之。庠者，養也。校者，教也。序者，射也。夏曰校，殷曰序，周曰庠，學則三代共之，皆所以明人倫也。"周柄中《辨正》："《孟子》言夏曰校，殷曰序，周曰庠，此鄉學也；而《王制》所載虞曰庠，夏曰序，爲國學之稱。玫之《周禮》，則州黨之學皆曰序，而庠、校不見於經。《學記》云'黨有庠'者，庾氏謂夏、殷制，非周法，其說皆與《孟子》不合。讀《孟子》書，當就《孟子》求其義，不得又以他說汨亂之。"

［3］《孟子·離婁》上："《詩》云：'不愆不忘，率由舊章。'遵先王之法而過者，未之有也。"焦循正義："愆，過也。忘爲遺失，亦過也。《孟子》言'過'，兼該愆、忘。遵用先王之法，乃不愆不忘，則摒棄《詩》、《書》，專恃心覺者，其愆、忘可勝言哉！"

再如：

［4］閻若璩《孟子生卒年月攷》："《春秋公羊傳》君存稱'世子'，君薨稱'子某'，既葬稱'子'，逾年稱'公'。《左氏》例則未葬稱'子'，既葬稱'君'，不待逾年始稱'君'。此二傳之同異也。及以《孟子》證則又有異，君存稱'世子'——'滕文公爲世子'是；君薨亦稱'世子'——'滕定公薨，世子謂然友'是；未葬稱'子'，不獨既葬爲然——'至於子之身而反之'是；若《孟子》所稱'子力行之'，則在既葬之後，但未逾年耳。"

由上可見文獻言語環境對文意訓釋的限定作用。文獻言語環境中的文意訓釋具有特定的附加義，這是古籍整理工作者所應注意的事。

二、語文辭書編纂

語文辭書編纂在吸收訓詁成果時，也必須明確區分詞義訓釋和文意訓釋這兩種不同的訓釋，並注重詞義訓釋；同時充份利用文獻語境來探求、証明詞義。

辭書如果誤將文意訓釋當成詞義訓釋，就會影響自身的準確性，甚至影響某一部"辭書"是否成其爲辭書的本質特徵。例如，《爾雅》的出發點（由此影響到結果）並非理論的辭書學，而是實用的古代漢語言文獻具體詞義的詮釋。因此，《爾雅》的詞目和釋文之間並不存在明確的內涵或外延的指向，也並不必然存在形和音方面的絕對聯繫。《爾雅》中大量詞目與釋文臨時關係詮釋的類型，並不符合詞典釋義的概括性原則。其大量內容缺乏真正的詮釋，其對釋式定義也衹停留在詞目的始見書語境中臨時使用意義的同義詞對釋階段。清代郝懿行《爾雅義疏》試圖兼容（雜糅）詞的本源義與引申義、臨時義與固定義、整體義與部分義、一般義與特殊義、前列義與後列義來調和字書系統與詞書系統之間、詞書系統內部之間以及語用文獻與詞書系統之間的關係，但一味主觀地添加與原義沒有直接關係的字詞來增字爲訓，簡單地用複合詞外結構來增附解釋所有詞目（例如以語用文獻註疏的註文爲限定詞，以《爾雅》釋文爲中心詞構成釋文），更影響了釋義的準確性。[①]

三、統一性

詞義訓釋和文意訓釋是對詞的貯存狀態和使用狀態進行訓釋的既對立又統一並在一定條件下互相轉化的兩個方面，這種關係是由語言和言語的對立統一關係決定的。文意訓釋以詞的概括意義和客觀意義爲基礎，同時具有豐富的多面體。例如：

［1］《孟子·離婁》下："博學而詳説之，將以反説約也。"趙岐註："廣學悉其微言而説之者，將以約説其要。"焦循正義："'微'有二義：一幽隱，一纖細。言幽隱則輕淺者不易解，言纖細則高簡者不屑解。悉其微言而説之，則盡其幽隱、纖細之言，而解釋之要，即根原也。"

---

① 詳見本書下文《〈爾雅義疏〉增附式釋義疏誤略説。》

[2]《孟子·盡心》上:"及其聞一善言,見一善行,若決江河,沛然莫之能禦也。"趙岐註:"舜雖外與野人同其居處,聞一善言則從之,見一善行則識之,沛然不疑,辟若江河之流,無能禦止其所欲行。"焦循正義:"《孟子》三言'沛然':《梁惠王》上篇'沛然下雨',此言大雨潤物,故趙氏以'潤'釋之;《離婁》上篇'沛然德教溢乎四海',此言德教滿溢,故趙氏以'大'釋之;此言'沛然莫之能禦',謂舜捨己從人,取人爲善,有所聞見,即取而行之,故趙氏以'行'釋之。《楚辭·湘君篇》'沛吾乘兮桂舟',王逸註云:'沛,行貌。'《文選·吳都賦》'常沛沛以悠悠',劉逵註云:'沛沛,行貌。'《廣雅·釋訓》云:'沛沛,流也。'《一切經音義》引《三蒼》云:'沛,水波流也。''流'之義亦同於'行'。此'沛然'上承'若決江河',是爲水流,即爲水行,以水之行狀舜之行;而云'沛然不疑'者,不疑能決也。承上'若決'之'決'。江河決,則莫能禦止其行;舜決,亦莫能禦止其行。趙氏解經,精密如此。"

　　[3]《孟子·盡心》上:"獨孤臣孽子,其操心也危,其慮患也深,故達。"趙岐註:"自以孤微,懼於危殆之患而深慮之,勉爲仁義,故至於達也。"焦循正義:"趙氏以殆釋危,又以懼釋之,其義備矣。"

　　由上可見,具有單一性、具體性和經驗性等特徵的文意訓釋,與具有複雜性、抽象性和概括性等特徵的詞義訓釋既對立又統一,並在一定條件下互相轉化。是故孟子曰:"故說《詩》者,不以文害辭,不以辭害志。以意逆志,是爲得之。"①

　　錢鍾書嘗謂:"乾嘉樸學教人,必知字之詁,而後識句之意,識句之意,而後通全篇之指。雖然,是特一邊耳,亦祇初桄耳。復須解全篇之義乃至全書之指("志");或並須曉會作者立言之宗尚、當時流行之文風,以及修詞異宜之著述體裁,方概知全篇或全書之指歸。積小以明大,而又舉大而貫小;推末以至本,而又探本以窮末;交互往復,庶幾乎義解圓足而免於偏枯,所謂'闡釋之循環'也。"② 又謂:"樸學家明詔大號:'既通其詞,始求其心。'(凌廷堪《校禮堂文集》卷35《戴東原先生事略狀》)主張誠是也。然

---

① 《孟子·萬章》上。
② 錢鍾書《管錐編》,中華書局,1986年第2版,卷一,P171。

復求心始得通詞，會意方可知言，譬文武之道，並物而錯，兼途而用，未許偏廢爾。"[①] 誠哉斯言。瞭解、認識詞義訓釋與文意訓釋的學理，不但有助於深化訓詁學理論探討，而且有助於古籍整理和語文辭書編纂正確吸收訓詁成果。

貳 關於"統言"、"析言"的類型和本質

"統言"又稱"渾言"、"通言"、"散言"、"散文"；"析言"又稱"對言"、"對文"。自唐代孔穎達首次發明"對文則異，散文則通"的術語，至清代段玉裁著《說文解字注》（以下簡稱"段註"），"統言"和"析言"的觀念和體系已經基本形成。前人的提示，對於我們研究古代漢語詞彙的形式和內容，對於研究中國傳統訓詁學的體式乃至於中國特有的傳統思維規律，都有很大的價值。例如《說文解字》足部"路"："道也。"段玉裁敏感地察覺到了"道"和"路"在具體文獻中的兩種用法："《釋宮》'一達謂之道路'，此統言也；《周禮》'澮上有道，川上有路'，此析言也。"這裏，段氏為我們揭示了這麼一些問題：

1. 歷史形態的（或：析言的）"道"和"路"在後世的（或：統言的）複合詞"道路"這個整體單位中的地位分別怎樣？

2. "道"、"路"二者在統言的整體單位中，是互相依賴、互相承認，還是互相排斥、互相否定？

3. "道"、"路"二者的析言區別是怎樣產生的？它們之間究竟有什麼樣的本質區別？

4. 這對關係的建立，除了它所反映的對象的要求和漢語本身的原因之外，還有怎樣的哲學背景和邏輯基礎？

在回答這些問題之前，先讓我們來攷察"統言"和"析言"之間關係的表現形式。這些表現形式本身同時也反映了"析言"的個體在整體單位中的

[①] 錢鍾書《管錐編》，中華書局，1986年第2版，卷三，P1056。

地位。

　　從"析言"的結果來看，有義相近者，有義相反者。前者如上面所提到的"道"、"路"即是，後者如《說文解字》示部："祥，福也。"（段註："凡統言則災亦謂之祥，析言則善者謂之祥。"）又如《說文解定》中部"毒：厚也。"（段註："毒兼善惡之辭，猶祥兼吉凶、臭兼香臭也。《易》曰：'聖人以此毒天下而民從之。'《列子》書曰：'亭之毒之。'皆謂厚民也。"）如圖：

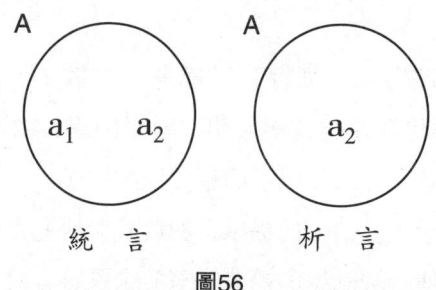

圖56

表達格式如下：

統言——（a_1，a_2）$\subseteq A$

析言——$a_1 \notin A$；$a_2 = A$

　　從統言的大集合的來源看，有以析言內一詞爲代表者，有析言二詞皆可爲者，有另謀統言之詞者。

　　以析言內一詞爲代表者，如《說文解字》示部："齋，戒絜也。"（段註："齋戒或析言，如七日戒、三日齋是。此以戒訓齋者，統言則不別也。"）又如示部"祙"："地反物爲祙也。"（段註："按蟲部云：'衣服歌謠草木之怪謂之祙，禽獸蟲蝗之怪謂之祙。'此蓋統言皆謂之祙，經傳通作'妖'。"）如圖：

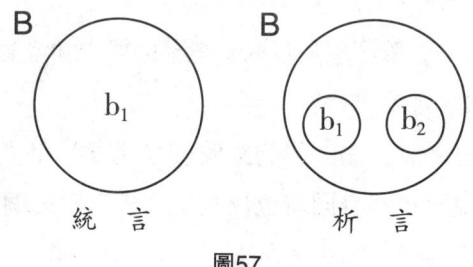

圖57

表達格式如下：

統言——$b_1=B$；$b_2 \in B$ 即 $b_2 \in b_1$

析言——$b_1 \neq B$；$b_2 \notin b_1$；$(b_1, b_2) \subseteq B$

析言二詞皆可爲統言之詞者，如上面提到的"道"、"路"這個例子即是。又如《説文解字》气部"氛，祥氣也。"（段註："謂吉凶先見之氣。……玉裁按，統言則'祥''氛'二字皆兼吉凶，析言則'祥'吉'氛'凶耳。許意是統言。"）另如《説文解字》巫部："覡，能齊肅事神明者。在男曰'覡'，在女曰'巫'。"（段註："此析言之耳。統言則《周禮》男亦曰'巫'，女非不可曰'覡'也。"）如圖：

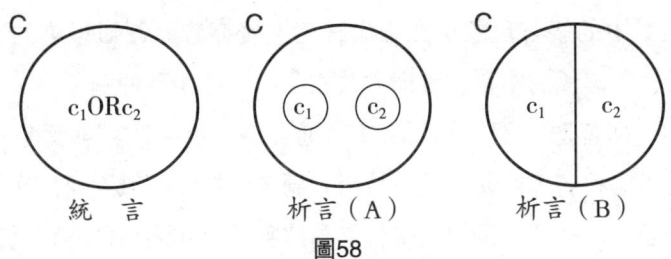

圖58

這裏，"道"、"路"這對關係屬於A型，"祥"、"氛"和"巫"、"覡"這兩對關係則屬於B型。

表達格式如下：

統言——$(C_1 OR C_2) = C$

析言——(A) $(C_1 OR C_2) \neq C$；$(C_1, C_2) \subseteq C$

(B) $C_1 = \bar{C}_1$；$(\bar{C}_1, C_1) \subseteq C$

另謀統言之詞者，如《説文解字》玉部："珩，佩上玉也。"（段註："統言曰佩玉，析言則各異其名物。"）如圖：

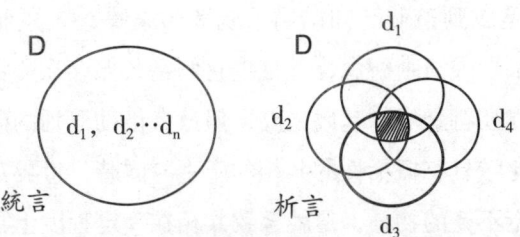

圖59

表達格式如下：

統言——$d_1, d_2 \cdots d_n \in d$；$d_n \neq D$；$D = \cap \{d_1, d_2 \cdots d_n\}$

析言——$D = \cap \{d_1, d_2 \cdots d_n\}$；$dn \cap d_n$；$\overline{dn} \notin \overline{d_n}$

以上是關於"統言"、"析言"的類型問題的攷察。下面探討"統言"、"析言"的本質問題。

哲學是社會科學和自然科學的結晶，它的基礎當然也包括語言學（乃至於實用的文獻語文學）在內。而《說文解字》訓釋所反映的哲學光彩（或爲直射或爲折射）又都與"五經無雙"的作者許慎有着直接或間接的聯繫。同時，儘管《說文解字》的成書時代是在生產力和文化水平都已達到相當程度的階段，但是其中的語言現象卻在很大程度上殘存着原邏輯思維的遺痕。"統言"、"析言"關係的本質，實即"共相"、"殊相"的關係。

"共相"即普遍，是指爲類名（普通名詞）所指的認識對象；"殊相"即個別，是指爲私名（個體名詞或特指名詞）所指的認識對象。在如何認識這對關係的問題上，歐洲中世紀經院哲學內部曾經存在兩種截然相反的觀點。承襲古希臘哲學理性主義傾向的唯實論，認爲共相是先於個別事物而存在的，是比個體事物更實在的"實體"；而承襲古希臘經驗主義的唯名論，則認爲只有個別事物是實在的，共相只是名稱或概念而已，沒有客觀實在性。

我們認爲，對於這個問題的認識，主要可以從縱向和橫向兩個方面展開。

縱向也就是放到歷時地看，人類認識呈現出一種從個別到一般的趨勢。最初，人們只需私名就夠了，名稱都是具體的，它們依附於對特殊事實或特殊活動的領悟。後來，由於人們接觸和考慮的事物逐漸繁多，因而指稱或反映事物的名稱也就多了起來。這就導致單獨概念向普遍概念，再向科學範疇發展的量的擴展。

橫向的也就是放到整個認知結構系統裏頭來看，人類並不具有對所遇到的每一特殊事物都形成清晰觀念，並且把它們長久保存在印象裏的先天知覺能力。儘管知識建立在特殊事物基礎之上，但只有借助概括的觀察，才能有所擴大。這就導致了比較具有概括性的共相的產生。同時，世界萬物都是連續物，自然外界沒有固定不變的物種，這就導致共相在一定程度上具有模糊性。在原邏輯思維那裏，所有事物的神秘屬性較之人類自身的感知屬性更為重要，因此，存在物與客體的區別就經常被忽略。

例如，古人對於那些被認作是無關緊要的事物，並不十分注意同一屬概念之下不同種概念之間的細微差別，而祇滿足於一個模糊的輪廓。可以説，這是原邏輯思維的表現形式之一[①]。試觀《説文解字》以共名釋別名的例子，其訓釋的模糊性的程度是令人驚駭的。

別 名	某	某	某	某	某	某	某
共 名	鳥也	菜也	玉也	病也	石之似玉者	木也	草也
數 量	7	9	10	17	20	50	64

表94　《説文解字》以共名釋別名

設以x代表別名，X代表共名，則別名x作爲共名X的真子集，爲共名X這個大集合所訓釋。在這個大系統裏，共名X無定而別名有定。

這類關係所體現的，正是萊維-布留爾所説的原邏輯思維的"同一性"。我們認爲，這種有定的"同一性"，就是"統言"存現的基礎。[②]

與籠統的"同一性"相對，由於古人對於自己所特別重視的事物進行細致區別而產生的"差異性"，也客觀存在。[③]

可以確信，宗教儀式是古人所着重的事件，所以，它可以被當作一個進行集中分析的焦點。《説文解字》之中，不同方式和對象的祭祀被區分得相當精細：

---

① 法國哲學家Lucien Lévy-Bruhl（1857—1939）提出："本質上神秘的原邏輯思維在借助互滲來想像和感覺單數和複數、個體和種，彼此間最不一樣的存在物之間的同一性方面，是不會有什麽困難的。原邏輯思維的指導原則就在於此。"（[法]列維-布留爾《原始思維》，丁由譯，商務印書館，1981年，第三章《原邏輯思維的運算和方法》）

② 這種"同一性"本身存現的基礎則是"由於一切存在着的東西都具有神秘的屬性，由於這些神秘屬性就其本性而言要比我們靠感覺認識的那些屬性更爲重要，所以，原始人的思維不像我們的思維那樣對存在物和客體的區別感到興趣。實際上，原始人的思維極其經常地忽視這種區別。"見《原始思維》第一章《原始人的思維中的集體表象及其神秘的性質》。

③ 這種差異性在與早期古漢語程度相仿的其它語種中也客觀存在。例如，南非巴文達族語言中，每一種雨都有特定的稱呼，卻沒有"雨"這樣的概括名詞；生活在北極洲的愛斯基摩人對雪有各種特定的叫法；巴西中部一個印第安部落的方言巴凱裏語中，每一種鸚鵡和棕櫚樹都有自己的名稱，卻沒有"鸚鵡"或"棕櫚"這樣的類的概念；阿拉伯語中描述駱駝的詞語不下五、六千個。正如法國社會學家列維-布留爾（Lucien Lévy-Bruhl, 1857—1939）總結的那樣："毫無疑問，在某些有直接的實用意義起作用的場合中，他們在區別一些十分相似的印象方面，在斷定他們的生存或許生命所繫的這個或那裏事物或者現象的外部特徵方面，他們又顯得十分細心而且常常十分能幹。"（[法]列維-布留爾《原始思維》，丁由譯，商務印書館1981年，第三章《原邏輯思維的運算和方法》）人類早期思維階段中，殊相受到關注而共相卻被忽略，是析言得以存現的認知基礎。

名	祡	禷	祰	祠	禘	祫	祼	蘽	祓	禬	禪
实	燒柴焚燎以祭天神	以事類祭天神	告祭也	春祭	諦祭	大合祭先祖親疏遠近	灌祭	數祭	除惡祭	會福祭	祭天

表95　《説文解字》祭祀名

《爾雅》也有類似的區分:

名	祠	礿	嘗	烝	燔柴	瘞薶	庪縣	浮沈	佈	磔
实	春祭	夏祭	秋祭	冬祭	祭天	祭地	祭山	祭川	祭星	祭風

表96　《爾雅》祭祀名

凡此種種，反映的是古人辨別某些特殊場合的類似事物差異之處的要求和能力。共名（"祭"）有定，別名（各類祭名）無定。我們認爲，這種無定的"差異性"反映了人類早期思維階段中，殊相受到關注而共相卻被忽略，是"析言"存現的基礎。

《莊子·天下篇》説:"因其所大而大之，則萬物莫不大，因其所小而小之，則萬物莫不小。"語言也是如此。《爾雅·釋蟲》:"食苗心螟，食葉蟘，食節賊，食根蟊。"[①] 同此一蟲，食心則謂之螟，食葉則謂之蟘，食節則謂之賊，食根則謂之蟊。不是説各種各樣的蟲，卻猶有如此細微的區分，這是從小處着眼。另一方面，祇要是食心者，則一概名之爲螟；祇要是食葉者，則一概名之爲蟘；祇要是食節者，則一概名之曰賊；祇要是食根者，則一概名之爲蟊。不是指同一種蟲，卻可併在一起合稱，這是從大處着眼。再如王念孫疏證《廣雅·釋詁》"斷也"條:"劓者，《説文》:'劓（a_1），刖鼻也，或作劓。'案，'劓'、'刖'一聲之轉，皆謂割斷也。《説文》:'刖，絶也。'《盤庚》:'我乃劓（a_2）殄滅之，無遺育。'《傳》云:'劓（a_3），割也。'《多方》云:'劓（a_4）割夏。'是凡有所割斷者通謂之'劓（a_5）、'刖'。斷鼻爲劓（a_6），斷足爲刖，名異而實同也。"同此一"劓"（劓），

---

① 參見黃焯《文字聲韻訓詁筆記》"《爾雅·釋草》以下七篇篇末有泛言而不專指一物"條，上海古籍出版社，1933年。

a_2、a_3、a_4、a_5表現為統言，a_1和a_6則表現為析言。正如段玉裁所指出的那樣：二者是"類而別也，別而類也"①、"凡言屬者，以屬見別也；言別者，以別見屬也。重其同則言屬，重其異則言別"②。這種大小觀念的相對關係，決定了"統言"與"析言"之間既互相排斥、互相否定，又互相依賴、互相肯定，在一定條件下互相轉化的對立統一關係，是共相與殊相的對立統一關係在古代漢語詞義中的體現。

從概念來看，"統言"與"析言"之間既有外延的差異，也有內涵的差異。從概念的範疇來看，則主要表現爲下列幾個方面的差異：

（一）主體

【邑】【都】

《説文解字》邑部："邑，國也。"段注："古國、邑通偁。《白虎通》曰：'夏曰夏邑，商曰商邑，周曰京師。'《尚書》曰'西邑夏'、曰'天邑商'、曰'作新大邑于東國雒'皆是。《周禮》：'四井爲邑。'《左傳》：'凡邑有宗廟先君之主曰都，無曰邑。'此又在一國中分析言之。"《説文解字》邑部："都，有先君之舊宗廟曰都。"段注："《左傳》曰：'凡邑有宗廟先君之主曰都，無曰邑。'《周禮·大司徒》注曰：'都鄙者，王子弟、公、卿、大夫采地。其畍曰都。鄙，所居也。'《載師》注曰：'家邑，大夫之采地。小都，卿之采地。大都，公之采地，王子弟所食邑也。'《大宰》、《八則》注曰：'都鄙，公卿大夫之采邑，王子弟所食邑。'周、召、毛聃、畢原之屬在畿內者，祭祀者其先君社稷五祀。按，據杜氏《釋例》：'大曰都，小曰邑，雖小而有宗廟先君之主曰都，尊其所居而大之也。"

（二）時間

【饔】【飧】

《説文解字》食部："飧，餔也。從夕、食。"段注："《小雅》傳曰：'孰食曰饔。'《魏風》傳曰：'孰食曰飧。'然則'饔'、'飧'皆謂孰食，分別之，則謂朝食、夕食。許于'饔'不言朝，于'飧'不言孰，互文錯見也。趙註

---

① 《說文解字》豕部"䝔"段註。
② 《說文解字》禾部"秔"段註。

《孟子》曰：'朝食曰饔，夕曰飧。'此析言之。《公羊傳》'趙盾食魚飧'，《左傳》'僖負羈饋盤飧'、'趙衰以壺飧從'，皆不必夕時，渾言之也。"

（三）空間

1. 存在的範圍或界限

【薄】【蔔苬】

《說文解字》艸部："薄，水蔔苬也。"段註："謂蔔苬之生於水者，謂之薄也。統言則曰蔔苬，析言則有水陸之異。"

【巢】【窠】

《說文解字》木部："巢，鳥在木上曰巢，在穴曰窠。"段註："巢之言高也，窠之言空也。"《說文解字》穴部："窠，……一曰鳥巢也。在樹曰巢。在穴曰窠。"段註："一曰者，義近而別者也。《蜀都賦》曰：'窠宿異禽。'在樹曰巢，在穴曰窠，此析言之也。"

【墉】【城】

《說文解字》土部："墉，城垣也。"段註："《皇矣》：'以伐崇墉。'傳曰：'墉，城也。'《崧高》：'以作爾庸。'傳曰：'庸，城也。''庸'、'墉'古今字也。城者，言其中之盛受；墉者，言其外之牆垣具也。毛統言之，許析言之也。"

【楨】【榦】

《尚書·費誓》："峙乃楨榦。"孔安國傳："題曰楨，旁曰榦。"孔穎達正義："楨當牆兩端者也，榦在牆兩邊者也。"《爾雅·釋詁》："楨、翰、儀，榦也。"郝懿行《爾雅義疏》："按，'楨'、'榦'對文則別，散文則通。"

【邦】【國】【邑】

《說文解字》邑部："邦，國也。"段註："……《周禮》註又云：'邦之所居亦曰國。'此謂統言則封竟之內曰國、曰邑，析言則國、野對偁，《周禮》'體國經野'是也。"

2. 動作的範圍或界限

【歐】【噦】

《說文解字》欠部：“歐，吐也。”《說文解字》口部：“噦，不歐而吐也。”段註：“欠部曰：'歐，吐也。'渾言之。此云'不歐而吐也者'，析言之。歐以匈喉言，吐以出口言也。有匈喉不作惡而巳吐出者，謂之噦。”

【步】【趨】

《說文解字》行部：“行，人之步趨也。”段註：“步，行也。趨，走也。二者一徐一疾，皆謂之行，統言之也。《爾雅》：'室中謂之時，堂上謂之行，堂下謂之步，門外謂之趨，中庭謂之走，大路謂之奔。'析言之也。”

（四）形體

1. 形貌

【墳】【墓】

《說文解字》土部：“墳，墓也。”段註：“此渾言之也。析言之則墓爲平處，墳爲高處。故《檀弓》孔子曰：'古者墓而不墳。'邯鄲淳孝女曹娥碑曰：'丘墓起墳。'鄭註《禮記》曰：'墓謂兆域，今之封塋也；土之高者曰墳。'此其別也。《方言》曰：'冢，秦晉之間謂之墳，或謂之培，或謂之堬，或謂之采，或謂之埌，或謂之壟。自關而東謂之丘，小者謂之塿，大者謂之丘。'此又別國方言之不同也。”《說文解字》土部：“墓，丘也。”段註：“《周禮》有冢人，有墓大夫。鄭曰：'冢，封土爲丘壟，象冢而爲之。墓，冢塋之地，孝子所思慕之處。'然則丘自其高言，墓自其平言。渾言之則曰丘墓也。墓之言規模也。《方言》：'凡葬而無墳謂之墓，所以墓謂之墲。'”

2. 形製

【皮】【革】

《說文解字》皮部：“皮，剝取獸革者謂之皮。”段註：“云革者，析言則去毛曰革，統言則不別也。”《說文解字》革部：“革，獸皮治去其毛曰革。”段註：“皮與革二字對文則分別，如'秋斂皮，冬斂革'是也；散文則通用，如《司裘》之'皮車'卽'革路'，《詩·羔羊》傳'革猶皮也'是也。”

(五) 動作

1. 動作的主體

【碾】【轢】

《廣雅·釋詁》"履也"條，王念孫《疏證》："案，此對文也，散文則車亦謂之碾。"張衡《西京賦》："當足見碾，值輪被轢。"薛綜註："足所蹈為碾，車所加為轢。"

2. 動作的對象

【刻】【鏤】

《說文解字》刀部："刻，鏤也。"段註："金部曰：'鏤，剛鐵可以刻鏤也。'《釋器》曰：'金謂之鏤，木謂之刻。'此析言之。統言則刻亦鏤也。"

3. 動作的方式

【諷】【誦】

《說文解字》言部："諷，誦也。""誦，諷也。"段註："《大司樂》：'以樂語教國子，興道諷誦言語。'註：'倍文曰諷，以聲節之曰誦。''倍'同'背'，謂不開讀也。誦則非直背文，又為吟詠以聲節之。《周禮》經註析言之，諷誦是二；許統言之，諷誦是一也。"

【翱】【翔】

《說文解字》羽部："翔，回飛也。"段註："《釋鳥》：'鳶烏醜，其飛也翔。'郭云：'佈翅翱翔。'高注《淮南》曰：'翼上下曰翱，直刺不動曰翔。'……按，翱、翔統言不別，析言則殊。高注析言之也。"

4. 動作的緩急

【唯】【諾】

《說文解字》口部："諾，應也。"段註："口部曰：'唯，諾也。'唯、諾有急緩之別，統言之則皆應也。"《說文解字》口部："唯，諾也。"段註："此渾言之。《玉藻》曰：'父命呼，唯而不諾。'析言之也。"

【呻】【吟】

《說文解字》口部："呻，吟也。""吟，呻也。"段註："按，呻者吟之舒，吟者呻之急。渾言則不別也。"

【步】【趨】【走】

《說文解字》步部:"步,行也。"段註:"步徐,趨疾。"《說文解字》走部:"趨,走也。"段註:"《曲禮》註曰:'行而張足曰趨。'按,張足過於布武。"《說文解字》走部:"走,趨也。"段註:"《釋名》曰:'徐行曰步,疾行曰趨,疾趨曰走。'此析言之。許渾言不別也。"

【喘】【息】

《說文解字》口部:"喘,疾息也。"段註:"此分別言之。'息'下曰:'喘也。'渾言之也。"《說文解字》心部:"息,喘也。"段註:"口部曰:'喘,疾息也。'喘爲息之疾者,析言之;此云息者喘也,渾言之。人之氣急曰喘,舒曰息。"

(六)性質

【匹】【妃】【逑】【仇】【讎】

《說文解字》辵部:"逑,……《虞書》……又曰:'怨匹曰逑。'"段註:"桓二年《左傳》曰:'嘉耦曰妃,怨耦曰仇,古之命也。'謂古者命名之法如是。'逑'、'仇'古多通用。《關雎》:'君子好逑。'亦作'仇'。……逑爲怨匹而《詩》多以爲美詞者,取匹不取怨也。渾言則不別,《爾雅》'仇、妃,匹也'是也;析言則別,左氏'嘉耦'、'怨耦'異名是也。許所據左氏。"《說文解字》人部:"仇,讎也。"段註:"讎猶應也。《左傳》曰:'嘉偶曰妃,怨偶曰仇。'按,仇與逑古通用。辵部:'怨匹曰逑。'即怨偶曰仇也。仇爲怨匹,亦爲嘉偶,如亂之爲治,苦之爲快也。《周南》'君子好逑'與'公侯好仇'義同。"《說文解字》言部:"讎,猶應也。"段註:"又引伸之爲讎怨。《詩》'不我能慉,反以我爲讎',《周禮》'父之讎'、'兄弟之讎'是也。人部曰:'仇,讎也。'仇、讎本皆兼善惡言之,後乃專謂怨爲讎矣。"

(七)程度

1. 性質的程度

【藪】【澤】

《說文解字》艸部:"藪,大澤也。"段註:"《地官·澤虞》曰:

'每大澤大藪，中澤中藪，小澤小藪。'註：'澤，水所鍾也；水希曰藪。'此析言則澤、藪殊也。《職方氏》云：'其澤藪曰某。'《毛詩傳》曰：'藪，澤。'此統言則不別也。《職方氏》註曰：'大澤曰藪。'與《說文》合。蓋藪實兼水鍾、水希而言。《爾雅》'十藪'《釋地》，不《釋水》，正謂地多水少，艸木所聚。"

【邦】【國】【邑】

《說文解字》邑部："邦，國也。"段註："《周禮》註曰：'大曰邦，小曰國。'析言之也。許云：'邦，國也。''國，邦也。'統言之也。"《說文解字》囗部："國，邦也。"段註："邑部曰：'邦，國也。'按，邦、國互訓，渾言之也。《周禮》註曰：'大曰邦，小曰國。'邦之所居亦曰國，析言之也。"《說文解字》邑部："邑，國也。"段註："鄭莊公曰：'吾先君新邑於此。'《左傳》凡偁人曰'大國'，凡自偁曰'敝邑'。古國、邑通偁。"

2.動作的程度

【眷】【顧】

《說文解字》目部："眷，顧也。从目关聲。《詩》曰：'乃眷西顧。'"段註："《大東》：'睠言顧之。'毛曰：'睠，反顧也。''睠'同'眷'。《小明》云：'睠睠懷顧。'《皇矣》云：'乃眷西顧。'凡顧、眷並言者，顧者還視也；眷者顧之深也。顧止於側而巳，眷則至於反，故毛云'反顧'。許渾言之，故云顧也。"《說文解字》頁部："顧，還視也。"段註："還視者，迂而視也。《檜風》箋云：'迴首曰顧。'析言之，為凡視之偁。《鄉黨》'賓不顧矣'，謂還視也。'車中內顧'，苞氏謂前視不過衡軛，旁視不過輢較，則顧猶視也。"

【搖】【掉】

《說文解字》手部："搖，動也。""掉，搖也。从手卓聲。《春秋傳》曰：'尾大不掉。'"段註："掉者，搖之過也；搖者，掉之不及也。許渾言之。"

我們認為，"統言"就是包含了一定"位"在內的共相即普遍概念，"析言"就是被套在一定"位"的格子裏的殊相即個別概念；這個"位"是給予"實"以一定限定範圍的界域。當"統言"和"析言"作爲一個統一運用的整體時,它在普遍概念和個別概念之間得到實現。就其邏輯本質來説,正是體現了墨辯邏輯學的"類名"與"私名"之間的關係。

就"名"所應達到的語義精確性的要求來説,有一定"位"的限制的"私名"是必須存在的,而不同"位"的"私名"之間的區別也是必須明確的。但是另一方面,人類關於概念的思維也不能被局限在"私名"之内,否則客觀事物在人腦中的反映就僅是一盤散沙而已。所以"私名"這個個別概念祇有跟一般概念聯繫起來時,纔能作爲整體的概念而存在。肯定具體的"私名"而否定抽象的"類名",是不可行的,也是不實用的。因此,起概括作用的"類名"也有其存在的必要。

我們同時也應注意到,同一"類名"之中的不同"私名"之間,是既有聯繫,又有區別的。所以,執着於"彼彼止於彼,此此止於此"的機械論觀點,以及忽視了事物之間質的區別的極端相對主義的觀點,都是錯誤的。對於前者來説,應當時刻記取"類"的同一性的前提;對於後者來説,又應當時刻記取"私"的差異性的客觀存在。這是我們探索"類名"與"私名"之間,以及"統言"與"析言"之間關係的類型及其本質的指導原則。

叁 傳統訓詁學"反訓"的認識論分析

反訓,原指訓釋詞與被訓釋詞意義相反或用兩個反義詞訓釋同一個詞的現象,即同一個詞具有兩個相反而相成的意義,相當於"語義對立詞"。歷史地看,它主要表現爲一種詞義現象,而非訓詁的法則。其類大致如下:

類型	詞例	正義	反義
授受同詞	貢	上獻	下賜
	賜	予下	予上
	奉	承接	進獻
	賦	收取	施與
	斂	欲	與
	乞、丐	求	與
	貸	借	與
	稟	受	與
	賈	買	賣
古今同詞	肆	故	今
	曩	久	不久
廢置同詞	置	建置	棄置
美惡同詞	厭	安	倦
	祥	福	災
遲速同詞	悛	性疾	性謹重貌
	駓	疾速	悠長
	逡巡	迅速、短暫	遲緩、猶豫
大小、多少同詞	介	大	小
	鯢	魚之大者	魚之小者
	校（較）	多、甚、頗	差、少
	僅	多、餘、庶幾	剛剛够得上
	剩（賸）	頗多	殘、少

表97 反訓類型

　　當然還有其它的類型，如"率"兼"遵循"與"領導"二義，"等"兼"齊同"與"差異"二義，"犯"兼"勝"與"敗"二義等，兹不贅述。類似的現象在其它語言中也存現。文獻學家卡爾·阿貝爾（Karl Abel）在《論原始詞彙對偶意義》一書中發現："在埃及語這個原始世界獨一無二的紀念物中，我們發現相當數量的詞彙有着兩種意思，而兩種意思剛好相反（相對）。""（埃及人）習慣於用同一個音來表達兩個完全對立的概念，習慣於將兩件十分敵對的東西結合於某種難以理解的同一體中。"這種對偶意義的證據,同樣可以從閃米特語以及印歐語系中找到。例如在拉丁語中,altus兼有"高"和"深"二義,sacer兼有"神聖"和"詛咒"二義,法語的hôte既有"客人"的意思,又有"主人"的意思。至於通過音變追溯到同源反訓詞,就更是不勝枚舉。弗洛伊德(*Sigmund Freud*,1856—1939)由這些語言現象進而想到,夢也有一種特別的傾向,即將兩個對立的東西調和成一個統一體,或者將兩者表現爲一個東西。所有這些,都涉及到了認識的相對性問題。

早在古希臘哲學那裏,對成問題就已受到充份注意。畢達哥拉斯學派有十對成(有限無限、奇偶、一衆、左右、雌雄、動静、曲直、明暗、善惡、正斜),亞爾克梅翁有偶拾四對成(黑白、甘苦、善惡、大小),此外還有數學及名學對成(單一與衆多、超餘與短損、奇偶、等與不等、同一與異別、完整與殘缺、組合與析離)、物理對成(冷暖、乾濕、疏密、軟硬、輕重、黑白、上下、甘苦)以及生成對成(生死、健康與疾病)等。智者派普羅泰戈拉(*Protagoras*,前490—前420,一説前480—前410)認爲,多和少祇是一個相對的規定,因此没有什麽東西是自在自爲的單一。對於人的意識來説,真理(尺度)祇是存在於表象之中的一種表象。

一切知識、思想、意識本質上的相對性,必定在語言中表現出來。《爾雅·釋詁》"久也"條,郝懿行《義疏》云:"曩者,《釋言》云:'曏也。'《説文》云:'曏,不久也。'今按,對時遠日言則曏爲不久,對今日言則曏義爲久。故《廣雅》云:'曏,久也。'"《廣雅·釋詁》"末也"條,王念孫《疏證》云:"苗裔者,禾之始生曰苗,對本言之則爲末也。"郭在貽先生攷察唐詩中"剩"字的反訓現象時指出:"剩字之成爲反訓詞,實際上乃是一件事的兩個方面:凡物有而剩餘,則此物必然是多的;但就所剩的那一點而言,卻又必然是少的。從前者着眼,剩字便有多、頗之義;從後者着眼,剩字又有殘、少之義。"由此看來,詞的意義並不是本身自足的,而是在與其它項的對立中得到實現和確定的。任何一個詞都祇有在與別的詞形成二項對立時,纔表現出它的價值和意義。正如索緒爾(*Ferdinand de Saussure*,1857—1913)所説的那樣:"語言是一個由互相依賴的各項組成的系統,其中任何一項的價值完全取決於其它各項的同時存在。"① 在結構主義者看來，二項對立不但是語言符號系統的規律，且是人類文化活動各個符號系統的規律。但是，結構主義那裏的"二項對立"是以印歐語系的語言爲基點的。它植根於西方二值互斥系統的形式邏輯，因而沒有進一步探究對立的二項之間有機構成的另一面——互補性。這個工作比較適合於在古代漢語詞義領域内展開。因爲古代漢語詞義系統恰恰植根於東方素樸辯證邏輯的二值互補系統。從殷末周初時期出現"無平不陂，無往不復"這樣兩一觀念的萌芽，② 經晉國史墨首次提出"物生有兩"的辯證命題，③ 到南宋的葉適提出"道原於一而成於兩"，④以及朱熹"天下之物未嘗無對，有陰便有陽，有仁便有義，有善便有惡，有語便有嘿，有動便有静，然又都祇是一個道理"⑤的對立統一觀念，二值關係問題始終是中國哲學史的核心問題之一。這個問題不可避免地反映到古代漢語詞義領域裏頭來。例如，王念孫在《釋大》中指出，"契"有"合"義，亦有"開"義。凡本來是合着的東西，接合上就變大；凡本來是合着的東西，打開了也會變大。所以"契"所具備的"開"與"合"兩個相對的意義，都在"大"這個意義上得到統一。"義有相反而實相因者，此類是也。"這就有點像老黑格爾所說的正題、反題和合題了。因此，所謂"反訓"並非訓釋方式，而是反映詞語本身存在或因引申形成的詞義既對立又相通的現象。王寧先生指明，連用訓釋材料觀察反義同詞現象，必須遵循五項原則。⑥

肆　遞訓的真值和原則

衆所周知，遞訓是兩個以上的詞遞相訓釋的直訓，即以乙訓甲，復以丙訓乙。歷史地看，它是一種現象（或者説"方法"的現象）。

---

① ［瑞士］索緒爾《普通語言學教程》，巴黎1949年第4版法文本，P159。
② 《易經·泰卦》爻辭。
③ 《左傳》昭公三十二年。
④ 《別集·進卷·中庸》。
⑤ 《語類》卷九十五。
⑥ 王寧《論"反訓"》，載《訓詁學原理》，中國國際廣播出版社，1996年，P11—125。

關於其真值問題，不少學者已有評價。例如章太炎先生說的"展轉附會"、王力說的"望文生義"，黃焯所援《察傳》之喻，以及郭在貽先生所發"偷換概念"之議，基本上對其持懷疑態度。

對此，我們也有同感。《爾雅·釋詁》："治、肆、古、故也。"郝懿行《爾雅義疏》："肆者，陳之故也。肆訓陳，陳訓久也、舊也，舊、久義俱爲故也。"其實，訓"陳"之"肆"指的是"陳設"、"陳放"；而訓"舊"、"久"之"陳"指的卻是"陳舊"、"久遠"，前後二"陳"義並不直接相關，郝氏偷換概念。又《呂氏春秋·孟夏紀·勸學》："聖人生於疾學，不疾學而能爲魁士名人者，未之嘗有也。"俞樾以遞訓釋曰："名亦大也。《禮記·禮器》篇'因名山陞中於天'，鄭註曰：'名猶大也'；《國語·魯語》'取名魚'，韋註曰：'名魚，大魚也。'然則名人猶大人也，正與'魁士'一律。《安死篇》曰：'又視名丘大墓葬之厚者'，此言'魁士名人'猶彼言'名丘大墓'矣。高氏註《戰國策·秦策》'賂之名都'曰：'名，大也。'然則名之爲大，高氏固有此訓矣。"吳檢齊（承仕）駁曰："俞說非也。……彼以名爲大者，蓋大則有名，故以名爲大。此乃輾轉訓釋之例。義各有當，無取互易也。"不管此"名"究當何解，俞氏輾轉訓釋的方式，畢竟有些不太對頭。

那麼，遞訓是否就是一無足取的呢？也不是。祇要第一個被訓詞同最後一個訓詞單位在意義上相吻合，在某些隨文隨義的註疏裏，遞訓的確可以"使後訓足成前訓"、"使道理層層深入，愈解愈明"。① 祇是，我們在運用和理解時，一定要注意：一義多詞與一詞多義的種種複雜現象，規定了我們不能輕易把兩個或兩個以上的本來是隨機關係的詞或義混爲必然關係。亦即"義各有當，無取互易"。我們可以把吳檢齊（承仕）的這句話視爲遞訓的原則。

---

① 肖璋《毛傳條例探原》，載《訓詁研究》第1輯，北京師範大學出版社，1981年，P136。

雅書研究

壹　《爾雅》名辨

《爾雅》被後世譽爲"九流之津涉，六藝之鈐鍵"、① "無此則不能明之一切之訓詁"，② 在中國語言學史上具有極高地位。

"爾雅"一詞，最早見於《大戴禮記·小辯》所引孔子語："爾雅以觀於古，足以辨言矣。"盧辯註："爾，近也，謂依於雅頌。"《史記·儒林傳》："文章爾雅，訓辭深厚。"司馬貞註："謂詔書文章雅正，訓辭深厚也。"由此看來，"爾雅"原本不是一個書名。

作爲典籍的《爾雅》，現存最早著錄見於《漢書·藝文志》："古文讀應《爾雅》，故解古今語而可知也。"《釋名》釋"爾雅"二字："爾，昵也；昵，近也。雅，義也；義，正也。五方之言不同，皆以近正爲主也。"《經典釋義》發揮道："言可近而取正也。"③ 據阮元解釋："近正者，各省土音近於官話者也。"④ 意思是溝通各地方言，使接近於共同語。而"雅"之訓正，似乎還貫徹了一種"正名"精神。另一種說法，"雅之訓正，誼屬後起，其實即夏之借字。"⑤ 這與"近正說"並不矛盾。

---

① （晉）郭璞語。
② 黃季剛先生語，見《爾雅略說》，載《黃侃論學雜著》，中華書局上海編輯所，1964年。
③ 《經典釋文·叙錄》。
④ （清）阮元《與郝蘭皋户部論〈爾雅〉書》。
⑤ 同②。

貳 《爾雅》在中國語言學史上的坐標

西漢平帝時,古文經曾一度將《爾雅》立於學官。元始五年(公元5年),下詔徵求天下通曉《爾雅》、"小學"、《史篇》者遣詣京師。自此,《爾雅》身價陡增,備受尊崇。"自漢以下,列諸經籍,佈諸學官,儒者靡不臨覽誦。"① 後來,甚至躋於"十三經"之列,遠比一般"小學"來得顯貴。《爾雅》在中國語言學史上具有重要地位。這主要表現爲以下幾個方面:

一、《爾雅》反映了上古漢語基本詞匯的概貌,標誌着古代漢語基本詞匯體系的初步形成

《爾雅》所收詞語基本上具備了基本詞匯的四大特徵。十九篇中,前三篇收一般詞語,具有一定的構詞性和穩定性;後16篇大致可分爲表示人的關係及生產、生活工具的詞語(如《釋親》、《釋宮》、《釋器》、《釋樂》等)和表示自然界各種事物的詞語(如《釋天》、《釋地》、《釋丘》、《釋山》、《釋水》、《釋草》、《釋木》、《釋蟲》、《釋魚》、《釋鳥》、《釋獸》、《釋畜》等)兩大類,內又分39小類,共釋1580事,因而具有廣義性和全民性。

二、《爾雅》標誌着漢語共同語的初步形成

三、《爾雅》是經籍文本的闡釋工具、訓詁的典範和依據

《漢書·藝文志》:"古文讀應《爾雅》,故解古今語而可知也。"漢代河間《樂記》,毛公《詩傳》,馬融註《書》、《禮》,賈逵註《左傳》,鄭玄註《周易》、《尚書》、《毛詩》、《儀禮》、《論語》、《孝經》,甚至許慎的《説文解字》,都對《爾雅》有所秉承。王充"《爾雅》之書,五經

---

① (清)朱彝尊《經義攷》卷237引張崇繪語。

之訓詁"、① 劉勰 "通乎《爾雅》，則文義曉然"、② 黃季剛先生 "解釋群經之義，無此則不能明一切之訓詁"，③ 皆此之謂也。

四、《爾雅》首創義類編排體例，開辟了中國語言學史上的雅學領域

《爾雅》依照義類編排歸併詞語，對後代語文工具書的編纂產生了重大影響，並直接帶動了一大批雅書的問世，從而開辟了雅學領域。諸雅 "雖各陳所見，以足未完，其實大綱咸肇於《爾雅》，奇遂古妙，莫能過焉"。④

叄　《爾雅》的作者和成書年代

《爾雅》的作者和成書年代，二者密切相關。《漢書·藝文志》對《爾雅》雖有著錄，卻未署明作者。對此，歷代衆說紛紜，大致有四：

一、周公所作

張輯《進〈廣雅〉表》稱："昔在周公，纘述唐虞……六年製禮，以導天下，著《爾雅》一篇，以釋其意義。"

二、孔子門人所作

東漢鄭玄首倡此論。他在《駁五經異義》中説："某之聞也，《爾雅》者，孔子門人所作，以釋六經之旨。蓋不誤也。"《西京雜記》引楊雄言："孔子門徒游、夏之儔所記，以解釋六藝者也。"劉勰《文心雕龍·練字》稱："夫《爾雅》者，孔徒之所纂。"賈公彥《周禮疏》亦同此説。黃季剛先

---

① 《論衡·是應》。
② 《文心雕龍·宗經》。
③ 《訓詁述略》。
④ （清）朱彝尊《經義攷》卷237引張崇緒語。

生分析張揖《進〈廣雅〉表》引《春秋元命苞》所載"子夏問夫子作《春秋》不以初、哉、首、基爲始,何?"一事時認爲:"據此,是《爾雅》之文興於孔氏之前,故子夏得據成文以發問,必非漫舉四字而已。"但他同時認爲:"《爾雅》之名起於中古,而成書則自孔徒。"邢昺《爾雅疏·叙》認爲,《爾雅》係"周公倡之於前,子夏和之於後。"

三、漢代儒生所纂集

歐陽修《詩本義》對周公或孔子門人作《爾雅》説表示懷疑,並提出:"《爾雅》非聖人之書,不能無失。攷其文理,乃是秦漢間之學《詩》者纂集説《詩》博士解詁。"與此相應,宋代葉夢得《石林集》認爲《爾雅》係漢人取毛《詩》之後,吕南公《題〈爾雅〉後》發現《爾雅》多同毛《詩》,故當成書於秦漢之間;朱熹《朱子語類》也認爲《爾雅》是取傳註而成。康有爲《新學僞經攷》認爲《爾雅》係漢儒劉歆所作,"蓋歆既遍僞群經,又欲以訓詁證之,而作《爾雅》。"梁啓超師從其説,他在《古書真僞及其年代》中講到:"《禮記》最初爲叔孫通所編纂,《爾雅》不過其中之一部份,現存二十篇,是否完全爲當時《禮記》之一部份,未可知。但《白虎通》、《孟子》趙歧註、《風俗通》、《公羊》何休註所引之《禮記》語,不見於今《禮記》,而見於今《爾雅》,此等作者皆東漢人,卻未見今《爾雅》,可見東漢時今《爾雅》尚未通行,尚未獨立,而爲《禮記》之一部份,當時附在《禮記》内,其篇幅必無今本之多。劉歆徵募能通《爾雅》者千餘人,令各記字廷中,或此時《爾雅》方變成龐然大物。"劉歆作《爾雅》之説雖不乏新意,却尤嫌證據不足。

四、幾代多家纂增補而成

《四庫全書總目提要》認爲,《爾雅》"大抵小學家綴輯舊文,遞相增益,……知非纂自一手也"。王引之《經義述聞》發現毛亨、鄭玄、高誘、韋昭等人所見古本《爾雅·釋地》均無"郊外謂之牧"句,當爲後人所增。陸穎民(宗達)先生《爾雅淺談》也認爲《爾雅》"不是一人一時之作,而是雜採幾代多家的訓詁材料匯編起來的"。

關於《爾雅》的成書年代，日本學者内藤虎次郎經過攷證和推測，把時間定在春秋至西漢段之間。趙振鐸認定，《爾雅》是戰國末年學者所纂，漢以後可能有所增補，但份量不大。何九盈也説"《爾雅》當成書於戰國末年"。王力根據漢武帝時代已有犍爲文學的《爾雅注》這一點判定，《爾雅》最初成書應在漢武帝時代即公元前二世紀以前；但有些地方恐怕是東漢人增補進去的，其中跟《詩經》鄭《箋》相符合的地方，可能是《爾雅》抄鄭《箋》。徐朝華據《釋山》"霍山爲南岳"、"嵩高爲中岳"判定，此條係漢武帝以後學者增入《爾雅》之中。周祖謨將《爾雅》成書年代定爲漢武以後，哀平以前。余嘉錫同。

我們認爲，《爾雅》作者非一人或數人所能概言，成書時代也非某一特定朝代所能涵括。其成書下限非戰國、秦和西漢。它是經過較長時期許多訓詁學者的積累和增補而逐漸形成的；西漢初年已有雛形，東漢後盛行，但仍有零散增補。①

肆　《爾雅》的詞典屬性

關於《爾雅》一書的屬性問題，歷代學者都曾有所討論。王充認爲："《爾雅》之書，五經之訓故。"② 鄭玄認爲：《爾雅》"以釋六藝之旨"。③ 張揖稱："夫《爾雅》之爲書也，文約而義固，其陳道也，精研而無誤，真七經之檢度、學問之階路、儒林之楷素也。"④《四庫全書總目》反對關於《爾雅》專爲五經所作的觀點，提出："今觀其文，大抵採諸書訓詁名物之同異以廣見聞。實自爲一書，不附經義。"並舉出《爾雅》詞語採自《楚辭》、《莊子》、《列子》、《穆天子傳》、《國語》等文獻的例子。邵晉涵

---

① 參見本書下文《〈爾雅〉"連言爲訓"體例略説。》
② 《論衡·是應》。
③ 《駁五經異義》。
④ 《上〈廣雅〉表》。

和黄季剛先生反對《總目》之説。以上觀點雖各有異，但相同之處，是把《爾雅》當作一部通釋古代文獻語義的訓詁專著。到了現代，陸穎民（宗達）先生恪守師説，認爲《爾雅》是一部訓詁札記；何九盈認爲《爾雅》是一部教科書；蔡聲鏞認爲《爾雅》是一部百科全書；劉葉秋始説《爾雅》開類書之先河，後説"《爾雅》是我國古代第一部訓詁書，也就是最早的一部詞典"；[①]有的學者從詞典的一般特徵和詞典釋義的特殊要求兩個方面對《爾雅》的詞典屬性進行論證，有的學者針對把《爾雅》理解爲一般的同義詞典的觀點提出反駁，並對《爾雅》的性質和體例特點展開詳盡的探討。

詞典釋義的典範性包括概括性、區别性和規範性等原則。

一、詞典釋義的概括性原則

詞典釋義的概括性原則是指詞典釋義應從感性的語言材料中提取出詞語的基本特徵即一般意義。在提取過程中，必須消除詞語在特定語境中的特定意義的影響。但是，《爾雅》綴輯舊文、纂集解詁的編纂總則和體例，決定了其釋義不可能完全超脱文獻典籍原始文本（始見書）特定的臨時語境。例如，《釋訓》："子子孫孫，引無極也。""有客宿宿，言再宿也。"這些，是把始見書《詩經》中的文本整句拿來當作詞目加以詮釋，所釋並非詞語的一般意義。再以《爾雅》"連言爲訓"的釋義體例觀之。黄季剛先生最先發現："《詩經》中連言之字，《爾雅》'釋言'、'釋訓'即以爲釋"。[②]"連言"指古文獻裏特定語境中有聯繫的上下文。《爾雅》將這種書面語言的客觀現象用來構成詞目和釋文的關係，進而形成爲一種釋義體例。其表現形式，詳見本書下文《〈爾雅〉"連言爲例"體例略説》。

有的學者則將《爾雅》詞目與釋文之間關係的類型歸納如下：

（一）詞與詞的關係

1. 同義詞關係

（1）完全重合

（2）部份重合

[①] 劉葉秋《中國字典史略》，中華書局，2004年。
[②] 黄侃《文字聲韻訓詁筆記》，黄焯編定，上海古籍出版社，1984年。

2. 類義詞關係

（1）邏輯類義詞

①以種訓屬；②以屬訓種。

（2）隱含意義類義詞

①同源關係；②非同源關係。

（3）關聯類義詞

①對象與動作；②動作所自與動作；③本體與性質；④所出與出者；⑤原料與成品；⑥作用與作用之物；⑦連用；⑧輾轉。

（二）字與字的關係

1. 假借字關係

2. 異體字關係

3. 古今字關係

由上可見，《爾雅》的出發點（由此影響到結果）並非理論的辭書學，而是實用的古代漢語言文獻具體詞義的詮釋。因此，《爾雅》的詞目和釋文之間並不必然存在着明確的內涵或外延的指向，也並不必然存在着形和音方面的絕對聯繫。《爾雅》中大量詞目與釋文臨時關係詮釋的類型，並不符合詞典釋義的概括性原則。

二、詞典釋義的區別性原則

詞典釋義的區別性原則是指詞典釋義應突出詞語的區別性特徵。義項之間應顯示出相對的獨立性，而不應相互交叉。詞典釋義的區別性原則要求體現詞語之間尤其是意義相近相關的詞語之間的差別，體現同義屬概念下不同種概念之間的差別。儘管《爾雅》後十六篇比較注重名物詞語的區別性特徵，注重意義相近相關的名物詞語之間的辨析，但前三篇不乏同一條目內部釋文相同而意義相異（即"訓同義異"）之例。尤其是《釋詁》，以一詞釋衆詞。釋義但求其同，不求其異；至於是本義、引申義，還是假借義，則不予攷慮、區分。這易使人一時無法了解各個詞目之間意義和用法的區別。王引之曾發明《爾雅》"二義不嫌同條"的釋義體例，嚴元照稱其爲"一訓兼兩義"。例如，《釋詁》："林、烝、天、帝、皇、王、后、辟、公、侯，君也。"王引之指出：

"君"字有二義：一爲"君上"之"君"，"天"、"帝"、"皇"、"王"、"后"、"辟"、"公"、"侯"是也。一爲"群聚"之"群"，"林"、"烝"是也。

王引之將《爾雅》這種釋義體例歸因爲：

古人訓詁之旨本於聲音，六書之用廣於假借，故二義不嫌同條也。

楊樹達也説：

《爾雅》爲書，採擷諸經傳註而成。同一義也，經文或用本字，或用假字，故《爾雅》於一義中往往兼列本字假字。[①]

事實上，《爾雅》釋文相同而意義相異現象，並不完全源於假借。與"析言"（"對文"）相對，"統言"（"散文"）也會使釋義變得籠統含糊，從而失去詞語的區別性特徵。如果説《爾雅》的"析言"詮釋貫徹了詞典釋義的區別性原則，那麼，與之相對的大量釋文相同而意義相異的詮釋，則並不完全符合這項原則。此外，《爾雅》中大量的互訓、轉訓和反復相訓，也易使詮釋陷入循環定義的困境。

三、詞典釋義的規範性原則

詞典釋義的規範性原則又稱"規定性"、"規範主義"、"規定主義"、"指示性"、"禁律性"，是指爲語言現象規定標準，實行語言規範化，包括確定標準言語、標準詞形等。就總的社會效果來説，《爾雅》的確起到了較大的語言規範性作用。在文本詮釋實踐方面，如《史記·五帝本紀》之譯《尚書·堯典》、韋昭之註《國語》、李善之註《文選》等，均依《爾雅》釋義，並收到了效果。《爾雅》還對《説文解字》和《方言》等語文工具書以及後代雅書系統辭書產生了較大影響。但是，詞典釋義規範性還應包括詞典本身釋義體例和内容等方面標準的統一性。《爾雅》恰恰在這方面存在一定的缺陷。全書的編排和分類不甚嚴密，内容有些重複、雜亂。例如，《釋詁》和《釋言》兩篇相互重複的詞語有64個，占《釋言》372個詞語的六分之一，占《釋詁》952個詞語的十五分之一。《釋詁·中》則共有144個詞重複出現。《釋詁·上》釋"俶"爲"始也"，《釋詁·下》又釋爲"作也"；實際"作"還是"始"的

[①] 楊樹達《積微居小學述林》，卷6，《爾雅略例》。

意思，釋義歸目有違通例。《釋訓》將豕屬歸入《釋獸》，將"駮"歸入《釋畜》，將某些木本植物歸入《釋草》，將某些爬行動物歸入《釋魚》。"鶌鶋"重複見於《釋地》和《釋鳥》兩篇，"倉庚"亦重複見於三處。詞目歸類有違通例。因此，如果說《爾雅》在總體上符合詞典釋義的規範性原則的話，那麼同時也不可否認，《爾雅》某些方面並不完全符合這項原則。

綜上所述，《爾雅》近似於一部義類詞典，但又不是現代嚴格意義上的詞典。具體地說，前三篇內容缺乏真正的詮釋，其對釋式定義也衹停留在在詞目的始見書語境中臨時使用意義的同義詞對釋階段。因此，我們傾向於把前三篇確切地理解爲一種義類匯編或語詞性類書；後十六篇詮釋各類名物詞語，採用某些屬加種差定義式釋義（包括性質定義、構成定義、發生定義、功用定義和關係定義等），類似於百科詞典。我們由此得出這樣的結論：《爾雅》近似於一部由義類匯編和百科詮釋構成的綜合性義類詞典，值得現代辭書學界關注。①

伍　《爾雅》與諸經傳註關係條辨

《爾雅》是中國古代官方經典文獻之一。漢文帝時設《爾雅》"博士"學官；《漢書·藝文志》效《七略》將《爾雅》列入六藝略；《隋書·經籍志》將《爾雅》列入經部；唐開成石經、五代後蜀石經和清乾隆石經均收入《爾雅》；後更被譽爲"解釋群經之義，無此則不能明一切之訓詁"。②

傳統觀點認爲，《爾雅》專爲儒家經傳而作，語有"《爾雅》所以訓釋五經，辨章同異，多識鳥獸草木之名，博覽而不惑者也"、③ "《爾雅》，釋

---

① 王寧先生指出："古代的訓詁纂集經常是現代辭書取材的來源；而且，它們給現代辭書提供的經驗方法是非常寶貴的，研究辭書學的人不可不對訓詁纂集給予特殊的關注。"（王寧《訓詁纂集論綱》，原載《辭書研究》1996年第5期；又見《訓詁學原理》，中國國際廣播出版社，1996年，P65）

② 黃季剛先生語，見《爾雅略說》，載《黃侃論學雜著》，中華書局上海編輯所，1964年。

③ （唐）陸德明《經典釋文·叙錄》。

六經者也"①云云，然皆籠統不詳。黄季剛先生嘗論《爾雅》與經傳百家多相同，例舉《易·十翼》、《喪服傳》、《穀梁》等與《爾雅》相同者，指明："毛公釋《詩》，專據詁訓；史遷釋《書》，純用雅言；《倉頡》作於秦世，義多與《雅》相同；《樂記》錄自河間，訓皆本之《雅》故。自餘漢世經師，學無今古，其訓釋經文，無不用《雅》者。"②其論經儒備習《爾雅》亦然。兹爲分條辨之。

一、《周易》

[1]《釋詁》："晉，進也。"《晉象》："晉，進也。"
[2]《釋詁》："師，衆也。"《師象》："師，衆也。"
[3]《釋詁》："輔、比，俌也。"《比象》："比，輔也。"
[4]《釋詁》："震，動也。"《序卦》："震者，動也。"
[5]《釋詁》："頤，養也。"《序卦》："頤者，養也。"
[6]《釋言》："履，禮也。"《序卦》："履者，禮也。"

二、《尚書》

[1]《釋詁》："劼，固也。"《酒誥》："汝劼毖殷獻臣。"孔安國《傳》："汝當固慎殷之善臣，信用之。"

[2]《釋詁》："亂，治也。"《盤庚》："兹予有亂政同位。"孔安國《傳》："亂，治也。"

[3]《釋詁》："騭，陞也。"《洪範》："惟天陰騭下民。"《經典釋文》引馬融《注》："騭，陞也。"

上三例，正所謂"大道失而後有六經，六經失而後有《爾雅》，《爾雅》失而後有箋註，《爾雅》與箋註俱奔走六經者也"。③

---

① （宋）鄭樵《爾雅注·序》。
② 黄季剛先生語，見《爾雅略説》，載《黄侃論學雜著》，中華書局上海編輯所，1964年，P365。
③ 同②。

三、《詩經》

郭璞《爾雅注·序》云：

夫《爾雅》者，所以通訓詁之指歸，敘詩人之興詠，總絕代之離詞，辨同實而殊號者也。

其所言"詩"，即指《詩經》。

例如，《釋詁》"謔浪笑敖，戲謔也"乃釋《邶風·終風》；"關關，噰噰，音聲和也"乃分別釋《周南·關雎》和《小雅·蓼蕭》；"痡、瘏、虺隤、玄黃，病也"乃釋《周南·卷耳》。《釋言》"貽，財也"條至"鮐，老也"條，乃分別釋《衛風》、《王風》、《鄭風》、《秦風》的有關詩篇，順序嚴整。

又如，《釋訓》明釋《鄘風·君子偕老》"委委佗佗"；《小雅·楚茨》"子子孫孫"；《大雅·卷阿》"顒顒卬卬"、"噰噰喈喈"；《小雅·小旻》"潝潝訿訿"；《衛風·淇奧》"如切如磋"、"如琢如磨"、"瑟兮僩兮"、"赫兮咺兮"、"有匪君子，終不可諼兮"；《小雅·巧言》"既微且尰"；《周南·葛覃》"是刈是濩"；《大雅·生民》"履帝武敏"；《小雅·六月》"張仲孝友"；《周頌·有客》"有客宿宿"、"有客信信"；《邶風·北風》"其虛其徐"；《齊風·猗嗟》"猗嗟名兮"；《邶風·式微》"式微式微"；《小雅·車攻》"徒禦不驚"等。至於"丁丁、嚶嚶，相切直也"乃釋《小雅·伐木》；"藹藹、萋萋，臣盡力也"乃釋《大雅·卷阿》；"佻佻、契契，愈遐急也"乃釋《小雅·大東》；"晏晏、旦旦，悔爽忒也"乃釋《衛風·氓》；"憲憲、泄泄，制法則也"乃釋《大雅·板》；"之子者，是子也"乃釋《周南·桃夭》；"暴虎，徒搏也；馮河，徒涉也"乃釋《小雅·小旻》。

《爾雅》更有以《詩經》釋《詩經》者。或以對文相釋，《釋言》"寬，綽也"乃據《衛風·淇奧》"寬兮綽兮，猗重較兮"而釋；或以連文相釋，《釋訓》"穰穰，福也"乃據《周頌·執競》"磬筦將將，降福穰穰"而釋。

《詩經》由毛亨作《傳》，鄭玄作《箋》，孔穎達等作《正義》。孔氏認爲：

> 毛以《爾雅》之作多爲釋《詩》，而篇有《釋詁》、《釋訓》，故依《爾雅》訓而爲《詩》立傳。

然則一部《毛詩傳》，無異於"《毛爾雅傳》"矣。試觀《釋詁》"林，君也"，與《小雅·賓之初筵》毛《傳》同；"夏，大也"，與《周頌·時邁》毛《傳》同；"棲遲，息也"，與《陳風·衡門》毛《傳》略同。《釋言》"冥，幼也"，與《小雅·斯干》毛《傳》同；"賄，財也"，與《衛風·氓》毛《傳》同；"甲，狎也"，與《衛風·芄蘭》毛《傳》同；"宜，肴也"，與《鄭風·女曰雞鳴》毛《傳》同；"戎，相也"，與《小雅·常棣》毛《傳》同；"燀，熾也"，與《小雅·十月之交》毛《傳》同；"淪，率也"，與《小雅·雨無正》毛《傳》同；"對，遂也"，與《大雅·江漢》毛《傳》同；"腝，姡也"，與《小雅·何人斯》毛《傳》同；"縭，緌也"，與《召南·何彼襛矣》毛《傳》同。《釋訓》"誇毗，體柔也""殿屎，呻也"，與《大雅·板》毛《傳》略同。《釋親》"妻之姊妹同出爲姨，女子謂姊妹之夫爲私"，與《衛風·碩人》毛《傳》略同。《釋天》"穹蒼，蒼天也"，與《大雅·桑柔》毛《傳》同。《釋地》"大陵曰阿"，與《小雅·菁菁者莪》毛《傳》同。《釋山》"山大而高，崧"，與《大雅·崧高》毛《傳》同。《釋草》"蘩，皤蒿"，與《召南·采蘩》毛《傳》同；"白華，野菅"，與《小雅·白華》毛《傳》同；"𧂟，貝母"，與《鄘風·載馳》毛《傳》同；"荷，芙渠"，與《陳風·澤陂》毛《傳》同；"苓，大苦"，與《唐風·採苓》毛《傳》同；"芣苢，馬舄；馬舄，車前"，與《周南·芣苢》毛《傳》同；"蒹，薕；葭，蘆；菼，薍"，分別與《秦風·蒹葭》和《衛風·碩人》之毛《傳》同。《釋木》"梅，柟"，與《陳風·墓門》毛《傳》同；"蕩，荎"，與《唐風·山有樞》毛《傳》同；《釋蟲》"蜉蝣，渠略"，與《曹風·蜉蝣》毛《傳》同；"蜱蟊，蟄"，與《召南·草蟲》毛《傳》同。《釋鳥》"鶌鳩，王鶌"，與《周南·關雎》毛《傳》同；"桃蟲，鷯"，與《周頌·小毖》毛《傳》同；"鴟鴞，鸋鳩"，與《豳風·鴟鴞》毛《傳》同；"鵙，伯勞也"，與《豳風·七月》毛《傳》同。《釋畜》"驪馬白跨，驈"，與《魯頌·駉》毛《傳》同；"驪白雜毛，鴇",與《鄭風·大叔於田》同;"二目白,魚",與《魯頌·駉》毛《傳》同;"長喙,獫;短喙,歇驕",與《秦風·駟驖》毛《傳》同。

鄭玄爲《詩經》作《箋》,多宗師毛說;同時認定《爾雅》乃"以釋六藝之旨",① 是故鄭《箋》多符毛《傳》、《爾雅》之意。《釋詁》"省,善也",《大雅·皇矣》鄭《箋》同;"寅,進也",《小雅·六月》鄭《箋》同;"觀,多也",《小雅·采綠》鄭《箋》同。《釋言》"棄,忘也",《小雅·谷風》鄭《箋》申闡其意;② "訩,訟也",《魯頌·泮水》鄭《箋》同。《釋訓》"不徹,不道也",《小雅·十月之交》鄭《箋》申闡毛《傳》之意;③ "戚施,面柔也",《邶風·新臺》鄭《箋》融會貫通《爾雅》與毛《傳》之意;④ "誰昔,昔也",《陳風·墓門》鄭《箋》同。《釋文》"檻泉正出;正出,涌出也",《大雅·瞻卬》鄭《箋》略同。《釋草》"綠,王芻",《小雅·采綠》鄭《箋》同。《釋木》"棫,白桵",《大雅·緜》鄭《箋》同。

然亦有個別例外者。《周頌·載芟》:"匪且有且,匪今斯今,振古如茲。"毛《傳》:"振,自也。"可通。鄭《箋》:"振亦古也。"乃同《釋言》:"振,古也。"不通。王引之有論。⑤

四、《周禮》

《周禮》初名《周官》,記載先秦職官與各種典章制度。康有爲嘗言:"攷《爾雅》訓詁,以釋《毛詩》、《周官》爲主,《釋山》則有五岳,與《周官》合,與《堯典》、《王制》異;《釋地》九州,與《禹貢》異,與《周官》略同;《釋樂》與《周官·大司樂》同;《釋天》與《王制》異;祭

---

① (漢)鄭玄《駁五經異義》。
② 《小雅·谷風》:"將安將樂,女轉棄予。"鄭《箋》:"朋友無大故則不相遺棄,今女以志達而安樂,棄恩忘舊,薄之甚。"
③ 《小雅·十月之交》:"天命不徹,我不敢效。"毛《傳》:"徹,道也。"鄭《箋》:"不道者,言王不循天之政教。"
④ 《邶風·新臺》:"燕婉之求,得此戚施。"毛《傳》:"戚施,不能仰者。"鄭《箋》:"戚施,面柔。下人以色,故不能仰也。"
⑤ 《經義述聞》二十七:"蓋《爾雅》本作'振,自也'。'自'字古文𦣻,形與'古'相似,因訛爲古。"

名與《王制》異，與《毛詩》、《周官》合。"①

至於《周禮》註家，"杜、鄭、馬、鄭之《禮》，所用訓詁，大抵同於《爾雅》，或乃引《爾雅》明文"。② 鄭玄既爲《詩經》作《箋》，又承鄭興、鄭衆之遺說，爲《周禮》作《注》，詮釋多與《爾雅》相合。例如：

［1］《釋言》："典，經也。"《天官·大宰》："大宰之職，掌建邦之六典。"鄭《注》："典，常也，經也，法也。"

［2］《釋宮》："杙謂之杙。"《地官·牛人》："凡祭祀共其亨牛求牛，以授職人而芻之。"鄭《注》："職讀爲杙。杙謂之杙，可以繫牛。"

［3］《釋樂》："大鼓謂之鼖。"《地官·鼓人》："以鼖鼓鼓軍事。"鄭《注》："大鼓謂之鼖。"

然亦有例外者：

《地官·羽人》："十羽爲審，百羽爲摶，十摶爲縛。"鄭《注》："審、摶、縛，羽數束名。《爾雅》曰：'一羽謂之箴，十羽謂之縛，百羽謂之緷。'其名音相近也。一羽有名，蓋失之矣。"

實則《釋器》未必有誤，所本微異耳。

五、《儀禮》

《爾雅·釋親》所列親屬稱謂，多與《儀禮·喪服》篇之《傳》相合。此外，《爾雅》亦多有與《儀禮》鄭玄《注》相合者。例如：

［1］《釋言》："翦，齊也。"《既夕禮》："馬不齊髦。"鄭《注》："齊，翦也。"

［2］《釋言》："塈，塗也。"《既夕禮》："墍用塊。"鄭《注》同《釋言》。

［3］《釋器》："一染謂之縓。"《既夕禮》："縓綼緆。"鄭《注》："一染謂之縓，今紅也。"

---

① 康有爲《新學僞經攷》。
② 黃季剛先生語，見《爾雅略說》，載《黃侃論學雜著》，中華書局上海編輯所，1964年。

六、《禮記》

《禮記》本爲解説《儀禮》之資料匯編，與《周禮》、《儀禮》合稱"三《禮》"。其内容亦有與《爾雅》相合者。① 例如：

[1]《釋詁》："嘏，大也。"《郊特牲》："嘏，長也，大也。"

[2]《釋言》："履，禮也。"《祭義》："禮者，履此者也。"

[3]《釋訓》："如切如磋，道學也；如琢如磨，自脩也；瑟兮僩兮，恂栗也；赫兮烜兮，威儀也；有斐君子，終不可諼兮，道盛德至善，民之不能忘也。"

此乃釋《詩經·衛風·淇奥》大意。《大學》同，僅個別字有增替。

[1]《釋器》："肉曰脱之，魚曰斬之。"《内則》同，"斬"作"作"。

[2]《釋木》："桃曰膽之。""樝梨曰鑽之。"《内則》："桃曰膽之，柤梨曰攢之。"

鄭玄註《周禮》、《儀禮》之外，復爲《禮記》作《注》，正所謂"至今三《禮》存，其學非小補"。② 其《注》亦多與《爾雅》相合者。例如：

[1]《釋詁》："妥，安坐也。"《士相見禮》："妥而後傳言。"鄭《注》："妥，安坐也。傳言，猶出言也。"

[2]《釋宮》："屏謂之樹。"《郊特牲》："臺門而旅樹。"鄭《注》："旅，道也。屏謂之樹。樹，所以蔽行道。"

[3]《釋器》："簡謂之畢。"《學記》："今之教者，呻其佔畢。"鄭《注》："簡謂之畢。"

[4]《釋鳥》："舒雁，鵝；舒鳧，鶩。"《内則》："舒雁翠，鵠鴞胖，舒鳧翠。"鄭《注》："舒雁，鵝也；翠，尾肉也；……舒鳧，鶩。"

---

① 據《晉書·束晳傳》記載，西晉太康三年，汲郡人盗發戰國魏王墓藏，發現大量竹簡，其中有《名》三篇，似《禮記》又似《爾雅》。臧庸《爾雅古注·序》發現，漢人著述所稱《禮記》之文，往往衹見於《爾雅》。例如《白虎通·三綱六紀篇》所引"《親屬記》"文，見於《釋親》；《孟子》"帝館甥於貳室"趙岐註所引《禮記》，亦《釋親》文；《風俗通·聲音篇》所引《樂記》，乃《釋樂》文；《公羊傳·宣公十二年》何休註引《禮記》，乃《釋水》文。梁啓超《古書真偽及其年代》分析："《白虎通》、《孟子》趙岐註、《風俗通》、《公羊》何休註所引之《禮記》語，不見於今《禮記》，而見於今《爾雅》。此等作者皆東漢人，卻未見今《爾雅》，可見東漢時今《爾雅》尚未通行，尚未獨立，而爲《禮記》之一部份，當時附在《禮記》内，其篇幅必無今本之多。"此説尚待證實。

② （清）陳澧《東塾讀書記·鄭學》引顧炎武《述古詩》。

至若《釋草》"蘩，由胡"、《釋蟲》"蟗，天螻"、《釋鳥》"倉庚，商庚"、《釋獸》"鼶鼠"等，又皆與《大戴禮記·夏小正》相合也。

七、《春秋左傳》

［1］《釋天》："玄枵，虛也。"《襄公二十八年》："玄枵，虛中也。"

［2］《釋天》："春獵爲蒐，夏獵爲苗，秋獵爲獮，冬獵爲狩。"《隱公五年》："故春蒐、夏苗、秋獮、冬狩。"①

《左傳》註家中，"賈逵、服虔之註《左傳》，俱稟承《爾雅》訓釋經言"，②"劉、賈、許穎之《左傳》，……所用訓詁，大抵同於《爾雅》，或乃引《爾雅》明文"，③兹不贅舉。

八、《春秋公羊傳》

［1］《釋詁》："元，始也。"《隱公元年》："元年者何？君之始年也。"

［2］《釋詁》："京，大也。"《桓公九年》："京者何？大也。"

［3］《釋詁》："錫，賜也。"《莊公元年》："錫者何？賜也。"

九、《春秋穀梁傳》

黃季剛先生云："《穀梁》之學，出於子夏，其《傳》又穀梁子之所自爲。其中訓故，如'平之爲言以道成也'、'胥之爲言猶相也'、'實來者，是來也'、'俟，待也'，皆與《爾雅》同。"④子夏乃傳說中《爾雅》整理者之一。《爾雅》與《穀梁傳》關係，可想而知。

綜上，《爾雅》與諸經傳註均有不同程度的關聯，且非獨與某經傳註相關。《四庫全書總目提要》謂《爾雅》"實自爲一書，不附經義"，不盡其然。

---

① 《公羊傳·桓公四年》："春曰苗，秋曰蒐，冬曰狩。"《穀梁傳·桓公四年》："春曰田，夏曰苗，秋曰蒐，冬曰狩。"皆與《釋天》微異。
② （清）邵晉涵《爾雅正義》。
③ 黃季剛先生語，見《爾雅略説》，載《黃侃論學雜著》，中華書局上海編輯所，1964年。
④ 同③。

陸　《爾雅》《方言》之異同

《爾雅》是中國最早的一部訓詁匯編，《方言》（全稱《輶軒使者絕代語釋別國方言》則"是中國的第一部比較方言詞匯"。① 它們都是研究古代漢語和漢語發展史的珍貴材料，在中國語言學史上具有很高地位。

《方言》的問世，與《爾雅》的功能衰變有一定的關係。劉歆致揚雄函云："歆先君數爲孝成皇帝言，常使諸儒共集訓詁《爾雅》所及，五經所詁不合《爾雅》者，詁籯爲病，及諸經氏之屬，皆無證驗，博士至以窮世之博，學者偶有所見，非徒無主而生是也。"這表明，隨着漢語詞匯的發展演變，至西漢末年時，書面語同口語之間已經有了一定距離；各地方言俗語的因素又使得這種距離更爲加大。而《爾雅》所記載的恰恰祇是書面語，"所輯錄的限於古書裏有文字記載的語言，並沒有注意到當時各地人民口裏的活語言"。② 因此，《爾雅》已無法解釋所有的詞語。《方言》正是在這樣的背景下誕生的。

關於《爾雅》《方言》的異同，應劭、郭璞、常璩、杜預都曾作過簡略比較。郭璞評論《爾雅》"總絕代之離詞，辨同實而殊號"③，評論《方言》則爲"攷九服之逸言，標六代之絕語；類離詞之指韵，明乖途而同致；辨章風謠而區分，曲通萬殊而不雜"。④ 黃季剛先生嘗論經儒備習《爾雅》云："至於楊子雲纂集《方言》，實與《爾雅》同旨。今攷其書，大氐可與《爾雅》相證明。"⑤ 是爲概括。

兹試細觀如左：

［1］《爾雅·釋詁》："……介、……夏、憮、厖、墳、嘏、……奕、……戎、……京、碩、濯、訏、……壯、……將、……，大也。"《方言》一："敦、豐、厖、夼、憮、般、嘏、奕、戎、京、奘、將，大也。凡物

---
① 《方言校箋及通檢》羅常培《序》，科學出版社，1956年版。
② 同①。
③ （晉）郭璞《爾雅注·序》。
④ （晉）郭璞《方言注·序》。
⑤ 黃季剛《爾雅略說》，載《黃侃論學雜著》，中華書局上海編輯所，1964年。

之大貌曰豐。厖，深之大也。東齊海岱之間曰夯，或曰憮。宋魯陳衛之間謂之嘏，或曰戎。秦晉之間，凡物壯大謂之嘏，或曰夏。秦晉之間，凡人之大謂之奘，或謂之壯。燕之北鄙，齊楚之郊或曰京，或曰將。皆古今語也。初，別國不相往來之言也，今或同。而舊書雅記故俗語，不失其方，而後人不知，故爲之作釋也。"又，"碩、沈、巨、濯、訏、敦、夏、於，大也。齊宋之間曰巨，曰碩。……荆吳揚甌之郊曰濯，中齊西楚之間曰訏。自關而西秦晉之間，凡物之壯大者而愛偉之謂之夏，周鄭之間謂之嘏。"又，"墳，地大也。青幽之間，凡土而高且大者謂之墳。"

［2］《爾雅·釋詁》："……艘、格、戾、懷、摧、詹，至也。"《方言》一："假、俗、懷、摧、詹、戾、艘，至也。邠唐冀兗之間曰假，或曰俗。齊楚之會郊或曰懷。摧，詹，戾，楚語也。艘，宋語也。皆古雅之別語也，今則或同。"

［3］《爾雅·釋詁》："如、適、之、嫁、徂、逝，往也。"《方言》一："嫁、逝、徂、適，往也。自家而出謂之嫁，由女而出爲嫁也。逝，秦晉語也。徂，齊語也。適，宋魯語也。往，凡語也。"

［4］《爾雅·釋詁》："允……展、諶、誠、亮、詢，信也。"《方言》一："允、諶、恂、展、諒、……，信也。齊魯之間曰允，燕代東齊曰諶，宋衛汝潁之間曰恂，荆吳淮汭之間曰展，……。衆信曰諒，周南召南衛之語也。"

［5］《爾雅·釋詁》："永……延、融、駿，長也。"《方言》一："修、駿、融、繹、尋、延，長也。陳楚之間曰修，海岱大野之間曰尋，宋衛荆吳之間曰融。自關而西秦晉梁益之間，凡物長謂之尋。周官之法，度廣爲尋，幅廣爲充。延，永，長也。凡施於年者謂之延，施於衆長謂之永。"

［6］《爾雅·釋詁》："悠……，思也。"又："懷、惟、慮、願、念、恁，思也。"《方言》一："鬱悠、懷、恁、惟、慮、願、念、靖、慎，思也。晉宋衛魯之間謂之鬱悠。惟，凡思也；慮，謀思也；願，欲思也；念，常思也。東齊海岱之間曰靖；秦晉或曰慎，凡思之貌亦曰慎，或曰恁。"

［7］《爾雅·釋詁》："……格……躋、登，陞也。"《方言》一："洛、躋、……，登也。……東齊海岱之間謂之躋，魯衛曰䢃，梁益之間曰

佫，或曰跋。"

　　[8]《爾雅·釋詁》："僉、咸、胥，皆也。"《方言》七："僉，胥，皆也。自山而東五國之郊曰僉，東齊曰胥。"

　　[9]《爾雅·釋詁》："烈、枿，餘也。"《方言》一："烈，枿，餘也。陳鄭之間曰枿，晉衛之間曰烈，秦晉之間曰肄，或曰烈。"

　　[10]《爾雅·釋言》："斯……，離也。"《方言》七："斯……，離也。齊陳曰斯。"

　　[11]《爾雅·釋言》："遏、遾，逮也。"《方言》七："遏、遾，逮也。東齊曰蝎，北燕曰噬。逮，通語也。"

　　[12]《爾雅·釋言》："逆，迎也。"《方言》一："逢，逆，迎也。自關而東曰逆，自關而西或曰迎，或曰逢。"

　　[13]《爾雅·釋蟲》："蟔衒，入耳。"《方言》十一："蚰蜒，自關而東謂之蟔蜒，或謂之入耳。"

　　[14]《爾雅·釋蟲》："蜻蛚，蜙蝑。"《方言》十一："蚻蚗，齊謂之蜙蝑，楚謂之蟋蚸，或謂之蛉蛄，秦謂之蚻蚗。自關而東謂之蚑蟉。或謂之蝭蟉，或謂之蜻蛚，西楚與秦通名也。"

　　[15]《爾雅·釋蟲》："蜘蛛，蛛蟊。"《方言》十一："鼊鼂，鼂蟊也。自關而西秦晉之間謂之鼊蟊。自關而東趙魏之郊謂之鼊鼂。"

　　[16]《爾雅·釋鳥》："蝙蝠，服翼。"《方言》八："蝙蝠，自關而東謂之服翼，……自關而西秦隴之間謂之蝙蝠。"

　　[17]《爾雅·釋鳥》："鵹黃，楚雀。"《方言》八："鸝黃，自關而東謂之鴿鵹。自關而西謂之鸝黃，或謂之黃鳥，或謂之楚雀。"

　　由上可見，在訓釋體例方面，《方言》同《爾雅》相似，每條先列舉一些同義詞，然後用一個常用詞予以解釋。① 某些條目甚至極爲相似。② 同時，《方言》也具有相當於《爾雅》中《釋詁》、《釋言》、《釋宮》、《釋器》、《釋水》、《釋草》、《釋蟲》、《釋鳥》、《釋獸》等篇的某些内

---

① 魏建功稱其爲"標題羅話法"。
② 何九盈認爲，如果加上一些字，"《爾雅》不就成爲《方言》了嗎？"如果刪去一些字，"《方言》不就變成《爾雅》了嗎？"（《中國語言學史》，河南人民出版社，1985年，P42）濮之珍也認爲："《方言》一書的雅詁本之於《爾雅》。"（《中國語言學史》，上海古籍出版社，1987年，P102—103）

容。無怪乎戴震"以是書與《爾雅》相爲左右"。①

但區別還是有的。這主要表現爲，《爾雅》注重共同語，《方言》注重異地方言時間的發展與空間的現狀；《爾雅》注重書面材料，《方言》則注重口頭語；《爾雅》基本上是類義詞，《方言》則有相當數量的同義詞。此外，《方言》在"標題羅話法"之後，又羅列各個不同方言區域的詞匯，比《爾雅》更爲細密而完備。正如趙振鐸指出的那樣："揚雄仿照《爾雅》，採用了將意義相同的詞類聚在一起的辦法，但是，《方言》比《爾雅》又進了一步，它在每一組詞的後面還注明了這些詞的方言來源，哪些是方言詞，哪些已經成了通語，哪些還有別的用法。這可以說它在摹仿《爾雅》方面有了新的發展。"②

《爾雅》與《方言》之異同，其實受制於標準語與方言之關係。方言在一定條件下可轉變爲標準語。二者既有區別，又互相依賴。

從時間狀態來看，"歷時語言學的進步揭示了標準語絕不是最古老的典型，而是在特殊的歷史條件下，從地方方言興起來的。"③《爾雅》與《方言》更映證了這一點。周祖謨言："《爾雅》所記的許多同義詞和《方言》對照來看，往往都是古代不同的方語，到了漢代有些還在某一地方保存着，有些已經變成了普通語。"④此外，《方言》郭璞註中，亦可見漢時方言至晉則爲"通語"者。例如，卷一："好，趙魏燕代之間曰姝。"郭注："昌朱反，今四方通語。"卷二："遽，吳揚曰茫。"郭註："今北方通然也。莫光反。"卷三："凡草木刺人，江湘之間謂之棘。"郭註："《楚詞》曰：'曾枝剡棘。'亦通語耳。"皆爲標準語由方言而來之例。

從空間狀態來看，《方言》所指稱的方言區域十分複雜，計有秦、晉、韓、魏、趙、燕、齊、魯、衛、宋、陳、鄭、周、楚、吳、越等古國名，幽、冀、并、豫、青、兖、徐、揚、荆、雍、凉、梁、益等州名，代、汝南、沛、平原、臨淄、會稽、廣漢、蜀、巴等郡名，曲阜、鉅野、鄩等縣名和地名，江、河、汾、濟、汝、穎、淮、泗、湘、沅、洌等水名，岱、衛、嵩、九嶷

---

① （清）段玉裁《戴東原先生年譜》。
② 趙振鐸《揚雄〈方言〉是對〈爾雅〉的發展》，《社會科學研究》1979年第4期。
③ ［美］布龍菲爾德《語言論》，袁家驊等譯，商務印書館，1980年。
④ 周祖謨《方言校箋及通檢》自序，科學出版社，1956年。

等山名,朝鮮、甌等民族和古國名。① 但這種劃分是相對而不是絕對的。《方言》多有"某某之間語"、"某地通語"、"某某之間通語"及"四方異語而通者"。這表明方言的分歧不妨害標準語的使用;同時也表明方言之間的反復融匯使用,可由量變引起質變,形成標準語,即如周祖謨所言:"不同的方言相互交融,可以成為普通語。"② 例如,西漢官話"應當就是秦晉之間的語言"。③《爾雅》因其同而通,《方言》因其異而通,殊途同歸,兩不相礙。

柒 《爾雅》前二篇之異同

《爾雅》前三篇《釋詁》、《釋言》、《釋訓》,收錄名詞、動詞、形容詞及副詞等一般詞語,相當於義類匯編或語詞性類書,也有人將其理解為古漢語同義詞詞典。前三篇中,《釋訓》着重描寫事物的情貌,詞目多為疊字。"《釋訓》云者,多形容寫貌之詞,故重文疊字累載於篇。"④ 那麼,前二篇《釋詁》與《釋言》,存在怎樣的異同關係呢? 歷來有三種觀點:

一、《釋詁》解釋古語,《釋言》解釋方言

邢昺《爾雅注疏》論《釋詁》:"詁,古也。古今異言,解之使人知也。"論《釋言》:"古今方國殊別,學者莫能通,……故為之作釋也。"但事實上,《釋詁》同時也解釋方言,而不僅僅解釋古語。趙仲邑有所統計:《釋言》解釋方言的還不到20條,祇相當於306個詞條的1/18。因此,該觀點難以成立。

---

① 林語堂將《方言》中的區域劃分為十四個系統:1.秦、晉;2.梁及楚之西部;3.趙、魏自河以北;4.宋、衛及衛之一部;5.鄭、衛、周;6.齊、魯;7.燕、代;8.燕、代北鄙,朝鮮、洌水;9.東齊、海、岱之間,淮、泗;10.陳、汝、潁、江、淮、楚;11.南楚;12.吳、揚、越;13.西秦;14.秦晉北鄙。
② 周祖謨《方言校箋及通檢》自序,科學出版社,1956年。
③ 同②。
④ (清)郝懿行《爾雅義疏·叙》。

二、《釋詁》解釋本義，《釋言》解釋引申義

俞樾《爾雅釋詁釋言釋訓三篇名義說》云："《釋詁》一篇所說皆字之本義，故謂之詁。詁者，古也，言古義本如此也。……《釋言》一篇所說，則字之本義不如此，而古人之言有如此者。……此《釋言》所以異於《釋詁》也。"黃季剛先生批註《爾雅》郝疏："《釋詁》順衍而下，……《釋言》追溯而上……。又，《釋詁》字大氐本義，《釋言》字大氐非本義而引申。"但綜觀前二篇，《釋詁》中有144個詞不祇出現一次，共計345個詞次，超過總詞數的1/3。可見《釋詁》所解之詞除了古義、本義之外，也必有引申之義。此外，經與《說文解字》對照，《釋詁》與《《釋言》相重複的64個詞，在《釋詁》中屬於本義的祇有19個，非本義的有45個；而《釋言》中倒是有不少屬本義者。① 因此，第二種觀點也不盡確切。

三、《釋詁》解釋非常用詞，《釋言》解釋常用詞

郝懿行《爾雅義疏》："詁之為言古也，博舉古人之語，而以今語釋之也；言之為言衍也，約取常行之字而以異義釋義也。"但事實上，《釋詁》中有不少被郭璞註稱為"常語"、"通見詩書"或"其所易瞭，闕而不論"②的常用詞，而《釋言》中卻多有郭璞註所"未詳"者。由此可見，第三種觀點也值得懷疑。

我們認為，《爾雅》前二篇並無本質區別。《詩經·周南·關雎》孔穎達疏引《爾雅·序》："《釋詁》、《釋言》，通古今之字，古與今異言也。"將二篇相提並論。孔疏祇把《釋言》視為《釋詁》的分篇："《釋言》則《釋詁》之別。"二者析言則異，統言則同。其所異者，僅關所釋詞數量的形式，而與本質內容無關。

---

① 詳見劉乃叔《爾雅》二題，"漢語詞匯學術研討會"（1987年，長春）提交論文。
② （晉）郭璞《爾雅注·序》。

捌　《爾雅》"連言爲訓"體例略說

《爾雅》初步奠定了我國訓詁匯編的基礎，基本形成了古代漢語近（同）義詞詞林的雛形。其編纂體例和訓釋體例，也對後世的漢語詞典編纂史和文獻語義產生了較大影響。本文所談的是"連言爲訓"這種訓釋體例。

黃季剛先生最先發現："《詩經》中連言之字《爾雅》'釋言''釋訓'即以爲釋。"① 所稱"連言"，是指古文獻裏特定語境中有聯繫的上下文。例如《詩經·大雅·江漢》："肇敏戎公，用錫爾祉。""肇"、"敏"二字即是"連言"（這是書面語言的客觀現象）；《爾雅》將其作成訓釋，構成"連言爲訓"（這是編纂體略）。

"連言"既是稱特定語境裏的上下文，則其表現形式當亦多種多樣。受其影響，《爾雅》"連言爲訓"體例也可以經過歸納、總結爲下例類型：

一、近義連文的兩個詞構成的訓釋

《詩經·周頌·清廟》："對越在天，駿奔走在廟。"

"奔"、"走"近義連文。《釋言》："奔，走也。"這類現象發展到了後代，往往形成近（同）義複詞，即兩個義相近（同）的詞都作爲詞素融合成表示同一概念的雙音節複合詞。

二、近義對稱的兩個詞構成的訓釋

《詩經·邶風·谷風》："就其淺矣，泳之游之。"《釋言》："泳，游也。"
"泳"爲潛行，"游"爲浮水，二詞義近，在源文獻中結構對稱。

《衛風·淇奧》："寬兮綽兮，猗重較兮。"《釋言》："寬，綽也。"《大雅·蕩》："式號式呼，俾晝作夜。"《釋言》："號，呼也。"

這一類"連言爲訓"也較易理解。它們中的一部分後來也趨向於形成近

---

① 黃侃《文字聲韻訓詁筆記》，黃焯編定，上海古籍出版社，1984年。

（同）義複合詞。

三、描寫句的主語謂語構成的訓釋

《詩經·小雅·皇皇者華》："皇皇者華，于彼原隰。"毛《傳》："皇皇猶煌煌也……忠臣奉使能光君命，無遠無近，如華不以高下易其色。"《釋言》："華，皇也。"

四、有統言析言關係的兩個詞構成的訓釋

《禮記·玉藻》："纊爲繭，縕爲袍。"《釋言》："袍，襺也。"
統言則俱爲所衣，析言則質料有異。

以上四類，訓詞與被訓詞之間有條件的同義關係在原文獻中表現得比較單純和明白，即便是作爲確切意義來理解，也不會發生什麼問題。但是以下六類"連言爲訓"，反映的卻不是有條件的同義關係，而祇是表現原文獻中特定語境裏的各種邏輯、語法或修辭等其它關係。由於這些關係祇在臨時的語境中具有聯繫，並且這種聯繫又具有相當程度的臨時性，因此，據此所作的訓釋，在概括詞義上不相對當，不能以一般意義的訓釋來理解。

五、以限定詞與中心詞構成訓釋

如上所舉《詩經·大雅·江漢》例就是。原文爲："肇敏戎公，用錫爾祉。""肇"義爲"立"，"敏"義爲"速"。前句可譯作"速立大功來報效"（依程俊英《詩經譯注》說）。《釋言》："肇，敏也。""肇"無論按此作"立"解還是按《傳》、《箋》作"謀"解，都不至於同"敏"近義。

六、以喻體和本體作成訓釋

《詩經·周南·汝墳》："未見君子，惄如調（朝）飢。"《爾雅·釋詁》："惄，思也。"

《釋言》卻又說："惄，飢也。"《詩》毛《傳》："惄，飢意也。"鄭《箋》："惄，思也。未見君子之時，如朝飢之思食。"孔穎達《正義》：

"懃之訓本爲思耳……《小牟》云'懃焉如擣',無飢事,故《箋》直訓爲思也。此以思食比思夫,故《箋》又云'如朝飢之思食'。"

七、以說明與被說明關係的兩詞構成的訓釋

（一）通過句子表現

《釋詁》:"梧、梗、較、頲、庭、道,直也。"郝懿行《義疏》:"道者,與廷同意。廷者,人所停;道者人所蹈。皆挺然正直。故《詩》云:'周道如砥,其直如矢。'逸《詩》云:'周道挺挺。'是皆道訓直之義也。"

這個例子體現的,是喻體的性質判斷句與本體之間的關係。

（二）通過連綿詞表現

《詩經·大雅·棫樸》:"濟濟辟王,左右奉璋;奉璋峨峨,髦士攸宜。"毛《傳》:"峨峨,盛壯也。"《釋訓》:"峨峨,祭也。"又如《周頌·絲衣》:"絲衣其紑,載弁俅俅。"毛《傳》:"俅俅,恭順貌。"鄭《箋》:"載猶戴也。"孔穎達《正義》:"在首載其爵色之麻弁,其貌俅俅而恭順。"《釋言》:"俅,戴也"。《釋訓》:"俅俅,服也。"

《爾雅》此類"連言爲訓"皆以動作、事物之狀貌訓動作、事物本身。

八、以表現動作與動作之憑藉和方式的兩詞構成的訓釋

《尚書·洪範》:"汝則有疑,謀及乃心,謀及卿士,謀及庶人,謀及卜筮。"孔《注》:"將舉事而汝則有大疑,先盡汝心以謀慮之,次及卿士眾民,然後卜筮以決之。"《釋言》:"謀,心也。"郭《注》:"謀慮以心。"

"心"是"謀慮"這個動作的憑藉和方式。

九、以表現因果關係的兩詞作成的訓釋

《史記·曆書》:"日月成故明也。"《釋詁》:"功、績、質、登、平、明、孜、就,成也。"

此處,"明"是"(日月)成"的結果。

十、訓詞與被訓詞構成條件或假設關係

《釋詁》："詔、相、導、左、右、助，勴也。"郝《義疏》："導者，從寸，法度之助也。法度繩人引以當道，故《孟子》云：'得道者多相，失道者寡助。'是'導'訓'助'之義也。"

語見《公孫丑》下。主題詞"道"與描寫短語間構成條件或假設關係。

在攷察了具體類型之後，讓我們來對《爾雅》"連言爲訓"這種體例作一概括的評價。

首先，《爾雅》的出發點（由此影響到結果）與其説是在理論的語言學方面，不如説是在實用的古代語言文獻具體詞義的訓釋方面。《七略》説："古文讀應《爾雅》，故解古今語可知也。"其"古文"雖在《七略》那裏特指《尚書》而言，但事實上也可以理解爲包括《尚書》在内的所有同《爾雅》收詞有關的上古文獻。郭璞在《爾雅注·序》中，進一步闡明了由《爾雅》與古文獻之間的密切關係所能體現的《爾雅》一書的價值範圍。由於存在這樣的範圍，因而如果把《爾雅》的訓語奉爲一成不變的古代漢語詞語解釋的法寶，就會與客觀事實相脱節。《爾雅》"連言爲訓"給後人造成一系列錯覺的原因，也正在於此。那些錯覺表現爲，没有認識到相當部份的"連言爲訓"所反映的，祇是古文獻中特定語境裏的臨時性聯繫，而錯誤地認爲，"連言爲訓"的訓詞與被訓詞之間必然存在着明確的内涵或外延的指向，存在着形和音方面的絶對聯繫。

今以郝懿行《爾雅義疏》（以下簡稱《義疏》）爲例。《釋詁》："鞫、訩、溢，盈也。"這本是用了《詩經·小雅·節南山》的連文："昊天不傭，降此鞫訩。昊天不惠，降此大戾。""鞫"、"訩"二字本各有訓。毛《傳》："鞫，盈；訩，訟也。"鄭《箋》釋前句意爲："昊天乎，師氏爲政不均，乃下此多訟之俗。""訩"與"鞫"與"盈"並不構成近（同）義詞。《義疏》却曲爲解道："訩以匈聲，言語争訟其聲匈匈，故又訓盈。所謂發言盈廷者也。"這個理解不準確。反過來，儘管在郝書那裏，並不存在，更談不上自覺建立認識《爾雅》"連言爲訓"的基點，但其理解準確之處，也值得一提。《釋言》："怒，飢也。"《義疏》："又訓飢者，蓋言憂思之意迫切如

飢耳。"甚是。接着，郝又刊正了別人的兩個錯誤，一是指出《説文解字》"愁，飢餓"條"餓"字當作"意"（段註説同），二是糾正李巡解"愁"爲"宿不食之飢"的錯誤，曰："《詩》有二愁，愁焉如擣'亦訓思，可知飢非愁之本義。"這兩條，都説得相當有道理。

其次，我們説，《爾雅》中相當部份的"連言爲訓"所反映的，祇是古文獻中特定語境裏的臨時性聯繫，即訓詞與被訓詞之間，不一定存在必然聯繫；但並不能因此而完全否定"連言"這種客觀語言現象在一定程度上對於語文詞典編纂和詞語訓釋所起的作用。例如屬於連文的部份和屬於對稱的部份就能幫助我們確定一些近（同）義詞。① 另外，《爾雅》"連言爲訓"體例還能幫助我們認識其成書過程。習慣上我們説，《爾雅》成書於西漢初年，但並不排除其後時代又陸續增補入一些詞語的可能。例如《釋言》："棄，忘也。"這是採源於《詩經·小雅·谷風》"將安將樂，女轉棄予"一句鄭《箋》的連文："朋友無大故則不相遺棄，今女以志達而安樂，棄恩忘舊，薄之甚。"② 如此看來，直到公元二世紀後半葉鄭玄已經斷言《爾雅》一書是"孔子門人所作，以釋六藝之旨"以後，仍有人按照《爾雅》"連言爲訓"的體例將鄭玄本人的箋語增補入《爾雅》正文。③

"連言爲訓"是《爾雅》一種特殊的訓釋體例，應引起學界的注意，也有待訓詁學工作者作更深一層的探索。

玖　《爾雅義疏》增附式釋義疏誤略説

《爾雅義疏》（以下簡稱《義疏》），清郝懿行撰，屬《爾雅》整理著作中較精善者，一直爲世所推重。郝書的最大優點，一是以音聲爲本，二是

---

① "連言"和"連文"是兩個不同的概念，不能混淆。
② 《文字聲韻訓詁筆記》認爲《釋言》此條訓語由《詩》"女轉棄予"與下文"忘我大德"連言而成，非是下文"忘我大德，思我小怨"自成一句，與此語境遠隔，無由相連。
③ 鄭玄生卒年爲公元127至200年；語見《五經異義》。

注重目驗。其疏誤之處，王念孫在手批《爾雅義疏》寫本（即節本）①刊誤案語中，肖璋在《王石臞刪訂〈爾雅義疏〉聲韻謬誤述補》②中，張永言在《論郝懿行的〈爾雅義疏〉》③中，郭在貽先生在《談郝懿行的〈爾雅義疏〉》④中，都曾予指出。概括起來，它們大致有：《爾雅》性質和宗旨的理解、聲訓、引文、校勘和襲用前人成果等幾個方面的問題。本文專就《義疏》中增附式釋義的疏誤問題展開述評。

中國古代語文辭書的增附式釋義，是與古代漢語詞義發展過程中的脫落現象分不開的。

本書前文《〈說文解字〉段註所見古代漢語詞義脫落現象》有述，作爲一種客觀現象，脫落是早期的漢語發展過程中，意義單純的詞向被賦以更高頻運用期待的詞階段過渡的結果。詞義脫落往往表現爲本義內涵枯涸而指稱範圍擴大。

爲了反映詞義脫落的結果，語文辭書在釋義時需要對詞本義的複雜義素進行過濾。例如《說文解字》二篇上口部："哉，言之閒也。從口，𢦏聲。"《爾雅·釋詁》則將《說文解字》釋文過濾爲："孔、魄、哉……閒也。"這是過濾式釋義。由此可以看出"所詳者字之用"的《爾雅》從"所詳者字之體"的《說文解字》脫胎而出的痕蹟。

另一方面，爲了溯源返本，語文辭書在釋義時，又需要對詞的擴大引申義進行增附，以縮小外延。例如《說文解字》五篇下厚部："厚，山陵之厚也。"同是一個"厚"字，既充當詞目，又充當經增附了的釋文的一部份，說明東漢時代，"厚"的本義與引申義並存。爲顯示詞義的區別性特徵，《說文解字》在釋文中增附了本義的原始深層意義單位。這是增附式釋義。

無論是過濾式釋義還是增附式釋義，在語文辭書詮釋中都有其存在和使用價值。但是，如果任意過濾或增附，就會導致釋義錯誤。

例如《小爾雅》："話，善也。"採自《詩經·大雅·板》和《大雅·抑》的毛《傳》："話，善言也。"《小爾雅》任意剝落中心意義單位，

---

① 《爾雅義疏》節本有清代道光六年至九年（1826—1829）阮元刻《皇清經解》本、道光三十年（1850）陸建瀛木樨香館刻本、咸豐十年（1860）勞崇光《皇清經解》補刻本。
② 肖璋《王石臞刪訂〈爾雅義疏〉聲韻謬誤述補》，載《浙江學報》1948年第2卷第2期。
③ 張永言《論郝懿行的〈爾雅義疏〉》，載《中國語文》1962年11月號。
④ 郭在貽《談郝懿行的〈爾雅義疏〉》，載《辭書研究》1989年第3期。

以"善"釋"話",不確。郝懿行《爾雅義疏》在《釋詁》"話……言也"條中已予指出。這是任意過濾例。

與任意過濾相對的是任意增附,即主觀地認爲某詞詞義有過脫落的經歷,然後任意增附意義單位,而仍以爲得其本義。《義疏》在這方面表現得尤爲突出。書中大量詮釋以《爾雅》同一詞目的某一釋文爲中心詞,以增附同一詞目的另一釋文爲限定詞,組成一個偏正式短語的釋文單位。例如《釋詁》:"肅、延、誘……進也。"《爾雅義疏》:"'誘'通作'牖'……安牖爲窗牖,所以進明,與'誘'聲義俱同,是明之進矣。"且不說其破讀是否得當,其增附"明"以輾轉附會《爾雅》,不確。又如《釋詁》:"治、肆、古,故也。"《義疏》:"肆者,陳之故也。'肆'訓陳,'陳'訓久也、舊也,'舊'、'久'義俱爲故也。"其遞訓在"陳"這個環節發生了問題,概念被偷換,因此增附後的複合短語釋文不確。《義疏》此類增附式釋義大量存在。它們不但混淆了詞目與釋文之間的關係,而且混淆了詞目內部各意義單位之間的關係,同時也影響了詞義整體的共時部份和歷時部份的有機構成。

《義疏》對並無詞義脫落經歷的詞目進行增附式釋義的構成類型,大致有以下五種:

一、以《爾雅》它篇釋文爲限定詞,以《爾雅》本篇釋文爲中心詞構成釋義

[1]《釋詁》:"肅、齊……疾也。"《義疏》:"齊者,壯之疾也。《釋言》云:'齊,壯也。'"

[2]《釋詁》:"黎……師、旅,衆也。"《義疏》:"師、旅,人之衆也。"並引《釋言》:"師,人也。"

二、以《爾雅》本篇其它條目的釋文爲限定詞,以本篇條目的釋文爲中心詞構成釋義

(一)限定詞爲本篇上文

[1]《釋詁》:"薦,進也。"《義疏》:"薦者,上文云:'陳

也。'陳之進也。"

［2］《釋詁》："介，右也。"《義疏》："介者，上文訓大、訓善。又訓右者，大善之右也。"

［3］《釋詁》："悠，思也。"《義疏》："上文悠訓遠，此訓思者，遠之思也。"

（二）限定詞爲本篇下文

［1］《釋詁》："顯，光也"《義疏》："顯者，下文云：'見也。'見之光也。"

［2］《釋詁》："震，懼也。"《義疏》："震者，動之懼也。下文云：'震，動也。'"

三、以其它語文專書的釋文爲限定詞，以《爾雅》釋文爲中心詞構成釋文

［1］《釋詁》："烝，衆也。"《義疏》："烝者，氣之衆也。《說文》云：'烝，火氣上行也。'"

［2］《釋詁》："蔇，勤也。"《義疏》："段氏玉裁說云：'蔇之言盡也。'謂盡力之勤也。"

［3］《釋詁》："治，故也。"《義疏》："治者，值之故也。《釋名》云：'治，值也。'"

四、以語用文獻註疏的註文爲限定詞，以《爾雅》釋文爲中心詞構成釋文

《釋詁》："夏者，《書》'不率大夏'，《正義》曰：'夏猶楷也'，言爲楷模之常，故夏爲常也。"

五、以詞目字的部首爲限定詞，以《爾雅》釋文爲中心詞構成釋文

《釋詁》："詔、相、導、左、右、助，勴也。"《義疏》："如者，

從召，口之助也。""相者，從木，視之助也。""導者，從寸，法度之助。""左者，從手，手之助也。""右者，從手口，手口之助也。"

　　以上所見各類增附式釋義，已經遠遠超過了真正的詞義脫落現象本身所能容納的範圍。《義疏》試圖通過兼容（雜糅）詞的本源義與引申義、臨時義與固定義、整體義與部份義、一般義與特殊義、前列義與後列義來調和字書系統與詞書系統之間、詞書系統內部之間以及語用文獻與詞書系統之間的關係，但由於過晚地估計了被訓詞詞義發生"脫落"的歷史階段，一概以體現複合抽象的詞外結構來解釋事實上並沒有早期"脫落"經歷的詞，一味主觀地添加與原義沒有直接關係的字詞來增字爲訓，簡單地用複合詞外結構來增附解釋所有詞目，因此影響了釋義的準確性，當然也就沒有達到調和各種關係的目的。

　　針對《義疏》增附式釋義中存在的問題，我們認爲：要把人為的拼湊、複合同通過"增附"以歸返詞義自然深層多項的本源面貌區分開來，把人為的剝落、割裂同反映詞義引申過程的自然"脫落"現象區分開來。評價的原則不在於是"增附"還是"過濾"，而在於是否處理得符合詞義發展的客觀事實。增附的目的，本是為了溯源返本，回到詞義"脫落"前的原點；過濾的目的，則是為了順其自然地反映詞在特定語境中因連續使用而導致詞義"脫落"的進程和結果。這兩種手段，在分別處理相應的對象時，應區別使用。為此，我們一方面應以詞的本源多項深層意義看待詞義自然"脫落"前的真實本義狀態，對詞義的人為剝落者作人為增附處理；另一方面，應以詞義自然脫落的通達觀看待詞義的發展過程，對《義疏》的增附式釋義有疏誤者作人爲的再剝落理解。

壹拾　《爾雅》研究的全方位視角

　　王力曾將清代以前的舊訓詁學者分爲述而不作的纂集派、闡發或糾正前人訓詁的註釋派和從聲韵通轉攷證字義的發明派等三派。《爾雅》研究也同樣如此。三派關於解釋語言及其方法的論述，散見在具體的訓釋實踐中。因此，

《爾雅》研究一直没有形成一種系統。

20世紀,《爾雅》研究的理論空白被填補。黄季剛先生在《爾雅略説》中,對《爾雅》名義、《爾雅》與經傳百家的關係、《爾雅》的歷代註家、宋清兩代《爾雅》整理研究及治《爾雅》的資糧等一系列問題展開深入而系統的探討。① 40年代後的"新訓詁學"派,大膽擺脱傳統訓詁學的束縛,以現代語言學理論爲指導,堅持歷史的觀點和詞義系統聯繫的觀點,正視並研究訓詁所載詞義現象,由此將訓詁學納入了語言學的軌道;《爾雅》研究也進入了一個新的階段。人們開始注意從《爾雅》看古漢語詞匯研究,看語義分類、釋義方法、同義詞詞義特點和漢語早期構詞法等問題。這種研究也被視爲一種詞義學或詞匯學的研究。"新訓詁學"派的理論嘗試,客觀上促進了《爾雅》研究的發展。具體地講,《爾雅》研究吸收了詞義學的成果,方法和體系呈現出嚴整性和科學化;在詞義學的啓發下,認識到了以往自身研究方法和規律的普遍意義,充實和豐富了詞義學,並爲詞義學提供了更爲可行而具普遍意義的操作方法。

但另一方面,訓詁材料帶有極大的綜合性。它們不但包含了相當於現代語言學的各個部門,還包含了天文、地理、風俗、禮制以至同古代生活、生產有關的方方面面。《爾雅》也不例外。

《爾雅》總詞數爲4300多個,其中通義詞623條,共1802詞,均在前三篇内;文化詞語共2498個,其中前三篇198個,後十六篇2300個。《爾雅》文化詞語與通義詞之比,約爲1.4∶1。

《爾雅》與中華傳統文化有着極其密切的關係。然而,綜觀歷代《爾雅》研究,雖有不少學者留意於文化詞語的攷釋(特別是後十六篇),但大多祇限於攷據式的解釋,而不能進入一種文化闡釋的境界。現當代的學者,又大多局限在語言學範型内,試圖把《爾雅》研究引向純粹的詞義學領域。

詞義研究和文化闡釋均可作爲《爾雅》研究的目標。《爾雅》的整體研究不能無視其文化屬性。不唯如此,《爾雅》的文化闡釋還應自覺化和系統化。例如,依據《釋天》推導先秦天文學史,依據《釋地》、《釋丘》和《釋

---

① 詳見黄侃《黄侃論學雜著》,中華書局上海編輯所,1964年。

山》推導先秦地理學史，依據《釋草》、《釋木》、《釋蟲》、《釋魚》、《釋鳥》、《釋獸》和《釋畜》推導先秦生物學史，依據《釋宫》透視古代民居文化和建築文化，依據《釋器》透視古代各種器制、服飾文化和飲食文化，依據《釋樂》透視古代音樂表現藝術；等等。

我們主張在《爾雅》研究中，詞義和文化兩個方面相輔相成，得到完善的統一。

壹拾壹 《爾雅·釋天》所見中國古代季節觀念

中國古代的季節觀念，早在殷商甲骨文①和先秦典籍中就有體現。《周易·恒》："四時變化而能久成。"《尚書·堯典》："以閏月定四時成歲。""日中星鳥，以殷仲春……；日永星火，以正仲夏……；宵中星虛，以殷仲秋……；日短星昴，以正仲冬……"《春秋公羊傳·隱公六年》："四時具然後爲年。""四時"即指春、夏、秋、冬四季。

《爾雅》十九篇之一《釋天》是關於天文、曆法、氣象等方面詞語的解釋。其中有五項內容以四季爲詞義區別性特徵，蕴涵了中國古代季節觀念。

一、四季天名

《爾雅·釋天》："春爲蒼天，夏爲昊天，秋爲旻天，冬爲上天。"

《釋名·釋天》進一步闡發道："春曰蒼天，陽氣始發，色蒼蒼也；夏曰昊天，其氣佈散灝灝也；秋曰旻天，旻，閔也，物就枯落，可閔傷也；冬曰上天，其氣上騰，與地絶也。"按此理解，"蒼天"指春季的藍天，"昊天"指夏季浩瀚無際的天，"旻天"指秋季憐憫萬物的天，"上天"指冬季地氣上

---

① 陳夢家認爲："後世春夏秋冬四季的分法，起於春秋以後。此以前恐怕祇有兩季。……這兩季在卜辭中稱爲春、秋。……由此可證卜辭祇有春秋兩季而無冬夏。"（《殷墟卜辭綜述》第七章《曆法天象》，中華書局，1988年）但事實上，甲骨文中有"冬"字；"夏"字則始見於春秋金文。

騰的天。同一廾天被賦予四種不同季節的意義。①

二、四季別名

《爾雅·釋天》："春爲青陽，夏爲朱明，秋爲白藏，冬爲玄英。四氣和謂之玉燭。"

此本《尸子·仁意》："春爲青陽，夏爲朱明，秋爲白藏，冬爲玄英。四氣和正光照，此之謂玉燭。"

三、四季祥風名

《爾雅·釋天》："春爲發生，夏爲長嬴，秋爲收成，冬爲安寧。四氣和爲通正，謂之景風。"

此本《尸子·仁意》："春爲發生，夏爲長嬴，秋爲方盛，冬爲安静。四氣和爲通正，此之謂永風。"

四、四季祭名

《爾雅·釋天》："春祭曰祠，夏祭曰礿，秋祭曰嘗，冬祭曰烝。"

此本《周禮·春官·大宗伯》："以祠春享先王，以禴夏享先王，以嘗秋享先王，以烝冬享先王。"《春秋繁露·四時》詳論："四祭者，因四時之所生熟而祭其先祖父母也。故春曰祠，夏曰礿，秋曰嘗，冬曰烝。祠者，以正月始食韭也；礿者，以四月食麥也；嘗者，以七月嘗黍稷也；烝者，以十月進初稻也。"又："始生，故曰祠，善其司也；夏約，故曰礿，貴所初約也；先成，故曰嘗，嘗言甘也；畢熟，故曰烝，烝言衆也。"《禮記·王制》與此稍異："天子諸侯宗廟之祭——春曰礿，夏曰禘，秋曰嘗，冬曰烝。"鄭註："此蓋夏殷之祭名。周則改之，春曰祠，夏曰礿。以禘爲殷祭。《詩·小雅》

---

① 此爲析言之義；古文獻之四季天名尚有統言之義。郝懿行《爾雅義疏》："若通而論之，則堯命羲和而云欽若昊天，非必夏也；魯誄孔子而曰旻天不弔，非必秋也；上言彼黍離離，下言悠悠蒼天，其非春可知矣；《方言》有菀有柳，即云上天甚神，其非冬亦明矣。《爾雅》略釋其義，讀者勿泥其詞可也。"《詩經》毛亨《傳》："尊而君之，則稱皇天；元氣廣大，則稱昊天；仁覆閔下，則稱旻天；自上降監，則稱上天；據遠視之蒼蒼然，則稱蒼天。"《尚書·堯典》"欽若昊天"孔穎達《疏》："《爾雅》四時異名，《詩·傳》即隨事立稱。……六籍之中諸稱天者，以情所求言之耳，非必於其時稱之。"

曰：'祠祠烝嘗，于公先王'。此周四時祭宗廟之名。"在古文獻中，四季祭名的統言之義和析言之義往往並無嚴格區別，正如沈文倬先生所說的那樣："各種編排的四時祭名不過是一種禮說而已。"①

五、四季田獵名

《爾雅·釋天》："春獵爲蒐，夏獵爲苗，秋獵爲獮，冬獵爲狩。"

此同《周禮·夏官·大司馬》。《左傳·隱公五年》："凡物不足以講大事，其材不足以備器用，則君不舉焉。……故春蒐、夏苗、秋獮、冬狩，皆於農隙以講事也。"《公羊傳》、《穀梁傳》之《桓公四年》則爲："春曰苗，秋曰蒐，冬曰狩。"②中國古代季節觀念，由此可見一斑。

壹拾貳　《廣雅》的詞典屬性

《廣雅》，魏張揖著，收集了秦漢至魏之間的詞語。張揖編纂《廣雅》的出發點是認爲《爾雅》"未能悉備"，必須爲其做增廣工作："擇撢群藝，文同義異、音轉失讀、八方殊語、庶物易名，不在《爾雅》者，詳錄品覈，以著於篇。"③《廣雅》不但篇目、分類與《爾雅》大致相同，而且每篇中所收詞語的排列順序和釋義方式也與《爾雅》大致相同。由此便同樣引出了《廣雅》的詞典屬性問題。

一、《廣雅》釋義的非概括性

《釋詁》："道、天、地、王……，大也。"王念孫《疏證》引《老子》："有物混成，先天地生，吾不知其名字之曰道，強爲之名曰大，故道

---

① 沈文倬《略論禮典的實行和〈儀禮〉書本的撰作》[上]，載《文史》十五輯，中華書局，1982年。
② （清）郝懿行《爾雅義疏》："《春秋》屢書蒐、狩，不言苗、獮，偏闕二文。"其實，《春秋》中田獵名多爲統言之義。
③ （曹魏）張揖《上〈廣雅〉表》。

大、天大、地大、王亦大。"

《廣雅》將始見書中的主謂式闡述關係用作詞目和釋文的關係，但這種關係並不能概括詞目本身的一般意義，而祇體現詞目與釋文在原始文獻的特定語境中存在的某種外延或內涵的聯繫。① 這一點與《爾雅》極其相似。

二、《廣雅》釋義的非區別性

［1］《釋詁》："仁、……或、員、虞、方、云、撫，有也。"王念孫《疏證》："'或、員、方、云'爲'有無'之'有'，'仁、虞、撫'爲'相親友'之'有'，而其義又相通。古者謂相親曰有。"

［2］《釋詁》："詠、啁、……話……奠、周，調也。"王念孫《疏證》："'詠、啁、……'爲'調戲'之'調'，'……話……'爲'調欺'之'調'，'周'爲'調和'之'調'。"

前三篇不乏類似的忽略詞語的區別性特徵的例子。但後十六篇則比較注重名物詞語的區別性特徵。② 這點也與《爾雅》相似。

三、《廣雅》的語言規範性

王念孫在《廣雅疏證·序》中評論《廣雅》：

> 其自《易》、《書》、《詩》、《三禮》、《三傳》經師之訓，《論語》、《孟子》、《鴻烈》、《法言》之註，楚辭、漢賦之解，讖緯之記，《倉頡》、《訓纂》、《滂喜》、《方言》、《說文》之說，靡不兼載。蓋周、秦、兩漢古義之存者，可據以證其得失；其散逸不傳者，可借以窺其端緒；則其書之爲功於訓詁也大矣。

由此可見，《廣雅》取材範圍廣泛，在保存周秦兩漢訓詁方面很有價值，因而成爲繼《爾雅》後的又一部詞語纂集。當然，《廣雅》在釋義體例和內容方面還不盡完善。前賢有論，此不贅述。

綜上，我們從《廣雅》釋義的非概括性、非區別性和對語言的規範性三

---

① 參見呂景先《〈廣雅疏證〉指例述要》，載《開封師院學報》1962年第3期。
② 參見胡樸安關於《廣雅》釋義的22條體例。

個方面入手分析《廣雅》的詞典屬性。結論是：與《爾雅》相似，《廣雅》也近似於一部義類詞典，但並不是現代嚴格意義上的詞典。前三篇可理解爲一種義類匯編或詞語性類書，後十六篇則類似於百科工具書。總起來説，《廣雅》與《爾雅》相似，也近似於一部由義類匯編和百科詮釋構成的綜合性義類詞典，值得當代辭書學界關注。

壹拾叁　雅書詞語的語義成份分析

　　以《爾雅》和《廣雅》爲代表的雅書系統是中國通釋語義類傳統訓詁的一支。它們是由採集諸書訓詁名物並予客觀排比而成的。這種編纂體例決定了雅書同條訓詞與被訓詞之間關係的臨時性。[①] 因此，我們不可能以語義學嚴格意義上的義場或義位的定義來看待雅書的語條。義場和義位都有固定和臨時之別，而臨時的義場和義位在一定條件下卻可以互相轉化，導致義場和各級子場之間没有明確的界限。從雅書詞語的文獻來源來看，它們的確形成了由互相聯繫、互相制約和互相規定的各個義位構成的完整的集合（Set），而且似乎也是固有的；但從雅書内部來看，每一語條又都是分别作爲相對獨立的意義單位來運用的。它們都有一個常用的詞語做典型代表來充當所謂訓詞，但同一語條内的各個詞語又都有各自的語源和語音形式。這些，決定了雅書詞語的每一語條既不相當於語義場，也不相當於義位，而是介於語義場和義位之間的語義子場單位（我們可以把它籠統地叫做Plereme——意義單位）。這種特殊的層次形態，決定了我們在對雅書詞語進行語義成份分析時，採取並非從最小子場開始的特有方式。

　　在語義學那裏，語義成份分析是建立在結構主義"二項對立"原則的基礎之上的，但這個原則是以印歐語系的語言爲基點的。它植根於西方二值互斥

[①] 我們説好幾個詞都具有同一個語義特徵，但並不就是説每一個詞的内部都祇能有一個語義特徵。事實上，一個詞往往同時具有好幾個語義特徵，祇是它的某一個特徵往往可以與具有相同此特徵的其它詞在某一特定的語境（條件）中得到重合與共切罷了。這重合與共切的點就是義位。

系統的形式邏輯，因而沒有進一步探究對立的二項之間有機構成的另一面——互補性。這個工作，卻比較適於在古代漢語詞義領域內展開，因為古代漢語詞義系統恰恰植根於東方樸素辯證法邏輯的二值互補系統。所以，在雅書詞語語義成份分析中，所謂對比性原則不再是簡單的二項對比，而主要表現爲與詞義範疇處於同一平面的語義成份在同條各詞裏的真僞命題。這個命題是在子場裏全面展開的。

例如《廣雅·釋詁》"鳴也"條：

成份 被釋詞	高聲叫喊	爭吵	恐懼	喫驚	亂哄哄	憤怒	哭	痛苦	歌唱	病	動物	人
詢	+	−	+	−	+	+	−	−	−	−	−	+
閲	+	+	−	−	−	−	−	−	−	−	−	+
謹	+	−	−	+	−	−	−	−	−	−	−	+
詭	+	−	−	−	−	+	−	−	−	−	−	+
號咷	+	−	−	−	−	−	+	(+)	(+)	−	−	+
嗃	+	−	−	−	−	−	−	−	−	−	−	+
譻	+	−	−	−	−	−	−	−	−	−	−	+
訆	+	−	−	−	−	−	−	−	−	−	−	+
獂	+	−	−	−	−	−	−	−	−	−	+	−
犳	+	−	−	−	−	−	−	−	−	−	+	−
吠	+	−	−	−	−	−	−	−	−	−	+	−
雊	+	−	−	−	−	−	−	−	−	−	+	−
訏	+	−	−	−	−	−	−	−	−	−	−	+
噭	+	−	−	−	−	−	+	−	−	−	−	−
嘹	+	−	−	−	−	−	−	−	+	−	−	−
嘑	+	−	−	−	−	−	−	−	−	−	−	−
咆	+	−	−	−	−	−	−	−	−	−	+	−

表98　《廣雅·釋詁》"鳴也"條語義成份分析

又如《廣雅·釋詁》"尻也"條：

成份 被釋詞	居處地（聚處）	居處單位	居處通道	居處（V）	地域性	居處之門	其它
里	+	+	−	−	−	−	−
閭	+	+	−	−	−	+	−
衕	−	−	+	−	−	−	−
閈	(+)	−	−	−	+	+	−
慰	−	−	−	+	+	−	−
廛	+	+	−	−	+	−	−
邱	(+)	+	−	−	−	−	−
墟	+	−	−	−	−	−	−
鄁	−	+	−	−	−	−	−
聚	+	−	−	−	−	−	−
落	+	−	−	−	−	−	−
宇	−	−	−	−	−	−	+
宙	−	−	−	−	−	−	+
荒	−	−	−	−	−	−	+
在	+	−	−	−	−	−	−
於	+	−	−	−	−	−	−
處	+	−	−	+	−	−	−
所	+	−	−	−	−	−	−

表99　《廣雅·釋詁》"尻也"條語義成份分析

在雅書同一語條的意義單位裏，處於互補關係的個體被當作同一意義單位在不同位置上的代表，是同一意義單位的不同變異形式，即變體。這些變體都祇能特指概念某一方面，而作爲子場整體的意義單位則似乎是某種代表了各個方面涵義的寬泛的概念。

某些在文獻言語中意義有區別的詞，一旦進入雅書成爲同一意義單位裏的個體，就不再起區別詞的意義的作用。這種現象的出現是因了雅書編纂體例的條件；而這種條件又受到意義的互補性和相似性的制約，因此可以叫做意義單位的條件變體。條件變體之間意義的互補性和相似性主要就表現爲詞義範疇的共切點。

例如，《廣雅·釋詁》："剖、判……分也。"王念孫《疏證》引《爾雅》"象謂之鵠，角謂之觷"云："此雖有治角、治象之不同，而同爲分析之義。""鵠"、"觷"二變體在【活動】這個詞義範疇裏找到了共切點；【對象】則被忽略。

再如，"斬、割、鈃、裂、擖，裁也"條中的"鈃"和"擖"，照《方言》的説法，則是梁益之間有裁木爲器和裂帛爲衣之別；但在《廣雅》中，却被歸入同一意義單位。

另一種情況是，處在同一意義單位内部的幾個個體可以自由替換（或一個個體可以自由跨越詞義範疇）而不起區別詞的意義的作用。這種類型的變體叫做意義單位的自由變體。

例如，《廣雅·釋詁》"強也"條，王念孫《疏證》云："此條强字有二義：一爲剛強之强，《説文》作'彊'，云：'弓有力也。'一爲勉强之强，《説文》作'勥'，云：'迫也。'《集韻》、《類篇》引《廣雅》並作'勥'。'强'、'勥'、'彊'古多通用。《爾雅》：'競、逐，彊也。'郭璞註云：'皆自勉彊。'是勉强之强與剛强之强義本相通也。"

再如，"痛也"條的意義單位内部又可分出"表心靈之痛"和"表肉體之痛"兩個子場。前者個體分别爲：惜、恫、忉、哀、傷、憯、憯、恩、悲、愍、殷、慾、籲、惆、悵、恔等；後者個體爲：瘀、荼、毒、蛆、瘌、蠚、蜇、瘥等。但表肉體之痛的"毒"却也可以用來表示心靈之痛的意思。《詩經·小雅·小明》："其毒大苦。"鄭《箋》云："憂之甚，心中如有藥毒。""毒"憑藉着【程度】這個詞義範疇的聯想機制在肉體之痛和心靈之痛兩個子場之間得到自由變異的實現。

雅書詞語的某一個意義單位，都有一個通常是常見的或能夠爲同時代人所理解的變體充當訓詞。它可以被視爲各個變體的典型代表。典型變體既制約和規定其它變體，又受到其它變體的制約和規定。其間關係亦可用詞義範疇予以顯現。

例如，《爾雅·釋詁》："壑、阬阬、滕、徵、隍、濠，虛也。"典型變體"虛"與各普通變體關係爲：【空間】壑、阬阬（"山谷"義時）、隍；【活動】滕；【性質】徵；【狀貌】阬阬（"空虛貌"義時）、濠。

再如，《廣雅·釋詁》："閑、埻、楷、模、品、式、祖、柲、肖、容、拱、捄、術、臬、井、括、廌、類、楥、略，法也。"典型變體"法"與某些普通變體關係如下：【對象】埻、臬；【方式】楷、模、品、式、括；【功能】閑、柲。

對雅書詞語進行語義成份分析，是一項富有開創性的工作，值得詞義學工作者予以深化。

訓詁筆記

壹　焦循《孟子正義》對趙註之揚棄疑補

　　焦循（1763—1820），字裏堂，乾嘉後期學者。阮元譽之爲"斯一大家"，沈文倬先生亦稱"有清一代治《孟子》的無人能超過他"。① 焦循《孟子正義》（以下簡稱"焦疏"）"是清代第一部用一家之註的新疏"，② 其對趙岐註（以下簡稱"趙註"）之承襲態度，向爲是非之題；實則揚棄疑補，均皆有之。茲檢錄數事，冀共鑒焉。

一、揚

　　［1］焦疏《孟子篇叙》："孟子之後，能知孟子者，趙氏始焉。"③ "趙氏書名《章句》，一章一句，俱詳爲分析，陸九淵謂'古註惟趙岐解《孟子》，文義多略'，真謬説也。其註或倒或順，雅有條理，即或不得本文之義，而趙氏之意，焉可誣也！"④

　　［2］焦疏《公孫丑》下云："孟子之學，惟趙氏知之深矣。"⑤

　　［3］《離婁》下："人之所以異與禽獸者幾希。庶民去之，君子存之。"趙註："知義與不知義之間耳。衆民去義，君子存義也。"焦疏："此

---

① 沈文倬《孟子正義·本書點校説明》，載（清）焦循撰《孟子正義》，沈文倬點校，中華書局，1987年，P1。
② 同①，P2。
③ （清）焦循撰《孟子正義》，沈文倬點校，中華書局，1987年，P1048。
④ 同③，P1050。
⑤ 同③，P313。

孟子道性善之本旨，而趙氏能明之，趙氏不愧通儒也。"①

[4] 焦疏《盡心》下："《孟子》屬文奇奧，趙氏每能曲折達之。"②

今按，趙註功德，不惟焦疏稱之。《四庫全書總目提要》評趙註云："蓋其説雖不及後來之精密，而開闢荒蕪，俾後來得循途而深造，其功要不可泯也。"阮元評趙註云："漢人《孟子》註存於今者，惟趙岐一家。趙岐之學以較馬、鄭、許、服諸儒稍爲固陋，然屬書、離辭、指事、類情，於詁訓無所戾。七篇之微言大義藉是可推，且章別爲指，令學者可分章尋求，於漢傳註別開一例，功亦勤矣。"③焦疏所稱，亦不爲過。

二、棄

趙岐《孟子題辭》："愚亦未能審於是非，後之明者，見其違闕，倘改而正諸，不亦宜乎？"④

可見趙岐對自己的註可能存在問題這一點，是有思想準備的，因而措辭也比較謙虛。

[1]《梁惠王》上引《尚書·湯誓》："時日害喪，予及汝偕亡。"趙註："言桀爲無道，百姓皆欲與湯共伐之。湯臨士衆而誓之，言是日桀當大喪亡，我及女俱往亡之。"焦疏："趙氏以此爲湯諭民之言；以'予及汝偕亡'爲'我及汝俱往亡之'，則'我'爲湯自我，'汝'謂民，乃《書》文於此下云'夏德若兹，今朕必往'語爲重沓矣。孟子……引《書》，言桀之失德，全在民欲與之皆亡。若作湯諭民往亡桀之辭，無以見桀之失德矣。趙氏之旨，既殊《孟子》，亦違伏、鄭，未知所本。"⑤

[2]《梁惠王》上："以若所爲，求若所欲，猶緣木而求魚也。"趙註："若，順也。順向者所爲，謂構兵諸侯之事；求順今之所欲莅中國之願，其不可得，如緣喬木而求生魚也。"焦疏："按，'若'宜同'若無罪而就死地'之'若'。若，如此也。謂以如此所爲，求如此所欲。解爲'順'，於辭

---

① （清）焦循撰《孟子正義》，沈文倬點校，中華書局，1987年，P568。
② 同①，P989。
③ （清）阮元《〈孟子注疏〉校勘記·序》，中華書局，1979年，據嘉慶二十一年阮刻本影印。
④ 同①，P27。
⑤ 同①，P49。

不達。"①

［3］《滕文公》上趙岐《章指》："人當上則聖人，秉仁行義，高山景行，庶幾不倦。《論語》曰'力行近仁'，蓋不虛云。"焦疏引《音義》："'力行近仁'，《論語》無此語，是《禮記·中庸》篇。趙氏以爲《論語》，文之誤也。"②

［4］《滕文公》上："且志曰：'喪祭從先祖。'"趙註："《周禮》：'小史掌邦國之志。'曰喪祭之事，各從其先祖之法。"焦疏："小史屬春官。鄭司農云：'志，謂記也。《春秋傳》所謂《周志》，《國語》所謂《鄭書》之屬是也。'小史所掌之志，記世系昭穆之事，容有'喪祭從先祖'云云，故趙氏引以爲證，實不知爲何書也。"③焦疏直指趙註軟肋。

［5］《滕文公》下引《尚書》逸篇："丕顯哉！文王謨。丕承哉！武王烈。"趙註："丕，大。……言文王大顯明王道，武王大纘承天光烈。"焦疏引王引之《經傳釋詞》："《玉篇》曰：'不，詞也。'經傳所用或作'丕'。'顯哉！''承哉！'，贊美之詞。'丕'則發聲也。""趙註訓'丕'爲'大'，失之。"④

［6］《離婁》上："《詩》云：'不愆不忘，率由舊章。'遵先王之法而過者，未之有也。"趙註："《詩·大雅·嘉樂》之篇。愆，過也。所行不過差矣。不可忘者，以其循用舊故文章，遵用先王之法度，未聞有過也。"焦疏："詩在《大雅·假樂》第二章。……箋云：'愆，過也。率，循也。成王之令德不過誤，不遺失，循用舊典之文章。'趙氏註略同。惟鄭以'不愆'、'不忘'平對；趙氏以《孟子》下申言專指出'過'字，故以'不愆'爲'不過差'，而'不忘'別屬下謂'不可忘者'，因其遵舊法而無過也。按，鄭義是也。愆，過也。忘爲遺失，亦過也。《孟子》言'過'，兼該愆、忘。遵用先王之法，乃不愆不忘，則摒棄《詩》、《書》，專恃心覺者，其愆、忘可勝言哉！"⑤

---

① （清）焦循撰《孟子正義》，沈文倬點校，中華書局，1987年，P90。
② 同①，P322。
③ 同①，P328。"春"字原誤爲"天"，沈文倬據《周禮》改。
④ 同①，P452。
⑤ 同①，P484—485。

[7]《離婁》上："朝不信道，工不信度……"趙註："朝廷之士不信道德，百工之作不信度量……"焦疏："趙氏以'工'爲百工，以'度'爲度量。……按，《毛詩·周頌》'嗟嗟臣工'，傳云：'工，官也。'《國語·魯語》'夜儆百工'，《尚書·堯典》'允釐百工'，百工即謂百官，度謂法度也。"①

[8]《告子》上："孟子曰：'乃若其情，則可以爲善矣，乃所謂善也。若夫爲不善，非才之罪也。'"趙註："若，順也。性與情相爲表裏，性善勝情，情則從之。《孝經》曰：'此哀戚之情。'情從性也，能順此情，使之善者，真所謂善也。若隨人而強作善者，非善者之善也；若爲不善者，非所受天才之罪，物動之故也。"程瑤田《通藝錄·論學小記》："'乃若'者，轉語也。即從下文'若夫'字生根。……"焦疏："'乃若'，宜如程氏瑤田之說。趙氏以'順'釋'若'，非其義矣。"②

[9]《告子》上："孟子曰：'富歲子弟多賴，……'"趙註："賴，善。"焦疏："阮元云：'"富歲子弟多賴"，賴即懶。……而子弟多賴，即是子弟多懈也。……'阮氏說是也。"③

[10]《盡心》下："孟子曰：'說大人則藐之，勿視其巍巍然。'"趙註："孟子言說此大人之法，心當有以輕藐之，勿敢視之。巍巍富貴若此而不畏，則心舒意展，言語得盡。"焦疏："《音義》云：'藐，丁音邈。藐然，輕易之貌。又音眇。'按，《廣雅·釋詁》云：'邈，遠也。'《文選·思玄賦》'允塵邈而難虧'舊註、《幽通賦》'黃神邈而靡質兮'應劭註，皆訓'邈'爲'遠'。《莊子·逍遙遊》'藐姑射之山'，《釋文》引簡文註，即以'藐'爲'遠'。蓋說大人則藐之，當釋'藐'爲'遠'。謂當時之遊說諸侯者，以順爲正，是狎近之也。所以狎近之者，視其富貴而畏之也。不知說大人宜遠之。遠之者，即下皆古之制，我守古先王之法，而說以仁義，不曲徇其所好，是遠之也。以爲心當輕藐，恐失孟子之恉。"④

今按，胡毓寰貶焦疏"曲意回護"，"囿於漢宋門户之見"，"雖謬誤

---

① （清）焦循撰《孟子正義》，沈文倬點校，中華書局，1987年，P487。
② 同①，P756。
③ 同①，P760。
④ 同①，P1014。

處亦繁徵博引以疏解之"① 殆不然也。沈文倬評焦疏"突破唐、宋舊疏'疏不破註'的成法","體現了清學實事求是精神"。② 誠哉斯言。

三、疑

[1] 焦疏《孟子篇叙》:"今撰《正義》,惟主趙氏,而衆説異同,亦略存録,以備参攷而已,實未易折衷也。"③ "趙氏《章句》既詳爲分析,則爲之疏者,不必徒事敷衍文義,順述口吻,效《毛詩正義》之例,以成學究講章之習。趙氏訓詁,每疊於句中,故語似蔓衍而辭多偯聲。推發趙氏之意,指明其句中訓詁,自爾文從字順,條鬯明顯矣。於趙氏之説或有所疑,不惜駁破以相規正。至諸家或申趙義,或與趙殊,或專翼孟,或雜他經,兼存備録,以待参攷。"④

[2] 焦疏《公孫丑》上引趙佑《溫故録》:"此章舊註特多違失,如以子夏不如曾子孝之大,以告子之言心氣,皆屬人言;'宰我、子貢善爲説辭'一節,'昔者竊聞之'一節,皆爲孟子自言。'莫不善於有若曰'節註'此三人皆孔子弟子'云云,直説成阿其所好,全相觸背。此漢註之所以不可廢而有可廢也。"⑤

焦疏兼存備録,未予置辭。

[3]《離婁》上:"上無禮,下無學,賊民興,喪無日矣!"趙註:"言君不知禮,臣不學法度,無以相檢制,則賊民興,亡在朝夕,無復有期日,言國無禮義必亡。"焦疏:"趙氏以'下無學'爲'臣不學法度',近時通解以'下'指民。趙氏佑《溫故録》云:'……。'"⑥

焦疏兼存備録,亦未置辭。

---

① 胡毓寰《孟子七篇源流及其註釋》,載《學術世界》卷1,12期,P61。
② 沈文倬《孟子正義·本書點校説明》,載(清)焦循撰《孟子正義》,沈文倬點校,中華書局,1987年,P2。
③ (清)焦循撰《孟子正義》,沈文倬點校,中華書局,1987年,P1048。
④ 同③,P1051。
⑤ 同③,P220。
⑥ 同③,P487—488。

［4］《萬章》上："《書》曰：'祇載見瞽瞍，夔夔齋栗，瞽瞍亦允若。'是爲父子不得而子也。"趙註："舜既爲天子，敬事嚴父，戰栗以見瞽瞍，瞍亦信知舜之大孝。若是爲父不得而子也，以是解咸丘蒙之疑。"焦疏："趙氏以瞽瞍亦信知舜之大孝釋'瞽瞍亦允'，是讀'允'句，'若'字屬下，爲孟子說《書》之辭。近讀'允若'爲句，從晚出古文《大禹謨》也。江氏聲《尚書集注音疏》云：'孟子既引此經，遂言曰"是爲父不得而子也"。趙氏讀"允"字絶句，"若"字屬下入孟子語中，似不合孟子語意，故聲裁節之而別爲之解。允，誠也。若，善也。舜敬事瞽瞍，見之必敬慎戰栗，瞽瞍化之，亦誠實而善。所謂"烝烝乂，不格姦"也。'"①

焦疏兼存備録，亦未置辭。

［5］《萬章》下："智，譬則巧也；聖，譬則力也。"焦疏："趙氏本義，未知何如，故擬之以質知者。"②

焦疏知之爲知之，不知爲不知的態度，"體現了清學實事求是精神"。③其所"兼存備録，以待參攷"者，計有顧炎武、毛奇齡、閻若璩、梅文鼎、李光地、萬斯大、萬斯同、孫蘭、馬驌、臧琳、胡渭、陳厚耀、張爾岐、馮景、惠士奇、江永、顧棟高、胡煦、徐文靖、沈彤、顧震、吳鼎、何焯、王懋竑、李紱、惠棟、戴震、全祖望、王鳴盛、倪思寬、江聲、程瑤田、孔廣森、金榜、錢大昕、武億、盧文弨、邵晉涵、任大椿、汪中、劉臺拱、錢塘、謝墉、畢沅、趙佑、王坦、段玉裁、孫星衍、凌廷堪、周廣業、周柄中、胡匡衷、翟灝、曹之昇、都四德、周用錫、陳鱣、鍾懷、臧庸、汪萊、王念孫、阮元、姚文田、王引之、張宗泰等六十五家，④集清代孟學之精華；而何澤恒譏焦疏拘守門户，"不免於自陷"、"明於燭人而暗於自照"。⑤殆不然也。

---

① （清）焦循撰《孟子正義》，沈文倬點校，中華書局，1987年，P642。
② 同①，P674。
③ 沈文倬《孟子正義·本書點校説明》，載同①，1987年，P2。
④ 詳見焦疏《孟子篇叙》。同①，P1051—1052。
⑤ 何澤恒《焦循研究》，大安出版社（臺北），1990年，P209—10。

四、補

《盡心》下："可欲之謂善，有諸己之謂信，充實之謂美，充實而有光輝之謂大，大而化之之謂聖，聖而不可知之之謂神。"趙註："己之所欲，乃使人欲之，是爲善人。己所不欲，勿施於人也。"焦疏："趙氏以己所不欲勿施於人爲可欲。按，此忠恕一貫之學，不僅於善也。……"①

清人羅士琳續補《疇人傳》記載焦循"每遇一書，無論優劣難易，隱奧平衍，必悉心研究，務窮其源。"以焦疏觀之，蓋不謬也。

由上觀之，焦疏於趙註之揚棄疑補，不一而足。焦疏《公孫丑》上云："《孟子》經文，辭句明達，不似《詩》《書》艱奧，而趙氏註順通其意，亦極詳了，不似毛、鄭簡嚴，待於申發。故但疏明訓詁典籍，則趙氏解經之意明，而經自明；而趙氏有未得經義者，以經文涵泳之，亦可會悟而得其真，固無取乎強經以從註也。"②焦循心意，固已明矣。或評焦疏"無論趙註是對是錯，焦疏普遍存在着曲解、誤發（包括誤駁），其論證大都牽強難信，所以焦疏對趙註的理解從根本上存在問題"。③殆非也。

貳　《孟子箋校商補》讀誌

《諸子箋校商補》，劉如瑛著，山東教育出版社1995年版。茲檢《孟子箋校商補》四事似可洽者，謹錄於左，以就教於方家。

一、《梁惠王》上

原文：海內之地，方千里者九，齊集有其一。

---

① （清）焦循撰《孟子正義》，沈文倬點校，中華書局，1987年，P994。
② 同①，P206。
③ 李暢然《焦循〈孟子正義〉曲護趙註問題辨析》，《中文學刊》（香港）2000年第2期，P179。

《商補》：《説文》解"集"字爲"群鳥在木上也"。故有居初、居止義。……此言海內土地方千里者有九，齊國居有其一而已。趙註："集會齊地，可方千里。"此解從無異說，實則可商。……故此"集"字當訓居初、居止之意。

今按，《説文解字》解"集"字爲"群鳥在木上也"，乃造意。①《爾雅·釋言》："集，會也。"邢昺疏："經典通謂聚會爲集。"《孟子》"集"字凡五見，其餘四例爲：《公孫丑》上："是集義所生者，非義襲而取之也。"《離婁》下："七八月之間雨集，溝澮皆盈。"《萬章》下："孔子之謂集大成。集大成也者，金聲而玉振之也。"皆"會合"之義。趙岐註："集會齊地，可方千里，譬一州耳。"依趙註例，"集"、"會"二字同義連文爲訓，即以"會"釋"集"。焦循《孟子正義》疏本篇趙註："太山至渤海，南北不足千里；自清河至琅邪，東西不止千里。絕長補短，計其積數，約方千里，故云集會也。"意固已明。楊伯峻《孟子譯註》所附《孟子詞典》釋"集"爲"聚集"，近是。

二、《梁惠王》下

原文：國君進賢，如不得已。

《商補》：……循互訓例，"得"亦可訓"及"。"已"爲語末助詞。此言國君進賢心切，唯恐不及。……趙註："言國君欲進用人，當留意攷擇。如使忽然不精心意，如不得已而取備官，則將使尊卑親疏相逾，豈可不重慎之。"恐違原旨。

今按，本篇當讀爲："國君進賢，如不得已，將使卑逾尊，疏逾戚，可不慎與！""如"與"將"呼應，構成假設複句。"已"下不可破讀。依互訓原則，兩詞在特定語境中的意義和用法當相同或相近，不可濫用。《孟子》"不得已"凡三見，其餘二例爲——《梁惠王》下下文："非擇而取之，不得已也。"（趙註："大王非好岐山之下擇而居之，迫不得已，困於強暴，故避

---

① 造意（Character formation/Iconically derived meaning from character form）指漢字依據某一詞義採用的構造方案中顯示的具體構造意圖。詳見全國科學技術名詞審定委員會語言學名詞審定委員會《語言學名詞》，商務印書館，2011年，"訓詁學名詞"部份。

之。")《公孫丑》下:"不得已而之景丑氏宿焉。"皆無可奈何之義。趙註"如……則"呼應。焦循《孟子正義》疏本篇趙註:"不得已者,本不當用,因無人充職,姑且用之,故云不得已而取備官。"意固明矣。

三、《離婁》下

原文:居之安,則資之深;資之深,則取之左右逢其原。

《商補》:趙註:"資,取也。"非是。以"取"訓"資",無以解"資之深,則取之左右逢其原"句。《説文·禾部》:"穧,積禾也,從禾資聲。《詩》曰:'穧之秩秩。'"今本《詩·周頌·良耜》作"積之栗栗"。蓋作"穧之秩秩"者,乃《齊詩》、《韓詩》文;作"積之栗栗"者,乃《魯詩》、《毛詩》文。段玉裁《説文解字注》云,"穧"、"積"雙聲,並引《廣雅》曰:"穧,積也。"馬瑞辰《毛詩傳箋通釋》説亦同。可證此"資"字即"穧"之省文,義通"積"。資之深,猶積之深。

今按,本篇"資"不宜訓"取"。趙註誠非。焦循《孟子正義》疏本篇趙註:"既自得而居之安,則取於古聖之道,即取乎吾之性,非淺襲於口耳之間,非強擬於形似之迹,故資之深也。"亦似不安。"資"固有"積"義,不煩改。段玉裁註《説文解字》"資":"資者,積也。"並引《國語·越語》上"夏則資皮,冬則資絺,旱則資舟,水則資車"一句釋云:"皆居積之謂。"《韓非子·解老》:"身以積精爲德,家以資財爲德,鄉國天下皆以民爲德。""積"、"資"對文近義。"資"、"穧"均爲精紐脂韻,同源而非省文。

四、《萬章》上

原文:時舉於秦,知繆公之可與有行也而相之,可謂不智乎?

《商補》:時,讀爲"待",古代二字互通,其證見王引之《經義述聞》卷一《易》之"遲歸有時"條所引王念孫説。時舉於秦,猶待舉於秦,乃緊承上文而言。

今按,"時"字不煩改,當訓"適時"、"合於時宜",與上文"知虞公之將亡而先去之"相應。《萬章》下:"孔子,聖之時者也。"趙註:"孔子時行則行,時止則止。"義同。"時"、"待"二字在古文獻中誠有同源通用例,然因聲求義亦須覈證於古文獻具體語境,否則輾轉遷就,改之不盡矣。王氏說與本篇"時"無涉。

叁 《荀子》校釋筆記

一、《榮辱》

原文:博而窮者,訾也;清之而俞濁者,口也。

楊倞註:潔其身,則自清也,但能口說,斯俞濁也。俞,讀爲"愈"。

高亨:"口"疑當作"厶",形似而誤。"厶"古"私"字。《說文》:"厶,姦衺也。韓非曰:'倉頡作字,自營爲厶。'""私,禾也,從禾,厶聲。北道名禾主人曰私主人。"是"厶"乃"公私"之"私","私"疑是"私田"之"私",二字義亦相通。

劉禾先生謂:高疑"口"當作"厶"。觀上古字形,"口"作ㅂ、ㅂ、ㅂ,"厶"作ඨ、ඨ,似無由致混。"口"字無須改,即"言語表達"義。《書·說命》"惟口起羞,惟甲冑起戎"之"口"即用此義。欲使人認爲"清",應以行動示之,辯說不僅無補於事,反會致害。故楊倞說深得其旨。

今按,上文云:"與人善言,煖於布帛;傷人之言,深於矛戟。"又云:"危足無所履者,凡在言也。"與本文均爲論證興論對於人的價值評判和心理狀態所產生的巨大影響。故高說疑非。

二、《非十二子》

原文:言而當,知也;默而當,亦知也。故,知默,猶知言也。故,多言而類,聖人也;少言而法,君子也;多少無法,而流湎然,雖辯,小人也。

王念孫《讀書雜誌》:盧云,此數語又見《大略》篇,彼作"多言無法"。此"少"字似訛。

今按,盧説非。《大略》篇當依此作"少"爲是。"類"亦"法"義。《方言》卷七及卷十三均訓"類"爲"法";《廣雅·釋詁》亦以"法"訓"類",王氏《疏證》引《荀子·儒效》篇"其言有類,其行有禮"云:"類之言律也,律亦法也。"然則本篇"多言而類"之"類"亦"法"義,下文當作"多少"以承上聖人君子二事,猶"法"之亦承上二事也。

三、《儒效》

原文:故人主用俗人,則萬乘之國亡;用俗儒,則萬乘之國存;用雅儒,則千乘之國安;用大儒,則百里之地久,而後三年,天下爲一,諸侯爲臣;用萬乘之國,則舉措而定,一朝而伯。

楊倞註:伯讀爲霸,言一朝而霸也。

王念孫《讀書雜誌》:楊讀伯如霸,非也。信如楊説,則是大儒用百里之地而可以王,用萬乘之國而僅止於霸也。斯不然矣。今案伯讀爲白。白,顯著也。言一朝而明顯於天下也。

今按,楊註以"伯"讀爲"霸",殆是。此"天下爲一"與"舉措而定"相應,均言"王"也;"諸侯爲臣"與"一朝而伯"相應,均言"霸"也。蓋有天下者稱王,霸則謂諸侯之長也。用大儒則可王霸,唯施材之地有小大,故功成亦有遲速耳。上文云:"用百里之地而不能以調一天下、制強暴,則非大儒也。"亦言用大儒則可王霸也。《讀書雜誌》所引"貴名白而天下治"及《致士》、《樂論》諸例均與此無涉。《王霸》及《韓詩外傳》之"白"均用如"伯(霸)"。

四、《王制》

原文:分均則不偏,埶(勢)齊則不壹,衆齊則不使。

王念孫《讀書雜誌》:偏讀爲徧,言分既均,則所求於民者亦均,而物不足以給之,故不徧也。

今按,王説疑非。循《荀子》主旨,"不偏"、"不壹"即社會不分主次、富貧和貴賤。如此,則不存在使與被使的關係,社會大機器就會停止運轉。"夫兩貴之不能相事，兩賤之不能相使"，以及隨之而來的"爭"、"亂"、"窮"的局面，是爲荀子所非難的。因此，先王"制禮義以分之，使有貧富貴賤之等，足以相兼監（臨）"。這正是體現了通過"偏"與"壹"，從而達到"使"之旨。《荀子·君子》曰："故尚賢使能，則主尊下安；貴賤有等，則令行而不流；親疏有分，則施行而不悖；長幼有序，則事業捷成而有所休。"也是這種思想。《荀子》此篇下引《尚書·呂刑》原文爲："刑罰世輕世重，惟齊非齊，有倫有要。"楊倞申其意曰："言維齊一者，乃在不齊；以諭有差等，然後可以爲治也。"正得《荀子》之旨。王氏"偏""徧"古字通說與此無涉。

五、《禮論》

原文：祭者，志意思慕之情也。

楊倞註：忠臣孝子之情悵然不足。

王念孫《讀書雜誌》："情"當爲"積"字之誤也。

劉禾先生謂："情"與"積"字形相距過遠，似無由致誤。王氏基於"志意"與"思慕之情"語義重疊，故說"可言思慕之情，不可言志意思慕之情"，並改"情"爲"積"。這是由對"志"理解有歧所致。竊以爲"志"者"誌"也，義爲"標誌"、"表明"；"意"者義爲"内心"。"志意思慕之情"義即"表明内心思慕的真情"。

今按，楊、王二說俱非。

"情"當讀爲"誠"。"情"者從紐耕韻，"誠"者禪紐耕韻，二者旁紐雙聲同韻。《淮南子·繆稱》："凡行戴情，雖過無怨；不戴其情，雖忠來惡。"高註："情，誠也。""誠"者"實"也，故"情"亦可徑訓爲"實"義。《禮記·大學》："無情者不得盡其辭。"鄭註："'情'，猶'實'也。"《管子·形勢解》："與人交，多詐偽無情實，偷取一切，謂之烏集之交。"《韓非子·解老》："所謂大丈夫者，謂其智之大也。所謂處其厚不處其薄者，行情實而去禮貌也。所謂處其實不處其華者，必緣理不徑絕也。所謂去彼取此者，去貌徑絕而取緣理好情實也。""情實"近義連文。《荀子·正名》："正名而期，質請而喻。""請"與上文"實"相應："實不喻，然后命，命不喻，然后期，期不喻，然后說，說不喻，然后辨。故期命辨說也者，用之大文也，而王業之始也。名聞而實喻，名之用也。累而成文，名之麗也。用麗俱得，謂之知名。名也者，所以期累實也。辭也者，兼異實之名以論一意也。辨說也者，不異實名以喻動靜之道也。期命也者，辨說之用也。辨說也者，心之象道也。心也者，道之工宰也。道也者，治之經理也。心合於道，說合於心，辭合於說。""請"讀爲"情"，亦"實"義。① 下文並同。

"志"、"意"義近。《說文解字》心部："志，意也。""意，志也，從心察言而知意也。"二字互訓。段註："志即識，心所識也。意之訓爲測度，爲記。……訓記者，如今人云記憶是也。其字俗作'憶'。《大學》曰：'欲正其心者，先誠其意。'誠謂實其心之所識也。"《荀子·禮論》"志"、"意"近義連文，俱"識"義也。

六、《大略》

原文：不足於行者，說過；不足於信者，誠言。

于省吾《雙劍誃荀子新證》：按註訓誠爲誠實，非是。誠應讀作盛。《詩》"我行其野，成不以富"，《論語·顔淵》作"誠不以富"。《禮記·經解》"繩墨誠"，陳註："誠或作成。"《墨子·貴義》："子之言則成善矣。"成即誠字。《易·繫辭》傳"成象之謂乾"，《釋文》："蜀本作'盛象'。"《周禮·攷工記·匠人》"白盛"註："盛之言成也。"《王霸》篇"以觀其盛者也"註："盛讀爲成。"是"誠"、"成"、"盛"古通之證。不足於信者盛言，盛言謂多言，言多言者不足於信也。

劉禾先生謂：以古人之行文慣例，前爲"說過"，后當爲"言誠"，語言始順。但，在無書證可憑的情況下，還以不輕易校改爲上。"誠言"即"誠其言"、"使其言誠"之意。兩句大意：不足於行者，往往以大話來標榜；不足於信者，往往以美言來粉飾。

今按，"誠"字不煩改。唯"誠言"當依"説過"例乙作"言誠"。謂行不足則說過份，信不足則言似誠耳。"過"、"行"同類，"誠"、"信"同類（而非"盛"、"信"同類）。然則"誠"不當訓爲"盛"。且通假現象在

---

① 詳見王念孫《讀書雜志》卷八。

文獻言語中的具體表現是單綫雙點式進行，不像同源字那樣可以舉綱引目（同源字可以形成以某一概念爲中心的系統），更不能人爲地組合臨時的通假現象構成所謂的"輾轉通假"。①

七、《大略》

原文：學者非必爲仕，而仕者必如學。

楊倞註：如，往。

郝懿行註：如，肖似也。此言仕必不負所學。註云"如，往"，非也。

劉禾先生謂："如"作"往"解，是通解，但其賓語必爲人或地，表處所。查遍經傳，未見以從事對象爲其賓語者，故楊倞註不確。郝、王釋"如"爲"若"→肖似→不負所學。其說甚迂曲，亦不可信。《爾雅·釋詁》："……究、如……謀也。""如"訓"究"、"謀"雖較罕見，於此卻較宜。故楊柳橋譯爲"必須謀求學習"，近是。如改爲"必須研討學問"，似更吻本意。

今按，王念孫《讀書雜誌》引郝說。俱非。竊疑"如"乃"好"字之訛。篆文"好"（𡥃）右半邊"子"（𠃝）易脫落下半部而壞爲"口"（𠙵），即成"如"（𡚾）字。《荀子》意即《禮記·射義》"好學不倦"之謂。《禮記·中庸》："子曰：'好學近乎知，力行近乎仁，知恥近乎勇。知斯三者，則知所以脩身；知所以脩身，則知所以治人；知所以治人，則知所以治天下國家矣。'"亦斯之謂也。

肆 《讀荀子劄記》誌疑

《文史》第五輯和第六輯刊載包遵信《讀荀子劄記》（上）、（下），辨覈淹貫，新意迭出。捧讀一過，獲益良多，偶有所疑，謹誌於後，以求教於方家。

---

① 1980年第4期《中華文史論叢》所刊劉茹瑛《〈荀子〉校釋補》説同于，亦疑非。

一、《非相》

原文：仲尼之狀，面如蒙倛。

楊倞註：倛，方相也，其首蒙茸然，故曰蒙倛。《子虛賦》曰："蒙公先驅。"韓侍郎云："四目爲方相，兩目爲倛。"倛音欺。《慎子》曰："毛廧、西施，天下之至姣也，衣之以皮倛，則見之者皆走也。"

高亨《荀子新箋》：蒙倛即彭蜞，蟹屬也。面如蒙倛，猶言面如螃蟹耳。

包遵信《讀荀子劄記》（以下簡稱《劄記》）：余謂"倛"乃"箕"字之假；以音同也。《抱朴子·博喻》："咎繇面而蒙箕。"可作一證。箕即畚籤，其狀前闊後窄而方。"蒙倛"，謂其面如蒙着一畚籤。楊註爲"方相"，尚不失原意。然其訓"蒙"爲"茸然"，則誤。蒙乃"蒙覆"之蒙。

今按，包訓蒙乃"蒙覆"之蒙，是。然其謂"倛"乃"箕"字之假，則疑非。愚謂"倛"當爲"頯"字之假。《說文解字》頁部："頯，醜也。從頁，其聲。今逐疫有頯頭。"段註："此舉漢事以爲證也。《周禮·方相氏》註云：'冒熊皮者，以驚毆疫癘之鬼，如今頯頭也。'《淮南書》：'視毛嬙、西施猶醜也。'高註云：'頯，頯頭也。……醜，言極醜也。……'按'魌'、'頯'字同。頭大，故從頁也。亦作'䫏'。"即此"倛"義。《周禮·夏官·方相氏》原文爲："方相氏掌蒙熊皮，黃金四目，玄衣朱裳，執戈揚盾，帥百隸而時難，以索室毆疫。大喪，先匶；及墓，入壙，以戈擊四隅，毆方良。"鄭註："蒙，冒也。"正覆蓋義。方相者，古時驅疫避邪之神像。民間喪葬，或以竹紙糊製醜惡神像開道，即此遺俗也。《集韻》訓"倛"爲"祈雨土偶人"，義近。字或作"頯"（《廣韻》）；俗作"頍"（《正字通》）。《荀子》句意，當謂孔子容貌，醜如覆蓋熊皮所製之惡神形像，然"術正而心順之，則形相雖惡而心術善，無害爲君子也"。

二、《非十二子》

原文：成名況乎諸侯，莫不願以爲臣。

楊倞註：況，比也。言其所成之名，比況於人，莫與爲偶，故諸侯莫不願得以爲臣。

包遵信《劄記》：此句歧説頗多。疑當讀作"成名況乎，諸侯莫不願以爲臣"。"況乎"下當有脱文。據楊註……，則此"況乎"下似脱"無偶"二字。《君子》："天子無妻，告人無匹也；四海之内無客禮，告無適也。"無偶即無比、無適之意。言若能總方略、壹統類，則主説不能入，十二子無所逞其技，盛名無與爲偶。

今按，王引之亦持"成名況乎"下有脱文之説，疑非。包謂似脱"無偶"二字，亦無據。此當依俞樾《諸子平議》，以"成名況乎諸侯"爲句；"成"與"盛"通，"成名"猶"盛名"也。然俞説"況者賜也"則未安。楊註"況"爲"比"，是；而所比對象則非。此言盛名與諸侯相若也。上文："無置錐之地，而王公不能與之爭名。"《儒效》："彼大儒者，雖隱於窮閻漏屋，無置錐之地，而王公不能與之爭名。在一大夫之位，則一君不能獨畜；一國不能獨容，成名況乎諸侯，莫不願得以爲臣。"《富國》："布衣紃屨之士誠是，則雖在窮閻漏屋，而王公不能與之爭名。"意皆相應。孫仲容（詒讓）謂"況"與"皇"通，即"鍠"之借字；[①] 愚謂如字順意，不煩改字。

三、《儒效》

原文：王公好之則亂法，百姓好之則亂事。

包遵信《劄記》："百姓"，疑是"百官"之誤。……百官即指工匠技藝之人，又稱"百工"，其所業稱之爲"事"。

今按，"百姓"不煩改，自有"百官"義，詳參楊慎《丹鉛總録·瑣語》。"事"亦自有承"百姓"而言之例。《富國》："墨子大有大卜，小有一國，將少人徒，省官職，上功勞苦，與百姓均事業、齊功勞。"又："百姓時和事業得叙者，貨之源也。"

四、《儒效》

原文：故無首虜之獲，無蹈難之賞，反而定三革，偃五兵，合天下，立聲樂，於是《武》、《象》起而《韶》、《護》廢矣。

---

① （清）孫詒讓《劄迻》，雪克、陳野點校，中華書局，2009年，P209。

楊倞註：合天下，謂合會天下諸侯，歸一統也。

包遵信《劄記》：合，和也。謂立聲樂合和天下之衆百姓，非僅言諸侯也。……楊註非。

今按，此"合"當訓會合，非"和"之謂。"合天下"者，一統天下之謂也。通觀《荀子》諸篇，皆爲此義。《富國》："若夫重色而衣之，重味而食之，重財物而制之，合天下而君之，非特以爲淫泰也，固以爲王天下、治萬變、材萬物、養萬民、兼制天下者，爲莫若仁人之善也。"《王霸》"合天下而君之"，與其上文"調一天下"、下文"臣使諸侯一天下"意應。《議兵》："秦四世有勝，然常恐天下一合而軋己也。"《强國》亦有類似語句。《正論》："以天下之合爲君，則天下未嘗合於桀紂也。"《儒效》同篇下文屢言"調一天下"、"齊一天下"、"通則一天下"，尤爲明證。楊註無誤，包說疑非。

五、《君道》

原文：人主欲得善射，射遠中微者，縣貴爵重賞以招致之，內不可以阿子弟，外不可以隱遠人，能中是者取之，是豈不必得之之道也哉！

包遵信《劄記》："阿"乃"訶"字之訛。訶，責也。……此言人主在上當致士攬賢，故於内不可訶責子弟使其遠離，外不可以使賢者隱逸不仕。上文"寡怨寬裕而無阿"之"阿"同。

今按，"阿"字不煩改，偏私義。本段旨在尚公正而去偏私。上文："公道達而私門塞"、"公義明而私事息"，下文："故明主有私人以金石珠玉，無私人以官職事業。是何也？曰：本不利於所私也。"若夫"其於人也，寡怨寬裕而無阿"之"阿"，義亦偏私。如此，方合《君道》"以禮分施，均遍而不偏"、"偏立而亂，俱立而治"之旨，符應"其使下也，均遍而不偏"之文。阿之爲偏私義，它如《成相》："尚得推賢不失序，外不避讎仇，內不阿親。"《呂氏春秋·貴公》："不阿一人。"意悉相近。

六、《大略》

原文：審節而不和，不成禮；和而不發，不成樂。

包遵信《劄記》：以上下文例推之，"和而不發"上當脫一字。

今按，包說是，唯闕攷所脫之字。據上文"推恩而不理，不成仁；遂理而不敢，不成義"推之，"審節"與"口和"皆爲動賓結構，然則"和而不發"上當脫一動詞。又上文"遂理"之"理"字承上"推恩而不理"之"理"而言，則此"和而不發"之"和"亦當承上"審節而不和"之"和"而言。"推"、"遂"義補，則此所脫之字亦當與"審"義相補。愚疑"和而不發"上脫"知"字。《說文解字》采部："寀，悉也，知寀諦也。"《淮南子·說山》："不可不審。"高註："審，知也。"是"審"、"知"義近。殆今本以"知"、"和"字形相似而誤將"知"字當作衍文刪去，致"和"前脫文。"知"、"和"二字固有形體相淆者。"審節而不和"之"和"，或本作"知"。王念孫《讀書雜誌》："作'和'者是也。……下文'和而不發'，正承此'和'字言之。今本'和'作'知'，字之誤耳。"今按，隸書'和'（和）與'知'（知）相近，形似易淆。

伍 《呂氏春秋校釋》讀誌

陳奇猷《呂氏春秋校釋》（學林出版社1984年4月初版）博採深辯、體大思精。奉讀一過，側記數筆。

一、《仲春紀·當染篇》

原文：不能爲君者，傷形費神，愁心勞耳目，國俞危，身俞辱，不知要故也。不知要故則所然不當，所染不當，理奚由至？

王念孫：下"故"字疑因上文而衍，《墨子》作"不知要者，所染不當也"。

《校釋》：俞樾與王說同，皆非也。"要故"二字當連讀。《本生》"以全生爲故"，高註："故，事也。"又《情欲》"不得以便生爲故"，故亦事也，詳彼。"要故"猶言要約之事，即上所謂"經"。《墨子》自作"不知要者"，不必強同。

今按，似採王説較長。"故"誠可解如"事"，而未足爲"要故"連稱之證。上"故"用如"……故也"，釋因也。下"故"若作"事"解，則不合上文用式。"要"獨成一詞，此指君王人主所染稱當、勞於擇人、佚於官事之理。《校釋》此篇注〔一〕云："此篇首二段出自《墨子·所染》。"然則《墨子》作"不知要者"非自爲之；而定奪之際亦可參照彼文也。又"者"通"則"。

二、《孟夏紀律·勸學篇》

原文：曾子曰："君子行於道路，其有父者可知也，其有師者可知也。夫無父而無師者，余若夫何哉！"此言事師之猶事父也。曾點使曾參，過期而不至，人皆見曾點曰："無乃畏邪？"曾點曰："彼雖畏，我存，夫安敢畏？"孔子畏於匡，顔淵後，孔子曰："吾以汝爲死矣。"顔淵曰："子在，回何敢死？"顔回之於孔子也，猶曾參之事父也。古賢者，與其尊師若此，故師盡智竭道以教。

高註：畏猶死也。

劉師培：蓋註"死"上挩"畏"字，當云"畏猶畏死也"。

《校釋》：註"無乃畏邪"句：高訓畏爲死，於此尚勉强可通，但下文"孔子畏於匡"而謂孔子死於匡，與事實不符。蓋孔子不死於匡，史有明文。且孔子既死於匡，安可與顔淵對話？高氏之謬可知矣。劉改爲"畏猶畏死"，亦不通。蓋孔子被困於陳、蔡，弦歌不輟，詳《慎人》。其爲匡人所困，亦當無畏死之理，其謂弟子曰："天之未喪斯文也，匡人其如予何？"正可明孔子不畏死。且訓畏爲畏死，未聞。則劉説謬亦可知矣。案"畏"乃"圍"之假字，畏圍古音同部，自可假借。《論語·子罕》及此作"孔子畏於匡"，《淮南子·主術訓》作"孔子圍於匡"，尤爲畏圍通之明證。"圍"，本字作"囗"，《説文》："囗，回也，象回帀之形。"則以物回繞謂之圍。被他人回繞不得出固可謂之圍，自我以物回繞而不出當亦可謂之圍。被他人以物回繞不得出即是困，自我以物回繞而不出即是藏。此文"無乃畏邪"猶言無乃藏而不出耶？下文"彼雖畏，我存，夫安敢畏"，猶言彼雖藏，而我尚存，彼豈敢藏而不出耶？下文"孔子畏於匡"，猶言孔子被圍困於匡。文義了然。高、劉不得"畏"字之義耳。

今按，劉申叔之誤顯然，此不贅言。唯曾點一事之"畏"與孔子一事之"畏"義異。高以"死"訓上事之"畏"，無誤。《校釋》以"圍"釋下事之"畏"，殆是。而二事之"畏"不可混同，亦不可執一端以叩他極。

觀此篇語境，"無乃畏邪"、"彼雖畏"、"夫安敢畏"三句之"畏"均當以"死"訓之。顏淵曰："子在，回何敢死？"此言顏淵不敢死也。文又云："此言事師之猶事父也"、"顏回之於孔子也，猶曾參之事父也"；然則顏淵之不敢死，亦猶曾參之不敢死也，是可證"夫安敢畏"之"畏"當訓作"死"。又顏淵語以"死"與"在"相對，"在"猶"存"也。曾點語以"存"與"畏"相對，故可知"彼雖畏"之"畏"亦當訓爲"死"。若夫"無乃畏邪"，臆度句也，意亦如"以汝爲死"耳。是以此三句之"畏"，不當以"藏"爲訓也。

《禮記·檀弓》上："死而不弔者三：畏、厭、溺。"鄭玄註曰："畏、厭、溺。"鄭玄註曰："畏，謂有人以非罪攻己，己若不有以解說之而死者。"《白虎通·喪服》："畏者兵死也。"《校勘》引王肅説曰："犯法獄死謂之畏。"又引盧植説曰："畏者兵刃所殺也。"王説近是。諸説"畏"正以"死"爲訓。

三、《季夏紀·音律篇》

原文：黃鐘之月，土事無作，慎無發蓋，以固天閉地；陽氣且泄。

高註：且，將也。

畢沅曰：《月令》"以固大閉地"作"以固而閉"，又"且泄"作"沮泄"。

《校釋》：本書《仲冬》亦作"以固而閉"。且字當從高訓爲將。且泄者，將泄而未泄也，故土事無作，慎無發蓋，以固天閉地。若謂陽氣沮泄，則不必固天閉地矣。《仲冬》作"且"不誤。此蓋、泄爲韻。

今按，高註及《校釋》皆可商榷。"且"爲"沮"之省文；"且泄"即"沮泄"。[①]本書《仲冬》"地氣且泄"句下沈祖緜云："且即沮，沮爲且之

---

① 朱起鳳《辭通》卷22【沮泄】按語："且即沮之省假。"

挈乳。"《校釋》於彼引《淮南子·修務訓》註云："是沮、洩義近，謰語也。"又云："是冬令地氣閉固，故發蓋藏，起大衆則地氣沮洩也。"彼與此似有矛盾。實則"且"、"沮"同。此一事也。

若夫《音律篇》此類句式之邏輯意義，當理解爲：

告誡+假設不聽從告誡+由此産生的後果

即：黄鐘之月，土事無作，慎無發蓋，以固天地；〔否則〕陽氣且洩。

類者如：

[1] 命有司曰："土事無作，無發蓋藏，無起大衆，以固而閉。"〔若〕發蓋藏，〔若〕起大衆，〔則〕地氣且洩，是謂發天地之房；諸蟄則死，民多疾疫，又隨以喪。命之曰暢月。（《仲冬紀·仲冬篇》）

[2] 新婦曰："塞之！〔否則〕將傷人之足。"（《審應覽·不屈篇》）

語言時代性除表現爲各時代之特徵外，亦具有歷時延續性之一面，不可截然分開。此類句式自先秦而降至魏晉唐宋，不曾湮滅。試觀宋代類書《太平廣記》數例：

[3] 不得淹留！〔　〕遣罪極大。（卷23《崔生》[出《逸史》]）

[4] 此函中有符録，慎不得啓之！〔　〕必有大禍。（卷43《尹真人》[出《宣室志》]）

[5] 汝無多言！〔　〕必不相放。（卷324《夏侯組觀》[出《廣告今五行記》]）

[6] 君愈之後，慎無飲酒！〔　〕禍且及矣。（卷351《李重》[出《宣室志》]）

[7] 我通靈虎也，勿逐我！〔　〕我必傷爾輩。（卷431《趙倜》[出《瀟湘録》]）

[8] 子明無所辭！〔　〕禍將及爾。（卷468《永康人》[出《異苑》]）

概括如下："在帶有告誡口吻的祈使句中，常常省略了'假設不遵守告誡而造成的後果'意義所在的句子開首的關聯詞。這個看不見的詞相當於現代漢語裏的'否則'。"[①] 此二事也。

---

① 李亞明《中國語學論文集》，不二出版株式會社（東京），1984年，《〈太平廣記〉篇》。

四、《季夏紀·音律篇》

原文：太簇之月，陽氣始生，草木繁動，令農發土，無或失時。

高注：發土而耕。

《校釋》："時"當作"貢"。"貢"爲"肎"之訛，與"昔"形近而誤作"肯"，又以"肯"、"時"同而轉寫作"時"也。"貢"與"動"字爲韻（皆隸東部），若作"時"則失其韻矣。貢謂貢獻。古者封建主令農民耕種，其目的自非爲農民之生計，而是爲其貢賦之收入，故在此令農民行發土禮之時，即亟亟聲明無有失於貢賦。"令農發土，無或失貢"二語，正見封建主剝削之心切，未至播種，先言貢賦也。

今按，不煩改字。從鄰句看，此處用韻並不整齊，更無定式。"時"即"時節"。卷四《孟夏紀·孟夏篇》："是月也，天子始絺。命野虞，出行田原，勞農勸民，無或失時。"高註："使民不失其時。"

農業生產與自然時節緊密相關，所謂"天有其時，地有其力，人有其治"（《荀子·王制》）、"順天時，量地力，則用力少而成功多"（《齊民要術·種穀》）、"上因天時，下盡地力，中用人才，是以群生遂長，五穀蕃植"（《淮南子》）。太簇之月，即正月也。《孟春紀·孟春篇》曰："乃擇元辰，天子親載耒耜，措之參於保介之御間，率三公九卿諸侯大夫躬耕帝籍田。"此正合高註"發土而耕"之義。

五、《仲冬紀·忠廉篇》

原文：王子慶忌，乃與要離俱涉於江。中江，拔劍以刺王子慶忌，王子慶忌捽之，投之於江，浮則又取而投之，如此者三。其卒曰："汝天下之國士也，幸汝以成而名。"要離得不死，歸於吳。吳王大說，請與分國。要離曰："不可，臣請必死。"吳王止之。要離曰："夫殺妻子焚之而揚其灰，以便事也，臣以爲不仁。夫爲故主殺新主，臣以爲不義。夫捽而浮乎江，三入三出，特王子慶忌爲之賜而不殺耳，臣已爲辱矣。夫不仁不義，又且已辱，不可以生。"吳王不能止，果伏劍而死。

《校釋》："王子慶忌"不當重。蓋捽之者，要離也，是主詞爲要離，非王子慶忌。

今按，"捽之"之主詞，當爲王子慶忌，而非要離。要離是被"捽"者。此言王子慶忌持要離頭髮浮於江水之中，如此者三；而竟赦之。故要離以爲辱也。《校釋》云："今要離爲王子慶忌之賜而不殺，則是受挫，故以爲辱也。"言其"辱"由似未詳盡。

六、《孝行覽·首時篇》

原文：故有道之士未遇時，隱匿分竄，勤以待時。

高注：分，大。

《校釋》：高註"大"當係"去"字之訛。"去"本作"厺"，因誤爲"大"耳。《説文》："分，別也，以刀分別物也。"所謂分別，即自物中分離而去之意，故分有去義。《莊子·漁父》"遠哉其分於道也"，《釋文》引司馬云："分，離也"。"離"、"去"同義，尤爲分可訓去之明證，故高以去訓分也。

今按，《校釋》指明高註"大"字當係"去"字之訛，殆是。而其所以釋"去"義則恐稍嫌拘泥。《爾雅·釋詁》："瘱、幽、隱、匿、蔽、竄，微也。"今《首時篇》"隱匿分竄"從結構看，當皆連文近義；是故"分"（"去"）字亦當有"微"、"隱藏"之義。從語源來看，"去"與"凵"、"弆"同屬於一體。[①] 裴松之註《魏志》云："古語謂藏爲去。"《一切經音義》卷十三引《通俗文》云："秘葬曰弄。"《左傳·召公十九年》"紡焉以度而去之"、《閔公二年》"衛候不去其旗"、《襄公廿年》"則去其肉而以其洎饋"、《釋文》於其"去"均訓作"藏也"。《漢書·蘇武傳》："武既至海上，廩食不至，掘野鼠去中實而食之。"亦言藏中實耳。其例不煩枚舉，蔣雲從（禮鴻）先生《義府續貂》[②] 多有列者。高註"去"之意，殆亦"有道之士"自隱岩穴不顯於世也。

---

① 參見《劉賾小學著作二種》，上海古籍出版社，1983年，P305。
② 蔣禮鴻《義府續貂》，中華書局，1981年，P15。

陸 《爾雅新義》① 讀誌

原文：林、烝、天、帝、皇、王、后、辟、公、侯，君也。〔詁〕

《新義》：今謂天帝以下又可分爲二類，天、帝、皇，神君也；王、后、辟、公、侯，人君也。

今按，言王、后、辟皆爲人君，不盡然也。郝懿行《爾雅義疏》："'王'與'皇'同意，故《春秋繁露》云：'王者，皇也。'《書》'建用皇極'，《洪範五行傳》作'建用王極'。'皇'、'王'其義同也。"'王'、'皇'影匣鄰紐，俱屬陽部，是以得通。又《荀子·禮論》："並百王於上天而祭祀之也。"楊倞註："百王，百神也。"是'王'亦謂神君。神君更有稱以"后帝"、②"后皇"、③"后土"④諸語者，是'后'亦可謂神君。《國語·魯語》"及百辟神祇"，"辟"、"神"連文義近，是"辟"亦具神君義也。

柒 《太平廣記》詞語小劄（附：学术回应）

【忽】

時間副詞，猶"曾經"、"早先"、"以前"。例如：

［1］忽閒步杖策，逍遥田畝蹊隧之傍，聊自怡適。（卷六《劉商》［出《仙傳拾遺》］）

［2］忽在江都遇一道士，自稱爲樂子長，家寓江陵。（卷二十七《劉白

---

① 聞一多《爾雅新義》，載《聞一多全集》第二卷《古典新義》，生活·讀書·新知三聯書店，1982年。
② 《詩經·魯頌·閟宮》"皇皇后帝"。
③ 《楚辭·九章·橘頌》"后皇嘉樹"。
④ 《周禮·大宗伯》："王大封則先告后土。"鄭玄註："后土，土神也。"《禮記·月令》："中央土……其神后土。"

雲》［出《仙傳拾遺》］）

［3］唐並行立，陝州人，不識字。常慶初，常持《金剛經》一卷隨身，到處焚香禮拜。忽馳貨出同州，遇十餘賊，行立棄而逃。（卷一百零七引《報應記》）

【因】

時間副詞，猶"曾經"、"早先"、"以前"。例如：

［1］因入烏市，見一童子……（卷六十二《諶母》［出《墉城集仙錄》］）

［2］夏月，因自就井汲新水奉母……。（卷三百零四《喬龜年》［出《瀟湘錄》］）

［3］使院書手許琛因直宿，二更後暴卒，至五更又甦。（卷三百八十四《許琛》［出《河東記》］）

［4］夏日涼天，因閱壁畫於廊序，忽逢白衣美女。年十五六，姿貌絶異。（卷四百十七《光化寺客》［出《集異記》］）

【何忽】

疑問代詞，義猶"爲什麽"。例如：

［1］天師大怒曰："何忽抱引俗人來？令失效！"（卷四十五《王卿》［出《原化記》］）

［2］見叟挾杖持花而來，訝曰："汝凡俗人，何忽至此？"（卷四十九《陳惠虛》［出《仙傳拾遺》］）

［3］我本以女與君共事，若不合懷，自可見語，何忽乃加耻歟？……（卷四百三十八《沈霸》［出《異苑》］）

［4］我夫也，何忽爲人所殺？（卷四百四十《崔懷嶷》［出《廣異記》］）

【遽】

疑問代詞，義猶"爲什麽"。例如：

［1］誰家兒郎？遽此相逼？（卷一百十二《李元平》［出《異物志》］）

［2］我以七十萬錢資汝西上，奈何遽相誣謗，使我冤死？保負我之深也！"（卷一百二十一《師夜光》［出《宣室志》］）

此義可與王念孫《讀書雜志》説相證："遽亦何也。連言何者，古人自有複語耳。遽字或作詎、距、鉅，又作渠。"

附：學術回應

偶檢1995年第1期《古漢語研究》，讀到周志峰同志的商榷文章。文中對拙作《〈太平廣記〉詞語小劄》（載1993年第1期《古漢語研究》）中幾個詞的釋義提出了不同看法。感謝之餘，同時也談談自己的一點想法，以就教於同道。

【忽】

周文提出："'忽'當通'或'，無定代詞。例①是'有時'的意思，例②、③則是'有一天'的意思。"

竊以爲，例①（卷六《劉商》[出《仙傳拾遺》]）"忽閒步杖策……"後，尚有"聞藜林間有人相與言曰……"云云之語，有特定的情節。然則"忽"當爲特定的時間副詞，以不定詞"有時"解則不通。例②、③也表示發生在已逝的過去時間裏的動作。問題是該把"忽"理解爲時間副詞還是代詞。從表面來看，二者皆可通，但稍稍擴大視野之後，便可感覺以理解爲時間副詞爲宜。僅舉二例。《祖堂集》卷五《龍潭和尚》："忽於一日問天皇曰……"卷十七《關南和尚》："忽於文德二年己酉四月末，召門人曰……"以"有時"、"有一天"釋則均不通，因爲此二例的特定時間尤爲明顯；而以時間副詞"曾"、"曾經"釋之則涣然。不煩通假曲解。當然，附釋以"早先"、"以前"，則是畫蛇添足了。

【因】

周文提出，諸"因"當是"在……的時候"之意。表面來看，也可講通。但數例中的"因"乃是具有過去時候的意思，而沒有介詞"乘"、"趁"的影子。再舉數例。卷十五《阮基》（出《神仙感遇傳》）："以周武帝建德七年，因射熊入王屋山東北……"卷一百十八《王行思》（出《儆誡錄》）："一日，因乘往本郡，遇夏潦暴漲。"本已交代特定時間，不必再重複"在……的時候"之義。以時間副詞"曾經"爲釋則較貼切。《太平廣記》自有"曾因"、"嘗因"近義連文之例。卷二十八《郗鑒》（出《紀聞》）：

"嘗因會客,言及人間奇事。"卷一百零一《邢曹進》(出《集異記》):"曾因討叛,飛矢入肩。"卷二百八十七引《瀟湘記》:"嘗因游春,醉卧漢水濱。"更爲釋"曾經"之證。當然,直接以"早先"、"以前"爲釋,也似勉强,但主要是爲了表明具有過去的意思。

【何忽】

周文佐引張聯榮先生釋"忽"之義,甚是。筆者在1983年號《中國語學》(東京)所載拙作《〈太平廣記〉詞語劄記》中,原是這樣理解的:"忽。竟然。語氣副詞。表示强烈的反問或驚嘆的語氣。"後來有朋友提醒我説,所引例證中,都是"忽"與"何"連文,是否"何忽"爲一詞?由於當時没有見到"忽"單用作"居然"、"竟然"講的例子,因此在後來的《小劄》中又將"何忽"籠統地釋爲"疑問代詞,義猶'爲什麽'"。但這一改,恰恰削弱了例中應有的反詰語氣。王雲路、方一新二兄《中古漢語語詞例釋》所引《太平廣記》"何忽"例證與拙作所引例證不重複,可爲互補。至於"那忽"條:"'忽'字無意,湊足音節而已。"(284頁)看來也得改一改了。

捌　説"質"

"質"在古代漢語中的常見義是"抵押"、"盟約"、"稟性"、"質樸"、"就正"等。"質"還有一個常用義卻常爲今人所忽視,那就是它的"形貌"義。

明代劉基《誠意伯文集》卷七《賣柑者言》:"杭有賣果者,善藏柑,涉寒暑不潰。出之燁然,玉質而金色。"朱東潤主編《中國歷代文學作品選》① 註解"玉質而金色"一句道:"質地像玉一樣潤澤,顔色像金子一樣輝煌。"這裏把"質"訓爲"質地",似不妥。

"質"字在南朝、隋、唐、宋及至明代的中、近古漢語中,屢有"形

---

① 朱東潤主編《中國歷代文學作品選》,上海古籍出版社,1980年。

貌"義的用法。杜牧《樊川文集》卷一《張好好詩並序》："玉質隨月滿，艷態逐春舒。絳唇漸輕巧，雲步轉虛徐。"這裏，"玉質"與"艷態"近義對文；通篇皆描寫形貌。這種用法在《太平廣記》中則更釋屢見不鮮。例如：

[1] 此人名家，質貌若此。（卷十七《盧李二生》［出《逸史》］）

"質"、"貌"近義連文，且與上文"容色極艷"相應。

[2] 大師質甚陋。（卷九十七《廣陵大師》［出《宣室志》］）

[3] 形質痴濁，神情不慧。（卷九十七《阿足師》（［出《集異記》］）

"形"、"質"近義連文。

[4] 見死婢容質不變。（卷一百三十《金厄》［出《儆戒錄》］）

"容"、"質"亦近義連文。

[5] 唐尚書胡證質狀魁偉，膂力絕人。（卷一百九十五《胡證》［出《摭言》］）

"質"、"狀"近義連文。

[6] 始見一丈夫容質妍淨，着赤衣。（卷四百十六《鮮卑女》［出《異苑》］）

[7] 忽一日，見一女郎，素衣紅臉，容質艷麗。閱其色，恍若神仙中人。（卷四百十七《蘇昌運》［出《北夢瑣言》］）

[8] 田氏女名登娘，十六七，有容質。（卷四百十七《田登娘》［出《酉陽雜俎》］）

"質"皆"形貌"、"容貌"義。

錢鍾書《管錐編》[①]第四冊《全宋文三十七》部份，解陸機《演連珠》"覽影偶質，不能解獨"云："謂形影相偶。"解《南齊書·武十七王傳》"縑纊雖賤，駢門裸質"云："謂裸形或裸體。"解《全唐文》卷一百五十六謝偃《影賦》"若夫長短侔形，曲直應質"云："謂應體。"解常建《閑齋卧病》"明鏡悲舊質"云："謂舊日形容。"又解《全宋文》卷二十三何承天《重答顏光祿》"當謂鬼宜有質"云："如言'鬼宜有形體'耳。"明代用例還如，胡應麟《少室山房筆叢》卷十七乙部"史書占畢五"："初，婢埋時年

---

① 中華書局，1979年。

十五六，及開冢後，資質如故。"

最後回到《賣柑者言》，本處"玉質"同"金色"對文，俱指形式、外貌而言。假如把"玉質"解爲"質地像玉一樣潤澤"，那麼爲何其柑又"剖之如煙撲口鼻，視其中乾若敗絮"呢？而"金玉其外，敗絮其中"的主題又如何確立呢？

由此可見，"質"用如"形貌"義早在1700多年前的西晉就已出現，至唐、宋時最爲頻繁，明代漸少，終於消失。

語言的古今南北

壹 語言的休眠、復甦與新陳代謝

看過美國電影大片〈WINDTALKERS〉(《風語者》,又譯《風語戰士》)的朋友一定還記得,美軍印第安士兵用印第安土著語作爲電報密碼發送情報,日寇雖然截獲,却無法破譯;美軍由此建立奇功。

日寇無法破譯這些密碼的主要原因,是美洲印第安語(American indian languages)中的許多土著語已經滅絶或瀕臨滅絶。

20世紀90年代,美國阿拉斯加大學語言學教授克勞斯(Michael Krauss)在《陷入危機的語言》一文中預言,全球約6000種語言將在一個世紀内滅絶一半。這個預言震動了整個語言學界。克勞斯由此創立了"阿拉斯加本土語言中心",想儘可能地保存阿拉斯加原住民還會説的20種語言。這些語言中,孩子還有機會學的祇有兩種,有幾種祇有幾位年長的人還記得,其它的很快就不怎麽流通了。麻省理工學院的赫爾(Kenneth L. Hale)也在同一期《語言》(Language)雜誌説道,他所做過田野研究的語言中,有8種已經消失了;1990年在澳洲所做的調查表明,90種仍然存在的原住民語言中,有70種在各年齡層都已經不經常使用了。[①] 耶魯大學的惠倫(Douglas H. Whalen)也由此創建了"瀕臨滅絶語言基金會"。

語言真的會滅絶嗎?斯大林認爲:"語言比任何基礎、任何上層建築都生存得長久得多。這正説明,不僅是一個基礎及其上層建築的産生與消滅,而

---

① 《語言》(Language)雜誌,1992年。

且好幾個基礎及其與之相適應的上層建築的產生與消滅，也不致會在歷史上消滅一種語言，消滅一種語言的結構，產生具有新的詞彙和新的語法構造的新的語言。"但他同時也認爲："語言的詞彙對於變化是最敏感的，它處在幾乎不斷變化的狀態中。"

但事實上，語言的發展和變化遠不是那麼簡單，絕非簡單地用To be or not to be就能概括得了的。"其生也天行，其死也物化，靜而與陰同德，動而與陽同波。"① 陰陽對轉，其道無窮。語言的發展，既有休眠的階段，也有復甦的時刻；既有外在的因素，也有內在的因素。語言的新陳代謝是一種複雜的現象。

從文字來看，我們至今仍能從埃及宗教祈禱和祭祀文獻中找到古埃及聖書體文字，從伊斯蘭教文獻中找到古阿拉伯文，從醫藥學、動物學、植物學、化學、天文學和天主教文獻中找到古拉丁文，從東正教祭祀文獻中找到教會斯拉夫文。

從語音來看，格里姆定律所揭示的日耳曼語輔音轉移的音變現象實際上就是局部的語音系統的循環變化。比較音韻學還可以根據古文獻裏的語言材料和現代方言的實際讀音來推測古代語音，總結語音的內部發展規律。

詞語更能說明問題。例如，拉丁美洲至今仍殘留着西班牙的某些古詞語，如"毯子"，在西班牙現在稱爲Manta，拉丁美洲則仍稱爲Frazada。而詞匯擴散理論關於詞語中斷的變化的研究，被語言學界公認爲精華。英國歷史學家貢布裏希（E. H. Gombrich, 1909—2001）發現："許多已經衰亡的詞會東山再起，現在享有殊榮的詞會一落千丈。"② 就連歷史學界也開始關注這個問題了。

孫常叙先生《古漢語文學語言詞匯》歸納出古漢語文學語言詞語的四種性質——今而用古的超時代性、推陳出新的能產性、古今詞的相對性、結構造詞的復原性。詞源學證明，改變和綜合舊詞，把舊詞從舊的序列轉到新的序列中，爲了新的需要，改變其意義，並在一切新義中找出距舊義之一有某種相似

---

① 《莊子·天道》。
② Sir E. H. Gombrich, *The Logic of Vanity Fair: Alternatives to Historicism in the Study of Fashions, Style and Taste*, 1965, London.

之處，這樣，新詞就創造出來了。例如，"文革"期間，"乃爾"、"克己復禮"、"彈冠相慶"等詞不絕於耳，仿古詞語（Archaism）一夜之間變成了新創詞語（Neologism）。"公社"一詞，古指祭祀天地神鬼的處所，或指原始社會中的成員共同生產、共同消費的社會結合形式；1958年後的20年間，"公社"忽然風行一時，表示政經合一的鄉級組織。20世紀80年代初至90年代末，"公社"一詞沉寂了20年。時至21世紀初，"公社"一詞又忽然冒了出來，意思卻變成了"以企業爲主、農民土地使用權入股的股份合作制企業"。①又如，漢語中的"同志"本指"志趣相同的人"，《說文解字》又部："友，同志爲友。從二又，相交友也。""友"甲骨文 𠂇𠂇，金文 ㋕㋕，篆文 ，段玉裁註："二又，二人也。善兄弟曰友，亦取二人而如左右手也。"鄭玄註《周禮·地官·大司徒》"五曰聯朋友"一句："同志曰友。"《孟子·滕文公》上："鄉田同井，出入相友，守望相助，疾病扶持，則百姓親睦。"焦循正義："農夫同志合耕，亦是友也。"②郭在貽先生發現杜荀鶴的詩喜歡用"同志"一詞，"其含意與今之'同志'略近。"後來成爲人們彼此之間的通稱；但現在又變成了同性戀的代稱。這中間是怎樣轉變的呢？我們推測，可能是"同志"的"同性"義當了橋梁。③如今，人們在商品品牌戰略中，也借用舊詞表示新義。Apple（蘋果）被用來表示一種計算機的品牌，Shell（殼）被用來表示一種石化油品的商標，但消費者恰恰借此建立起了特定的概念。

英語中也有許多這種創造和轉移詞彙的方法的痕蹟。通過合併兩個或更多的舊詞以構成新詞的方法，是增補詞彙的主要手段之一。

由上可見，語言的發展是一種從休眠中復甦式的新陳代謝的過程，而不是簡單的互不相幹的割裂式的消亡與新生。

---

① 《武漢："公社"舊詞有新義》，載2000年11月1日《中國改革報》。全文如下："沉寂了近20年的'公社'一詞，近日被武漢和平科技集團推出———'和平農業公社'10月28日在武漢市江夏區大橋村宣告成立。據對江夏區良種場大橋村的420戶、近2000位農民的調查結果，他們都表示願意加入和平農業公社。該農業公社是以企業爲主、農民土地使用權入股的股份合作制企業。它由農民、科研人員、企業和單位自願入股的股份組成，將分散承租的土地統一規劃使用，提高土地的效率，使分散的封閉式經營結構走向企業化、產業化、市場化。'公社'一詞在這裏被賦予全新含意。"

② （清）焦循《孟子正義》，沈文倬點校，中華書局，1987年，P360。

③ （明）楊慎《冶容誨淫》："與冰同志。"當然，這裏的"性"是"性質"的"性"，不是"性別"的"性"，但隨着"性"產生"性別"的意思，"同性"也跟着產生了新義。參見本書上文《〈說文解字〉段註所見古代漢語詞義引申模式》對範疇在古代漢語詞義演變過程中的橋梁作用的闡述。

在中外文化史上，不乏人爲地喚醒休眠語言的例子（正反兩個方面的例子都有）。

唐代"古文運動"中，"韓退之自言作爲文章，上規姚姒《盤》、《誥》、《春秋》、《易》、《詩》、左氏、莊、《騷》、太史、子雲、相如，閎其中而肆其外。柳子厚自言每爲文章，本之《書》、《詩》、《禮》、《春秋》、《易》，參之穀梁氏以厲其氣，參之孟、荀以暢其支，參之莊、老以肆其端，參之《國語》以博其趣，參之《離騷》以致其幽，參之太史公以著其潔。"① 明代弘治、正德年間和嘉靖、隆慶年間，相繼出現了以李夢陽、何景明和李攀龍、王世貞等爲代表的"前後七子"文學復古運動，目的在於挽救"正統文學"的危機，但由於盲目復古，一味模擬，結果使文學陷入了更加嚴重的危機。正如清代朱庭珍所評論的那樣："明七子論文必秦、漢，詩必盛唐，戒讀唐以後書，力爭上流，論未嘗不高也；然拘常而不達變，取徑轉狹，猶登山者一望崑崙，觀水者一朝南海，即佁然自足，而不知五岳、四瀆、九江、五湖、三十六洞天之奇，天下尚別有無數妙境界也。則拘於方隅，必不能高涉崑崙之巔，遠航大海之外，徒自崖而返，望洋興嘆已耳。"②

20世紀初，章太炎先生在《訄書》中認爲，宋代以後的漢字數量越來越少，常用的字數不過數千，以至大部分漢字變成廢棄不用的古字。要使譯者能夠順利翻譯和輸入外國的作品和知識，一方面要創製新字詞，另一方面則要起用已廢棄的古字或某字的古義；同時，除非在古字中找不到可翻譯外來新詞語的字詞，否則不應濫制新語。③

另一方面，休眠語言也有其積極的一面。1941年5月"整風運動"期間，毛澤東在延安幹部會議上所作的報告《改造我們的學習》中，就使用了一些貼切生動而富有生命力的古詞語，例如——"爲之一新"、"粗枝大葉"、"一知半解"、"發號施令"、"生吞活剝"、"謬種流傳"、"實事求是"、"嘩衆取寵"、"欽差大臣"、"華而不實"、"無的放矢"、"徒有虛名"等等。我們在新聞語言中，也可以利用古舊語言形式（包括詞語、句法形式等）並將其改造成新的

---

① （宋）洪邁《容齋隨筆》，卷七。
② （清）朱庭珍《筱園詩話》，卷二。
③ 但是，《訄書》一味追求文言文的原始面目，以至佶屈聱牙，限制了本身的傳播效果，連魯迅也讀不懂。魯迅正是因爲早期曾經親身感受過人爲地喚醒休眠語言的失敗，所以才毅然決然地投身於新文化運動，倡導白話文，成爲中國現代文學的旗手。

語言形式，或擴展、引伸、變更古舊語言形式，從而達到"出新"的效果。

在國外，歐洲文藝復興的"復興"一詞（拉丁語Renascor，英語Renaissance）兼有古希臘和古羅馬神話中英雄的生命力量奇蹟般地復活以及基督教中耶穌基督心靈再生的意思，這兩個意思同樣可以用來喻指語言。文藝復興時期的拉丁語作家認爲中古拉丁語脫離了古典拉丁語，不夠純潔和規範，從而以古典拉丁語爲榜樣進行創作，推行"新拉丁語"。培根（*Francis Bacon*，1561—1626）、牛頓（*Isaac Newton*，1643—1727）、彌爾頓（*John Milton*，1608—1674）和莎士比亞（*William Shakespeare*，1564—1616）都曾用拉丁文寫作，並從古希臘和古羅馬文學中汲取語言營養。

語言的休眠、復甦和新陳代謝不祇是語言本身的事情。人的語言與物的語言的分別正在於：人的語言是一種"名稱語言"（Name-language），而物的語言則是一種"未加言説的無名語言"（The Unspoken Nameless Language）。正是基於這一區別，人獲得了其在世的職責，即爲無名的萬物命名。人類通過這一過程，把事物不完善（Imperfect）、瘖啞（Dumb）的語言轉換成更完善的語言——亦即聲音和名稱。

語言的休眠、復甦和新陳代謝也不一定是直綫式的，有時還經過好幾次反復和輪回。研究語言的休眠、復甦和新陳代謝現象，對於描畫語言演變的歷史軌迹，總結語言發展的規律，預測語言未來的趨勢，制訂國家語言文字政策，都具有重要的意義。

貳　現代漢語共同語的整化與分化

早在20世紀50年代，袁家驊提出了語言的"分化"與"整化"的概念："語言的分化和整化是語言發展的運動形式。分化是離心的分散或分離，整化是向心的集中或統一。"[①] 漢語整化與分化這兩種傾向，在21世紀的今天，依

[①] 袁家驊《漢語方言概要》，文字改革出版社，1989年，P5。

然客觀存在。

先來看看分化的情況。

2002年,搜狐和新浪分別推出了方言傳情的手機短信息服務,新浪推出的是滬語和粵語兩種南方的方言,而搜狐則推出了陝西、東北、京片子、天津、山東五種北方的方言。

從以漢語電影爲主體的中文網站"中文電影數據庫"(*http*：//www.*dianying.com*)上可以看到,以普通話及各地方言爲對白的電影,包括粵語片、閩語片、廈語片、潮語片、滬語片等,琳琅滿目。

粵語方面,廣州市招攷機關工作人員和公務員時,部分職位明確要求能講流利粵語。有人認爲,這種要求祇針對一些基層單位,是從方便工作開展出發,無可厚非;有人甚至認爲,掌握一門粵語就等於掌握一門外語,目的是利於開展工作,使公務員在工作中增强親和力,在一定程度上改變公務員在廣大市民中的形象;但也有人認爲,在全國大力推廣普通話的今天,這種規定明顯不合時宜,且有歧視外地人的嫌疑。不同的觀點還在網上展開激烈交鋒。

滬語方面,上海唯一的滬語新聞節目《談天説地阿富根》在電臺開播;純滬語版影片《横豎横》叫板《大腕》,並入圍日本東京電影節、温哥華國際電影節、倫敦國際電影節、大馬士革國際電影節,隨後被歐美片商搶購,可謂墙内開花墙外香;滬語情景喜劇《老娘舅》、《紅茶坊》以及廣播節目《滑稽王小毛》等都創下了很高的收視、收聽率;根據王安憶同名小説改編的話劇《長恨歌》同時用普通話和滬語演出;①上海流行滬語培訓熱,滬語八級試題出臺。在網上,反對派認爲,憑什麽上海人總説上海話,這是閉關,是排外,是以自我爲中心;贊同派認爲,到了上海就得説上海話,方言也是文化,要想交流就得學會;中間派認爲,學不學上海話得因人、因場合而異。《自學上海話》(銷量已逾6萬套)的編寫者——上海大學語言學教授阮恒輝認爲,普通話可以用在工作中,生活中使用當地方言更能體現親和力和認同感。網上還有一篇題爲《吳語(上海話)的文化價值及普通話的文化缺陷》的文章説,講方言和説普通話是不抵觸的,參與漢語拼音方案及其前身製定的絕大多數是南方

---

① 2003年1月6日《北京晨報》。

人，錢玄同、趙元任、瞿秋白、朱文熊等吳語人占有半數；開國大典上，國家名譽主席宋慶齡就是用滬語做報告的；吳語也是偉大的文化遺產，有普通話不能替代的文化價值和文化功能（包括語音工具和學習漢語文學的工具）；不應把"人人會說普通話"的推普目標，變成"人人祇說普通話"；中央電視臺有粵語、閩南語節目，但沒有中國第二大語——吳語新聞節目，故應恢復以標準市區上海話播音的吳語新聞節目。① 在現實社會語言生活中，上海市交通巡警總隊2002年規定在警務活動中必須使用普通話，但實行伊始，上海市民並不領情，有時甚至爲此發生誤解和糾紛。一些交警祇好對上海人用上海話，對外地來滬人員用普通話。此舉雖然兩面兼顧，卻又有違民警在警務活動中必須使用普通話的規定。

　　閩南話方面，網民巴比撰文提出這樣的憂慮："推廣普通話，無疑是文明的標誌；但方言的價值也是不言而喻的。如果年輕人在交流中不再輕鬆地使用閩南話，會不會造成一種現象，就是祇有在買菜的時候人們才有可能說閩南話？要是這樣的話，那我們可就失去了一件寶貴的語言學化石。"類似的憂慮還有："方言是維護地域文化的重要一部份，齊魯文化、川文化、吳楚文化、京派與海派這些地域文化會因爲它們語言的衰落而失去光彩。如果普通話統一了全國，那麼這些豐富多彩的地域文化也就黯然失色了。"② 爲此，"有必要保持普通話和其它方言的適當關係，它們之間相互競爭和相互補充的關係能够帶來語言的繁榮。這就要求推廣普通話運動保持必要的限度，不能壓制方言的生存。普通話的推廣必須要承認其它方言的存在。祇有這樣，我們的語言才能豐富多彩。"③

　　再來看看整化的情況。

　　2000年10月31日第九屆全國人民代表大會常務委員會第十八次會議通過的《中華人民共和國國家通用語言文字法》第三條規定："國家推廣普通話。"第四條規定："地方各級人民政府及其有關部門應當採取措施，推廣普通話和推行規範漢字。"第九條規定："國家機關以普通話和規範漢字爲公務用語用

---

① 佚名《吳語（上海話）的文化價值及普通話的文化缺陷》，新浪網《新浪文化》欄目（2002年4月18日）。
② 網民wmf 79《普通話和方言》。
③ 同上。

字。"第十條規定:"學校及其它教育機構以普通話和規範漢字爲基本的教育教學用語用字。"第十二條規定:"廣播電臺、電視臺以普通話爲基本的播音用語。"第十三條建議:"提倡公共服務行業以普通話爲服務用語。"第十九條規定:"凡以普通話作爲工作語言的崗位,其工作人員應當具備説普通話的能力。以普通話作爲工作語言的播音員、節目主持人和影視話劇演員、教師、國家機關工作人員的普通話水平,應當分别達到國家規定的等級標準。"第二十條規定:"對外漢語教學應當教授普通話和規範漢字。"

2002年3月22日《新華每日電訊》刊登馮源《普通話打開滬語"圍城"》,文中講道:

如今,上海人祇愛滬語的習慣已經逐漸淡出,立足東方看世界的城市新心態融解了狹隘冰冷的地域觀念。一家著名網站曾於去年在上海成都北路高架路東側打出巨幅滬語廣告牌,結果引來上海各界的不滿,最終被上海市工商局和上海市市容環衛局勒令拆除。在京滬列車上,曾經有三名廣播員因爲普通話口試和筆試不合要求而被换崗。普通話也被逐步列入公務員録用和玫核内容之中。全市中小學教師實施持普通話等級證書上崗工作。如今走在上海街頭,用普通話問路同樣能得到熱情的幫助。上海市公安局就明文規定,警察和市民交談,開口第一句必須説普通話,對外地人員一律實行普通話問答。有趣的是,越來越多的上海市民,用上海話聊天時,也會穿插進幾句普通話以彌補滬語詞匯的不足。

上海還規定,2004年起,上海市公務員不會講較標準的普通話就下崗。

在香港,2002年1月23日,香港立法會通過在香港推廣普通話的動議,促請港府多舉辦推廣普通話的活動。在動議辯論中,幾乎所有發言的議員都用普通話發言。提出動議的議員蔡素玉指出,隨着中國入世,港人通曉普通話,可以把握商機,增强競争力。隨後,"香港推廣普通話大聯盟"以各種形式推廣普通話:包括普通話購物優惠計劃、學生普通話躍進大獎、最積極推廣普通話教師獎、中學生普通話主持訓練班、學生普通話大使計劃及全港普通話歌唱大賽等;特設"普通話大聯盟"專頁(*http://www.rthk.org.hk special pthleague*2002),提出"説好普通話、闖出新天下"的口號;香港電臺普通話臺特設"普通話大聯盟"時段,開闢"專家網上解答"、"普通話一分鐘"、

"普通話水平測試"、"一分鐘普通話"、"名人談普通話"、"普通話大聯盟節目"等推普園地；流行歌星評獎活動設立推廣普通話有功獎。香港中國語文學會提出了各地語言工作者携手共建"全球華語大詞庫"的設想。匯豐銀行要求香港二百多家分行的一綫員工必須用普通話向顧客問好。香港中文大學普通話教育研究及發展中心關於普通話水平測試的統計顯示，香港人普通話水平逐步提高。

　　漢語的整化與分化這兩種傾向是對立統一的關係。正因爲如此，《中華人民共和國國家通用語言文字法》第十六條同時規定："有關規定中，有下列情形的，可以使用方言：（一）國家機關的工作人員執行公務時確需使用的；（二）經國務院廣播電視部門或省級廣播電視部門批準的播音用語；（三）戲曲、影視等藝術形式中需要使用的；（四）出版、教學、研究中確需使用的。"這是符合社會語言生活實際需要的。筆者爲填補對外漢語教學史上漢語方言口語同外語對應釋義的雙語詞典的空白，爲來自英語、日語、法語、德語和俄語國家的留學生、旅游觀光人員、使領館及其他工作人員瞭解北京和上海的地緣文化並在北京和上海進行社會交往提供有效的語言幫助，主編了《北京口語英語詞典》、《北京口語日語詞典》、《北京口語法語詞典》、《北京口語德語詞典》、《北京口語俄語詞典》（廣東教育出版社2000年版）；《漢英上海口語詞典》、《漢日上海口語詞典》、《漢法上海口語詞典》、《漢德上海口語詞典》和《漢俄上海口語詞典》（上海交通大學出版社2003年版），也是建立在對漢語整化與分化兩種傾向的對立統一關係的理論認識基礎之上的實踐。

　　正確認識漢語分化與整化這兩種傾向的對立統一關係，對於製訂國家語言文字政策，具有重要的意義。

高級母語教育與
人文專業教育的有機融合

應用語言學專業要不要開設"古代漢語"課程？筆者曾經做過一個調查，學過古代漢語的畢業生說，高攷背古文，上了大學還是這一套。不是不想學古代漢語，可是一上來就是"之"、"乎"、"者"、"也"，漢語已經沒有了現代味，不能和時代接軌，沒有實用價值，更沒有新鮮感。剛入學的學生說：要學，想學，就看老師怎麼教。這些反映表明，大學"古代漢語"課程的問題首先是課程的準確定位問題。近年來，"古今漢語的差異"成爲古代漢語教學與理論體系建設的主導原則，該原則無形中人爲地爲古代漢語和現代漢語之間挖掘了一條絕然隔離的鴻溝。那麼，"古代漢語"課是否如學生們所戲稱的那樣，是"一門給中學語文文言文補課的課程"？學生們的回答已經表明：過去大學"古代漢語"課的不盡如人意，就在於一方面把這門課定位爲補課的課，教師爲了遷就學生而不斷簡化教學內容；另一方面，過份强調古今漢語的差異。實際上，就前者而言，補課降低了這門課的起點，讓學生沒有了進入高等學校的跨度感，哪裏還有成就感！就後者而言，豈不知現代之中就積澱着古代，忽視古今漢語的傳承和溝通，恰恰是違背了語言歷史演變的事實和原則。

一、古代漢語課程的人文性

"古代漢語"課程應當是語言學專業特別是對外漢語專業學生進入大學校門的第一課。人文素質的提昇，始於人文修養的跨越。因此，"古代漢語"課程應當首先是高級母語教育和人文素質教育的起點；其次是高等院校漢語言文學專業必修課和語言專業學生語言學習的基礎課。它所肩負的這兩種責任，注定它必然是在中學文言文教學基礎之上的一個跨越。

爲了達到這個目的，我們必須了解和調整學生的學習心態。從心理學的角度看，年輕人往往是跟着自己的感覺走，走順了並且接受了，纔會做嚴肅的思攷；作爲教師，就要啓迪這種凝固在深心的思攷，並先給他們充份的體驗。我們設想的理性的感受階段有三個層面：認識、反思和認同。具體步驟如下：

1. 感到驚喜——進而產生興趣；
2. 脫胎換骨——在知識積累和認識境界上產生一個飛躍；
3. 提高後的思索——古代漢語知識怎樣與現代漢語接軌，有沒有學習的價值？

我們最終的目標是讓學生深刻地領會到，古代漢語是一條從應用語言學專業通向一切專業學習的必經之路，要讓語言學的各個專業的學生都瞭解古代漢語知識領域——這是中國人必須進入的一塊肥土沃壤。不論他們的專業方向如何，傳統語言文字學都是根柢之學。

這是一個高水準目標。在重理輕文變成一種無形的潮流而流行於高校的今天，實用性成爲學生學習的主要動力，傳統課程已經日漸不受重視。如果課程沒有亮點，沒有更高的目標，沒有醒目的成果，必定不會被真正重視和認可。

二、"古代漢語"課程的知識傳承性

我們要想實現對外漢語專業"古代漢語"課程的定位，必須思攷這樣兩個問題：講什麼和怎麼講？筆者選用由郭錫良、唐作藩等編著的《古代漢語》（修訂本）作爲試用教材。本書初版是1981年，據統計，至2006年1月已第18次印刷，獲得國家教委首屆高等學校優秀教材一等獎。該教材歷經10年的教學驗證和全國同行專家的充分討論。專家們指出，原版教材存在一些問題——文選的起點太低，和現在文科大學生的程度已不相適應；有些篇目與現行中學語文課本重複等等。修訂版教材全書散文增刪篇目在三分之一以上，並增加了6個練習。該版教材的特點是：語言常識部分相當精練，重點突出，又比較全面;分析舉例注重教給學生分析的方法,有舉一反三之效,而且在內容上有一定的深度和廣度,在方法上有一定的獨創性。筆者看重的正是它在知識和理論方面的跨度。要想在規定的72個學時裏,把古代漢語講得簡明扼要、事半功倍,首先要明確四個問題:

(一)培養目標和對象

對外漢語專業是近年來爲了順應國際漢語推廣而新興的學科,是應用語言學的一個嶄新的分支。隨着專業學科地位的確立,學科建設勢在必行,師資培養首當其衝。我們培養的對外漢語教師需要擁有扎實的語言學功底。這個根底不僅要深而寬,而且要牢而熟,以適應國際化市場的需求。"古代漢語"作爲一門專業必修課,本應是語言(中文)教師訓練基本功的學科,在其知識結構中所占據的獨特位置和功用可想而知。從這個意義上講,傳統語言文字學必然是從事語言教學和研究者的根柢之學。

(二)課程的定位

現代漢語是在古代漢語的基礎上發展而來的,古代漢語和現代漢語是銜接、溝通的關係,而不是取而代之的關係。從辯證法的角度看,如果用現代的坐標去構建古代漢語教學體系,必然會違背歷史演變的順序。因此,必須擺正古代漢語和現代漢語的關係。

(三)教學方法

上述定位決定了古今溝通是古代漢語課程不可或缺的原則。古代漢語課程的文字、詞匯和語法教學,在強調古今差異的同時,都必須同時看到古今漢語的溝通。通過教學,讓學生有多方面收獲,既有理論指導,又有規律遵循,更有實用價值。

例如,從漢語詞匯的來源來說,詞匯的構成因素大多是歷代詞語的積澱。如果不對詞語做歷時的攷察,既不能從根本上認識和解釋現代詞匯的各種現象,也不能深入、準確地闡釋每個詞語的意義與文化內涵。因此,古今漢語的結合"既有利於通過已知來掌握未知這一教學方法的實施,又有利於在語言教學中樹立承認歷史、尊重傳統的正確觀念,糾正把歷史和現實對立起來的語言觀"①

（四）教學的應用性

語言的發展不是以新舊替代的方式增長，而是以新舊並存的方式積累而成的。詞彙意義是具有很強民族性的語言要素，而詞彙意義與民族文化又有着直接而具體的聯繫。對外漢語教學實踐證明，漢語的講解一方面要充份利用漢字的表意識詞的作用，另一方面必須攷慮詞彙系統和詞義系統自身的發展。我們由此可以將古代漢語基礎知識與對外漢語教學內容和方法進行有機融合。

三、"古代漢語"課程教學實踐

筆者按照以上思路，選定了"古代漢語"教學專題。爲了避免這門課程過分枯燥，筆者有意識地將"古今溝通"和"生動實用"選作切入點，並根據教學目的對教材內容進行重新組合和順序的調整，並對教學單元進行主題規劃。

例如，選取"漢字習得與對外漢語教學"來學習"漢字的結構和發展"一節，一方面可以借此回溯漢字發展的規律以執簡馭繁；另一方面又增強了學習的實用性，揭示蘊涵在漢字構形中的文化現象。學生們反映，通過學習，掌握傳統語言文字方面的有關知識，好比多了一件工具和武器，很多問題渙然冰釋、怡然理順。

筆者在講"古今詞義的異同"和"詞的本義和引申義"兩節內容時，爲了講清楚古今差異問題，改變傳統的教學方法，從現代漢語出發來講古代漢語，從現象出發，用已知來啓發未知，力求通過恢復它們在語言歷史上的面目，讓學生感受它們作爲一個個鮮活的生命體在漢語發展歷史的長河裏生生不息的各種情形，同時也使學生們自發地體會到古代文獻語言對現代漢語詞彙直接而強烈的影響。通過學習，學生們深刻地認識到，當前現代漢語詞彙研究的貧乏，原因之一是忽略了詞彙的歷史攷察；拋開文言詞彙，就無法深入理解中國的傳統文化，更談不上對現代漢語的形成產生深刻的認識。

針對"古漢語語法"等章節，我們將零散的語法知識系統化，使學生感

---

① 王寧《訓詁學與漢語雙音詞的結構和意義》，載《語言教學與研究》1997年第4期。

受到詞匯、語法的發展並不祇是單個詞的歷時變化，而是整個語言系統的一種自我調整。同時，一個詞的發展，不是孤立要素的變化，而是向別的詞類的滲透或加入，因而必然引起原有詞匯系統的某些調整和變化，甚至促使一些新的漢語語法範疇的誕生，進而影響一種語言其它方面的面貌。爲此，筆者組織了"漢語語法化專題系列"講座，用具體、生動的現象材料來説明抽象、枯燥的語法理論，並將目前語言學研究的熱點"漢語語法化問題"引入課堂的討論，培養學生從語言的"源頭"和漢語本體上來蠡測語言發展的規律。

配合上述專題，筆者還開展了"漢語史的分期問題"、"從現代漢語看古今漢語的溝通"、"漢語語法發展史"、"中國傳統語言學的原創性與國外研究理論的借鑒和改造"（後幾個問題曾爲應用語言學和現代漢語一年級研究生以講座的形式開過選修課）等等問題的討論。筆者之所以將特定的語言專題與古代漢語學習單元相聯繫，是想通過專題講解及其相關活動，促進學生對該課程知識的認識與反思。

此外，筆者還指導學生結合"文選"來自學"古代漢語常識"中有關古代的姓氏、名號、職官、地理、曆法等部份知識，使學生認識到，古代漢語的内容不僅是其載體，更是中國傳統和文化的表現。經過這樣的準備和引導，教學效果明顯。學生們學習興趣與日俱增，課前自覺做準備，帶着問題來聽課，每次課後都會不失時機地提問。很多學生還從網上給教師發郵件，談自己對古漢語知識與專業學習結合的感想和認識。

以上教學個案説明：祇有體現古今溝通的精神，纔能使古代漢語和現代漢語有機地聯繫起來，進一步豐富現代漢語學習内容，提高對外漢語教學水平。

四、"古代漢語"課程教學啓示

通過教學實踐，筆者充份認識到：古代漢語課程教學的成敗，不僅在於對其準確定位，更在於課程教學實施者能否將傳統語言學與現代語言學理論善加結合。我們得到如下結論：

第一，教學事實已經證明，祇有"博乎古"方能"通乎今"。

第二，從教學方法上説，要想用已知的知識點燃學生探索未知知識的自我學習和思攷的火花，引發各種課題的討論，一定要把理論講解和學習方法的傳授結合在一起；在討論中厘定概念，梳理思路，提昇認識，培養學生初步的語言研究能力和實際應用能力，有理論的指導，必定登高而博見。這樣，纔能從根本上改變過去被動灌輸的模式，讓學生建立一個終身學習的目標——不斷提昇文化修養，不斷增強運用母語的能力，增強漢語國際推廣的歷史感和責任感。

第三，古代漢語的工具性和知識性祇有與其人文性和基礎訓練同步體現，纔會有長遠的效果。學生祇有運用唯物主義思想，不違背語言發展的規律，用大腦去思攷，纔能理解和消化所學到的知識，並且自覺地將之運用到今後所從事的對外漢語教學實踐中去。

經過重新定位和教學法探索，開設"古代漢語"課程的必要性不言而明。現在值得深思的問題是：我們的教師願意不願意每年都這樣花費時間來精心設計這門課；古代漢語知識能否成爲對外漢語專業師生教學能力的試金石；我們如何在已有成果的基礎上，經過教學實踐和研究，把最適合對外漢語教學能力培養的內容也編進教材，實現古代漢語教材的多元化與精品化。經驗和教訓共存，思索是繼續的。

分級閱讀研究

壹 北京國際學校少兒漢語分級讀物攷察

一、前言

"分級閱讀"（Graded reading），簡單地説就是"什麼年齡段的孩子讀什麼書"，嚴格地説就是按照少年兒童不同年齡段的智力水平和心理特點，爲他們提供科學的閲讀計劃，爲不同水平的孩子提供不同等級的讀物，讓他們更科學、更有針對性地閲讀圖書。

在美國，分級閱讀已有幾十年的歷史，分級閱讀的理念也爲學校和家長所普遍認可。北京順義國際學校作爲一所具有外資背景的國際學校，採用美國的教程和學制，在兒童英語作爲母語（ESOL）的閲讀教育方面，全方位且深入地進行了干預。例如每周開設圖書館課，學校有專門的library teacher，他們不是簡單的圖書管理員，而是致力於學生閲讀指導工作的老師。此外，老師參攷美國多個成熟、完善的分級方式與分級標準，每隔一段時間對學生的閲讀水平進行評級，然後爲學生提供相應級別的讀物。圖書館的各類分級圖書一般也會提供多種標準分值便於學生檢索，有的提供GRL、RR、AR三種分值，[①] 有的提供GEL、DRA、Lexil[②] 等等。筆者通過對國際學校的英文分級閱讀的觀察（包括英語爲母語的分級閱讀現狀以及英語作爲二語的特殊英語課程分級閱

[①] GRL、RR、AR分別指"指導型閲讀分級體系"、"閲讀校正體系"和"閲讀促進計劃"。
[②] GEL、DRA、Lexile分別指"年級閲讀分級體系"、"發展性閲讀評估"和"藍思分級"。

讀現狀），發現該校的英語分級閱讀體系完備，分級讀物數量充足，相關活動推廣順利，而漢語分級讀物的閱讀及其讀物情況則不容樂觀。爲此，筆者對國際學校中文部的中文老師進行了問卷調查，同時對國際學校目前的漢語分級閱讀現狀和分級讀物的使用情況進行了統計和分析，從而對漢語分級讀物相關問題展開討論。

二、在華外國兒童漢語分級讀物現狀及調查

隨着漢語國際教育的發展，對外漢語分級閱讀面對的是不同年齡、不同文化背景、不同國家、不同閱讀水平的讀者群，因此讀物的編寫、等級的設置、與漢語教學配合的情況都顯得尤爲重要。

根據筆者的調查，在北京國際學校裏，目前中文部所使用的適合兒童（3歲至14歲）漢語學習者的中文讀物有：《快樂兒童漢語（Better Chinese）》系列、《誰的翻翻書》系列、《小波系列翻翻書》、《頂級閱讀》、《中國孩子必讀的經典故事》系列、《快樂幼兒故事——快樂》、《我愛讀中文分級讀物》、《我的第一本中文故事書》系列、《我的中文小故事》系列、《經典動物童話》精選集、《來自英國的兒童情商培養圖畫書》、《快樂幼兒故事——自然》、《我的科學小故事》、《翹翹板係列圖畫書》、《冠濱漫畫——中國傳統童話精選》、《聽不厭的傳統故事》、《貝貝熊係列》、《我怎麼辦》、《快樂學漢語》、《楊紅櫻》系列等等。這批兒童讀物基本都是按照母語讀者不同年齡段的智力和心理發育程度所編寫的，一般由原創故事和原著的簡寫版構成系列叢書。除此之外，僅《頂級閱讀》、《我愛讀中文分級讀物》、《My First Chinese Words》以及《中文小書架——少兒漢語分級讀物》是明確標識閱讀級別的中文讀物。國際學校目前所採用的漢語讀物之中，可供兒童漢語學習者使用的中文讀物數量不多，而專爲初學中文的外國兒童所設計的就更是少之又少。再看這些有所謂分級標識讀物，大致可以分爲兩類：一類是直接翻譯自國外分級讀物的圖書，分級標識完全照搬，並沒有攷慮漢語與英語的差異特點，以及中國兒童的文化背景，在具體操作中，等級設置完全不具有參攷性；另一類是國內作者編寫的分級讀物，這類雖貼上了"分級閱讀"的標籤，但等級的劃分是否有科學的依據，尚未得到證實。

針對國際學校漢語分級閱讀的情況，筆者對北京國際學校中文部的25位中文老師進行了問卷調查，內容涉及教師授課情況、漢語讀物使用現狀、漢語分級讀物情況及分級閱讀現狀。調查顯示：針對目前市面上可供學習漢語的中小學生閱讀的漢語讀物資源，68%的老師認爲資源很少，不能滿足需要。在讀物選材方面，24%的老師認爲讀物的選材與學生的實際生活有距離。在題材方面，60%的老師認爲題材單一。在文化方面，44%的老師認爲缺少目的語文化的介紹和滲透。在直接影響讀物閱讀難易度的生詞和詞匯量方面，超過60%的老師認爲目前的漢語讀物普遍存在着詞匯量太大，生詞過多、過雜的現象。此外，老師們還列出了平時會使用的一些分級讀物，從這些漢語分級讀物可以看出：由於針對少年兒童的對外漢語分級讀物資源少之又少，老師在使用讀物時將選擇的範圍盡量擴展。他們一方面選擇了一些針對成人和高年級漢語學習者的對外漢語分級讀物，如《實用漢語分級閱讀叢書》、《中文天天讀》、《漢語風》，另一方面選擇了一些在中國少年兒童中比較受歡迎的兒童文學書籍如《大頭兒子小頭爸爸》、《小口袋文學》等。這樣，在平時開展教學活動和閱讀活動中，老師和學生都能夠有更多的選擇。但這些適用對象並非兒童漢語學習者的讀物，在使用時就更需要中文老師來花費大量精力人工進行分類，之後提供給學生閱讀。否則，可能會使漢語閱讀活動的效果大打折扣。

　　調查結果還顯示，雖然借鑒學校的英語分級閱讀措施，大力推廣漢語閱讀，但是學生的積極性仍舊不高，能夠經常主動借閱的學生祇有8%，而68%的學生通常是在老師的推薦或要求下閱讀。爲什麼學生借閱漢語讀物的積極性不高？老師們認爲最主要的原因是讀物的內容沒有吸引力（86%），其次是認爲讀物的內容太難，無法閱讀（68%）。由於國際學校的中文學習的特殊性，漢語課程祇是衆多課程中的一門，屬於外語課性質，因此，有30%的老師認爲課業繁重和讀物與所學內容關係不大，是影響學生借閱難的兩個重要原因。除此之外，16%的老師還給出一些具體原因，例如：讀物的編寫沒有攷慮到內容與語言文化、孩子心智發展之間的差距，故事內容趣味性不夠等等。中文老師普遍認爲：除教材之外，目前可供使用的中文讀物數量太少，且存在着選材與學生的實際生活有距離、題材單一、對文化的介紹較少、詞匯量過大和生詞過多過雜等等問題。

從國外的分級閱讀標準以及我國的少年兒童閱讀指南來看，這些標準關注的因素主要包括：內容題材、趣味性、詞頻、句長、篇章字數、生詞量、習題類型及目的等等。周小兵、錢彬則認爲"內容選擇、語言難度、等級設置是決定讀物可讀性的三個指標"。因此，筆者以此作爲參攷，對北京國際學校目前選用的四部分級讀物細致地進行攷察。

三、對四部漢語分級讀物的攷察

這四套漢語分級讀物分別爲：《My First Chinese Words》（趙馬冰如編）、《我愛讀中文》（路易斯·約翰著，米里亞姆·拉蒂默繪，北京順義國際學校、北京京西學校譯）、《中文小書架》（陳琦編）和《頂級閱讀》（海倫·巴特曼編著）。[1] 其出版情況如下：

《頂級閱讀》系列是中央編譯出版社2010年從美國威爾登·歐文出版公司引進的一套認知和百科閱讀書籍，是歐美分級閱讀理念的代表作品。國際學校在使用的主要是"低幼注音版"，這套書共有18個分冊，由淺入深分爲4個階段，以兒童最感興趣的事物爲中心，以培養兒童良好的閱讀習慣及興趣爲目的，設置了"家庭"、"自身"、"五官及感覺"、"四季"、"動物"、"環境"、"職業"、"顏色"和"形狀"等多個話題。隨着兒童閱讀能力的提高，這些話題也會在四個階段中不斷重複，難度呈螺旋式上升。

《我愛讀中文分級讀物》是北京大學出版社出版的一套根據英文讀物Start Reading翻譯並改編的中文讀物。共分五級。與小學部的其它分級讀物相比，最大的特點就是專門爲國內國際學校的外國兒童所設計的。首先，書的內容都是國外童書畫家原創，貼近孩子的真實生活；其次，譯者都是國際學校的老師和學生，他們更加清楚同級讀者的中文水平，翻譯時嚴格地控制中文的難度，用學生能讀懂的詞語和句式，使之符合國際上廣爲采用的學校讀物等級標準。

《My First Chinese Words》是專門爲在非母語環境中長大的初學漢語的兒童設計的一套讀物，目前出版一個級別。這套讀物由教育專家和有多年國際學

---

[1] 在我們對教師的問卷調查中，《My First Chinese Words》和《我愛讀中文》這兩套讀物瞭解的老師較多，分別爲76%和72%，這主要是因爲這兩套讀物出版較早並曾在國際學校中做過推廣；而瞭解《中文小書架》和《頂級閱讀》的老師較少，主要是因爲這兩套讀物祇在小學部使用。

校工作經驗的老師編寫,包含36本小書,涵括了150多個中文單詞。學生在完成整套讀物的閱讀後,將可以認識基本的漢字和句型。此外,讀物內容包含了22個與兒童世界相關的主題,有家庭、朋友、動物、家人、學校等等。配有音頻光盤和在綫網站,有助於學生糾正發音。

《中文小書架》是一套專門爲海外兒童設計的讀物,共六個級別,目前已出版"初級"、"準中級"、"中級"三個級別。讀物內容包括"現代故事"、"經典名著"、"民間故事"、"神話傳説"、"成語故事"、"寓言故事"、"歷史故事"、"非文學類"幾個種類。每本書故事後都配有設計小練習和延伸閱讀。書後設有生詞表,每册圖書均配有光盤,內容包括課文、生詞表和延伸閱讀等。

四套分級讀物設定的適用對象都比較模糊,都爲"學習中文的外國兒童"所設計,這説明編者僅僅關注了適用對象的年齡特點,而没有關注適用對象的漢語水平是在哪個階段,以及每個階段應該適用於讀物的哪個級別。由此可見,針對國際學校所使用到的這四套漢語分級讀物,我們還須從內容選擇、語言難度、等級設置等方面進行更爲細致的攷察。

(一)內容選擇

作爲漢語學習的輔助材料,漢語分級讀物想要獲得閱讀者的青睞,首先就要從讀物的內容選擇上下功夫。四套分級讀物的題材種類大致涉及四類:1.生活類(主要包含日常生活、家庭情感、教育學習、健康養生、旅游故事、學校見聞、交通衛生等);2.文化類(主要以文化習俗、神話故事、歷史故事、民間故事、寓言故事、成語故事、經典名著爲主);3.科幻類(主要以魔法探險、巫師精靈等爲主);4.科普類(主要以自然環境、天文地理、身體和科學等爲主)。

從類別上説,除了《頂級閱讀》這套讀物的題材類別有三類之外,其餘三套的題材種類都比較少,尤其是《My first Chinese Words》這套讀物,衹有生活類一種題材。"科幻類"題材僅在《我愛讀中文》等級高的部份出現,"科普類"題材衹出現在《頂級閱讀》一書中,這主要是因爲它們都由國外的幼兒啓蒙讀物編譯而成。在英文兒童讀物中,魔法科幻類故事是十分受歡迎的種類。從比例來看，生活類題材在這四套漢語分級讀物中都在70%以上。佔有絕對重要位置，顯然都以"培養學習者的漢語交際能力，讓他們通過所學知識解決生活中遇到的實際問題"爲目的。這同時也體現了編寫者對讀者興趣點的有意引導，即通過對日常生活的瞭解更好地使用漢語。從目的語文化的角度看，《中文小書架》中文化類的題材比例高達91.7%，而在《頂級閱讀》中，文化類題材比例僅有6.3%，其它兩套讀物幾乎没有文化類題材。在筆者看來，如此過高或過低的比例，都是不可取的。文化類題材有助於漢語學習者理解中國的文化歷史，但一些文化内容卻與"培養漢語交際能力"的學習目的關聯不大。因此，文化類題材的比例應該隨着分級讀物等級提高逐步提高，並控制在10%至30%之間。同時，生活類的題材不應僅僅集中於"日常生活"這一小類，"人物家庭"、"教育學習"、"健康養生"、"旅游故事"等方面的内容也要有所涉及。

（二）語言難度

對外漢語分級讀物的語言難度是否得當，會直接影響閱讀者的興趣和接受度。筆者將從兩個方面攷察對外漢語分級讀物的語言難度：一是句長和百字句數；二是讀物的生詞量。

1. 句長及百字句數的統計

根據對四套對外漢語分級讀物的篇幅長度的統計，《頂級閱讀》和《My First Chinese Words》這兩套讀物中每篇文章的長度都在500字以下，而《中文小書架》和《我愛讀中文》這兩套讀物，有70%以上的文章長度都在500字以下。這與四套分級讀物的適用對象是少年兒童有關。他們年齡小、心智發展也不够成熟，不能像成人一樣有持久的專注力來讀完長篇的文章，所以針對他們讀物，文章篇幅不長，多是每頁兩三個句子並配上色彩繽紛的插圖，更易於他們接受並閱讀。此外，筆者根據張寧志對語料難度的分類界定，[①] 對讀物各級别平均句長和平均每百字句數進行了統計。如表所示：

[①] 張寧志借鑒弗勒施和弗賴的英語材料易讀性公式，並結合漢語的特點，對29部常用漢語教材的語料（包括入門、初、中、高級階段）進行過簡單的測定，發現測量平均句長和百字段落句子數是劃分教材等級的有效方法。

讀物	級別	平均句數	平均句長	平均每百字句數
《頂級閱讀》	二級	3	6.61	16.01
	三級	7	9.92	10.3
	四級	14.00	13.69	7.42
《我愛讀中文》	一級	12.63	7.13	14.02
	二級	18.56	8.75	12.16
	三級	23.88	9.22	11.11
	四級	25.75	11.5	8.89
	五級	42.13	12.38	8.21
《MFCW》	一級	9.14	5.66	21.25
《中文小書架》	初級	21.13	16.08	6.36
	準中級	23.1	19.08	5.26
	中級	33.6	19.14	5.29

表100　四套讀物平均句長和平均每百字句數的統計表（級別由易到難）

從統計結果可以看出：（1）各套測定級別與編寫說明基本吻合；如《頂級閱讀》一書，其編寫說明中提到第二、三級是開始"初級閱讀"準備階段，第4級是真正"開始閱讀"階段，而從測定結果中可以看出，二級、三級的百字句數分別爲16.01和10.3，屬於入門教材，四級的百字句數爲7.42，屬於初級教材，這與編寫說明是符合的。再如，《中文小書架》一書參攷YCT、HSK等漢語攷試詞匯大綱，分爲入門（300詞）、初級（600詞）、準中級（900詞）、中級（1200詞）、準高級（2500詞）、高級（5000詞）六個級別，已出版的三個級別的百字句數爲6.36（初級）、5.26（準中級）、5.29（中級），基本符合其編寫說明。（2）除了《My First Chinese Words》祇出版了一個級別之外，其餘的三套讀物的平均句長隨讀物級別的上昇而增長，平均每百字句數隨級別的上昇而減少。這說明句子的長度越長、百字句數越少，讀物的難度越高；相反，句子的長度越短，百字句數越多，則讀物的難度越低。

2. 生詞量的統計

通常情況下，一篇文章中生詞的數量直接決定了閱讀者的閱讀速度。如果文中生詞過多，讀者就不得不停下來查詢生詞的意思，閱讀的速度就會大大降低，讀物的難度也相對增大，讀者可能因此就喪失了閱讀的興趣。周雪林認爲，一篇字數約在1500字左右的課文，其理想的生詞量應該爲40個。[①] 分級閱讀雖然不是對外漢語教材，但可以參攷教材生詞量的安排，並根據級別的不同，在詞量上有所區分。對四套分級讀物每級單篇的生詞量統計結果顯示如表：

讀物	級別	每級單篇平均生詞量	每級單篇最多生詞量	每級單篇最少生詞量
《頂級閱讀》	一級	3.1	4	3
	二級	3	3	3
	三級	7	7	7
	四級	7	7	7
《我愛讀中文》	一級	24.3	30	18
	二級	24	32	17
	三級	39.8	49	32
	四級	48	58	39
	五級	51	55	42
《MFCW》	一級	7.3	12	1
《中文小書架》	初級	37.8	63	18
	準中級	32.8	39	24
	中級	33.1	46	13

表101　四套讀物每級單篇的生詞數量統計表（級別由易到難）

笔者通過數據統計，發現這四套讀物在生詞量的把握上相差懸殊。其中，《頂級閱讀》和《My First Chinese Words》這兩套讀物的生詞量較少，生詞數量基本控制在每篇8個以下，而《我愛讀中文》和《中文小書架》兩套讀物的生詞量較多，控制在20到50之間，並隨着級別的加大有所變化。

[①] 周雪林《淺談外語教材評估標準》，載《外語界》1996年第2期。

（三）等級設置[①]

一本讀物的等級設置會直接影響閱讀者對其的選擇。如果兩個等級間的間距過大，會使閱讀者覺得前一級過於簡單，而後一級又太難，也會使讀者認爲要花較長時間纔有能力閱讀下一等級，很可能產生畏難情緒，中斷閱讀過程。"分級間距"就是看一套讀物的平均間距的情況。如果過大，說明讀物一級與一級之間難度跨越很大，閱讀者很可能讀完一級後，無法達到下一級的要求；如果"平均間距"過小，說明讀物級別間的難度跳躍小，可能讓讀者感受不到挑戰和能力的提高。[②] 這四套漢語分級讀物，祇有《中文小書架》提到是按閱讀者的詞彙量安排等級的。因此，筆者祇能通過上一章節中對讀物長度、句長、生詞量的分析結果來攷察四套讀物的等級設置情況。具體如下：

讀物	一級	二級	三級	四級	五級	六級	平均間距
《頂級閱讀》	11	20	69	192			60
《我愛讀中文》	80	159	218	291	518		109.5
《My First Chinese Words》	50						
《中文小書架》		334	436	636			151

表102 四套讀物分級情況之篇幅平均長度（單位：字）

讀物	一級	二級	三級	四級	五級	六級	平均間距
《頂級閱讀》		6.61	9.92	13.69			3.54
《我愛讀中文》	7.13	8.75	9.22	11.5	12.38		1.31
《My First Chinese Words》	5.66						
《中文小書架》		16.08	19.08	19.14			1.53

表103 四套分級讀物分級情況之平均生詞量（單位：個）

[①] 筆者這裏攷察的"等級設置"特指以詞彙量爲分級標準，促進漢語習得爲目的，用有限詞彙編寫或改寫的，供課外獨立閱讀材料的分級，並非歐美國家按照母語讀者不同年齡段智力和心理發育兒童編寫的閱讀材料的分級。

[②] 周小兵、錢彬提出的"平均間距"是指相鄰級別詞數量的總和除以間隔數（級別數減1）的平均值。筆者的算法是以句長平均間距爲例，即：（最高級平均句長－最低級平均句長）÷級數＝句長平均間距。

讀物	一級	二級	三級	四級	五級	六級	平均間距
《頂級閱讀》	3.1	3	7	7			1.3
《我愛讀中文》	24.3	24	39.8	48	51		6.675
《My First Chinese Words》	7.3						
《中文小書架》			37.8	32.8	33.1		−2.35

表104　四套分級讀物分級情況之平均句長（单位：字）

從上表可以看出，四套讀物在同一級別上的篇幅長度、句長、生詞量有很大的不同。同爲第四級的讀物，《中文小書架》的平均篇幅長度要比《頂級閱讀》多出400多字，比《我愛讀中文》多出300多字；同是第三級讀物，《中文小書架》的平均句長爲19.08個字，比其它兩套讀物多出將近10個字。這樣，如果一個讀者在閱讀完《我愛讀中文》第三級後，想要閱讀同級別的《中文小書架》的準中級系列，很有可能閱讀得十分費力。

四、討論

（一）目前在華外國兒童漢語分級讀物及閱讀的可取之處

1. 分級讀物中文章的編排方式多樣

本文所研究的四套漢語分級讀物在文章的編排方式上都有自己的特點。《中文小書架》和《我愛讀中文》兩套讀物都採取了同一級別中，圍繞同一主題安排多篇文章的編排方式。如《中文小書架》初級"成語故事"係列中安排的都是和十二生肖有關的成語故事，"經典名著"係列中安排的都是名著《西遊記》中的精彩章節；《中文小書架》第五級"偵探狗"係列中所有的故事，都是圍繞着偵探狗展開的。這樣的編排模式，有助於讀者對這一係列主題的掌握，而且前文的閱讀也可以爲理解後續文章的結構和內容打下基礎。《頂級閱讀》和《My First Chinese words》則採取每個級別使用相同的幾個話題，但難度會隨着級別的加深而上昇。這樣就可以保證兒童在閱讀過程中獲得極大樂趣，循序漸進地學習到讀物中的知識。

2. 分級讀物在趣味性方面把握到位

四套讀物的編寫者在編寫時，都攷慮到了趣味性的原則。例如針對使用對象是"兒童"，多採用繪圖與文字相結合的呈現方式，封面大多色彩鮮艷，有層次感，內頁的字體和字號錯落有致，力求給小讀者以強烈的視覺上的衝擊。其次，讀物也安排了一些幽默的短篇故事和文化故事，讓讀者在閱讀過程中既體會到中國文化的博大精深，又感受到中國語言的幽默。在語言形式上，讀物也多以對話爲主，運用口語化的真實生動的語言寫作，以培養閱讀者漢語交際能力的目的。

3. 國際學校老師對學生漢語分級閱讀的教育十分重視

通過對國際學校中文部老師的問卷調查，可以看出，由於受校內英語作爲二語的（ESOL）課程分級閱讀的影響，老師們普遍十分重視學生漢語分級閱讀的教育，採取多種方式使用並推薦漢語讀物——如課後有目的地佈置閱讀作業、把閱讀材料作爲閱讀策略訓練工具在課上閱讀、課上作爲課本輔助閱讀材料進行學習，以及作爲課外閱讀推薦給學生，儘可能地擴充讀物，如選擇一些針對成人和高年級漢語學習者的對外漢語分級讀物，以及一些在中國少年兒童中比較受歡迎的兒童文學書籍。針對漢語分級閱讀之後的發展趨勢，老師們表達了自己的看法和期許，如對於語料來源方面，希望能有更多由文學作者和有經驗的對外漢語教師聯合編寫新的漢語分級讀物；對於分級標準的設置，希望能重新製定統一的適合漢語作爲第二語言學習者的漢語閱讀分級標準。

（二）目前在華外國兒童漢語分級讀物及閱讀的不足之處

1. 分級讀物數量少，質量參差不齊

通過對北京國際學校中文老師的漢語分級讀物使用情況的調查，以及對國際學校使用的四套漢語分級讀物的攷察分析，可以看出：目前可供漢語教師及漢語學習者使用的漢語分級讀物非常少，並且質量參差不齊，普遍存在着選材與學生的實際生活有距離、題材單一、對文化的介紹較少、詞彙量過大和生詞過多過雜等問題。對此，王泉根在"第二屆中國兒童分級閱讀研討會"提出四項基本原則："服務大多數"原則、"群體性差異"原則、"量身定做"原

則、"兒童本位"原則。衹有遵循這四個原則,調動並整合有關兒童的多方面資源與人才,纔能真正打造出適合不同兒童閱讀水平的分級讀物。①

2. 分級讀物的分級標識混亂且沒有實際參攷價值

在四套讀物中,僅有《中文小書架》一書以學習者所掌握詞數爲分級標準對各級別進行了説明,並與HSK、YCT等多種攷試等級相互參照;而其它三套讀物都沒有語言級別説明,這與其從國外圖書編譯而來有關。因此,分級標識要麼是編寫者憑藉自己的主觀經驗設置,要麼就直接照搬國外讀物,但語言不同,影響文本難度的變量也有差異,那麼這個分級標識就沒有了參攷價值。因此,圖書怎麼分級?分級的依據是什麼?閲讀者該如何判斷適合自己的級別?都沒有統一的標準。老師無法在教學活動中配合使用,學生也無法挑選合適的讀物。但筆者仍然可以從調查結果看出,北京國際學校的中文老師對漢語分級閲讀和分級讀物普遍持有樂觀的態度。儘管他們認爲目前的漢語分級讀物分級標識實際意義不大,但仍給對外漢語閲讀的發展指明了方向。超過70%的老師認爲分級標準最大的意義是便於學生選擇難度適中的讀物,細化閲讀能力,幫助二語的學習,同時也可以幫助自己評價跟蹤學生的閲讀進步情況。

3. 漢語分級讀物出版尚未成功介入到學校的閲讀教育研究中

王新利認爲,就中國目前的分級讀物來看,兒童分級閲讀還存在一些誤區和問題。如由於目前尚未有權威的、科學的、本土的分級標準出臺,分級閲讀這個在歐美國家成功推廣的兒童閱讀方式剛引入中國,就在經濟利益的驅使下,被許多出版商當成了圈錢的工具。②並且,現有一些分級標準也多是編者憑主觀經驗對讀物麄略區分,很少也很難攷慮到文本的因素。筆者認爲,美國的分級閲讀教育執行得如此成功,一個不容忽視的原因就是,讀物的出版和標準的製定與學校的閲讀教育和閲讀研究緊密相關,相互干預且相互促進。而縱觀目前的對外漢語分級閲讀現狀,分級讀物的出版以及分級標準的設定都沒有從學校學生的閲讀需求和實際閲讀水平出發。學生普遍覺得讀物內容與自己的實際生活有距離,老師也表示分級讀物很難與平時教學內容相配合。如果出版的分級讀物並未對學校的閲讀教育活動起到實質性的輔助或提昇作用,

---

① 王泉根《分級閲讀的四項基本原則》,載《出版發行研究》2010年第10期。
② 王新利《我國兒童分級閲讀存在的問題及對策》,載《圖書館》2012年第2期。

那麼，我們所推崇的分級閱讀的積極作用就都是紙上談兵，沒有任何實際意義。

（三）對當前編寫對外漢語分級閱讀讀物的啓示

筆者根據以上對北京國際學校四套分級讀物的攷察和分析，特別針對語言難度提出幾點建議，以供編寫者和研究者參攷：

1. 讀物的篇幅長度應適中，並攷慮到適用對象的心理特點

一篇讀物的長短會直接影響到閱讀者的閱讀積極性，文章過長可能會讓閱讀者產生畏難情緒。因此，筆者認爲讀物編寫者在控制讀物篇幅長度上一定要把握適度原則，應隨着級別的加深逐步增加讀物的字數，讓閱讀者循序漸進地閱讀。同時，也要攷慮讀物適用對象的心理特點。如本文所述四套分級讀物都是爲少年兒童編寫，他們年齡小、沒有持久的專注力來讀完長篇的文章，所以文章篇幅一定不能過長，多是每頁兩三個句子並配上色彩繽紛的插圖，這樣更易於他們閱讀。

2. 將句長和生詞作爲讀物分級難度攷察的主要衡量因素

這四套分級讀物，除《中文小書架》明確提出等級的安排是參攷一些漢語攷試詞匯大綱之外，其它三套讀物都未給出分級標準的説明。但根據上文對生詞和句長的統計分析可以看出，這四套讀物級別的提高都是以生詞量和句子長度的增加爲標誌的。這也正好印證了衡量文本的難易程度，詞匯和句子是最爲有效的衡量因素。因此，筆者建議，在對外漢語分級讀物特別是低級別的編寫中，一定要把句長和生詞納入文本難度的攷量因素中。生詞少，句子短，文章的語言難度相對較低，適合級別低的讀者；生詞愈多，句子越長，語言難度越高，相應將文章選入級別高的系列中。

五、餘論

課外分級閱讀材料應有嚴謹的編寫體系和統一的分級標準，材料内容應適合學習者的要求，語言難度應適應讀者的水平，注重内容的實用性和教育性。此外，還要注重語言的趣味性，有合理的攷覈標準和攷覈内容，注意讀物中文化因素等等。特別是針對北京國際學校兒童漢語分級讀物，還應該包括拼音與文字的關係、文化背景的處理等等。爲使對外漢語分級讀物更好地爲對外漢語教學服務，筆者對未來對外漢語分級閱讀發展提出三點建議：一是優化對外漢語分級閱讀的研究團隊；二是加快分級閱讀體系的建立；三是緊密結合學校教育來研究對外漢語分級閱讀。

貳　構建漢語作爲第二語言課外分級閱讀框架

一、前言

目前，世界上很多國家和地區，如美國、英國、日本、中國臺灣、中國香港等通過實踐證明：分級閱讀（Graded reading；Classification of reading；Level reading）是一種行之有效、值得推廣的閱讀方式。[①] 1836年，威廉·麥加菲開發第一套供社會廣泛運用的分級閱讀標準；20世紀20年代，西方出現了多種不同的分級閱讀體系；直到30年代的分級閱讀讀本才有了確切的分級標準。例如，衆所共知的"萊克賽爾（Lexile）分級系統"，即藍思分級，就是由美國教育科研機構爲提高美國學生的閱讀能力而研究出的一套衡量學生閱讀水平和標識文章難易程度的標準。它以Lexile爲單位（用0—1700L量化標注文本的難度），度量學生的閱讀能力（Reader Ability）和文本難度（Text Readability），通過叩讀性公式（Readability formula）分析文本的語義複雜性（Semantic Complexity）和句法難度（Syntactic Difficulty）。使用這一標準，學生一方面可以測試自己的閱讀水平，另一方面可以根據標識藍思難度的出版物，找出符合自己水平的閱讀書目。目前，藍思分級已經發展爲全美最具公信力的閱讀難度分級系統。[②] 在美國，幾乎所有重要的標準化攷試都用Lxile

---

[①] 在我國香港和臺灣地區，分級閱讀的推廣分別開展了十多年和近30年。從2007年由國際教育成績評估協會（IEA）每5年公布一次的"世界青少年閱讀力排行"中看到，我國香港和臺灣地區分別排在第2位和第22位。這種閱讀能力的排名，證明了分級閱讀研究對於提昇青少年兒童讀者閱讀水平的重要意義（白冰，2009）。

[②] 在英國，學生要獲得自己的藍思分值，可以在學校參加GL評估系列中的"英語進展"（PIE）攷試。該攷試分爲網上測試和傳統的紙筆測試。測試完畢，可將分值通過"轉換對應表"轉換成藍思分值。

報告學生的閱讀和寫作分數；同時，主要的學術及語言測驗如SAT、TOEFL、GRE、DIBELS（Dynamic Indicators of Basic Early Literacy Skills）、TABE（Test of Adult Basic Education），均採用藍思分值或轉換對應表。①

美國的分級閱讀制度經過近40年的發展和探索後，已經形成了覆蓋學生整個閱讀學習生涯的較爲完善的體系，在實際運用中也受到教師、家長和出版界以及社會的廣泛認可，某些理念和實施辦法值得我們二語教學借鑒和學習。把針對不同水平和需求的漢語分級讀物納入研究視野，對提高對外漢語教學效率和教學質量具有非常重要的意義。

二、國內分級讀物發展概況以及存在的問題

21世紀，分級閱讀逐漸進入國內出版界和部分專家、學者的視野。從目前漢語分級讀物研究的應用來看，我國的分級閱讀研究亟需從單純出版課外讀物逐漸轉向課外閱讀與學校閱讀教育研究相結合的領域，儘快出臺統一的分級閱讀標準體系。雖然目前我國語文教育界已經開始重視分級閱讀問題，兒童分級閱讀備受關注，但還存在相當大的問題。現有的很多所謂"分級標準"，很少攷慮到文本的因素，即使攷慮到了，對其攷量標準之祗是憑經驗和主觀，並無實際價值。其次，在當前中國傳統教育體制下，學生很難抽出時間閱讀與攷試內容無關的書籍，沒有良好的閱讀習慣，專家推薦書單也很難真正介入中小學的閱讀教育之中。

近年來，在國內對外漢語教學界，針對外國留學生的漢語分級讀物已經開始陸續出版。根據周小兵、錢彬對中山大學國際漢語教材研發與培訓基地全球漢語教材庫（截至2012年12月）的統計，在9600册各類國際漢語教學資源中，漢語讀物僅597册，占6.2%，而分級讀物數量更少，僅37册。以下是筆者統計的近十年出版，面向漢語作爲第二語言的主要分級讀物：

---

① 近年來，藍思分級在中國的英語教學和培訓中已經被廣泛應用，重要的標準化攷試均有對應的轉換對應表和藍思分值。對應表見下文《留學生課外漢語分級閱讀框架體系建設構想》。

書名（作者）	出版信息	等級	內容選擇
《這是我的書——中文指導性閱讀叢書》（秦志寧，程以克）	北京語言大學出版社（2016年）	K-5	作家與漢語教師合作編寫的原創童話故事
《我的第一本中文故事書》（張麗萍）	華語教學出版社（2015年）	2	借鑒國外學校英文故事書的情節編寫
《好朋友·漢語分級讀物》（孔子學院總部國家漢辦）	北京語言大學出版社（2014年）	6	國家漢辦首屆"孔子學院杯"國際漢語教學寫作大賽獲獎作品
《中文小書架——少兒漢語分級讀物》（陳琦）	北京語言大學出版社（2013年）	6	根據兒童故事改編
《學漢語分級讀物》（陳賢純）	北京語言大學出版社（2014年）	3	中國民間傳說、文學故事和歷史故事改編
《我愛讀中文分級讀物》（吉利安·鮑威爾等）	北京大學出版社（2013年）	5	英國兒童文學作家原創故事
《頂級閱讀》（海倫·巴特曼）	中央編譯出版社（2011年）	4	編譯自該書英文版
《漢語風》（劉月華、儲誠志）	北京大學出版社（2010年）	2	原創爲主
《漢語分級讀物》（史迹）	華語教學出版社（2009年）	3	中國當代作家的中短篇小說的簡寫本
《中文天天讀》（朱勇等）	外語教學與研究出版社（2009年）	5	改編、原創相結合
《實用漢語分級閱讀叢書》（崔永華等）	北京語言大學出版社（2009年）	2	部份爲修改留學生習作
《我愛學中文閱讀系列》（章悅華）	北京大學出版社（2006年）	2	翻譯改寫
《簡易漢語趣味閱讀》（朱錦嵐等）	北京語言大學出版社（2004年）	3	選材編寫

表105　2004—2015年漢語作爲第二語言的分級讀物

以上這批供二語學習者在課外獨立閱讀的材料，基本是以詞匯量（Vocabulary）作爲分級標準，用有限詞匯（限500—5000詞級水平）編寫或改寫的。例如《實用漢語分級閱讀叢書》甲級：HSK基礎水平或詞匯量500；乙級：HSK 3—5級，詞匯量達到1000；《漢語風》第一級詞匯量300，第二級

500;《好朋友·漢語分級讀物》（孔子學院總部國家漢辦）語言難度和詞彙量分別對應新HSK1—6級。從分級讀物的編寫和研究看，即如何進行分類，如何確定分級標準這兩個關鍵問題，目前我國業界還處於思攷、建議階段，其方法仍然是憑借主觀和經驗，分級研究取嚮尚處於"從人到文本"和"整合人本因素"的被動閱讀階段，分級框架體系尚未建成。而從應用角度來看，分級讀物數量少，質量參差不齊；分級讀物的分級標識混亂且大多沒有實際參攷價值；基本未納入學校的閱讀教育之中。

面對現有漢語教學資源品種不多的現狀，如何全方位深入干預二語學習者的閱讀教育，需要對構建分級框架體系進行深入思攷。

三、國外英語分級閱讀框架模型簡介

目前歐美英語分級閱讀體系多種多樣，大體可以分爲三種：一是以年級爲基準的分級模式，如"年級分級體系"（Grade Equivalent Level）和"基礎分級體系"（Basicl Level）；二是按字母表分級的閱讀模式，如"指導型閱讀分級體系"（Guided Reading Level）；三是以量化的數值計分的分級模式，如"發展性閱讀評估分級體系"（Developmental Reading Assessment Levels）、"藍思分級系統"（Lexile Reading Level）、"閱讀促進計劃"（Accelerated Reader level）、"閱讀校正體系"（Reading Recovery）、"閱讀數量分級體系"（Reading Counts Level）、"閱讀能力等級體系"（Degrees of Reading Power）、"閱讀發展系統"（Developmental Reading Continuums）等等。我們將體系比較完善的英語分級閱讀系統歸納如表：

名稱	研發者	參攷指標及其攷試形式	分級特點及影響
克賽爾分級系統（Lexile）	美國 Metametircs 教育公司	語義難度（詞頻）和語法複雜度（句長），通過 Lexile equation 計算藍思分數。	美國採用的最廣泛的閱讀分級方法，幾乎所有重要的標準化攷試都用 Lexile（0-1700L）報告學生的閱讀和寫作分數。
指導型閱讀分級體系（GRL）	[美]艾琳·凡塔斯（Irene C. Fountas）和蓋伊·蘇·皮內爾（Gay Su Pinnel）	體裁形式、文本結構、內容、主題思想、語言和文學特點、句子複雜度、詞彙、關鍵詞、插圖、書籍印刷特點。	把4到14歲的兒童讀者群分成26個級別，一級稱爲一個 GRL，從 A 到 Z，難度逐級遞增。

名稱	研發者	參攷指標及其攷試形式	分級特點及影響
發展性閱讀評估（DRA）	［美］喬埃塔・比弗（Joetta M Beaver）	攷試分爲4個部份：閱讀融入度、朗讀流利度、理解力、連續性和專注力。	用1-80表示不同級別，最低爲A，通常會與GRL相配合使用。
閱讀促進計劃（AR）①	［美］Renaissance Learning 公司	書籍的篇幅長度、句長和詞匯難易程度等。包括（1）星級測試；（2）ATOS可讀性公式；（3）測試題；（4）TOPS報告。	在美國，大多數出版商和圖書經銷商會把圖書和其AR測試題捆綁銷售。
年級閱讀分級體系（GEL）	［美］Renaissance Learning 公司	與AR共用一套分值系統。按照年級來劃分閱讀等級，涵蓋了從幼兒園到8年級的9個等級。	是一個相對的分級標準。②
基礎分級體系（BL）	［美］Scott Foresman Company 公司	按照年級來劃分閱讀等級，涵蓋了從幼兒園到8年級的9個等級。	出版的Basal讀物有Dick and Jane系列叢書、麥加菲讀本（McGuffey Readers）等。
閱讀能力等級體系（DRP）	［美］Touchstone Applied Science Associates（TASA）公司	是一個測量系統，爲學生提供多篇話題不同的文章，文章將部份單詞設置爲選擇填空，由學生選擇符合語境的單詞，涉及所有單詞選項均爲學生熟悉的高頻詞匯。	美國康乃迪克州基礎必攷測試Connecticut Mastery Test（CMT）的一部份，目前在美國和加拿大有超過4000個地區在使用該體系。
閱讀發展系統（DRC）	［美］Bonnie Campbell Hill	課文類型和口頭閱讀能力、閱讀態度、閱讀策略、閱讀理解能力、學生自我評價。	專門爲英語作爲二語（ESOL）的兒童（3-14歲）建立。

表106 國外主要的英語讀物分級閱讀體系簡介

儘管以上分級標準種類繁多，但可以相互參照；同時，各類標準都可以同時對讀者和圖書進行量化評定。近幾年還出現了常識媒體（Common Sense Media），採用星號、顏色等方法對圖書粗略評級。

---

① 閱讀促進計劃（AR）是一個龐大的數據庫引擎，由美國教育軟件公司Renaissance Learning公司開發，全稱"閱讀促進搜索引擎"（The Accelerated Reader Search Engine）。

② 指導型閱讀分級、藍思分級、發展性閱讀評估分級標準都有一個客觀的攷覈程序，或是測試一本書的句義複雜度、詞匯難度，或是測試一個閱讀者的閱讀理解能力、流利度，攷覈後得到結果，就可以明確一本書或一個人的等級，而GEL則是一個相對的分級標準。其做法通常是找到一本書給一羣學齡相同的兒童閱讀，如把一本書給同是二年級學了兩個月的兒童閱讀，如果他們絕大部份感覺這本書難度合適，那麼這本書的GEL數值就是2.2，這個數值根據採樣的兒童不同可能產生不同的結果，因此需要大量的數據支持，是一個相對準確的標準。

四、北京國際學校英語作爲第二語言分級閱讀實施辦法

北京順義國際學校爲母語非英語的外籍學生開設了特別英語課程（ESOL）。[①] 從我們調查到的北京國際學校英語作爲第二語言（ESL）分級閱讀開展的情況來看，英語分級閱讀教育呈現以下特點：

（一）閱讀體系科學完備，閱讀分級理念貫穿學校教育

北京國際學校無論是在圖書館還是教室，都提供了大量優秀的英文兒童書籍。從學前班開始，每個孩子每周都可以從圖書館借幾本書帶回家閱讀。學校同時還投入很大精力對學生進行閱讀培訓（Reading instruction）。

在平時的課堂教學中，每天都有專門時間讓孩子閱讀。具體做法如下：在課堂上，老師通常會把閱讀水平相當的孩子分在一組，讓他們同讀一本書，並針對書的內容進行討論；或者老師也會讓所有孩子閱讀同一本書，祇是針對不同級別的孩子提出不同的閱讀要求，分配不同內容的練習，以此來加深他們對閱讀內容的掌握。此外，攷慮到分級僅僅計算語義語法難度可能會產生偏差，老師還會根據圖書的一些特點在圖書的級別前標注一些符號。如AD爲推薦給學齡前需在家長陪同下閱讀的兒童；IG一般多爲科普性讀物或百科全書，適合閱讀水平較高的學生；HL爲趣味性較高而語言難度較低的讀物，適合閱讀水平較低的高年級學生。除此之外，還有NC（Non conforming）、GN（Graphic Novel）、BR（Beginning reading）等符號分別加以標識。學校在給予學生選擇自由的同時，也重視讓學生學會對自己的閱讀負責。學生要學會自我規劃並安排自己的閱讀實踐，落實閱讀計劃並在之後對閱讀過程和結果進行自我評估。

（二）分級標準種類繁多且各具特色，標示明確並可相互補充

根據美國的分級閱讀傳統，分級標準的研究取向爲"由文本到兒童"，即通過對文本分級，間接地測量兒童閱讀能力。因此，在學校的圖書館及美國

[①] "特別英語課程"（ESOL）的全稱爲English for students of other language。由於在國際學校中所有的課程都是用英文講授的，所以母語不是英語的學生需要專門抽出時間補習英語。對他們來說，這種"非母語英語課程"不是一門專門的外語課，中文才是真正的外語課。在國際學校裏，"特別英語課程"在一周裏的學時是不確定的，完全由老師根據學生的水平決定。

各大兒童圖書出版社的網站中，各類兒童讀物一般會提供多種標準分值以便於讀者檢索，滿足方便讀者需求。基於此傳統，在具體操作中，國際學校的閱讀教育不僅注重對兒童心理的掌握，而且也注重對讀者閱讀水平和圖書難度等級的精確測評。前述各類分級標準都採用數值對閱讀能力量化（Quantification）計分，同時對讀者和圖書進行評定，學生則通過測驗分數確定自己的閱讀水平。因此，老師對孩子閱讀水平進行評級時，並非依靠某一種單一的分級體系，而是參攷已有的多個成熟、完善的分級方式與分級標準。儘管每種分級模型的目的和計算方式不同，但其分值可以互相參照，有明確的對照表。美國主流閱讀分級標準如 GRL、DRA、Lexile、RR、DRP與學生相應的年級都有明確的分值對照表。如表所示：

Grade Level	RR	GRL	DRA	Basal level	DRP	Lexile
Kindergarten	A、B	A	A	Readiness	A, 1, 2	Beginner Readers 1~199
	1		1			
	2	B	2			
	3	C	3	PrePrimer 1	3	
	4		4			
	5	D	6	PrePrimer 2	4	
	6					
	7	E	8	PrePrimer 3	6, 7, 8	
	8					
Grade 1	9	F	10	Primer	10	
	10					
	11	G	12		12	
	12					
	13	H	14	Grade 1	14	200~299
	14					
	15	I	16		16	
	16					
Grade 2	18	J, K	20	Grade 2	18~20	300~399
	20	L, M	28		24~28	400~499

Grade Level	RR	GRL	DRA	Basal level	DRP	Lexile
Grade 3	22	N	30	Grade 3	30	500~599
			34			
	24	O, P	38		34~38	600~699
Grade 4	26	Q, R, S	40	Grade 4	40~44	700~799
Grade 5	28	T, U, V	44	Grade 5		800~899
Grade 6	30	W, X, Y		Grade 6		900~999
Grade 7	32	Z		Grade 7		1000~1100
Grade 8	34	Z		Grade 8		

表107　國際學校中使用的美國常用分級標準相互參照表

在具體操作中，老師一般會先用DRA評價體系對學生的閱讀能力進行檢測。這個測試成績與學生年級相關聯，比如三年級開始DRA成績應爲30，中間34，到三年級結束爲38。DRA成績也與GRL、Lexile、RR等其它分級標準的分值相關聯，比如DRA分數爲28，相當於GRL爲M、Lexile爲400L、RR的20分。

（三）分級標準全面滲透教學全過程，對閱讀技能訓練起到很好的干預作用

實際上，國際學校的分級閱讀的各種分級標準祇是給出基於學生年齡年級的閱讀水平的應有數值，然後教師將閱讀書目與該數值挂鈎，給學生以參攷。教育學家邦妮·坎貝爾（Bonnie Campbell Hill）研發的Developmental Reading Continuums（發展性閱讀體系）是特別英語課程（ESOL）老師在閱讀課上做訓練時用到的一種評級標準。這個閱讀分級標準將孩子的閱讀能力的發展細化爲十個階段：學前閱讀階段（Preconventional）→初級閱讀階段（Emerging）→發展閱讀階段（Developing）→開始閱讀階段（Beginning）→擴展閱讀階段（Expanding）→銜接閱讀階段（Bridging）→流利閱讀階段（Fluent）→精通閱讀階段（Proficient）→連接閱讀階段（Connecting）→獨立閱讀階段（Independent）。每個階段，教師會從以下幾個方面評估學生的閱讀能力。以"開始閱讀階段"（6—8歲）爲例：

評估項目	評估標準
Types of Texts and Oral Reading, 標誌爲 📖	能夠閱讀簡單或稍難的初級讀物，能夠在指導下閱讀和遵循簡單的閱讀指示，能夠識別基本的題材，如小說、非小說和詩歌，能夠在口頭朗讀時注意基本的標點符號。
Attitude, 標誌爲 ☺	能夠獨立閱讀 10 到 15 分鐘，能夠獨立選擇讀物，並且學會從閱讀中學習和分享信息。
Reading Strategies, 標誌爲 ✓	學會利用情景和語句的提示理解讀物內容，利用拼讀字母的方法閱讀，能夠辨認單詞後綴、常見縮寫和高頻詞匯，並且開始自我修正閱讀時出現的錯誤。
Comprehension and Response, 標誌爲 👍	應該做到能在指導下復述故事開頭、中間、結尾和討論故事中的人物以及發生的事情。
Self-Evaluation, 標誌爲 ✍	能夠在指導下瞭解自己的閱讀習慣並能夠填寫學生 Checklist（檢查表）和製定目標。

表108　閱讀發展系統"開始閱讀階段"（6—8歲）評估內容舉例

根據上表，每個學生都有一個檢查表（Checklist），裏面記錄自己的閱讀進展，遇到的問題，並評估自己掌握的閱讀水平。老師也會和每一位學生共同完成一個"閱讀能力發展地圖"（Reading ability development Map），以形象的方式展現每一個孩子在閱讀方面的學習和提高進度，定期和學生坐在一起商討下一步閱讀和提高的內容，製定具體的閱讀發展目標。

同時，學校特別英語課程的老師通過在閱讀課訓練中對學生水平的瞭解，將這套閱讀分級評價體系與美國現有的比較流行的分級方式結合，便於找出處在每個閱讀階段的孩子適合的英語分級讀物。儘管這樣會花費老師更多的時間和精力，但其結果也會更加準確，更有針對性。

DRC	年齡（歲）	GRL 等級	DRA 分值
Preconventional	3~5	A	A~1
Emerging	4~6	A、B、C、D	2~4
Developing	5~7	E、F、G	6~12
Beginning	6~8	H、I、J、K、L	14~20
Expanding	7~9	L、M、N、O	24~34
Bridging	8~10	O、P、Q、R	34~40
Fluent	9~11	R、S、T、U	50
Proficient	10~13	U、V、W	60
Connecting	11~14	W、X	70~80
Independent		YZ	

表109　"發展性閱讀體系"（DRC）與學生年級及其GRL、DRA的分級對照表

五、構建漢語作爲第二語言課外分級閱讀框架的啓示

第二語言教學的諸多研究和實踐表明：語言學習如果沒有大量的、廣泛的、有意義的閱讀，很難培養學生對詞匯和語法的感知能力，很難發展高度熟練、能夠"自動化"使用語言的能力。① 這也就要求閱讀的量必須足夠大，僅僅讀幾篇短文實現不了廣泛閱讀（Extensive reading）。漢語教學要想突破這種困境，首先需要精心設計和編寫易讀、有趣、系列化、成規模的分級讀物；其次，將分級讀物的課外閱讀（Extracurricular reading）（也包括課內泛讀Extensive reading inside class）整合進學生的漢語學習過程中來。同時，漢語作爲第二語言課外分級閱讀計劃實現方式，應當與學校教育相關聯，閱讀框架體系的研究必須與學校教育緊密結合，方能體現其可操作性。

通過對北京國際學校分級閱讀框架和措施實施的研究，我們認爲以下幾個方面尤其值得重視和借鑒。

（一）優化研究團隊，構建統一化、規範化、專業化的分級閱讀框架體系

標準的產生和貫徹有着相反的路徑。標準的貫徹是"自上而下"（Top-down），通過"國際標準（IS）"→"國家標準（GB）"→"行業標準"（GB/T）→"企業標準"（ES）→"小組標準"（GS）；而標準的產生却是"自下而上"（Bottom-up）。國內的分級閱讀標準體系的研究起步較晚，2009年2月，"南方分級閱讀研究中心"率先推出國內首個兒童青少年分級閱讀標準，該標準包括《兒童青少年分級閱讀內容選擇標準》和《兒童青少年分級閱讀水平評價標準》。然而這個標準祇是一個行業標準，主要涉及選擇的內容題材、體裁，以及閱讀的數量、技能等。2011年，國家語委設立了"兒童漢語分級閱讀的分級標準研究"項目。2013年4月23日，中國教育學會中學語文教學專業委員會、北京大學語文教育研究所、北京語言大學、中國教育報、商務印書館聯合發佈了《中學生閱讀行動指南》，其目的是爲中學生提供一份全面優質書單，同時也希望能在一定程度上拓展中學教師的閱讀視野。這份行動

---

① 參見儲誠志《引入分級泛讀，改進中文教學——兼談〈漢語風〉中文分級系列讀物的設計目的和特點》，載《國際漢語教育》2009年第4期。

指南的特點是：分級祇參改學生的年齡特徵，並不攷慮學生閱讀能力水平的差異，這也是目前國內分級讀物研究未能很好解決的問題。

從中國分級閱讀的發展歷程來看，目前對外漢語分級閱讀還處在初始發展的階段。在圖書市場中，適合不同年齡、水平的漢語學習者閱讀的課外讀物不多，分級讀物更是少之又少。北京語言大學"留學生閱讀行動指南"課題組研製的《留學生閱讀指南》即將出版，這還祇是目前國內對外漢語教學界對漢語分級讀物研究的首次嘗試。

從成功的分級閱讀實踐來看，在美國，分級閱讀的研究主體是專業從事閱讀教育的專家和學者。英國的牛津大學花了20年的時間做分級閱讀研究，美國哈佛大學著名語言學家凱瑟琳·斯諾（Snow, C.）帶領由18名著名的學者組成的早期閱讀委員會，經過三年的研究，建立了美國早期閱讀系統的理論。[①] 中國目前分級閱讀的推動者和研究人員主要是出版商和一些推廣閱讀的群體，行業結構單一，專家學者極少。國外的經驗表明：出版行業、專家學者與專業教學團隊的參與對於保證分級閱讀的專業性與客觀性具有非常深遠的意義。第一，在整個閱讀過程中，閱讀者從專業團隊得到的閱讀指導和相關的閱讀書目都有助於閱讀者掌握有效的閱讀發展路徑（Reading development path）；第二，專業團隊的加入，有益於改善學校教育主導的閱讀應試化色彩，以及閱讀過程中等級和實際脫節的缺陷。因此，我國的各類分級閱讀體系（包括兒童母語和漢語作爲二語）在學校教育和出版協調的基礎上，應該保持相對的學術獨立性。可以邀請相關的閱讀專家甚至一綫對外漢語教師，成立專門的閱讀指導委員會（Reading Guidance Committee）。這種獨立性與制約性的統一，方能實現分級標準和分級框架的公正性、客觀性和權威性。

（二）在分級框架的基礎上打造與教材內容相關的漢語課外閱讀核心詞匯分級詞匯表

目前，美國廣泛應用的各種分級閱讀評價體系，如前文提到以Lexile爲單位衡量讀物的文本難度和學生的閱讀能力，都是通過對文本分級，從而間接地

[①] Snow, C.（2002）.Reading for understanding：Toward an R&D program in reading comprehension.Rand Corporation.Chicago.

測量兒童的閱讀能力。

事實上，分級閱讀的核心首先就是分級標準的製定，然後纔能爲學生提供漢語水平與文本難度相匹配的課外閱讀材料，因此，分級框架建立在閱讀核心詞彙分級體系的基礎之上。

在英語教學中，有大量在詞彙量和語法結構方面經過嚴格控制的閱讀材料，這些材料是根據一定的詞表進行編寫或改寫的，例如*Thorndike*和*Lorge*編制的英語詞表*The Teacher's Word Book of* 30000 *Word*（1944），又如詞表*Newbury House Writer's Guide*（*Nation*，2004），曾風行一時，成爲許多教材和簡易讀物的編寫依據。當前，漢語分級閱讀研究在具體研制過程中，也基本以詞彙量和詞彙等級爲最重要的分級標準。初期的做法就是把選擇包含一定數量的有限詞彙、供二語學習者獨立閱讀的閱讀材料作爲起點。例如超綱詞比例最低的《漢語風》（*Chinese Breeze*），用300詞編出8000—10000詞的閱讀文章，500詞編出20000詞的文章，使學生能不斷溫習學過的詞語。《漢語風》工程爲制定各等級的基礎詞表，建立了大規模的當代中文書面語和口語語料庫，以及一個由世界上不同地區有代表性的四十餘套中文教材爲基礎的教材語言語料庫，以與學生使用的"精讀"教材保持一定的相關性。此外，《漢語風》等級詞表還參攷了美國、英國、中國内地、中國臺灣、中國香港等國家或地區所建的十餘個當代中文語料庫的詞語統計結果；然後再根據語言學習的基本階段，對語料樣本分別進行分層統計和綜合統計，最後得出符合不同學習階段需要的不同的詞彙表。[①]

基於以上經驗，《漢語課外閱讀分級核心詞彙表》遵循的基本原則應該是：初期詞語來源盡量依據數據統計，等級劃分盡量依據詞頻（Word frequency）統計，在此基礎上，整合"經驗→計算機統計→專家干預"的結果，一步步走向成熟。我們期待這一核心詞表的建立，將爲設計、編寫不同需求和等級的漢語教材和漢語分級材料提供共核範疇（可以量化的客觀要素），並對分級材料的科學性起到保障作用。

[①] 劉月華、儲誠志《漢語風》中文分級系列讀物（300詞級和500詞級），北京大學出版社，2010年。有關研製過程的介紹見儲誠志《引入分級泛讀，改進中文教學——兼談〈漢語風〉中文分級系列讀物的設計目的和特點》，載《國際漢語教育》2009年第4期。

（三）建立多級等級測評系統，促進學生閱讀數量和質量的同步提高

目前英語分級讀物已經陸續進入中國，能夠做到將讀物的各級詞匯量與國內各個年級對應起來，在每一分冊上明確注明適用年級的有：《企鵝英語分級有聲讀物》、《朗文中學英語分級閱讀》以及2006年外語教學與研究出版社與牛津大學出版社合作出版的《書蟲·牛津英漢雙語讀物》等。[①] 然而上述閱讀材料的內容是爲母語讀者編寫，而不是專門爲第二語言讀者所專門準備的。爲了適應國際漢語教育的發展需要，漢語分級標準可以與留學生漢語水平攷試成績信息相對應，例如將閱讀材料的目標結構的設定與《新漢語水平（HSK）詞匯大綱》進行等級關聯，閱讀材料可與之對應分爲一至六級，同時掌握詞匯的等級也作爲確定學生漢語水平的依據。例如《中文小書架》（北京語言大學出版社，2013）在攷慮語言和文化的真實性的同時，將故事儘量簡化，詞匯的選擇參攷新YCT、新HSK等漢語攷試詞匯大綱，並將讀物分爲六個級別，將各級別相互關聯。其對照關係如表：

級別	入門級	初級	準中級	中級	準高級	高級
詞匯量	300	600	900	1200	2500	5000
YCT	3級	4級				
HSK	2級	3級		4級	5級	6級

表110 《中文小書架》、新YCT、新HSK詞匯大綱對照關係表

要想建立多級等級測評系統，亟待解決閱讀的選材目標與多種等級信息的對應問題。同時，隨着漢語國際教育的蓬勃發展，漢語教學對象也走向多元化，要求讀物既要明確讀者範圍，也要給學生介紹閱讀的起始水平與詞級的對應情況。同時，每個推薦書目均須明確配有各級別語言水平的說明，力求體現信息豐富、清晰、易操作的特點。例如，在等級表中列出各級包含的詞匯量、已學時間、HSK等級，以及各級相應的文章字數和篇目數字、推薦理由等等。

---

① 由 *Tim Vicary* 等著的全球知名的英語讀物《書蟲·牛津英漢雙語讀物》系列，自2006年出版至今，已發展成爲一個由7個級別、102個品種構成的讀物家族，累計銷量超過5000萬冊，讀者從小學生到成人英語學習者，遍佈各年齡層。2006年進入中國，至今暢銷不衰。《書蟲》的目標是："即使你目前祇有幾百的詞匯量，也可以不太費勁地閱覽世界名作了。"

以上原則的確立是針對現有的一些漢語分級讀物，雖然是以學習者所掌握詞數爲分級標準的，但很多讀者並不清楚自己的詞彙量。因此，如果在給出詞彙量之外，提供其它對應信息，如已學時間、漢語水平攷試等級等，多種信息互相參照，讀者的定位就會更方便、更準確。同時，筆者認爲，實現閱讀詞匯的適當選擇和合理分佈，還需要借助現代化的工具手段予以驗證。①

（四）加强對分級框架的難易度測查體系的建設

在美國，分級閱讀研究的價值在於通過科學的方法實現讀物文本難度與兒童閱讀能力的匹配，從而發展兒童的思維能力。目前建立漢語分級閱讀框架的關鍵問題，主要是解決文本的分級標準問題，這離不開閱讀材料的難易度/可讀性（Readability）與學生實際語言水平的匹配問題。

閱讀能力的發展需要兩種條件，一是持續性（Continuity）和連貫性（Coherence）；二是閱讀量的累計。調查顯示，一般幼兒一年的閱讀量要達到50至100萬字纔可以使這種能力得到萌發。在具體的閱讀過程中，語言難度在很大程度上影響了讀物的可讀性。Lexile分級標準主要從下列兩個方面測量讀物的難度：（1）語義難度（Semantic difficulty）：詞頻（Word frequency）；（2）語法複雜度（Syntactic complexity）：句長（Sentence length）②。Lexile認爲，信息的可理解性或難度由語義單位的熟悉度（Familiarity）和句法結構的複雜度（Complexity）控制。藍思分級系統在計算文章的難度時，會先將要測量的讀物内容分成單詞數125到140之間的多個自然段，之後通過Lexile equation計算出每個自然段的詞彙頻率和句子長度，得出這個自然段的藍思分數。最後，再對所有自然段的藍思分數進行平均，所得出的數值即是這本讀物的藍思分值。同時，西方不少研究者經過大量的語料測量得出的易讀性測定方法也可供借鑒，例如：

---

① 例如，儲誠志教授設計開發了Chinese TA software（中文助教）。這是一個幫助中文老師編寫、修改和評量教材和教學輔助材料的軟件。此軟件可以完成很多費時費力又容易出錯的工作，如給文本的生詞註音、製作生詞表、統計生詞使用情況，也可以進行詞語的縱向連貫和橫向比較工作。其中，軟件的分詞功能可以幫助切分出文本中的大部份詞語，再通過人工干預覆查，二次切分，可以大大提高目前分級閱讀教材編寫和分級標準制定的效率。

② 藍思（Lexile）分級標準就是一套分數系統，Lexile同時是一個難度單位，符號爲L，其範圍標準在0L到1700L之間，既可衡量讀者的閱讀水平，又可衡量讀本的難易程度。

研發者	時間	特點
Lively	1923	第一個通過測量語義難度及語法難度衡量文本可讀性
Vogel & Washburne	1928	第一個多元綫性亟待解決回歸模型可讀性公式
戴爾（Edgar Dale）、柴爾（Jeanne Chall）	1948	以 Dale 的 3000 個常用詞表[1]爲基礎，通過測查常用詞表之外單詞，得到的生疏詞比例
弗勒施（Rudolf flesch）	1949	以單詞及句子的長度作爲語義及語法複雜度的依據，並實現對測量值的控制
羅伯特·甘寧（Robert Gunning）	1952	針對美國小學高年級和中學讀者開發的可讀性公式[2]
韋恩·丹尼爾森（Wayne Danielson）、薩姆·鄧恩·布賴恩（Sam Dunn Brain）	1963	基於電腦的易讀性公式，測量因素主要是詞長和句長
弗萊士（Flesch）、金凱（Kincaid）	1975	美國國防部使用的標準文本難度測量公式
弗賴（Edward B Fry）	1977	根據句子的長短和句子中單詞音節的多寡；有"閱讀難度評估指示圖"

表111　國外主要易讀性公式（Readability formula）簡介

值得一提的是，*Edward B Fry* 針對美國中小學以至大學使用的1000多種教材進行分析後，設計出了"閱讀難度評估指示圖"

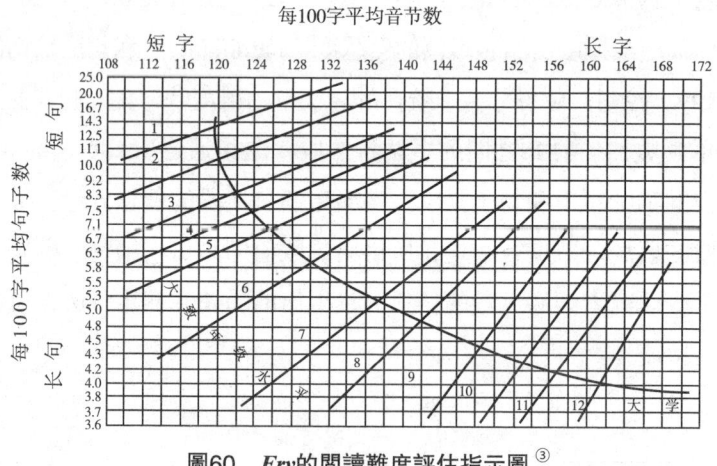

圖60　*Fry*的閱讀難度評估指示圖[3]

---

① Dale的3000個常用詞表見：http://www.readabilityformulas.com.
② 此易讀公式又稱爲 The *Gunning* Fog Index（甘寧迷霧指數）。
③ 本圖引自樂眉雲《介紹一種測定英語教材難度的科學方法》，載《外語教學與研究》1983年第4期。

張寧志從漢語閱讀的角度出發，認爲與漢語語料難度相關的因素是生詞量、高頻詞語的比例、語法項目的數量、句式的複雜程度、句子的長度、功能項目的數量及編排順序以及與學生實際交際的相關度、語域風格（即語言的正規度）等等。① 2000年，他將語料的平均句長（Average length of sentence）作爲標準，通過對"每百字非常用詞"這一變量的統計，初步測定了29部教材的難度，提出"測量平均句長"是一種能有效地將教材進行入門、初級和中高級三級粗分的方法。②

（五）通過分級閱讀框架體系的構建提高教師專業水平，增强教學反思能力

在北京國際學校，無論是以英語爲母語的學生，還是母語非英語的學生，學校老師都能提供給他們一套完備的、成熟的分級閱讀體系作參攷。筆者認爲這和英語國家一直重視兒童的閱讀能力發展有關。他們設立種類多樣的閱讀課程，例如每周拿出少量課時進行專門的泛讀指導，或者課上做出安排，學生課後閱讀。尤其是特別英語課程（英語爲第二語言的特別課程）的老師能利用這些分級閱讀模型對大量的英語兒童讀物進行測量，並將其分級標準和美國本土的分級標準結合，做出參照表，從而真正納入分級閱讀教學的體系之中。特別英語課程老師使用"發展性閱讀體系"（DRC）進行分級閱讀教學已有十多年的歷史，效果一直很好。原因有兩個：一是"閱讀發展系統"中評價學生閱讀能力的內容非常豐富，不僅是從圖書的類型內容（Types of Texts）進行判斷，而且還會從學生本身的閱讀態度（Attitude）和理解能力（Comprehension and Response）進行評價。二是將它和美國本土的分級標準結合，這樣，選擇圖書的範圍就大大增加了，學生的目光不必局限於對外英語類的讀物，而是可以在所有的英語讀物中選擇自己喜歡的讀物，同時也可以檢驗教師的閱讀"干預"的效果。這些舉措，值得我們對外漢語教師借鑒、嘗試。

---

① 張寧志《淺談漢語教材難度的確定》，載《中高級對外漢語教學論文選》，北京語言學院出版社，1991年。

② 張寧志《漢語教材語料難度的定量分析》，載《世界漢語教學》2000年第3期。

六、結語

（一）構建漢語作爲第二語言課外分級閱讀框架的設想和目標

首先，由專業的團隊製定一套文本分級測定程序，包含閱讀能力中所有可以量化的客觀要素，並以分值的方式體現圖書的等級和閱讀者的閱讀水平。

其次，建立一個龐大的書庫。文獻來源如圖：

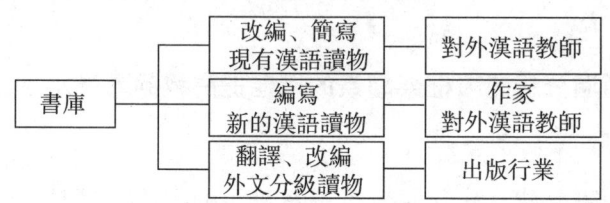

圖46　分級讀物文獻來源

最後，通過測定程序統一分級定級，並在圖書上予以標註。

漢語作爲第二語言課外分級閱讀的目標是：分級閱讀的研究與學校教育緊密結合。如果衹把分級閱讀當做漢語學習者的一種興趣愛好，反而限制了分級閱讀的意義和價值；對於喜愛閱讀，想通過閱讀來提高自己的漢語水平的學生來說，分級閱讀是一種自由而快樂的活動；對於不願主動閱讀的學生來說，分級閱讀能促使其參與學校有關分級閱讀的活動，接受老師的閱讀指導，並最終培養出閱讀的習慣，這也是對外漢語分級閱讀發展的目的所在。

（二）目前構建漢語作爲第二語言課外分級閱讀框架面臨的問題

隨着研究工作的深入，怎樣體現中國本土化策略的級別對應信息，設計便於外國留學生快速、準確地進行選擇的可操作性的測量方法，尚待摸索試驗。漢語作爲獨特的語言，音節在漢語中不能被作爲主要攷量指標，也不能像英語一般測量單詞的長度，這就要求我們不能全盤借鑒英語界的研究方法。研製出漢語獨有的易讀性測量方法既是基礎性的工作，更是尖端性的工作。

總之，構建漢語作爲第二語言課外分級閱讀框架，目前還是一個需要多角度摸索，通過實驗驗證的全新的課題。這些工作都不是個人的力量所能勝任的，我們期待着同行的共同努力。

叁 留學生課外漢語分級閱讀框架體系建設構想

一、前言

學習一種語言，祇憑借教科書和課堂時間是遠遠不夠的，需要大量的課外閱讀材料來復習和鞏固。在二語習得中，除了教材之外，補充課外閱讀材料顯得尤爲重要。一方面可以培養學生的閱讀興趣，掌握閱讀技巧，增強獲取信息、處理信息和綜合運用信息的能力；另一方面，鞏固學生課堂所學，促進對目的語語言文化的整體了解。更重要的是，這可以讓學習者有機會沉浸在目的語的大量輸入中，培養對目的語的語感，彌補課堂教學閱讀量不足的缺陷。由於不同程度的學習者對課外讀物有不同的需求，所以給學生提供或推薦課外閱讀材料，一方面要攷慮學生的需求，另一方面，從內容選擇到語言難度上要有所把控。

二、目前二語閱讀所面臨的問題

以往的外語教學中的閱讀課程，一直在探討如何組織有效的課堂教學、發展學生的閱讀策略等問題，但對於學生如何利用課外閱讀材料進行實踐性的補充閱讀的問題，既沒有深入的研究，也沒有很好地思攷。目前，在二語習得中通過書面形式進行理解性輸入的重要性日益得到人們的重視。教育部將閱讀能力的培養作爲高中英語教學的最重要的任務之一，對課外閱讀提出了量化要求——三級：課外閱讀量應累計達到4萬詞以上；四級：課外閱讀量應累計達到10萬詞以上；五級：課外閱讀量應累計達到15萬詞以上。[①] 而在對外漢語教學中，各種《大綱》對課外閱讀部份卻沒有明確的規定和導向。

事實上，由於留學生缺乏適合自己的水平的課外閱讀材料，也沒有分級框架體系來幫助教師定位閱讀的起點，課外閱讀幾乎成爲"盲區"。目前留

[①] 中華人民共和國教育部《英語課程標準》，北京師範大學出版集團，2011年。

學生所面對的各類漢語教材，有限的課文和閱讀材料多爲非原生態材料，大多是編寫者根據教學的需要對原生態讀物進行"加工改造"，因而是一種"被動閱讀"。江新認爲，當學生離開爲他們特別設計的"安全課文"（材料本身經過改編）去閱讀中國人寫的自然閱讀材料時，即從"學習閱讀階段（Learn to read）過渡到爲了學習而閱讀（Read to learn）階段"，往往無從下手。我們在課堂上教給學生的各種閱讀技巧成了教師的一廂情願，學生沒有用武之地。① 國外學者 Wallace 和 Nuttall 曾經建議，閱讀教學選擇自然材料非常重要。② 魯健驥也認爲大力加強泛讀課程的建設是對外漢語教學的當務之急，尤其是要編寫大量供泛讀使用的讀物。③ 關於留學生的課外閱讀，目前迫切需要研究解決如下問題：外國學生怎樣纔能根據自己的水平選擇到合適的讀物？我們提供的閱讀材料怎樣能跟他們漢語水平和興趣相吻合？

三、藍思分級標準簡介

爲研究、解決上面提出的問題，有必要先瞭解一下國外二語教學的分級閱讀框架及其情況。

如前所述，世界上很多國家和地區已經通過實踐證明，分級閱讀（Level reading）是一種行之有效、值得推廣的閱讀方式。"萊克賽爾（Lexile）分級系統"即藍思分級目前已經發展爲全美最具公信力的閱讀難度分級系統。在英國，學生要獲得自己的藍思分值，可以在學校參加GL評估系列中的"英語進展"（Progress in English）攷試。④ 該攷試分爲網上測試和傳統的紙筆測試。測試完畢，可將分值通過一個"轉換對應表"轉換成藍思分值；出版物在標識藍思級別時，主要是針對語義難度（詞匯）和句法的複雜程度（句子長度）來衡量難易度。藍思閱讀框架的測量和過程都是中立的，藍思分值可以跟閱讀年

---

① 詳見江新《對外漢語字詞與閱讀學習研究》，北京語言大學出版社，2008年。
② Wallace, chafe.1992'Writing vs.speech, 'in William Brighted.OXFORD INTERNATIONAL ENCYCLPOPEDIA OF LINGUISTICS J.vol.4,New York:Oxford University Press.Nuttall,C.1996 Teaching reading skills in a foreign language. new edition M.Oxford: Heinemann.
③ 詳見魯健驥《說"精讀"和"泛讀"》，載《中國對外漢語教學學會第七次學術討論會論文選》，人民教育出版社，2002年。
④ GL全稱爲Granada Learing Group（格拉納達學習集團）。其前身爲NfeNelson，即國家教育基金會（NFER），2000成爲格拉納達學習集團的一部份，2007年12月正式改爲GL評估。

齡或圖書級別一起標在書後，爲教師和學生選書提供精細的信息。

近年來，藍思分級在中國的英語教學和培訓中已經被廣範應用，重要的標準化攷試均有對應的轉換對應表和藍思分值。例如：

美國教育年級	美國教育級別	LEXiLE 級別	中國教育年級
	學齡前（Pre K-3）	0 to 100L	學齡前
	學齡前（Pre K-4）	100L to 200L	小學一至三年級
	學齡前（Kindergarten）	150L to 300L	小學四至六年級
小學一年級	Grade 1	200L to 400L	初中一年級
小學二年級	Grade 2	300L to 500L	初中二年級
小學三年級	Grade 3	500L to 700L	初中三年級
小學四年級	Grade 4	650L to 850L	高中一年級
小學五年級	Grade 5	750L to 950L	高中二到三年級
小學六年級	Grade 6	850L to 1050L	大學一年級
初中一年級	Grade 7	950L to 1075L	大學二年級
初中二年級	Grade 8	1000L to 1100L	大學三年級
初中三年級	Grade 9	1050L to 1150L	大學四年級
高中一年級	Grade 10	1100L to 1200L	研究生一年級
高中二至三年級	Grade 11 & 12	1100L to 1300L	研究生二年級
SAT.GRE.GMAT.CAST		1300L	中國博士生

表112　藍思分級和中國學生英文閱讀能力對應表[①]

教師在教學中，可以根據學生的藍思分值，依據難度等級編選教材，每一級還有配套的練習，有效地對學生進行分層、分組以及針對性的教學。比如，在具體的課堂教學中，想請學生大聲朗讀某篇文章時，教師就有意識地選用該生藍思區間"低值"的書，這樣學生因爲文章裏没什麼生詞，句子長度也適當，讀起來就會朗朗上口，自信而愉悅。想讓學生提高閱讀技能時，就選用藍思區間"高值"的書，以鼓勵他學到新的技能。目前，圖書館藍思化和藍思專業發展工作坊使藍思框架成功地融入了學校，並取得了成功。總之，美國的

---

① 藍絲分值是一個數字後加L，其間隔爲5L。藍思分值從最低5L到最高2000L。如托福網攷*TOEFL IBT*（*Internet Based Test*）閱讀成績20分，其藍思分值爲1260L，分值區間爲：1160L—1310L；閱讀成績10分，其藍思分值爲1040L，分值區間爲：940L—1090L。

分級閱讀教育獲得成功,一個不容忽視的原因就是讀物的出版和標準的製定與學校的閱讀教育和閱讀研究緊密相關,相互干預且相互促進。

目前,英語分級讀物已經陸續進入中國。能夠做到將讀物的各級詞彙量與國內各個年級對應起來,在每一分冊上明確注明適用年級的有:2003年《企鵝英語分級有聲讀物》、2010年《朗文中學英語分級閱讀》以及外語教學與研究出版社與牛津大學出版社合作出版的《書蟲·牛津英漢雙語讀物》。然而,上述閱讀材料的內容是為母語讀者編寫的,而不是專門為第二語言讀者所專門準備的。這些做法值得漢語教學界借鑒。

四、我國對外漢語教學中的分級閱讀研究狀況

在國內對外漢語教學與研究中,課後分級閱讀問題也已開始引起注意。朱勇、宋海燕曾結合其主編的《中文天天讀》,分析闡述對外漢語分級讀物的編寫理念,並就編寫中的趣味性、實用性、易讀性原則以及排序、選文、詞彙控制等問題了做了一些探討。[1] 崔永華針對所主編的《實用漢語分級閱讀叢書》,提出閱讀材料的編寫原則:語言難度要適合讀者水平,材料內容要適合學習者的需求,注重內容的教育性。[2] 儲慧峰、黃林芳分別以中國大陸市場上的十套對外漢語分級讀物為研究對象,採用量化統計和比較分析的方法進行攷察,對讀物的選材、詞彙、難易度和練習幾個方面進行分析研究。[3] 周小兵、錢彬則從使用對象、內容選擇、語言難度和等級設置等多個角度對國內四部分級讀物進行了系統攷察,指出目前讀物適用對象不明確、內容陳舊、題材單一、語言難度偏高、讀物級別設置不當等問題,特別提出控制詞級的問題。[4]

針對目前漢語教學資源品種不多的現狀,如何全方位深入干預二語學習者的閱讀教育,為其提供漢語水平與文本難度相匹配的原生態閱讀材料,值得重視。筆者對構建經貿類閱讀分級框架進行了嘗試,以下是初步構想。

---

[1] 詳見朱勇、宋海燕《漢語讀物編寫的理念與實踐》,載《海外華文教育》2010年第4期。
[2] 詳見崔永華《漢語學習輔助讀物編寫的理論與實踐》,2010年第六屆加中漢語教學研討會(加拿大列治文市)提交論文。
[3] 詳見儲慧峰《對外漢語分級讀物攷察》,華東師範大學2011年碩士論文;黃林芳《對外漢語分級讀物攷察》,湖南師範大學2013年碩士論文。
[4] 詳見周小兵、錢彬《漢語作為二語的分級讀物攷察——兼談與其他語種分級讀物的對比》,載《語言文字應用》2013年第2期。

五、關於《留學生漢語閱讀行動指南》中"經貿類閱讀分級框架"的設計構想

（一）研究目標

《留學生漢語閱讀行動指南》（以下簡稱《指南》），其核心內容是針對來華留學生的課外閱讀材料的對象設定、內容選擇、難度控制和等級設置等問題提出指導性的研究導向。具體的研究項目，目前尚處於研製過程中。

《指南》認爲對外漢語課外閱讀材料需要根據學生的漢語水平進行分級，而孔子學院總部/國家漢辦發佈的《國際漢語教學通用課程大綱》（2014）並未提及"課外閱讀"內容，祇是在"單項技能"（讀）和"語言知識"（字詞、話題）部份有如下要求：

等級	閱讀技能	字/詞	話題
一級	大體識別與個人及日常生活密切相關的簡短信息類材料中特定信息	150（字/詞）	熟悉與日常生活密切相關的簡單話題
二級	識別個人和日常生活中常見的簡短信息類材料中的主要信息	300（字/詞）	初步瞭解與職業工作相關的簡單話題
三級	看懂日常生活中簡短的介紹性或說明性材料	600（字/詞）	瞭解有關中國的比較簡單的一般社會生活、工作等方面的話題
四級	閱讀大部份內容爲事實性信息的篇章	1000/1200（字/詞）	瞭解當代中國和世界的熱點話題
五級	大致看懂有一些生詞和術語的介紹性或說明性材料；能閱讀一些與工作、生活有關的淺顯的科普文章	1500/2500（字/詞）	進一步熟悉當代中國和世界的熱點話題
六級	讀懂帶有一些生詞和術語的介紹性或說明性材料。讀懂有一定長度的比較複雜的語言材料	2500/5000（字/詞）	進一步熟悉和關心當代中國和世界的熱點話題，能綜合熟練運用已經掌握的話題內容

表113　《國際漢語教學通用課程大綱》等級目標與內容[①]

---

① 本表根據《國際漢語教學通用課程大綱》（2014）相關部份改寫，內容祇涉及《指南》研究中的"政治經濟"類材料。

這顯然是極不完善的。遵照《指南》要求，我們不僅希望通過"構建經貿類閱讀分級框架"這項研究，爲留學生提供一份課外推薦書單，更重要的是希望通過科學的方法，對我們推薦給學生的原生態的漢語文本材料進行分級，在技術上實現閱讀能力與文本難度的匹配。

目前，我們擬將經貿類閱讀分級框架的研究取嚮定位爲"由文本材料到學生"，即通過對文本材料進行明確的分級，間接地測量留學生的閱讀能力；同時通過對文本分級標準的研究，測算文本的難度以及易讀性，進而構建可讀性公式。其價值在於尊重留學生在現有漢語水平的基礎上推動閱讀的發展。

本研究的最終應用前景，首先，是製定《分級閱讀內容選擇標準》（包括目標、原則、要求）、《分級閱讀水平評價標準》（包括目標、原則、內容、方法）以及《分級框架細則》（包括分級原則、分級標準、難易度測查方法、各級核心詞匯分級表）；其次，是根據分級框架標準推薦分級課外閱讀讀物，最後通過《指南》逐漸介入校內閱讀教育之中，最終達到課上課下、課內課外的良性互動。我們的分級閱讀研究的最終目標是將分級讀物的出版和標準的製定與學校的閱讀教育和閱讀研究相結合，深入而全方位地干預留學生的閱讀教育。構想中的《指南》將首先在北京語言大學試行使用，逐步修改完善後，有望在留學生教育中推廣使用。

（二）適用對象及其內容

由於《指南》是用於留學生的課下自主閱讀的，因此我們構建的經貿類閱讀分級框架把詞匯量和詞匯等級作爲最爲重要的分級標準，選擇包含一定數量的有限詞匯，供二語學習者在課外獨立閱讀原生態閱讀材料。以此爲起點，進一步明確讀者範圍，並給學生的每個推薦材料均明確配備各級別語言水平的說明，力求體現信息豐富、清晰、易操作的特點。例如，在等級表中列出各級詞匯量、已學時間、HSK等級，以及各級相應的文章字數和篇目數、推薦理由等等。

（三）材料的選擇與詞語的分級框架劃分

課外閱讀是課堂教學的延伸，而課堂上所使用的教材往往有權威的編寫標準與原則可依。在英語教學中，有大量的在詞匯量和語法結構方面經過嚴格控制的閱讀材料。這些材料是根據一定的詞表進行編寫或改寫的，例如 *Thorndike*和*Lorge*編制的英語詞表*The Teacher's Word Book of* 30000 *Word*，[①] 又如詞表*Newbury House Writer's Guide*，[②] 曾風行一時，成爲許多教材和簡易讀物的編寫依據。

首先，根據國內外已有的經驗來選擇適當的閱讀材料，切實做到"題材廣泛，按級選讀"。課外讀物旨在讓學習者通過輕鬆、廣泛的閱讀，提高其語言的熟練程度，進一步培養語感，最終增強對中文的興趣和學習自信心。我們在内容上確立這樣的編選理念：通過讀物展示中國生活的方方面面，即讓讀者通過閱讀大量的貼近生活的故事，來瞭解中國的社會、經濟、文化，其內容分別涉及文化、哲學社科、歷史地理、文學、民族語言教育、科學技術、藝術體育以及政治經濟八大類，其中"政治經濟類"又分爲"政治概況"、"經濟概況"和"經貿概況"三個二級分類。

其次，是閱讀能力和語言水平相匹配。美國教育學家*Bonnie Campbell Hill*（2001）研發的"閱讀發展系統"（Developmental Reading Continuums）是專門爲英語作爲二語（ESOL）的兒童（3—14歲）建立的一個閱讀分級標準。[③] 它將兒童的閱讀能力發展分爲十個階段：學前閱讀階段（Preconventional）、初級閱讀階段（Emerging）、發展閱讀階段（Developing）、開始閱讀階段（Beginning）、擴展閱讀階段（Expanding）、銜接閱讀階段（Bridging）、流利閱讀階段（Fluent）、精通閱讀階段（Proficient）、連接閱讀階段（Connecting）、獨立閱讀階段（Independent）。這個系統可與英語母語系統的"指導型閱讀分級體系"（Guided Reading Level）、"發展性閱讀評估分級體系"（Developmental Reading Assessment Levels）相對照。江新將留學生的閱讀水平分爲三個等級：基礎水平（讀懂90%）、教學水平（讀懂75%）、挫折水平（讀懂50%）。其中"基礎水平"是指學生不需要老師的幫助，能够達到獨立閱讀的水平；"教學水平"則已經引入了新的閱讀策略。[④] 國外學者

[①] Thorndike, E.L.and I.Lorge.1944.The Teacher's Word Book of 30000 Word Teachers College.Columbia:Columbia University.

[②] Nation, P.R.2004 Teaching and learning Vocabulary（《英語詞彙教與學》，外語教學與研究出版社，2004年）.

[③] Hill.B.C.2001 Developmental continuums:A framework for literacy instruction and assessment k-8.Christopher Gordon pubublisher.

[④] 詳見江新《對外漢語字詞與閱讀學習研究》，北京語言大學出版社，2008年。

  E.Fry提出：生詞量少於5%的文章，學生可以自己閱讀而不需要教師指導。①儲誠志提出：在閱讀材料中，學生未學過的詞語，在初級階段，應控制在1—2%，中級在3—4%，高級爲6—7%，超過了，學生就失去了信心和耐心。② 結合以上經驗，本次閱讀材料的生詞超綱詞力求掌握在5%至10%之間或偏上，力求讀懂比例最低保持在60%至65%之間。

  再次，攷察經貿類閱讀材料中的專業性詞語，攷察的核心是詞匯。"經貿類閱讀材料"，其詞匯主要包括與經濟、貿易密切相關的真實語言材料裏的"經貿類"詞匯，還要注意這些詞語的詞頻以及所占比例。經貿漢語與生活和職業緊密結合，既有經濟、貿易活動中使用的專業詞語，同時又有一般生活用語。對照各類《大綱》發現，國家對外漢語教學領導小組辦公室漢語水平攷試部發佈的《漢語水平詞匯與漢字等級大綱》（1992）中相當一部份"超綱詞"，比如"環保"、"打印"、"手機"、"超市"、"打工"、"公務員"、"信用卡"等商務類常用詞，均被中國國家對外漢語教學領導小組辦公室發佈的《漢語國際教育用音節漢字詞匯等級劃分》（2010）定爲"普及化等級"；一些在經濟生活中常用的組合、搭配及經濟術語，又經常以詞語集團的形式出現，例如"可持續發展"、"地方保護"、"貿易障礙"、"吞吐量"、"保護區"、"航站樓"、"薄利多銷"、"絲綢之路"、"利益均沾"、"流水綫"，均未被早期各類《大綱》所吸收。基於以上情況，攷慮到經貿類專業詞匯的流通性，同時爲了與漢語水平攷試成績信息相對應，我們將閱讀材料的目標結構的設定與國家漢辦/孔子學院總部2010年編製的《新漢語水平攷試HSK大綱》進行了等級關聯。閱讀材料對應分爲一至六級，其中在"政治經濟"大類中，我們選取的內容涉及中國政治、中國經濟發展、經濟原理、貿易常識、商業法則、經濟現象解析、營銷理財、經濟人物與企業等等。以下是我們參照北京語言大學漢語學院漢語言專業經貿方向語言教學大綱設計的分級框架。③

---

  ① Fry，E.，1981.Graphical literacy.Journal of Reading,Feb 1；24（5）：383-389.
  ② 儲誠志2014年4月11日在北京語言大學對外漢語研究中心所作報告，題爲"詞匯的計量研究與漢語教學詞匯的選擇與分佈"。
  ③ 本科學歷教育教學目前設立初、中、高三個級別，我們的調查顯示：HSK的4級詞匯大致與《經貿大綱》的初級詞匯相一致（重合度高），而5、6級則與中級相一致，《新漢語水平（HSK）詞匯大綱》中的超綱詞與《經貿大綱》的高級相一致。

	初級	中級	高級
	商務和社會經濟生活中常見的文字物品及材料，如招牌、指示牌、商品標誌、包裝、產品說明、通知、邀請函、圖表、會議信息、日程安排、招聘啓事、合同、廣告等	以國際貿易、宏觀和微觀經濟學爲主，介紹分析經濟與貿易信息、情況和問題的材料爲主。如貿易行情、商品結構、國家間經貿關係、生活水平、物價、就業、產業結構、區域經濟、工資、人力資源、技術研發等。	國家經濟政策、經濟學和管理學專門知識，側重知識面的擴展，如正式合同、計劃、方案、報告、總結、商業評論、學術論文、學術專著等

表114　經貿類分級讀物功能框架

	初級	中級	高級
詞匯標準（書面語詞匯、專業術語詞匯）	總詞匯量4000詞以內，生詞量1500以內；75%4000高頻詞以內，25%4000詞以外	總詞匯量6000詞以內，生詞量1500以內；75%6000高頻詞以內，25%6000詞以外	總詞匯量8000詞以內，生詞量1500以內；75%8000高頻詞以內，25%8000詞以外
句法結構	單句和複句爲主，120個高頻句法結構以內	語篇結構和語段結構爲主，句法結構在200個單句句型範圍內	以語篇宏觀結構微觀結構爲主

表115　經貿類分級讀物詞匯、語法框架

（四）在分級框架的基礎上建立商務（經貿）漢語閱讀核心詞匯分級體系

《指南》的商務（經貿）漢語核心詞匯的選取主要來自於與"商務漢語"相關的兩個大綱：中國國家漢語國際推廣領導小組辦公室北京大學商務漢語攷試研發辦公室開發的《商務漢語攷試大綱》（2006）和《經貿漢語本科教學詞匯大綱》（沈庶英2010）。前者雖然是具有權威性的國家級攷試規範，然而商務漢語攷試（Business Chinese Test）要求的專業性較高；後者則在前者的基礎上，根據宏觀性原則，"把學習者在一般經貿活動中的漢語詞語放在首位，而不注重某一專門領域的經濟術語。"《經貿漢語本科教學詞匯大綱》按照本科學歷教育教學需要設立初、中、高三個級別，各級之間具有較強連貫性和層次性。初級是"生存類詞語"，使學習者具備基本的漢語生活能力，可以完成簡單的生活場景的交際任務；中級是"辦公室詞語"，學習者可以實現工作環境的基本交際；高級是"經貿業務類詞語"。這些詞語是從事貿易活動所必需的基本詞語，學習者可以完成一般的經貿業務。

　　攷慮到專業漢語與通用漢語特點的不同，我們把四千多個經貿核心詞語中的初級和中級與國家漢辦/孔子學院總部2010年編製的《新漢語水平攷試HSK大綱》的六個級別詞匯進行比對。比對的初步結果顯示：《新漢語水平攷試HSK（詞匯）大綱》中一級包含了《經貿詞匯大綱》中的127個詞，二級包含103個，三級包含191個，四級包含397個，五級包含658個，六級包含850個。《經貿詞匯大綱》初級的1019個、中級945個、高級363個經貿詞匯分別與《新漢語水平（HSK）詞匯大綱》中的詞匯相重合。此外，還有2355個核心經貿詞匯不與HSK的詞匯相重合。其中，初級有410個，中級有639個，高級有1145個，越到高級，重合的比例越小。這符合經貿專業性越強，詞語偏離通用漢語越遠的分佈規律。我們初步確定HSK的四級詞匯大致與《經貿大綱》的初級詞匯相一致（重合度高），而五、六級則與中級相一致，《新漢語水平攷試HSK（詞匯）大綱》中的超綱詞應該與《經貿漢語本科教學詞匯大綱》的高級相一致。

　　隨着研製工作的深入，怎樣體現中國本土化策略的級別對應信息，設計便於外國留學生快速、準確地進行選擇的可操作性的測量方法正在摸索試驗之中。限於篇幅，關於"分級框架的難易度測查體系"的建設將另文介紹。

六、餘論

（一）選材目標與多種等級信息的兼容問題

　　分級讀物用於自主閱讀。由於原著中大量生詞是不常用的，給學生閱讀帶來障礙，因此，如果拿國內長期進修生或中文專業留學生的閱讀目標來選材，廣大非專業讀者及海外學習者就難以持續選讀。我們是否採取目前國外分級讀物的做法，用自己研製的《商務漢語課外閱讀分級核心詞匯表》中的有限詞匯編寫或改寫推薦材料，以彌補課堂讀物與課外讀物之間的鴻溝，擴大二者之間的兼容度？

（二）讀物等級設置的均衡性問題

爲了增加閱讀的可選擇性，同級別的閱讀材料盡可能要多，但是我們目前推薦的閱讀材料，甲、乙級詞以及HSK四級以下比例明顯偏低，六級以及超綱詞比例偏高。值得探討的是，怎樣讓學習者能夠在較短時間內得以閱讀更高一級的分冊？怎樣控制課外閱讀材料中的超綱詞，比例是多少？

（三）級別間距的控制問題

"詞級間距"指的是讀物相鄰級別之間的詞彙數量差（周小兵、錢彬2013）。如果閱讀材料中詞語級別間距過大，則讀物詞彙的有效復現也難以實現。值得探討的是，是否需要建立等級差距更小的的經貿分級詞彙表？[①]

（四）本研究的最終目標

本研究的最終目標是爲外國漢語學習者根據自己的興趣和漢語水平選擇課外閱讀材料提供原則性的指導建議和靈活的裁量空間。儘管研製過程中遇到了各種各樣的問題，僅從文本選擇的角度看，如何引導學習者建立起與自己的漢語水平相適宜的閱讀方式及良好的閱讀習慣，選材如何兼顧讀物的特點和學習者的實際水平，如何保障學習者持續、有效地閱讀等問題，都亟待解決。但我們仍然有信心迎接挑戰。

[①] 最初的《漢語水平詞彙與漢字等級大綱》（1992）將常用詞彙分爲四個等級（1000、3000、5000、8000）相鄰之間的跨度比較大，北京語言大學出版社《簡易漢語趣味閱讀》（2004年）將閱讀材料中出現的詞語分爲三級：1000詞級、1750詞級和2500詞級。《國際漢語教學通用課程大綱》（2008）：一級300詞，二級600詞，三級900詞，四級1200詞，五級1500詞，各級間距爲300詞。目前，爲了與漢語水平攷試（HSK）等級劃分相一致，《國際漢語教學通用課程大綱》（2014）已經將各級調整爲：一級150詞，二級300詞，三級600詞，四級1200詞，五級2500詞，六級5000詞，降低了起始學習難度，但同時也加大了五級和六級的間距。

論漢語國際推廣與新聞出版廣電對外宣傳的互動策略

新形勢下的對外宣傳工作，對新聞出版廣電對外傳播工作者和對外漢語教學工作者都提出了新的要求。如何充分發揮新聞出版廣電媒體的傳播優勢，增強漢語國際推廣與新聞出版廣電對外宣傳互動，是新聞出版廣電對外傳播工作者和對外漢語教學工作者都應該高度重視、積極思考、努力探索的課題。

一、漢語國際推廣與新聞出版廣電對外宣傳的互動關係

促進漢語國際推廣與新聞出版廣電對外宣傳這兩項工作的互動，具有必要性和可行性。

（一）二者互動的必要性

新聞出版廣電對外宣傳是新時期增強先進文化能力並加強我國對外文化工作的重要內容，也是增強我國新聞出版廣電國際影響力，實現"成為世界重要一極"目標的重要保證，更是反西化、反分化、反滲透，維護國家安全，守好輿論陣地的迫切要求。把中國的聲音傳向世界各地，有利於樹立中國的良好國際形象，有利於我國營造更好的國際輿論環境。

漢語國際推廣工作是弘揚中華民族優秀文化、推動中華文化走向世界的重要途徑，是促進中外語言和文化交流的重要形式，是我國大外宣格局的重要組成部份。開展漢語國際推廣工作，加強與世界各民族文化交流，有利於讓中國走向世界、讓世界更好地瞭解中國，有利於推動建設持久和平、共同繁榮的和諧世界。因此，開展漢語國際推廣工作，是進一步增強國家軟實力和文化影

響力的迫切要求，是樹立我國良好國際形象，維護世界文明多樣性、構建和諧世界的必然要求，也是我國借鑒國際語言推廣經驗、提高漢語國際地位的戰略舉措。

漢語國際推廣與新聞出版廣電對外宣傳都是國家對外文化工作的重要組成部分，都是旨在增強國家軟實力和文化影響力，提高我國國際地位的戰略工作。目前，這兩項工作主要由教育部和國家新聞出版廣電總局分別負責具體實施，在戰略規劃、組織協調和資源保障等方面存在一些有待解決的問題。促進漢語國際推廣與新聞出版廣電對外宣傳這兩項工作的互動，有利於國家對外文化工作戰略的整體規劃、組織協調和資源保障。充分發揮新聞出版廣電媒體的傳播優勢，促進與漢語國際推廣的互動，可以加強對外宣傳工作，使對外宣傳工作水準不斷提高，使我國的國際影響力和競爭力不斷增強，使我國"成為世界重要一極"的目標儘快實現。因此，促進漢語國際推廣與新聞出版廣電對外宣傳這兩項工作的互動，十分必要。

（二）二者互動的可行性

漢語國際推廣與新聞出版廣電對外宣傳都是為國家對外文化工作大局服務的全局性和戰略性工作，都有相似的戰略定位。漢語是中國和世界使用人數最多的語種，漢語教學最貼近中國發展的實際，貼近國外受眾對中國資訊的需求，漢語國際推廣甚至可以改變國外受眾的思維習慣。世界各國人民在新時期對漢語學習需求的多樣化、多層化和功能化，使漢語學習與世界瞭解中國、認識中國的需要結合在一起，與文化、經貿、投資、旅遊等需求緊密聯繫在一起。在這樣的大背景裏，新聞出版廣電可以為漢語國際推廣提供跨越空間的傳媒平臺，漢語國際推廣可以為新聞出版廣電提供豐富的內容。漢語國際推廣與新聞出版廣電對外宣傳的互動，使中國新聞出版廣電成為遍佈世界的中國之窗、中國之家。漢語國際推廣與新聞出版廣電對外宣傳的共通性，使二者互動成為可行。

二、漢語國際推廣與新聞出版廣電對外宣傳的發展空間

改革開放以來，我國漢語國際推廣與新聞出版廣電對外宣傳都取得了很

大成績。但我們同時也注意到，我國新聞出版廣電在國際輿論中的影響力仍然偏弱。同我國經濟發展及融入世界經濟的速度相比，漢語國際推廣與新聞出版廣電對外宣傳互動的速度明顯滯後，這與我國改革開放和現代化建設發展水準不相適應，與我國日益提高的國際地位不相適應。我國漢語國際推廣與新聞出版廣電對外宣傳互動方面，一些改革部署和重大政策措施需要進一步落實，還存在發展空間。

（一）戰略規劃問題

當前，我國漢語國際推廣與新聞出版廣電對外宣傳兩個領域的互動方面，並沒有被提到應有的戰略高度，沒有國家戰略規劃引導，也沒有作為"走出去"戰略的重要內容進行總體規劃。

從新聞出版廣電對外宣傳的實施方面來看，儘管中國國際廣播電臺已經成立若幹廣播孔子學院，中央電視臺正在籌建電視孔子學院，但與計算機網絡媒體和漢語國際推廣互動相比，稍嫌滯後。從漢語國際推廣的實施方面來看，長期以來，語言教學界的主要精力放在國內的漢語第一語言教學上，而對國外漢語教學狀況的瞭解嚴重不足。在"到中國去學習漢語"尚未成為全球漢語學習者的最佳選擇時，漢語國際推廣對跨越空間的新聞出版廣電利用率不高。我國對漢語國際推廣與新聞出版廣電對外宣傳兩個領域的協調和統一，還有很大的空間。

（二）組織協調問題

與我國漢語國際推廣與新聞出版廣電對外宣傳互動新形勢的要求相比，國家新聞出版廣電總局在漢語國際推廣領域的地位有待提高；與國家漢語國際推廣領導小組對等的國家新聞出版廣電對外宣傳領導機構有待設立。

（三）資源保障問題

長期以來，我國在人力資源方面，新聞出版廣電和對外漢語教學多局限於專業人才培養，過分強調其學術性和系統性，以致缺乏兼通新聞出版廣電和漢語國際推廣的通才。在經費方面，儘管國家對新聞出版廣電的各項工程和漢語國際推廣前期都有投入，但都局限於條塊分割，而在漢語國際推廣與新聞出版廣電對外宣傳互動領域，並沒有專項資金投入。在電臺頻率和電視臺頻道分配方面，尚未分配漢語國際推廣頻率和頻道。在欄目設置和節目製作方面，廣播電視對外宣傳節目製作週期長，成本高，一些電臺和電視臺被迫取消對外宣傳和對外漢語教學的欄目和節目，一批經驗豐富、訓練有素的專業人員隨之外流。

三、促進漢語國際推廣與新聞出版廣電對外宣傳互動的策略

針對上述有待解決的問題，根據漢語國際推廣與新聞出版廣電對外宣傳工作的現狀，我們提出促進漢語國際推廣與新聞出版廣電對外宣傳互動的策略如下：

（一）加強戰略規劃

建議國家將漢語國際推廣與新聞出版廣電對外宣傳的互動提到應有的戰略高度，作為"走出去"整體戰略的重要內容進行總體規劃，並對其進行國家戰略規劃引導。

新聞出版廣電與漢語國際推廣在作為國家對外文化戰略性事業的同時，也具有產業的性質。嚴雋琪曾提出，漢語國際推廣跨越式發展的關鍵是要創新體制和機制，實現推廣機制從教育系統內推進向系統內外、政府與民間、國內外共同推進轉變。體制和機制的創新是在統一的科學管理和規範管理的基礎之上，根據實際情況，創新管理運作模式和拓展業務範圍。目前的漢語國際推廣已經形成四類比較成型的合作模式：一是中外高等學校合辦；二是外國的社團機構和中方的高校合辦；三是外國的政府和中國的高校合辦；四是中外高校聯合跨國公司合辦。我們認為，漢語國際推廣在上述四類比較成型的合作模式之外，還可以探索中外新聞出版廣電傳媒合辦、中方新聞出版廣電傳媒與外國高校或社團機構合辦等合作模式。無論哪種合作模式，都需要中國政府的戰略規劃引導。

（二）加強組織協調

建議設立由各相關部委成員組成的，與國家漢語國際推廣領導小組對等的國家新聞出版廣電對外宣傳領導小組，或在國家漢語國際推廣領導小組內設

立新聞出版廣電漢語國際推廣專門委員會，或在國家新聞出版廣電總局設立國家新聞出版廣電漢語國際推廣領導小組，以適應我國漢語國際推廣與新聞出版廣電對外宣傳互動新形勢的需要。

（三）創設資源保障

在人力資源方面，培養兼通新聞出版廣電和漢語國際推廣的通才，統一組織新聞出版廣電漢語國際推廣教師的培訓，組建新聞出版廣電漢語國際推廣師資隊伍。在經費方面，建立同漢語國際推廣與新聞出版廣電對外宣傳互動的目標、任務、進程相適應的財政投入保障機制，確保國家對漢語國際推廣與新聞出版廣電對外宣傳互動的專項資金投入。國家對漢語國際推廣投入的專項資金中，應有確保漢語國際推廣與新聞出版廣電對外宣傳互動的專項部份。發展初期，在強化政府投入主導地位同時，以市場機制為杠杆，開拓多元化籌措管道，採取稅收優惠、提供引導資金等政策，吸引海內外企業、個人和其他社會力量廣泛參與漢語國際推廣與新聞出版廣電對外宣傳互動，逐步實現從政府行政主導為主的模式向政府推動的市場運作模式轉變。在電臺頻率和電視臺頻道分配方面，分配漢語國際推廣頻率和頻道。在欄目設置和節目製作以及配套產品創建方面，開設廣播電視漢語國際推廣欄目，開發適於國外主流社會的大中小學廣播電視漢語國際推廣節目，以及面向國外大眾社會的大眾化、實用型廣播電視漢語國際推廣節目，同時開發與上述欄目和節目相匹配的廣播電視漢語國際推廣教材和教學產品，建設廣播電視漢語國際推廣門戶網站和廣播電視漢語國際推廣教學資源中心，開發適用於國外主流社會的大中小學廣播電視漢語國際推廣教材和面向社會的大眾化、實用型廣播電視漢語國際推廣教材，並在欄目、節目、教材、教輔、考試等方面提供系統化和立體化的服務。

（四）創建新聞出版廣電孔子學院

孔子學院是世界各國人民學習漢語言文化、瞭解當代中國的重要平臺，也是海外漢語教育重要市場。

漢語國際推廣的新思路之一是教學方法從紙質教材面授為主，向充分利用現代信息技術、多媒體網路教學和新聞出版廣電教學為主轉變，以更大範圍地覆蓋海外學習漢語人群。創建新聞出版廣電孔子學院，可以與遍佈全世界各國的孔子學院構成一個立體交叉的的網路,形成遠程和面授相結合,虛擬和實體相結合的新聞出版廣電孔子學院教學系統,把漢語學習和中華文化學習資源送到每一個需要者的面前。新聞出版廣電漢語國際推廣教學的具體實施,包括構建跨時空的新聞出版廣電漢語學習社區,建立新聞出版廣電漢語語音識別和測試系統,開發漢語學習的新聞出版廣電產品,豐富新聞出版廣電漢語國際推廣教學內容,做大做強"互聯網+人文交流",實現實體與虛擬交流平臺的相互補充和良性互動,等等。通過豐富媒體交流形式、打造具有國際影響力的全媒體和新聞出版廣電孔子學院等舉措,講好中國故事,傳播中國聲音,闡釋中國道路,增強中國文化形象的親近感。

我們設想中的新聞出版廣電孔子學院,將聯合新聞出版廣電和漢語國際推廣等各界力量,共同打造漢語學習和展現中國文化的平臺;將採用多國語言節目,為各個國家、各種職業、各種年齡、各種水準的人們提供專業的漢語學習產品。新聞出版廣電孔子學院應正視漢語國際推廣的產業化進程,始終堅持科學管理和規範管理,積極培育漢語的學習市場,積極探索市場化運作,重視市場調研和品牌宣傳,在市場中籌集新聞出版廣電孔子學院發展的資源,為國家對外文化工作服務。

綜上所述,漢語國際推廣與新聞出版廣電對外宣傳這兩項工作都需要我們具備中國立場、世界眼光和人類胸懷,共同構建語言互通工作機制,推動我國與世界各國語言互通,開闢多種層次語言文化交流管道,需要我們按照中央《關於加強和改進中外人文交流工作的若幹意見》的精神,加強中外人文交流綜合傳播能力建設,推動中外廣播影視、出版機構、新聞媒體開展聯合製作、聯合採訪、合作出版,促進中外影視節目互播交流,實施圖書、影視、文藝演出等領域的專項交流項目和計劃,豐富人文交流的文學藝術內容和載體。促進漢語國際推廣與新聞出版廣電對外宣傳這兩項工作的互動,具有必要性和可行性。祇要我們對二者互動進行國家戰略規劃引導,加強組織協調,為其創設資源保障,就能達到推進國際傳播能力建設、增強國家文化軟實力的新的境界。

本書所收論文寫作、修改、發表情況簡介

本書收錄古代漢語語法、現代漢語語法、語法學史、詞義學、詞形學、辭書學、訓詁學理論、訓詁專書和雅書體式、訓釋、語言變異、語言教育等方面内容的七十多篇文章，比較集中地展現了作者20世紀80年代以來在語法學、詞匯學、辭書學、訓詁學、社會語言學等領域的心得。

古代漢語介詞研究

由原本獨立的柒篇文章組成。

壹、《上古漢語介詞的發展與演變》，在對上古八部代表性的典籍窮盡性調查的基礎上，從共時與歷時的角度總結歸納了整個上古漢語介詞的基本面貌，並從系統的階段性、系統的適應性兩個方面揭示上古漢語介詞向現代漢語介詞發展的脈絡。原載《上海師範大學學報》（哲學社會科學版）2004年第3期。

貳、《〈禮記〉中的範圍介詞"與"及其發展》，從範圍介詞"與"在《禮記》中的分類情況及其同類介詞的發展兩個方面對《禮記》中的範圍介詞"與"進行攷查。原載《古籍研究》2001年第4期。

叁、《"除"字句溯源》，從漢語史的角度探討介詞"除"的產生及"除"字句的類型特點。原載《語言研究》2003年第1期。

肆、《介詞"隱現"現象》，通過對《春秋左傳》中的介詞"隱現"現

象的調查,探討兩種句式(即"特殊動賓語義"的支配關係和補充關係)的確認與分化問題。原題《〈春秋左傳〉中介詞"隱現"現象的攷察與研究》,載《漢語國際教育研究》第2輯,北京語言大學出版社,2011年。

伍、《與介詞有關的雙賓語句式及其轉換》,通過對《春秋左傳》中雙賓語句式和由介詞參與的用動補結構和狀中結構分化雙賓語句式的調查和分析,討論其中存在的內在聯繫和轉化規律,從而發掘古漢語雙賓語句式的一部份分化模式,體會漢語句式表達的多樣性。原題《〈春秋左傳>中與介詞有關的雙賓語句式及其轉換》,載《漢語句式研究與教學專題論文集》,北京語言大學出版社,2013年。

陸、《介詞"自/從"歷時攷》,調查古漢語的多部重要文獻典籍中的介詞"自"和"從",在描寫與統計的基礎上發現:表示時間、處所起點的介詞"自"和"從"在發展上是不平衡的,特別是通過對比時間介詞"自"同處所介詞"自",證明了"從"代替"自"是從處所的起點始,萌芽於上古晚期。原載《上海師範大學學報》(哲學社會科學版)2007年第1期。本次收錄,有所修訂。

柒、《處所介詞"于/於"的衰落與"在"的興起》,通過對幾種具有代表性的語料的調查,描述處所介詞"於(於)"衰落和"在"興起的過程,探討動詞的變化對介詞的影響,以及動詞和介詞組合變化的規律。載《漢語史研究集刊》第六輯,巴蜀書社,2003年版。本次收錄,有所修訂。

《春秋左傳》語法結構研究

由原本獨立的五篇文章組成。刊表後有所修訂,收入王鴻濱《春秋左傳介詞研究》(世界圖書出版公司2005年版);本次收錄,再度修訂。

壹、《可以》,原題《〈春秋左傳〉中助動詞"可以"探源》,通過比較分析"可以"在《春秋左傳》中的兩種情況——助動詞"可以$_1$"和結構鬆散的兩個詞"可以$_2$"後認爲,助動詞"可以$_1$"在《春秋左傳》中處於絕對優勢,"可以$_2$"並非"可以$_1$"的淵源。原載《漢中師範學院學報》2001年第2期。

貳、《所以》；叁、《是以》，原題《〈春秋左傳〉中"所以"和"是以"試析》，分析《春秋左傳》中由於句子類型的轉變及句法結構的詞彙化共同作用而最終導致"所以"從短語向因果連詞的過渡現象，以及"是以"在《春秋左傳》中以固定短語表示一種新的意義，逐漸與位置前置沒有詞序上聯繫的現象。原載《商洛師範學院學報》2001年第3期。

肆、《無以/有以》，原題《〈春秋左傳〉中的"無（有）以"》，從句型變換的角度分析《春秋左傳》中位於動詞前和句末的兩種"無（有）以"結構及其因在句中所處位置不同而產生的分化。原載《西安聯合大學學報》2004年第2期。

伍、《以爲》，原題《〈春秋左傳〉"以爲"結構分析》，分析複音動詞"以爲"由"A以爲B"到"以A爲B"再到"以爲AB"發展的軌蹟，進而認爲《春秋左傳》中的"以"和"爲"合用尚未普遍具有動詞"認爲"義，而祇能看作是"以A爲B"的兼語省略式。原載《唐都學刊》2002年第2期。

陸、《S以VP》，原題《〈春秋左傳〉中的"S以VP"結構試析》，從修辭的角度以及"以"在語流中的作用，攷察這種結構的性質並探索該結構產生和衰弱的原因。原載《語文研究》2002年第1期。

《馬氏文通》研究

由原本獨立的三篇文章組成。本次收錄，略有修訂。

壹、《〈馬氏文通〉"位次""静字"理論述評》，對《馬氏文通》的"位次"和"静字"理論展開述評。原題《〈馬氏文通〉"位次""静字"述評》，載《河北師範大學學報》2001年第2期。

貳、《〈馬氏文通〉對助詞研究的貢獻》，總結《馬氏文通》對助詞研究的貢獻。原題《〈馬氏文通〉對助字研究的貢獻》，載《漢中師範學院學報》1998年第1期。

叁、《由〈馬氏文通〉研究引發的思攷》，從述評廖旭東《〈馬氏文通〉所揭示的古漢語語法規律》與《〈馬氏文通〉所採用的研究方法》二文入手，思攷對漢語語法規律的探索及對《馬氏文通》研究方法的繼承與創新。原題《規律與方法：回顧與前瞻——關於廖序東先生〈馬氏文通〉的兩篇文章引發的思攷》，載《人淡如菊——語言學家廖序東》，南京大學出版社，2002年版。

植根於傳統語言文字學的漢語語法觀

本文結合章太炎先生、黃季剛先生、陸穎民（宗達）先生和王寧先生關於語法與訓詁、語法與語義、語法化與詞匯化三大關係的觀點，述評植根於傳統語言文字學的漢語語法觀。原題《植根於傳統語言文字學的漢語語法觀——陸王訓詁學理論對漢語語法學的關注》，載《青島大學師範學院學報》2008年第3期。本次收錄，略有修訂。

析"連X都Y"

本文從句法、語義和語用三個平面分析"連X也/都Y"句式，兼涉其構成條件和歷史演變。原載《現代漢語虛詞與對外漢語教學》，復旦大學出版社2005年版。

語氣副詞"差點兒"語義、語用分析研究

本文從句法功能、語義功能、語用功能等角度對語氣副詞"差點兒"的語體、語氣和篇章等進行多層次的攷察和分析。原載《上海師範大學學報》（哲學社會科學版）2003年增刊。本次收錄，篇章結構有較大調整，內容亦有修訂。

漢語詞匯系統和詞義系統研究思路

李亞明北京師範大學博士學位論文《〈周禮·攷工記〉先秦手工業專科詞語詞匯系統研究》"緒論"的一部份。原題《內地詞匯系統和詞義系統研究概

況》,載《中國語文通訊》(香港)2009年第85-86期(合刊)。限於篇幅,本次收錄,略有刪改。

《說文解字》段註詞義研究

　　李亞明東北師範大學碩士學位論文《古代漢語詞義範疇》的一部份。由原本獨立的兩篇文章組成。本次收錄,再度修訂。

　　壹、《〈說文解字〉段註所見古代漢語詞義引申模式》,以段玉裁《說文解字註》爲主要攷察對象,探討古代漢語裏以詞義引申過程中概念的中介作用爲基礎的詞義範疇體系,總結由詞義範疇和語法詞性凝成的詞義引申模式的具體表現形式及其實現方式。原題《關於由詞義範疇和詞性凝成的古代漢語詞義引申模式》,1986年刊於哈爾濱師範大學內部資料《理論語言學探索》(創刊號);修訂稿原題《古代漢語詞義引申模式》,載《社會科學學刊》1988年第1期。

　　貳、《〈說文解字〉段註所見古代漢語詞義脫落現象》,以段玉裁《說文解字註》為主要攷察對象,總結古代漢語詞義脫落現象的類型,並從抽象的形成過程和觀念的可析離性分析古代漢語詞義脫落現象,認爲脫落是從感性的複合形象過渡到理性的簡單抽象的結果。原題初稿原題《關於古代漢語詞義的"脫落"問題》,載東北師範大學《研究生學刊》1987年第2期;修訂稿《古代漢語詞義"脫落"現象的認知分析》,載《綏化師院學報》1994年第3期。

《周禮・攷工記》詞語系統研究

　　李亞明北京師範大學博士學位論文《〈周禮・攷工記〉先秦手工業專科詞語詞匯系統研究》的一部份,由原本獨立的三篇文章組成。

　　壹、《〈周禮・攷工記〉性狀詞語系統》,在對《周禮・攷工記》詞語分類整理和詞義訓釋的基礎上,以基於辯證法的系統方法論爲指導,通過描寫和論證《攷工記》性狀詞語關係的層次性、關聯性、有序性和立體性諸特徵,從一個側面證明先秦手工業專科性狀詞語的系統性,進而總結相關的漢語詞匯語義規律，以豐富和發展漢語詞匯語義學。原載《中華人文社會學報》（臺北）2007年第7期。本次收錄，略有調整。文首兩段係筆者《〈攷工記〉名辨》內容，原載《文史雜誌》2008年第2期。

　　貳、《〈周禮·攷工記〉名形動同詞形的語義基礎》，通過對《攷工記》名物義位與性狀義位同詞形，名物義位與行爲義位同詞形，性狀義位與行爲義位同詞形，名物義位、性狀義位與行爲義位同詞形等現象的描述和分析，探討該文獻"名–形–動"同詞形的語義基礎，從中看到漢語名詞、形容詞和動詞之間的詞義淵源，進而證實漢語語義和語法的有機關聯、協同發展。原載《淡江中文學報》（新北）2007年第16期；2016年4月修訂。

　　叁、《〈周禮·攷工記〉名量同詞形的語義基礎》，用同理探討該文獻"名–量"同詞形的語義基礎，看到漢語名詞和量詞之間的詞義淵源，同樣證實了漢語語義和語法的有機關聯、協同發展。原載《中國文化大學中文學報》（臺北）2008年第16期；2016年4月修訂。

《孟子》趙岐註同義連用訓釋
並列式短語類型及其詞匯化成因

　　本文從訓釋方式、訓釋詞語與現代漢語雙音複合詞的關係等方面分析《孟子》趙岐註同義連用訓釋並列式短語的類型，並以該種訓釋詞語在現代漢語的流變形式爲參照，總結漢語詞匯化的成因。這些成因持久而系統地引起現代漢語雙音複合詞的產生，成爲現代漢語雙音複合詞產生根源的要素，同時與現代漢語雙音複合詞之間構成引起和被引起的關係，導致古代漢語並列式短語產生現代漢語雙音複合詞的關係。原載《勵耘學刊》（語言卷）2009年第2輯（總第10輯）。

從《連文釋義》和《現代漢語詞典》的比較
看漢語雙音並列詞語的傳承方式

　　本文運用義素二分法，通過比較、分析清代王言（慎旃）《連文釋義》

和《現代漢語詞典》的同形雙音並列詞語，探討其歷史傳承方式和類型。原題《漢語雙音並列詞語的傳承方式——從〈連文釋義〉和〈現代漢語詞典〉的比較看》，載《勵耘學刊（語言卷）》2006年第2輯（總第4輯）。2007年以表格形式呈現例證，改用現題，載《中國語文通訊》（香港）2007年第81、82期合刊。本次收錄，有所修訂、增補。

漢語縮略詞語研究

由原本獨立的兩篇文章組成。本次收錄，有所修訂。

壹、《普通話複合縮略詞語結構分析》，通過對現代漢語普通話中由摘取原詞語最主要信息複合而成的複合縮略詞語的攷察和分析，總結出五種結構類型。原題《漢語複合縮略詞語結構分析》，載《語文教學與研究》1998年第1期。

貳、《港臺複合縮略詞語結構分析》，通過對中國港臺地區通用的由摘取原詞語最主要信息複合而成的複合縮略詞語的攷察和分析，同樣總結出五種結構類型。原載《中國語研究》（東京）1997年第39號。

類語詞典編纂漫議

本文回顧各大語種類語辭典編纂情況，探討類語詞典分類標準問題，提出將詞義範疇導入類語詞典編纂的主張。中國辭書學會第二屆年會（1995年·哈爾濱）提交論文。原載《洛陽師範學院學報》1995年第4期。本次收錄，略有修訂。

古典文獻專書辭典編纂原則與方法的有益實踐——評《十三經辭典》

本文從《十三經辭典》的編纂特點、學術價值、實際效用三重視角品讀並體味《十三經辭典》百科性、科學性和針對性的特點，總結其將古籍整理與研究相結合，提供漢語史語法、詞匯研究原始材料，爲補足、修訂大型語文辭書並提供參證以及運用計算機進行古籍整理的探索所作出的貢獻。原載《辭書研究》2005年第6期。本次收錄，略有修訂。

從《左傳》主題句中"以"的詞性判定看語文詞典詞性標註問題

本文通過對《左傳》主題句"名（主語）+'以'+動+賓"句式的發現和分析，認爲語文詞典中的詞性標註使義項劃分趨於細密化，並使句法功能標準由隱性變爲顯性。因此，詞性（尤其是虛詞）標註對義項的劃分具有積極的作用。原載《玉林師範學院學報》2001年第4期。本次收錄，略有修訂。

從《周禮·攷工記》看語文辭書釋義問題

由原本獨立的兩篇文章組成。本次收錄，有所修訂。

壹、《從〈周禮·攷工記〉看〈漢語大字典〉和〈漢語大詞典〉的釋義》，通過與《攷工記》比覈，探討《漢語大字典》和《漢語大詞典》相關詞語的釋義欠安和義項疏漏的問題。原載《語言研究集刊》第4輯，上海辭書出版社，2007年。

貳、《從〈周禮·攷工記〉再看〈漢語大詞典〉》，通過與《攷工記》的比覈，探討《漢語大詞典》詞目失衡、義項疏漏、理據缺失、義界不清、循環乞貸和釋義欠安等問題。原題《從〈攷工記〉再看〈漢語大詞典〉》，載《勵耘學刊》2010年第2輯（總第12輯）。

從三部詞典看離合詞的編寫問題

本文在調查三部詞典有關離合詞內容編寫情況的基礎上，提出相應的編寫建議。原題《從三部工具書看離合詞的編寫問題》，載《漢語國際教育兩岸教師研討集》，北京語言大學出版社，2014年。本次收錄，略有調整。

建立辭書質量保障體系

本文倡導建立由辭書編輯出版責任機制、辭書出版管理宏觀調控機制和社會監督機制三方面構成的辭書質量保障體系。中國辭書學會第三屆年會（1997年·無錫）提交論文。原載《編輯學報》2000年第2期。本次收錄，略有修訂。

訓詁學思辨

由原本獨立的三篇文章組成。

壹、《訓詁的"價值命題"》，主張在訓詁實踐和訓詁學理論研究中，把人對於真善美的追求所體現出的人的價值放在首要位置。原載《讀書》1987年第8期。本次收錄，略有修訂。

貳、《論傳統訓詁學的現代化》，從四個方面發掘訓詁學現代化的內涵，強調現代人對傳統文化的主體性決定作用，並進而認爲訓詁蘊涵了漢民族傳統文化的價值系統——價值觀念、思維方式、心理狀態、精神風貌等思想文化的最本質特徵；訓詁學祇有自覺地將自身整個融入漢民族傳統文化之中，纔能煥發出新的生機。中國訓詁學研究會1994年會（合肥）提交論文。原載《傳統文化與現代化》1995年第2期。本次收錄，有所增補。

叁、《訓詁研究中"史"的觀念和"境"的觀念》，認爲訓詁廣義之"境"，包括作者、地域、題材、體裁、主旨、文風、源流、上下文語法制約以及古註之"境"等許多因素，主張訓詁學者在訓詁學研究中自覺培養和加強"史"的觀念和"境"的觀念，同時持一種通達觀，注意從具體意義出發理解具體詞語，不受兩種觀念的羈絆。原載《訓詁教學通訊》1986年第3期。

訓詁方法論

由原本獨立的四篇文章組成。

壹、《詞義訓釋與文意訓釋的學理及其應用》，闡述詞義訓釋與文意訓釋的學理及其對古籍整理和辭書編纂等應用實踐的指導意義。原載《古籍整理研究學刊》2004年第6期。限於篇幅，本次收錄，僅列提綱。

貳、《關於"統言""析言"的類型和本質》，攷察"統言"和"析言"之間關係的類型，並將其納入以詞義範疇爲紐結的概念形式系統，上昇爲"共相"和"殊相"的認識論關係。本文係李亞明東北師範大學碩士論文《古代漢語詞義範疇》的一部份。原載《辭書研究》1987年第6期。本次收錄，略有修訂。

叁、《傳統訓詁學"反訓"的認識論分析》，認爲反訓植根於東方樸素辯證邏輯的二值互補系統，原載《雲夢學刊》1993年第2期。本次收錄，略有調整。

肆、《遞訓的真值和原則》，主張在理解和運用遞訓時，應注意一義多詞與一詞多義的種種複雜現象，不能輕易把兩個或兩個以上的隨機關係的詞或義混爲必然關係。原載《訓詁教學與研究》1988年第1期。

雅書研究

由原本獨立的十三篇文章組成。

壹、《〈爾雅〉名辨》，辨正《爾雅》書名含義。原載《文史雜誌》2000年第2期。

貳、《〈爾雅〉在中國語言學史上的坐標》，論證《爾雅》在中國語言學史上的重要地位。原載《社會科學報》2001年第762期。

叁、《〈爾雅〉的作者和成書年代》，總結有關《爾雅》作者和成書年代的各種觀點，認爲《爾雅》的作者非一人或數人所能概言，成書年代也非某一特定朝代所能涵括，而是經過較長時期許多訓詁學者的積累和增補而逐漸成型的。原題《關於〈爾雅〉的作者和成書年代》，載《社會科學報》2000年第713期。

肆、《〈爾雅〉的詞典屬性》，從詞典釋義的概括性原則、區別性原則和規範性原則三個方面論證《爾雅》近似於一部由義類匯編和百科詮釋構成的綜合性義類詞典。《廣雅》的性質亦與此相似。筆者2000年推翻了自己早期認爲《爾雅》是綜合性義類詞典的觀點，轉而認爲《爾雅》中大量詞目與釋文臨時關係詮釋的類型並不符合詞典釋義的概括性原則，因此，《爾雅》前三篇祇是經書訓詁的匯編，即同訓纂集。中國辭書學會首屆年會（1993年·廣州）提交論文。原題《談談〈爾雅〉的詞典屬性》，載《文史知識》1994年第2期，屬筆者早期之作。

伍、《〈爾雅〉與諸經傳註關係條辨》，逐條辨明《爾雅》與《周易》、《尚書》、《詩經》、《周禮》、《儀禮》、《禮記》、《春秋左傳》、《春秋公羊傳》、《春秋穀梁傳》及其傳註的關係，推翻了《四庫全書總目提要》謂《爾雅》"實自爲一書，不附經義"的觀點，認爲《爾雅》與諸經傳註均有不同程度的關聯。原載《古籍整理研究學刊》2000年第3期。

陸、《〈爾雅〉〈方言〉之異同》，認爲《爾雅》因其同而通，注重共同語、書面材料，基本上收錄類義詞；而《方言》則因其異而通，注重異地方言時間的發展和空間的現狀，收錄相當數量的同音詞。1995年10月初稿；2000年1月再稿；原載《中國語研究》（東京）2000年第42號。

柒、《〈爾雅〉前二篇之異同》，認爲《爾雅》前二篇《釋詁》和《釋言》並無本質區別。原載《綏化學院學報》2002年第2期。

捌、《〈爾雅〉"連言爲訓"體例略說》，總結《爾雅》"連言爲訓"體例的十種類型，對其作概括評價。原載《烟臺師範學院學報》（哲學社會科學版）1987年第2期。

玖、《爾雅義疏》增附式釋義疏誤略說》，繼王念孫手批《爾雅義疏》寫本（即節本）勘誤按語、肖璋《王石删訂〈爾雅義疏〉聲的謬誤述補》、張永言《論郝懿行的〈爾雅義疏〉》、郭在貽《談郝懿行的〈爾雅義疏〉》之後，分析清代郝懿行《爾雅義疏》任意增附《爾雅》原義而導致釋義錯誤的五種類型。中國辭書學會首屆年會（1993年·廣州）提交論文。原載《古籍整理研究學刊》1994年第5期。本次收錄，有所修訂。

壹拾、《〈爾雅〉研究的全方位視角》，主張在《爾雅》研究中採取多方位視角，把詞義研究和文化闡釋共同作爲《爾雅》研究的目標。原載《社會科學報》2000年第700期。

壹拾壹、《〈爾雅·釋天〉所見中國古代季節觀念》，概括了《爾雅・釋天》五項以四季爲詞義區別性特徵的中國古代季節觀念內涵。原題《〈爾雅・釋天〉所記古中國季節》，載《社會科學報》2001年第777期。

壹拾貳、《〈廣雅〉的詞典屬性》，從《廣雅》釋義的非概括性、非區別性和對語言的規範性三個方面入手分析《廣雅》的詞典屬性，認爲《廣雅》與《爾雅》相似，也近似於一部由義類匯編和百科詮釋構成的綜合性義類詞典。文中"詞典"屬性宜改作"同訓纂集"。中國辭書學會首屆年會（1993年・廣州）提交論文。原題《談談〈廣雅〉的詞典屬性》，載《武陵學刊》1995年第1期，屬筆者早期之作。

壹拾叁、《雅書詞語的語義成份分析》，以《爾雅》和《廣雅》的訓釋詞語爲攷察對象，進行語義成份分析。本文係李亞明東北師範大學碩士學位論文《古代漢語詞義範疇》的一部份。原載《文史》總第五十輯，中華書局2000年版。

訓詁筆記

由原本獨立的八篇文章組成。本次收錄，略有所訂。

壹、《焦循〈孟子正義〉對趙註之揚棄疑補》，從揚棄疑補四個方面檢錄焦循《孟子正義》對趙岐註的繼承與批判，攷辨焦循《孟子正義》對趙岐註的承襲態度。原載《經學研究論叢》第14輯，學生書局（臺北），2006年版。

貳、《〈孟子箋校商補〉讀志》，對劉如瑛《〈孟子〉箋校商補》中的部份內容提出商權。載《中國語文通訊》（香港）2004年第70期。

叁、《〈荀子〉校釋筆記》，攷證《荀子》中《榮辱》、《非十二子》、《儒效》、《王制》、《禮論》、《大略》等篇的釋義。初稿載《中國哲學史研究》1988年第1期；修訂稿載《文史》第37輯和第40輯，中華書局，1993年版和1994年版。本次收錄，再度修訂。

肆、《〈讀荀子劄記〉誌疑》，對《文史》第五輯和第六輯刊載包遵信《讀荀子劄記》（上）（下）中的六條釋義提出商權。載《古籍整理研究學刊》1998年第6期。本次收錄，略有增補。

伍、《〈呂氏春秋校釋〉讀誌》，對《呂氏春秋校釋》（學林出版社1984

年第1版）中有關《當染》、《勸學》、《音律》、《忠廉》、《首時》等篇的釋義提出商榷。原題《陳奇猷〈呂氏春秋校釋〉讀誌》，載《烟臺師範學院學報》（哲學社會科學版）1987年第1期。

陸、《〈爾雅新義〉讀誌》，對聞一多《爾雅新義》"君也"條新義提出質疑。載《訓詁教學通訊》1986年第1期。

柒、《〈太平廣記〉詞語小劄》，選繹筆者早期發表的《〈太平廣記〉詞語劄記》（原載《中國語學》[東京]1983年第230號）中的四條詞語重新攷釋，載《古漢語研究》1993年第1期；隨附對1995年第1期《古漢語研究》周志峰商榷文章的回應，原題《學術回應》，載《古漢語研究》1997年第4期。

捌、《説"質"》，對朱東潤《中國歷代文學作品選》（上海古籍出版社1980年第1版）有關釋義提出商榷，認爲"質"字在南朝、隋、唐、宋及至明代的中、近古漢語中，屢有"形貌"義的用法，劉基《賣柑者言》"玉質"之"質"應訓爲"形貌"而非"質地"。原載《中國語學》（東京）1983年第230號。

語言的古今南北

由原本獨立的兩篇文章組成。本次收錄，略有删改。

壹、《語言的休眠、復甦與新陳代謝》，探討語言的休眠、復甦和新陳代謝現象，力圖描畫語言演變的歷史軌蹟，總結語言發展的規律，預測語言未來的趨勢。原載《外語研究》2003年第2期。本次收錄，略有修訂。

貳、《現代漢語共同語的整化與分化》，認爲漢語的整化與分化傾向是對立統一的關係，力圖爲國家製訂語言文字政策提供全面而客觀的視角。原載《語文建設通訊》（香港）2003年第75期。

高級母語教育與人文專業教育的有機融合

本文主張結合傳統語言學與現代語言學理論開展"古代漢語"課程教學，使古代漢語和現代漢語有機地聯繫起來，以豐富現代漢語及對外漢語教學方法。原題有副標題《關於對外漢語專業"古代漢語"課程的定位與教改設想》，載《雲南師範大學學報》（對外漢語教學與研究版）2007年第4期。

分級閱讀研究

由原本獨立的三篇文章組成。

壹、《北京國際學校少兒漢語分級讀物攷察》，立足於北京國際學校中文部所使用的四套漢語分級讀物，從題材選擇和讀物針對性攷察其內容選材，從句長和生詞量攷察其語言難度，從讀物的分級間距攷察其等級設置。原載《雲南師範大學學報》（對外漢語教學與研究版）2016年第4期，王鴻濱爲第一作者。

貳、《構建漢語作爲第二語言課外分級閱讀框架》，在對國外英語分級讀物發展以及北京國際學校的特別英語課程（ESOL）分級讀物實施辦法進行深入調查的基礎上，提出構建漢語作爲第二語言（CSL）課外分級閱讀體系的設想，以及構建規範化、專業化、統一的並且能夠促進教師閱讀"干預"與學生個性化閱讀的途徑與方法。原題副標題《基於北京國際學校的經驗》，載《漢語國際教育學報》（創刊號）2017年第1期。

三、《留學生課外漢語分級閱讀框架體系建設構想》，主張借鑒國外分級閱讀框架的做法，對分級閱讀開展系統、科學的研究，制定科學的分級標準，儘快把留學生的課外閱讀納入對外漢語課堂教學體系。文章同時介紹研製中的《留學生漢語閱讀行動指南》"經貿類閱讀分級框架"。原題有副標題《以經貿類材料爲例》，載《語言教學與研究》2016年第4期。

論漢語國際推廣與新聞出版廣電對外宣傳的互動策略

漢語國際推廣與新聞出版廣電對外宣傳都是國家對外文化工作的重要組成部分，都是旨在增強國家軟實力和文化影響力，提高我國國際地位的戰略工作。本文通過對這兩項工作現狀的攷察，從二者互動的必要性和可行性等方面探討其互動關係，提出促進漢語國際推廣與新聞出版廣電對外宣傳互動的目標，以及具體實施策略，以推進國際傳播能力建設，增強國家文化軟實力。原題《廣播電視對外宣傳與漢語國際推廣的互動》，載《紅旗文稿》2007年第17期；《現代傳播》2007年第6期以《論廣播電視對外宣傳與漢語國際推廣的互動策略》為題摘登。本次收錄，有所修訂。

跋

　　本書收録了我們1983年至2017年之間發表的古代漢語語法、現代漢語語法、語法學史、詞義學、詞形學、辭書編纂、訓詁學理論、訓詁專書和雅書體式、訓釋、語言變異、語言教育等方面内容的七十多篇學習心得。這些文章，大多屬於中國傳統語言文字學的範疇。

　　1906年，章太炎先生在《國粹學報》發表《論語言文字之學》，提出："（'小學'）其實當名語言文字之學，方爲確切。此種學問，僅《藝文志》附入六藝。今日言'小學'之用，非專以通經而已。"從而使長期處於經學文獻附庸地位的研究文字音韻訓詁的學問——"小學"破繭化蝶爲中國傳統語言文字學。黃季剛先生受學章門，繼承漢代古文經學和清代乾嘉學派樸實嚴謹的學風，形成了章黃學派。章黃不但承前啓後，高屋建瓴，而且通經致用，把中國傳統語言文字學作爲傳承中華民族優秀傳統文化的利器這一功能發揮到了極至，爲中國傳統語言文字學的發展指明了方向。

　　章黃學派枝繁葉茂，南北并盛。我們雖然畢業於不同的學校，卻都有幸受業於章黃學門，享受同門學術思想的輝澤。20世紀70年代末起，我們分別在杭州大學聆聽姜亮夫先生的"音韻學"、蔣雲從（禮鴻）先生的"工具書與目録學"，在復旦大學受業於徐復先生的弟子吳金華先生門下；20多年後，殊途同歸，如川歸海，共同受業於章黃重鎮——北京師範大學王寧先生門下。這也許就是一種緣份吧。

　　一百多年來，"章黃"的内涵已經不啻於一個學派，而是成爲中國傳統語言文字學學林的標桿，章黃精神和章黃思想也已經成爲中國傳統語言文字學學林的共同財富。回想歲月，是學界前輩教導並扶持我們一路走來，其中包括杭州大學的祝鴻熹先生、郭在貽先生，東北師範大學的孫常敍先生、劉禾先生、王鳳陽先生，復旦大學的吳金華先生、胡奇光先生，陝西師範大學的遲鐸先生。這本文集其實就是對前輩傳統學術的傳承。借此付梓的機會，向曾經教導我們的所有先生和各刊匿名評委，向提攜出廬的漢學家波多野太郎先生表示深深的感恩！特別感謝業師王寧先生恩允爲文集題《序》！這篇《序》爲本書鑲嵌上了一道七彩的光環，頓使蒿蓬生輝。

　　從發表處女作到結集出版，彈指一揮間，倏忽跨越了34年。期間，中國語言學的發展日新月異，這本文集祇不過是滄海一粟而已。我們懷着忐忑不安的心情，敬望學界前輩和同仁不吝指出文集裏的淺薄和不妥之處。學無止境，我們會把各種意見當作促使完善和進步的鞭策。

作　者
2017年12月25日
北　京